“十三五”国家重点出版物出版规划项目

经济科学译丛

国际经济学

（第15版）

罗伯特·J. 凯伯（Robert J. Carbaugh） 著

侯锦慎　刘兴坤 译

International Economics

(Fifteenth Edition)

中国人民大学出版社

·北京·

《经济科学译丛》总序

中国是一个文明古国，有着几千年的辉煌历史。近百年来，中国由盛而衰，一度成为世界上最贫穷、落后的国家之一。中国共产党领导的革命，把中国从饥饿、贫困、被欺侮、被奴役的境地中解放出来。1949 年中华人民共和国成立，中国人民从此当家做主。1978 年以来的改革开放，使中国真正走上了通向繁荣富强的道路。

中国改革开放的目标是建立一个有效的社会主义市场经济体制，加速发展经济，提高人民生活水平。但是，要完成这一历史使命绝非易事，我们不仅需要从自己的实践中总结教训，也要从别人的实践中获取经验，还要用理论来指导我们的改革。市场经济虽然对我们这个共和国来说是全新的，但市场经济的运行在发达国家已有几百年的历史，市场经济的理论亦在不断发展完善，并形成了一个现代经济学理论体系。虽然许多经济学名著出自西方学者之手，研究的是西方国家的经济问题，但他们归纳出来的许多经济学理论反映的是人类社会的普遍行为，这些理论是全人类的共同财富。要想迅速稳定地改革和发展我国的经济，我们必须学习和借鉴世界各国包括西方国家在内的先进经济学的理论与知识。

本着这一目的，我们组织翻译了这套经济学教科书系列。这套译丛的特点是：第一，全面系统。除了经济学、宏观经济学、微观经济学等基本原理之外，这套译丛还包括了产业组织理论、国际经济学、发展经济学、货币金融学、公共财政、劳动经济学、计量经济学等重要领域。第二，简明通俗。与经济学的经典名著不同，这套丛书都是国外大学通用的经济学教科书，大部分都已发行了几版或十几版。作者尽可能地用简明通俗的语言来阐述深奥的经济学原理，并附有案例与习题，对于初学者来说，更容易理解与掌握。

经济学是一门社会科学，许多基本原理的应用受各种不同的社会、政治或经济体制的影响，许多经济学理论是建立在一定的假设条件上的，假设条件不同，结论也就不一定成立。因此，正确理解掌握经济分析的方法而不是生搬硬套某些不同条件下产生的结论，才是我们学习当代经济学的正确方法。

本套译丛于 1995 年春由中国人民大学出版社发起筹备并成立了由许多经济学专家学者组织的编辑委员会。中国留美经济学会的许多学者参与了原著的推荐工作。中国人民大学出版社向所有原著的出版社购买了翻译版权。北京大学、中国人民大学、复旦大学以及中国社会科学院的许多专家教授参与了翻译工作。前任策划编辑梁晶女士为本套译丛的出版做出了重要贡献，在此表示衷心的感谢。在中国经济体制转轨的历史时期，我们把这套译丛献给读者，希望为中国经济的深入改革与发展做出贡献。

《经济科学译丛》编辑委员会

前　言

我认为，激励学生们学习一门学科最好的方法是向他们解释如何将这门学科应用于实践。《国际经济学》（*International Economics*）前 14 版的出版正是基于这一出发点，旨在为读者系统阐述国际经济理论的同时，强调这些理论在当前实践中的运用。在本教材前 14 版相关内容的采纳者们的莫大支持下，国际经济理论与当前实践进行了有效结合。

本书第 15 版的出版目的在于进一步完善国际经济有关理论的阐述，更新实际应用案例，同时也涉及相关理论的最新发展。如同前 14 版，对于只掌握经济学基础知识的学生来说，第 15 版的学习需要四分之一学期或者一学期的课时。本书一贯的优点在于，其向学生们阐述了国际经济学理论的有用性，而且行文思路清晰、结构组织有序、案例丰富。第 15 版进一步修订和更新的内容强调了经济理论在最新实践中的运用，并包括了国际贸易与国际金融领域的理论前沿和政策进展。

一、国际经济学主题

本书第 15 版突出阐述了国际经济学前沿领域的五大时事主题：

■经济活动的全球化

- 全球化对俄亥俄州伍斯特市的冲击——第 2 章
- 日本电子产品行业的衰落——第 3 章
- 比较优势和全球供应链——第 2 章
- 卡特彼勒解雇加拿大机车工人——第 9 章
- 苹果公司利用税收漏洞避税——第 9 章
- 柴油和燃气发动机推动全球化——第 1 章

- 全球化浪潮——第 1 章
- 全球化进程走得太远了吗？——第 1 章
- 美国正在失去创造力优势吗？——第 1 章
- 运输成本下降促进贸易繁荣——第 3 章
- 苹果公司复杂的供应链凸显了贸易统计方法的局限性——第 10 章
- 资本自由流动约束下的汇率制度选择——第 15 章

■自由贸易与保护主义

- 惠而浦在倾销诉讼中胜诉——第 5 章
- 工资攀升与中国对外贸易——第 3 章
- 鞋制品关税应该被取消吗？——第 4 章
- 天然气繁荣背后的争议——第 2 章
- 基础电子公司将电视机制造业带回美国——第 1 章
- 碳关税可以解决气候问题吗？——第 6 章
- 经济萧条时期贸易壁垒的减弱——第 6 章
- 孟加拉国的血汗工厂——第 7 章
- 比较优势理论是否适用于外包？——第 2 章
- 波音 787 梦幻客机的外包危机——第 2 章
- 贸易会使穷人更穷吗？——第 3 章
- WTO 判决政府对波音和空中客车的补贴违法——第 3 章
- WTO 终裁稀土案中国败诉——第 6 章
- 环境保护与自由贸易——第 6 章

■发展中国家与工业化国家之间的贸易摩擦

- 美国和墨西哥的西红柿贸易纠纷——第 8 章
- 国家资本主义胜出了吗？——第 7 章
- 加拿大的移民政策——第 9 章
- 国际贸易是移民的替代品吗？——第 3 章
- 经济增长战略：进口替代型与出口导向型增长——第 7 章
- 资助能够促进发展中国家经济增长吗？——第 7 章
- 如何帮助发展中国家脱离贫困？——第 7 章
- 微软公司反对软件盗版——第 6 章
- 多边贸易谈判的多哈回合——第 6 章
- 工资攀升削弱中国的竞争优势——第 7 章
- 中国出口繁荣的代价：如何使企业公平竞争？——第 7 章
- 新兴经济体很快会赶超富裕国家吗？——第 7 章
- 美国跨国企业剥削外国工人吗？——第 9 章

■贸易自由化：双边贸易安排与区域贸易安排

- WTO 是否削弱了国家主权？——第 6 章
- 区域一体化与多边主义——第 8 章
- 欧盟是一个真正的共同市场吗？——第 8 章

- 《韩美自由贸易协定》——第 8 章
- 《北美自由贸易协定》以及美国和墨西哥的卡车运输纠纷——第 8 章
- 欧元区能幸存下来吗？——第 8 章

■全球金融体系动荡

- 日元贬值，丰田汽车盈利上调——第 11 章
- 中国人民银行惩罚货币投机者——第 11 章
- 货币贬值可以帮助财政困境国家走出危机吗？——第 14 章
- 货币操纵和货币战争——第 15 章
- 美国如何使借款成本较低？——第 10 章
- 货币贬值能够减少贸易赤字吗？——第 14 章
- 日本企业将生产移到海外以应对日元升值导致的产品竞争力下降——第 14 章
- 防止货币危机：货币发行局制度与美元化——第 15 章
- 特别提款权应该取代美元成为世界储备货币吗？——第 17 章
- 美国应该恢复金本位制吗？——第 17 章

除了强调当前的经济主题之外，本书第 15 版还包括了许多新话题，例如外包与美国汽车产业，美国对从中国进口纺织品施加限制，施文自行车因相同产品进口而导致销量下降，货币市场如何吸引即日交易者。教师和学生在使用过程中将会领会到，本书第 15 版为读者掌握国际经济学知识提供了一种现代手段。

二、内容组织框架：进一步探索

尽管教师们对于国际经济学课程的基本内容通常能够达成一致意见，但是对于相关资料如何进行结构安排才是合适的这一问题所持观点却大相径庭。本书的内容组织架构非常灵活。在阐述国际货币关系之前，我们将首先讨论国际贸易关系问题，但是教师们在教授课程时也可以调整顺序，首先教授货币理论。也就是说，教师们可以先教授第 10～17 章，再教授第 2～9 章。对于那些不想通篇学习本教材的读者来说，也可以省略第 6～9 章和第 15～17 章的部分内容或全部内容，并且不会影响知识的整体连贯性。

本书第 15 版回顾了国际经济学理论的提出过程，这给予教师们较大的灵活性。该版本在线上开通“进一步探索”专栏，讨论一些更深层次的话题。将“进一步探索”专栏搬到线上，而不是像之前版本那样放在纸质教材中，使得在内容安排上为相关理论的当前应用论述节省了更多空间。“进一步探索”专栏包括以下内容：

■用货币表示的比较优势——第 2 章

■无差异曲线与贸易——第 2 章

■提供曲线与贸易均衡条件——第 2 章

■特定因素理论——第 3 章

■提供曲线和关税——第 4 章

■关税税率配额的福利效应——第 5 章

■出口配额的福利效应——第 5 章

■战略性贸易政策的福利效应——第 6 章
■政府购买政策与欧盟——第 8 章
■规模经济效应与 NAFTA——第 8 章
■外汇市场投机的技巧——第 11 章
■关于外汇交易的基本知识——第 11 章
■基础预测回归分析——第 12 章
■收入调整机制——第 13 章
■汇率传递——第 14 章

进入“进一步探索”专栏，可登录网站 www. cengagebrain. com。

三、补充资料

学生版国际经济学“课程伙伴”（www. cengagebrain. com）

在当今信息科技时代，如果没有网络资源，那么任何全套教材都是不完整的。为此，我们在推出本书第 15 版之际，同时推出了一款国际经济学“课程伙伴”（CourseMate）。

在网络学习工具——课程伙伴中，学生们可以找到大量自学资源，例如下载电子教材（eBook）、术语表、在线答疑、视频资料、绘图工作室游戏、经济学软件（EconApps）以及抽认卡。学生们可登录网站 www. cengagebrain. com 购买“课程伙伴”。

教师版国际经济学“课程伙伴”（www. cengagebrain. com）

通过“课程伙伴”，教师们可以进入“参与跟踪器”（Engagement Tracker），借此对学生们阅读和复习作业资料的情况进行跟踪。“参与跟踪器”能够帮助教师掌握学生们预习和复习教材的情况。你可以借助这一跟踪工具来了解整个班级或者个别学生的学习进度，尽早识别该课程学习中较为落后的学生，并且发现那些对于整个班级的学生来说最难理解的概念。

互动作业解决方案（Aplia）

本书第 15 版的另一个亮点在于“互动作业解决方案”。通过使用这一工具，国际经济学专业的学生们可以进入互动跨章节作业和辅导教程，从而获取经济学的其他相关知识。在完成线上作业的过程中，学生们可以提高其自身理解经济学理论的熟练程度，并且能够立即得到每个问题的答案和详细解释。数学和图形方面的辅导教程可以帮助学生们克服其在这些核心课程上的偏科问题。

幻灯片

本书第 15 版还推出了由塔尔顿州立大学的赛义德 · H. 加弗里（Syed H. Jafri）制作的幻灯片。这些幻灯片可以从网站 http：//login. cengage. com 上的供教师专用的 Carbaugh Website 中轻松下载。教师们还可以根据自身的需要对这些幻灯片进行编辑。幻灯片也为学生们提供了有用的学习工具。

教师手册

为了辅助教学，《国际经济学》第 15 版出版之际，也同时推出了“带有测试题库的教师手册”。该手册的内容包括：(1) 本教材每章末习题的答案要点；(2) 针对各章内容的多选题；(3) 针对各章内容的判断题。有资格的教师可以从网站 www.cengagebrain.com 上供教师专用的 Carbaugh Website 中自行下载“带有测试题库的教师手册”。

学习指南

《国际经济学》第 15 版出版之际，吉姆·汉森（Willamette 大学的退休荣誉教授）在线上为学生们同时推出了“学习指南”。该指南通过帮助学生们回顾本教材的主题以及为学生们提供实践操作、判断题、多选题和简答题，来进一步强化对于关键概念的学习。“学习指南”只能线上获取，学生可登录网站 www.cengagebrain.com 购买。教师可登录 http://login.cengage.com 浏览线上“学习指南”。

Compose

Compose 是圣智学习公司（Cengage Learning）所提供的线上数字内容的集合。其能够为教师们提供一种最快、最简单的方式来丰富他们的参考资料。西南出版/圣智学习公司的“经济问题与经济行为”内容数据库包含了大量当前热点问题和政策应用案例，并且“课堂活动”专门为强化经济学教程学习而设计。哪怕是只选择其中的一篇或数篇文章，甚至也许只是用来丰富教师自己的参考资料，也能够对教师教授课程所使用的定制教材提供一种辅助参考。详情请联系西南出版/圣智学习公司的销售代表。

目　录

第 1 章 国际经济与全球化

在当今世界，没有一个国家能够在经济孤立中生存。一国经济的各个方面，诸如工业、服务部门、收入和就业水平、生活标准等，都与其贸易伙伴国的经济密切相关。国际经济关联表现为国际商品和服务的流动、劳动力的流动、工商企业的流动、投资资金和技术的流动。事实上，一国在制定经济政策的时候必须考虑到这些政策可能对其他国家经济产生的影响。

目前经济体之间高度的**经济依存性**（Economic Interdependence）是世界政治、经济秩序历史演进的结果。第二次世界大战结束以后，美国成为世界上政治和经济力量最为强大的国家，人们常用“美国打一个喷嚏，其他国家都得感冒”来描述这种格局。但是，随着时代的发展，美国经济越来越多地融入其他国家的经济活动之中。20 世纪 50 年代欧共体（即现在的欧盟）的建立、60 年代跨国公司发挥日益重要的作用、70 年代石油输出国组织（OPEC，欧佩克）在世界石油市场上的翻云覆雨，以及世纪之交欧元的出现，21 世纪之初中国的崛起并成为经济大国，都使国际社会进入了一个国与国之间相互依存度日益增强的复杂体系。

2007—2009 年的经济危机，淋漓尽致地体现了全球各国经济联系的紧密性。这场经济危机的导火线是美国房地产市场的崩塌，次级贷款大量违约。次级贷款的违约又导致创造和投资它们的金融机构的财务危机。信贷市场流动性枯竭，银行之间拒绝相互借贷，企业和家庭也得不到日常经营和日常生活所需要的贷款。这使得经济在很短时间内陷入萧条。欧洲的银行也被拖入财务危机，其中一部分原因在于这些金融机构买入了美国的次级贷款。由于银行陷入巨亏泥潭，金融市场中弥漫着恐慌和忧虑：这些银行有没有足够的资金偿还债务？此外，经济危机还蔓延到了新兴经济体，比如冰岛和俄罗斯。通常而言，这些新兴经济体更难恢复经济发展的信心。这样一句话形容得特别贴切：美国打一个喷嚏，其他国家都得感冒。

世界经济的相互依存是复杂的，并且影响是非均衡的，认识到这一点之后，经济社会积极致力于促进国际合作。有关全球经济问题的国际会议曾经提出开拓工业国和发展中国家之间合作的路径。受最近全球制造业衰退、产业通货膨胀和能源高价的影响，发展中国家加快了从国际贸易中获取更大收益以及更全面地参与国际机构的步伐。

在过去的50年间，世界市场经济一体化增强。对于大多数工业国来说，出口和进口在国民产出中所占的份额不断提高，同时，对外投资和国际借贷也不断扩张。世界经济更加紧密的联系对贸易国来说是互惠互利的，它使得每个国家的生产者可以充分利用专业化和规模经济效应。与不存在国际贸易的情况相比，一国能够以更低的价格消费更多的产品。尽管对外贸易会带来这些好处，但是抵制进口的呼声也在高涨。当一国经济衰退引起失业增加的时候，来自保护主义的压力是最大的。此外，发展中国家经常指责工业国倡导的所谓自由化贸易使得发展中国家无法摆脱贫困的境地。

对于学习国际经济学入门课程的学生来说，经济依存性也会对我们产生一些直接影响。作为消费者，我们会感受到国际货币兑换价值变化带来的影响。倘若日元或者英镑相对于美元升值了，我们就要花更多的美元去购买日本的电视机或英国的汽车。作为投资者，如果瑞士的利率上升，超过了美国的利率水平，我们可能更愿意购买瑞士证券。作为劳动力中的一员，我们希望知道总统是否要保护美国的钢铁生产工人或汽车生产工人，使他们免遭来自国外的竞争。

简而言之，经济依存性已成为当今时代的一个复杂问题，经常会对不同国家以及某国的不同部门产生强烈而非均衡的影响。企业、劳动力、投资者和消费者都会感受到其他国家经济形势变动和贸易政策变动所带来的影响。今天的全球经济需要各国在国际层次上进行合作，以应对各种争端和问题。

1.1 经济活动的全球化

我们经常会从新闻中听到“全球化”一词，那么它的含义是什么呢？**全球化**（Globalization）指不同国家及其国民之间的依存度日益增强的过程，商品和服务、人口以及投资（如设备、工厂、股票和债券）的国际流动形成了国际贸易、移民和海外投资，推动了国家之间产品市场和要素市场一体化的不断发展。除此之外，全球化也涉及诸如文化和环境等非经济要素。简而言之，全球化是政治的、技术的、文化的以及经济的全球化。

就人们的日常生活而言，全球化意味着与50年前相比，一国的居民更有可能消费来自其他国家的产品、进行海外投资、从其他国家获取收入、通过电话与外国朋友聊天、去海外旅行、认识到自身会受到其他国家经济发展的影响以及了解其他国家的经济发展情况。

驱动全球化发展的动力何在？① 首要的或许也是影响最深远的因素是技术变革。从18世纪后期的工业革命开始，技术创新促进了劳动生产率的快速提高和运输成本的大幅度降低。蒸汽机的出现为铁路的发展提供了条件，越来越多的原本依赖体力劳动完成

---

① World Trade Organization, *Annual Report*, 1998, pp. 33 - 36.

的经济活动实现了机械化。之后的发明和发现，诸如电、电话、汽车、集装箱船和管道技术，促进了生产、通信和运输方式的变革，这是前人所无法想象的。近期的计算机信息和通信技术的快速发展，进一步削弱了个人与企业在世界范围内相互沟通和交易的时空限制。技术进步扩大了产品种类和生产地点的范围；运输技术的进步使居民和企业更紧密地联系在一起，可贸易商品和服务的种类不断增加。

此外，作为国际多边贸易磋商的结果，贸易和投资自由化日益发展。例如，工业国的关税税率从 20 世纪 40 年代的高达 2 位数下降到 2014 年的约 4%。同时，除了那些出于健康、安全或其他公共政策需要而对贸易设置的配额以外，大部分数量配额已经被取消。此外，投资交易的广泛自由化和国际金融市场的发展，通过提供较为便利和有效的融资方式推动了国际贸易的发展，进而推动了全球化进程。

贸易壁垒的削减与金融自由化使企业越来越多地通过海外投资实现生产结构的全球化布局，反过来为贸易的进一步发展提供了动力。在技术方面，信息流的增加与可贸易商品和服务范围的扩大对生产地点的选择产生了深远的影响。跨国公司在维持一般企业特征的同时，能够日益将生产过程的不同零部件的生产配置到不同的国家和地区。随着企业把部分生产过程分包给设在国外的子公司或其他外国企业，就业、技术、资金和技能也会在全球范围内转移。

全球性的生产分享在世界贸易中的重要程度如何？研究者通过计算零部件在世界贸易中所占份额来估计生产分享的程度。他们得出的结论是：在制造业产品中，全球性生产大约分享世界贸易的 30%。此外，零部件贸易的增长明显快于最终产品贸易的增长，这证明了国际性生产和贸易强化了国家间的相互依存度。①

1.2 全球化浪潮

在过去的 20 年里，全球经济一体化倾向日益显著。经济一体化表现为国际贸易、劳动力移民，以及像企业股票和政府证券这样的资本（投资）流动。让我们回顾一下发生在近期的主要的全球化浪潮。②

贸易冲突

美联储政策的全球冲击

全球经济一体化已经影响到普通民众生活的方方面面。如果一个国家的经济政策可能对其他国家产生溢出效应，政府在制定经济政策时一定要把溢出效应考虑在内。这也是世界大国经常召开国际会议的一个原因。本书接下来以美联储政策的全球影响为例进行阐述。

① A. Yeats, *Just How Big Is Global Production Sharing*? World Bank, Policy Research Working Paper No. 1871, 1998, Washington, DC.

② World Bank, *Globalization, Growth and Poverty: Building an Inclusive World Economy*, 2001.

数十年来，美联储一直致力于充分就业、物价稳定和经济增长的使命。但是，美联储在竭力完成这些目标的过程中，有时候会对其他国家的经济产生不利影响。

面对经济的一蹶不振，美联储于 2010 年实施备受争议的扩张性货币政策，购买 6 000 亿美元的国债，把更多的货币注入经济活动中，引导长期利率走低，同时还可以促进投资和消费，从而刺激经济复苏。但是，此措施也受到广泛批评，一些人士认为：可能会导致通货膨胀预期攀升，以及增加经济的不稳定性。

此外，美国扩张的货币政策也引致贸易伙伴巴西和德国的不满。这些国家认为，美国为了提升竞争力，损害了它们的利益；印更多的钞票或降低利率导致美元贬值（这将在第 11 章阐述）。美元贬值就会导致其他国家的出口产品变得更贵，从而减少美国进口，也会导致美国出口产品更加便宜，从而增加出口。这当然有利于美国的出口企业，增加这些企业的就业，减少失业。但是，其他国家的出口企业就会遭殃，增加失业人数。这样看来，美国生产企业受益建立在其他国家生产企业受损的基础上。

然而，美联储官员解释道，美联储实施扩张性货币政策的目的并不是推动美元贬值、让贸易伙伴受损，而是为了刺激经济，这不仅对美国有好处，对世界其他国家也有好处。美元贬值只是这一货币政策的副作用，并不是美联储的本意。但是，美联储的这番解释并不能打消贸易伙伴的顾虑，它们仍然指责美国。

□ 1.2.1　全球化的第一次浪潮：1870—1914 年

全球经济一体化的第一次浪潮发生在 1870—1914 年，主要表现为关税壁垒的削减，以及大幅度降低运输成本的新技术的出现，例如，从帆船发展为汽船、不断修筑完成的铁路。驱动全球化进程的媒介是一个国家所拥有的人力、马力、风能、后来的蒸汽动力以及对它们的配置。这次全球化浪潮主要由欧洲和美洲的商业和个人驱动。因此，出口创造的价值占世界收入的比重近乎翻了一倍，高达 8%，人均收入在过去的 50 年里年均增长 0.5%，而现在年均增长 1.3%。积极地参与全球化的国家（例如，美国）发展成为世界上最富有的国家。

然而，全球化的第一次浪潮在第一次大战时期结束了。此外，在 20 世纪 30 年代大萧条时期，各国政府相应地实施保护主义，即盲目地试图通过对进口商品征收关税，使最终需求转向本国市场，从而促进本国企业产品的销售和本国工人的就业。从世界经济的角度来看，保护主义盛行导致出口所创造的国民收入比重降低到约 5%，因此阻碍了运输业方面 80 年的技术进步。

□ 1.2.2　全球化的第二次浪潮：1945—1980 年

第二次世界大战之后，对民族主义的恐惧再次刺激了国际主义的发展，从而导致了 1945—1980 年第二次全球化浪潮的出现。不断降低的运输成本使国际贸易继续扩大，此外，各国的力量说服各自的政府进行合作，来降低它们之前设立的贸易壁垒。

但是，不论是从参与的国家来看，还是从涉及的产品来看，贸易自由化普遍存在歧视。截止到 1980 年，发达国家之间的制造业商品贸易壁垒在很大程度上都消除了。但是，在发展中国家面对的贸易壁垒中，只有少数对发达国家农业不构成竞争威胁的农产品的贸易壁垒被废除了；而在制造业产品方面，发展中国家仍面临重重壁垒。发达国家因为国家之间贸易壁垒的废除，扩大了制造业产品的贸易，从而大大提高了发达国家相对于发展中国家的收入。

全球化的第二次浪潮促成了一种新型贸易，即富裕国家专业化于制造业生产，通过**集聚经济**（Agglomeration Economies）提高生产效率。企业逐渐集聚到一起，一些企业生产同种产品，另一些企业通过垂直的生产链相联系。例如，日本汽车生产企业因为坚持将零部件生产商分布在核心组装工厂的附近而著称。丰田和本田等企业通过这种方式降低运输成本、协调成本、控制成本和契约成本。尽管集聚经济对于集聚参与者是有利的，但是对其他主体是不利的。如果某地区没有吸引足够的企业在此设厂，那么它将是没有竞争力的。因此，世界可能会被分割，其中，制造企业形成的网络会集聚到某个高工资地区，同时其他地区的工资保持在较低的水平。企业将不会转移到新的场所，除非生产成本的差异足够大并足以补偿丧失集聚经济所带来的损失。

在全球化第二次浪潮期间，大部分发展中国家没有参与全球制造品和服务贸易的增长。继续存在的贸易壁垒、不利的投资环境和政府的反贸易政策，均使得发展中国家的出口局限于农业和自然资源产品。

尽管全球化的第二次浪潮成功地增加了发达国家的人均收入，但是，发展中国家整体上被甩在后面。世界不平等加剧了发展中国家对现行的、看上去只对发达国家有利的国际贸易体制的不信任。因此，发展中国家开始日益呼吁给予其制造品和服务进入发达国家市场的更多准入机会，从而创造新的就业、增加国民收入。

□ 1.2.3 全球化的最新浪潮

开始于20世纪80年代的全球化的最新浪潮独具特征。第一，一大批发展中国家作为制造厂商进入世界市场；第二，其他的发展中国家则在世界经济中日益被边缘化，收入不断减少，贫困日益加剧；第三，在全球化第二次浪潮期间曾经低迷的国际资本流动再次显著活跃。

全球化的第三次浪潮的主要意义在于，一些发展中国家首次成功地利用其富余劳动力，使自己在劳动密集型制成品方面占据竞争优势。成功地转向制造业贸易的发展中国家有中国、孟加拉国、马来西亚、土耳其、墨西哥、匈牙利、印度尼西亚、斯里兰卡、泰国和菲律宾。这种转移之所以成功，部分原因在于发达国家降低了对制造产品征收的进口关税。此外，许多发展中国家降低了海外投资的壁垒，从而鼓励诸如福特汽车这样的公司将组装厂向发展中国家转移。另外，运输和通信方面的技术进步使发展中国家能够加入到国际生产网络中来。但是，发展中国家出口制造产品的急剧扩张促使发达国家采取了保护主义政策。随着许多发展中国家成长为重要的贸易国，进一步达成多边贸易自由化的协定将变得更加复杂。

尽管与一个世纪以前相比较，就国际贸易和资本流动来说，世界变得更加全球化，但是在劳动力流动方面，全球化程度仍然较低。例如，19世纪末20世纪初，美国拥有较自由的移民政策，大量的主要来自欧洲的人口流入美国。作为一个拥有很大的吸收新来人口空间的大国，美国在这段时期的大部分时间内还吸引了海外投资，这意味着高度的移民水平伴随着很高的而且不断上涨的工资水平。但是，自第一次世界大战以来，移民在美国成为一个争议话题，对于移民的限制不断加紧。相对于 1870—1914 年间全球化浪潮期间出现的大量欧洲移民，美国当前的移民主要来自亚洲和拉丁美洲。

最新一轮全球化浪潮的另一个表现是跨国界生产，即一种产品的生产在多个国家完成。20 世纪七八十年代以后，随着运输和通信变得更加便捷，越来越多的生产向成本最低的地方集聚。例如，美国的企业把汽车的组装，鞋子、电子设备和玩具的生产等向工资水平较低的发展中国家转移。这种转移导致本国生产这些产品的蓝领工人失去工作，因此也有许多人呼吁制定法律限制外包。

如果一位美国消费者在网上订购了一台惠普笔记本电脑，这笔订单会传送到中国台湾的广达电脑公司。为了降低劳动成本，该公司将部分生产工作外包给中国上海的工人。他们将来自世界各地的各个部件组装起来，然后将笔记本电脑运到美国，发送给客户。95%的惠普电脑都是在其他国家外包加工的。对美国其他电脑生产商来说，包括戴尔、苹果、捷威，外包加工率接近 100%。表 1.1 显示了惠普电脑是如何由来自许多不同国家或地区的工人组装的。

表 1.1　　生产一台惠普畅游人、ZD8000 手提电脑

元件	主要生产国和地区
硬盘驱动器	新加坡，中国，日本，美国
电源设备	中国
镁合金外壳	中国
存储条	德国，中国台湾，韩国，美国
液晶显示器	日本，中国台湾，韩国，中国
微处理器	美国
图形处理器	美国和加拿大设计，中国台湾生产

资料来源："The laptop Trail," *The Wall Street Journal*, June 9, 2005, pp. B1 - B8.

到 21 世纪，信息时代导致了白领工作向海外分包。目前，许多企业的生产场所已经显得无足轻重了。数字化、互联网以及高速数据网络把分布在全球的工作联系起来。现在企业可以在任何地方发送办公室工作文件，这意味着印度、爱尔兰和菲律宾等地工人的工资比美国低很多。简而言之，新一轮的全球化是指将包括会计、芯片设计、工程设计、基础研究以及财务分析在内的高级职位工作分包到海外，如表 1.2 所示。分析家估计，海外分包能够使企业特定服务成本降低 30%～50%。

表 1.2　　全球化渗入白领阶层

美国公司	国家	转移的工作类型
埃森哲	菲律宾	会计、软件、办公室工作
康塞科	印度	保险索赔处理
达美航空	印度、菲律宾	机票预定、客户服务

续前表

美国公司	国家	转移的工作类型
弗卢尔	菲律宾	建筑蓝图
通用电气	印度	金融、信息技术
英特尔	印度	芯片设计、技术支持
微软	中国、印度	软件设计
飞利浦	中国	家用电子产品、研发
宝洁	菲律宾、中国	会计、技术支持

资料来源："Is Your Job Next?" *Business Week*, February 3, 2003, pp. 50-60.

例如，波音公司雇用俄罗斯的航空专家来设计喷气客机的行李箱和机翼部件。这些拥有数学或者航空学硕士学位或者博士学位的专家的薪酬为每月 700 美元，而在美国，同样的专家的薪酬为每月 7 000 美元。同样地，在中国和印度，为德州仪器和英特尔公司开发芯片的工程师的薪酬为每月 1 100 美元，而在美国，同样的专家的薪酬为每月 8 000 美元。尽管如此，企业还是倾向于将核心研究和开发以及主要办公操作配置在较近的地区。有一些工作需要与客户面对面地接触，因此它们不能在任何地方完成。经济学家注意到，在美国，这样的工作大部分集中在诸如零售、餐饮及住宿、个人护理服务等行业。这些服务必须进行本地生产和本地消费，不能分包到海外。

除了降低成本外，海外分包还能够使企业之前的某些工作变得较为简单。例如，对只负担得起价值小于 1 000 美元的产品的消费者，美国的一家消费品公司发现它无法降低成本来满足该类消费者的需求。但是，如果将此产品的生产外包给印度，成本将大幅度降低，这使得该企业在接受价值为 100 美元的商品的订单的时候还能够获利。

尽管互联网的出现使得美国公司在竞争日益激烈的全球市场中仍可保持竞争力，但是，海外分包对白领工人有利吗？这里我们有一个案例，显示美国人能够从外包中获利。在 20 世纪 90 年代，美国企业不得不大量吸收移民以缓解工程师的短缺。目前，通过向有富余的受过教育的工人的国家分配日常业务和工程任务，美国劳动力和资本可以转向高附加值产业和尖端的研究和开发。

但是，这里仍然存在一个问题：如果被替换的白领工人不能找到新的工作，结果将会如何？事实上，全球知识产业的兴起只是近期的事情，大部分经济学家还没有解释其内涵。但是印度等发展中国家认为外包是有利的，因为这有助于将财富从富裕国家转移到贫穷国家。在外包的诸多好处中，互联网可能成为利益均衡器。我们将在第 2 章末对外包进行进一步的探讨。

贸易冲突

柴油和燃气发动机推动全球化

提起内燃机，你可能想到汽车前盖下面的发动机——汽油发动机。虽然可以载着你跑来跑去，但是这种发动机难以承担超长距离、超大重量的运输。全球运输需要更大功率的引擎。

那么，怎样才能在全球各国之间运输数十亿吨的原材料和制成品呢？为什么波音或者空中客车飞机能够在24小时内将货物运输到全球任何一个地方？这主要归功于推动全球化的两项重大创新：驱动货轮和火车的柴油机，以及为飞机提供动力的燃气轮机。

鲁道夫·狄赛尔（Rudolf Diesel）于19世纪90年代发明了柴油机，被誉为柴油机之父。德语的"柴油"一词，就来自他的名字。狄赛尔从慕尼黑科技大学毕业之后，成为一名冷冻机工程师，但是他的真正兴趣是发动机。他研发的柴油机能够把燃料柴油的化学能量转化为驱动卡车和货轮的机械能量。现在，90%以上的全球贸易运输必须依赖柴油机。

燃气轮机是另一个促进全球化的发动机。燃气轮机是一种通过冲压空气获取能量的涡轮发动机，能够产生强烈动能，推动飞机飞上天空，还可以为火车或者货轮提供强大推动力。燃气涡轮由英国工程师弗兰克·惠特尔（Frank Whittle）在20世纪初发明。尽管莱特兄弟是飞行器之父，但惠特尔的贡献也不能被低估。

柴油机和燃气轮机为全球客货运提供动力，降低运输成本，使得原材料和制成品的地点和距离成为影响更小的商业因素。如果没有柴油机和燃气轮机，国际贸易和洲际航班很难像现在一样可靠、快速以及低成本。尽管这两种发动机产生空气和水污染等环境问题，但是在短时间内仍然不会被人们抛弃。

资料来源：Vaclav Smil，*Prime Movers of Globalization*，MIT Press，Cambridge，Massachusetts，2010；Nick Schutz，"Engines of Commerce，" *The Wall Street Journal*，December 1，2010.

1.3 美国：一个开放的经济

最近几十年，美国经济被普遍认为正在日益融入世界经济（发展成为开放经济）。这种一体化包含许多方面，包括商品和服务贸易、金融市场、劳动力、生产设备的所有权以及对进口材料的依存性。

□ 1.3.1 贸易模式

如果想感受美国经济的一体化，可以去当地的超市看一看。几乎任何一家超市同时又是一个国际美食天地。在陈列着来自爱达荷州的马铃薯和来自得克萨斯州的牛肉的货架旁边，摆放着来自墨西哥的甜瓜、意大利的橄榄油、哥伦比亚的咖啡、斯里兰卡的肉桂、法国的葡萄酒和奶酪以及哥斯达黎加的香蕉。表1.3列出了美国消费者可以购买到的全球化的水果。

杂货店不是美国人尽享外国美食的唯一场所。我们可以购买到来自日本的相机和汽车、来自孟加拉的衬衫、来自韩国的盒式录音带、来自加拿大的纸产品以及来自厄瓜多尔的鲜花。我们从科威特输入石油，从中国输入钢铁，从印度输入计算机程序，以及从中国台湾输入半导体。

表 1.3　　自由贸易的果实：全球化的水果篮子

走进杂货店，消费者可以买到来自世界各地的水果			
水果	国家	水果	国家
苹果	新西兰	酸橙	萨尔瓦多
杏	中国	柑橙	澳大利亚
香蕉	厄瓜多尔	梨	韩国
黑莓	加拿大	菠萝	哥斯达黎加
蓝莓	智利	梅子	危地马拉
椰子	菲律宾	树莓	墨西哥
葡萄柚	巴哈马群岛	草莓	波兰
葡萄	秘鲁	橘子	南非
猕猴桃	意大利	西瓜	洪都拉斯
柠檬	阿根廷		

资料来源："The Fruits of Free Trade"，*Annual Report*，Federal Reserve Bank of Dallas，2002，p. 3.

大多数美国人很清楚地意识到美国进口的欲望，但是并没有意识到美国也是世界上最大的出口国，美国的私人计算机、推土机、喷气飞机、金融服务、电影以及成千上万的其他产品几乎销往世界的每个角落。简而言之，国际贸易和投资实实在在地存在于我们的日常生活中。

为大致衡量一下国际贸易在一国经济中的重要性，我们可以看一下一国出口和进口商品在国内生产总值（GDP）中所占的比重，这一比重被称为**对外开放度**（Openness）。

$$对外开放度=\frac{进口+出口}{GDP}$$

表 1.4 衡量了 2013 年某些国家的对外开放度。在 2013 年，美国出口量占 GDP 的 14%，而进口量占 GDP 的 18%，因此，美国经济对贸易的对外开放度等于 32%。表 1.4 显示，不仅美国经济显著地依赖于国际贸易，这种倾向在许多较小的国家更加明显。简而言之，大国较少地依赖于国际贸易，因为其大多数国内企业能够达到最优生产规模，而无须向海外出口。因此，一般来说，小国相对于大国具有较高的对外开放度。

图 1.1 描绘了 1890—2013 年美国经济的对外开放度变化情况。一个明显的变化趋势是，在 1890—1950 年间，美国对国际贸易的开放程度不断降低。18 世纪后期，美国对外开放度相对较高，这是由于运输技术（轮船）和通信技术（跨大西洋电话电缆）的进步推动了世界贸易的增加。但是，两次世界大战和 20 世纪 30 年代的大危机使得美国降低了对国际贸易的依赖度，部分出于民族安全的考虑，部分是为了保护国内产业免受进口竞争。第二次世界大战之后，美国和其他国家达成协议削减贸易壁垒，这促进了世界贸易的发展。运输和通信技术的进步也刺激了贸易的扩张，提高了美国经济的对外开放度。

表 1.4　　2013 年，商品、服务出口和进口与国内生产总值的比例（%）

国家	出口占 GDP 的比重	进口占 GDP 的比重	进出口总和占 GDP 的比重
荷兰	87	79	166
韩国	56	54	110
德国	52	46	98
挪威	41	27	68
英国	32	34	66
加拿大	30	32	62
法国	27	30	57
美国	14	18	32
日本	15	16	31

资料来源：The World Bank Group，*Country Profiles*，2014，available at http：//www. worldbank. org.

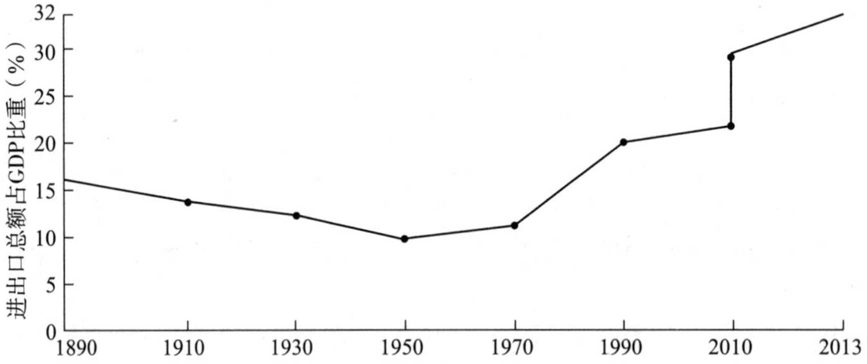

图 1.1　1890—2013 年美国经济开放程度

注：图形显示国际贸易对于美国的重要性从 1890 年到 2013 年大幅提升。

资料来源：Data from U. S. Census Bureau，Foreign Trade Division，*U. S. Trade in Goods and Services*，at http：//www. census. gov/foreign-trade/statistics and *Economic Report of the President*，various issues.

在过去的一个世纪里，国际贸易对美国的相对重要性显著增加，如图 1.1 所示。但是这些数据还隐含了重要的实际情况。在 1890 年，美国大部分贸易集中在原材料和农产品方面，而现在制成品和服务成了美国贸易的主流。因此，美国制成品生产商在海外竞争中所受的影响比 100 年前更大。

当考察具体产品时，国际贸易对美国经济的重要意义甚至更引人注目。例如，如果没有进口零部件，我们个人计算机的数量将会比较少；如果不进口铝矾土，我们就没有铝可用；如果不进口锡，我们就没有锡罐头盒；如果不进口铬，我们就不会有铬减震器；如果不进口咖啡或茶，上午 9:00 上国际经济学课程的学生可能会在课堂上打瞌睡。（你真的相信会这样吗？）此外，如果不进口而是只依赖于国内生产，某些产品就会昂贵得多。

美国与哪些国家和地区进行贸易呢？我们从表 1.5 中可以看出，加拿大、墨西哥、日本和中国排在前面。

表 1.5　2012 年美国前十大贸易伙伴

国家和地区	美国出口额（十亿美元）	美国进口额（十亿美元）	进出口总额（十亿美元）
加拿大	292.5	323.9	616.4
中国	110.5	425.6	536.1
墨西哥	215.9	277.6	493.5
日本	70.0	146.4	216.4
德国	48.8	108.7	157.5
英国	54.9	55.0	109.9
韩国	42.3	58.9	101.2
法国	30.1	41.7	71.8
巴西	43.8	32.1	75.9
中国台湾	24.4	38.9	63.3

资料来源：U. S. Department of Commerce，U. S. Census Bureau，*Foreign Trade*：*U. S. Trade in Goods by Country*，2013.

□ 1.3.2　劳动力和资本

除了商品和服务贸易外，生产要素的国际流动也是衡量经济一体化的一个指标。随着国家之间的依存度越来越高，劳动力和资本的国际流动也越来越自由化。

但是，在过去的一个世纪里，美国劳动力的流动性并没有增加。1900 年，美国约 14%的人口是在外国出生的，但是 20 世纪 20—60 年代，美国加强了对移民的限制，这使得外国出生的人口占美国总人口的比重下降到 6%。20 世纪 60 年代，美国放松了移民限制，移民不断增加。截止到 2014 年，美国人口中约 12%出生在海外，同时外国人占到美国劳动力的 14%。在美国移民人口中，来自拉丁美洲的移民约占一半，来自亚洲的移民占 1/4。这些移民在美国的劳动力稀缺的地区工作，或者从事本地工人不愿意从事的工作，从而为美国的经济增长作出了贡献。

尽管近几十年，美国的劳动力流动性没有提高，但是在资本（投资）流动方面，美国经济与世界其他国家的联系日益紧密。自 20 世纪 60 年代以来，美国金融资产的外国所有权比重不断提高。在 20 世纪 70 年代，中东地区石油生产国通过投资美国金融市场，使得它们持有的石油美元加快周转。20 世纪 80 年代也是投资资金主要流向美国的时代，日本和其他国家利用与美国贸易顺差积累的美元，在美国购买金融资产、商业企业和房地产。20 世纪 80 年代末，美国的消费超过了生产，从而成为从世界其他国家借债弥补贸易逆差的净债务国。人们越来越担忧债务给美国经济带来的利息成本，以及这些债务负担对美国未来人们生活水准的影响。在本书写作的 2014 年，这种担忧仍然存在。

全球化的进程也促进了国际银行业务的发展。据估计，目前外汇交易市场（买卖货币的场所）日平均交易量超过了 4 万亿美元，而 1986 年仅有 0.205 万亿美元。全球交易日率先从东京和悉尼开始，接下来 24 小时在全世界范围内不间断地循环，从新加坡和中国香港到欧洲，最后是美国，接着在日本和澳大利亚的交易日又开始了。伦敦一直是世界第一大外汇交易中心，美国排名第二；在亚洲、德国、法国、斯堪的纳维亚半岛、加拿大和其他地方也进行着大宗的货币交易。

在商业银行业务中，美国的银行在 20 世纪 60 年代和 70 年代建立了进行贷款、支付和外汇交易业务的、遍布世界的分支网络。在 20 世纪 80 年代以及 90 年代初期，外国银行也拓展了在美国的业务，这反映了美国的多国人口基础、美国市场的规模和重要性、美元作为国际交换和储备通货的媒介作用。目前，在美国经营的外国银行有 250 多家，在美国开展业务的外国银行集团中，日本的银行占据主导地位。与商业银行类似，证券公司也开始开展全球性业务。

截止到 20 世纪 80 年代，美国政府债券实现了 24 小时交易。外国投资者购买美国的国库券、票据和债券，而且愿意在他们自己的上班时间而不是美国的上班时间进行交易。美国政府债券的主要经销商在东京和伦敦这样的地方开业。股票市场变得越来越国际化了，公司将它们的股票在全球不同的交易所上市。金融期货市场也扩展到了全世界。

1.4 全球化为什么如此重要?

通过贸易，个人、企业、地区和国家能够专业化从事其擅长的某些商品的生产，然后用由此获得的收入从其他国家（个人、企业、地区）那里购买自身生产成本较高的商品。因此，贸易伙伴国可以进行较大范围的联合生产，并且提高双方的生活水平，这一点是通过其他方式无法实现的。经济学家将此称为比较优势原则，我们将在第 2 章中进一步讨论这一原则。

根据**比较优势原则**（Law of Comparative Advantage），每个国家的国民都可以花费较多的时间和资源来生产自己具有相对优势的产品，从而从中获益。如果对于某种商品或者服务来说，贸易是较为经济的获取方式，那么通过贸易而不是国内生产来获得这种商品和服务是合理的。只关心某种产品是应该在国内生产还是应该在国外生产是错误的做法，核心问题在于如何利用可利用的资源，尽可能地使产品的成本降到最低。如果贸易双方均投入较多的时间和资源来生产自身擅长的产品，那么它们就能够创造较大规模的联合产出，从而使双方获益。

此外，通过国际贸易，贸易参与国还可以从竞争过程中获利。竞争是创新和效率生产的核心。国际竞争能够使国内生产商提高警惕，并在很大程度上刺激它们提高产品质量。此外，国际贸易通常能够削弱垄断。当一个国家开放国内市场时，国内的垄断厂商就会面临来自外国同行企业的竞争。

全球化和进口竞争使美国许多商品的价格水平都降低了，如电视机、玩具、餐具、衣服等等。有些产品的价格却上涨了，它们是全球化尚未涉及的行业，如有线电视、医疗服务、体育比赛门票、租金、车辆维修服务等。来自竞争的收益不仅限于国际贸易商品。非贸易型货物如包括地毯铺设、电线铺设及其他服务在内的住宅建设同样从国际竞争中获益。

20 世纪 50 年代，通用汽车（GM）承担了美国 60%的客车生产。尽管通用汽车的高管经常自我表扬说，通用汽车可以通过一家厂商经营来实现规模经济，但是对此持怀疑态度的人则担心通用汽车在汽车市场中的统治地位会形成垄断力量。有人认为，通用汽车应该分解成几个独立的企业，从而增加市场竞争。但是目前激烈的外国竞争使通用汽车的市场份额减少到了不足 24%。

开放型经济体不仅能够增加市场的竞争性，而且能带来更多的公司更替。面对全球竞争，生产成本较高的国内厂商可能退出市场。如果这些退出的公司与留在市场中的公司相比缺乏劳动生产效率，那么它们的退出意味着该产业劳动生产率的提高。退出的增加只是产业调整的一部分，另一方面，新的厂商也会进入市场（除非存在无法逾越的进入壁垒）。随之而来的是，原本由旧企业雇用的劳动者，现在必须在新进入的企业中寻找工作，这使劳动市场变得活跃。但是，虽然新进入的企业创造了我们无法想象的新的工作岗位，但是某些劳动者往往会因为缺乏教育和培训而不能被雇用，这也可能正是工人对全球化持反对态度的关键原因。简而言之，公司的频繁更替是全球化动态利益的一个重要来源。总体来说，随着时间的流逝，濒临破产的公司的劳动生产率不断降低，新兴企业的劳动生产率不断提高。

经济学家还发现一国的经济增长率与其贸易开放程度、教育水平以及交通设施建设密切相关。例如，开放对外贸易的国家通常可以获得技术发展以及经济增长的其他好处。从图 1.2 来看，贸易壁垒与经济增长似乎是负相关的。也就是说，贸易壁垒程度比较高的国家，其经济增长水平一般较低。

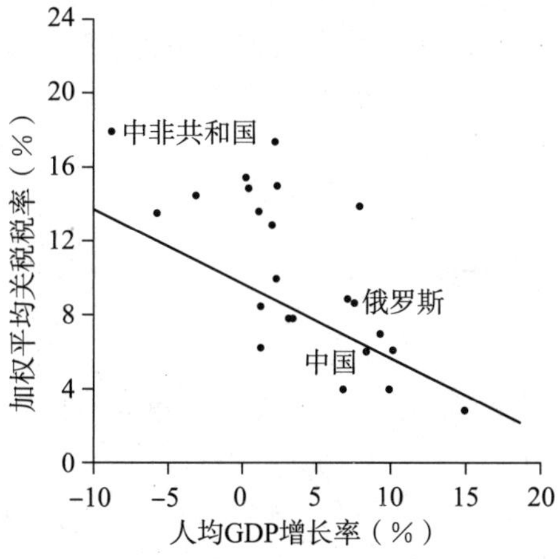

图 1.2　关税壁垒和经济增长

注：图中显示了 2002 年 23 个国家的加权平均关税税率及人均 GDP 增长率。从图中可以看出，关税壁垒水平和国家经济增长率成反比。

资料来源：The World Bank Group, *World Development Indicators*, available at http://www.worldbank.org/data/.

国际贸易也有助于生产厂商的稳定，以英维康公司为例，英维康公司是一家轮椅等医疗设备的生产企业，位于俄亥俄州。此公司的轮椅在德国销售，遥控器从新西兰进口，而设计大部分在美国完成。零部件从美国、法国和英国运往德国，最后在德国组装完成。由于零部件从全球采购，英维康公司消除了供应商提高铝、钢铁等原材料价格所带来的不利影响。英维康公司在全球 80 多个国家销售其产品，相对于单独依靠美国市场，其员工的工作更加稳定。美国的销售量一旦下滑，英维康公司还留有一张王牌：出口。

另一方面，中国、印度等国的快速发展带动了世界市场对原油、铜矿、钢铁等商品的需求。这样，美国的消费者和公司就需要为汽油等商品支付更高的价格。日益上涨的汽油价格刺激政府及私人企业增加汽油的替代品，如生物柴油、乙醇等的供应量。这种能源替代品的需求量的上升有助于大豆、玉米价格的上涨，大豆、玉米是生产鸡肉、牛肉及其他食品的重要原料。

然而，全球化还会使一国经济更易遭到海外市场波动的影响。以印度为例，2005—2007 年，约 1 200 名印度棉农因农业危机自杀。这些农民通过借高利贷来购买昂贵的生物科技棉种、灌溉水井。可是这些种子并不适合小规模种植，收成欠佳。更糟糕的是，棉花价格持续走低，1994—2007 年，世界棉价的下降幅度超过了三分之一。美国等富裕国家给予棉花大量补贴是棉价走低的重要原因。据世界银行的估算，假如没有棉花补贴，这些年棉花价格将上涨 13 个百分点。

尽管印度政府可以通过对进口棉花征收关税来消除棉业补贴的不公平，印度的棉花关税税率仅为 10%，大幅度低于大多数其他商品，因为便宜的纤维原料非常受追求低成本的印度纺织业制造商的欢迎。

对印度农民来说，最简单的解决之道是不再种植棉花，改去工厂织棉。但是，印度的限制性劳动法规并不鼓励人们从事工业生产，务工缺乏保障，农民只能依赖于土地。

印度棉农所处的困境充满了讽刺。英国人在 19 世纪开发了印度长纤维棉花以满足英国棉厂的需求。英国便宜的服装使印度的纺织工人们失去了就业岗位，纺织工人只能重回土地。21 世纪初，印度纺织业有所复兴，可棉农却无法离开土地到工厂就业。①

1.5 全球化和竞争

尽管经济学家认可全球化与自由贸易能为一些公司、工人、消费者带来好处，但它们也会给其他主体造成负担。

下面以柯达公司、施文自行车公司和基础电子公司为例详细说明。

□ 1.5.1 破产程序保护下的柯达公司重整旗鼓

俄国政治家列宁曾经说道，即使是绞死他自己的绳索，资本家也会去生产。这句话

① "Cotton Suicides: The Great Unraveling," *The Economist*, January 20, 2007, p. 34.

可以描述柯达公司的命运。资本家经常投资于扼杀自己业务的新技术。

柯达是一家生产影像与摄影设备的知名跨国公司，总部位于纽约州罗切斯特市。它的历史可以追溯至1889年，创始人是乔治·伊士曼（George Eastman）。在20世纪的大部分时间，柯达公司在摄影市场中占据主导地位。1976年，柯达公司占据着美国90%的胶卷市场份额以及80%的相机市场份额，它的口号是："您只需按下按钮，剩下的交给我们"。然而，柯达在市场中长期近乎垄断的地位引致独断的管理文化，管理层在新技术和全球竞争出现时仍旧排斥变革。

20世纪80年代，来自日本的竞争对手富士胶片公司以更低的价格进入美国市场。但是，柯达公司相信：美国人无论如何也不至于放弃自己本国的品牌。柯达公司把1984年洛杉矶奥运会胶片赞助商的名额拱手让给了富士公司。富士公司就是利用这个机遇在美国市场站稳了脚跟，在美国开办工厂，以激进的市场营销和较低的价格夺取市场份额。到20世纪90年代中期，富士公司的市场份额上升到了17%，而柯达公司的市场份额则降到了75%。但是，柯达公司在当时第二大影像摄影市场日本的开拓没有任何进展。很明显，柯达公司低估了日本富士公司的竞争。

柯达公司衰落的另一个因素是数码相机和智能手机的研发。有一点似乎很奇怪：柯达公司在1975年已经研发出了数码相机，但是却在推广方面长期滞后。由于当时竞争对手没有这项技术，柯达公司并没有感受到这些技术的竞争压力，也不必改变其低价卖相机、不断高价卖胶片的策略。然而，等到了20世纪90年代，索尼等公司研发出数码相机，所有的这一切都发生了变化。原来盈利颇丰的胶片业务不断下滑，柯达公司不得不开始生产数码相机。到2005年，柯达公司在美国数码相机市场占据第一。尽管仍保持增长，但柯达公司没有预料到，随着越来越多的新公司进入数码相机市场，利润率下降得很快。亚洲竞争对手生产的数码相机以更便宜的价格进入市场，柯达的市场销售迅速下滑。同时，智能手机也开始取代数码相机。柯达公司也没有正确认识新兴市场。柯达公司希望中国的新兴中产阶级可以购买大量胶片。他们的确购买了大量胶片，但只是持续了很短的一段时间，之后就转向了数码相机。

柯达公司是行业巨头被全球竞争和新技术淘汰的一个令人刻骨铭心的案例。2012年，柯达公司现金枯竭，提交破产保护，在公司破产法院法官的监督下重整。提交破产申请之后，柯达公司变卖了一些下属企业和专利，同时关停了相机部门。由于破产，柯达公司的员工失去了养老金和医疗福利。2013年，法院同意柯达公司重整成为规模更小的数码影像公司。柯达公司未来几年的表现如何，让我们拭目以待。

□ 1.5.2 自行车进口迫使自行车生产之王施文减产

施文自行车（Schwinn Bicycle）公司很好地诠释了全球化这一概念以及生产厂商会怎样应对来自外国的竞争压力。1895年在芝加哥成立的施文公司不久便成为自行车生产行业的标杆。大萧条使许多自行车厂商走向破产，施文却成功地存活了下来。其生产的自行车兼具耐用性和时尚性，由了解自行车且热衷于推广公司品牌的代理商负责销售。施文强调不断创新的企业文化，如内置踏脚板、低压轮胎、镀铬挡泥板、自行车前灯与尾灯等。到20世纪60年代，有一辆施文的Sting-Ray系列自行车成为每个孩子的愿望。像卡通人物袋鼠船长、里根总统等名人都为施文打广告："施文自行车是最好的自行车。”

尽管施文仍是美国自行车生产行业的老大，自行车市场行情却在不断改变着。自行车爱好者不再喜欢重型耐用的车型，这种车型是施文在过去几十年中的主流产品。自行车制造行业不断涌现如山地车生产厂商崔克、自行车越野赛专用车生产厂商猫鼬等强有力的竞争者。

此外，进口自行车关税税率的持续下降引导美国消费者更多地购买日本、韩国、中国厂商生产的自行车。这些厂商可以为美国消费者提供美国品牌或本国品牌的与自行车有关的一切产品，从零部件到整车。采用施文公司最先研发的生产技术，海外厂商雇用工资水平低的工人来制造与施文竞争的自行车，其生产成本只有施文的几分之一。

来自海外的竞争越来越激烈，施文公司在 1981 年将生产转移到了密西西比州格林维尔市的工厂中。生产移址是施文的战略决策。和其他美国制造商一样，施文也想将厂址移到南方，雇用非工会成员的工人进行生产，这些工人的工资水平普遍较低。可是，格林维尔市厂房生产出的产品质量不均，并且效率低下，生产出的自行车的质量并不优于亚洲国家。公司不断遭受损失，1993 年施文终于宣告破产。

太平洋自行车公司收购了施文，并将施文自行车的生产业务外包至中国。现在大多数的施文自行车都产自中国，在沃尔玛或其他折扣店销售。现在消费者可以不用花那么多钱就买到一辆新的施文自行车。太平洋旗下的施文或许不再是以前那个身为行业龙头的施文了，按现有美元计价，现在的一辆施文自行车在沃尔玛的售价不到 180 美元，是原来价格的三分之一。有些自行车爱好者认为施文自行车已经不同于旧时的施文了，并为此感到惋惜，太平洋自行车公司的官方回应是施文的售价也已不同于旧时的施文了。①

□ 1.5.3 基础电子公司将电视机制造业带回美国

美国没有一个行业像电视机制造业一样一败涂地。20 世纪 50—60 年代，美国共有大约 150 家电视机生产企业，雇员大约为 10 万人。此时，从国外进口的电视机开始进入美国市场。刚开始来自日本，之后来自中国、韩国和其他亚洲国家。平板电视更有利于亚洲国家实现规模生产，与原来体积庞大的晶体管电视机相比，重量更小，运输成本更便宜，便于国际运输。到 21 世纪早期，美国电视机制造业实际上已经不复存在。

由于中国工人工资上升，以及运输等成本的增加，中国产品生产成本自然也在增加。同时，美国的劳动力工资却增长停滞，再加上美国的生产率突飞猛进地提高，许多美国的制造业企业变得更加有竞争力。

其中一个这样的美国企业便是基础电子公司（Element Electronics Inc.）。这家公司总部位于明尼苏达州伊登普雷里。其所用的零部件全部来自进口。2012 年，基础电子公司成为美国最后一家幸存下来的电视机生产企业，该公司一条生产线位于密歇根州

① Judith Crown and Glenn Coleman, *No Hands: The Rise and Fall of the Schwinn Bicycle Company, an American Institution* (New York, Henry Holt and Co., 1996); Jay Pridmore, *Schwinn Bicycles* (Osceola, WI, Motorbooks International, 2002); Griff Wittee, "A Rough Ride for Schwinn Bicycle," *The Washington Post*, December 3, 2004.

底特律市，组装多种类型平板电视机，在沃尔玛、塔吉特等超市进行销售。基础电子公司之所以在美国生产产品，是因为可以缩短供应链，更快地在市场中占得先机，更快地满足消费者需求，使得公司能够以合理的价格更快地把合适的产品交到消费者手中，同时也可以降低废品率，提升消费者即买即用的购买体验。

基础电子公司位于底特律的工厂，可以充分利用当地劳动力成本优势以及通往全美国的高效的配送运输体系。此外，该公司表示，本地生产可以避免支付5%的关税，也能减少交货到零售商的运输成本。2013年，该企业表示，46英寸电视机平均每台节省27美元的关税，可以抵消底特律本地增加的劳动力成本。另外，公司推行电视机生产自动流水线作业，减少劳动力数量。

基础电子公司的管理人员称，把电视机的生产放在美国，完全是情感上的考虑。与其把生产外包、为其他国家提供就业，还不如把就业岗位留在美国。他们希望借此能够为美国制造业的复兴出一份力。这家公司电视机的外包装上印有星条旗，还印上“美国制造”的醒目字样，包装另一侧还印有底特律工厂工人组装电视机的画面。①

1.6 对国际贸易的普遍误解

尽管国际贸易带来了这样或那样的好处，但是人们仍然对其存在广泛的误解。② 其中一个误解便是：国际贸易是零和博弈，贸易一方获得好处，另一方必然受损。实际上并非如此。国际贸易可以使贸易双方都获益。

让我们以哥伦比亚和加拿大两个国家的贸易为例，当哥伦比亚生产香蕉而加拿大提供天然气时，两个国家的加总产出更高。哥伦比亚出口香蕉，以出口收入购买加拿大的天然气；加拿大以出口天然气的收入购买哥伦比亚的香蕉。两个国家都可以享受到规模化生产带来的好处。两个国家更大的产出使双方互惠互利。根据比较优势理论，如果各个国家专业化生产其效率更高的产品，进口对方拥有生产效率比较优势的商品，对于贸易双方都有好处。

另一个误解是：进口减少就业机会，并且不利于经济发展，而出口增加就业岗位，促进经济增长。产生这样误解背后的原因是没有理解进出口之间的相互关系。比如，美国进口德国的机械产品，导致美国国内机械行业产出、销售和就业机会减少。但是，德国就可以拿机械出口带来的收入，购买美国的电脑软件，从而增加美国软件业的产出和就业。美国软件业的收益抵消了机械进口的不利影响。

最后，一些人士认为，关税、配额和其他进口限制政策有利于保护就业岗位，提高就业水平。如同前一种误解，它的错误之处在于没有认识到进口减少的情况不会单独发

① Ashok Bindra, “Element Electronics Brings TV Manufacturing Back to the United States,” *TMCNet*, January 11, 2012; “Element Electronics: USA Made TV is Bringing Jobs Back Home,” *American Made Insider*, February 17, 2013; Timothy Aeppel, “Detroit's Wages Take on China's,” *The Wall Street Journal*, May 23, 2012; Matt Roush, “Element Electronics: America Matters,” *CBS Detroit*, January 11, 2012.

② James Gwartney and James Carter, *Twelve Myths of International Trade*, U.S. Senate, Joint Economic Committee, June 2000, pp. 4 - 11.

生，会带来涟漪反应。在限制其他国家出口的同时，实际上也限制了它们来自出口的美元收入，就限制了它们购买美国商品的能力。因而，限制进口的贸易措施也将减少出口。进口行业的就业岗位增加，而出口行业的就业岗位变少，两者相抵。

如果关税和配额真的可以带来好处，那么美国 50 个州之间为什么不设置贸易壁垒、阻止贸易呢？威斯康星州从佛罗里达州“进口”橘子，从亚拉巴马州“进口”棉花，从得克萨斯州“进口”西红柿，从加利福尼亚州“进口”葡萄，不免会导致本州就业岗位的丧失。尽管成本较高，威斯康星州都可以生产这些农产品。然而，该州的居民发现能够以更便宜的价格购买这些“进口”的农产品，生产和“出口”牛奶、啤酒、电子产品以及其他拥有比较优势的商品。事实上，大部分人都认识到，50 个州之间的自由贸易是推动各州经济繁荣的重要因素。国家之间的贸易也是如此。美国内部的自由贸易促进了经济的繁荣，国家之间的贸易亦是如此。

贸易冲突

☞

美国正在失去创造力优势吗？

你下一次到电子商店购物的时候，可以拿起苹果手机看看。打开盒子，你会发现：手机是由加利福尼亚州的苹果公司设计的，但是背面显示，该手机在中国组装。

美国许多行业在本土消失了，搬往其他国家。智能手机、风力涡轮机、太阳能面板和计算机集成电路等都曾在美国产生，但现在这些行业已经在美国不复存在。美国在失去一个行业的同时，实际上也失去了促进未来行业研发的技术。

以美国亚马逊公司 Kindle 电子书阅览器为例，2007 年，亚马逊工程师和设计师在硅谷研发出了 Kindle 电子书阅读器。读者可以随身携带，并使用该设备下载阅读报纸、杂志、图书和其他电子媒介。2007 年 11 月，亚马逊公司开始以 399 美元的价格发售 Kindle，五个半小时内售罄，直到 2008 年 4 月末，一直没有库存。到 2011 年，Kindle 由于竞争者的密集进入，售价降到了不足 140 美元。

为了给 Kindle 生产电子油墨，亚马逊公司刚开始与美国本土企业电子油墨公司（E-Ink Co.）合作。但是，该企业没有生产电脑屏幕的能力，亚马逊公司不得不寻找其他业务伙伴。刚开始，亚马逊公司在美国本土寻找，但是一无所获，没有一家能够为 Kindle 提供屏幕的企业。最终，亚马逊找到了中国台湾的生产企业元太科技。不久后，元太科技并购电子油墨公司，把这家公司的业务从美国移到了中国台湾。尽管 Kindle 的关键创新电子油墨在美国被创造，然而生产 Kindle 的大部分附加值被中国台湾公司获取。

一些经济学家坚持认为，美国制造业的空心化正在使美国失去创造力优势。他们认为，制造业是推动研发的主要因素，而研发是经济发展的重要推动力。如果没有一个强大的制造业，美国难以保证经济的持续发展。为了发展强大的制造业，美国必须建设一个投资友好型公共环境。

其他一些经济学家并不这么认为。他们认为，从竞争角度来看，美国在科技研发领域仍然保持全球第一，所有关键技术和高附加值活动仍然保留在美国本土。贸易和比较优势推动行业创新发展。以电视机市场为例，电视机制造业起源自美国，随着技术越来越标准化，电视机制造业被转移到劳动力工资和制造成本更低的国家，电视机的价格也随之下降，最终受益的是消费者。

全球经济总在不断变化。企业只有不断改善业务形态，战胜竞争对手，才能在市场的优胜劣汰中生存下来。其他国家的企业不断掌握新一代生产技艺和最新的高科技，美国面临着这些国家的竞争压力。本书第 2 章将进一步阐述外包的有关内容。

资料来源：Andrew Liveris，*Make It In America*：*The Case for Re-Inventing the Economy*，John Wiley & Sons，Inc.，Hoboken，New Jersey，2011；James Hagerty，"U. S. Manufacturers Gain Ground，" *The Wall Street Journal*，August 18，2013.

1.7 贸易自由化适用于香烟行业吗?

当 2001 年乔治 · W. 布什总统强迫韩国停止对外国香烟征收 40%的关税的时候，政府官员宣称对外国香烟征收高额关税与公众健康没有任何关系，相反，这是为了保护国内相关产业免受外国竞争。反对者坚持认为对于香烟，事情没那么简单。他们承认自由贸易原则上可以增加竞争、降低价格、使消费者能够购买到更好的产品，从而提高消费水平。通常，这是自由贸易好的一面。但是当香烟实施贸易自由化的时候，将会导致更多的吸烟、疾病和死亡。

全球每年约 400 万人死于肺癌、肺气肿以及其他由吸烟引起的疾病，从而使得香烟成为引起可预防死亡的唯一的最大源头。世界卫生组织预测，截止到 2030 年，每年因为吸烟死亡的人数将达到 1 000 万。反吸烟运动者，甚至一些经济学家认为，香烟不属于正常商品，其实属于"坏商品"，需要特殊的规制。他们坚持认为自由贸易所带来的好处不适用于香烟，应该将香烟视为贸易规则的例外。

这种观点也得到了某些国家政府的支持。在最近世界卫生组织的全球烟草控制协议的磋商中，很多国家表示支持将反吸烟措施置于自由贸易规则之上的条款。但是，美国反对这些措施。实际上，在美国国内，民众已经开始指控烟草公司隐瞒香烟的健康风险，美国却不断推动烟草贸易的自由化。例如，比尔 · 克林顿总统要求中国大幅度降低关税，包括对烟草征收的关税，以此作为支持中国加入世界贸易组织的条件。这些行为及降低关税和其他贸易壁垒的自由贸易协定一起促进了香烟的国际销售。

克林顿总统和小布什总统执政时期的美国宣称，它只是对旨在保护当地香烟厂商的规则提出挑战，而不是针对保护公众健康的非歧视性措施。根据美国贸易官员的说法，美国反对韩国对进口香烟征收 40%的关税，是因为关税是歧视性的，意在保护国内生产商，而不是保护韩国民众的健康和安全。但是，反对吸烟运动者坚持认为这是伪证，任何使香烟的价格下降、让更多人买得起的行为都是对公众健康有害的。但是，香烟生产商反对限制烟草贸易，它们认为，制定新的规则来削弱世界贸易组织倡导的开放贸易原则是毫无根据的。

烟草公司争辩说，只要所有的产品都被公平对待，目前的贸易规则允许成员制定措施来保护本国居民的健康和安全。例如，某贸易争端解决小组指出，虽然泰国不能限制外国进口香烟，但是它能够禁止国内和国外香烟的广告宣传。但是烟草控制活动者担心，贸易规则可能被用来阻止政府制定反吸烟的措施。他们坚持认为，特殊的商品需要特殊的规则，指出危险化学品和武器等产品已经被剔除在一般的贸易政策之外了。香烟每年致死的人口超过了艾滋病，因此反吸烟活动者认为，在烟草这一问题上，健康应该成为首要的关注点。

1.8 对工人来说，国际贸易是机会还是威胁?

- 汤姆住在威斯康星州的奇佩瓦瀑布（Chippewa Falls）附近。他以前在一家制鞋公司做记账的工作，他在该公司工作了多年，但是没有保障。虽然他每天能挣 100 美元，但给他升职的许诺却从未兑现，后来，大量从墨西哥进口的廉价鞋使该公司的鞋价下跌，并使得它最终走向破产。汤姆于是去了当地的一所大学，获得管理信息系统学位之后，又受雇于一家新型机械工具制造公司，这家公司的产品出口到墨西哥。现在，即使每个月必须偿还政府补贴的助学贷款，他也过着比以前更舒适的生活。
- 最近，罗莎和她的家人从墨西哥南部的农场搬到了北部边境。在那里，她在一家美国所有并向美国出口商品的电子公司工作。她的丈夫约瑟做门卫工作，经常非法跨越边境到加利福尼亚工作。脱离了勉强糊口的农业，罗莎、约瑟以及女儿的生活水平得到了提高。不过，去年罗莎的工资没有上涨，每小时的收入仍为约 3 美元，而且在可预期的未来没有工资上涨的迹象。

全球工人的生活已日益密切地联系在了一起。目前，世界上绝大多数的人口生活在产品和金融市场已经融入或者正在快速融入世界市场的国家。这种全球化趋势改善了工人们的生活了吗？关于在国际贸易中遭受损失的案例常见报端：与贫穷的墨西哥人的竞争使汤姆失去了工作。但是，汤姆现在拥有一份更好的工作，而且美国经济也从他的公司对墨西哥的出口中受益。由于生产出口商品，罗莎的生活水平得到了提高，她的女儿可望有一个更好的未来。约瑟盼望着有朝一日不再需要非法越境到加利福尼亚去工作。

国际贸易给许多工人带来了好处。国际贸易使工人们能够购买到最便宜的消费品，也使得雇主能购买到最有利于发挥工人技能的技术与设备。随着生产的产品价值的提高，国际贸易提高了工人的劳动生产率。此外，生产出口商品能为本国工人创造就业机会，增加收入。在出口产业工作的工人享受到了开放贸易体制带来的好处。

但并非所有的工人都能从国际贸易中获益。例如，在那些失业率上升、工资差距拉大的工业国，人们对未来充满了担忧，世界贸易体制受到了抨击。工资成本较低的外国工人生产的廉价的出口商品，使工业国的一些工人面临着失业的威胁。还有人担心企业会把工厂转移到工资低和环保标准宽松的国家，或者担心大量来自贫穷国家的移民找上公司的门，愿意接受较低的工资。与工资水平低的发展中国家进行贸易，对发达国家进口竞争压力大的部门的低技能工人产生的威胁尤为严重。

随着一国经济对国际贸易的开放，国内价格与国际价格越来越趋于一致；某些技能在国际市场上比在国内市场上显得更为稀缺，拥有这些技能的工人的工资趋于增长，而对那些面临日益激烈的外国竞争的工人来说，工资则趋于下降。当外国的经济对国际贸易开放时，世界市场上各种技能的相对稀缺性会进一步发生变化，某些拥有大量技能平庸的工人的国家，就会受到伤害。日益加剧的竞争也表明，除非一国在提高劳动生产率方面能够与竞争对手相抗衡，否则它的工人的工资水平就会下降。因此，在存在进口竞争的产业中，经常有工人游说政府对进口商品施加限制以减轻外国竞争的威胁，这不足为奇。像“买美国货”和“美国货创造美国就业”这样的口号已经变成了许多美国工人的共同呼声。

然而，对于部分是正确的事情，对于整体未必也是真理。进口钢铁或汽车必定会减少美国钢铁或汽车业部门的就业机会。但是，如果说进口会减少整个国家总的就业量则是不正确的。美国进口的大量增加不可避免地会引起美国产品出口或外国在美国投资的增加。换句话说，如果美国人突然想要购买更多的欧洲汽车，美国最终会增加出口获得足够的外汇来进口这些汽车。一个产业工作岗位的丧失会被另一个产业工作岗位的增加所弥补。因此，贸易壁垒的长期效应不是增加了国内的总就业，充其量是把工人从出口产业重新配置到效率较低的进口竞争产业中去，这种重新配置导致了资源利用的低效率。

简而言之，国际贸易只是另一种类型的技术，（可以）把它想象成一种能够增加投入要素价值的机器。在美国，贸易是一种机器，把美国擅长生产的计算机软件转变成不那么擅长生产的 CD 唱机、垒球和其他所需要的产品。国际贸易通过这种方式为整个经济增加净收益。如果有人能够发明一种可以实现这一目的的设备，那将是一个奇迹。幸运的是，国际贸易得到了发展。

如果说国际贸易导致了低技能工人的工资减少，其他类型的先进技术也会产生类似的结果，只是更普遍一些。你会认为，对技术进步征税或者对劳动节约型投资进行限制是愚蠢的行为，因为这只会使每个人的福利变坏。事实上，对国际贸易来说，无论是对这种先进技术征税（通过关税）还是进行过度管制（以国际协调的方式使得劳动力标准一致），情况都将是一模一样的。

向面临来自中国、马来西亚和其他发展中国家的工人的竞争的美国纺织业的工人解释国际贸易的好处并不那么容易。然而，倘若那些在新贸易中可能遭受损失的人能够得到获得好处的人的帮助，自由贸易协定就会更容易达成。

1.9 反全球化运动的高涨

自由贸易和全球化的支持者认为全球化促进了美国和世界其他国家的繁荣。国家边境的开放使得新思想和新技术在世界范围内自由流动，促使了劳动生产率和生活水平的提高。此外，贸易的不断扩大有利于抑制消费物价上升，从而通货膨胀破坏经济增长的可能性减弱了。假如没有国际贸易，美国的咖啡供给将只能依赖夏威夷或波多黎各沿海，那么，美国消费者购买咖啡时面临的价格将比现在高出许多。

尽管全球化会带来诸多好处，但批评者们坚持认为，美国的政策主要是对大型公司有利，而不是对普通居民有利——无论是美国公司或居民，还是其他国家的公司或居民。环保主义者认为，诸如世界贸易组织这样的世界性贸易组织所作出的不民主的决策损害了国家在环境管制方面的主权。工会也认为，不受束缚的贸易滋生了来自缺乏劳动标准的国家的不公平竞争。此外，人权主义者坚持认为，世界银行和国际货币基金组织支持政府允许血汗工厂存在，并以当地经济为代价推行有利于政府官员的政策。简单地说，忽略了环境、美国工人和国际劳工标准问题的贸易政策，会使人产生痛苦的不公平感和受挫感。

关于全球化的非经济因素的国际讨论也很重要，至少与对经济因素的讨论相当。许多反对全球化的人反感美国的政治和军事控制；同时也反感外国（主要是美国）的文化影响，在他们看来，这损害了民族的和当地的文化。

公共舆论调查显示：一些美国人认为，全球一体化既带来了好处，但也有成本，并且认为好处仍不足以抵消成本，特别是对技术水平较低的工人而言。与技术熟练的工人相比，他们就业弹性小，更可能反对自由贸易和移民。经济全球化带来的环境、人权等问题引发人们担忧，也是全球政治共同关注的焦点。政策自由化和工人运动是美国自由化争议的核心。

一些评论人士指出，美国 2011 年 9 月 11 日的恐怖袭击就是在全球化忽视贫穷的大背景下发生的。这次恐怖袭击是一场悲剧，数千无辜生命因此丧生，动摇了 20 世纪 90 年代美国带动全球经济发展的信念，也动摇了那个经济繁荣的黄金年代。忌惮于这次恐怖袭击，美国人越来越关注他们的生命和生活安全问题。表 1.6 总结了全球化的优点和缺点。

表 1.6　　全球化的优点和缺点

优点	缺点
当世界各国都生产其拥有竞争优势的商品和服务时，劳动生产率提高得很快，而生活水平提高得更快。	数以百万计的美国人由于进口或者生产的海外转移而丢掉工作，很多人找到的新工作的工资水平较原来的工作要低。
全球竞争和廉价的进口商品使价格保持稳定，从而通货膨胀不容易破坏经济增长。	其他的数以百万计的美国人担心被解雇，特别是那些在进口竞争产业的企业工作的人。
开放型经济促进技术发展和创新，并从国外引入新的思想。	工人面临来自雇主削减工资的命令，如果他们不同意的话，老板就会威胁要派遣他们到海外工作。
出口产业的工人比进口竞争产业的工人获得的工资高出约 15%。	除了蓝领工作外，服务业和白领工作越来越受到转移到海外的影响。
全球资本流动使美国能够获得海外投资并保持低利率。	当公司在低工资国家建立像在美国一样具有先进生产力的工厂时，美国工人就失去了竞争力。

资料来源："Backlash Behind the Anxiety over Globalization," *Business Week*, April 24, 2000, p. 41.

各国的比较优势常处于变动之中，因此帮助人们及时转换工作是消除人们对全球化敌对态度的最好办法。这意味着，国家必须建立起更富有弹性的劳动力市场，必须建立起有利于投资的监管体制，教育体制应培养人们拥有灵活就业的技能。还意味着，国家应当取消劳动关系中的医保制度和养老金制度，这样，社会成员在转换工作时就不会有受损的风险。此外，还应该加强下岗人员再就业培训。这些政策耗资不菲，也许还要经过很多年才能成功。但是，对于受益于全球化、国民收入正在不断提高的经济体而言，这些费用应该不成问题。

1.10 本书的内容结构

本书考察了国际经济的运转，虽然本书侧重于强调指导国际贸易的基本理论原则，它对工业国和发展中国家的国际贸易模式和贸易政策也进行了大量的实证分析。本书分为两个主要部分，其中第一部分阐述了国际贸易和商业政策，第二部分着重讨论了国际收支的平衡和调整。

第 2 章和第 3 章讨论了比较优势理论，以及比较优势理论模型的发展和实证检验。接下来在第 4 章到第 6 章中，本书阐述了关税、非关税贸易壁垒和美国的当代贸易政策。从第 7 章到第 9 章，本书论述了发展中国家的贸易政策、区域贸易安排、国际要素流动和跨国企业，从而结束了本教材第一部分的讨论。

关于国际金融关系的讨论，首先从第 10 章到第 12 章对国际收支平衡表、外汇和汇率决定做了一个概述。从第 13 章到第 15 章，本书讨论了实施不同汇率制度地区的国际收支调整。第 16 章介绍了开放经济体的宏观经济政策。第 17 章分析了国际银行体系。

1.11 小结

1. 第二次世界大战之后，通过商品和服务、商业企业、资本和技术的国际流动，世界经济体之间的联系变得日益紧密。

2. 美国在贸易部门、金融市场、生产设施所有权和劳动力市场等方面与世界其他国家的相互联系日益紧密。

3. 从自身的经济规模和多样化来说，美国仍然属于出口占国民产出份额较小的国家。

4. 开放贸易体制的倡导者认为，国际贸易能够提高消费和投资水平，降低商品的价格，为消费者提供更丰富的商品选择。在存在超额生产能力和较多失业的时期，反对自由贸易的声音会增多。

5. 国际竞争力可以从企业、产业和国家层面上分别进行分析。竞争力的核心概念是劳动生产率，即每个工人每小时的产出。

6. 研究表明，与某产业的世界领先者之间的竞争，能够提高公司在本产业的经营水平。全球竞争类似于运动，与强者竞争能使自己变得更强。

7. 尽管国际贸易有利于出口产业工人的利益，但是海外竞争会威胁到进口竞争产业工人的利益，他们的工作岗位和工资水平经常受到海外廉价劳动力的威胁。

8. 国际贸易体制所面临的挑战是维持劳工标准的公平，以及维护环境。

1.12 关键概念及术语

- 集聚经济（Agglomeration Economies）
- 经济依存性（Economic Interdependence）
- 全球化（Globalization）
- 比较优势原则（Law of Comparative Advantage）
- 对外开放度（Openness）

1.13 习题

1. 从经济和政治的角度来看，哪些要素能够解释第二次世界大战之后世界贸易国之间相互依存性日益增强的现象？

2. 赞成和反对开放贸易体制的主要论点有哪些？

3. 经济相互依存性的增强对于像美国这样的国家有什么重大意义？

4. 世界贸易量的增长受哪些因素的影响？

5. 关于国际贸易的主要误解有哪些？

6. 国际竞争力是什么？如何将这一概念应用于企业、产业和国家层面？

7. 关于企业生产率和全球竞争的关系，研究者会作出怎样的评价？

8. 在什么样的情况下，国际贸易对工人来说是机遇？在什么情况下，对工人来说是威胁？

9. 国际贸易体制所面临的主要挑战有哪些？

10. 恐怖主义给全球化带来了什么问题？

第1部分
国际贸易关系

第 2 章 现代贸易理论的基础：比较优势

上一章讨论了国际贸易的重要性，本章将回答以下问题：(1) 构成**贸易基础**（Basis for Trade）的是什么，也就是说为什么某些国家出口和进口特定产品？(2) 世界市场上的产品交换属于哪种贸易方式？(3) 在生产和消费方面，**国际贸易收益**（Gains from International Trade）有哪些？本章将回答这些问题，首先综述现代贸易理论的发展历史，接下来介绍用来分析国际贸易影响的理论原则。

2.1 现代贸易理论的发展历史

现代贸易理论是经济思想进化的产物。特别是重商主义以及后来的古典经济学家亚当·斯密、大卫·李嘉图和约翰·穆勒的著作都为现代贸易理论框架的形成奠定了基础。

□ 2.1.1 重商主义

在 1500—1800 年间，欧洲出现了一批关注国家建设的学者。按照**重商主义者**（Mercantilists）的观点，一国如何管理它的国内和国际事务以提高自身的利益，是国家建设的中心问题，而对外贸易部门的发展是该问题的解决途径。如果一国能够实现贸易顺差（出口超过进口的剩余），就可以得到世界其他国家用黄金和白银衡量的净支付。这种净收入将会扩大国内消费，提高国内的产出和就业水平。为了扩大贸易顺差，重商主义学派主张政府进行贸易管制，并建议采用关税、配额和其他商业政策来实现进口的最小化，以保护本国的国际贸易地位。①

① E. A. J. Johnson, *Predecessors of Adam Smith* (New York: Prentice Hall, 1937).

直到18世纪，重商主义的经济政策一直受到强烈的攻击。根据大卫·休谟的**价格—铸币—流转学说**（Price-Specie-Flow Doctrine），贸易顺差只可能是短期的，随着时间的推移会自动消除。为说明这一点，假设英国实现了贸易盈余，从而导致了大量黄金和白银的流入。由于这些贵金属是英国货币供给的一部分，它们的流入会增加流通中的货币数量，从而使得英国的物价水平相对高于其贸易伙伴的物价水平。物价水平的提高会激励英国居民购买外国生产的商品，由此英国的出口会减少。结果，英国的贸易盈余最终将自动消除。因此，休谟的价格—铸币—流转机制表明，重商主义的政策最多只能带来短期的经济优势。①

重商主义学派只是从静态的视角来分析世界经济，因此遭到了攻击。在重商主义学派看来，世界财富是固定不变的，这意味着一国的贸易收益是以其贸易伙伴国的损失为代价的，并非所有国家都能同时从国际贸易中获益。这种观点受到了1776年亚当·斯密出版的《国富论》（*Wealth of Nations*）的质疑。根据斯密（1723—1790）的观点，世界财富不是固定不变的。国际贸易促进了各国之间的专业化和劳动分工，这将提高各国国内生产率的一般水平，从而增加世界产出（财富）。因此，斯密关于贸易的动态观点认为，通过自由贸易，贸易双方均能够同时享有更高的生产水平和消费水平。下一部分将对斯密的贸易理论做进一步解释。

重商主义的理论基础虽然遭到了攻击，在当代却仍具有极强的生命力。当代重商主义放弃了国家需要持有黄金和白银的论调，转而强调就业的重要性。新重商主义学派认为出口有利于国家经济的发展，因为出口为本国工人创造了就业机会；进口则不利于国家经济的发展，因为进口将使本国工人的就业机会被转移到国外。新重商主义学派认为国际贸易本质上是一种零和博弈，一国获益必然以另一国利益受损为代价。贸易并不能给所有国家都带来好处，以就业机会为例，随着世界贸易的繁荣发展，进口国必然会丧失某些就业机会，贸易双方中进口国工人的利益受到了损害。

□ 2.1.2 贸易发生的原因：绝对优势

古典经济学家亚当·斯密是**自由贸易**（Free Trade）（开放市场）的主要倡导者，其根据是自由贸易能够促进国际劳动分工。通过自由贸易，各个国家可以集中生产其生产成本最低的商品，从而获得国际劳动分工的好处。

在接受了商品的国际流动取决于成本差异这一观点的前提下，斯密试图解释，为什么不同国家的生产成本会存在差别。斯密认为，投入要素的生产率是决定生产成本的主要因素，这种生产率形成的基础是自然优势和通过后天学习所形成的习得优势。前者包括气候、土壤和矿产资源等相关因素；后者包括特殊的技能和技术。斯密通过严密的证明指出，如果在一种产品的生产上拥有某种自然优势或习得优势，一国将能够以较低的成本生产出这种商品，从而比其贸易伙伴更具有国际竞争力。斯密对竞争优势决定因素的分析集中在市场的供给方面。②

---

① David Hume, "Of Money," *Essays*, Vol. 1, (London: Green and Co. 1912), p. 319；休谟的著作还可以参阅：Eugene Rotwein, *The Economic Writings of David Hume* (Edinburgh: Nelson, 1955)。

② Adam Smith, *The Wealth of Nations* (New York: Modern Library, 1937), pp. 424 - 426.

斯密的成本概念以**劳动价值论**（Labor Theory of Value）为基础。该理论假设，在每个国家中（1）劳动是唯一的生产要素，并且是同质的（质量相同）；（2）一种商品的成本或价格只取决于生产该种商品所需的劳动数量。例如，如果美国生产 1 码布匹比英国所耗费的劳动量少，美国的生产成本就会较低。

斯密的贸易理论是**绝对优势理论**（Principle of Absolute Advantage），即在一个由两个国家、两种产品构成的世界中，如果一国在一种商品的生产上具有绝对成本优势（即生产单位产品使用的劳动较少），而另一国在另一种商品的生产上具有绝对成本优势，国际贸易和专业化将是有益的。为了使世界从国际劳动分工中获利，每个国家必须在一种商品的生产上比其贸易伙伴更有效率。一国将进口那些处于绝对成本劣势的商品，出口那些自己拥有绝对成本优势的商品。

一个运算例子可以帮助我们理解绝对优势理论。如表 2.1 所示，假定美国工人 1 小时能生产 5 瓶葡萄酒或 20 码布匹，而英国工人 1 小时能生产 15 瓶葡萄酒或 10 码布匹。很明显，美国在布匹生产上具有绝对优势；其布匹生产工人的生产率（每工时的产量）高于英国，因此成本较低（生产 1 码布匹需要较少的劳动）。同理，英国在葡萄酒生产方面具有绝对优势。

表 2.1　如果一国生产一种商品的效率比较高，那么就存在绝对优势

非专业化条件下的世界可能产出

国家	每工作小时的产出：葡萄酒	每工作小时的产出：布匹
美国	5 瓶	20 码
英国	15 瓶	10 码

根据斯密的理论，通过专门生产比其他国家成本低的商品，同时进口生产成本较高的商品，每个国家都能够从中获得好处。通过专业化，世界资源的使用效率得到了提高，世界产出增加了，而增加的产出又会通过贸易在两国间分配。根据斯密的观点，所有国家均能够从贸易中获利。

斯密的著作对自由贸易进行了详细阐释，时至今日仍颇具影响力。斯密认为，自由贸易将增加本土市场的竞争，削弱国内厂商的市场垄断力量，自由贸易将有利于促使国内厂商改变服务质量差、价格过高等弊病。此外，国家还能从出口高价商品、进口低价商品的贸易中获益。斯密认为国家财富源于劳动分工，而这种分工受到市场规模的限制。规模较小、较孤立的经济体因为无法进行大规模的专业化生产，它们的劳动生产率将得不到显著的提高，生产成本也无法降低。这些经济体将逐渐趋于贫穷。自由贸易则使这些规模较小的经济体可以更好地通过劳动分工获得更高的劳动生产率，提高实际国民收入。

□ 2.1.3　贸易发生的原因：比较优势

1800 年，大卫·李嘉图（1772—1823）这位富有的伦敦商人在度假时阅读了斯密的《国富论》，深受启发。李嘉图非常欣赏斯密有关“自由贸易”的思想，但他认为斯密的某些论证还有待完善。根据斯密的理论，互利贸易的发生要求每个国家至少在一种商品的生产上成本是最低的，由此能够向其贸易伙伴出口这种商品。但是，如果一国在所有商品的生产上都比其贸易伙伴更有效率，情况又会怎样呢？大卫·李嘉图发现了斯密理论的不严密之处，并在此基础上提出了国际贸易的另一个理论，指出即使一国在所有商品的生产上都具有绝对高效率，互利贸易也能发生。①

和斯密一样，李嘉图也强调市场的供给方面，并认为两国间因自然和后天习得优势而导致的成本差异是贸易产生的直接原因。斯密的绝对优势理论强调国家之间绝对成本差异的重要性，与此不同，李嘉图强调的是比较（相对）成本的差异。因此，李嘉图的贸易理论被称为**比较优势理论**（Principle of Comparative Advantage）。事实上，如表 2.2 所示，一国通常能够形成比较优势。

表 2.2　　国际贸易中比较优势的例子

国家	产品
加拿大	木材
以色列	柑橘类水果
意大利	葡萄酒
牙买加	铝矿
墨西哥	番茄
沙特阿拉伯	石油
中国	纺织品
日本	汽车
韩国	钢铁、船只
瑞士	手表
英国	金融服务

根据李嘉图的比较优势理论，即使一国在两种商品的生产上都处于绝对成本劣势，互利贸易仍然能够发生。低效率国家应该专门生产并出口其效率低得相对较少（绝对劣势最小）的商品，高效率国家则应专门生产并出口其效率高得相对较多（绝对优势最大）的商品。

为了说明比较优势理论，李嘉图在如下假设条件的基础上构建了一个简化的模型。

1. 世界由两个国家构成，每个国家使用一种投入要素生产两种商品。

2. 在每个国家中，劳动是唯一的投入要素（劳动价值论）。每个国家拥有固定的劳动禀赋，劳动力是同质的，并且实现了充分就业。

① David Ricardo, *The Principles of Political Economy and Taxation* (London: Cambridge University Press, 1966), Chapter 7. Originally published in 1817.

3. 劳动力可以在一国范围内的不同产业之间自由流动，但是不能在国家之间流动。

4. 两国的技术水平是既定的。不同国家可以使用不同的技术，但是一国中生产同一种商品的所有企业使用同一种生产技术。

5. 成本不随产量变化，并且同劳动使用量成比例。

6. 所有市场都是完全竞争市场。因为没有任何一个生产者或消费者的力量能够大到影响整个市场的程度，因此都是价格的接受者。不同国家间的产品质量相同，意味着每种产品的所有单位质量也都是相同的。企业可以自由地进入和退出一个产业，每件产品的价格等于产品的边际生产成本。

7. 两国之间进行自由贸易，即不存在政府设置的贸易壁垒。

8. 运输成本为零。因此，只要两种产品的国内价格相同，那么对消费者而言购买本国产品还是进口产品是无差别的。

9. 企业制定生产决策的目标在于实现利润最大化，而消费者则通过制定消费决策来实现效用最大化。

10. 不存在货币幻觉，即消费者进行消费选择和企业制定生产决策时，均考虑到了所有的价格行为。

11. 贸易是平衡的（出口必须能够补偿进口），因此两国间不存在货币流动。

表 2.3 说明了一国在两种商品的生产上都具有绝对优势时，李嘉图的比较优势理论的作用机制。假定美国工人每小时能生产 40 瓶葡萄酒或 40 码布匹，而英国工人每小时只能生产 20 瓶葡萄酒或 10 码布匹。按照斯密的绝对优势理论，由于美国在两种商品的生产上的效率都高于英国，因此不存在进行互利的专业化分工和贸易的基础。

表 2.3　美国在两种产品的生产上都具有绝对优势时的比较优势作用机制

不存在专业化分工条件下的世界的可能产出

国家	每工作小时的产出	
	葡萄酒	布匹
美国	40 瓶	40 码
英国	20 瓶	10 码

贸易冲突

大卫·李嘉图

大卫·李嘉图（1772—1823）是 19 世纪初英国著名的经济学家。他发展了古典经济学的相关理论，强调自由贸易和自由竞争等经济自由的思想。李嘉图同时也是一位成功的商人、金融家和投机者，他累积的财富蔚为可观。

李嘉图出生于一个富裕的犹太家庭，在 17 个孩子中排行第三。他的父亲是一位商业银行家，一家人最初定居于荷兰，后移居至伦敦。接受正式教育不多、未曾上过大学的李嘉图在14岁时便开始为父亲工作。21岁时，李嘉图不顾父母的反对，与一个教友派信徒姑娘结婚。这场违背了犹太教教义的婚姻使李嘉图丧失了财产继承权。此后，李嘉图成为一位股票经纪人和贷款代理人。李嘉图在商业上大获成功，42岁时已经退休，资产过亿（按现价折算）。李嘉图退休后在乡村添置了一套别墅，过着乡村绅士的生活。1819年，李嘉图花钱买了英国议会的一个席位，直到1823年逝世时，他一直担任议员职位。作为议员，李嘉图主张废除《谷物法》，《谷物法》的主要内容是通过设立贸易障碍来保护英国的地主免受海外竞争。可是，李嘉图并没能促使议会废除《谷物法》。英国的《谷物法》一直到1846年才被废除。

在快30岁时，通过一次偶然的机会，李嘉图拜读了亚当·斯密的《国富论》。《国富论》激发了李嘉图对经济学的浓厚兴趣。在朋友的劝说下，李嘉图开始在报刊上发表关于经济问题的文章。1817年，李嘉图出版了他的旷世巨作——《政治经济学及赋税原理》，就是在这本书中李嘉图提出了本章探讨的比较优势理论。

和亚当·斯密一样，李嘉图提倡自由贸易，反对贸易保护主义。他认为，保护主义将导致国家经济停滞不前。但是，在市场经济能否给社会带来好处、能给社会带来多大的好处这个问题上，李嘉图并不像斯密那样充满信心。李嘉图认为，市场经济将慢慢达到一个饱和点。但是李嘉图还指出，如果政府能够恰当地干预经济，便可延缓经济停滞发展。

李嘉图的思想影响深远。在过去的200年中，他的比较优势理论被奉为国际贸易理论的基础，保护主义不利于经济发展的观点也影响了历代的经济学家。

资料来源：Mark Blaug，*Ricardian Economics*（New Haven，CT：Yale University Press，1958）；Samuel Hollander，*The Economics of David Ricardo*（Cambridge：Cambridge University Press，1993）；Robert Heilbronner，*The Wordly Philosophers*（New York：Simon and Schuster，1961）.

然而，李嘉图的比较优势理论指出，美国生产布匹的效率是英国的4倍（40/10=4），而生产葡萄酒的效率仅是英国的2倍（40/20=2）。因此，美国在布匹的生产上比在葡萄酒的生产上的绝对优势大，英国在葡萄酒的生产上比在布匹的生产上绝对劣势小。每个国家应当专业化生产并出口具有比较优势的商品，即美国生产布匹，英国生产葡萄酒。专业化形成的产出收益将通过贸易在两个国家间分配。与斯密相似，李嘉图确信两国都可以从贸易中获利。

简而言之，李嘉图的比较优势理论认为，国与国之间劳动生产率的差异是国际贸易产生的唯一原因。李嘉图理论的基本结论是，一国应当出口劳动生产率相对较高的产品。

近年来，美国对日本、中国的贸易出现了巨大的贸易赤字（进口超过出口）。由于目睹了美国巨大的进口贸易，有些人认为美国似乎在任何商品的生产上都没有比较优势。一个国家可能在任何商品的生产上都没有绝对优势，但不可能在任何一种商品的生产上都没有比较优势，而其他国家在任何商品的生产上都具有比较优势。这是因为比较优势取决于相对成本。正如我们所知，如果一国在所有商品的生产上都处于绝对劣势，那么专业化生产其绝对劣势最小的商品是有利的。美国没有理由妥协而让中国生产所有的商品，因为如果美国资源闲置，世界产出将会下降，美国会蒙受损失，中国也是如此。认为一国没有任何商品可以提供的观点实际上混淆了绝对优势与比较优势的区别。

尽管李嘉图的比较优势理论可以用来解释国际贸易模式，然而人们在买东西时一般并不关心哪个国家具有比较优势。糖果店里的顾客在看到瑞士巧克力和美国巧克力时不会说："我想知道哪个国家生产巧克力具有比较优势?"购买者在考虑质量差异的基础上，主要根据价格来判断哪个国家具有比较优势。因此，货币价格有助于阐明比较优势理论的作用机制，见本章末尾的"进一步探索 2.1"。

2.2 生产可能性曲线

根据李嘉图的比较优势理论，当存在比较优势时，专业化和国际贸易能够使参与贸易的双方都获得收益。但是，李嘉图的理论依赖于苛刻的劳动价值论的假设，劳动被假定为唯一的投入要素。而在实际中，劳动只是若干投入要素中的一种。

认识到劳动价值论的缺陷后，现代贸易理论提出了一种更具普遍性的比较优势理论。此理论采用**生产可能性曲线**（Production Possibilities Schedule），也被称为转换曲线，来解释比较优势。生产可能性曲线是指，当所有投入要素（土地、劳动、资本、企业家能力）都得到最有效的利用时，一国所能生产的两种商品的各种数量组合。因此，该曲线反映了一国可能的最大产出水平。需要注意的是，在此不再像李嘉图那样假定劳动是唯一的投入要素。

图 2.1 是美国和加拿大两个国家假定的生产可能性曲线。在特定的时间内，采用可使用的最先进技术，充分利用所有可利用的投入要素，美国可以生产 60 蒲式耳小麦或 120 辆汽车，或两种产品的其他某种组合。与此相似，加拿大能够生产 160 蒲式耳小麦或 80 辆汽车，抑或两种产品的其他某种组合。

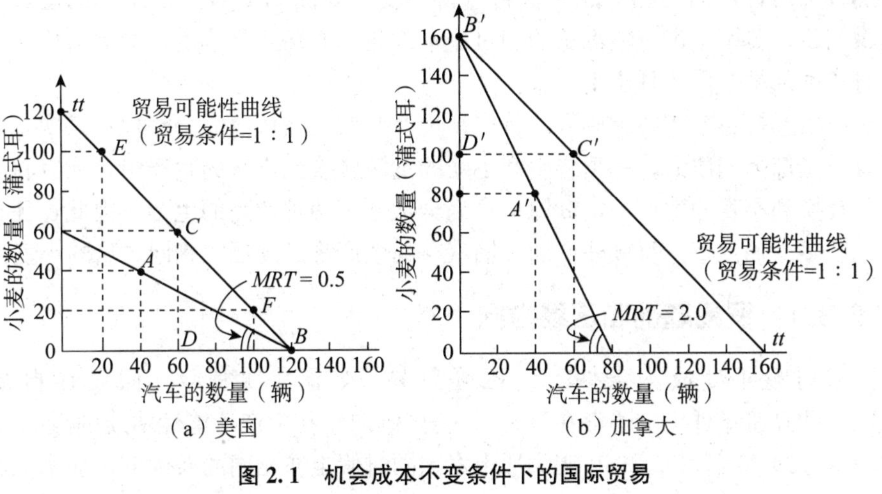

（a）美国　　（b）加拿大

图 2.1　机会成本不变条件下的国际贸易

注：在机会成本不变的条件下，一国将专业化生产具有比较优势的产品。比较优势理论意味着，通过专业化生产和自由贸易，一国增加了生产者剩余和消费者剩余。一国的贸易三角形是指出口、进口和贸易条件。在两国、两种产品的世界模型中，一国的贸易三角形与其他国家的贸易三角形相等，即一国的出口等于其他国家的进口；两国的贸易条件均等。

为什么只有生产可能性曲线能够说明比较成本的概念呢？答案在于生产可能性曲线的斜率，即**边际转换率**（Marginal Rate of Transformation，MRT）。边际转换率是指，一国增加一单位某种产品的生产，必须减少的另一种产品的生产数量：

$$边际转换率=\frac{小麦的变化量}{汽车的变化量}$$

这一牺牲率有时也被称做生产一种产品的机会成本。由于此公式也表示生产可能性曲线的斜率，因此，MRT 等于生产可能性曲线斜率的绝对值。

在图 2.1 中，小麦转化为汽车的边际转换率是指额外增加一单位汽车的生产，必须放弃的小麦的产量。在美国，从生产可能性曲线的顶端移动到底端，表明额外增加的 120 辆汽车的生产的相对成本是减少 60 蒲式耳小麦的生产。这意味着生产每辆汽车的相对成本是 0.5 蒲式耳小麦（60/120=0.5），即 $MRT=0.5$。与此相似，加拿大生产每辆汽车的相对成本是 2 蒲式耳小麦，即加拿大的 $MRT=2$。

2.3 成本不变条件下的贸易模式

本部分分析在**机会成本不变**（Constant Opportunity Cost）的条件下的比较优势理论。尽管成本不变的情况与现实世界出入很大，但作为一种教学工具，对于分析国际贸易还是很有用的。本节集中讨论两个问题：第一，什么是贸易基础和贸易方向？第二，对于单个国家和整个世界而言，自由贸易的潜在收益是什么？

在图 2.1 中，两条直线分别表示美国和加拿大的生产可能性曲线。线性的生产可能性曲线表明，不管是从只生产小麦转换为只生产汽车，还是将产量组合转换为两种产品的任一组合，两种产品的相对成本都将保持不变。如图 2.1（a）所示，无论增加产量还是减少产量，美国生产每辆汽车的相对成本都是 0.5 蒲式耳小麦，加拿大生产每辆汽车的相对成本都是 2 蒲式耳小麦。

相对成本保持不变有两个原因。首先，生产要素之间可以完全替代；其次，特定要素的所有单位都是同质的。一国将生产小麦的资源转换到汽车的生产中，或者将生产汽车的资源转换到小麦的生产中，资源本身完全适合于两种产品的生产。因此，无论该国已经生产了多少辆汽车，每额外增加一辆汽车的生产都必须牺牲相同数量的小麦。

□ 2.3.1 贸易基础和贸易方向

接下来讨论不变成本条件下的国际贸易。如图 2.1 所示，假设在**自给自足**（Autarky）的经济条件下（不存在贸易），美国倾向于在生产可能性曲线的点 A 处进行生产和消费，即 40 辆汽车和 40 蒲式耳小麦。同时假定在相同的条件下，加拿大在其生产可能性曲线的点 A' 处进行生产和消费，即 40 辆汽车和 80 蒲式耳小麦。

两国的生产可能性曲线的斜率分别表示了用另一种产品来表示的某种产品的相对成本。在美国，额外增加一单位汽车生产的相对成本只有 0.5 蒲式耳小麦，但是在加拿大，额外增加一单位汽车生产的相对成本为 2 蒲式耳小麦。根据比较优势理论，两国相对成本的差异为两国进行互利的专业化生产和贸易奠定了基础。对于贸易方向，我们可以发现美国专业化生产并出口汽车，加拿大专业化生产并出口小麦。

□ 2.3.2 专业化的生产收益

比较优势理论指出，在存在贸易的情况下，如果专业化生产并部分出口拥有竞争优势的产品，同时进口具有竞争劣势的产品，对每个国家都是有利的。在图 2.1 中，美国的产量组合从点 A 移动到点 B，从而专门生产汽车。加拿大的产量组合由点 A' 移动到点 B'，从而专门生产小麦。充分利用专业化能够给两个国家都带来**生产收益**(Production Gains)。

在进行专业化分工之前，美国生产 40 辆汽车和 40 蒲式耳小麦，而专业化分工后，美国不生产小麦，只生产 120 辆汽车。在进行专业化分工之前，加拿大的产量组合是 40 辆汽车和 80 蒲式耳小麦，而在完全专业化的情况下，其产量组合则是 160 蒲式耳小麦和 0 辆汽车。综合研究发现，在完全专业化的情况下，两国分别获得了 40 辆汽车和 40 蒲式耳小麦的净生产收益。表 2.4 总结了这些生产收益。由于这些收益源自对现有资源的再分配，这种收益也被称做专业化的静态收益：通过专业化，一国可以更有效地利用现有资源，产出水平远远高于未进行专业化分工时的产出水平。

表 2.4　　专业化分工和贸易的收益：机会成本不变的情况下

(a) 专业化生产的生产收益

	专业化分工之前		专业化分工之后		净收益(损失)	
	汽车	小麦	汽车	小麦	汽车	小麦
美国	40	40	120	0	80	−40
加拿大	40	80	0	160	−40	80
世界	80	120	120	160	40	40

(b) 贸易的消费收益

	专业化分工之前		专业化分工之后		净收益（损失）	
	汽车	小麦	汽车	小麦	汽车	小麦
美国	40	40	60	60	20	20
加拿大	40	80	60	100	20	20
世界	80	120	120	160	40	40

日本的对外开放经验可以作为从比较优势中获取静态收益的一个例子。在经过长达两个世纪的自主经济封锁后，在美国的施压下，1859 年，日本开放了多个口岸用于发展国际贸易。在自给自足的经济条件下，日本意识到自己在某些产品的生产上具有比较优势，而在另一些产品的生产上则处于劣势。例如，在开放贸易之前，日本的茶叶和丝绸的价格都远远低于世界市场的平均水平，而日本的木制品和棉花的价格则远高于世界平均水平。根据比较优势理论，日本作出了贸易战略调整：出口丝绸、茶叶，进口服装。通过更有效地利用本国资源并与其他国家进行贸易，日本从专业化中获得了静态收

益，其价值相当于当时日本国内生产总值的 8%～9%。当然，劳动生产率的提高以及本国科技发展带来的长期收益远不止于此。①

但是，开放贸易的国家一旦终止了对外贸易，必将遭受静态损失，比如美国。19 世纪初，英法交战，双方都试图中断中间方美国与对方之间的贸易往来，英法海军没收了美国的船只与货物。为了抵抗英法海军，1807 年，杰斐逊总统下令关闭美国的贸易口岸：禁止美国船只从国外港口运入货物，禁止国外船只从美国运出货物。禁运严重危害了英法两国的利益，双方决定不再插手美国的事务。尽管这种禁运措施并未完全阻断美国的对外贸易，却是美国历史上的第一次闭关自守，美国开始减少用于出口的农产品（具有比较优势的产品）的生产，增加进口替代工业品（具有比较劣势的产品）的生产，这大大降低了资源的优化利用率。禁运使美国遭受了巨大的损失，相当于 1807 年美国国内生产总值的 8%。难怪禁运政策在美国没有受到人们的欢迎，而且在 1809 年便被废除了。②

□ 2.3.3 贸易的消费收益

在不存在贸易的情况下，美国和加拿大可以选择的消费组合仅限于本国生产可能性曲线上的点。具体选择哪一点将决定于各国消费者的偏好。但在专业化分工和自由贸易的条件下，两国的消费组合将超出本国的生产可能性曲线，即与不存在贸易的情况相比，它们能够消费更多的小麦和更多的汽车。因此，贸易能够使两国都获得**消费收益**（Consumption Gains）。

发生贸易后，一国能够实现由本国出口商品与他国出口商品的交易比率所决定的消费组合，这一比率被称做**贸易条件**（Terms of Trade），它确定了两种产品在市场上进行交易的相对价格。

在成本不变的条件下，用生产可能性曲线的斜率定义的国内转换率（国内贸易条件）代表了两种商品在国内交换的相对价格。一个国家如果想在生产可能性曲线外的某点进行消费，必须能够在国际上以比国内贸易条件更有利的贸易条件交换其出口商品。

假定美国和加拿大决定了一个贸易比率，该比率使双方均能够在生产可能性曲线之外的点上进行消费（如图 2.1 所示）。假定达成一致的贸易条件是 1∶1，即 1 辆汽车可以交换 1 蒲式耳小麦。基于这些条件，*tt* 线代表两国的国际贸易条件，这条线被称做**贸易可能性曲线**（Trading Possibilities Line）（注意，该曲线斜率的绝对值为 1）。

现在假定美国决定向加拿大出口 60 辆汽车。在图 2.1 中，美国将从专业化生产后的生产组合点 *B* 开始，沿着其贸易可能性曲线移动到点 *C*。在点 *C* 上，60 辆汽车将按照 1∶1 的贸易条件交换 60 蒲式耳小麦。这样，点 *C* 就是美国进行贸易后的消费点。与消费点 *A* 相比，点 *C* 给美国带来净消费收益，即 20 辆汽车和 20 蒲式耳小麦。三角形 *BCD* 表示美国的出口量（沿着横轴）、进口量（沿着纵轴）和贸易条件（斜率），被称做**贸易三角形**（Trade Triangle）。

---

① D. Bernhofen and J. Brown, "An Empirical Assessment of the Comparative Advantage Gains from Trade: Evidence from Japan," *The American Economic Review*, March 2005, pp. 208 - 225.

② D. Irwin, *The Welfare Cost of Autarky: Evidence from the Jeffersonian Trade Embargo, 1807 - 1809* (Cambridge, MA), Working Paper No. W8692, December 2001.

这种贸易是不是也有利于加拿大呢？从图 2.1 中可知，加拿大将从专业化生产后的产量组合点 B'开始，沿着其贸易可能性曲线移动到点 C'，在点 C'上，可以放弃 60 蒲式耳小麦而从美国进口 60 辆汽车。显然，点 C'是比点 A'更有利的消费点。通过自由贸易，加拿大获得了 20 辆汽车和 20 蒲式耳小麦的净消费收益，其贸易三角形为 $B'C'D'$。值得注意的是，在两国模型中，美国和加拿大的贸易三角形是相等的。在均衡的贸易条件下，一国的出口等于另一个国家的进口。表 2.4（b）概括了每个国家和整个世界从贸易中获得的消费收益。

此贸易案例的前提条件是，美国和加拿大分别只生产汽车和小麦，即进行**完全专业化**（Complete Specialization）生产。如果美国增加汽车的生产，而加拿大减少汽车的生产，两国的单位生产成本保持不变。因为相对成本不可能相等，美国和加拿大都不会失去其自身的竞争优势，因此，美国只生产汽车。类似地，加拿大生产更多的小麦，美国减少小麦的生产，两国的生产成本保持不变。加拿大只生产小麦，并且不会失去其相对于美国的竞争优势。

只有在一国（例如，加拿大）规模太小，以至不能够提供美国的全部小麦需求的条件下，才不能进行完全的专业化生产。因此，加拿大可能完全专业化生产并出口小麦，同时美国（大国）生产两种产品；但是，美国将仍然出口汽车，进口小麦。

□ 2.3.4 贸易收益的分配

贸易案例假定，美国和加拿大达成的贸易条件将使双方同时获益，但是，实际贸易条件如何呢？

以相对优势为基础的李嘉图原理的缺点是无法决定实际贸易条件。李嘉图所提供的最好描述只是贸易条件可能达成的外部限制，这是因为李嘉图理论在解释贸易模式时，只依赖于国内成本比率（供给条件），而忽视了需求的作用。

为了使李嘉图对贸易条件的分析更加直观，回顾图 2.1 中描绘的贸易案例。假设在美国，额外生产一辆汽车的相对成本是 0.5 蒲式耳小麦；在加拿大，额外生产一辆汽车的相对成本是 2 蒲式耳小麦。因此，美国在汽车生产方面拥有竞争优势，加拿大在小麦生产方面拥有竞争优势。图 2.2 表示了两国的国内成本情况。但是，对于每个国家，我们都将国内成本比率，即生产可能性曲线的负斜率转变为成本比率线的正斜率。

根据李嘉图模型，国内成本比率设定了**贸易均衡条件的外部限制**（Outer Limits for the Equilibrium Terms of Trade）。如果美国出口汽车，它应该不能接受任何低于 0.5∶1（通过国内成本比率线表示）的贸易条件。此外，美国进行贸易后的消费点可能落在生产可能性曲线的内部。很明显，美国不从事贸易比从事贸易境况更好，因此，美国的国内成本比率线演变为其**无贸易边界线**（No-trade Boundary）。类似地，加拿大出口 2 蒲式耳小麦至少需要进口 1 辆汽车，这也通过其国内成本比率线表示，任何低于此比率的贸易条件都是加拿大无法接受的。因此，加拿大的无贸易边界线由其国内成本比率线决定。

为了进行有利的国际贸易，一国必须使贸易后的消费点至少落在其国内生产可能性曲线上。任何可以接受的国际贸易条件必须大于等于国内价格线所决定的比率。因此，**互利贸易区域**（Region of Mutually Beneficial Trade）介于两国成本比率之间。

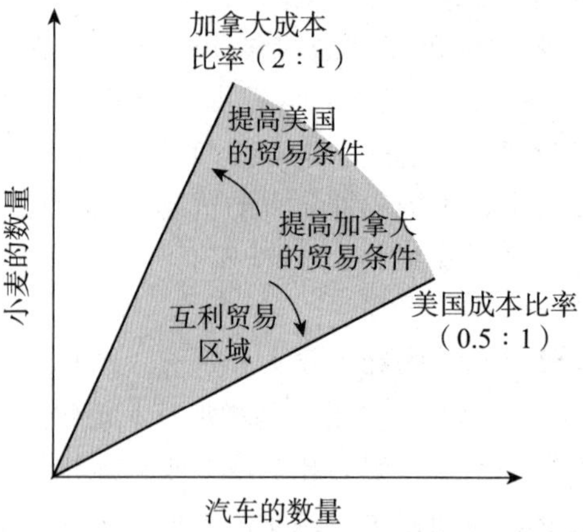

图 2.2　均衡贸易条件的限制

注：李嘉图的供给面分析描绘了达成均衡贸易的外部限制条件。贸易国的国内成本比率设定了贸易均衡条件的外部限制。如果均衡贸易条件位于两国国内成本比率之间，那么两国的互利贸易就会发生。根据相互需求理论，贸易发生的实际汇率取决于贸易国的相互需求。

□ 2.3.5　均衡的贸易条件

如前所示，李嘉图并未解释实际贸易条件是如何取决于国际贸易的。另一位古典经济学家约翰·穆勒（1806—1873）弥补了这一缺陷。穆勒将贸易伙伴国的需求强度纳入分析范畴，由此决定实际贸易条件，如图 2.2 所示。穆勒的理论被称为**相互需求理论**①（Theory of Reciprocal Demand），即在贸易条件外部限制范围以内，实际贸易条件取决于一国对另一国产品需求的相对力量。简单地说就是，生产成本决定了贸易条件的外部限制，相互需求决定了实际贸易条件将会落在这一范围的何处。

参照图 2.2，如果加拿大对美国汽车需求的愿望要比美国对加拿大小麦需求的愿望强烈，那么贸易条件将会接近于加拿大的成本比率（2：1），因此，贸易条件将有利于改善美国的状况。但是，如果美国对加拿大小麦需求的愿望要比加拿大对美国汽车需求的愿望强烈，那么贸易条件将会接近于美国的成本比率（0.5：1），因此，贸易条件将有利于改善加拿大的状况。

如果两国的经济规模相当，那么每个国家的需求将会对市场价格产生明显的影响，在这种情况下，相互需求理论最为合适。但是，如果两国的经济规模不相当，那么大国的相对需求力量有可能超过小国的相对需求力量。在这种情况下，大国的国内交换比率占优势。假设市场不存在垄断因素，小国能够出口其所愿意出口的数量，能够从贸易中获得较大的收益。

接下来考察一下欧佩克石油卡特尔形成以前，委内瑞拉和美国之间的原油和汽车贸易。委内瑞拉作为一个小国，只占美国—委内瑞拉市场份额的很小一部分，而美国的市场份额占绝对优势。委内瑞拉的消费者和生产者的行为无法对市场价格产生影响，实际上他们属于价格接受者。在与美国的贸易中，无论委内瑞拉对原油和汽车的需求如何，

① John Stuart Mill, *Principles of Political Economy* (New York: Longmans, Green, 1921), pp. 584 - 585.

都不能够影响美国的价格水平。结果，委内瑞拉遵照美国的国内价格比率进行贸易，按照美国既存的价格水平进行汽车和原油的买卖。

通过此案例的分析我们可以得出以下结论：如果进行国际贸易的两个国家拥有近乎相同的经济规模和相似的消费偏好，那么两国从贸易中获得的利益份额也是近乎相等的。但是，如果一国的经济规模明显大于另一国，大国将会从贸易中获得较少的利益，而小国从贸易中获得大部分的好处。这种情况的特点是**重要的有时反而不重要了**（Importance of Being Unimportant）。此外，如果贸易国之间的经济规模差距很大，那么大国很有可能继续生产其不具有竞争优势的产品，因为小国不具备满足全世界对此产品需求的能力。

贸易冲突

☞

棒球“圣婴”鲁斯与比较优势

“圣婴”（绰号）鲁斯是棒球史上第一个伟大的本垒打球手。他的击球天赋及活泼的性格吸引了大批的观众。本垒打是鲁斯在比赛中的惯用技法，这使棒球比赛更具观赏意义。鲁斯创下了多项大联盟纪录，其中包括：累计保送上垒 2 056 次、本垒打超过 2 次的单场比赛高达 72 次等。鲁斯的生涯击球率高达 0.342，生涯本垒打有 714 次。

乔治·赫尔曼·鲁斯（1895—1948）出生于美国巴尔的摩市。在参加了一系列小联盟比赛后，1914 年，鲁斯以左撇子投球手的身份在波士顿红袜队开始了大联盟生涯。在他为波士顿红袜队效力的 158 场比赛中，他以胜投 89 次、败投 46 次的成绩创下了投球纪录，包括在两个赛季都取得了 20 场以上胜利——1916 年取得了 23 场胜利以及 1917 年取得了 24 场胜利。

1920 年 1 月 2 日，鲁斯凭借两次成功的投球，帮助波士顿战胜芝加哥获得了那年的世界职业棒球锦标赛冠军。这场比赛之后，鲁斯便得了重病。许多人误以为鲁斯身体状况欠佳是他在新年狂欢中过度玩乐导致的后遗症。事实是在前一天的聚会上，为了使年轻人玩得尽兴，鲁斯吃下了许多变质的香肠，这些病症却被误诊为可能威胁到生命安全的重病。由于资金紧张，红袜队的管理层在第二天便将病重的鲁斯转卖给了扬基队，转会条件是 125 000 美元的现金以及 300 000 美元的欠款。

鲁斯加盟纽约的扬基队后，帮助扬基队获得 5 次世界大赛冠军，以 2.28 的防御率结束了自己的投球手生涯。鲁斯曾在三场世界大赛中未失一分，其中一次是 29 又 2/3 局连续无失分。鲁斯是当时美国联盟中最优秀的左手投球手之一。

虽然鲁斯在投球上具有绝对优势，他在使用棒球板上却更具天赋。换句话说，鲁斯的比较优势是击球。作为投球手，打球的间隙是鲁斯的手臂得到休息的机会，也就是说，鲁斯无法在每局比赛中都击球。为了保证自己每天都能参加比赛，鲁斯选择放弃投球手身份，专职外场。

在扬基队的 15 年中，鲁斯称雄职业棒球界。他与路·葛雷克这对搭档成为棒球历史上最伟大的进攻组合。1927 年的扬基队被专家们视作棒球史上最优秀的球队，鲁斯则是球队的核心人物。1927年，鲁斯创下了60次本垒打的纪录，和现在季赛中有162场比赛不同，当时的季赛只有154场比赛。鲁斯的支持者越来越多，人们甚至将在1923年完工的扬基队体育馆昵称做“鲁斯所建的体育馆”，因为1923年正是鲁斯加入扬基队的第一年。1934年赛季结束后，扬基队的支持者依依不舍地送别了鲁斯，他在第二年结束了自己的职业生涯。在职业生涯的最后一场比赛中，鲁斯完成了三次本垒打。

鲁斯由投球手改作击球手给球队带来了巨大的优势。在鲁斯为扬基队效力期间，扬基队不仅获得了四次世锦赛冠军，更成为棒球史上最知名的俱乐部。1936年，鲁斯入选了位于纽约库珀斯敦的棒球名人堂。

资料来源：Edward Scahill，“Did Babe Ruth Have a Comparative Advantage as a Pitcher?” *Journal of Economic Education*，Vol. 21，1990；Paul Rosenthal，“America at Bat：Baseball Stuff and Stories，” *National Geographic*，2002；Geoffrey Ward and Ken Burns，*Baseball：An Illustrated History*（Knopf，1994）；Keith Brandt，*Babe Ruth：Home Run Hero*（Troll，1986）.

□ 2.3.6 贸易条件的估计

正如前文所述，贸易条件影响一国的贸易利益。那么在实际中，贸易条件是如何衡量的呢？

通常情况下，用**货物贸易条件**（Commodity Terms of Trade）（也被称为物物交换的贸易条件）来衡量国际交换比率。它表示一国对外出口商品的价格和购买的进口商品的价格之间的关系，等于一国的出口价格指数除以其进口价格指数，再乘以100%，因此贸易条件是一个百分数：

$$\text{贸易条件}=\frac{\text{出口价格指数}}{\text{进口价格指数}}\times 100\%$$

在特定的时间内，要改善一国的贸易条件，其出口商品的价格必须相对于进口商品的价格得到提高，即要获得既定数量的进口商品，需要销往海外较少数量的出口商品。相反，一国贸易条件恶化是由于其进口商品的价格相对于出口商品的价格上升了，即购买既定数量的进口商品需要以较大数量的出口商品为代价。

表2.5列出了部分国家的货物贸易条件。以2005年为基期（等于100），截止到2013年，美国的出口价格指数为124，上升了24%，同时，美国的进口价格指数升至127，上升了27%。根据贸易条件计算公式，2005—2013年期间，美国的贸易条件下降了2%［(124/127)×100%=98%］。这意味着购买特定数量的进口商品，美国必须出口的产品增加了2%；相反，通过特定数量产品的出口，美国能够获得的进口商品减少了2%。

尽管货物贸易条件的变化能够表示贸易利益的移动方向，但是解释这一含义时需要谨慎。假设海外对美国出口商品的需求增加了，那么将会提高出口商品的价格，增加美国出口商的利润。在这种情况下，贸易条件的改善意味着美国的贸易收益增加了。但是，如果假设出口价格的提高和贸易条件改善的原因是美国工人劳动生产率的下降，这将有可能抑制产品出口，减少出口商的收入，很难说美国的福利是否增加了。尽管存在局限性，但是货物贸易条件是有用的概念。在很长的一段时间内，货物贸易条件表示了一国在世界贸易收益中所占的份额是如何变化的，以及对在世界市场上一国的财富进行了大体的衡量。

表 2.5　　2013 年货物贸易条件（2005 年＝100）

国家	出口价格指数	进口价格指数	贸易条件
澳大利亚	194	143	136
阿根廷	166	153	108
加拿大	132	125	106
瑞士	148	142	104
美国	124	127	98
中国	127	130	98
巴西	156	184	85
日本	108	145	74

资料来源：International Monetary Fund，*IMF Financial Statistics*，Washington，DC，December 2013.

2.4　贸易的动态收益

前文对国际贸易收益的分析强调了专业化生产和现存资源的重新配置。但是，贸易对一国经济增长率产生了影响，继而影响了该国可利用的额外资源的数量及使用效率，这些收益将远远超过专业化生产和现存资源的重新配置所带来的利益，这被称为**国际贸易的动态收益**（Dynamic Gains from International Trade），与重新配置固定数量的资源所带来的静态收益相对应。

如前文所述，国际贸易倾向于提高一国资源的使用效率，并提高产出，增加收入。随着时间的推移，日益增加的收入将会导致更多的储蓄，进而增加对设备和制造工厂的投资，这种追加的投资通常会带来更高的经济增长率。此外，对外经济贸易开放能够进口投资产品，如机械，这将促进生产率的提高和经济增长。按照这种循环的方式，国际贸易收益将会随着时间的推移越来越大。实证分析指出，对国际贸易开放的国家的经济增长明显快于封闭国家的情况。①

进口特定资本品的企业有可能通过自由贸易找到更加能够满足其规格设计的供应商。进口资本品越适合，越能够提高企业的生产率，继而促进经济增长。

贸易带来的另一个动态收益就是生产的规模经济。国际贸易使得小型和中型国家能够设立和经营许多工厂，从而达到最有效的规模。如果生产仅限于国内，这一点是不可

① D. Dollar and A. Kraay，"Trade，Growth，and Poverty，" *Finance and Development*，September 2001，pp. 16－19；S. Edwards，"Openness，Trade Liberalization，and Growth in Developing Countries，" *Journal of Economic Literature*，September 1993，pp. 1358－1393.

能实现的。例如，在《北美自由贸易协定》之下，墨西哥和加拿大的企业能够进入美国市场，从而扩大了美国的生产，并使美国雇用到效率更高的工人和设备，此外，还能够提高这些企业的生产效率，降低产品的单位成本。

最后，日益激烈的国际竞争也是贸易的动态收益之一。例如，20 世纪 70 年代，当智利对外开放时，因处于竞争劣势而逐渐被淘汰的国内厂商的生产效率比其他厂商低了约 8 个百分点。与未受到海外竞争影响的国内厂商相比，受到进口竞争影响的工厂的效率增长得更快，效率的增长速度比其他国内厂商高出 3%～10%。封闭的经济使企业免于国际竞争，降低了行业的整体效率。贸易开放有利于淘汰那些无效率的生产商，为高效的企业创造了良好的发展条件。换句话说，贸易带来的产业调整能提高出口以及进口竞争行业的整体生产效率。①

简而言之，除了通过重新配置现有生产资源来创造静态收益以外，贸易还能够带来动态收益，刺激经济增长。自由贸易的倡导者列举了大量通过贸易实现经济增长的成功案例。但是，贸易对不同国家经济增长的影响是不同的。一般来说，大国（如美国）从贸易中获得的收益较少，而小国（如比利时）从贸易中获得的收益较大。

□ 国际竞争如何为美国铁矿工人带来生产收益？

美国中西部地区的铁矿行业是国际贸易带来动态收益的一个重要例子。铁矿石重量较大，运费昂贵，因此，美国的铁矿石生产商只为五大湖地区附近的钢铁生产商供应矿石。20 世纪 80 年代早期，经济并不景气，钢铁需求量的大幅下降导致铁矿石的需求量也在不断下降。世界的铁矿石生产商都在拼命争取新的客户。尽管运费昂贵、运输距离遥远，巴西的铁矿仍然开始向芝加哥地区的钢铁厂商出口矿石原料。

海外竞争给美国的铁矿石厂商带来了巨大的竞争压力。为了维护本国的铁矿石市场，美国的工人们决定改良工作方法以提高劳动生产率，这些改良旨在增加每个工人能够完成的工种数量。例如，设备操作员需要对设备进行定期维护以保证生产正常运行，此前，设备的维护只能依靠维修人员。新工作方法还提高了分工的灵活性，在有需要的情况下，工人可以帮助工友完成工作任务。新工作方法使工人能更有效地利用自己的工作时间。

此前，美国铁矿行业的生产效率一直停滞不前。20 世纪 80 年代初，国际竞争带来的压力使得美国铁矿行业的劳动生产率有了大幅度的提高，到了 80 年代末，美国铁矿行业的生产效率增加了一倍。简而言之，国际竞争使美国工人自觉地改善了工作方法，带动了劳动生产率的提高。②

2.5 不断变化的比较优势

尽管国际贸易能够带来动态收益，提高生产效率，但是，某种商品的比较优势会随

① Nina Pavcnik, "Trade Liberalization, Exit, and Productivity Improvements: Evidence from Chilean Plants," *Review of Economic Studies*, Vol. 69, January 2002, pp. 245 - 276.

② Satuajit Chatterjee, "Ores and Scores: Two Cases of How Competition Led to Productivity Miracles," *Business Review*, Federal Reserve Bank of Philadelphia, Quarter 1, 2005, pp. 7 - 15.

着时间的推移而发生改变。例如，19 世纪初的英国在纺织业生产上具有比较优势，而后纺织业的比较优势不断地发生转移，从英国到美国的新英格兰州，从新英格兰州到北卡罗来纳州、南卡罗来纳州。现在，在纺织业生产上，中国和其他低工资国家则具有比较优势。我们来看看贸易模型是如何体现比较优势的变化的。

图 2.3 描绘了在机会成本不变的情况下，美国和日本生产计算机和汽车两种产品的生产可能性曲线。需要注意的是，最初美国的汽车对计算机的边际转换率 MRT 为 1.0，日本的这一比率为 2.0。因此，美国在生产计算机方面具有比较优势，在生产汽车方面则处于比较劣势。

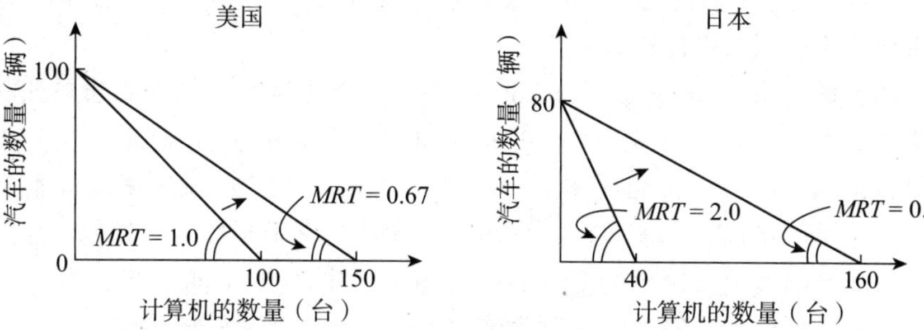

图 2.3　不断变化的比较优势

注：如果日本计算机产业的生产率提高的速度高于美国计算机产业，那么美国生产一台计算机的机会成本相对于日本生产一台计算机的机会成本提高了。对美国来说，比较优势从计算机生产转移到汽车生产。

假定两个国家制造计算机的生产率都提高了，但生产汽车的生产率保持不变。假定美国计算机行业的生产率提高了 50%（计算机产量从 100 台增加到 150 台），而日本计算机行业的生产率提高了 300%（计算机产量从 40 台增加到 160 台）。

由于生产率的提高，每个国家的生产可能性曲线均向外旋转，并更加趋于平坦。在既定的资源条件下，每个国家都能够创造更多的产出。根据新的生产可能性曲线，美国生产的汽车对计算机的边际转换率为 0.67，日本的这一比率为 0.5。因此，日本生产计算机的相对成本已经低于美国。生产率增长的落后使得美国生产计算机的比较优势丧失了。然而，在日本取得生产计算机的比较优势后，美国仍在汽车生产上具有比较优势，因而生产率的变化导致了贸易方向的变化。此案例的教训在于，如果生产者在研究开发、技术和设备方面落后于他国，那么它们在世界市场上的竞争力将会不断下降。

然而应当注意的是，所有国家都在某种商品或服务上具有比较优势。美国钢铁等行业的国际竞争的不断加剧易于使人们忘记，美国仍然是飞机、纸张、仪器、塑料和化学产品的主要出口国。

比较优势的不断变化使生产商不得不时刻保持创新意识。我们来看看 20 世纪 80 年代末，美国半导体行业是怎样应对来自日本的激烈竞争的。日本企业迅速地成为存储芯片等行业的统治者。这种市场地位的变化使美国的大型芯片制造商极度渴望创新。英特尔、摩托罗拉、德州仪器等公司放弃了动态随机存取存储器的业务，而将重心放在制造微型处理器和逻辑产品上，后者是半导体产业的下一次增长浪潮。英特尔成为微型处理器行业的霸主，德州仪器公司则在移动电话的核心技术——数字信号处理器上占据了支配地位。摩托罗拉公司在微型控制器以及自动半导体行业中的市场力量有所增强。没有任何一个厂商能够永远保持生产成本最低的市场地位。比较优势总在变化，生产者必须时刻准备着在更有利可图的领域展开角逐。

2.6 成本递增条件下的贸易

前一部分论述了成本不变条件下的比较优势理论，但是实际上，随着一种产品产量的增加，其机会成本往往是递增的。基于对多种产业的研究，经济学家认为，随着产量的增加，大多数产品生产的机会成本是递增的，而不是保持不变的。在解释这种情况时，比较优势理论必须加以修正。

机会成本递增（Increasing Opportunity Costs）会使生产可能性曲线呈凹状或从原点向外弯曲。如图 2.4 所示，沿着生产可能性曲线从点 A 向点 B 移动，生产汽车的机会成本变得越来越大，这一机会成本通过小麦生产量的减少体现出来。成本递增意味着，随着汽车产量的增加，小麦转换为汽车的边际转换率不断提高。时刻记住边际转换率等于生产可能性曲线上特定点的斜率的绝对值。从生产点 A 向生产点 B 移动，切线变得越来越陡峭，也就是说斜率的绝对数值在不断增加。小麦转化为汽车的边际转换率提高，意味着每增加额外一辆汽车的生产需要放弃更多小麦的生产。

贸易冲突

☞ 天然气繁荣背后的争议

接下来的内容以天然气为案例探讨比较优势。大约在公元前 1000 年，人类就发现了天然气。希腊的一个牧羊人在帕纳索斯山（Mount Parnassus）偶然看到岩石中间冒出火苗。当地人认为这火苗是神圣的，遂在上面建了一座庙。直到大约公元前 500 年，中国人发现，地面上的火苗实际上是从地底下冒出的天然气燃烧形成的。他们把竹筒做成运输天然气的管道，用以烧煮海水，分离出可以饮用的水，制造海盐。大约 1785 年，英国才把天然气大规模商用，以煤炭制成天然气，为千家万户和大街上的灯提供燃料。

美国的天然气行业发展了 100 多年。大多数时候，美国出口一些天然气，但是出口量远远小于从加拿大的天然气进口量。然而，这样的情况在 2010 年开始发生根本变化，美国发现天然气的新一种来源：页岩气。新技术的出现（水力压裂法和水平钻井法）以水、砂和化学物压裂页岩，提出页岩气，成本较低。美国很快提高了页岩气生产能力。

页岩气的丰富矿藏有利于降低天然气消费价格，美国的生产商希望可以出口天然气到国外。但是，根据联邦法律，在批准出口之前，能源部必须对出口到没有和美国签订自由贸易协定的国家是否符合公众利益作出判断。埃克森等生产企业一直希望可以出口天然气，是否允许出口天然气的争论越来越大。

支持天然气出口的人士认为，天然气出口为美国的贸易伙伴提供了急需的能源，有利于促进这些国家的经济发展，同时也可以为美国带来就业机会。美国天然气生产企业急切希望赚取美国和其他市场之间的天然气价差。比如，美国天然气的价格是每MMBtus（Million Metric British thermal units）3美元，而欧洲是11～13美元，东南亚高达18美元。行业专家表示，虽然许多国家蕴含大量页岩，但是数年之后才有能力勘探采出。此外，支持者还表示，天然气出口将会给盟友带来极大好处，比如日本，日本正在从核能转向其他能源。

但是，环境保护人士则表示反对。他们认为，天然气仍旧产生大量碳排放；天然气低价出口将增加人们对于化石能源的依赖，不利于太阳能和风能等新能源的开发和推广。他们还担心，水压裂技术造成环境问题，污染水源。

另一个争论的问题是：天然气出口对美国天然气价格将带来什么样的影响？大量的出口很可能提高本国价格，但是上升的幅度难以判断。天然气价格还受到其他因素影响，比如经济增长速度、区域价格差异以及政府管制。生产商认为，由于美国天然气供应充足，出口也难以推动价格上升；除此之外，还可以带来国际贸易和就业方面的好处。但是，得益于天然气价格较低的消费者担心价格出现大幅上升。

在写作本书的时候，我们还很难判断天然气出口带来的影响。

资料来源：Michael Ratner，and others，*U.S. Natural Gas Exports：New Opportunities，Uncertain Outcomes*，Congressional Research Service，Washington，DC，April 8，2013；Gary Hufbauer，Allie Bagnall，and Julia Muir，*Liquified Natural Gas Exports：An Opportunity for America*，Peterson Institute for International Economics，February 2013；Robert Pirog and Michael Ratner，*Natural Gas in the U.S. Economy：Opportunities for Growth*，Congressional Research Service，Washington，DC，November 6，2012.

成本递增是实际经济中的典型案例。在整个世界经济中，当投入要素相互之间不能完全替代时，成本递增的情况就会出现。在图2.4中，随着汽车产量的增加和小麦产量的减少，汽车生产线上投入的资源越来越不适合汽车的生产，为了生产更多的汽车就需要更多地耗费这种资源，因此需要放弃更多的小麦数量。对于一种特定产品，如汽车，

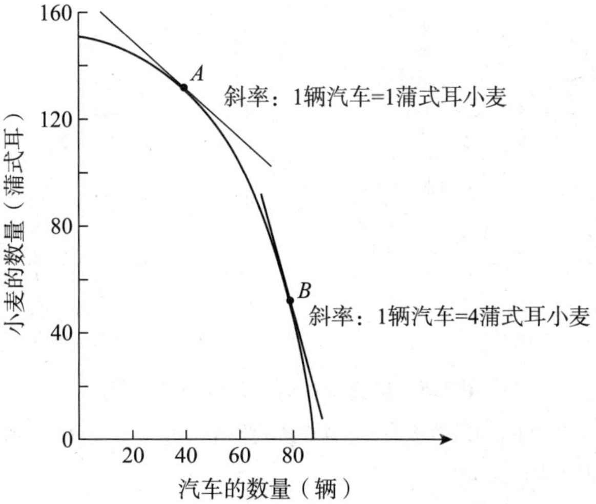

图2.4　成本递增条件下的生产可能性曲线

注：机会成本递增使生产可能性曲线成凹形（从原点来看为凸形）。边际转化率等于生产可能性曲线上特定点的斜率（绝对值）。

成本递增可用边际生产率递减的原理来解释。相对于资本（固定投入），劳动（可变投入）连续增加超过某点之后，增加的每一单位劳动对汽车的边际产量贡献将会下降。因此，汽车的单位生产成本随着产量的增加而上升。

在成本递增的情况下，一国凹形的生产可能性曲线的斜率随着位于曲线上的点位置的变化而变化。由于 MRT 等于生产可能性曲线的斜率，因此曲线上各点的 MRT 也是不同的。除了考虑决定生产可能性曲线斜率的供给因素外，我们还必须考虑消费者偏好的作用（即需求因素），这将决定一国会选择在生产可能性曲线上的哪一点进行消费。

□ 2.6.1 成本递增贸易的案例

图 2.5 描绘了成本递增情况下，美国和加拿大的生产可能性曲线。假定如果不存在贸易，美国会选择其生产可能性曲线的点 A，生产并消费 5 辆汽车和 18 蒲式耳小麦，如图 2.5（a）所示。在不存在贸易的情况下，加拿大会选择其生产可能性曲线的点 A'，生产并消费 17 辆汽车和 6 蒲式耳小麦，如图 2.5（b）所示。在美国，小麦转换为汽车的相对成本假定用直线 $t_{U.S.}$ 的斜率表示，即生产可能性曲线在点 A 的正切值（1 辆汽车＝0.33 蒲式耳小麦）。以同样的方式，在加拿大，小麦转换为汽车的相对成本由直线 t_C 的斜率来表示（1 辆汽车＝3 蒲式耳小麦）。因为直线 $t_{U.S.}$ 比直线 t_C 平坦，汽车在美国相对便宜，而小麦在加拿大相对便宜。按照比较优势理论，美国将出口汽车，加拿大将出口小麦。

因为美国专业化生产汽车，它会沿着其生产可能性曲线从点 A 向下移动到点 B，生产可能性曲线斜率（绝对值）的增大表明汽车的相对成本（以小麦计量）上升。同时，加拿大专业化生产小麦，沿着其生产可能性曲线从点 A' 向上移动到点 B'，生产可能性曲线的斜率（绝对值）变小，汽车的相对成本（以小麦计量）下降。

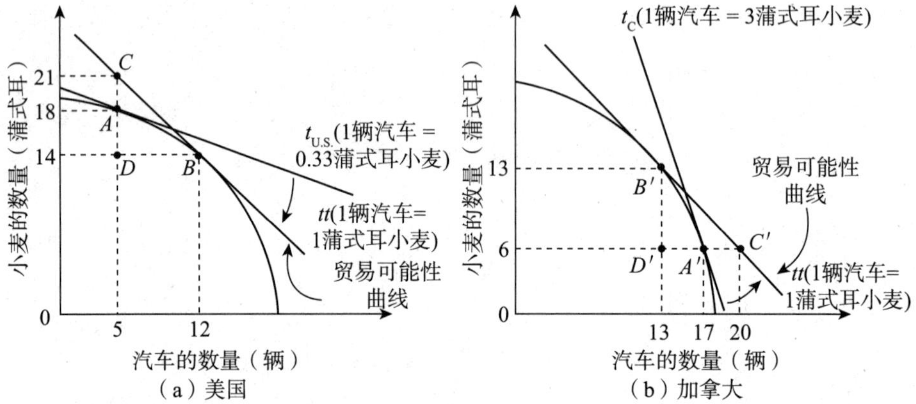

图 2.5　机会成本递增条件下的贸易

注：在机会成本递增的条件下，每个国家的竞争性产品价格同时取决于供给和需求两方面因素，一国倾向于部分专业化于其拥有比较优势的产品的生产。

两国之间的专业化分工会一直持续到：(1) 两国生产汽车的相对成本相同；(2) 美国汽车的出口量完全等于加拿大汽车的进口量，小麦则相反。假定两国的国内转换率（国内贸易条件）都等于直线 tt 的斜率，这一均衡水平能够实现。此时，美国会在点 B

进行生产，加拿大则在点 B' 进行生产，直线 tt 成了美国和加拿大的国际贸易条件线，它正好与每个国家的国内贸易条件重合。由于直线 tt 比直线 $t_{U.S.}$ 陡峭，比直线 t_C 平坦，因此，国际贸易条件对两个国家都有利。

美国和加拿大通过专业化生产获得的生产收益是什么呢？与两国进行专业化分工之前的汽车和小麦的产量相比较，可以看到将获得 3 辆汽车和 3 蒲式耳小麦的收益。表 2.6（a）列出了专业化生产所带来的生产收益。

表 2.6　　专业化生产和贸易的收益：机会成本递增

(a) 专业化生产的生产收益

	专业化分工之前		专业化分工之后		净收益（损失）	
	汽车	小麦	汽车	小麦	汽车	小麦
美国	5	18	12	14	7	−4
加拿大	17	6	13	13	−4	7
世界	22	24	25	27	3	3

(b) 贸易的消费收益

	专业化分工之前		专业化分工之后		净收益（损失）	
	汽车	小麦	汽车	小麦	汽车	小麦
美国	5	18	5	21	0	3
加拿大	17	6	20	6	3	0
世界	22	24	25	27	3	3

贸易给两国带来了哪些消费收益呢？通过贸易，美国可以沿着国际贸易条件线 tt 来选择消费点。假定美国倾向于消费与无贸易时数量相同的汽车，那么它将出口 7 辆汽车来换取 7 蒲式耳小麦，达到贸易后的消费点 C。如图 2.5（a）和表 2.6（b）所示，美国从贸易中获得的消费收益为 3 蒲式耳小麦。图 2.5（a）中的三角形 BCD 为美国的贸易三角形，反映了美国的出口量、进口量和贸易条件。

采用相似的方式，加拿大也可以沿着国际贸易条件线 tt 选择消费点。假定加拿大的小麦消费量保持不变，将出口 7 蒲式耳小麦换取 7 辆汽车，并移动到贸易后的消费点 C'。它的消费收益为 3 辆汽车，如表 2.6（b）所示。加拿大的贸易三角形为图 2.5（b）中的三角形 $B'C'D'$。注意，加拿大的贸易三角形同美国的贸易三角形完全相同。

本章在假定两国消费者的消费偏好不变的前提下，讨论了美国和加拿大的自给自足消费点和贸易后消费点。在本章后面“进一步探索 2.2”和“进一步探索 2.3”中，我们将引入无差异曲线，分析每个国家的消费偏好是如何决定自给自足消费点的，以及贸易利益是如何分配的。

□ 2.6.2　部分专业化

本节分析的成本递增模型的一个特征是，贸易使得每个国家只能部分地专业化于具有比较优势的商品的生产。**部分专业化**（Partial Specialization）的原因是，成本递增产生了一种机制，迫使两个贸易国的成本最终相等。成本差异消除以后，进一步专业化的基础就不存在了。

图 2.5 假定在专业化生产之前，美国在汽车生产方面具有比较优势，而加拿大生产小麦相对更有效率。在专业化条件下，每个国家将生产更多的具有比较优势的商品，而减少竞争劣势商品的生产。当成本递增时，随着两国出口商品数量的增加，单位成本上升。最终，成本差异将会消除，在这一点上不再存在进一步专业化的基础。

专业化生产的基础消除以后，两个国家极有可能每种商品都生产一些。这是因为在达到生产可能性曲线的端点之前，成本的迅速上升通常会使一国失去对另一国的比较优势。在成本递增的现实世界中，自由贸易的一种可能的结果就是部分专业化。

部分专业化的另一个原因在于，并非所有的商品和服务都存在国际贸易。举例来说，在医疗服务上具有比较优势的德国也很难实现医疗服务的完全专业化，并将其出口。需要后续治疗的美国病人恐怕很难从身处德国的主治医生那儿获得必要的医疗服务。

对产品的不同需求也会带来部分专业化。现在大多数商品都已经实现差异化了。CD 播放机、数码音乐播放器、汽车以及其他产品都具有不同的产品特性。以汽车为例，有些人想要能承载 7 人的车型，另一些人则喜欢耗油量低、外观漂亮的车型。因此，有人会偏好福特的远征系列，有人会喜欢本田的 CRV 系列。简而言之，美国和日本在不同的车型生产上具有比较优势。

2.7 贸易对工作机会的影响

美国人在晚间新闻中看到，中国工人正在生产过去由美国制造的产品，他们可能会因此认为国际贸易使美国的就业机会流失了。这是真的吗?

主流的贸易理论认为，经济体的开放程度会对经济体的就业种类造成影响，也会对特定行业或特定地区造成变动，但对一国的总体就业水平影响不大。对就业总体情况具有决定性影响的因素主要包括就业人数、社会经济总支出、劳动市场管辖条例等。

根据比较优势理论，贸易促使一国生产它具有优势的产品和服务。贸易会对就业种类造成影响，因为工人和资本将从那些与国外竞争者相比不具有优势的领域退出，转而流入具有竞争优势的行业。

美国的经济数据支持了理论界有关贸易对就业总数影响不大的结论。如果贸易是国家实现充分就业的决定性因素，贸易总额以及失业数据将成正相关关系，但事实上，二者通常不具有正相关性。如图 2.6 所示，在过去几十年间，美国进口额占国内生产总值比重的增加并未造成美国失业率的显著变化。事实上，进口增多时，美国的失业率似乎相对更低。

简而言之，贸易的增长既不会抑制就业机会的创造，也不会造成失业率的上升。第 10 章中的“经常账户赤字减少美国就业机会吗?”一小节将对这个问题进行更深入的探讨。

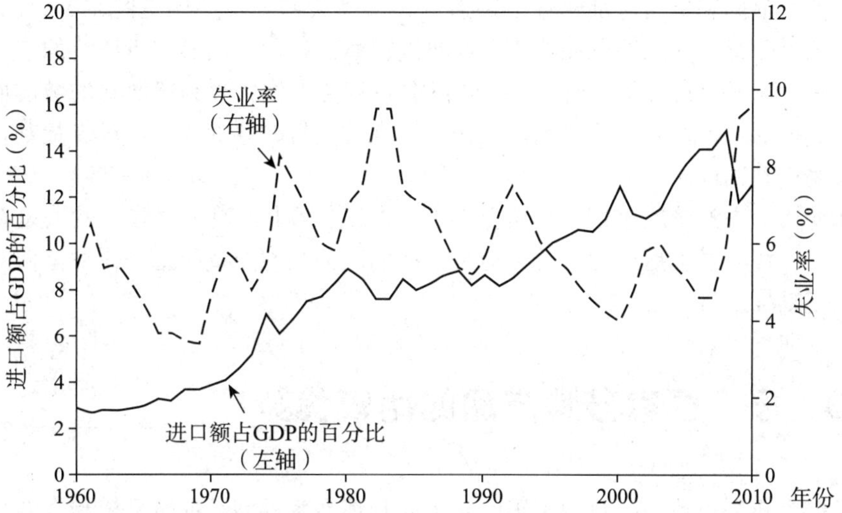

图 2.6 贸易对工作机会的影响

注：贸易的增长既不会抑制就业机会的创造，也不会造成失业率的上升。正如图中所示，在过去几十年间，美国进口额占 GDP 比重的增加并未造成美国失业率的显著变化。

2.8 全球化对俄亥俄州伍斯特市的冲击

根据比较优势理论，自由贸易可以提高资源的生产效率，但是也同时会伤害到某一类人群，以乐柏美公司（Rubbermaid）从俄亥俄州伍斯特市退出为例。

乐柏美公司是一家生产储物柜、垃圾桶和洗衣筐等家居用品的美国企业，建于 1933 年。当时，创始人詹姆斯·考德威尔（James Caldwell）获得一项红色橡胶畚箕的专利，便创建了这家企业，很快以“乐柏美”品牌生产各类橡胶和塑料厨房用具。

乐柏美公司是一家社会型企业，积极捐助艺术事业，发起市中心复兴行动，在市中心建设一家零售商店，并且把一家旧剧院改造成文化中心。此外，该公司还被评选为美国最受尊敬的企业之一。虽然乐柏美公司职工的薪水不高，但是公司订单量充裕，一家三代人都在这家企业工作的情况非常普遍。

然而，到了 1995 年，乐柏美公司碰上了麻烦，用于塑料产品制造的主要原材料树脂价格飞速攀升，成本大幅提高，造成企业亏损 2.5 亿美元。乐柏美希望把成本转嫁到制成品价格上面。由于其产品 20%通过沃尔玛渠道销售，沃尔玛不允许乐柏美公司涨价，两家公司展开谈判。但是，谈判没有成功，沃尔玛将所有乐柏美产品下架，转而寻求其他供应商。这些供应商一般是那些劳动力成本便宜的外国企业。因而，1995 年，乐柏美公司利润大跌 30%，关停 9 家加工工厂，裁掉 10%的员工，这是该企业有史以来最大的一次裁员。

1999 年，乐柏美公司被纽威尔集团（Newell Corporation）以 60 亿美元并购，更名纽威尔乐柏美公司。纽威尔集团是一家以降低成本闻名的快消品跨国企业。为了充分利用较低的劳动力成本，纽威尔乐柏美公司把原本在伍斯特的橡胶工厂搬到了墨西哥。乐柏美在波兰、韩国和墨西哥都建立了制造厂，但是大部分生产还是留在了美国。此外，纽威尔乐柏美公司在其总部所在的佐治亚州进行雇员招聘，因而，伍斯特的工厂又裁减了1 000人，剩下的工人在乐柏美产品分销中心劳苦工作。收到遣散费的被解雇员工只能去寻找其他的工作，有一些找到了工作，但常常是暂时性的兼职，没有福利，工资也只有原来的三到四成。

伍斯特市的中产阶层相信“美国梦”：只要工作努力，遵纪守法，就可以在美国取得成功，下一代将过上更好的生活。但是，他们因为当地企业受全球化冲击而对“美国梦”产生了动摇。①

2.9 多个国家多种产品的比较优势

到目前为止的讨论中，我们采用的是生产和消费两种商品的贸易模型，并且只局限于两个国家。这种简化方法虽然能够分析比较优势和贸易的许多基本点，但是在现实世界中，国际贸易涉及的远不止两种产品和两个国家，每个国家都生产数以千计的产品，并与许多国家进行贸易。为了贴近现实，必须理解比较优势理论在多种产品和多个国家中是如何发挥作用的。正如我们将要看到的，在更现实的条件下，比较优势的结论仍然成立。

□ 2.9.1 两种以上产品

在两个国家多种产品的情况下，比较优势的执行需要按照比较成本把各种产品分类。每个国家都出口自身比较优势最大的产品，而进口自己比较劣势最大的产品。

图2.7展示的是假设的美国和日本六种产品比较优势的排序：化工产品、喷气式飞机、计算机、汽车、钢铁和半导体。这种排序表明，相对日本而言，美国化工产品的成本最低，而喷气式飞机的成本优势次之。相反，日本在半导体的生产上享有最大的比较优势。

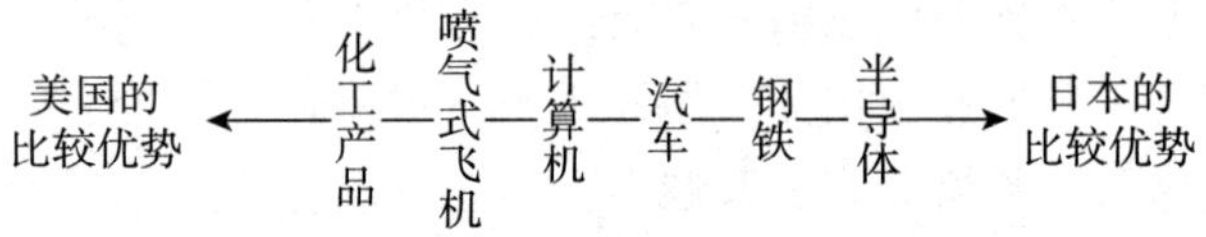

图2.7 假设的美国和日本之间比较优势的范围

注：当大量产品都由两个国家共同生产时，运用比较优势理论时就需要按照相对成本对这些产品进行分类。每个国家都出口其比较优势最大的产品，进口其比较优势最小的产品。

图2.7中的产品排序显然表明，在自由贸易条件下，美国将生产并出口化工产品，日本则生产并出口半导体。但是出口什么和进口什么的分界点在何处呢？介于计算机和

① Donald Barlett and James Steel, *The Betrayal of the American Dream*, Public Affairs-Perseus Books Group, New York, 2012; Huang Qingy, et. al., “Wal-Mart's Impact on Supplier Profits,” *Journal of Marketing Research*, Vol. 49, No. 2, 2012; Richard Freeman and Arthur Ticknor, “Wal-Mart Is Not a Business: It's An Economic Disease,” *Executive Intelligence Review*, November 14, 2003.

汽车之间吗？还是日本生产计算机而美国只生产化工产品和喷气式飞机呢？还是分界点会落在两种产品中间而不是一种产品上，比方说，计算机可以由日本和美国共同生产？

出口什么和进口什么的分界点取决于国际上对各种产品的相对需求力量。我们可以把产品看成是按照比较优势穿成的一串珠子。美国和日本生产的分界点由需求和供给决定。例如，当钢铁和半导体的需求增加引起价格上升时，日本将处于有利地位，其钢铁和半导体产量就会增加。

□ 2.9.2 两个以上国家

在一项贸易案例涉及多个国家时，美国将会从参与多边贸易关系中获利。图 2.8 描绘了美国、日本和 OPEC 之间的多边贸易关系。图中的箭头表示出口的方向。美国向 OPEC 成员国出口喷气式飞机，日本从 OPEC 成员国进口石油，并向美国出口半导体。现实世界中的国际贸易所涉及的贸易关系要比这个三角形复杂得多。

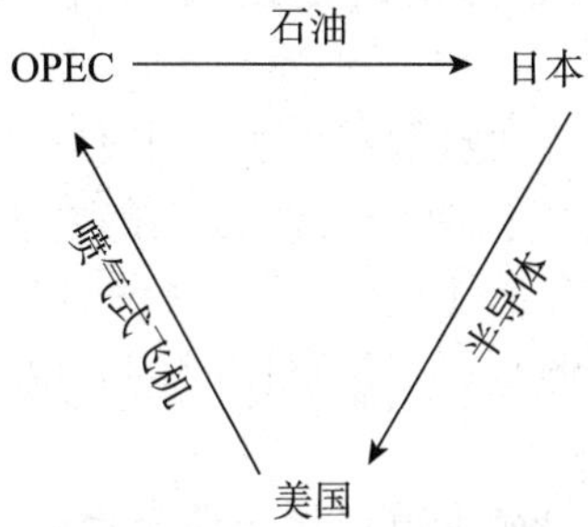

图 2.8 美国、日本和 OPEC 之间的多边贸易

注：当国际贸易涉及很多国家时，一国加入由多国构成的多边贸易关系可能是有利的。该图描绘了美国、日本和 OPEC 之间的多边贸易过程。

这个例子对任何两个贸易伙伴都应保持双边贸易均衡的观点提出了质疑。实际上，我们没有理由期望个人之间的贸易能够保持平衡，更没有理由期望国家之间的贸易能够保持平衡。可以预见，如果贸易伙伴购买了很多本国以低成本供给的产品时，该国将实现贸易盈余（产品出口超过产品进口）。同样，如果一国大量集中进口贸易伙伴以低成本供应的商品，该国将出现贸易赤字（产品进口超过产品出口）。

让我们考虑一下一名喜欢滑雪的牙医的贸易“赤字”和“盈余”。这位牙医在与滑雪场、运动用品商店，以及垃圾收集和医疗等服务的提供者之间的交易中，可能会面临贸易赤字。为什么呢？因为牙医极有可能从其他商家那里购买这些商品和服务。另一方面，牙医与其病人和医疗保险机构之间会发生贸易盈余，这些贸易伙伴是牙医提供服务的主要对象。而且，如果牙医的储蓄率很高，盈余将会大大超过他的赤字。

同样的原理也适用于国与国之间。一国会与大量购买其出口商品的贸易伙伴保持可观的贸易盈余，同时也可能与低成本供应其进口商品的贸易伙伴发生贸易赤字。

如果所有国家都签订了平衡双边进出口贸易的双边贸易协定，那将会产生什么样的影响呢？这将会大幅削减贸易量和专业化程度，阻碍资源向生产率最高的地方流动。尽管出口能够通过进口得到平衡，但是贸易收益将会减少。

2.10 退出壁垒

根据比较优势理论，一个开放的贸易体系会形成一条渠道，使资源从生产率低的地方流到生产率高的地方。从长期来看，竞争迫使生产成本较高的工厂退出，生产成本低的工厂继续运营。然而在现实中，重组无效率的企业需要花费很长时间，因为它们通常不愿放弃传统工厂的生产能力。为什么当利润低于正常水平并存在剩余生产能力时，企业还要拖延关闭工厂呢？部分原因在于**退出壁垒**（Exit Barriers）的存在，由此产生的各种各样的成本使企业作出的理性反应就是延缓退出。

在此考察一下美国钢铁业的情况。在过去 30 年中，产业分析家一直认为，生产能力过剩是美国钢铁企业面临的一个主要问题。导致生产能力过剩的因素包括进口、国内钢铁需求的萎缩，以及现代技术的运用大幅度提高了生产率，这些使得钢铁生产只需要较少的资本和劳动力。

传统经济理论把每小时的劳动数量看做生产中的一项可变成本。然而，美国钢铁企业与美国钢铁工人联盟这一工会组织之间订立的合同，使得小时劳动成为固定成本，而不是变动成本，至少在部分上是这样。这种合同要求企业为工人提供各种福利，诸如健康和人寿保险、抚恤金、工厂倒闭时的一次性支付，以及其他与失业有关的福利等。

除了员工福利外，其他退出成本也促使企业延迟关闭陈旧的钢铁工厂。这些成本包括：终止原材料供给合同的罚金以及注销未贬值的工厂资产的相关花费等。关闭工厂时，钢铁公司还面临着环境成本：它们有义务承担报废设备等的清理成本和处置成本，这些成本加起来将达到数亿美元。而且，钢铁公司变卖破产工厂后也实现不了太多的资产价值，专门用于钢铁行业的设备除了钢铁生产外几乎没有其他的用途。更重要的是，工厂关闭之前，设备在上一任所有者手里就已经过时了，因此，倒闭工厂的设备通常需要大规模的更新改造。总之，退出壁垒的存在阻碍了按比较优势理论进行的市场调节。

2.11 比较优势的实证检验

李嘉图的比较优势理论表明，每个国家都将出口与贸易伙伴相比本国的劳动生产率相对更高的产品。他的理论是否准确地预测了现实中的贸易模式呢？许多经济学家都对李嘉图的理论进行了实证检验。

1951 年，英国经济学家 G. D. A. 麦克杜格尔（MacDougall）最先对李嘉图模型进行了实证检验。通过比较美国和英国 1937 年 25 个独立行业的出口模式，麦克杜格尔验证了李嘉图的预测，即各国倾向于出口本国劳动生产率相对较高的商品。他的研究结果有力地支持了李嘉图的理论。巴拉萨（Balassa）和斯特恩（Stern）运用不同的数据来源，在后续研究中也支持了李嘉图的理论。①

最近斯蒂芬·戈卢布（Stephen Golub）又对李嘉图的模型进行了检验。斯蒂芬·戈卢布通过研究相对单位劳动成本（工资与生产率的比率）及美国同英国、日本、德国、加拿大及澳大利亚之间的贸易关系，发现相对单位劳动成本有助于解释这些国家的贸易模式。如图 2.9 所示，美国和日本的贸易情况很好地支持了李嘉图的模型。美国对日本贸易数据的散点图表明，被调研的 33 个产业的相对出口额和相对单位劳动成本之间呈现明显的负相关关系。

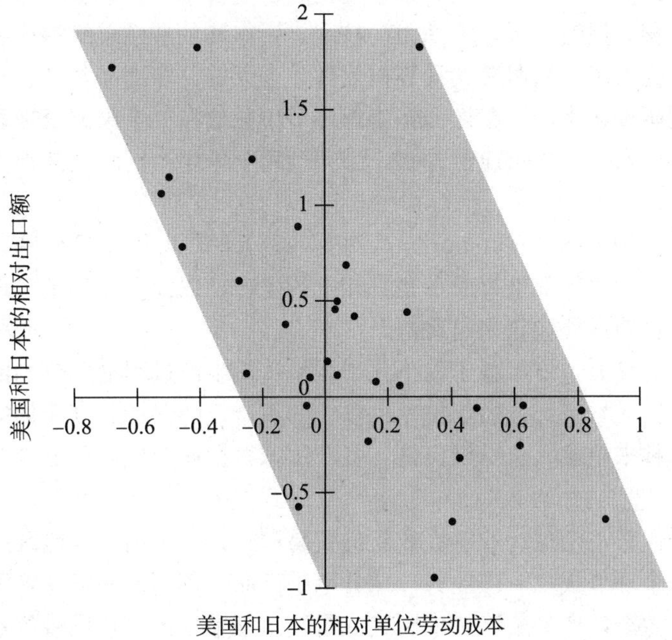

图 2.9　1990 年美国和日本的相对出口额及相对单位劳动成本

注：该图是美国和日本之间 33 个产业出口数据的散点图。从图中可以明显地看出，相对出口额和相对单位劳动成本间存在负相关关系。沿着水平轴向右移动，美国单位劳动成本相对于日本较高，相应地，美国相对于日本的出口额下降，即沿着纵轴向下方移动。

资料来源：Stephen Golub，*Comparative and Absolute Advantage in the Asia-Pacific Region*，Center for Pacific Basin Monetary and Economic Studies，Economic Research Department，Federal Reserve Bank of San Francisco，October 1995，p. 46.

李嘉图模型尽管得到了实证研究的支持，但仍然存在一定的局限性。劳动不是唯一的投入要素。除了直接的劳动成本之外，还应考虑生产和分配成本。产品质量差异也解释了诸如汽车和鞋类等产业的贸易模式。因此，仅在劳动生产率和工资水平的基础上解释一国的竞争力时还应小心谨慎。下一章将进一步讨论这一问题。

① G. D. A. MacDougall，“British and American Exports：A Study Suggested by the Theory of Comparative Costs，” *Economic Journal*，61，1951；B. Balassa，“An Empirical Demonstration of Classical Comparative Cost Theory，” *Review of Economics and Statistics*，August 1963，pp. 231－238；R. Stern，“British and American Productivity and Comparative Costs in International Trade，” *Oxford Economic Papers*，October 1962.

2.12 比较优势和全球供应链

数十年来，大多数经济学家一直认为每个国家都会从自由贸易中获益。这样乐观的观点源自大卫·李嘉图的比较优势理论。比较优势理论认为，如果每个国家都生产其最具竞争优势的产品，那么与自给自足的情况相比，商品的售价降低，产出、收入和生活水平也都将得到提升。当李嘉图提出这个理论时，主要生产要素受当时条件的制约，难以在国家之间转移。但是今天，劳动力、技术、资本和创造性思维都可以在全球流动。

从电子产品到汽车，从服装到计算机软件，今天的许多商品都来自全球供应链。许多行业已经不把研发、生产、配送和销售等环节单独放在一个国家或地区，而是把各个环节分散在许多国家。全球供应链是指，公司利用全球生产网络高效地使各项业务在各个国家之间流动。

全球供应链利用**外包**（Outsourcing）把一部分生产业务分配给另一家企业，或者采购另一家企业生产的零部件，而不是直接进行生产，以此来降低生产成本。让生产贴近消费者的观念也使得外包越来越普遍。

全球供应链的发展主要得益于以下几个因素：使生产过程易于分割的技术变革；贸易壁垒减少；运输成本降低；通信技术进步；知识产权的保护制度更加完善；契约执行更加有效。随着越来越融入全球供应链，各个国家根据比较优势更加专业化地从事某一项业务。

围绕着比较优势，全球产业链促成新的贸易模式，一个国家或地区的企业专业化从事生产过程的一个环节或者一项业务。比如电子产品、零部件一般在韩国、日本、中国台湾和中国香港生产，产品最终在中国完成组装。苹果手机、音乐播放器和平板电脑都是全球供应链的产物。①

能够把生产过程分割成多个环节，在不同的地方完成，对于全球贸易模式的形成有重要意义。第一，专业化的含义已经发生变化，传统而言，专业化生产是指终端产品从研发到生产全过程在一个地区的专业化，但是现在专业化的定义更窄，一般针对产品生产的某一环节或者某一个部件。第二，贸易流动的模式也受到了全球产业链的影响，发展中国家和发达国家的比较优势差异很大，随着产业链的扩张，这两类国家之间的贸易更加频繁。第三，中间产品贸易成为贸易模式的主导，零部件、半成品和计算机服务等是当今国际贸易的主要商品。

我们以半导体行业为例，说明全球产业链带来的影响。过去，美国直接出口半导体到中国。现在，美国主要从事半导体前端业务，即研发、设计和前端制造环节，然后出

① U. S. International Trade Commission, "Global Supply Chain." In *The Economic Effects of Significant U. S. Import Restraints*, August 2011; Judith Dean and Mary Lovely, "Trade Growth, Production Fragmentation and China's Environment." In *China's Growing Role in World Trade*, edited by R. Feenstra and S. Wei, National Bureau of Economic Research and University of Chicago Press, 2010; Premachandra Athukorala and Nobuaki Yamashita, "Production Fragmentation and Trade Integration: East Asia in a Global Context," *North American Journal of Economics and Finance*, Vol. 17, 2006.

口到马来西亚等东南亚国家，进行检测、组装和包装等后端程序，之后再把包装好的半导体出口到中国。中国利用这些半导体制造电视机等电子产品，出口到全球各个国家消费者的手中。从此可以看出，全球供应链使每个参与贸易的国家受益，与单独在一个国家生产相比，产品的全球化生产更加有效率。

全球供应链也有利于发展中国家的发展。借助全球供应链，发展中国家有机会参与高科技产品的生产，而无须掌握此产品生产的整个过程。刚开始参与低端制造的公司可以通过与高科技企业的交流学习，慢慢参与高附加值的生产环节。

我们以印度为例，20 世纪 90 年代，印度的软件公司主要从事中低端的开发工作，专营软件编程和测试。21 世纪初，这些印度企业向更加高端的企业学习，开始从事企业技术咨询、系统集成、产品工程等高技术业务。

虽然有利于提高经济效率，但是全球供应链也容易受全球事件冲击。比如，如果一个国家陷入经济衰退、内部动荡或者遭受自然灾害，供应链中的其他国家也会深受影响。在 2007—2009 年经济危机期间，美国对中国出口的电子产品需求下降，导致中国对东南亚国家电子产品零部件或者中间产品的需求也下降。另一个例子便是日本 2011 年的地震和海啸，丰田和本田公司的供应链因此受到破坏，其在美国的汽车生产工厂也受到影响。

□ 2.12.1 外包的优势和劣势

外包的支持者坚持认为，外包能够为全球经济创造双赢的局面。很明显，外包有利于承包国家，如印度。例如，印度的部分工人工作于美国西南航空公司的子公司，并为西南航空公司的乘客提供电话预订服务。此外，印度供应商通过为子公司提供商品和服务而增加收入，并且印度政府还可以获得额外的税收收入。美国也通过以下途径来获得外包的好处：

- 西南航空公司通过雇用低工资的印度工人提供航空预订服务，从而降低了成本，提高了劳动生产率。此外，在美国，很多外包的工作岗位是美国人相对不愿意从事的，或者是比较低端的，但是在印度，通常是比较受欢迎的。因此，印度工人可能具有较高的工作积极性，从而产出水平高于美国工人。印度工人较高的劳动生产率使得西南航空公司的单位成本下降。
- 创造新的出口商品。随着业务不断扩张，西南航空公司在印度的子公司会增加从美国购买的附加商品，例如，计算机和电子通信设备，这将会增加美国戴尔和美国电话电报（AT&T）等公司的收入，并且为美国工人创造更多的就业岗位。
- 收入汇回本国。西南航空公司在印度的子公司将其收入汇回母公司，这部分收入就被投入美国经济。许多海外供应商实际上是美国企业，从而容易将收入汇回国内。

总之，外包的支持者一致认为，随着竞争对手通过外包来降低成本，如果美国企业不将工作岗位配置到海外，那么它将在全球经济中变得越来越没有竞争力。这将进一步削弱美国经济，威胁到美国更多的就业岗位。他们还指出，美国的就业丧失只是暂时的，并且国内新产业和新产品的出现会为美国工人提供更赚钱的岗位。只要美国的劳动力维持其高技能水平和灵活性，随着美国企业通过业务外包来提高其生产率，高附加值的工作岗位就不会丧失。

当然，对整个经济有好处的事情对某个人或者群体而言并不一定是好事。外包纵然可以为美国带来好处，但增加了因外包而失去工作或者只能从事低端工作的工人的压力。美国的工会组织经常游说国会，阻止外包。美国数个州正在考虑通过立法，限制政府与把业务外包到其他国家的公司进行合作。

□ 2.12.2 外包与美国汽车工业

过去100年间，美国汽车工业的发展情况揭示了外包的潜在影响。20世纪初，福特公司的工人们只需700种零部件即可组装完成一辆T型车。就是靠着这些数量不多的零部件，福特公司可以在一个车间内同时实现流水线生产与高度专业化生产。工厂实行垂直化管理，工人们都受过高度专业化训练，只需在汽车的流水线生产中进行单一的操作，即可完成从原材料到整车的生产制造。

随着人们消费水平的提高，消费者对高档车型的需求逐渐增加，市场竞争也愈加激烈，福特不得不研发更多的车型，车型也日趋复杂：舒适的坐椅、收音机设备、能够改善汽车的安全性和性能的众多零部件等。一家工厂无法生产如此复杂的车型，工种数量逐渐超过了工厂有效运作所能承载的工种限额，福特开始将生产外包。起初，工厂只向外部供应商采购非关键的零部件，关键的零部件和制造过程仍由福特的内部工厂负责。随着时间的推移，福特将越来越多的零部件制造外包给供应商们，其中许多供应商来自国外。现在，一辆福特汽车中约70%的零部件及服务来自福特的外部供应商。显然，汽车行业的专业化水平及外包服务要是未能得到发展，可供人们选择的将是与T型车类似的汽车，或一般人买不起的车型。21世纪初，信息科技产业以及票据处理业等许多行业正经历着与汽车行业类似的变化和发展。

□ 2.12.3 苹果手机和全球供应链

苹果公司是一家生产电子产品以及提供电脑软件和商业服务的跨国公司，总部位于加利福尼亚州库伯提诺市，由乔布斯和沃兹尼克在1976年创建。苹果公司以前在美国生产产品，现在大部分产品都在其他国家生产。基本上所有的苹果手机、苹果电脑和其他产品都在亚洲、欧洲及其他地方生产。苹果公司在美国的雇员是4万人，而在中国的雇员则达到70万人。苹果公司把产品制造业务外包给总部位于中国台湾的富士康公司，富士康公司是世界上最大的电子产品制造商。那么，怎么样才能让苹果公司在美国生产产品呢?

苹果公司早期并没有寻求到国外去生产产品。比如，1983年开始生产Macintosh电脑之后的数年中，苹果公司一直号称其产品全是“美国制造”。但是，在世纪之交，这一切发生了变化。由于亚洲国家劳动力技术水平较低，成本较低，苹果公司开始把生产业务转往国外。这应该不是苹果公司这样做的原因，与从数百家企业购买零部件的费用相比，劳动力成本几乎可以忽视。但是，苹果公司认为，海外工厂规模化生产以及外国工人的灵活性、坚韧品质与技能对于苹果公司而言是最好的现实选择。

比如，苹果公司在引入市场之前的几天时间里，还可以通过中国工厂修改苹果手机的生产。比如，苹果公司最后一刻重新设计苹果屏幕，急需彻底改变组装线。新屏幕样本半夜到达中国工厂。为了迅速调换，工人们加班加点工作，在四天之内工厂翻修全部完工，一天生产 10 000 部手机，新的手机玻璃屏幕焕然一新。苹果公司的高管表示，中国工厂的速度和灵活性非常好，没有一个美国工厂可以比得上。批评人士认为，人力成本是生产成本的一部分，为了提高质量和降低成本，苹果公司及其供应商经常忽视工人工作环境的安全，不处理危险废物，让工人长时间加班。

但是，苹果公司仍旧有一些业务留在了美国。比如说，苹果公司的软件和营销策划大部分都在美国本土完成。此外，苹果公司还在北卡罗来纳州建设了一个数据中心，苹果电子产品内置的半导体关键部件也在韩国三星公司位于得克萨斯州奥斯汀市的工厂进行生产。然而，这些机构或者工厂的就业岗位微不足道。北卡罗来纳州的数据中心仅仅雇用了 100 名全职工作人员，而三星公司在得克萨斯州的工厂雇用大约 2 400 名工人。总之，即使电子产品的生产从 100 万部增加到 2 500 万部，也不需要增加太多的编程人员。

对于生产外包策略，苹果公司辩解道，美国没有足够的技术工人，没有足够的生产迅速、时间灵活的工厂；苹果公司如果在美国设厂生产，其中一大挑战便是如何找到这么大量的技术工人。苹果公司表示，其公司需要的技术工人是有高中以上培训经历但又不需要大学本科学历的工程师，在美国很难找到这样的技术人才。总之，苹果公司外包的原因不仅仅是中国的劳动力成本低。①

□ 2.12.4 波音 787 梦幻客机的外包危机

尽管外包会大大提高自动化生产的效率，但它也给波音公司的飞机生产带来了麻烦。2007 年，日本生产的波音 787 梦幻系列客机的第一对机翼成功运至华盛顿州的西雅图，787 系列客机价值 1.5 亿美元。波音将 35%的设计与制造工作外包给了 3 家日本公司，波音只需花 3 天时间完成最后的组装。意大利、中国、澳大利亚等国都参与到了 787 的生产制造中，如表 2.7 所示。波音认为在世界范围寻求合作伙伴，为波音生产主要部件，使公司节约了约 50%的生产时间，使生产成本由 10 亿美元下降为 6 亿美元。简而言之，波音公司将飞机最后组装前的 35%的生产工作安排在西雅图，65%的飞机生产工作来自海外工厂。

为了降低生产成本，波音公司要求外国厂商承担相应的制造成本。国外的合作伙伴将获得的生产补贴用于投资波音，总额超过了数十亿美元。例如，日本政府为波音的 3 家日本供应商提供了约 20 亿美元的贷款，意大利为波音供应商建造了生产所需的基础设施。分散风险减少了波音的生产成本，提高了波音对抗空中客车的竞争力。

---

① Charles Duhigg and Keith Bradsher, "How the U.S. Lost Out on iPhone Work," *The New York Times*, January 21, 2012; "In China, Human Costs Are Built into an iPad," *The New York Times*, January 25, 2012 at http: //www.nytimes.com.; Rich Karlgaard, "In Defense of Apple's China Plants," *Wall Street Journal*, February 2, 2012, p. A-13; Greg Linden, Kenneth Kraemer, and Jason Dedrick, "Innovation and Job Creation in a Global Economy: The Case of Apple's iPod," *Journal of International Commerce and Economics*, 2011.

表 2.7　　生产波音 787：波音如何外包的范例

国家	部件/业务
日本	机翼、机身、固定的机翼后缘、翼盒
中国	方向舵、垂尾、前裙板
韩国	翼尖、机身末端
澳大利亚	内侧襟翼、可拆卸的机翼后缘
加拿大	发动机吊架整流罩、主起落架舱门
意大利	水平稳定器
英国	主起落架、前起落架

资料来源："Boeing 787: Parts From Around the World Will Be Swiftly Integrated," *The Seattle Times*, September 11, 2005; "Boeing Shares Work, But Guards Its Secrets," *The Seattle Times*, May 15, 2007; "Outsourcing at Crux of Boeing Strike," *The Wall Street Journal*, September 8, 2008.

寻找技术合格的工程型人才是波音走向全球化的另一个战略意图。波音管理层认为，787 系列的设计与生产需要来自全球各地的优秀人才的创意和技术支持。此外，合作生产还会促进波音与客户之间的关系。日本就是波音最大的客户，日本购买的波音飞机数量超过了全球任何一个国家：对日本外包巩固了波音在日本飞机市场上的垄断地位。

但是，这样的外包策略却给波音公司带来了危机。由于供应商不能按时完工，787 客机的生产比预期计划晚了 4 年有余。语言沟通上的障碍以及供应商将工作二次外包引起的混乱是问题所在。等到各个供应商把各个部件运到美国之后，波音公司利用自己的雇员组装第一批飞机，但是，却缺少了数千种零部件。这激怒了工会的工人们。工人们认为，如果公司一开始就将生产 787 的工作交给自己来完成，预定的生产目标早已达成。工人们担心，总有一天，公司会将飞机的组装工作也外包给海外的合作伙伴。波音的管理人员否认这种说法，却拒绝给予确切的书面答复。

波音公司失去对了供应链的掌控权，无法监督生产的各个环节。等到零部件运到西雅图工厂时，才能发现问题所在。问题的解决没有那么容易，供应商之间经常发生文化冲突。波音公司的高管悔恨地表示，意大利人一周似乎只工作 3 天（他们似乎一直在度假），而日本人一周工作 6 天。此外，波音公司内部的工人也表示不满：他们正在泄露自己的业务秘密给中国和日本，这两个国家迟早成为他们的竞争对手。

外包的目的是节省成本。但是，波音公司的外包备受诟病。波音 787 的预算超支数十亿美元，比原计划的时间滞后 3 年多，直到 2011 年末才首批试飞。飞机的锂电池过热，停工检修耽误了更多的时间。波音公司的管理人员承认，他们外包给了不称职的供应商，生产的零部件质量不佳，电子系统和环境控制问题再加上零部件供应没有按时完成，导致整个生产远远超过预期时间。总之，如果一开始就掌握关键技术，波音公司也不至于花费那么多冤枉钱。①

□ 2.12.5 美国制造业的回归

数十年来，许多劳动力成本高的美国公司一直认为，把生产布局在劳动力成本较低的国家可以节省大量成本。但是，到 2013 年，它们开始重新考虑回到美国本土生产。卡特彼勒、福特、苹果和通用电气等著名企业正在把一部分业务挪回到美国。为什么？

最重要的一个因素莫过于：中国和印度的劳动力工资正在以每年 10%～20%的速度增长，而欧洲和美国制造业工人的工资增长停滞。因而，工资差距正在变小。诚然，孟加拉国和越南等国家正在争先恐后地取代中国，成为低劳动力成本的天堂，但是它们难以比得上中国的规模化、效率和供应链。

此外，美国企业正在意识到长距离运输的弊端。全球海运成本大幅攀升，周转时间长达数周。攀高的海运、铁路和公路运输成本，对于生产快消品等低价值产品的企业伤害非常大。生产地点距离消费者所在地太远，难以为消费者量身定制，对消费者需求的反应速度也很迟缓。此外，美国企业还担心，国外的政治动荡或者自然灾害可能破坏产业链。

因此，艾默生电气公司开始把一部分布局在亚洲的业务搬回到美国，距离消费者更近。中国高科技公司联想集团为生产适应美国市场的电脑，在北卡罗来纳州开设工厂。瑞典的家具公司宜家为了节省运输成本，也在美国开设工厂。美国电动工具企业德萨公司的一部分中国的生产业务回流到美国，其在运输成本和原材料成本的节省能够抵消劳动力成本的增加。下面还有一些例子②：

- 2014 年，惠而浦公司（Whirlpool Corp.）把墨西哥蒙特雷市工厂的一部分洗衣机产生业务搬回了美国俄亥俄州克莱德市。其位于墨西哥的工厂是世界上最大的洗衣机生产工厂。虽然克莱德市工人工资是每小时 19 美元，比蒙特雷市高出五倍之多，但是该公司认为，搬往美国反而降低了成本。为什么？克莱德工厂自动化程度更高，电力成本更加便宜。此外，惠而浦公司不必长距离跨境运输，节约了运输成本。惠而浦公司还表示，墨西哥蒙特雷市的工厂产量还会扩大来满足墨西哥市场的需求，在墨西哥雇用的工人人数仍将增加，不会减少。惠而浦希望生产地临近消费者所在地，希望可以快速对消费者需求作出反应。
- 海外生产数十年之后，到 2014 年，美国生产马桶的企业开始掀起回归美国的热潮。科勒卫浴公司（Kohler Co.）便是其中的一家企业，还有美国标准品牌公司（American Standard Brands）和曼斯菲尔德公司（Mansfield Plumbing Co.）。这些企业回归的原因包括：希望让美国消费者更快地获得公司产品，减少运输成本，更快地对消费者喜好变化作出反应，提供"美国制造"的品牌。消费者近些年越来越相信"美国制造"。

---

① Steve Denning, "What Went Wrong At Boeing?", *Forbs*, January 19, 2013.

② "Here, There and Everywhere: Outsourcing and Offshoring," *The Economist*, January 19, 2013; James Hagerty, "Whirlpool Jobs Return to U. S." *The Wall Street Journal*, December 20, 2013, p. B-4; James Hagerty, "America's Toilet Turnaround," *The Wall Street Journal*, September 25, 2013, pp. B-1 and B-8.

但是，制造业回归的规模不应该被夸大。大多数企业只是把本该放在美国的一部分生产业务搬回到美国，大部分生产业务还是留在了原来的地方。在写作本书的时候，我们难以判断这种回归的潮流能否一直持续。

2.13 小结

1. 在重商主义学派看来，贵金属的储备代表了一国的财富。重商主义学派主张，政府应该实行贸易管制，以限制进口和鼓励出口。一国只有牺牲贸易伙伴的利益才能获得贸易收益，因为在特定时间点上，世界财富的存量是固定的，而且所有国家不能同时出现贸易顺差。

2. 斯密对重商主义的贸易观点提出了挑战。他认为通过自由贸易，投入要素的国际专业化分工能够增加世界产出，这些产出能够在各贸易国之间进行分配。所有国家能够同时享有贸易收益。斯密认为每个国家专门生产本国具有绝对优势的商品是有利的。

3. 李嘉图认为，即使一国与其他国家相比，在两种商品的生产上都处于绝对劣势，互利贸易也是可能发生的。生产率较低的国家应当专门化生产并出口具有比较优势的商品。

4. 比较成本可以用生产可能性曲线解释。这条曲线表明，假定所有资源都以最有效的方式得到利用，一国所能生产的两种产品的最大产量组合。生产可能性曲线的斜率提供了一种测算边际转换率的方法，边际转换率是指每增加一单位的一种产品必须牺牲的另一种产品的数量。

5. 在成本不变的情况下，生产可能性曲线是一条直线。国内的相对价格只取决于本国的供给条件。在成本不变的情况下，一国完全专业化生产一种产品的情况可能会发生。

6. 因为李嘉图的贸易理论只依赖于供给分析，因此不能决定实际贸易条件。穆勒在其相互需求理论中指出了李嘉图理论的这一缺陷。相互需求理论认为，在贸易条件的限制范围内，实际贸易条件取决于每个国家对另一国家产品的需求的程度。

7. 随着时间的推移，如果一国的生产率提高速度落后于外国竞争对手，那么它在特定产品生产方面的比较优势可能会消失。在外国市场上比较优势的丧失，将会减少国内企业的销售额和利润，以及国内工人的就业和工资。

8. 在现实世界中，各国往往面临生产成本递增的情况。因此，生产可能性曲线凹向坐标原点。每个国家的产品的相对价格由供给和需求因素共同决定。在成本递增的情况下，完全专业化生产是不可能实现的。

9. 按照比较优势理论，竞争会迫使高成本的生产者退出特定行业。然而在现实中，某行业的结构重组会花费很长时间，因为高成本的生产者通常会维持旧工厂的生产能力。退出壁垒是指延缓退出的各种成本，这是高成本生产者作出的理性反应。

10. 麦克杜格尔对李嘉图的比较优势理论最先进行了实证检验。通过比较美国和英国的出口模式，麦克杜格尔发现工资率和劳动生产率是决定国际贸易模式的主要因素。他的研究成果支持了李嘉图的理论。斯蒂芬·戈卢布近期对李嘉图模型的实证检验也支持了李嘉图的理论。

2.14 关键概念及术语

- 自给自足（Autarky）
- 贸易基础（Basis for Trade）
- 货物贸易条件（Commodity Terms of Trade）
- 完全专业化（Complete Specialization）
- 机会成本不变（Constant Opportunity Costs）
- 消费收益（Consumption Gains）
- 国际贸易的动态收益（Dynamic Gains from International Trade）
- 退出壁垒（Exit Barriers）
- 自由贸易（Free Trade）
- 国际贸易收益（Gains from International Trade）
- 重要的有时反而不重要了（Importance of Being Unimportant）
- 机会成本递增（Increasing Opportunity Costs）
- 劳动价值论（Labor Theory of Value）
- 边际转换率（Marginal Rate of Transformation，MRT）
- 重商主义者（Mercantilists）
- 无贸易边界线（No-trade Boundary）
- 贸易均衡条件的外部限制（Outer Limits for the Equilibrium Terms of Trade）
- 外包（Outsourcing）
- 部分专业化（Partial Specialization）
- 价格—铸币—流转学说（Price-Specie-Flow Doctrine）
- 绝对优势理论（Principle of Absolute Advantage）
- 比较优势理论（Principle of Comparative Advantage）
- 生产可能性曲线（Production Possibilities Schedule）
- 生产收益（Production Gains）
- 互利贸易区域（Region of Mutually Beneficial Trade）
- 贸易条件（Terms of Trade）
- 相互需求理论（Theory of Reciprocal Demand）
- 贸易三角形（Trade Triangle）
- 贸易可能性曲线（Trading Possibilities Line）

2.15 习题

1. 明确现代贸易理论关注的基本问题。

2. 亚当·斯密的国际贸易观点与重商主义者的观点有何区别？

3. 请用算术例子说明一个国家有可能在两种商品的生产上都处于绝对劣势，但可以在其中一种商品的生产上具有比较优势。

4. 斯密和李嘉图都认为国际贸易只会受供给状况的影响。请对此进行解释。

5. 比较成本概念与一国的生产可能性曲线有何关系？对于不同的机会成本，生产可能性曲线的形状有何不同？

6. 机会成本不变和机会成本递增的含义是什么？在什么样的情况下，一国的成本保持不变或递增？

7. 为什么在成本递增条件下，不存在贸易时的生产点会影响相对成本，而成本不变条件下则不存在这种影响？

8. 在国际贸易条件下，哪些因素将决定生产是部分专业化还是完全专业化？

9. 专业化和贸易的收益是从生产收益和消费收益两个方面论述的。它们的含义是什么？

10. 贸易三角形的含义是什么？

11. 在一定的世界资源条件下，国家贸易能够带来世界产出总量的增加。请对此进行解释。

12. 如果加拿大和法国在它们所能获得的最好技术条件下充分利用其所有可支配的生产要素，它们所能生产的钢铁和铝的最大产量如表 2.8 所示。

表 2.8　　钢铁和铝的产量　　单位：吨

	加拿大	法国
钢铁	500	1 200
铝	1 500	800

假定生产在成本不变的情况下进行。请在图纸上画出加拿大和法国的生产可能性曲线，在每个国家的图中，横轴表示铝的产量，纵轴表示钢铁的产量。在不存在贸易的情况下，假定加拿大生产并消费 600 吨铝和 300 吨钢铁，法国生产并消费 400 吨铝和 600 吨钢铁。请在每个国家的生产可能性曲线上标出这些自给自足状态下的生产点。

a. 确定每个国家钢铁转换为铝的边际转换率。按照比较优势理论，两国应该进行专业化生产吗？如果可以，每个国家应该生产哪种产品呢？专业化的程度是完全的还是部分的？指出每个国家在其生产可能性曲线上的专业化生产点。同无贸易时钢铁和铝的产出相比，专业化能增加产出吗？如果可以，能增加多少？

b. 如果发生专业化和贸易，贸易条件的上下限是什么？假定加拿大和法国一致同意将贸易条件比率规定为 1∶1（1 吨钢铁＝1 吨铝）。在图中画出每个国家的贸易条件线。假定 500 吨钢铁可以交换 500 吨铝，贸易发生后，加拿大消费者的状况能够得到改善吗？如果可以，会改善多少呢？法国消费者的情况呢？

c. 绘出加拿大和法国的贸易三角形。

13. 表 2.9 中的假设数据给出了在充分利用全部生产要素和最好的技术的情况下，

日本和韩国可以生产的钢铁和汽车的替代组合。在图纸上画出日本和韩国的生产可能性曲线。在各国的生产可能性曲线图中，纵轴表示钢铁的产量，横轴表示汽车的产量。

表 2.9 **钢铁和汽车的产量**

日本		韩国	
钢铁（吨）	汽车（辆）	钢铁（吨）	汽车（辆）
520	0	1 200	0
500	600	900	400
350	1 100	600	650
200	1 300	200	800
0	1 430	0	810

a. 两个国家的生产可能性曲线呈凸状，或从原点向外突出，为什么？

b. 在自给自足情况下，日本生产可能性曲线上的生产点和消费点假设为 500 吨钢铁和 600 辆汽车。在日本自给自足点上画一条正切线，计算日本钢铁与汽车的边际转换率（*MRT*）。在自给自足情况下，韩国生产可能性曲线上的生产点和消费点假设为 200 吨钢铁和 800 辆汽车。在韩国自给自足点上画一条切线，计算韩国钢铁与汽车的边际转换率。

c. 基于各自的边际转换率，这两个国家应该按照比较优势理论分工吗？如果应该，它们分别应该生产什么产品？

d. 钢铁和汽车生产的专业化进程将在日本和韩国继续下去，直到二者的边际转换率相等。通过分工，假设两国的边际转换率在 $MRT=1$ 处相等。从日本的自给自足点开始，沿着其生产可能性曲线移动，直到切线斜率等于 1 为止，此时的点成为不完全分工条件下日本的生产点。日本在该点将生产多少钢铁和汽车呢？同样地，在不完全分工条件下决定韩国的生产点，韩国将生产多少钢铁和汽车呢？对于这两个国家来说，在不完全分工条件下生产的钢铁和汽车的总和超过了它们在不分工情况下的产量了吗？如果超过了，超过多少？

e. 现在每个国家相关产品价格处于 1 吨钢铁等于 1 辆汽车（$MRT=1$）的均衡状态，假设 500 辆汽车都在这种贸易条件下交换。

（1）贸易发生之后，确定日本将处在贸易条件线的哪一点。日本消费者从贸易中获得了什么？

（2）贸易发生之后，确定韩国将处在贸易条件线上的哪一点。韩国消费者从贸易中获得了什么？

14. 表 2.10 给出了日本、加拿大、爱尔兰假设的出口价格指数和进口价格指数（1990 年=100），计算 1990—2006 年每个国家的商品贸易条件。哪个国家的商品贸易条件改进了，更糟糕了或没有变化？

表 2.10

国家	出口价格指数		进口价格指数	
	1990	2006	1990	2006
日本	100	150	100	140
加拿大	100	175	100	175
爱尔兰	100	167	100	190

15. 为什么李嘉图的贸易模型无法准确地确定贸易收益呢?

16. 相互需求理论的内涵是什么？它是如何对国际贸易条件作出富有意义的解释的?

17. 货物贸易条件是如何衡量贸易收益的分配情况的?

进一步探索

1. 关于货币价值角度的比较优势，请查询"进一步探索 2.1"，网址：www.cengage.com/economics/Carbaugh。

2. 关于以无差异曲线解释消费者偏好在决定自给自足点时的作用以及贸易收益在参与者之间的分配，请查询"进一步探索 2.2"，网址：www.cengage.com/economics/Carbaugh。

3. 关于提供曲线和贸易均衡条件，请查询"进一步探索 2.3"，网址：www.cengage.com/economics/Carbaugh。

第 3 章 比较优势的来源

在第 2 章中，我们学习了比较优势理论会对跨国贸易模式产生怎样的影响。举例来说，美国在化工产品、半导体、计算机、发电设备、飞机以及农产品等行业的生产上具有比较优势，是这些产品的出口大国；在可可、咖啡、茶、丝、香料、锡以及天然橡胶的生产上处于竞争劣势，是这些产品的进口大国。美国许多行业都存在进口商品与美国本土生产的产品激烈竞争的情况，比如，日本的汽车与电视、瑞士的奶酪、奥地利的滑雪装备等，甚至美国的国民娱乐项目——棒球运动——中使用的棒球与手套也越来越依靠进口。

要找到一国比较优势的决定因素并不容易。有些比较优势取决于自然资源或气候，有些取决于充足的廉价劳动力，有些则取决于该国积累的技术水平和资本，还有一些取决于政府对特定行业的扶持。其中一些比较优势来源是长期存在的，如沙特阿拉伯丰富的石油储量；其他的优势来源则可能随着时间的推移而发生改变，如工人们的技术水平、该国的教育水平及科技水平等。

在本章中，我们将一起探讨比较优势的主要来源：各国在科技水平、资源禀赋、消费者偏好上的差异，以及公共政策、规模经济与外部经济效应等。

3.1 作为比较优势来源的要素禀赋

李嘉图认为，一国的比较优势取决于劳动生产率的相对差异，但是他并没有说明这些差异形成的基础。实质上，李嘉图的理论模型事先假定了比较优势的存在，这也是李嘉图理论的必要前提条件。此外，单一生产要素（劳动）投入的假定，使得李嘉图的理论不能说明贸易对一国收入分配的影响，以及为什么某些社会群体支持自由贸易，而其他群体却反对自由贸易。

20世纪20年代和30年代，瑞典经济学家赫克歇尔（Eli Heckscher）和俄林（Bertil Ohlin）提出了一种新的理论，回答了李嘉图未能解释的两个问题：(1) 比较优势由什么因素决定？(2) 在贸易参与国中，国际贸易对各种生产要素的收入有何影响？赫克歇尔和俄林认为要素（资源）禀赋是一国比较优势形成的基础，所以他们的理论被命名为**要素禀赋理论**（Factor-Endowment Theory），也被称为**赫克歇尔-俄林理论**（Heckscher-Ohlin Theory）。[①] 俄林因其对国际贸易理论的贡献于1977年获得了诺贝尔经济学奖。

□ 3.1.1 要素禀赋理论

要素禀赋理论认为，贸易发生的直接原因是在不存在贸易的情况下，贸易国在有关产品的相对价格上存在差异。这些价格取决于贸易各方的生产可能性曲线以及消费者的需求偏好。生产可能性曲线由该国的技术水平和资源禀赋决定，也就是说，比较优势的最终决定因素是技术水平、资源禀赋以及需求状况。要素禀赋理论假设各国间的技术水平和需求状况基本一致，着重强调资源禀赋的不同是比较优势的主要决定因素。请注意，对比较优势有决定性作用的是资源禀赋比率，而不是每种资源的绝对数量。

根据要素禀赋理论，一国将出口那些大量使用相对丰裕的资源的产品，而进口那些需要大量使用相对稀缺的资源的产品。在要素禀赋理论看来，拥有丰富劳动力资源的印度将出口鞋以及服装，资本充裕的美国将出口机械与化工产品。

相对丰裕资源指的是什么呢？表3.1给出了美国和中国用于生产飞机和纺织品的资源禀赋的假定情况。美国的**资本—劳动比率**（Capital/Labor Ratio）等于0.5（100台机器/200个工人=0.5），也就是说，每个工人对应0.5台机器。中国的资本—劳动比率等于0.02（20台机器/1 000个工人=0.02），即每个工人对应0.02台机器。一方面，因为美国的资本—劳动比率超过了中国的资本—劳动比率，因此我们称美国为资本丰裕国，而中国为资本稀缺国；另一方面，中国也被称为劳动丰裕国，美国被称为劳动稀缺国。

表3.1　生产飞机和纺织品：美国和中国的资源禀赋状况

资源	美国	中国
资本	100台机器	20台机器
劳动力	200个工人	1 000个工人

根据要素禀赋理论，相对丰裕的资源如何决定比较优势呢？当某种资源相对丰裕

① 伊莱·赫克歇尔关于要素禀赋理论的解释见其论文"The Effects of Foreign Trade on the Distribution of Income," *Economisk Tidskrift*, 21（1919），pp. 497 - 512。俄林的相关解释参考其著作 *Interregional and International Trade*（Cambridge, MA: Harvard University Press, 1933）。还可以参阅：Edward Leamer, *The Heckscher-Ohlin Model in Theory and Practice*, Princeton Studies in International Finance, No. 77, February 1995。

时，它在本国的相对成本要低于在该资源相对稀缺国的价格。因此，在两国进行交易之前，它们的比较优势在于资本在美国相对便宜，劳动力在中国相对便宜。也就是说，美国在诸如飞机等较多地使用资本而较少地使用劳动力的产品生产上具有较低的机会成本，而中国在纺织品等较多地使用劳动力而较少地使用资本的产品生产上具有较低的机会成本。要素禀赋理论对比较优势的影响可以总结如下：

相对资源禀赋不同 ⟶ 相对资源价格不同 ⟶ 相对产品价格不同 ⟶ 比较优势的模式不同

要素禀赋理论可以用于解析表 3.2 中的数据。表 3.2 列出了 2011 年部分国家的资本—劳动比率。为了进行有效的国际比较，资本存量以 2005 年的国际美元价格表示，以反映每个国家美元的实际购买力。我们发现，与其他工业化国家相比较，美国的每个工人拥有较少的资本，但是与发展中国家相比较，美国每个工人拥有的资本量较多。根据要素禀赋理论，我们可以断定，相对于发展中国家，美国在资本密集型产品的生产上拥有比较优势，但是相对于许多工业化国家来说，情况则不同。

表 3.2　　2011 年部分国家每个工人的资本总存量*　　单位：美元

工业化国家		发展中国家	
日本	297 565	韩国	233 959
美国	292 658	墨西哥	85 597
德国	251 468	哥伦比亚	67 292
澳大利亚	250 949	巴西	64 082
加拿大	198 930	中国	57 703
瑞典	190 793	菲律宾	34 913
俄罗斯	107 182	越南	24 721

* 以 2005 年美元价格表示。

资料来源：Robert Feenstra，Robert Inklaar，and Marcel Timmer，University of Groningen，Groningen Growth and Development Centre，*Penn World Table*，Version 8.0，2013，available at www.rug.nl/research/ggdc/data/penn-world-table.

□ 3.1.2　图解要素禀赋理论

图 3.1 通过图形阐释了要素禀赋理论。该图的生产可能性曲线暗含着以下假设：美国是资本相对充裕的国家，而中国是劳动力相对充裕的国家。该图同时假设飞机制造业是资本密集型产业，纺织业为劳动密集型产业。

因为美国的资本相对充裕，而飞机又是资本相对密集型产品，因此美国在飞机生产上的优势要大于中国。因此，美国的生产可能性曲线更偏向于飞机制造业，如图 3.1 所示。类似地，因为中国的劳动力资源相对充裕、纺织业是劳动密集型产业，因此，中国在纺织品的生产上比美国更具优势，中国的生产可能性曲线偏向于纺织业。

假设经济处于自给自足的状态，中美两国对纺织品和飞机的需求一致，这样，两国将在图 3.1(a)① 中的点 A 处进行生产与消费。美国的生产可能性曲线在点 A 的切线斜率的绝对值（美国 $MRT=0.33$）小于中国的生产可能性曲线在点 A 的切线斜率的绝对值（中国 $MRT=4.0$）。美国飞机的相对价格比中国低，也就是说，美国在飞机生产上具有比较优势，而中国在纺织品生产上具有比较优势。

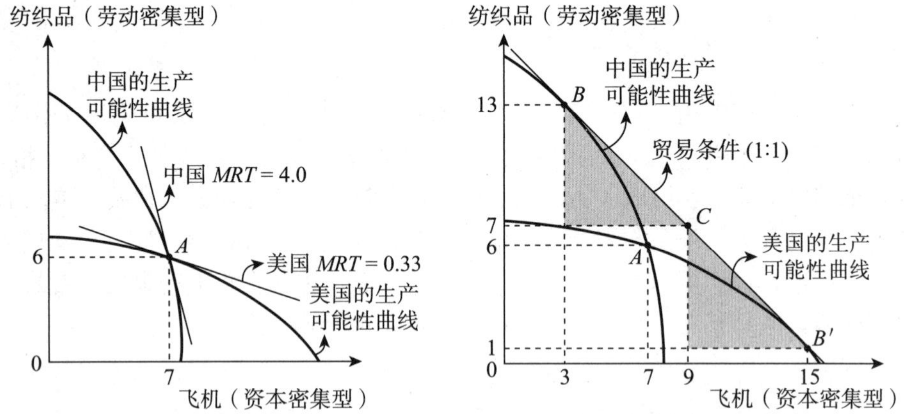

（a）自给自足的均衡
（b）贸易条件下的均衡

图 3.1　要素禀赋理论

注：一个国家出口资源相对丰裕要素的产品，进口资源相对稀缺要素的产品。

图 3.1(a) 虽然对比较优势进行了形象的阐释，却未对其原因作出解释。在这个贸易案例中，在资本相对充裕的国家（美国），资本的价格相对便宜；在劳动力相对充裕的国家（中国），劳动力的价格相对便宜。资源相对价格的差异使美国在资本密集型产品（飞机）的生产上具有比较优势，中国则在劳动密集型产品（纺织品）的生产上具有比较优势。简而言之，要素禀赋理论认为，资源禀赋上的相对差异是在不存在贸易的情况下，两国产品的相对价格存在差异的主要原因。

如图 3.1(b) 所示，第 2 章中有关贸易收益的分析基本都适用于要素禀赋理论。通过贸易，每个国家都继续在具有比较优势的产品上进行专业化生产，直到该产品的价格等同于对方的价格为止。专业化会持续进行，直到美国的生产点移至点 B' 处、中国的生产点移至点 B 处为止，这时，两国的生产可能性曲线均与斜率绝对值为 1 的相对价格曲线相切。这条相对价格曲线就是贸易的均衡条件。我们还可以假设，两国都更偏好贸易条件下飞机与纺织品的消费组合，即图中的点 C。为了达到点 C，美国需要出口 6 架飞机以换取 6 个单位的纺织品，中国需要出口 6 个单位的纺织品来换取 6 架飞机。因为点 C 高于自给自足条件下的点 A，贸易为两国带来了收益。

要素禀赋理论很好地解释了为什么中国等劳动力资源丰富的国家出口纺织品和玩具等劳动密集型产品，也可以很好地解释为什么美国等资本丰富的国家出口飞机和机械等耗费大量资本的产品。但是，要素禀赋理论很难解释现在普遍存在的双向贸易：许多国

① 请注意，要素禀赋理论并不要求中美两国的消费偏好完全一致，只要相似就行。相似指各国的社会无差异曲线应具有相同的形状，且位置相似，如第 2 章中的“进一步探索 2.2”所述。为使问题简单化，图 3.1 假设两国的消费偏好完全一致。

家在出口钢铁和汽车的同时，也进口钢铁和汽车。此外，该理论也很难解释要素禀赋相似的发达国家之间为什么贸易量更大。本章接下来将介绍更多的贸易理论。

□ 3.1.3 要素禀赋理论的应用：中美贸易

中美贸易体现了要素禀赋理论的核心思想。美国的人力资本（技能）、科学人才和工程人才资源比较丰富，而非熟练劳动力相对比较稀缺。相反，中国拥有大量的非熟练劳动力，缺乏科学和工程人才。因此，根据要素禀赋理论，美国将向中国大量出口使用熟练劳动力和技术生产的产品，而中国则会向美国出口大量使用非熟练劳动力生产的产品，如纺织品、鞋袜、玩具、组装电子产品以及机械设备等。

表 3.3 列出了 2012 年美国向中国出口的前十大种商品以及中国向美国出口的前十大种商品。中美贸易的商品结构似乎完全符合要素禀赋理论的推断。美国向中国出口的产品主要集中在高技能型产业，包括计算机、化学品以及飞机等交通运输设备。相反，中国向美国出口的产品则集中在低技能型产业，如电子产品、玩具和运动器材、鞋类制品和服装等。但是，值得注意的是，这些贸易数据只是粗略地反映了中美的贸易结构，并不能证明要素禀赋理论的严谨性。

表 3.3　　2012 年中美之间的商品贸易

美国出口到中国的商品			中国出口到美国的商品		
产品	金额（十亿美元）	占比（%）	产品	金额（十亿美元）	占比（%）
农产品	20.7	18.7	电子产品	158.4	37.2
计算机等电子产品	13.9	12.6	玩具和运动器材	36.6	8.6
交通运输设备	15.7	14.2	服装	32.1	7.5
化学品	12.9	11.7	电力设备	30.5	7.2
机械	9.9	8.9	皮毛制品	24.6	5.8
其他	37.4	33.9	其他	143.4	33.7
总额	110.5	100.0	总额	425.6	100.0

资料来源：U. S Department of Commerce，International Trade Administration，available at http：//www. ita. doc. gov. Scroll down to TradeStats Express（http：//tse. export. gov）and to National Trade Data. 也可参阅：Foreign Trade Division，U. S. Census Bureau。

□ 3.1.4 工资攀升、人民币坚挺背景下的中国制造企业

数十年来，中国大量的廉价劳动力资源成就了中国制造业的繁荣。辛苦劳作的中国工人的工资与欧美国家相比，只是一个很小的数字。但是，随着中国经济的飞速发展，制造企业越来越难找到合适的工人，特别是在制造企业工厂集中的沿海地区。中国老龄化问题逐步凸显，年轻劳动力越来越稀缺。此外，虽然中国内地农村拥有大量可供沿海

企业使用的劳动力资源，但是中国的土地政策和户籍制度严重制约了劳动力的流动，如果他们离开自己的村庄，则有可能失去自己的土地。此外，即使到了城市，从农村出来的工人也很难在当地的学校注册入学，也享受不到城市的福利保障，落户城市的过程可能持续数年。工厂的劳动力供给不是无限的，即使在中国也是这样。

由于前往制造业集中地区的工人越来越少，工资上涨的压力也越来越大。工人们要求提高工资的呼声越来越高，社会的不安定因素越来越多。工资攀升以及越南等国家的竞争使得中国的出口增长速度放缓。许多经济学家预计，中国高速增长的阶段已经接近尾声。中国将不得不更依赖技术、教育和基础设施的完善来保持经济增长。

虽然高工资提高了工人的生活水平，但是却使得依赖价格竞争的玩具和服装等低端制造业竞争力大幅减弱。出口企业不得不提高生产率，抵消工资上升带来的不利影响。一些企业开始制造更高端的对消费价格更不敏感的产品。如果中国工人的工资不断攀升，其消费能力也不断增强，一些工人对进口商品的需求大增，这将加大中国贸易的压力，而贸易一直是中国经济增长的一个重要引擎。

我们以利华成衣集团（Lever Style Inc.）为例。利华集团是一家生产服装的公司。由于越南工人的工资只有中国的一半，2013 年，该公司开始把一部分生产业务搬到越南。利华集团把生产业务的迁移视为事关公司存亡的大事，希望在未来几年中，在越南的生产业务将可大约占到 40%。利华集团的管理人员表示，中国工人的工资在过去十年中一直保持 20%的增长，在中国赚钱越来越不容易；把生产业务迁往越南，终端产品售价最多可以降低 10%。对于美国零售商而言，这十分有吸引力，因为服装销售的净利率只有 1%～2%。虽然生产业务迁往越南的举动可以让利华集团暂时控制住成本，但是越南和柬埔寨等国家的劳动力工资也在不断增长。①

令中国出口企业担忧的另外一个因素是人民币的升值。本书将在第 15 章提到，美国政府一直认为，中国政府为了增加出口，人为地压低了人民币汇率，人民币币值被低估了。但是，2011—2014 年（本书写作时），人民币汇率一直上升，导致出口商品按外币计价的价格更加昂贵，降低了中国企业的人民币利润。因而，一些低端制造企业开始离开中国，寻找劳动力成本更加便宜的国家或地区。

单单因为工资增加和人民币升值还不足以让企业离开中国。中国是世界上供应链最为完善的国家，同时基础设施也很完善。此外，中国本身也是一个巨大的消费市场。因而，中国对于制造企业而言仍然是一个非常有吸引力的国家。

贸易冲突

全球化驱使美国汽车产业改革

我们已经学过，与进口存在激烈竞争的产业将面临工资下降的压力，美国的汽车产

① Deborah Kan, *China Inc. Moves Offshore*, Reuters Video Gallery, July 20, 2011, at www.reuters.com/video/; Kathy Chu, "China Manufacturers Survive by Moving to Asian Neighbors," *The Wall Street Journal*, May 1, 2013 and "China Grapples With Labor Shortage as Workers Shun Factories," *The Wall Street Journal*, May 1, 2013.

业正是如此。

美国汽车工业史可以分为三个阶段：20世纪初，行业霸主福特公司的崛起；20世纪20年代，通用汽车公司取代福特公司的霸主地位；20世纪70年代以来的海外竞争。

国外厂商已经成为美国三大汽车厂商（通用、福特以及克莱斯勒）的强有力竞争者，在过去，三大汽车厂商从未受到成本与产品质量等方面竞争的压力。1999年，三大汽车厂商在美国市场的占有率超过了70%，2011年时仅为45%。几十年来，美国小排量汽车市场上来自国外的竞争最为激烈。现在，三大汽车厂商的盈利市场——货车、迷你货车以及运动型多用途车——都面临着严峻的竞争。

美国三大汽车厂商在21世纪前十年丧失竞争优势的原因如下：第一，汽车工人协会在汽车行业发展如日中天的时候为工会工人争取了很好的养老金和医疗福利，这些为汽车厂商带来了巨大的成本，而丰田和本田的工厂没有工会，工人年轻，退休工人少，因此，这部分成本更低。第二，美国三大汽车厂商的工人工资较高，以2008年为例，这三家企业的工人工资比丰田和本田高大约33%。行业专家估计，工资成本大约占汽车生产成本的10%。第三，众所周知，丰田和本田这两家企业是世界上生产效率最高的企业。

随着国际竞争愈加激烈，美国经济2007—2009年陷入萧条，三大汽车公司的销售额、市场份额和盈利能力大幅下滑。2009年，通用和克莱斯勒申请破产。为了保住工会工人的就业岗位，汽车工人协会开始作出妥协，提高工人医疗自付比例，将新雇员的工资降低到普通员工的一半。工会工人同时也同意暂停领取奖金和生活费用的增加。这些措施使得三大汽车厂商的成本更接近于来自日本的竞争对手。但是，美国汽车工人的工资仍然比中国、印度和南美高得多。

美国汽车市场的竞争正日趋国际化，三大汽车厂商已经不太可能重回昔日的市场主导地位，它们失去了对车型以及售价的主宰权。本田和丰田汽车公司仍然是美国三大汽车厂商财务稳健的最大威胁。

□ 3.1.5 要素价格均等化

在第2章中我们已经了解到，自由贸易能够使贸易伙伴国间的商品价格趋同。要素价格是否也是如此呢？①

为了解答这个问题，先来看一下图3.2。它沿用了之前关于飞机和纺织品的比较优势案例来解释**要素价格均等化**（Factor-Price Equalization）的过程。在前面的例子中，中国增加对美国生产的、相对便宜的飞机的需求，使得美国对其丰裕要素（资本）的需求相应增加，因此会提高美国的资本价格。随着飞机产量的减少，中国对资本的需求也将减少，随之资本的价格也将下降。贸易的影响最终使得资本的价格在两个国家之间实现均等化。同理，美国对中国便宜的纺织品的需求导致了中国增加对其丰裕要素（劳动

① Paul A. Samuelson, "International Trade and Equalization of Factor Prices," *Economic Journal*, June 1948, pp. 163 - 184, and "International Factor-Price Equalization Once Again," *Economic Journal*, June 1949, pp. 181 - 197.

力）的需求，继而中国的劳动力价格将会上升。随着纺织品产量的减少，美国对劳动的需求量也将减少，随之劳动力价格下降。通过贸易，劳动力价格在两个国家之间也将趋于均等化。我们可以得出结论，贸易通过改变一国的要素使用方向，使需求从稀缺要素转向充裕要素，最终导致要素价格均等化。每个国家的廉价要素都会变得越来越贵，而昂贵要素则会变得越来越便宜。

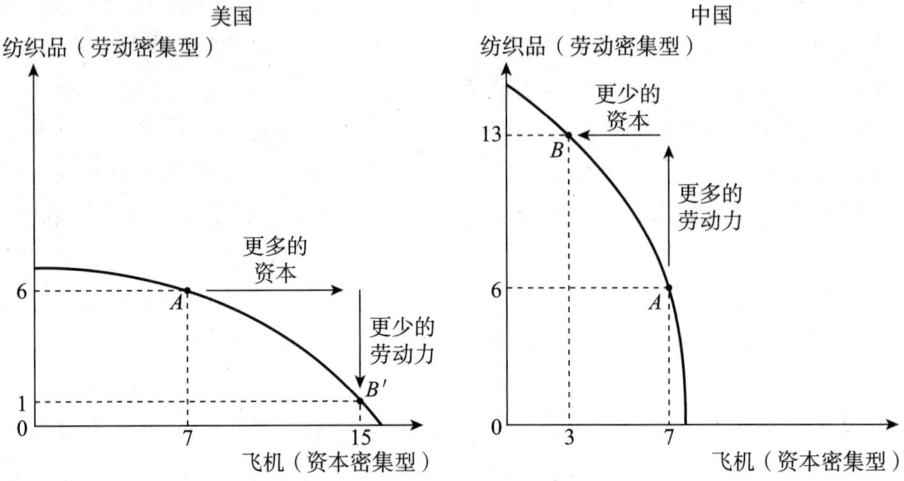

（a）贸易影响生产中各种要素（资源）的整合

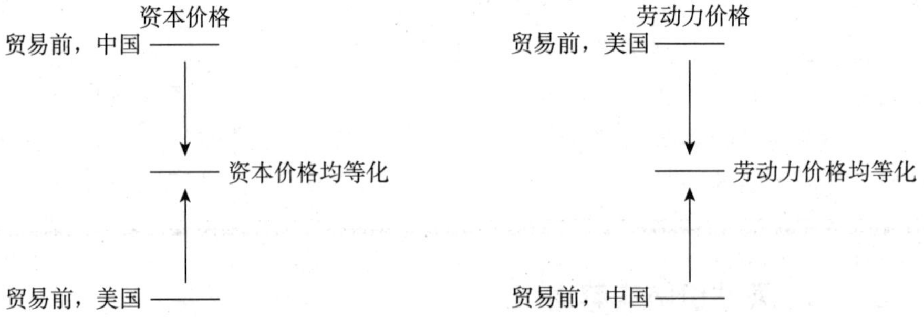

（b）贸易促使各国间要素价格趋向均等化

图 3.2　要素价格均等化理论

注：国际贸易在促进产品价格均等化的同时，也促进国家间要素价格的均等化。

要素价格均等化的一个例子来自印度的计算机工程师。如果不存在移民限制政策，那么印度的工程师将选择移民至美国，因为美国的工资水平高于印度。在这种情况下，美国计算机工程师的供给量将增加，提高该行业工资水平的压力将得到缓解。现实中确实有选择移民美国的印度工程师，但这种现象受到了移民管制政策的限制。市场对这种管制政策有什么反应呢？无法通过移民渠道进入美国市场的供给量最终以服务贸易的形式进入了美国市场。工程师在印度通过互联网将服务提供给来自美国以及其他国家的客户。在这种方式下，贸易成为移民的替代品。

但是，全球化使美国和印度之间产生了要素价格均等化现象。21 世纪初，越来越多的美国科技企业涌入印度市场，吸收了当地的高技能计算机人才，印度工程师的工资只占美国同事的四分之一。印度工程师带来的竞争越来越激烈，印度工程师与美国工程师在薪资水平上的差距越来越小。2007 年以前，印度的软件服务行业协会认为该行业工资水平年增长率为 10%～15%，还有机构宣称印度软件服务业的薪资年增长率接近 50%。美国软件行业的工资水平年增长率则不到 3%。业务水平高、经验丰富的印度工程师年薪高达 6 万～10 万美元，直逼美国工程师的薪资水平。简而言之，印度与美国的薪资水平出现了均等化现象。考虑到时差与工作时间的问题，硅谷的有些公司认为将公司迁至印度不再具有节约成本的优势，这些公司开始逐渐地将就业机会带回美国。

尽管要素价格均等化的趋势听起来似乎是真实的，但是在现实世界中，不存在完全的要素价格均等化。表 3.4 列出了 2011 年 9 个国家和地区的每小时工资指数。从表中可以发现，从最高工资国家（挪威）到最低工资国家（墨西哥），工人工资指数的差异大于 10 倍。各国和地区之间要素价格存在差异源于若干方面的原因。

人力资本拥有量的差异导致了国家和地区之间收入的极度不均等。要素禀赋模型假定所有的劳动是同质的，但各国和地区之间的劳动是有差异的，表现为人力资本的差异，包括教育、培训、技能以及爱好。在美国获得博士学位并拥有 25 年工作经验的计算机工程师所获得的工资，不可能与在秘鲁大学毕业刚刚参加工作的计算机工程师的工资相等。

表 3.4　2011 年制造业工人的每小时工资指数（美国＝100）

国家	指数
挪威	181
德国	133
奥地利	121
荷兰	119
加拿大	103
日本	101
韩国	53
巴西	33
墨西哥	18

资料来源：U. S. Department of Labor，Bureau of Labor Statistics，available at Web site http：//www. bls. gov. Scroll to International Labor Comparisons and to Indexes of Hourly Compensation in U. S. Dollars (U. S. =100).

此外，要素禀赋模型假定所有国家采用相同的技术来生产特定产品。一种新型的、更先进的技术一旦出现，将会代替旧技术。但是这一过程需要很长的时间，特别是发达国家和发展中国家之间的技术传递需要更长的时间。因此，当两个国家在生产某种产品的过程中采用不同技术时，不同国家的要素所有者的收入是不相等的。德国采用较先进生产技术的机械工人所获得的收入，要高于阿尔及利亚采用较落后生产技术的工人所获得的收入。

此外，运输成本和贸易壁垒也可能会阻碍产品价格的均等化过程。这种市场的不完全性减少了贸易量，限制了产品价格继而要素价格的均等化程度。

总之，国家之间要素价格之所以不能实现完全均等化，部分原因在于要素禀赋理论基于大量的假设条件，而这些假设条件在现实世界中是根本不存在的。

□ 3.1.6 贸易的受益方与受损方：斯托尔珀-萨缪尔森定理

回想一下，在李嘉图的理论中，国家作为一个整体将从贸易中受益。李嘉图假设劳动力是影响生产的唯一要素，排除了贸易对收入在不同生产要素之间的分配的影响，也忽视了为什么某些群体赞成自由贸易，其他群体却反对自由贸易这一现象。相反地，要素禀赋理论更详尽地解释了贸易将造成的收益与损失，它解释了贸易对不同生产要素代表人群的收入造成的影响，如工人和资本所有者。

斯托尔珀-萨缪尔森定理（Stolper-Samuelson Theorem）概括了贸易对收入分配的影响，是要素价格均等化理论的延伸。根据该定理，一国出口用大量丰裕资源生产的产品将增加国内市场上该种资源的稀缺性，从而提高了资源价格及其收入。同时，进口竞争产品中被大量使用的资源（原稀缺性资源）的价格将因需求的减少而有所下降。各国丰裕资源带来的收入的增加将以稀缺性资源的收入下降为代价。简而言之，斯托尔珀-萨缪尔森定理认为某种产品价格的上升会使生产过程中被大量使用的资源的收入有所增加。相反地，某种产品价格的下降会使生产过程中被大量使用的资源的收入有所下降。

请注意，斯托尔珀-萨缪尔森定理并不认为出口产业中使用到的所有资源的价格都会上涨，或者进口竞争产业中使用到的所有资源的价格都会有所下降。相反地，任何一个产业中有利于形成比较优势的丰裕资源的收入将会有所增加，而稀缺资源的收入将会下降。简而言之，贸易理论认为，即使从长期来看，贸易也会损害一部分人的利益。

斯托尔珀-萨缪尔森定理在一定程度上分析了贸易对收入分配的影响，但这种分析比较片面。**放大效应**（Magnification Effect）发展了斯托尔珀-萨缪尔森定理，它认为要素价格的变化将大于大量投入这种要素所生产的产品价格的变动。假设随着美国开始与其他国家进行贸易，飞机价格上涨了6%，纺织品的价格下降了3%。根据放大效应，资本价格的上涨率将大于6%，劳动力价格的下降率将大于3%。假如资本价格上涨了8%，资本所有者的境况将变好，因为他们对飞机与纺织品的消费能力（也就是说，他们的实际收入）增加了。工人们的状况却变坏了，因为他们对两种产品的消费能力（实际收入水平）下降了。因此，美国的资本所有者将从自由贸易中获益，而工人的利益会受到损害。

斯托尔珀-萨缪尔森定理具有重要的政策意义。它认为，即使从整体上看，国家能从自由贸易中获益，但从内部结构上看，自由贸易既有获益者，也有受害者。这样便不难理解，为什么拥有相对充裕资源的人倾向于自由贸易，而拥有相对稀缺资源的人则倾向于贸易限制。例如，美国拥有相对丰裕的熟练劳动力，因此，美国的比较优势在于生产技术密集型产品。要素禀赋理论认为，美国会出口那些需要大量技术型劳动力来生产的产品，进口需要大量非技术型劳动力来生产的产品。国际贸易实际上增加了美国经济中非技术型劳动力的供给，与技术型劳动力相比，美国的非技术型工人的工资水平下降了。随着出口的扩大，技术型劳动力——处于收入分配上层的劳动者——的收入将继续增加；为了与进口商品竞争，非技术型劳动者不得不接受更低的工资水平。要素禀赋理论认为，国际贸易会扩大收入差距，至少在美国这种技术型劳动力相对充裕的国家，收入差距将被拉大。这是美国的非技术型劳动者常常支持贸易限制政策的一个原因。

□ 3.1.7 国际贸易是移民的替代品吗?

移民为美国的经济发展作出了重要贡献。他们增加了美国的劳动力供给，有些移民承担了本土美国人很少愿意从事的低端工作，有些移民的工作为帮助美国成为科技创新的先驱作出了贡献。尽管移民为美国带来了许多好处，仍有人不断批评移民抢走了美国人的就业机会，压低了国内的工资水平，消费了大量的公共服务。他们认为有必要采取法律措施限制美国的移民数量。通过国际贸易而不是法律措施来实现限制移民数量的政策目标会不会更好？赫克歇尔-俄林的要素禀赋理论可以回答这个问题。

根据要素禀赋理论，国际贸易通过影响资源的相对价格，使资源发生了与国际流动类似的替代作用。实际上，世界各国在资源禀赋上的分布是不平均的，可能产生如下市场效应：资本和劳动力将从资源相对丰裕、价格较低的国家流向资源相对稀缺、价格更高的国家，价格差异逐渐缩小。

要素禀赋理论认为资源的国际流动并不会必然发生，因为产品的国际贸易会产生同样的效果。拥有丰裕资本的国家可以专业化地生产资本密集型产品，并将其出口至资本稀缺的国家。从某种意义来看，资本被具体化到产品中，并通过国际贸易进行了重新分配。这个结论同样适用于土地、劳动力及其他资源。

资源国际流动的一个重要效应是，会导致资源相对稀缺性或丰裕性的改变，从而影响价格。也就是说，通过使相对丰裕的资源更加稀缺来提高它的价格。举例来说，当波兰的工人移民至法国时，波兰的工资水平将上升，因为该国的劳动力相对来说变得稀缺了；同样地，法国的工资水平将下降（至少不会上涨得那么快），因为劳动力相对来说不那么稀缺了。法国购买波兰制造的劳动密集型产品也会产生同样的效果：波兰出口的发展将带动劳动力需求的增加，波兰的工资水平将上升。这么看来，能够影响要素价格的国际贸易可以被视作资源国际流动的替代方式。①

1995年的《北美自由贸易协定》是国际贸易具有劳动力移民替代作用的一个例子。由加拿大、墨西哥与美国共同签订的《北美自由贸易协定》废除了三个国家之间的贸易限制。当时的总统比尔·克林顿宣称，《北美自由贸易协定》将更快地缩小墨西哥与美国的工资水平差距。从经济发展中获益的墨西哥工人将购买更多的美国产品，墨西哥人在本国就可以养活子女，墨西哥的非法移民将减少。《北美自由贸易协定》在减少来自墨西哥的美国移民上也许起到了一定的作用，但是其他因素却在不断地刺激移民数量的增长——墨西哥的高出生率、经济衰退造成的货币危机，以及墨西哥的工作机会流失至其他国家，特别是平均工资比墨西哥低一半的中国等。尽管国际贸易和经济增长有助于减少从墨西哥流向美国的人口，但实现这个结果需要几年甚至几十年的时间。

然而，国际贸易和劳动力移民并不必然存在替代关系：它们还可能是互补的关系，尤其在短期和接近长期的情况下。随着贸易的扩大，经济体试图与进口商品竞争，有些

① Robert Mundell, "International Trade and Factor Mobility," *American Economic Review*, June 1957.

工人可能会失业。失业可能迫使一些工人到就业形势更好的外国寻求就业机会。在这种情况下，贸易使移民数量增加了。例如，21 世纪初，墨西哥的许多就业机会流向了工资水平仅为墨西哥 1/2 的中国，中国向其他国家的出口不断增加。就业机会的丢失刺激了墨西哥工人移民至美国寻求就业机会。第 9 章将对移民问题进行更深入的探讨。

□ 3.1.8 特定要素：短期内贸易与收入分配

要素禀赋理论和斯托尔珀-萨缪尔森定理的一个关键假设是，劳动力和资本等资源可以在一国的各个产业间无障碍地流动，而在其他国家则是完全静止的。例如，日本工人被假设为可以在日本的汽车制造和稻米生产领域来回调换工作，而不可以移民到中国生产这些产品。

虽然不同产业间的要素流动长期来看可能发生，但是短期内许多要素是静止的。例如，有形资本（如工厂和设备）通常有具体的用途。一台用于生产电脑的设备不可能突然用于生产喷气式飞机。同理，在特定岗位上掌握一定技能的工人不可能迅速适应其他行业。在贸易理论上，这些类型的要素被称为特定要素。特定要素主要指不可以从一个行业快速转移到另一个行业的要素。因此，**特定要素理论**（Specific-Factors Theory）分析当资源在行业中静止时短期内贸易的收入分配影响。它与要素禀赋理论和斯托尔珀-萨缪尔森定理截然相反。后两者适用于针对收益的不同，资源的长期流动。

要理解特定要素和贸易的影响，让我们以美国的钢铁生产为例。假设资本只用来生产钢铁，劳动力在钢铁和其他行业间流动，生产钢铁时资本不可以替代劳动力。同时假设美国的钢铁生产没有比较优势。通过贸易，有竞争优势的进口钢铁使美国钢铁的产量下降。随着钢铁相对价格的下降，劳动力从钢铁行业流出并进入有比较优势的出口行业。这一流动使美国钢铁公司固定资本的生产率下降。随着每台机器的产量下降，钢铁行业的资本投资回报率也随着降低。同时，随着出口行业的产量增加，劳动力流入这些产业并且发挥作用。因此，出口行业中每台机器的产量增加，资本回报率上升。简而言之，特定要素理论的结论是，仅限定于进口竞争行业的资源通常会因为贸易而遭受损失，限定于出口竞争行业的资源往往会因为贸易而获得收益。该分析可以解释为什么美国钢铁公司自 20 世纪 60 年代以来一直游说政府实行进口限制，就是为了保护它们的特定要素免受国外竞争。

特定要素理论也有助于解释日本的大米政策。日本只允许进口一小部分大米，虽然在日本生产大米的成本要高于美国等其他国家。许多人都认为，如果允许自由进口大米，日本的总体福利会上升。然而，自由贸易会给日本农民带来损害。虽然被进口取代的稻米种植者可以在日本其他经济领域找到工作，但他们会觉得换工作既耗时，又耗资金。而且，随着自由贸易使大米价格下降，日本农田的价值也会降低。这样，日本农民和地主强烈反对大米贸易自由化就不足为奇了。他们联合而成的反对势力对日本政府施加的影响甚至超过了日本消费者的利益施加的影响。“进一步探索 3.1”对特定要素理论做了更详细的说明。这个材料可以通过下面的网址查询：www. cengage. com/economics/Carbaugh。

□ 3.1.9 贸易会使穷人更穷吗?

你的工资是被墨西哥的工人还是中国的工人击垮的呢？这一问题加剧了许多美国人

对其未来经济状况的担忧。他们担心，低工资的发展中国家的贸易增长可能会减少美国本土对非熟练工人的需求，从而导致美国工人失业和工资下降。

在过去的 40 年间，美国熟练劳动力与非熟练劳动力的收入差距日益扩大。同时，进口占国内生产总值的百分比也不断上升。这就提出了一个问题：贸易是否损害了低技能工人的利益？如果是，那么这能否作为增加贸易壁垒的依据呢？

经济学家一致认为，贸易、技术、教育、移民和工会的软弱性等方面的共同影响确实降低了美国非技术型劳动力的工资水平，但是由于收入不均已经非常普遍，所以对这些可能造成非技术型劳动力工资下降的因素而言，追究责任显得十分困难。经济学家试图把贸易对熟练工人和非熟练工人之间工资差距的相对影响与其他影响因素分解开来，其分析框架如图 3.3 所示。该分析框架认为，作为劳动力市场供给和需求两方面相互作用的结果，熟练工人的工资水平与非熟练工人的工资水平是“相对”的。

图 3.3 中的垂直坐标轴表示国内工资比率，等于技术型工人的工资水平除以非技术型工人的工资水平；水平轴表示劳动比率，等于可获得的技术型工人的数量除以非技术型工人的数量。最初假定技术型工人相对于非技术型工人的供给是固定的，由 S_0 表示。技术型工人相对于非技术型工人的需求由 D_0 表示。供给曲线与需求曲线的交点决定了均衡工资比率，为 2.0，这意味着技术型工人的工资是非技术型工人的两倍。

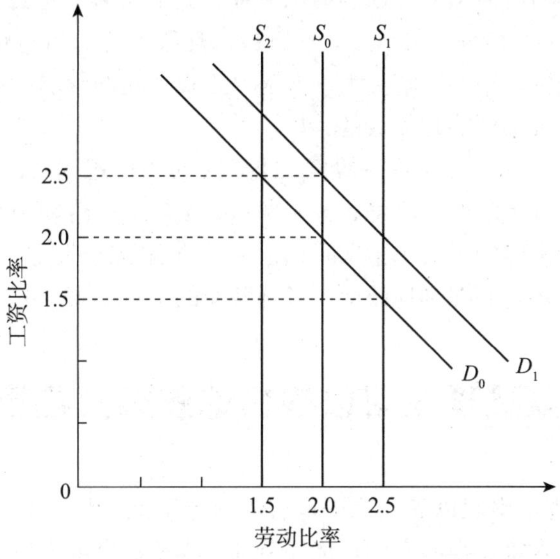

图 3.3　技术型工人与非技术型工人之间的工资差距

注：贸易的扩大或技术的改善会使得相对于非技术型工人而言，对技术型工人的需求提高更多，这导致技术型工人与非技术型工人之间的工资出现更大的差距。同样地，非技术型工人的入境，降低了技术型工人相对于非技术型工人的供给水平。然而，大学教育机会的增多提高了技术型工人相对于非技术型工人的供给水平，从而缩小了工资差距。在图中，工资率等于技术型工人工资除以非技术型工人工资。劳动比率等于技术型工人数量除以非技术型工人数量。

在图形中，可获得的技术型工人相对于非技术型工人的供给曲线或者需求曲线的移动都将导致均衡工资比率发生变化。接下来仔细考虑一下影响美国工资差距的因素：

- 国际贸易和技术变革。贸易自由化以及运输和通信成本的降低，增加了对技术型工人相对于非技术型工人的需求，如图中的 D_1 所示。假设供给曲线不变，均衡工资比率上升为 2.5，意味着技术型工人的工资是非技术型工人工资的 2.5 倍。同理，高技能倾向的技术进步增加了对技术型工人相对于非技术型工人的需求，因此会提高工资差距的程度。

- 移民。非技术型工人的入境，降低了技术型工人相对于非技术型工人的供给水平。假定需求曲线不变，随着供给曲线从 S_0 移动到 S_2，均衡工资比率上升到 2.5，也会加剧工资差距的程度。
- 教育和培训。随着教育和培训机会的增加，技术型工人相对于非技术型工人的劳动比率也会增加，如供给曲线从 S_0 移动到 S_1。如果需求曲线仍然不变，那么均衡工资比率将会从 2.0 下降到 1.5。教育和培训机会的增加有利于降低技术型工人和非技术型工人之间的工资差距的程度。

我们已经了解到贸易和移民是如何扩大工资差距的，但是，经济学家发现，这些因素对工资差距的影响甚小。实际上，绝大部分工资差距源于国内因素，特别是技术因素。威廉·克莱因的一项研究结果估计，过去 30 年间，在美国，技术变化对工资差距扩大的影响程度是贸易的 4 倍多，贸易的影响只占这一期间所有影响因素的 7 个百分点。罗伯特·劳伦斯的研究结果与他的结论一致。劳伦斯的研究结果是，与货物和服务的国际贸易对工资差距的影响相比，21 世纪初，资产市场的运行情况、科技以及体制创新对不断扩大的工资差距的影响更大。贸易对工资差距的影响甚微，这意味着在缩小工资差距上，贸易政策很可能是无效的。①

经济学家普遍认为，在工资差距的扩大上，贸易的作用相对较小。不仅科技水平，而且教育和培训对工资差距的影响都将大于贸易。事实上，劳动力市场对教育程度较低的工人的需求的减少是他们工资水平下降的最主要原因。这种减少可能源自经济领域的科技变革和结构变革，它们深刻地改变了各行各业的工作模式。

3.2 要素禀赋理论可以很好地解释贸易模式吗？

赫克歇尔-俄林理论出现以后，几乎没有人通过实证分析来验证它的有效性。所列举的案例也都是通过直觉获得的案例，诸如劳动力丰富的印度出口纺织品、地毯或者鞋子，而资本丰富的德国和美国出口机械和汽车，或者土地丰富的澳大利亚和加拿大出口小麦和肉类。对一些经济学家来说，此类案例足以说明赫克歇尔-俄林理论的有效性。但是，其他经济学家要求更加具有说服力的实证检验。

1954 年，里昂惕夫首次尝试着从实证的角度考察了要素禀赋理论。② 在里昂惕夫之

① William Cline, *Trade and Income Distribution*, Institute for International Economics, Washington, DC, 1997, p. 264 and Robert Lawrence, *Blue-Collar Blues: Is Trade to Blame for Rising U. S. Income Inequality?* Institute for International Economics, Washington DC, 2008, pp. 73 - 74.

② Wassily W. Leontief, "Domestic Production and Foreign Trade: The American Capital Position Reexamined," *Proceedings of the American Philosophical Society* 97, September 1953.

前，人们普遍认为，美国的资本相对丰富，而劳动相对稀缺。根据要素禀赋理论，美国应该出口资本密集型产品，而进口劳动密集型产品。为了验证这一结论，里昂惕夫利用1947 年的美国贸易数据测算了美国 200 个进出口产业的资本—劳动比率，发现美国出口产业的资本—劳动比率（约 14 000 美元/人）普遍低于面临进口竞争的产业（约18 000 美元/人）。里昂惕夫据此得出结论：美国的出口商品相对于进口商品资本密集度更低。这一发现与要素禀赋理论相矛盾，因此被称为**里昂惕夫之谜**（Leontief Paradox）。为了证明自己的结论，里昂惕夫在 1956 年再次进行了同样的研究，并又一次证明了美国的进口竞争商品较出口商品具有更高的资本密度。简而言之，里昂惕夫的研究发现，美国的比较优势并不是生产资本密集型产品。

许多实证研究试图解答里昂惕夫对要素禀赋理论的质疑。这些研究认为，要素禀赋理论在解释发展中国家和发达国家之间的贸易时非常有用。发达国家出口资本密集型产品到发展中国家，同时进口劳动密集型产品。但是，发展中国家之间、发达国家之间存在着大量贸易，而且要素禀赋相同的发达国家之间的贸易最大。这表明，贸易的决定因素十分复杂，不能单单依靠要素禀赋理论进行解释。技术、规模经济、需求状况、不完全竞争以及比较优势的时间局限性也应该被考虑在内。我们将在下面的篇幅中进一步阐述。

3.3 作为比较优势来源的工作技能

解答里昂惕夫之谜的办法在于重新定义资本。美国的出口商品并不是工具、工厂这类资本密集型产品，相反，美国出口的是技术密集型产品，换句话说，美国的出口优势在于“人力资本”密集型产品。与美国的进口竞争产业相比，美国出口产业中受教育程度较高的工人比例要明显地高于前者，比如，作为美国大型出口企业典型代表的波音公司。波音雇员中拥有研究生学历的机械师和计算机编程师的人数等同于手工劳动者。相反地，鞋类制品与纺织品等美国大量进口的产品通常是那些受过较少正规教育的工人们生产出来的。

总体来说，拥有较多高学历工人的国家的出口通常集中在技术密集型产品上，而低学历劳动力资源丰富的国家通常出口需要较少技术型劳动的产品。图 3.4 是其中的一个例子。它将美国从德国进口的产品与来自孟加拉国的产品进行了比较，成年德国人的平均受教育年限多于 10 年，而孟加拉人的平均受教育年限仅为 2.5 年。按照技术密集程度对两国的各个行业分别进行了排列：沿图中横轴向右移动表示技术密度的增加。该图表明德国在美国进口的技术密集型产品中占有较大份额，而在较少需要技术型劳动力的产品中所占的份额较小。图中 *GG* 线代表德国，*GG* 线向上倾斜代表德国产业的技术密集度越高，它对美国的出口也将越多。相反地，孟加拉国的贸易结构正好相反，它对美国的出口主要集中在技术型劳动较少的产品上。孟加拉国在图中的曲线 *BB* 向下倾斜，这表示孟加拉国的技术密度越低，它对美国的出口将越多。该图的结论是，更密集地使用本国充裕的资源要素生产相关产品将增加该国在世界货物贸易中的份额。

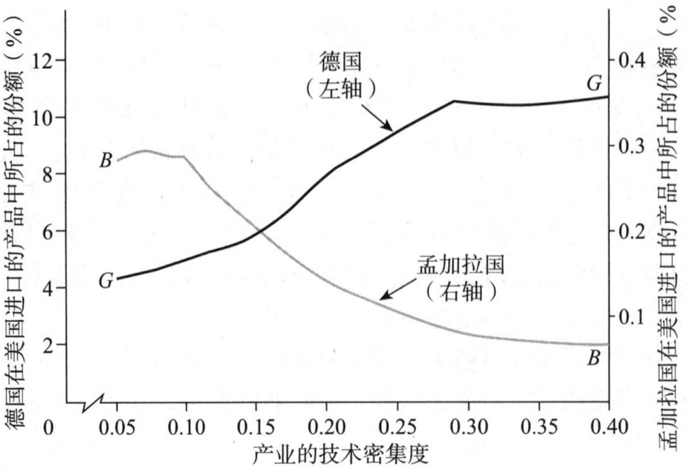

图 3.4 教育、技术密集程度和美国的进口份额，1998 年

注：图形表明，在技术型工人充裕的国家密集使用这些资源的产业占据更大的美国进口份额。相反地，在非技术型工人充裕的国家，密集使用这些资源的产业占据更大的美国进口份额。

资料来源：John Romalis，"Factor Proportions and the Structure of Commodity Trade，" *American Economic Review*，Vol. 94，No. 1，2004，pp. 67－97.

3.4 规模经济和比较优势

对于一些商品而言，规模经济是比较优势的一个来源。**规模经济**（Economies of Scale）（规模报酬递增）是指，随着生产规模的增加，某个企业或者行业单位产出收益的增加额大于成本的增加额，长期平均成本曲线呈递减走势。规模经济被分为内部规模经济和外部规模经济。①

□ 3.4.1 内部规模经济

内部规模经济存在于企业内部，其长期平均成本曲线呈递减走势。比如，对于汽车生产企业而言，第一辆车的生产成本非常高，接下来生产的汽车成本递减，巨大的固定成本被分摊到下线的每辆车上。丰田等公司通过劳动力专业化、管理专业化和提高资本使用效率降低每辆车的生产成本。由于内部规模经济，随着生产规模的不断扩大，丰田公司的单位成本沿着长期平均成本曲线降低。

图 3.5 说明了规模经济对贸易的影响。假定一家美国汽车公司和一家墨西哥汽车公司每年都能在各自的国家销售 10 万辆汽车。再假定两家企业的成本条件相同，具有相同的长期平均成本曲线 *AC*。注意，因为存在规模经济，在汽车产量达至 27.5 万辆之

① Paul Krugman，"New Theories of Trade Among Industrial Countries，" *American Economic Review*，73，No. 2，May 1983，pp. 343－347；Elhanan Helpman，"The Structure of Foreign Trade，" *Journal of Economic Perspectives*，13，No. 2，Spring 1999，pp. 121－144.

前，汽车的单位成本是不断下降的。

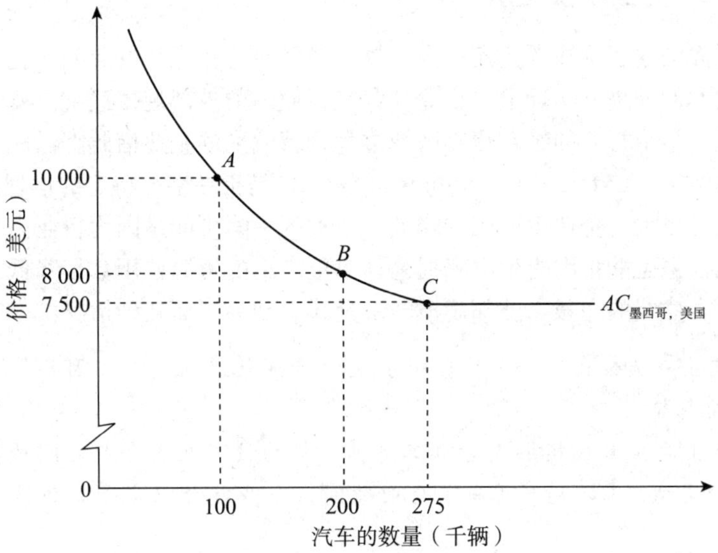

图 3.5 规模经济是贸易的基础之一

注：通过增加国内市场的规模，国际贸易可使国内企业有更长的生产期，从而产生更高的效率和更低的单位成本。

最初，并不存在贸易的基础，因为每家公司生产一辆汽车的成本都是 1 万美元。假设美国国内收入增长，汽车的需求量上升为 20 万辆，而墨西哥的汽车需求保持不变。需求的扩大使得美国公司生产更多的产品，从而获得规模经济带来的好处。美国公司的成本曲线下滑，直至每辆汽车的生产成本为 8 000 美元。与墨西哥公司相比，美国公司可以以较低的成本生产汽车，这时，在自由贸易的条件下，美国将向墨西哥出口汽车。

因此，规模经济给专业化生产带来了额外的成本节约。与其生产国内消费者希望购买的所有商品，而每种商品只生产很少数量的情况相比，一国更愿意专业化于少数几种产品的大规模生产，并通过贸易获得其他产品。专门生产几种产品会扩大生产批量，降低平均成本，使制造商获益。

报酬递增贸易理论的核心是**国内市场效应**（Home Market Effect），即一国专业化从事拥有大量国内需求的产品的生产。为什么呢？通过靠近最大的消费者市场，规模报酬递增产业能够实现将产品运送给消费者的成本的最小化，从而仍然获得规模经济的好处。因此，如果德国人倾向于购买更多的汽车，那么汽车企业将在德国生产而不是在法国生产。由此，企业能够生产低成本的汽车，并且不必花费很多成本将产品运送到最大的市场。

但是国内市场效应也有不利的一面。如果规模报酬递增产业倾向于靠近大市场进行生产，那么小市场地区将会发生什么情况呢？在其他条件不变的情况下，随着企业和产业为了获得规模经济和降低运输成本而转移生产，小市场很有可能被边缘化。因此，贸易可能使小国和农村地区变为经济核心的外围，即商品供应的死角。正如加拿大批评者所说："通过自由贸易，加拿大人变为木材的砍伐者和水资源的汲取者。"但是，其他的事情也不是严格一致的，报酬递增带来的比较优势效应最终不一定能够导致开放贸易。

□ 3.4.2 外部规模经济

本书在前面的内容阐述了企业的内部规模经济对比较优势的影响，企业规模的扩大是降低平均成本的前提。实际上，企业还存在行业内的外部规模经济。比如，由于新的交通体系出现，某个行业的经营覆盖区域增大，行业内的企业借此降低成本。

外部规模经济（External Economies of Scale）是指在某个特定的地理区域内，所在行业的整体规模扩大，企业生产成本降低。成本的下降可能是因为行业内企业使用的原材料售价降低，也可能是因为生产率提高，单位产出的资源使用数量降低。这表现为企业长期平均成本曲线的递减。外部规模经济具体表现为下面几种情况：

- 行业内企业集聚在某个区域，吸引大量专业化工人涌入，因而降低了企业的雇佣成本。
- 通过企业之间直接接触或者员工跳槽，新的技术在各企业之间传播。通过员工的流动，而不用雇用一个企业顾问，企业就可以享受到新技术带来的好处。
- 一个国家的某个行业发展繁荣，难免会带动整个国家经济的发展，也可以带来更多的税收。借此，政府可以投资这个行业的研发设施，从而使行业内企业受益。
- 零部件供应商集聚在制造中心，行业内企业就近获得零部件。许多汽车零部件企业搬到通用、福特和克莱斯勒工厂所在的底特律-温莎（Detroit-Windsor）地区。供应商数量越多，汽车公司零部件成本越低，越具有竞争优势。

外部规模经济有利于解释为何纽约在金融服务业具有比较优势，硅谷在半导体生产上具有比较优势，而好莱坞在电影制造业具有比较优势。

外部规模经济使佐治亚州的达尔顿地区（Dalton）成为了世界毛毯制造中心。毛毯在达尔顿的生产制造可以追溯到 1895 年。这一年，一个名叫凯瑟琳·怀特纳（Catherine Whitener）的少女制作了一件特别的簇绒毛毯，作为送给哥哥的结婚礼物。采用被子的缝制方法，凯瑟琳利用缝纫机在原色棉布中缝入了厚棉纱，铰断棉纱的尾端以使其蓬松，将制作好的毛毯放在热水中过洗，纤维受热冷缩会使纱线更牢固。人们对凯瑟琳制作的这种毛毯非常感兴趣，1900 年，她以 2.5 美元的价格售出了第一件毛毯。对这种毛毯的需求在不断增加，到 20 世纪 30 年代时，当地的妇女甚至开始雇用搬运工人，帮助她们将制作好的床单、被罩等搬给负责晾晒工作的工人。几乎全部家庭成员都必须参与到生产过程中，每个毛毯的手工费用为 0.1～0.25 美元。在这个行业里有近 10 000 名工人，男人、女人甚至儿童都参与了生产。第二次世界大战之后，机械毛毯制造技术有所发展，该产业要求工人们具有专业化的簇绒技术，达尔顿已有的簇绒工人储备、雇佣成本较低使它迅速成为这个新产业的生产中心。

达尔顿地区现有毛毯工厂 170 多家、毛毯零售店 100 多个以及 3 万多名工人。毛毯制造业还带动了当地的棉纱生产商、机械供应商、染料工厂、印制商店以及售后服务公司的发展。当地的就业市场往往要求工人们拥有操作毛毯制作设备的专业技能。不在达尔顿的毛毯生产企业无法获得当地的供应商或熟练劳动力，因而生产成本较高。虽然达尔顿成为世界毛毯制造中心并不存在什么特别的原因，外部规模经济却使企业一旦扎根于达尔顿，就会在毛毯制造上具有比较优势。

3.5 作为贸易发生基础的重叠需求

国内市场效应还催生了另一个贸易理论，即所谓的**重叠需求理论**（Theory of Overlapping Demands），此理论于 20 世纪 60 年代由瑞士经济学家斯塔凡·林德提出。[①] 林德认为，要素禀赋理论对初级产品（自然资源）和农产品贸易有相当强的解释能力，但不能解释制成品贸易，因为影响制成品贸易的主要因素是国内需求条件。由于很多国际贸易涉及制成品，所以需求条件在解释整体贸易模式方面发挥着重要作用。

林德认为，国内企业一般会选择生产在国内有很大市场的制成品。当这些企业开始出口时，国内市场决定了它们将销售什么样的产品。因此，最具潜力的出口市场将是那些需求偏好与本国消费者相似的国家，因此，一国的出口可以看做是国内市场的延伸。

从更深层次上看，林德认为消费者的偏好与他们的收入水平密切相关。因此，一国的平均收入或人均收入水平将决定某种特定的偏好结构。人均收入高的国家倾向于购买高质量的制成品（奢侈品），而人均收入低的国家则倾向于购买低质量的产品（必需品）。

林德的假说解释了哪种类型的国家之间最有可能发生贸易。人均收入水平接近的国家具有重叠需求结构，并且可能消费同种类型的制成品。因此，富国（工业化国家）更有可能同其他富国进行贸易，穷国（发展中国家）则可能与其他穷国进行贸易。一国国内收入分配是不均衡的，不同国家的需求结构总会有某些重叠的地方，毕竟，穷国也存在一部分富人，而富国也会有穷人。但不论如何，重叠需求的程度越小，国与国之间进行制成品贸易的潜力就越小。

林德的理论基本符合实际情况。制成品的国际贸易很大一部分发生在相对高收入（工业）的国家之间：日本、加拿大、美国和欧洲国家。而且，大部分这些贸易涉及的是类似的产品，即每个国家的出口商品与其进口商品很相似。然而，林德的理论不能够解释发展中国家的贸易，即大量低收入的发展中国家较多地倾向于与高收入国家而不是低收入国家进行贸易。

贸易冲突

☞ “平坦的世界”：李嘉图错了？

美国的利益可能因自由贸易而受到损害是近几次全球化受到批判的主要原因。其中，一种批判认为随着比较优势的缩减或枯竭，世界正变得越来越“平坦”。这种观点

---

① Staffan B. Linder, *An Essay on Trade and Transformation* (New York: Wiley, 1961), Chapter 3.

的支持者认为，随着中国、印度等国经济的不断发展，其经济实力越来越接近美国，同等水平的竞争已慢慢出现。世界正变得越来越平坦，其中很大一部分原因在于互联网、无线科技、搜索引擎以及其他科技创新使国与国之间的联系越来越紧密了。市场经济像星星之火般已传播到了中国、印度和其他国家，当地的工人、工程师以及软件编程师的工资水平只是他们美国同行的几分之一。中国和印度的经济在不断发展，和美国的越来越相似，自由贸易将使美国的状况恶化。

但是，并不是所有经济学家都认同上述观点，他们认为这种批评本身存在许多问题。首先，人们普遍认为经济全球化指国与国之间经济依存度不断提高的现象。上述批评却假设中国和印度的发展会造成贸易的减少，而不是贸易的增加。如果中国和美国在能从贸易中获益的条件上存在差异（比如，科技水平和生产能力的差异），消除这些差异可能会使贸易量有所减少，贸易收益也有所下降。这种假设中最极端的情况是贸易完全消失了。这与人们对全球化的普遍担忧恰恰相反，后者担心全球化将导致国家之间的经济依存度发展过快。

这种批评存在的第二个问题是它忽视了现代贸易与李嘉图简单模型的区别。发达国家的科技水平以及生产要素十分相似，这样，许多国家生产的产品也非常类似，如汽车、电子产品等，这些产品带来了巨大的贸易量。这与李嘉图的简单推论恰恰相反，李嘉图认为，一旦各国可以在相似的价格下生产类似的产品，就应该中止贸易。第二次世界大战结束以来，世界贸易一直在高速发展。这种增长反映了一个事实：基本类似的产品在国内各产业之间的贸易会为国家带来收益。举例来说，美国进口计算机零部件，也出口计算机零部件。贸易可以增加市场上相似产品的种类，消费者和公司将从中获益，产业之间的贸易就反映了这种收益，以及更激烈的竞争和更高的生产效率给他们带来的收益。历史经验证明，即使发达国家之间的生产技术水平越来越相似，它们之间的贸易量也一直在增加，因此我们可以合理地推测，即使中国和印度迅速发展，其技术水平和价格水平达到了与美国类似的程度，贸易还是能给双方都带来好处的。

再者，世界根本就不是平的。印度和中国可能拥有规模巨大的劳动力，但只有小部分印度人能与美国人在信息技术产业中竞争，而中国国情意味着它不会参与个人电脑领域的竞争。真正的问题在于，在动态经济中，比较优势常常会迅速地发生变化。在航空领域，波音和空中客车的竞争优势就处于不断变化之中。

资料来源：Thomas Friedman，*The World Is Flat*，Farrar，New York：Straus and Girous，2005；Jagdish Bhagwati，*In Defense of Globalization*，New York：Oxford University Press，2004；Martin Wolf，*Why Globalization Works*，New Haven，CT：Yale University Press，2004；*Economic Report of the President*，2005，pp. 174－175.

3.6 产业内贸易

到目前为止，我们所讨论的贸易模型只限于**产业间贸易**（Inter-industry Trade），即国与国之间不同产业的产品之间的交换，例如，计算机和飞机与纺织品和鞋类的贸易，制成品与初级产品的贸易等。产业间贸易涉及的产品具有不同的要素需求。熟练劳动力供给丰富的国家将出口复杂的制成品，而拥有大量自然资源的国家倾向于出口资源密集型产品。多数的产业间贸易往往发生在资源禀赋差异巨大的国家之间（如发展中国家与工业化国家），这可以用比较优势理论加以解释（赫克歇尔-俄林理论）。

产业间贸易以**产业间专业化**（Inter-industry Specialization）为基础，即每个国家在具有比较优势的特定产业（如钢铁）中进行专业化生产。随着资源转向具有比较优势的产业，其他处于比较劣势的产业（如电子产品）将会逐渐萎缩。由此，资源就会在空间上流向比较成本最低的产业。作为专业化的结果，一国的进口商品和出口商品之间的差异将越来越大。

尽管存在一些产业间的专业化，但是第二次世界大战后，工业化国家普遍进行的专业化并非属于这种类型。它们不是强调整体产业的专业化，而是采取更为狭义的专业化形式。它们集中生产特定产业的某种产品或产品组合（如微型汽车而非所有汽车），从事**产业内专业化**（Intra-industry Specialization）生产。随着产业内专业化的不断扩大，对外开放贸易通常不会导致整个产业从一国国内消失或者大规模萎缩，但是一国生产和销售的产品范围会发生变化。

工业化发达的国家越来越重视**产业内贸易**（Intra-industry Trade），即相似产品之间的双向贸易。例如，IBM 制造的计算机销往海外，同时美国也进口日本日立生产的计算机。表 3.7 给出了美国产业内贸易的实例。如表所示，美国在飞机和计算机等许多制成品方面都进行了双向贸易。

表 3.5　　2012 年产业内贸易实例　　单位：百万美元

产品种类	出口	进口
原油	2 504	312 799
钢铁	19 787	19 458
化学品（非有机）	35 537	24 763
民用飞机	94 366	10 289
玩具和游戏、运动产品	10 450	33 466
电视	5 054	33 466
计算机	16 942	65 759
通信设备	38 551	52 796

资料来源：U. S. Census Bureau，*U. S. International Trade in Goods and Services*：*FT 900*，2013. 也可参阅：U. S. Census Bureau，*Statistical Abstract of the U. S.*

产业内贸易理论似乎与前面所讨论过的比较优势理论相矛盾。在李嘉图模型和赫克歇尔-俄林理论中，一国不可能同时既出口又进口同一种产品。然而，加利福尼亚既是法国葡萄酒的主要进口地，同时又大量出口自制的葡萄酒；荷兰既进口露恩布朗啤酒，同时又出口自己生产的喜力啤酒。产业内贸易所涉及的商品具有相似的要素需求。一国既是高技术含量制成品的净出口国，同时也会从其他国家进口类似的商品。大多数产业内贸易发生在工业化国家之间，尤其是资源禀赋相似的西欧国家之间。生产这些商品的企业多为寡头，整个产业中只有少数几家大企业。

产业内贸易既包括同质化产品的贸易，也包括差异化产品的贸易。对于同质化产品，产业内贸易的原因很容易理解，一国会出于运输成本的考虑而既出口又进口同一种产品。例如，美国和加拿大之间有着数千公里的边境线，为了实现运输成本的最小化，纽约奥尔巴尼的一个购买者可能会从魁北克蒙特利尔的企业进口水泥，而华盛顿西雅图的一个制造商也可以把水泥卖给不列颠哥伦比亚省温哥华的某一买主。这类贸易之所以会发生，是因为把水泥从蒙特利尔运到奥尔巴尼的运输成本要比从西雅图运到奥尔巴尼的运输成本更低。

同质化产品发生产业内贸易的另一个原因是季节性因素，即南北半球的季节是相反的。正因为如此，巴西可能会在一年的某些月份向美国出口季节性的商品（像农产品），但在同一年的其他月份却又从美国进口同种商品。电力的供应同样也受时间差异的影响，由于电力生产固定成本投资巨大，发电商总试图使设备能够接近于满负荷运转。在国内需求不能够消费全部生产能力的非高峰期，出口电力比较划算，而在用电高峰期则会进口电力。

尽管一些产业内贸易发生在同质化产品之间，但是资料表明，大多数的产业内贸易发生在差异化产品之间。在制造业，产业内贸易水平明显偏高的是机械、化学制品和运输机械设备。属于同一产品大类的差异化产品在现代经济的产出中占有很高的比率。在汽车产业，福特汽车不同于本田汽车、丰田汽车以及雪佛兰汽车。因此，在同一产品大类的不同品种的产品之间，也会发生双向的贸易流动。

对于工业化国家，如果每个国家的生产者只考虑本国大多数消费者的偏好而忽视少数人的偏好，差异化的制成品之间就会经常发生产业内贸易，其中未满足的消费者需求由进口商品来弥补。例如，对于丰田汽车和通用汽车，日本消费者倾向于购买丰田汽车，但也有一些消费者愿意购买通用汽车，同样，丰田汽车也出口到美国。产业内贸易扩大了各国消费者的选择范围，同时也加剧了每个国家同类产品的生产商之间的竞争程度。

差异化产品的产业内贸易也可以用贸易国之间的重叠需求进行解释。美国制造商拓展海外市场时，它们发现目标市场国通常与美国有着类似的细分市场，例如，卖给高收入阶层的豪华小轿车。正如林德的重叠需求理论阐述的那样，收入水平接近的国家，消费偏好也比较相似，因此存在大量重叠的细分市场，它们之间将发生大规模的产业内贸易。

除市场因素之外，与差异化产品相关的规模经济也是解释产业内贸易的一个原因。专门生产某种产品的某些品种和型号（例如，具有标准传输功能和可选择配件的小型车）会使一国在与国外竞争对手的较量中享有成本优势。同样，国外竞争者也可以通过同种产品其他品种和型号的专业化生产（具有自动传输功能、空调、录音机和其他可选择配件的小型车）获得比较成本优势。这种专业化使生产批量化，产生规模经济，进而降低单位成本。每个国家都向其他国家出口自身生产的特殊型号的汽车，从而导致汽车产业内部的双向贸易。与用比较优势理论解释的产业间贸易相反，产业内贸易的产生原因是产品差异和规模经济。

产业内专业化可能引发的协调问题要少于产业间的专业化，因为在产业内贸易的情况下，资源的转移只发生在同一产业内，而不是不同产业之间。在进行产业间专业化的过程中，资源从进口竞争部门流向扩张的出口部门。当资源尤其是劳动力在短期内因职业或地域原因不能流动时，调整就会遇到困难，从而造成大量的结构性失业。产业内专业化却与此不同，它并不需要劳动者退出某一特定的地区或产业（例如，工人从大型汽车的生产转向小型汽车的生产），因此降低了结构性失业的可能性。

3.7 产品生命周期理论：作为比较优势来源的技术

到目前为止，我们对国际贸易的解释有一个共同之处，都预先假设技术维持在特定水平。贸易基础最终归结为劳动生产率、要素禀赋和国家需求结构等方面的差异。然而，在动态的世界中，不同国家以不同的速度进行技术变革。一般来说，技术创新促进现有产品新的生产方法的出现，促进全新产品的出现以及产品的改良，这些因素同样也会影响到比较优势和贸易模式。

比如，丰田、本田等日本汽车公司因为提高了汽车设计和制造的技术而大获成功。这种进步使日本一跃成为世界最大的汽车出口商，日本出口到美国和其他国家的汽车的规模巨大。日本制造商研发的先进的生产技术使日本在汽车生产上具有更多的比较优势。与欧洲和美国的竞争对手相比，在同样的资金和劳动力水平下，日本汽车厂商能生产出更多的汽车。因此，日本在汽车生产上的比较优势源自科技水平，特别是生产技术上的优越性。

在特定时段，技术差异可以带来比较优势，但是技术上的优越性往往是暂时性的。也就是说，随着技术优势逐渐消失，一国可能失去原有的比较优势。对动态性变化重要性的认识催生了关于制成品国际贸易的另一种解释，即**产品生命周期理论**（Product Life Cycle Theory）。该理论的核心思想是，技术创新是决定制成品贸易结构的关键因素。①

根据这一理论，诸如电子产品和办公设备之类的许多制成品都会经历一个可预测的贸易周期。在这个周期中，母国最初是出口国，继而相对于贸易伙伴国逐渐丧失比较优势，最后可能成为该商品的进口国。许多制成品的贸易所经历的阶段如下：

1. 制成品被引入国内市场；
2. 此类产业在国内显示出强劲的出口能力；
3. 开始在海外进行生产；
4. 此类产业在国内失去比较优势；
5. 进口竞争开始。

贸易周期的引入阶段开始于某家创新企业生产某种制成品的某一项突破性技术的问

---

① Raymond Vernon, "International Investment and International Trade in the Product Life Cycle," *Quarterly Journal of Economics*, 80, 1966, pp. 190 - 207.

世。最初，由于某产品的当地市场相对狭小以及技术的不确定性，产品难以实现大规模生产。制造商倾向于立足附近的当地市场，从而能够迅速获取关于产品质量和吸引力等方面的信息反馈。

在贸易周期的下一阶段，国内生产者开始向具有相似消费偏好的国外市场出口商品。在这一产量增长与扩张阶段，国内生产者发现其市场已经足够大，可以进行大规模生产，并且淘汰低效率的生产技术，因此有能力满足国际市场日益增长的需求。

随着生产的成熟和商品价格的下降，生产能力的提高和生产标准化使利用低工资劳动力和规模化生产成为可能。在产品生命周期的这个阶段，生产最可能转移到拥有大量廉价劳动力的地区，如中国或者马来西亚。在本国该产业进入了成熟阶段，创新业务在国外建立起分支机构，外包也开始出现。

尽管合法的专利权可以延长创新国家对技术的垄断地位，但是随着时间的推移，这种垄断可能会被打破，因为从长期来看，知识趋于演变成为一种免费产品。随着国外生产者进口竞争的开始，创新国家从技术差距中所获取的利润只是暂时性的。创新型技术一旦普及开来，国外生产者就开始模仿其生产过程。创新国家逐渐失去比较优势，其出口周期也相应进入衰退阶段。

当产品生产过程的标准化程度不断提高，足以在其他国家轻而易举地进行时，贸易周期就彻底结束了，由此，技术突破不再仅仅使创新国受益。实际上，随着海外竞争不断削弱其垄断地位，创新国家本身也可能成为创新产品的净进口国。

产品生命周期理论对美国等创新国家意义深远。美国从贸易中获得的利润在很大程度上决定于其科技创新周期和向其他国家技术扩散周期间的动态平衡。除非美国创新的步伐能赶上扩散的步伐，否则它从贸易中获得的收益会下降。同时，不可否认，全球化进程的加快也加速了技术扩散过程。这种加速意味着在全球化背景下要维护或增加贸易收益就需要加速产品和服务创新的步伐。

产品生命周期理论对希望保持竞争力的企业而言同样具有借鉴意义：为了防止竞争对手迎头赶上，企业要持续创新，变得更有效率。例如，丰田汽车公司被普遍认为是生产效率的行业领导者。为了保持这一地位，丰田在操作和生产实践中不断自查。2008年，丰田致力于把每辆汽车中的组装零件减少一半，并且开发更快捷和灵活的生产线来组装这些简化的汽车。通过简化，工人可以在同一生产线上以每辆车 50 秒的速度组装出将近 12 种不同的汽车，而之前丰田速度最快的工厂生产一辆车也需要 56 秒。时间的减少提高了每位工人的产出，也使每辆车的成本下降了大约 1 000 美元。这种以效率为目标的策略使丰田避免了产品生命周期后期阶段的出现。

□ 3.7.1 收音机、袖珍计算器与国际产品生命周期

美国和日本收音机产业的变迁是说明产品生命周期模型的一个典型例子。第二次世界大战后，收音机已是一种大众化产品。由于美国最初发明了真空管，美国制造商控制了国际收音机市场。但是随着生产技术的传播，日本凭借其廉价的劳动力抢占了世界收音机市场的大半壁江山。随后，美国公司发明了晶体管，在长达数年的时间里，美国收音机制造商再次能同仍然使用旧技术的日本厂商进行竞争。继而日本人再一次模仿了美国的技术，并以更加具有竞争力的价格销售收音机。

袖珍计算器是经历了国际产品生命周期的各个阶段的另一个案例。1961 年，Sunlock 计算器公司发明了袖珍计算器，并很快以近 1 000 美元的价格投放市场。与滑尺（当时被高中生和大学生广泛使用）相比，Sunlock 的袖珍计算器更为精确，并且较机械计算器和与计算机功能相似的产品更加便于携带。

截止到 1970 年，几家美国公司和日本公司陆续进入袖珍计算器市场，这些公司包括德州仪器、康柏和卡西欧（日本）。日趋激烈的竞争迫使袖珍计算器的价格下降至约 400 美元。随后进入 20 世纪 70 年代，又有一批企业进入该市场。其中，部分企业开始在新加坡和中国台湾等国外地区设厂，以利用当地廉价的劳动力组装计算器，然后再把这些计算器运往美国。技术稳步提高，在改善产品质量的同时，也降低了价格。到 20 世纪 70 年代中期，袖珍计算器的售价大体上稳定在 10～20 美元，有时甚至更低。到 20 世纪 70 年代末期，袖珍计算器已经达到产品生命周期的标准化生产阶段，产品技术在整个产业趋于普及，价格（成本）竞争成为最重要的制胜因素，产品差异化也得到了广泛运用。不到 20 年，袖珍计算器就完成了其国际产品生命周期。

□ 3.7.2 日本电子产品行业的衰落

我们可以从日本电子行业发展的轨迹验证产品生命周期理论。[①] 20 世纪 80 年代末期，日本的公司似乎统治了整个电子产品市场。通过政府对出口导向型企业的扶持，保护本国企业免于受到外国企业竞争的冲击，日本似乎形成了一个非常优越的业务形态，经济高速增长，贸易盈余持续扩大。我们可以从索尼、松下、夏普等赫赫有名的企业看到日本在电子产品行业的成就，这些企业生产的相机、电视机和录像机等产品涌入世界市场。

21 世纪前十年，日本的电子行业受到削弱，出口减少，亏损加重。日本企业的管理人员把问题归咎于日元的升值。他们认为，日元的升值使得他们的产品在世界上没有价格优势。当然，强势的美元并不是日本电子行业衰落的主要原因。根据分析人士的讲述，问题的根本在于忽视了两个基本因素。第一，随着日本经济愈加成熟，比较优势也发生了变化；纵然高技能劳动力丰富，资本充裕，价格刚开始是竞争的关键因素，但是随着时间的推移，产品创新以及产品生产过程的创新在竞争中越发重要，成为竞争的关键因素。第二，竞争不仅仅是向市场提供已经存在的产品，还在于向市场提供创新产品。

忽略以上两个因素，日本企业试图依靠廉价资本和制造效率而非产品创新与蒸蒸日上的三星（韩国）等公司竞争。日本一直在生产原来盈利的旧产品，比如半导体和消费者视听产品，最终在新产品占领市场时落败。此外，当日本公司破产时，最常使用的方式是合并，它们的逻辑很简单，依靠规模的扩大产生成本优势。但是，合并的公司还是赶不上电子产品更新换代的步伐。英特尔和德州仪器等公司已经放弃了价格竞争是关键因素的标准化产品市场，转而发明更加精密以及盈利能力更好的产品，因而实现了弯道

---

① Richard Katz, "What's Killing Japanese Electronics?" *The Wall Street Journal*, March 22, 2012, at http://www.online.wsj.com/; Michael Porter, "The Five Competitive Forces That Shape Strategy," *Harvard Business Review*, January 2008, pp. 79 - 93; Ian King, "Micron Biggest Winner as Elpida Bankruptcy Sidelines Rival," *Bloomberg News*, February 27, 2012 at http://www.bloomberg.com.

超车。

现在，日本大约五分之四的电子产品产出都是为其他公司提供的零部件，比如发明受大众欢迎的新产品的苹果公司。但是，大部分利润都进了苹果公司的口袋，而不是这些制造零部件的公司。无论是智能手机市场，还是个人电脑市场，日本公司已经难以独领风骚。

3.8 动态比较优势：产业政策

李嘉图的比较优势理论对国际贸易理论和政策的影响持续了近200年。这一理论认为，一国通过促进自由贸易，并让竞争性市场来决定生产什么以及如何进行生产，能够提高福利水平。

李嘉图的理论强调专业化分工和国内既存资源的重新配置。但是该理论实质上是静态的，没有考虑到产业比较优势或比较劣势在几十年里的动态变化，忽视了贸易国有可能通过创造或进口的途径来获得额外资源这一事实。

第二次世界大战后，东亚国家的经济腾飞修正了静态比较优势的概念。日本最先认识到可以集中熟练劳动力、技术和资本来创造一个产业的比较优势，此外还发现除了经济部门之外，政府部门能够通过制定政策来促进比较优势的变化，这个过程被称为**动态比较优势**（Dynamic Comparative Advantage）。当政府积极参与比较优势的创造过程时，就会采用**产业政策**（Industrial Policy）。

简单地说，产业政策是恢复、提高和发展一个产业的战略。支持者认为政府应该制定政策，刺激“朝阳”产业（如高技术产业）的发展。这种战略要求资源投向生产率最高、与其他产业联系紧密（如半导体产业）、对未来竞争力有重要影响的产业。可以预期，这类政策会提高国内经济的平均生产率水平，并增强其在世界市场中的竞争力。

政府可以采用多样化的政策培育和扶植一个产业，例如，反垄断豁免、税收激励、研发补贴、贷款担保、低息贷款，以及贸易保护等。为了创造比较优势，政府需要识别“潜在的胜利者”，然后鼓励资源流向最具发展前景的产业。

为了更好地理解动态比较优势的重要性，我们可以结合李嘉图比较优势理论中的经典例子来思考一下。18世纪，葡萄牙生产的葡萄酒和布匹都比英格兰便宜，尽管如此，专业化分工也会使两国都获得收益。根据静态比较优势理论，如果每个国家在现有的存在比较优势的产业进行专业化生产，那么两国都将获益。

然而，按照李嘉图原则进行贸易的话，葡萄牙就会因短期利益而牺牲了长期发展。相反，如果葡萄牙采用动态比较优势理论，它应该在当时处于上升阶段的产业（布匹）进行专业化生产。这样，葡萄牙政府（或者葡萄牙纺织品生产者）就应该制定相应的政策，支持布匹产业的发展。在这一战略下，葡萄牙要考虑的将是如何在“朝阳”产业获取或创造优势，而不仅仅是局限于现有的资源禀赋和尽可能有效地利用这些资源禀赋。

目前，所有国家都利用产业政策来促进包括钢铁、汽车、化工产品、交通运输和其他重要的制造业在内的基础产业的发展。尽管这些产业政策在特点和手段上千差万别，但是共同点是政府在经济中发挥着积极作用。通常，产业政策是由政府、企业和劳动者三方共同协商制定的一种战略。

日本作为一个成功打入国际市场并实现经济快速增长的国家，是产业政策的倡导者们时常引用的典范。第二次世界大战之后，日本在许多基础产业（如钢铁）上的生产成本都很高。在这种条件下，按照静态比较优势的观点，日本应当把目光投向比较劣势较小的劳动密集型产业（如纺织业），由此将会使日本进入低生产率的产业，最终面临来自拥有丰富的劳动力和中等生活水平的其他东亚国家的竞争。

与之相反，日本的投资转向了需要大量使用资本和劳动力的基础产业（钢铁、汽车、包括计算机在内的现代电子设备）。从短期静态的角度来看，日本似乎选错了产业。但从长期来看，这些产业不仅技术发展迅速，劳动生产率增长快，单位成本随产量扩大而降低，而且需求也会随着国民收入的增加而快速扩张。

这些产业汇聚了经济迅速扩张的潜力，给日本经济注入了新的活力，新生产能力的增加和最新技术的使用促成了一种通过提高生产率来降低成本的战略的出现。与李嘉图典型案例中的葡萄牙处于相似地位的日本，拒绝在“葡萄酒”产业进行专业化生产，相反却选择了“布匹”的专业化生产。不到 30 年的时间，日本就成为众多产品成本最低的制造商，而最初其生产这些产品的成本很高。

然而，产业政策的批评者们认为，日本产业成功的原因还不清楚。他们虽然承认日本政府的一些目标产业，如半导体、钢铁、造船和机械工具，可能要比无政府扶持的情况下更具竞争力，但是指出日本也选择了一些失败的产业，如石油化工产品和铝制品，这些产业的投资回报令人失望，不得不削减生产能力。此外，日本也有很多成功的产业，这些产业没有得到政府的扶持，例如，摩托车、自行车、纸、玻璃和水泥。

按照产业政策批评者们的观点，如果所有的贸易国都对进口商品实行贸易限制，而对出口进行补贴，将会形成“以邻为壑”的贸易保护主义。他们还指出，产业政策的实施可能导致官商勾结，在政治上权力大的产业会得到政府的扶持。而在自由市场中，企业在利润最大化目标的驱使下会产生发展新资源和技术的动力，从而改变一国的比较优势。这就引出了一个问题：在创造比较优势的过程中，政府是否比私营部门做得更好？

3.9 WTO 判决政府对波音和空中客车的补贴违法

产业政策的一个例子就是民用喷气式飞机产业中的政府补贴，如波音和空中客车。世界大型民用喷气式飞机市场属于垄断市场，美国的波音公司和欧洲的空中客车公司控制了飞机市场。20 世纪 70 年代，空中客车的市场份额只占世界市场的 5%，目前，已经占领了一半以上的世界市场。

美国不断指责空中客车从欧洲政府获得不平等的补贴，美国官员认为，这些补贴使得他们的企业处于竞争劣势。按照他们的申述，空中客车在开发新型喷气式飞机方面获得了低于市场利率的贷款，而且这一贷款占飞机开发总成本的 70%～90%。在竞争性市场条件下，空中客车应该按照事先预定的时间表还贷，但是欧洲政府允许它在卖出飞机之后还贷。此外，空中客车在遭受损失的情况下还可以获得债务减免。美国认为这些补贴使得空中客车能够制定不符合实际的低价格，利用富有吸引力的融资条款讨好航空公司，以及抵消开发成本。

空中客车为其所享受的补贴进行了辩护，依据是其阻碍了美国在民用喷气式飞机市场上形成世界范围的垄断。如果没有空中客车，欧洲航空公司的飞机供应将只依赖波音公司。欧洲政府主要是担心自身的经济在高新技术领域形成对外国的依赖性之后会丧失自主权，因此对空中客车提供了补贴。

空中客车还指出波音享受了政府援助，它不像空中客车那样获得直接补贴，而是获得了间接补贴。例如，政府研究组织支持波音承担的航空和飞行器推进系统的研究。民用喷气式飞机的新产品还得到了军事上的支持，即军事研究和军事采购。海陆空三军的自主研发对民用喷气式飞机产生了间接的、关键的技术溢出效应，最值得关注的是飞机引擎和飞机设计方面。除此之外，波音将民用喷气式飞机的部分生产过程分包给诸如日本和中国之类的国家，而这些国家的生产商获得了大量的政府补贴，因此，波音能够从这些国家的生产企业那里购买到相对低价格的零部件，从而增强了波音的国际竞争力。

由于波音与空中客车之间的补贴冲突，美国和欧洲就空中客车和波音的补贴问题进行了协商。协议的主要条款是美国与欧洲的航空产业从政府获取的可以用于产品研发的补贴不得超过33%。此外，间接补贴不得超过企业民用航空收入的4%。

尽管补贴协议平息了欧美之间的贸易争端，但是21世纪头十年补贴争端又有重现的迹象。美国指责欧盟继续向空中客车提供补贴，并呼吁欧盟对1992年达成的协议进行重新磋商。2005年，波音和空中客车向世界贸易组织（WTO）提交了诉讼申请，指控对方分别受到欧盟政府、美国政府的非法补贴。

2010—2011年，世界贸易组织判决：波音公司和空中客车公司非法从政府获得补贴。世界贸易组织认为，空中客车公司违法获得政府200亿美元，而波音公司非法接受27亿美元补贴。针对世界贸易组织的判决，波音公司表示，接受并将遵守判决，不再违法接受政府补贴。但是，空中客车公司拒绝放弃政府的补贴。

在2014年本书写作时，补贴争论依旧没有停息。空中客车和波音公司互相指责对方没有遵守世界贸易组织的判决。未来，这两个公司如何遵守世界贸易组织的判决？让我们拭目以待。

贸易冲突

工会扼杀竞争力吗？

一个多世纪以来，工会一直致力于提高工人工资，改善工人工作的环境。在20世纪50年代，美国大约三分之一的工人加入工会。到2011年，加入工会的比例只有大约12%：私营部门工人加入工会的比例大约是8%，而公共部门工人加入工会的比例达36%。许多私营部门工人加入的是产业工会，比如美国汽车工人联合会。汽车工人联合会代表汽车公司以及约翰迪尔、卡特彼勒等拖拉机和推土机公司的工人，同时还代表航空公司波音的工人。

20世纪50年代和60年代，工会工人一般支持贸易自由化。在这一时期，美国制造业在国际贸易中竞争力强势。但是，20世纪70年代，随着日本和西欧国家企业的竞争加剧，工会开始对贸易自由化表示担忧，工会领导人也开始反对贸易自由化。

一些分析人士表示，工会对于企业的竞争力产生不利影响，工会设定的薪资福利高于完全竞争水平。同时，工会实施严格的工作规则，不利于创新和提高生产效率。此外，工会在工资设定和职位升迁中强调资历而不是能力，压抑工人工作的积极性。并且，罢工也可能导致公司失去市场份额。

赫希（Hirsch）所做的一项研究显示：工会设定的工资增长幅度一般而言大于生产率增长幅度，减少企业利润，并且削弱企业的价格竞争力。这导致工会化企业在与非工会企业的竞争中，失去国内和国际市场份额：美国的汽车公司和钢铁公司都是明显的范例。赫希发现，工会通常增加企业成本高达15%～20%，但是生产率并没有相应提高。因此，工会化企业的利润一般比非工会化企业低10%～20%。此外，工会化企业的资本投资比非工会企业低6%，研发开支低15%。然而，赫希并没有发现工会化企业破产率更高的证据。

但是，一些分析人士不赞同赫希的观点。他们认为，工会可以增加工人对企业的忠诚度，降低工人流失率，进而提高工人的生产效率，降低企业的雇佣和培训成本。他们还认为，工会是推动社会平等的一大动力，如果没有强大的工会运动，工人难以得到体面的养老金、医疗等福利。此外，美国的工会化程度远低于其他发达国家。如果低工会化率有利于提高竞争力，美国不应该是最有竞争力的国家之一吗？

资料来源：Daniel Griswold，"Unions，Protectionism and U. S. Competitiveness，" *Cato Journal*，Vol. 30，No. 1，Winter 2010，pp. 181 - 196. 也可参阅：Barry Hirsch，"Sluggish Institutions in a Dynamic World：Can Unions and Industrial Competition Coexist?" *Journal of Economic Perspectives*，2008，Vol. 22，No. 1；Richard Freeman and James Medoff，*What Do Unions Do*? New York，Basic Books，1984.

3.10 政府规制政策和比较优势

政府除了通过出台产业政策来加强竞争优势外，还要对企业制定规制政策以实现其目标，如工厂安全、产品安全以及环境清洁。在美国，此类规制政策分别由职业安全与健康管理局（Occupational Safety and Health Administration，OSHA）、消费品安全委员会（Consumer Product Safety Commission）和环境保护局（Environmental Protection Agency）来制定。尽管政府规制能够提高公众的福利水平，却增加了国内企业的成本。美国钢铁学会的研究表明，目前，美国的钢铁生产者技术先进，成本低廉，环保意识较强，并且以消费者需求为导向，但是它们仍然面临来自美国政府的规制成本，损害了其竞争优势和贸易潜力。

对产品和服务实施严格的政府规制将会增加成本并损害某产业的竞争力，这对出口竞争企业和进口竞争企业都是很重要的。尽管从社会福利的角度来看，政府规制是合理的，但是长期以来一直让人担忧的是规制对贸易竞争力和相关就业所产生的负面影响。

接下来我们考察一下政府对商业的规制是如何影响竞争优势的。

图 3.6 描述了在生产过程中引入污染法规的贸易效应。假设世界上只有两个钢铁生产者，韩国和美国。两国的供给和需求曲线分别为 $S_{S.K.0}$ 和 $D_{S.K.0}$，$S_{U.S.0}$ 和 $D_{U.S.0}$。在无贸易的情况下，韩国生产者以每吨 400 美元的价格销售 5 吨钢铁，而美国生产者以每吨 600 美元的价格销售 12 吨钢铁。这样，韩国在钢铁生产中享有成本优势。

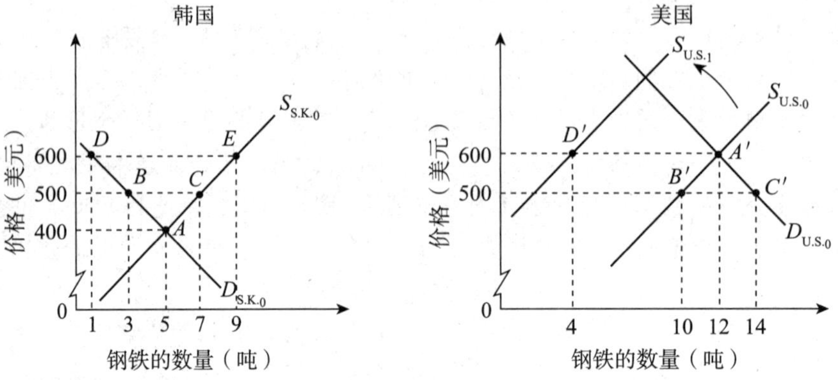

图 3.6　政府规制的贸易效应

注：对美国钢铁公司实行政府管制政策（清洁环境、工厂安全和产品安全）导致公司成本增加、市场供给减少，这减弱了美国钢铁公司的竞争力，减少了它们的市场占有份额。

通过自由贸易，韩国会提高钢铁生产的专业化程度，而美国则减少钢铁的生产。在成本递增的情况下，韩国钢铁的成本和价格上升，而美国钢铁的价格和成本下降。当两国的价格等于每吨 500 美元时，贸易进一步增长的基础消失了。在此价格水平上，韩国生产 7 吨钢铁，其中 3 吨用于消费、4 吨用于出口。而美国生产 10 吨钢铁，消费 14 吨、进口 4 吨。

现在假设生产钢铁需要向水中排污，美国环境保护局因此对美国的钢铁生产者实施污染规制。遵守这些规制增加了生产成本，从而使得美国的钢铁供给曲线移至 $S_{U.S.1}$。假设韩国政府并没有实施污染规制，韩国生产者就享有了额外的竞争优势。随着韩国生产者扩大钢铁产量，比如，达到 9 吨，由于生产成本更高，致使价格上升至 600 美元。在这个价格水平上，韩国消费者仅需要 1 吨钢铁，过剩的 8 吨供给将被销往美国。对美国而言，在由韩国确定的 600 美元的价格水平上，需要 12 吨钢铁。由供给曲线 $S_{U.S.1}$ 可知，当价格为 600 美元时，美国企业仅生产 4 吨钢铁，超额的 8 吨需求将从韩国进口来满足。对美国钢铁企业来说，污染规制增加的成本使其在竞争中处于更加不利的地位，从而减少了占有的美国市场份额。

因此，环境规制政策导致了美国的政策权衡。通过增加国内钢铁企业的成本，环境规制政策使得美国更依赖于外国钢铁产品。但是，环境规制政策将为美国居民提供更清洁的水资源和空气，提高生活质量。此外，美国其他产业的竞争力，如林业产品，也会从清洁的空气和水资源中获得好处。当政府进行最优环境规制政策选择时，都必须考虑到这些效应。同样的原则适用于职业安全与健康管理局对工作场所安全性的规制，以及消费品安全委员会对产品安全性的规制。

3.11 运输成本和比较优势

比较优势原理不仅体现了生产成本，而且体现了商品从一国运送到另一国的成本。**运输成本**（Transportation Costs）是指运送商品的成本，包括运费、包装、保管费用以及保险金。这些成本也能够改变国际贸易的模式。

□ 3.11.1 贸易效应

运输成本的贸易效应可以通过基于成本递增假定的传统供给与需求模型加以说明。图 3.7（a）给出了美国和加拿大对汽车的供给和需求曲线。假设美国在汽车生产方面具有比较优势，美国和加拿大两国相应的均衡点分别为点 E 和点 F。在不存在贸易的情况下，美国的汽车价格为 4 000 美元，低于加拿大的 8 000 美元。

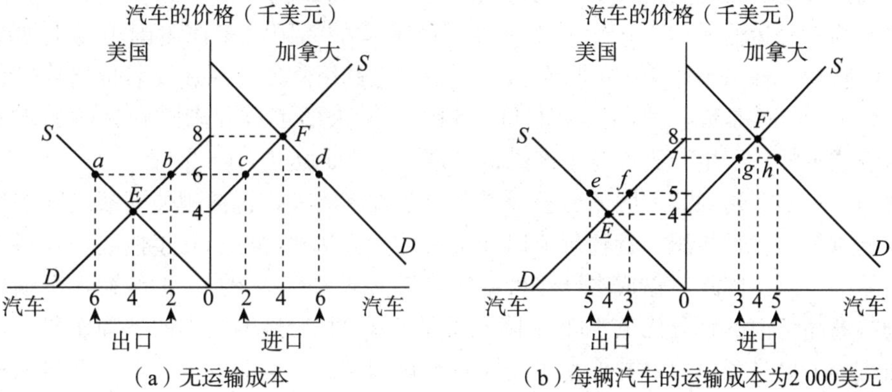

（a）无运输成本　　（b）每辆汽车的运输成本为2 000美元

图 3.7　成本递增条件下的自由贸易情况

注：在不存在运输成本的情况下，自由贸易使得贸易国之间的贸易品及资源的价格均等化。如果存在运输成本，低成本出口国将生产更少、消费更多，从而出口更少；高成本进口国将生产更多，消费更少，从而进口更少。即使两国从贸易中获益，但是生产的专业化程度降低了。

如果允许开展贸易，美国将在汽车生产中更加专业化，而加拿大则会减少汽车的生产。在成本递增的假设条件下，美国汽车的成本和价格水平均上升，而加拿大的汽车价格下降。当两国汽车的价格均为 6 000 美元时，贸易进一步扩张的基础就消失了。在此价格水平上，美国生产 6 辆汽车，消费 2 辆，出口 4 辆；加拿大生产 2 辆汽车，消费 6 辆，进口 4 辆。这样，两国的均衡价格均为 6 000 美元，因为这时美国超额的汽车供给正好满足了加拿大超额的汽车需求。

如果把运输成本引入分析，此案例的分析结论将会得到修正。假设汽车从美国运送到加拿大的单位运输成本为 2 000 美元，如图 3.7（b）所示。美国生产者会发现生产汽车并出口到加拿大是有利可图的，直到相对价格优势消失。但是如果在分析中引入运输成本，美国的出口价格就应等于国内的生产成本加上汽车运送到加拿大的运输成本。当美国的汽车价格与运输成本之和上升到与加拿大的汽车价格持平时，贸易的基础就会消失。当这种情况出现时，美国的汽车价格升至 5 000 美元，加拿大的汽车价格跌至

7 000 美元，即两国间的价格差刚好等于单位运输成本 2 000 美元。受运输成本的影响，两国汽车的价格不统一，将出现两种不同的国内汽车价格。

与不存在运输成本的自由贸易情况相比，当存在运输成本时，高成本进口国将生产更多，消费更少，从而进口更少；低成本出口国将生产更少，消费更多，从而出口更少。因此，运输成本一般会减少贸易量，降低相关国家生产的专业化程度，继而减少贸易收益。

运输成本分析的引入改变了贸易模型的结论。只要商品在两国间的贸易前价格差大于商品在两国间的运输成本，该商品就可能发生国际贸易。当贸易达到均衡时，贸易商品在出口国的价格要低于在进口国的价格，价格差额等于运输成本。

运输成本也会影响本章前面提及的要素价格均等化理论。回顾一下，该理论指出，自由贸易使两国的商品价格和要素价格均趋于均等化，以至所有工人获得相等的工资率，每一单位资本都将获得相同的利息收入。自由贸易之所以能够导致要素价格的均等化，是因为不能流动到其他国家的要素间接地以商品的形式流出了国界。然而在现实世界中，我们会发现，美国汽车工人的收入要高于韩国的汽车工人。产生这种差异的一个可能的原因就是运输成本。运输成本抬高了低成本的韩国汽车在美国市场上的销售价格，因此减少了韩国销往美国的汽车数量。贸易量的下降使商品和要素价格均等化的过程提前结束。也就是说，美国汽车的价格和汽车工人的工资并未降到韩国的水平。因此，运输成本缓解了生产进口竞争产品的高成本工人的压力。

商品从一国运送到另一国的运输成本取决于许多因素，包括相关国家之间的地理距离、货物重量、货物体积、货物价值以及贸易数量。从 20 世纪 60 年代起，相对于美国进口商品的价值，国际运输成本已经大幅度降低。从 1965 年到 21 世纪初，运输成本占美国进口商品价值的百分比从 10%下降到不足 4%。相对运输成本的下降使得进口商品在美国市场上更具竞争力，并推动了美国贸易量的增长。运输成本的下降在很大程度上是由于技术进步，包括大型干燥集装箱、大型容器、装载自动化和宽体喷气式飞机的出现。此外，电子通信技术的进步缩短了国家之间的经济距离。①

□ 3.11.2 运输成本下降促进贸易繁荣

如果各地的商人均在销售进口商品，其中定有原因。国际贸易一直在以惊人的速度扩张，那么是什么引起国际商业的扩张呢？关税和配额等贸易壁垒的削减肯定是原因之一；墨西哥和中国等原本很少参与国际贸易的国家，不断开放经济似乎是另一个原因；但有一个隐藏在贸易繁荣背后的因素却一直未被广泛注意到，即将商品运到市场的成本不断下降。

目前，运输成本不再像过去那样是一个严重的贸易障碍。其中的一个原因就是，与以往相比，全球经济对运输成本的敏感度大大变小。例如，20 世纪初期，制造业和农

---

① Jean-Paul Rodrigue, *Transportation, Globalization and International Trade*, 2013, New York, Routledge; Alberto Behar and Anthony Venables, "Transportation Costs and International Trade," *Handbook of Transport Economics*, Ed. Andre de Palma and others, Edward Elgar, Northampton MA, 2010; David Hummels, "Transportation Costs and International Trade in the Second Era of Globalization," *Journal of Economic Perspectives*, Vol. 21, No. 3. Summer 2007, pp. 131 - 154.

业是大多数国家最重要的两个产业。国际贸易相应集中于铁矿、小麦等原材料或钢铁等加工产品。这类商品重量沉重，体积庞大，与商品本身价值相比运输成本较高，从而使运输成本成为影响贸易量的一个重要因素。然而随着时间的推移，世界的产出转向了价值与体积和重量无关的商品。制成品取代原材料成为贸易的主导领域。因此，每进口或出口价值 1 美元的商品需要花费的运输成本变小了。

运输成本的显著下降也促进了国际贸易的增长。20 世纪早期，进口或出口的实物交割过程是非常困难的。如果一家英国纺织品公司将产品销往美国，首先要在公司的装货码头由工人将一匹匹的布装上卡车；卡车开往港口，到达港口后，再把货物卸下，搬进港口附近的仓库。当船准备出发时，港口工人需要将布匹搬出仓库抬到货舱，再由其他港口的工人把布匹整理好。货物到达美国后，还要经历一个反向的过程。这种运输过程实在是一项复杂的工作，既费力又费钱。随着时间的推移，运输技术有了极大的进步，如出现了现代远洋邮轮、标准化集装箱、计算机控制的装运港以及美国包裹递送公司、联邦快递等通过空运和货车快速递送货物的运输企业等。这些因素以及其他因素都有利于降低运输成本，促进国际贸易。

近几十年来，国际贸易一直保持增长，这主要得益于运输成本的降低和贸易障碍的削减。但是，2008 年和 2011 年，石油价格都曾冲高，对国际贸易构成了挑战。比如，经济学家估计，当 2008 年每桶油价格增加到 145 美元时，运输成本对于美国进口的货物相当于征收了 10%～11%的关税税率。当 2000 年每桶油的价格为 20 美元时，只相当于 3%。

如果海运成本增加，国际贸易将受到抑制，企业将更倾向于选择运输成本更低的、运输距离更短的线路。此外，运输成本的增加使得企业更倾向于以距离更近的产品进行替代，以节省高得多的长距离运输成本。比如，艾默生电气公司，一家位于圣路易斯的生产电机设备和其他电力设备的企业，2008 年把亚洲的一部分生产业务移到了墨西哥和美国，距离北美消费者更近，抵消了运输成本增加带来的不利影响。

3.12 小结

1. 贸易的直接基础源于国家间相关产品的价格差异。因为相对价格由需求和供给决定，所以资源禀赋、技术和国民收入等因素是贸易基础的重要决定因素。

2. 赫克歇尔-俄林理论认为国家之间相对要素禀赋的差异决定了贸易的基础。该理论认为一国将出口那些在生产中需要大量使用丰裕而便宜的资源的商品。相反，一国将进口那些在生产中使用相对稀缺而昂贵的资源的商品。赫克歇尔-俄林理论还指出，通过贸易，两国之间资源价格的相对差异会逐渐消失。

3. 斯托尔珀-萨缪尔森定理认为，将相对丰裕的要素投入生产能为该国带来比较优势，收入会增加。相反地，相对稀缺的要素将造成收入的减少。

4. 特定因素理论分析了资源无法在国家之间自由流动时，贸易对收入分配的短期影响，并得出特定于出口产业的生产要素将从贸易中获益的结论。

5. 同要素禀赋模型预测的结果相反，瓦西里·里昂惕夫的经验测试表明，对美国而言，出口商品是劳动密集型产品，进口竞争商品是资本密集型产品。他的发现被称为里昂惕夫之谜。

6. 通过扩大国内市场规模，国际贸易使企业利用更长的生产周期提高效率（例如，大规模生产）。大规模生产产生的经济效益可以降低产品价格，从而提高企业竞争力。

7. 斯塔凡·林德对世界贸易模式提出了两种解释。初级产品和农产品的贸易非常符合要素禀赋理论。而制成品的贸易可以用国家间的需求重叠结构很好地解释。对于制成品，两国的需求结构越相似，即两国的人均收入越接近，贸易的基础就越强劲。

8. 除了产业间贸易外，国家间商品的交换还包括产业内贸易，即相似产品的双向贸易。产业内贸易既发生在同质产品之间，也发生在异质产品之间。

9. 产品生命周期理论是一种动态的国际贸易理论。该理论认为多数制成品都将经历一个贸易周期，在这个周期中，一国最初为出口国，接下来会失去出口市场，而最终成为该产品的进口国。实证研究发现制成品有时确实存在贸易周期。

10. 动态比较优势是指通过调动熟练劳动力、技术和资本等生产要素的积极性来创造比较优势，这既可由私人部门也可由公共部门发起。当政府试图创造比较优势时，产业政策就应运而生。产业政策试图通过税收激励和研发补贴等手段来刺激新兴朝阳产业的发展。

11. 一国的商业法规能够影响该国产业的竞争地位。这些法规通常导致成本上升，从而会降低国内产业的竞争力，如安装污染控制设备。

12. 国际贸易不仅包括制成品的交换，还包括国家间服务的流动。比较优势理论既适用于制成品贸易，也适用于商业服务贸易。

13. 运输成本提高了贸易商品的价格而减少了国际贸易的数量。只有两国间运输成本小于贸易前相关产品的价差时，该产品的贸易才会发生。

3.13 关键概念及术语

- 资本—劳动比率（Capital/Labor Ratio）
- 动态比较优势（Dynamic Comparative Advantage）
- 规模经济（Economies of Scale）
- 外部规模经济（External Economies of Scale）
- 要素禀赋理论（Factor-Endowment Theory）
- 要素价格均等化（Factor-Price Equalization）
- 赫克歇尔-俄林理论（Heckscher-Ohlin Theory）
- 国内市场效应（Home Market Effect）
- 产业政策（Industrial Policy）
- 产业间专业化（Inter-industry Specialization）

- 产业间贸易（Inter-industry Trade）
- 产业内专业化（Intra-industry Specialization）
- 产业内贸易（Intra-industry Trade）
- 里昂惕夫之谜（Leontief Paradox）
- 放大效应（Magnification Effect）
- 产品生命周期理论（Product Life Cycle Theory）
- 特定要素理论（Specific-Factors Theory）
- 斯托尔珀-萨缪尔森定理（Stolper-Samuelson Theorem）
- 重叠需求理论（Theory of Overlapping Demands）
- 运输成本（Transportation Costs）

3.14 习题

1. 运输成本对国际贸易模式有何影响？

2. 解释商品和要素投入的国际流动如何促使国家间要素价格均等化。

3. 对于国际贸易模式的解释，李嘉图理论与要素禀赋理论有什么区别？

4. 要素禀赋理论证明了贸易如何影响贸易伙伴间的收入分配。请加以解释。

5. 里昂惕夫之谜如何对要素禀赋模型的普遍适用性提出挑战？

6. 林德的理论对国际贸易模式有两种解释：一种是对制成品，另一种是对初级（农业）产品。试加以解释。

7. 近期的世界贸易统计数字是支持还是反驳了制成品的生命周期理论？

8. 规模经济如何影响国际贸易模式？

9. 区分产业内贸易与产业间贸易。产业内贸易的主要决定因素是什么？

10. 产业政策的含义是什么？政府如何创造新兴行业的比较优势？在制定产业政策时会遇到什么问题？

11. 国家干预政策如何影响一个行业的国际竞争力？

12. 国际服务贸易由什么因素决定？

13. 表 3.6 列出了瑞典和挪威计算器的供需情况。画出每个国家的供给与需求曲线。

a. 在无贸易的情况下，瑞典和挪威的计算器的均衡价格和产量各为多少？哪个国家在计算器产业中具有比较优势？

b. 假设没有运输成本。通过贸易，进出口实现均衡时的价格为多少？在此价格水平下，计算器的贸易量是多少？两个国家分别生产和销售多少台计算器？

c. 假设计算器从瑞典到挪威的单位运输成本为 5 美元。那么通过贸易，运输成本对两国计算器的价格会产生什么影响？两国各生产、销售、交易多少台计算器？

d. 通常，运输成本对一国贸易商品的价格有何影响？对专业化程度有何影响？对贸易量呢？

表 3.6　　计算器的供需情况

价格（美元）	瑞典		价格（美元）	挪威	
	供给数量	需求数量		供给数量	需求数量
0	0	1 200	0	—	1 800
5	200	1 000	5	—	1 600
10	400	800	10	—	1 400
15	600	600	15	0	1 200
20	800	400	20	200	1 000
25	1 000	200	25	400	800
30	1 200	0	30	600	600
35	1 400	—	35	800	400
40	1 600	—	40	1 000	200
45	1 800	—	45	1 200	0

进一步探索

对于特定要素理论更加详细的内容，请查询“进一步探索 3.1”，网址：www.cengage.com/economics/Carbaugh。

第 4 章

关　税

到目前为止，我们对自由贸易理论的讨论得出的结论是，比较优势和专业化生产能够实现世界资源的最有效利用。自由贸易和专业化分工不仅提高了世界福利，也使各个参与国家从中受益。每个国家都能克服自身生产能力的限制，实现在孤立条件下无法实现的消费组合。

尽管自由贸易政策的理论依据非常充分，但在那些因进口竞争而收入下降以及面临失业的企业和工人当中，自由贸易政策却遇到了巨大的阻力。政策制定者在追求自由贸易更高的全球效率和满足公众愿望保持就业及收入等短期利益之间左右为难。自由贸易的收益可能要经过许多年才能实现，贸易收益遍及社会各个角落，而自由贸易的成本却立竿见影，并由具体的某些群体来承担（如面临进口竞争压力行业的工人）。

在制定国际贸易政策时，一国政府必须确定自己在下列模型中的定位：

自给自足 （封闭市场）	←保护主义 贸易自由化→	自由贸易 （开放市场）

如果政府希望本国厂商可以免受海外竞争，它将封闭本国的经济，也就是自给自足。古巴和朝鲜一直以来都是高度封闭的经济体，接近于自给自足。相反，如果一国不限制货物和服务的国际交换，这意味着它倾向于自由贸易。新加坡和中国香港基本属于自由贸易经济体。其他经济体则处于两个极端之间。围绕贸易政策的讨论并不是确定一个经济体应该选择自给自足还是自由贸易，更现实的情况是确定该经济体在两点之间的定位——也就是说，政策制定者需要决定的是贸易自由化或贸易保护主义的程度。

本章阐述自由贸易的壁垒，特别是，集中讨论关税在全球贸易体制中的作用。

4.1 关税的概念

关税（Tariff）是对跨国交易的商品课征的一种税。应用最普遍的关税是进口关税，它是对进口商品课征的税。不太常见的另一种关税是对出口商品课征的出口关税，发展中国家经常使用这种关税。例如，加纳对可可的出口征收关税，石油输出国组织（OPEC）对石油的出口征税，以增加收入或提高石油的稀缺性，进而提高国际市场的石油价格。

你知道美国禁止征收出口关税吗？在美国起草宪法的时候，生产棉花的南部各州担心从事纺织品制造的北部各州会迫使联邦政府征收出口关税来降低棉花价格。出口关税将减少出口，从而导致美国国内棉花价格下降。经过协商，宪法中写入这样一条："禁止对任何一州出口的商品征税"，以禁止征收出口关税。

征收关税的目的可能是保护性的，也可能是收入性的。**保护性关税**（Protective Tariff）是为了使本国进口竞争产品的生产者避免受到国外的竞争。虽然总体来说，保护性关税并不是为了完全禁止进口，但的确使国外生产者在国内市场销售商品时处于竞争劣势。**收入性关税**（Revenue Tariff）的目的在于增加税收收入，可以针对进口商品征收，也可以针对出口商品征收。

长期以来，在工业化国家，包括美国，作为政府收入来源之一的关税收入大大减少了。1900 年，关税收入占美国政府收入的比重超过 41%；而 2010 年这一比重稳定在 1%。然而，目前许多发展中国家仍然把关税作为政府收入的一个重要来源。表 4.1 列举了部分国家关税占政府收入的比重。

表 4.1　　2011 年国际税收占政府收入的比重

发展中国家	占比（%）	发达国家	占比（%）
巴哈马	43.3	新西兰	2.8
埃塞俄比亚	29.7	澳大利亚	1.8
利比亚	28.5	日本	1.6
孟加拉国	26.5	美国	1.3
格林纳达	25.6	瑞士	1.0
俄罗斯	25.6	挪威	0.2
菲律宾	19.5	爱尔兰	0.1
印度	14.3	全球平均	3.9

资料来源：World Bank Data at http://data.worldbank.org. 也可参阅：International Monetary Fund, *Government Finance Statistics*, *Yearbook*, Washington DC。

有些产品的关税水平会因进口时间不同而有所区别，比如，常见的葡萄、葡萄柚、花椰菜等农产品。这种关税反映了这些产品的丰收季节。在淡季时，进口关税水平较低；在丰收的季节，这些产品的关税水平往往会被调高。

并不是所有的美国进口商品都要被征收关税。2013 年，课征关税的进口商品仅仅占

30%，免于关税的进口商品占70%。[①] 免税商品之所以比例较高，是因为美国与贸易伙伴签订的各种贸易协定，比如自由贸易协定（如《北美自由贸易协定》）；一般特惠制(Generalized System of Preferences Program）给予发展中国家出口商品贸易互惠条款；最惠国待遇国家的商品也可能被免征关税。这些内容将在第6章、第7章和第8章详细讨论。

4.2 关税的种类

关税可以分为从量关税、从价关税或混合关税。**从量关税**（Specific Tariff）是对进口商品的每实物单位征收固定数量货币的关税。例如，美国一个进口商进口德国计算机，不管计算机的价格是多少，进口的每台计算机都需要向美国政府支付100美元的关税。因此，如果美国从德国进口了100台计算机，那么美国政府将获得10 000美元（=100×100）的关税收入。

从价关税（Ad Valorem Tariff）与销售税非常相似，是按进口商品价值的某一固定比率征收的关税。假设进口汽车需要缴纳2.5%的从价关税，美国进口了总价值为100 000美元的汽车，那么政府将得到2 500美元（=100 000×2.5%）的关税收入。无论美国进口的是5辆20 000美元的丰田汽车还是10辆10 000美元的尼桑汽车，关税收入都是2 500美元。

混合关税（Compound Tariff）则是从量关税与从价关税的组合。例如，美国进口一台电视机需要支付的关税总额等于20美元的从量关税再加上价格5%的从价关税。表4.2列出了美国部分产品的关税情况。

表4.2　　美国部分进口商品的关税税率

产品	关税税率
扫帚	0.32美元/把
鱼线	0.24美元/条
腕表（没有镶嵌珠宝）	0.29美元/个
球型轴承	2.4%从价
电动摩托	6.7%从价
自行车	5.5%从价
羊毛毯	0.18美元/千克+6%从价
电子仪表	0.16美元/个+1.5%从价
自动传送杆	0.25美元/个+3.9%从价

资料来源：U.S. International Trade Commission，*Tariff Schedules of the United States*，Washington，DC，Government Printing Office，2013，available at http：//www.usitc.gov/data/index.htm.

① 有效关税是衡量一个国家关税的指标。在汇率自由浮动的环境下，如果所有名义或有效关税税率上升，实际的影响将被变动的汇率抵消。

那么，从量关税、从价关税和混合关税各自具有哪些优点呢？

□ 4.2.1 从量关税

从量关税是按照进口商品数量征收的固定货币税负，其实施和管理相对容易一些，特别是对于标准产品和价值不容易估计的大宗产品。从量关税的一个主要缺点是，对国内生产者的保护程度与进口商品的价格成反方向变动。比如，如果对每台汽车征收 1 000 美元的从量关税，那么价格为 20 000 美元的汽车的进口会受到较大程度的影响，而价格为 25 000 美元汽车的进口则受到相对较小的影响。因此，在进口商品价格上涨时，从量关税会丧失部分保护效果，导致国内企业更多地生产进口保护程度较高的廉价商品。相反，在经济衰退时期，廉价商品畅销，从量关税能够为国内生产者提供更多的保护，使它们在同不断降低价格的国外竞争者竞争时具有更大的优势。

□ 4.2.2 从价关税

从价关税通常更适用于制成品，因为它们能够反映产品的各种等级差异。从价关税等于产品价值的一个百分率，能够辨别出在一定程度上由价格反映出来的产品质量的细微差别。在从价关税体系下，进口一辆价格为 20 000 美元的本田摩托将比价格为 19 900 美元的丰田摩托支付更高的关税。而在从量关税制中，二者的税负则是等同的。

从价关税的另外一个优点是，在价格变动时期，这种关税对国内生产者的保护程度不会发生变化。如果从价税率是 20%，进口商品价格是 200 美元，那么关税应该是 40 美元。如果产品价格升高，假设为 300 美元，那么关税随之上升至 60 美元；如果产品价格降至 100 美元，关税就下降至 20 美元。由于关税税额与产品价值成比例，因而在所有的价格水平上，从价关税都能够提供相对稳定的保护程度。从价关税的实际税收负担或保护作用不随税收基础的改变而变化，这一点与比例税收很相似。近几十年来，随着全球性的通货膨胀，以及制成品在世界贸易中重要性的日益增强，从价关税已成为比从量关税更常用的关税形式。

在从价原则下，关税税额的确定乍看起来似乎很简单，但实际管理起来却很复杂。主要的问题是如何确定进口商品的价值，这一过程被称为**海关估价**（Customs Valuation）。进口商品的价格由海关估价官员来评估，不同的估价官员可能会对产品的价值提出不同意见。而且，进口商品的价格往往随时间而波动，这就使估价过程更为困难。

海关估价的另一个问题在于商品价值估计方法的多样性。例如，长期以来美国使用**离岸价估价法**［Free-on-Board（FOB）Valuation］，即按照离开出口国时产品的价值征收关税。而欧洲却一直惯用**到岸价估价法**［Cost-Insurance-Freight（CIF）Valuation］，即从价关税是进口商品到达目的地时总价值的一个百分比。因而 CIF 价格包括运输费用，比如，保险费和装运费。

□ 4.2.3 混合关税

混合关税一般适用于生产所需要的原材料需要征收关税的制成品。在这种情况下，关税中的从量部分中和了因对国内原材料供应商的关税保护而使国内制造商蒙受的成本劣势，关税中的从价部分则对制成品行业进行了保护。例如，美国对针织物实行混合关税（48.5 美分/千克+38%从价）。关税中的从量部分（48.5 美分）弥补了美国给予棉花生产商的关税保护给布匹制造商增加的成本，而从价部分（38%）则对美国国内的针织物提供了保护。

世界各国的进口关税税率大概是多少呢？表 4.3 列举了部分发达国家与发展中国家的关税实例。

表 4.3　　2012 年部分国家平均关税税率*

国家	平均关税税率（%）
巴哈马	18.9
韩国	8.7
巴西	7.9
中国	4.1
美国	1.6
日本	1.3
德国	1.1
加拿大	0.9
世界平均	3.0

* 所有产品关税税率的平均数

资料来源：*World Bank Data* at http：//data. worldbank. org.

贸易冲突

经济危机引发了贸易保护主义的回潮

全球经济危机引发了贸易保护主义的回潮。在经济危机的背景下，为了保护在困境中挣扎的国内厂商，各国开始设置各种进口壁垒。

2007—2009 年，世界经济陷入严重的危机，商品与服务的需求下降，国际贸易剧减。印度尼西亚、法国、南非、菲律宾等国家的出口约减少了 30%，甚至更多。渐渐地，各国国内的企业和工人开始担忧在世界范围内积极寻求消费市场的国外竞争者的威胁。中国是各国贸易保护措施的主要目标。

在 2008 年和 2009 年，20 国集团的领导曾共同允诺不会采取保护主义措施，事实证明，各国都在一定程度上违背了这种允诺。俄罗斯提高了进口汽车的关税，印度提高了进口钢铁的关税，阿根廷对汽车零部件以及鞋类制品的进口设置了新的壁垒。此外，2009 年，美国决定在今后三年内对中国制造的轮胎征收 25%～35%的进口关税。这项政策使中国轮胎在美国市场的份额减少了 17%，也抬高了美国市场上的轮胎售价。

20 世纪 30 年代经济大萧条时期，各国都曾提高关税以保护本国厂商免受国外竞争的损害。美国提高了2万种货物的进口关税，遭到了贸易伙伴的普遍报复。关税税率的升高使世界贸易总量减少了四分之一。经济大萧条时期告诉我们一个道理：贸易壁垒会严重损害全球供应链，取消这些贸易壁垒往往需要多年的谈判，复原全球供应链也将需要多年的努力。尽管这样，每逢经济萧条时，各国政府仍然会采取限制贸易的政策。

4.3 有效保护率

在之前对关税的讨论中，我们假设某个特定产品完全产自一个国家。例如，假设戴尔（一家美国公司）台式电脑的生产完全依赖于美国的劳动力和美国产的零部件。但是，这种假设忽视了一个重要的可能性，即戴尔在生产过程中可能用到某些进口商品，如记忆芯片、硬盘驱动器以及微处理器等。

如果戴尔在生产过程中使用了进口零部件，电脑的关税税率就无法全面反映戴尔在台式电脑生产上的受保护程度，因为进口零部件的关税情况也会对其造成影响。概括而言，如果戴尔在生产电脑的过程中使用了进口零部件，那么台式电脑的关税税率将不能准确地反映出戴尔的受保护程度。

在分析关税时，经济学家通常会将关税税率分为名义关税税率和有效关税税率。**名义关税税率**（Nominal Tariff Rate）指一国在关税税率表中公布的关税税率，适用于该国进口的最终产品的价值。**有效关税税率**（Effective Tariff Rate），既包括最终产品的名义关税税率，又包括最终产品的生产过程中使用的进口零部件的关税税率。①

如果美国的成品电脑进口关税税率为0%，而生产电脑所必需的进口零部件需要缴税，那么很显然戴尔非但没有受到保护，还承担了税负。名义关税税率对戴尔具有保护作用，而进口零部件需要缴纳的关税则增加了戴尔的生产成本，加重了戴尔的税负。有效关税税率是二者综合后的结果。

名义关税税率代表国家对电脑厂商的保护水平，政府也对生产过程中用到的进口要素进行征税，有效关税税率是两者综合的效果，它说明了在对最终产品以及进口要素均征收关税的制度下，每一单位产出的国内生产活动（增加值）增加的百分比。简而言之，在电脑的进口关税税率固定的情形下，政府对进口的相关零部件征收的关税税率越低，关税政策对电脑厂商的保护力度越强。

为了更好地说明这个原理，假设戴尔通过组装进口的零部件来增加附加值。假设进口相关零部件是免税的（税率是0%），国内组装活动创造的价值占电脑成品最终价值的20%，那么剩余的80%则反映了进口零部件带来的增加值。我们再假设对于戴尔及其竞争者而言，比如日本的索尼，电脑零部件的成本相同，索尼电脑的售价是每台500美元。

假设美国对进口的电脑成品征收10%的名义进口关税，这样美国进口的索尼台式

① 有效关税税率是适用于单一国家的方法。在一个实行浮动汇率的世界中，如果所有的名义或有效关税税率上升了，效果将被汇率的变化所抵消。

电脑在美国市场上的售价将由原来的每台 500 美元上升到每台 550 美元，如表 4.4 所示。这是否意味着戴尔得到了 10%的有效关税税率？当然不是！因为进口零部件进入美国是免税的（名义关税税率低于进口产成品的关税税率），所以，实际保护率是 50%。与自由贸易相比，即使生产活动（的成本）增加 50%，戴尔相对于国外的竞争者仍具有比较优势。

表 4.4 显示了这个例子的详细情况。如表 4.4（a）所示，在自由贸易条件下（税率是 0%），一台索尼台式电脑可能以 500 美元的价格进口。为了应对这个价格，戴尔必须将其组装成本控制在 100 美元之内。如表 4.4（b）所示，在关税的保护伞下，戴尔将组装成本提升到 150 美元时对于价格为 550 美元的进口台式电脑仍然具有竞争力。结果是戴尔的组装成本可以比自由贸易条件下提升 50%：(150－100)/100＝0.5。

表 4.4　　有效保护率　　单位：美元

(a) 自由贸易：对进口的索尼台式电脑不征收关税			
索尼台式电脑	成本	戴尔台式电脑	成本
零部件	400	零部件	400
组装活动（增加值）	100	组装活动（增加值）	100
进口价格	500	国内价格	500
(b) 对进口的索尼台式电脑征收 10%的关税			
索尼台式电脑	成本	戴尔台式电脑	成本
零部件	400	零部件	400
组装活动（增加值）	100	组装活动（增加值）	150
名义关税	50	国内价格	550
进口价格	500		

总之，有效关税税率可以用下面的公式表示：

$$e=\frac{n-ab}{1-a}$$

其中，e 为有效保护率；n 为最终产品的名义关税税率；a 为进口投入品的价值与最终产品价值的比率；b 为进口投入品的名义关税税率。

把电脑例子中的数值代入公式，可以得到：

$$e=\frac{0.1-0.8(0)}{1-0.8}=0.5 \text{ 或 } 50\%$$

因此，对产成品台式电脑的 10%的名义关税税率为国内生产活动提供了 50%的有效保护率，相当于名义关税税率的 5 倍。

但是，对电脑生产过程中使用的进口投入品征收关税会降低有效保护水平。在名义关税税率固定的情况下，b 值越大，有效保护率越低。假设案例中进口零部件的关税税率是 5%，那么有效保护率将减少为 30%，低于有效保护率为 50%的情况。

$$e=\frac{0.1-0.8(0.05)}{1-0.8}=0.3 \text{ 或 } 30\%$$

通过上面的分析可以看出，当原材料或中间产品以很低的关税税率进入一个国家，而最终产品又被高关税保护起来的时候，该国的国内生产者会获得很高的有效保护率，此时最终产品的有效保护率高于名义关税税率。但是，如果对进口投入品征收的关税超过最终产品的关税水平，最终产品的有效保护率会低于名义关税税率，当本国政府希望保护本国的原材料供应商而不是生产者①的时候，就会出现这种情况。一般来说，原材料及其他投入品可以免税进口，或者其关税税率大大低于产成品，这样，有效保护率通常要高于名义关税税率。表 4.5 列举了 2001 年中国对某些进口商品的名义关税税率和有效关税税率。

表 4.5　　中国对木材产品的名义关税税率和有效关税税率

产品	名义关税税率（%）	有效关税税率（%）
模具	9.4	26.6
家具	11.0	21.8
薄木板	4.0	9.4
胶合板	8.4	11.7
木丝板	7.5	9.2
木屑板	9.6	10.6

资料来源：Manatu Aorere，*Tariff Escalation in the Forestry Sector*，New Zealand Ministry of Foreign Affairs and Trade，Wellington，New Zealand，August 2002.

4.4　关税升级

分析各国的关税结构，我们很容易发现加工货物的进口关税一般要高于初级原材料。例如，进口原木很可能是免税的，但是加工过的木材如胶合板、薄木板以及家具的进口关税往往要高得多。在胶合板成品的进口税率较高的情况下，国内木材产业可以免税进口或以极低的关税税率进口原木（生产胶合板的原材料），关税政策因而起到了保护国内木材产业的作用。

① 除了电脑成品以及进口投入品的税率外，有效保护率还受进口投入品的价值与最终产品价值之比的影响。随着戴尔创造的价值的减少（进口投入品的价值与最终产品价值之比升高了），有效保护率增大了，保护程度有所提高。公式中，不管名义税率是多少，a 值越大，最终产品的有效保护率就越大。

这个政策通常被称为**关税升级**（Tariff Escalation）：尽管原材料经常按零税率或很低的税率进口，但是生产的每个阶段都会增强名义保护和有效保护。如表4.6所示，许多工业化国家通常会随着加工水平的提高而提高税率，较为典型的是农产品。

工业化国家的关税结构实际上阻碍了发展中国家加工制造业的发展，以及高附加值出口商品的多样化进程。工业化国家对初级商品征收的低关税税率鼓励发展中国家扩大这类产品的生产，而产成品的高关税保护却给那些希望参与这一领域竞争的发展中国家制造了巨大的进入壁垒。从发展中国家的角度看，当务之急是阻止发达国家不合比例地降低对原材料所征收的关税的水平。这种关税削减只会扩大工业化国家名义关税和有效关税之间的差距，削弱发展中国家在制造和加工行业的潜在竞争地位。

表4.6　2008年发展中国家和发达国家之间的关税升级

国家	农产品		工业品	
	原材料	加工品	原材料	加工品
孟加拉国	17.5	23.0	9.1	15.4
乌干达	17.5	20.3	4.2	11.7
阿根廷	5.7	11.5	2.9	9.5
巴西	6.5	12.1	4.2	10.7
俄罗斯	6.9	9.2	5.3	9.5
美国	1.0	2.8	1.3	2.8
日本	4.5	10.9	0.5	1.9
世界	12.0	15.1	5.6	7.7

资料来源：*World Bank Data* at http：//data. worldbank. org.

4.5　外包和海外组装条款

外包（Outsourcing）是经济全球化的一个关键要素。当某种产品生产过程的几个阶段在不同国家完成的时候，就发生了外包。例如，美国生产的电子零部件运到新加坡这样的低劳动成本国家进行组装，并将组装好的电视机再运回美国进行进一步的加工、包装和分销。这种国外组装式生产分工已经成为美国许多低成本、劳动密集型产品的生产商的一项重要竞争战略。通过海外组装，美国企业可以凭借其不断增强的成本优势来维持在美国和国外的市场份额，从而保持更高的产出和就业水平。

1930年《关税法案》给予使用美国零部件在国外组装的进口商品优惠条款，即**海外组装条款**（Offshore Assembly Provision，OAP）。根据海外组装条款，当美国生产的零部件运到国外，进行组装，再运回到美国，那部分美国零部件价值不包括在产成品应税价格中，应税的只是组装过程中的增值部分。适用于海外组装条款的进口商品包括机动车辆、办公设备、电视机、铝制易拉罐和半导体等，近年占美国进口产品的8%～10%。

海外组装条款不仅适用于美国企业，还适用于外国企业。美国计算机公司可以在美国生产零部件，送往中国台湾组装，然后把组装产成品运回美国，适用于海外组装条款。同样，希望出口到美国的日本复印机企业可以采购美国零部件，在日本组装，把产成品出口到美国，也适用于海外组装条款。海外组装条款可以降低进口产品的关税，但是也把本国的一部分需求移往国外。

假设一家ABC电子产品公司位于美国，生产每台价值300美元的电视机。其采购的美国零部件成本价值200美元。为了降低劳动力成本，该公司把零部件运往工资更低的韩国子公司进行组装。假设韩国组装费用为100美元。该公司最终把组装完成的电视机运回美国。那么该怎么计算关税呢？又怎么计算到消费者手中的售价呢？

如果没有海外组装条款，每台价值300美元，全价应税。如果关税税率是10%，那么每台应缴纳关税30美元，到消费者手中的售价应是330美元。[①] 但是，如果按照海外组装条款，每台电视机全价减去零部件成本之后的余额应按照10%的关税税率缴纳。当电视机进口到美国时，应税价款是100美元（=300－200），那么关税只有10美元，到消费者手中的售价相应减少到310美元。按照海外组装条款，有效关税税率只有3.3%（=10/300），而不是10%。

由此得出，海外组装条款降低了韩国组装业务的有效关税税率，从而把美国组装需求转移到了韩国。反对海外组装条款的人士表示，海外组装条款使得进口的电视机在美国更有竞争力，不利于保护美国组装工人的就业岗位，也不利于美国保持贸易收支平衡。然而，这样的"关税豁免"只适用于使用美国零部件的产成品，在一定程度上刺激国外企业在美国生产零部件。支持海外组装条款的人士强调对美国零部件生产和出口产生的有利影响。海外组装条款在美国是一个有争议的话题。

4.6 逃避进口关税：避税和逃税

纳税义务人有逃避缴纳进口关税的经济学动机。**关税避免**（Tariff Avoidance，避税）是其中的一种方式。避税指合法利用有利于自己的关税制度，尽可能减少应纳的关税税额。相反地，企业或个人利用走私等非法手段规避关税则被称为**关税逃避**（Tariff Evasion，逃税）。我们分别看看这两种方式。

□ 4.6.1 福特公司：改造货车以避免高额关税

福特汽车公司每个月都会从土耳其的工厂运进大批的五人座客车到美国马里兰州的巴尔的摩市。到达巴尔的摩后，这些客车多数会被送往仓库，听着摇滚乐的工人们开始拆卸车窗、座位以及安全带。这是为什么呢？

这涉及一个历史较久的贸易纠纷。20世纪60年代，欧洲政府决定对进口鸡肉征

① 这个例子假设美国是一个"很小"的国家，这部分内容在之后还会进行探讨。

收高额关税，主要意图是降低美国对联邦德国的鸡肉出口。林登·约翰逊总统决定对外国制造的卡车以及商用货车（用于运输货物的汽车）征收 25%的报复性关税。时至今日，即使是美国企业在海外的工厂生产的卡车及商用货车也面临着 25%的进口关税。但是在美国，进口“货车”和“汽车”（用于载人的机动车）的进口关税税率只有 2.5%。

25%的进口关税将明显地提高福特的货物在美国的售价，削弱产品的市场竞争力。2009 年，福特展开了规避这项关税的计划，具体内容如下。福特先将客车运往美国，这些客车只需缴纳 2.5%的进口关税。一旦运抵巴尔的摩，这些客车将被改造成货车。挡风玻璃将被替换成金属板，后车座、安全带等将被拆除，工人们还会替新车装上车底板。福特成功地将原来的五人座客车改为二人座货车。卸下来的纤维、钢铁以及玻璃等材料都会被重新利用。美国海关认为这种做法并不违法。

将客车改造成货车使每辆车的成本上升了几百美元，却为福特节省了数万美元的关税税额。举例来说，一辆价值 25 000 美元、进口关税税率为 2.5%的客车需要缴纳的税额是 625 美元（=25 000×0.025）。同等价值的货车需要缴纳的关税税额却高达 6 250 美元（=25 000×0.25）。5 625 美元（=6 250−625）减去改造客车的成本即节省额，合理避税大大降低了每辆福特进口货车的价格。明智之举，不是吗？

福特的做法只是合理避税的一种方式。在规避进口关税上，其他汽车厂商也各有秘诀。丰田、尼桑、本田等汽车公司采取了最直接的办法——将工厂建在美国——从根本上避免了进口关税。①

□ 4.6.2 钢铁走私逃避美国关税

美国每年进口 3 800 万吨钢铁，价值约 120 亿美元，其中约一半是需要征收关税的，从每吨几便士到每吨几百美元不等。关税总额取决于钢铁产品的类型（大约有 1 000 种），以及原产国（大约有 100 个国家）。这些关税采用钢铁在美国的销售价格进行征收，美国海关总署的检察员认真对进入美国的货物进行检查，以确保对关税的合理估计。然而，由于美国总署工作人员人手不足，对货物进行监测是很困难的。因此，被抓住的风险和受到惩罚的概率是不太大的。

21 世纪头十年，伊凡·杜布林斯基（Ivan Dubrinski）向美国走私了 2 万吨钢铁。操作很简单，他需要做的只是将所谓钢筋的货运单据进行修改，使它看起来像是另外一种被称为球扁钢的钢材的运输的一部分。这一手段为他节约了约 3.8 万美元的进口关税。长期以来，这种逃避关税的行为一直存在，在过去的几年里，钢铁走私逃避了几十万美元的关税，使得关税收入遭到了极大损失，同时使得美国钢铁产业无力与逃避关税走私进来的低价产品进行竞争，因此钢铁走私引起了美国政府的关注。

尽管大部分钢铁进口商都支付了合理的关税，但是仍有少数在“夜间行动”的进口商试图非法走私钢铁。此类进口商一般采用三种方法来逃避关税。第一种方法是对产品进行虚假再分类，从而将进口商品归入免税产品；第二种方法是去掉来源于某征税国的

① Drawn from “To Outfox the Chicken Tax, Ford Strips Its Own Vans,” *The Wall Street Journal*, September 23, 2009, p. A-1.

钢铁标记，并将其改为免税国的标记；第三种方法是改变钢铁产品的化学成分，从而将其归为免税产品。

尽管海关检验者努力仔细地检查进口商品，但是对于钢铁产品他们所知甚少。通常情况下，等查出事实的时候，钢铁已经销售出去或者被使用了，因此海关无法没收走私钢铁。同时，钢铁的购买者以较低的价格得到产品，而与走私钢铁进行竞争的美国钢铁企业的销售额和利润就会下降。①

贸易冲突

取消关税带来的好处

如果美国单方面取消关税及其他进口限制措施，将会带来什么样的影响？从积极的一方面看，取消关税将降低进口商品的价格，从而降低美国本地商品的价格，为消费者带来非常大的好处。从消极的一方面看，与进口产品竞争的企业盈利能力下降，导致丧失一些就业岗位；政府也会因为关税取消而导致收入减少。

2011 年，美国国际贸易委员会估计了取消进口限制措施的经济收益，表示将会为美国经济产生 26 亿美元的好处。最大的经济收益来自对下列产品贸易限制的取消：乙醇、纺织品、服装和奶制品，如表 4.7 所示。

表 4.7　　2015 年取消进口限制* 产生的经济收益

进口竞争产品	每年经济福利（百万美元）
乙醇	1 513
纺织品和服装	514
奶制品	223
鞋袜和皮革制品	215
烟草	63
金枪鱼	16
人造珠宝	12

* 进口关税、关税税率配额以及进口配额。

资料来源：U. S. International Trade Commission，*The Economic Effects of Significant U. S. Import Restraints*，Washington，DC，Government Printing Office，2011.

① Drawn from "Steel Smugglers Pull Wool over the Eyes of Customs Agents to Enter U. S. Market," *The Wall Street Journal*, November 1，2001，pp. A-1 and A-14.

4.7 延迟进口关税

除了允许避税外，美国税收法律还允许延迟关税。让我们来看一下保税仓库和对外贸易区如何帮助延迟关税。

□ 4.7.1 保税仓库

根据美国关税法的规定，应缴税的进口商品进入边境后可以免关税暂时保存在**保税仓库**（Bonded Warehouse），由美国海关控制这些货物的进出。保税仓库货物的所有者必须保证承担所有的关税义务。

进口货物可以在保税仓库中储存、重新包装或者进一步加工的时间长达5年。国内生产的产品不允许进入保税仓库。如果是初始入库，不需要支付关税。当到期从仓库中取出进口货物时，关税必须按从仓库中取走而非进入仓库时货物的价值来支付。若货物被取走出口，则不用支付关税。

货物的所有人可以对保税仓库内存储的货物进行销售前的必要加工，比如，对茶叶进行重新包装和混装、将酒装瓶、烤制咖啡豆等。但是，不得在保税仓库内制造或组装成品。

保税仓库的主要优点是货物在进入国内市场前无须缴纳关税。进口商在提取货物以前可以自由支配原本需要用来缴纳关税的资金。如果进口商在国内市场无法找到买家或者国内市场行情欠佳，那么进口商可以将存储在保税仓库内的货物出口转销，从而避免了关税问题。同时，保税仓库使进口商可以用销售货物获得的收入来支付关税，而不是在货物运抵边境时就缴纳关税，后者的本质是要求进口商必须预先缴纳关税。

□ 4.7.2 对外贸易区

对外贸易区（Foreign-Trade Zone，FTZ）的概念与保税仓库相似。对外贸易区内的进口商品或材料在进入美国市场前无须缴纳海关关税。只有当货物从对外贸易区转向美国国内市场时才具有缴纳关税的义务。只要货物未进入美国市场，就不会产生缴纳关税的义务。

如何区别自由贸易区和保税仓库呢？在自由贸易区中，一旦商品运到，进口商可以对商品进行任何处置，可以重新包装、检修或销毁损坏品，可以将零部件组装成产成品，也可以出口零部件或者产成品。因而，进口商可以在自由贸易区展开更加广泛的经营活动，但在保税仓库只能进行储存或者重新包装等相对简单的业务活动。

许多对外贸易区都被设在美国的港口，比如，西雅图港，但是有些对外贸易区也位于内陆的交通枢纽处。美国对外贸易区的数量已超过230个，埃克森石油公司、卡特彼勒、通用电气和IBM等公司是比较著名的位于对外贸易区的企业。

美国境内常有一些不利于制造业发展的约束政策，对外贸易区计划排除了这类政策约束，因而有利于美国商业生产的发展。在美国，国外进口商品的关税计价基础是最终产成品的价值，而非产品使用到的零部件或原材料。如果美国本土企业需要为进口的零部件或原材料缴纳更高的关税（倒转关税），那么相对于外国竞争者，这些本土企业处于不利地位。海关征税时将对外贸易区内生产制造的产品等同于国外制造的产品，矫正了国内企业与外国竞争者在关税征收上的不平等待遇。

假设对外贸易区内的一家企业进口了一台发动机，用于生产割草机。在美国，进口发动机的税率是5%，割草机免税。因为在对外贸易区生产制造的最终产品等同于国外制造，当割草机生产成功，离开对外贸易区、进入美国市场时，发动机5%的税率已变为割草机的免税税率。加入对外贸易区使该企业零部件的关税成本减少了5%。

对外贸易区还有利于企业减少废料、耗料上的关税税负。假设某家美国化工企业从国外进口原材料，用以生产一种特殊的化学品，原材料与化学品的进口关税税率都是10%。生产过程包括对进口原材料进行高温加热的工序。加热会使原材料以热能的形式损耗20%。如果这家化工企业每年进口100万美元的原材料，进境时它需缴纳关税100 000美元（=1 000 000×10%）。但是，如果这家企业加入了对外贸易区计划，这家企业进口的原材料在离开对外贸易区、进入美国市场前是不需要缴纳关税的。由于生产过程中损耗了20%的原材料，原材料的价值减少为800 000美元。假设生产的所有化学产成品都销往美国，那么这家企业需缴纳关税共计80 000美元，节省了20 000美元。对外贸易区计划似乎只能使美国化工企业受益，但应注意到，国外竞争者的耗材本来就不计入产品价值，因此同样享有免税进口的待遇。

□ 4.7.3　对外贸易区使机动车进口商获益

丰田是从美国对外贸易区计划中获益的典型企业。丰田在美国的多个对外贸易区都设有加工中心。丰田公司将进口的丰田汽车运给美国经销商前，会先将它们送往对外贸易区内的加工中心。工人们会对其进行一系列的加工，比如，清洗，安装收音机、CD播放器等配件等。将加工中心设在对外贸易区的主要好处在于可以延缓缴税——在车辆加工完毕、运给经销商之前，丰田可以延缓缴税。

对于进口到美国的零部件，丰田同样在对外贸易区设立了配销中心。丰田延长了客户的保单期限，这意味着丰田需要长期在美国境内库存大量的零部件。从延缓缴税的角度来看，对外贸易区计划非常具有吸引力。此外，有些数量较大的零部件可能遭到淘汰，必须被销毁。通过申请相关指标，丰田可以不用为这些被销毁的零部件缴纳关税。

根据之前讨论过的倒转关税原则，对外贸易区计划有可能减少丰田进口汽车的完税价格。假设对外贸易区内的丰田加工中心使用的CD播放器同样进口自日本，2011年，进口CD播放器的关税税率是4.4%，而丰田整车的进口关税税率是2.5%。丰田汽车公司可以在自贸区安装CD播放器之后再进行出口，这样就可以降低CD播放器的关税1.9%（=4.4%−2.5%）。

4.8　关税效应

在详细介绍关税之前，我们先大概了解一下关税效应。

关税即对进口商品征收的税。关税使消费者面临更高的产品价格，减少了消费者的需求。为了更好地进行解释说明，我们假设有一家美国公司和一家外国公司都生产计算机。美国生产的计算机的价格是 1 000 美元，外国的则为 750 美元。在这种情况下，美国公司处于竞争的不利地位。

假设美国政府决定对每台进口计算机征收 300 美元的关税。关税使从国外进口的计算机价格上升了 300 美元，这意味着，美国厂商可以将自己的产品售价调至进口计算机的现有价格 1 050 美元（=750+300）。进口计算机价格的上涨会使需求减少，同时会刺激美国厂商扩大生产，从而导致进口量减少。请注意，对国外计算机征收的进口关税不应多于保证美国计算机产业发展的数额。最适合的关税数额能恰好抵消美国制造与外国制造的计算机在价格上的差异。

若如自由贸易一样不征税，美国人将通过购买更便宜的外国计算机来节省更多。美国计算机产业为了能与更便宜的进口商品竞争，将变得更有效率，否则将会面临消失的危险。

尽管关税能使美国的计算机厂商从中获益，关税却为美国经济带来了成本：

- 与自由贸易相比，购买计算机的消费者需要支付更高的价格。
- 销售、运输进口计算机的商店或企业的就业机会将减少。
- 国内其他产业可能被外国征收报复性关税，这些行业的就业机会将减少。
- 计算机的额外费用将被转嫁给在生产过程中用到这些计算机的产品和服务。

这些成本将与征税带来的就业数量减少进行比较，以便得到关税的真实影响。

既然我们已经大致了解了关税效应，让我们更细致地考虑一下关税。我们将研究一个进口小国和一个进口大国的关税效应。让我们回顾一下消费者剩余和生产者剩余的概念，这将在下一节中讨论。

4.9 关税的福利效应：消费者剩余和生产者剩余

为了分析贸易政策对一国福利的影响，有必要将对消费者和对生产者的效应分开讨论。每个经济活动主体都需要一种衡量福利的指标，即消费者剩余和生产者剩余。

消费者剩余（Consumer Surplus）是指消费者对于某种商品愿意并能够支付的价格与实际支付的价格之间的差额。为了解释这个概念，假定一杯百事可乐的价格是 0.5 美元。因为你特别口渴，所以愿意出 0.75 美元买一杯百事可乐。那么在购买中，你的消费者剩余是 0.25 美元（=0.75−0.5）。对于购买的所有百事可乐，消费者剩余就是每单位剩余的加总。

消费者剩余也可通过图形说明。我们给出前提条件：(1) 市场需求曲线的高度表示消费者愿意并且能够为每一单位商品所支付的最高价格。(2) 在竞争性市场上，消费者对所有单位商品支付统一的价格（均衡价格）。如图 4.1 (a) 所示，假定汽油的市场价格是每加仑 2 美元。如果消费者在此价格水平上购买 4 加仑汽油，那么需要花费 8 美元，由图中矩形 *ACED* 的面积表示。对同样的 4 加仑汽油，消费者原本愿意并能够支付的费用为 12 美元，由 *ABCED* 的面积表示。那么，消费者实际花费的价钱与愿意并有能力花费的价钱之间的差额就是消费者剩余。在本例中，消费者剩余等于 4 美元，由

三角形 ABC 的面积表示。

消费者剩余的大小受市场价格的影响。市场价格下降会增加购买数量和消费者剩余。相反，市场价格提高会减少购买数量和消费者剩余。

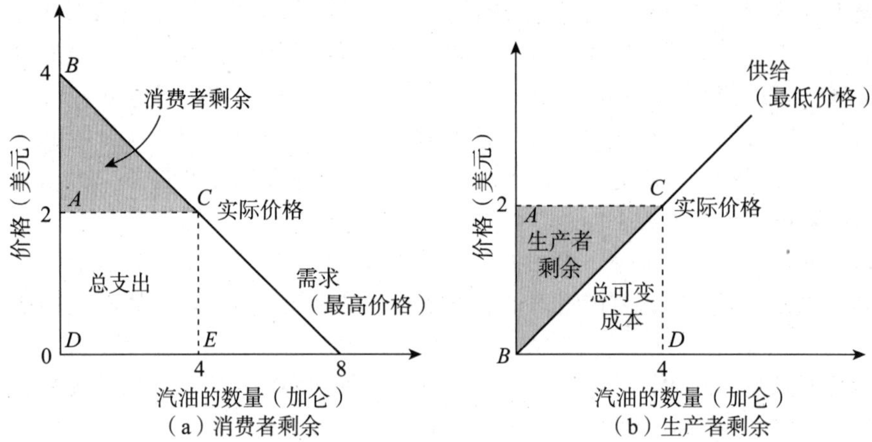

图 4.1　消费者剩余和生产者剩余

注：消费者剩余是指消费者对某种商品愿意并能够支付的价格与实际支付价格之间的差额。在图 4.1（a）中，需求曲线以下、商品市场价格线以上所围成的面积代表消费者剩余。生产者剩余指生产者获得的、高于最低生产成本的那部分收入。在图 4.1（b）中，生产者剩余由供给曲线以上、市场价格以下所围成的那部分面积代表。

现在让我们看一看市场的另一方面：生产者。**生产者剩余**（Producer Surplus）是指生产者实际得到的高于其愿意并有能力提供产品的最低价格的那部分收入。这一最低价格必须能够补偿生产者的总可变成本。并且已知总可变成本等于连续生产每一单位产品的边际成本的总和。

在图 4.1（b）中，生产者剩余为汽油供给曲线以上、产品市场价格以下的面积。已知供给曲线的高度表示生产者愿意并能够提供的汽油的最低价格。由于边际成本递增，这一最低价格会随着产出水平的提高而提高。假设汽油的市场价格为每加仑 2 美元，市场供给量是 4 加仑，生产者得到的总收入是 8 美元，用图中矩形 $ACDB$ 的面积表示。生产 4 加仑汽油所必须得到的最低收入等于总可变成本，即三角形 BCD 的面积。生产者剩余等于二者的差额，即 4 美元（=8−4），用三角形 ABC 的面积表示。

如果汽油的市场价格升高，那么生产者将生产更多的汽油，生产者剩余也随之增加。同理，如果汽油的市场价格下降，那么生产者剩余会减少。在本章接下来的部分，我们会用消费者剩余和生产者剩余的概念，分析进口关税的社会福利效应。

4.10　关税的福利效应：小国模型

为了测算关税的福利效应，首先考虑小国的情形，即进口只占世界市场供给量的很小一部分的国家。**小国**（Small Nation）是价格的接受者，其进口商品面临的是固定的世界价格。这不是一个罕见的例子，许多国家都不具备影响贸易条件的能力。

在图 4.2 中，在进行贸易之前，小国的市场均衡点为 E，由国内供给曲线与需求曲线的交点决定。在 9 500 美元的均衡价格水平下，产品的供给数量是 50 辆汽车，需求数量也是 50 辆汽车。现在假设该国对贸易进行开放，并且国际上的汽车价格为 8 000 美元，低于国内价格。因为世界市场可以在 8 000 美元的价格水平上提供无限数量的汽车，所以汽车的世界供给曲线为一条水平直线（完全弹性）。直线 S_{d+w} 表示国内和国外为小国的消费者提供的汽车总供给量，这是自由贸易条件下的总供给曲线。

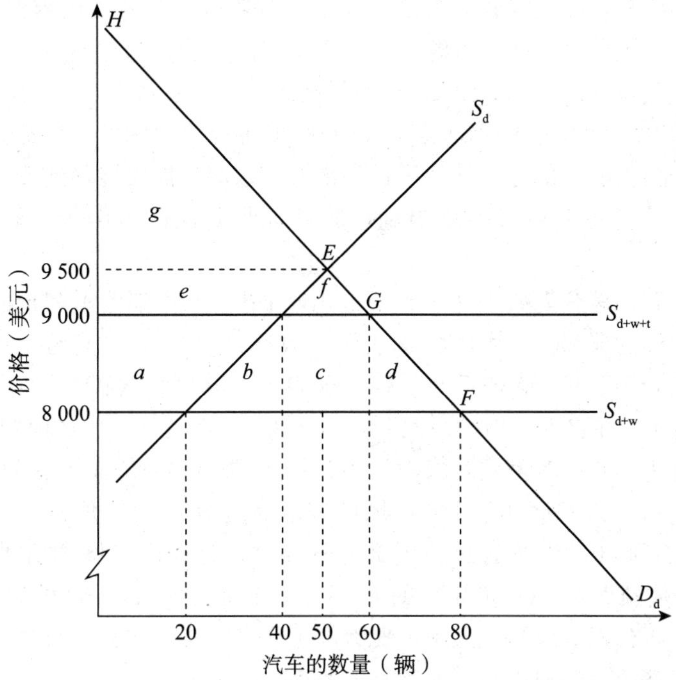

图 4.2 关税的贸易效应和福利效应：小国模型

注：对小国来说，对进口商品征收的关税全部以提价的形式转移给了国内消费者。价格上涨减少了消费者剩余。小国福利的减少在数量上等于保护效应和消费效应之和，也叫做关税的无谓损失。

自由贸易条件下的均衡点位于图中的点 F。此时，小国对汽车的需求数量增加到 80 辆，而国内汽车的供给数量却减少至 20 辆，国内汽车的超额需求由进口的 60 辆汽车加以弥补。与贸易发生之前的情况相比，自由贸易使汽车价格从 9 500 美元下降到 8 000 美元。因为消费者可以以更低的价格购买更多的汽车，所以自由贸易对他们更加有利。但是，在现在的低价格水平下，国内生产者的汽车销售量却比以前减少了。

在自由贸易中，国内汽车产业受到国外竞争的冲击。国内汽车产业的销售额和利润都在降低，工人的失业也不断增加。假设汽车企业的管理阶层和劳动者联合起来，说服政府对汽车进口征收保护性关税。假定小国对进口的每辆汽车征收 1 000 美元的关税，由于小国无力影响国际市场状况，世界的汽车供给曲线仍保持不变，没有受到关税的影响。这就意味着小国的贸易条件也没有发生变化。关税提高了进口商品的国内价格，这个增量全部由国内消费者承担。总供给曲线向上移动的幅度等于关税的数量，即由 S_{d+w} 移至 S_{d+w+t}。

保护性关税使新的均衡数量移至点 G，此时，国内的汽车价格为 9 000 美元。国内生产增加了 20 个单位，而国内消费减少了 20 个单位。进口数量由征税前的 60 个单位下降到 20 个单位，这是国内消费下降和国内生产提高的结果。关税的效果是阻碍进口和保护国内生产者的利益。但是，关税对国家福利造成了哪些影响呢？

图 4.2 表明，在征收关税之前，消费者剩余等于面积 $a+b+c+d+e+f+g$。征收关税以后，消费者剩余变为面积 $e+f+g$，减少了面积 $a+b+c+d$，这种变化从多个方面影响了社会福利。关税的福利效应包括收入效应、再分配效应、保护效应和消费效应。正如我们所料，关税为政府带来了额外的税收收入，并使国内汽车生产商受益。不过，与此同时，关税也浪费了资源，并损害了国内消费者的利益。

关税的**收入效应**（Revenue Effect）表示政府获得的关税收入。政府的关税收入等于进口商品数量（20 个单位）乘以关税（1 000 美元），即面积 c，数额为 20 000 美元。这是消费者剩余损失的一部分，从货币角度来看，这部分损失转移到政府手中。对国家整体而言，收入效应并不会减少总福利，消费者剩余仅仅是由个人转移到公共部门而已。

从货币角度看，**再分配效应**（Redistributive Effect）是消费者剩余向国内进口竞争产品的生产商转移的那部分，由面积 a 表示，数额等于 30 000 美元。在征收关税的情况下，国内消费者将以 9 000 美元的价格从国内生产商那里购买 40 辆国产汽车，总花费为 360 000 美元。在自由贸易的情况下，价格为 8 000 美元，生产商同样销售 40 辆汽车所获得的收益为 320 000 美元。因而，关税给国内生产者带来了总额为 40 000 美元（=360 000−320 000）的额外收入，在图中表示为面积 $a+b$。但是，由于关税促使国内产量从 20 增加到 40，生产者必须用部分额外收入补偿产量增加所带来的较高的成本，即面积 b，数额为 10 000 美元。剩下的 30 000 美元收入，即面积 a 属于生产者的净盈利。因此，再分配效应是收入由消费者向生产者转移的部分。与收入效应一样，它不会导致总体经济福利的损失。

面积 b 的总价值为 10 000 美元，是关税的**保护效应**（Protective Effect），表示由于资源浪费而给国内经济造成的损失，这些浪费是由于生产额外的汽车所增加的单位成本造成的。征收关税使得国内的产出水平增加了，生产中使用的资源越来越不适合生产汽车，单位生产成本不断提高。这意味着，征收关税时的资源使用效率低于自由贸易的情况。在自由贸易条件下，消费者可以从国外低成本的生产商那里购买汽车。由于低效率的国内生产代替了高效率的国外生产，因而出现了关税的保护效应。从图 4.2 中可以看出，随着国内产量由 20 辆增加至 40 辆，汽车的国内生产成本提高了，如供给曲线 S_d 所示。在征收关税之前，增加同样数量的汽车的生产成本为每辆 8 000 美元，所以面积 b 是保护效应，代表了 10 000 美元的经济损失。注意，保护效应的计算仅仅包括了三角形 b 的面积。由于几何学中三角形的面积等于（底×高）/2，因此三角形 b 的高就等于关税引起的价格上升（1 000美元），而三角形的底（20 辆）等于关税引起的国内汽车产量的增加。保护效应为（20×1 000）/2=10 000 美元。

征收关税损失了大部分的消费者剩余：c 变成了政府收入；a 转化成国内生产者的收入；b 是国内的低效率生产导致的经济损失；剩下的面积 d 为**消费效应**（Consumption Effect），总价值为 10 000 美元。由于关税人为地把汽车价格从 8 000 美元提高到 9 000 美元，消费数量的下降导致了消费效应。价格上涨，消费量下降，福利的损失当然不可避免。注意到消费效应的计算包括了三角形 d 的面积。这个三角形的高（1 000 美元）等于关税引起的汽车价格上涨，底（20 辆）等于关税引起的国内消费量下降。消费效应为（20×1 000）/2=10 000 美元。

与保护效应一样，消费效应是社会的真实成本，并没有转移到其他经济部门中。保护效应和消费效应加在一起，就是关税所造成的**无谓损失**（Deadweight Loss）（图中的面积 $b+d$）。

只要一国在国际贸易中的地位微不足道，进口关税就必然会降低该国的福利水平。这是因为没有有利的福利效应可以弥补消费者剩余的无谓损失。如果一国能够通过征收关税改善其贸易条件，那么从贸易收益中获得的份额将会提高，增加的社会福利将能够补偿消费者剩余的无谓损失。因为小国相对于世界市场无足轻重，无力影响贸易条件，因此，进口关税将减少小国的福利。

4.11 关税的福利效应：大国模型

如果一个进口国足够大，通过征收关税改变进口量就能够影响进口商品的世界价格。美国就是**大国**（Large Nation）的例子，它是汽车、钢铁、石油和家用电子产品的进口大国，日本和欧盟这样的经济强国当然也属于大国。

如果美国对汽车进口征收关税，美国消费者面临的汽车价格将会上涨，需求量下降，足以使日本企业降低出口商品的价格。日本企业能够以更低的边际成本生产和出口较少的汽车，所以为了防止对美国出口收入的下滑，它们宁愿降低出口价格。因此，关税就由美国消费者和日本企业共同承担，即消费者为进口汽车支付的价格高于自由贸易条件下的价格，日本企业为出口汽车收取的价格低于自由贸易条件下的价格，两个价格之间的差额就等于关税税额。当美国迫使日本企业降价而将部分关税转嫁给日本企业时，美国的福利增加了。美国贸易条件的改善是以日本的损失为代价的。

进口关税对大国经济会产生什么样的影响呢？如图 4.3 所示，S_d 表示国内供给曲线，D_d 表示国内需求曲线，自给自足条件下的均衡点为点 E。在自由贸易条件下，进口国面对的总供给曲线为 S_{d+w}，表明国内与国外生产者提供给国内消费者总的汽车数量。国外供给价格不是固定不变的，所以总供给曲线不是水平的，而是向上倾斜的。当进口国是产品的大买家时，价格就取决于该国的购买量。在自由贸易条件下，美国的市场均衡点位于点 F。在均衡点上，汽车的价格下降到 8 000 美元，国内消费量增加到 110 辆，国内产量缩减到 30 辆，80 辆的进口汽车弥补了国内的超额需求。

假定进口国对每辆进口汽车征收 1 000 美元的从量关税。关税的征收增加了销售成本，因此总供给曲线由 S_{d+w} 移至 S_{d+w+t}，市场均衡点由点 F 移至点 G，产品价格从 8 000 美元上升到 8 800 美元。征收关税使该国的消费者剩余减少面积 $a+b+c+d$。面积 a 代表了再分配效应，数额等于 32 000 美元，这一部分剩余由国内消费者转移给国内生产者。面积 $d+b$ 表示关税造成的无谓损失，即消费减少（消费效应=8 000 美元）和资源使用效率降低（保护效应=8 000 美元）带来的国家福利损失。

与小国的情形类似，关税的收入效应等于进口关税乘以进口汽车的数量，总额是 40 000 美元，相当于面积（$c+e$）。然而需要注意的是，大国政府获得的关税收入来自国外生产者和国内消费者，这一点与小国的情况不同，小国面对的供给曲线是水平的，关税负担全部由国内消费者承担。

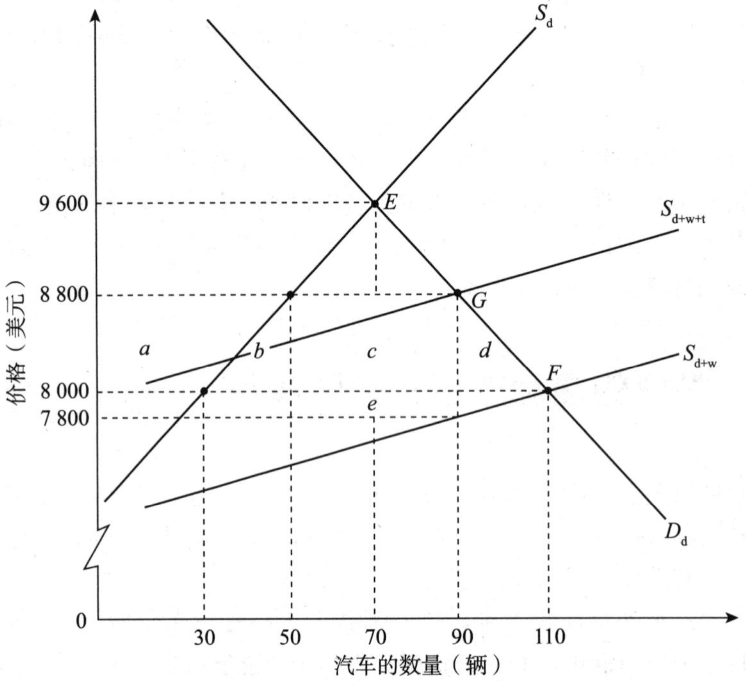

图 4.3　关税的贸易效应和福利效应：大国模型

注：对大国来说，施加在进口商品上的关税，一部分以提高商品价格的方式转嫁给了国内消费者，另外一部分通过降低出口价格的方式被外国出口商消化。外国出口商承担的关税构成了本国的福利收益，弥补了部分（或全部）因关税的消费效应和保护效应所造成的无谓福利损失。

假设在自由贸易条件下进口价格 8 000 美元的基础上，加上 1 000 美元的关税。尽管存在关税的保护，市场价格高于国外供给价格的部分刚好等于关税，但是在自由贸易条件下，市场价格与国外供给价格的差额却并不等于 1 000 美元。与自由贸易条件下国外供给价格 8 000 美元相比，征收关税仅仅使国内消费者为进口汽车多支付了 800 美元，这部分关税转移给了消费者。同时，国外汽车供给价格下降了 200 美元，这意味着国外生产者出口每辆汽车的收入减少为 7 800 美元。由于国外生产是在成本递增的条件下进行的，进口的减少会促使国外产量减少，单位成本下降。国外供给价格下降的 200 美元代表了国外生产者承担的部分关税。国外生产者为了维持在征税国的销售水平而降低价格，于是，国内进口价格的上升幅度只是关税的一部分。如果进口汽车的价格下降，而其出口商品的价格不变，那么进口国的贸易条件就得到了改善。

因此，在大国情况下，进口关税的收入效应包括两部分：第一部分是国内消费者转移给政府的关税收入，在图 4.3 中，它等于进口数量（40 辆）乘以国内消费者承担的部分进口关税（800 美元），即面积 *c*，等于 32 000 美元，代表**国内收入效应**（Domestic Revenue Effect）；第二部分是以降低供给价格的形式从国外生产者那里获取的关税收入，等于进口汽车数量（40 辆）乘以落在国外生产者身上的那部分关税（200 美元），这称为**贸易条件效应**（Terms-of-Trade Effect），用面积 *e* 表示，等于 8 000 美元。应该注意的是，贸易条件效应表示新的贸易条件导致收入在征税国与外国之间的再分配。因此，关税的收入效应包括国内收入效应和贸易条件效应。

如果一国是某种产品的主要进口国，那么它将处于有利的贸易地位。该国可以利用关税政策改善其贸易条件和社会福利。但是要记住，关税对福利的消极影响是由保护效应和消费效应导致的消费者剩余的无谓损失。如图 4.3 所示，要确定征税国能否提高自身的福利，必须将无谓损失（面积 $b+d$）与贸易条件改善所带来的收益（面积 e）进行比较：

1. 若 $e>(b+d)$，则社会福利增加；
2. 若 $e=(b+d)$，则社会福利保持不变；
3. 若 $e<(b+d)$，则社会福利减少。

在上面的例子中，国内经济福利减少了 8 000 美元，这是由于关税产生的无谓损失等于 16 000 美元，而贸易条件效应产生的收益只有 8 000 美元。

□ 最优关税和报复行为

我们已经看到，大国能通过征收进口关税来改善贸易条件。但是，关税引起了进口量的减少，通过减少低成本进口品的消费量而降低了国家福利。因此这里有一个因贸易条件改善而带来的福利增加和因进口量降低而带来的福利损失问题。

参照图 4.3，面积 e 代表改善贸易条件给该国带来的收益，面积 b 代表进口关税的保护效应对本国经济效益造成的损失，面积 d 代表消费效应，当国家将进口税率定于 e、b、d 之和的最大值时，该国的经济福利将处于最优水平。**最优关税**（Optimum Tariff）指的就是这种情况下的关税水平。外国的供给弹性越低，贸易大国所进口的产品的降价幅度就越大，因为贸易大国可以使贸易伙伴接受更低的进口价格。

美国是有可能实施最优关税的一个国家。相对世界需求而言，美国是汽车、电子和其他很多产品的进口大国。但是，需要注意，最优关税只对进口国有利。进口国以降低进口价格的方式获得的任何收益都意味着出口国的损失，所以实施最优关税是一种**以邻为壑政策**（Beggar-thy-Neighbor Policy），可能会引致报复。毕竟，若美国对进口商品征收 25%的最优关税，那么日本和欧盟为什么不能对其进口商品征收 40%或 50%的关税呢？当所有的国家都实施最优关税时，自由贸易的障碍会变得更加严重，每个国家的经济福利可能都要降低。这种可能发生的外国报复行为足以影响任何一个国家考虑是否提高关税。

1930 年，美国政府实施了《斯穆特-霍利关税法案》，这是因关税而引发贸易战争的一个典型例子。此关税最初的目的是减轻美国农民的负担。但是，美国国会中工业地区的参议员及成员在贸易表决时借此提高制成品的关税。结果，美国通过了提高逾千种产品关税的政策，受保护产品的平均名义税率提升至 53%。由于认为斯穆特-霍利关税试图迫使其工人失业，12 个国家立即提高了对美国的关税。美国的农业出口下降至以前的 1/3 的水平，并且 1930—1933 年，美国出口总额下降了近 60%。尽管出口下降主要是由于经济大衰退，但是斯穆特-霍利关税对商业活动产生的负面心理影响是不容忽视的。

4.12 美国关税案例

本书在下面内容中列举两个案例，来说明关税如何保护美国产品、减少外国产品的竞争。

□ 4.12.1 奥巴马政府对中国轮胎征收高关税

为了帮助本国轮胎行业渡过难关，奥巴马政府开始对来自中国的轮胎征收高额关税。这是讨论关税保护的一个经典范例。根据中国 2001 年加入世界贸易组织的附加条款，中国政府同意：其他国家可以采取措施抑制中国出口商品的急剧增长，而无须证明其是否为不正当竞争行为。此条款持续至 2013 年。2004—2008 年，美国进口中国轮胎急剧增加，几乎增加了三倍，达到 18 亿美元。美国钢铁联合工会指出，四家轮胎制造工厂因为中国轮胎进口而关停，大约失去4 500 个就业岗位。

鉴于美国钢铁联合工会的申诉，奥巴马政府在 2009 年提高中国轮胎进口关税，为期三年。高额关税主要针对低价轮胎，每条售价为 50～60 美元，这样的轮胎大多来自中国。第一年关税税率提高 35%，第二年 30%，第三年 25%。此举将减少美国轮胎市场大约 17%的销售额。奥巴马政府表示，这样的关税政策在中国接受的规制之内，按照规则出牌。批评人士指出，奥巴马只是在迎合蓝领工人和工会领导人，需要他们支持医疗和其他事项的法案。

奥巴马增加关税税率的举措也反映出，他履行在总统竞选期间阻止美国就业岗位流失到中国、防止美国制造业空心化的承诺。美国钢铁联合工会高度赞扬了奥巴马政府的措施，表示他为水深火热的美国轮胎工人做了一件大好事。但是，中国政府官员表示，美国此举是严重的贸易保护主义行为，违反了世界贸易组织的规定，违背了美国 2009 年在 20 国集团金融峰会上作出的开放市场承诺。

奥巴马政府表示，高额关税将极大地降低从中国进口的轮胎数量，提升美国轮胎行业的销售额和销售价格，提高其盈利能力，有利于保护就业岗位，促进轮胎行业的投资；同时，由于轮胎成本只是汽车和轻卡售价的一小部分，轮胎售价的提高对生产和销售基本没有影响；此外，轮胎成本只是消费者汽车和轻卡保有成本的一小部分，对消费者影响也不大。

但是，批评人士认为，事情没有那么简单。他们表示，美国钢铁联合工会提高关税的申诉并没有征得美国轮胎企业支持，这些企业已经放弃了在美国生产低端轮胎，在与国外的竞争中生产这种轮胎难以产生利润。固特异和固铂等大多数美国轮胎生产企业在中国生产低价轮胎，然后卖到美国，如果在美国本土生产这种低价轮胎，就不得不对工厂生产线进行改造，这将是一个代价很大、耗时很长的工程。批评人士还指出，即使中国低价轮胎出口因为高额关税受阻，巴西和印度尼西亚等薪资水平较低的国家也将抢占这一块市场。但是，这些国家需要数月时间才能准备就绪。同时，低端轮胎的紧缺可能导致轮胎价格上涨 20%～30%。所以，很难判断奥巴马政府此举是否能够真正增加就业岗位、是不是对美国整个经济有利。

高额关税产生的影响很难判断，但是受益最大的无疑是印度尼西亚、泰国和韩国等国家，它们将在高额关税持续的三年中取代中国轮胎的一部分市场份额。

□ 4.12.2 鞋制品关税应该被取消吗?

2013年，顾客可能正在塔吉特或者沃尔玛的鞋袜专区里寻找物美价廉的鞋制品，面前的鞋袜琳琅满目。但是，他们或许不知道，他们面前的鞋袜产品基本上都是在国外生产的，而且被课征很高的关税。那么，美国为什么对鞋袜制品征收那么高的关税呢?

美国的鞋袜制品进口关税开始于20世纪30年代。那时，美国拥有庞大的制鞋行业，主要生产塑料鞋和帆布鞋。尽管许多关税品种已经大幅减少或者取消，但是鞋制品关税却一直没有变化。美国的鞋制品行业一直受到关税的保护，关税税率一直保持在67.5%，但现在鞋制品生产基本在美国消失殆尽，美国鞋袜产品几乎99%都是进口的。既然美国已经无须保护这个行业，为什么还要征收这么高的关税?

批评人士指出，鞋制品关税实际上已经成为消费者必需品缴纳的隐形税，增加了消费者的生活成本；折扣店里的帆布鞋关税高达48%，而皮革服装的关税只有8.5%。因而，华尔街大富豪脚上的知名意大利皮鞋交的关税税率反而更低，而中低阶层家庭买的鞋关税税率却增加了将近5倍。鞋制品关税税率是累退税率，收入较低的家庭反而比富裕家庭交的税多。

2013年《平价鞋制品法案》(Affordable Footwear Act)被引入国会讨论。该法案旨在废除鞋制品高额关税：对中低价位鞋制品的进口免征这么高的关税。如果该法案获得通过，三分之一的进口鞋制品将不再缴纳关税。其最终目标是降低一般鞋制品的售价，特别是低收入家庭购买的鞋制品。同时，法案还确保对美国仅存的几家鞋制品公司进行保护。

但是，该法案的批评者表示，鞋制品高额关税对于保护本国鞋制品生产企业至关重要。新百伦公司(New Balance)在美国运营着一家约1 400名雇员的工厂。该公司称，降低关税将对工厂工人造成很大伤害。然而，该法案的支持者认为，现在美国鞋制品生产企业的产品是专业的高价值鞋，不是低价鞋品，而法案主要针对低端鞋品降低关税。当本书写作时，该法案在法院还没有获得通过。是否能够通过？让我们拭目以待。①

贸易冲突

☞ 提高关税可以解决美国政府债务问题吗?

美国的政府债务令政府官员和美国公民忧心忡忡。解决方案五花八门，包括提高所

① H. R. 1708: *Affordable Footwear Act of 2013*, 113th Congress, 2013—2015; "Shoe Importers Push to Cut Long-standing Tariff," *Los Angeles Times*, July 1, 2012; Eric Martin, "New Balance Wants Its Tariffs, Nike Doesn't," *Bloomberg Businessweek*, May 3, 2012; "Footwear Business Hopes to Stomp Out Higher Outdoor Shoe Tariffs," *CBS/Denver*, November 29, 2012; Edward Gresser and Byran Riley, "Give Shoe Taxes the Boot," *Progressive Economy*, The Heritage Foundation, April 24, 2012; "A Shoe Tariff with a Big Footprint," *The Wall Street Journal*, November 22, 2012.

得税以及降低国防支出等等。纽约市的海关大楼里面有这样一句标语：美国政府曾经通过对进口商品征收关税还清了所有债务。提高关税税率，比如说 20%，可以为政府还清“账单”吗？

确实，关税曾经是政府的最大收入来源，比如在 1795 年，关税大约占政府收入的 95%。但是，关税的重要性现在已不可同日而语，1913 年税法实施之后，收入所得税成为政府收入的主要来源。现在，进口产品中只有约 30%需要交纳关税，每年只有 250 亿美元，关税总额约占政府收入的 1.2%。美国平均关税税率大约是 2%。

那么，现在为还清政府债务，关税税率可以提高 9 倍、达到 20%吗？假设关税税率提高到 20%，每年关税收入 250 亿美元乘以 10，每年关税收入达到 2 500 亿美元。当然，还得假设关税税率提高，进口量不减，这个假设当然在现实中不会成立。但是，首先不要讨论这个假设，因为现在每年美国需要借 1 万多亿美元偿还旧债和利息，如果依靠关税还债，显然是不可能的。再者，提高关税必然招致其他国家进行报复。总之，依靠关税偿还政府债务不是一个很好的选择。

资料来源：Paul Solman, “Could a Higher Import Tariff Pay for Medicare and Get the U. S. Out of Debt?” *The Business Desk*, January 5, 2012.

4.13 关税如何加重本国出口商的负担？

本章前一部分对贸易保护（保护本国厂商免受外国竞争）的收益和成本的分析基于进口关税的直接效应。面临进口竞争的企业产出扩大，利润上升，工人就业量增加，报酬提高，因此企业和工人均从关税中获益。关税的成本由国内消费者承担，因为受保护商品的价格提高，减少了消费者剩余。由于消费者剩余的减少并没有全部转化为国内生产者剩余和政府的收益（保护效应和消费效应），经济体也存在净福利的损失。

关税带来了额外的负担。关税一方面保护进口竞争厂商免受竞争，另一方面也间接减少了国内出口。保护主义的最终结果是使经济更加趋向于自给自足的状态，进出口均保持在较低的水平。对国内工人来说，进口竞争产业的就业保护是以牺牲经济其他部门（包括就业部门）的就业为代价的。尽管设计关税的初衷是保护国内生产者，但是其对整个经济范围的影响不利于出口部门。对出口部门的生产和就业限制所造成的福利损失有可能会抵消进口竞争厂商所获得的利益。

因为关税是对进口商品课征的一种税收，关税的负担最初由进口商承担，它们必须向国内政府支付税款。不过，进口商一般试图以提高价格的方式把增加的成本转嫁到消费者身上。进口商品价格的提高至少在三方面损害了国内出口商的利益。

首先，出口商购买的进口投入品通常要缴纳关税，由此增加了投入品的成本。出口商往往在竞争市场上销售产品，既没有能力制定价格，也不能将因关税增加的成本转嫁给购买者，较高的出口成本导致了高昂的价格，减少了海外销量。

以卡特彼勒公司的假定案例为例，卡特彼勒公司是美国一家拖拉机出口商。如图 4.4 所示，假定该公司的长期成本不变，在每一个产量水平上，边际成本等于平均成本。如果每台拖拉机的生产成本是 100 000 美元，用 $MC_0=AC_0$ 表示。为了实现利润最大化，卡特彼勒生产 100 台拖拉机，在这一点上，边际收益等于边际成本，每台拖拉机的价格为 110 000 美元。因此，公司的总收入为 1 100 万美元（=100×110 000），总成本为 1 000 万美元（=100×100 000），实现了 100 万美元的利润。假定现在美国政府对进口钢铁征收关税，而其他国家允许钢铁免税进口。如果拖拉机生产使用进口钢铁，国内又没有价格更低廉的钢铁，那么关税就会增加卡特彼勒公司的成本。假设每台拖拉机的成本为 10.5 万美元，用 $MC_1=AC_1$ 表示。同样，该公司在边际收益等于边际成本这一水平上进行生产，以实现利润最大化。但是，卡特彼勒公司必须把价格提高到 11.25 万美元，由此产品的销量降为 90 台，利润则减少为 67.5 万美元[=(112 500−105 000)×90]。针对钢铁的进口征收的关税相当于对卡特彼勒公司征税，降低了该公司的国际竞争力。保护国内钢铁生产者免受竞争的措施，却最终损害了国内钢铁使用者的出口竞争力。

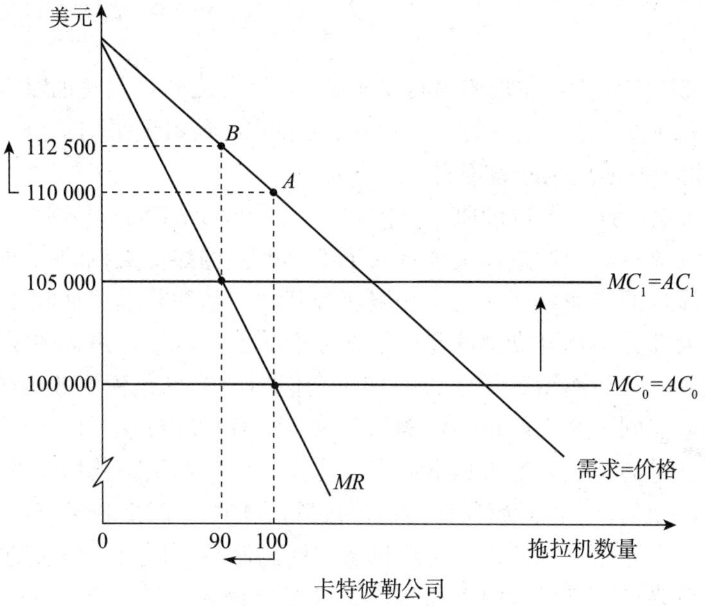

图 4.4　关税是如何加重国内出口商负担的

注：对进口钢铁征收关税提高了使用钢铁的生产商的成本，进而导致此商品价格的提高和国际竞争力的削弱。

关税还会通过提高进口商品价格而增加生活费用。当工人要求相应地提高工资的时候，生产成本也会随之上升。关税使得进口竞争产业中的企业扩大产出，高价招聘工人，也会导致货币工资上升。如果这种高工资扩散到整个经济，出口产业最终将面临高工资和高生产成本，从而削弱其在国际市场上的竞争力。

最后，进口关税的国际连锁效应也将导致国内出口下降。关税降低了进口商品的数量，进而减少了其他国家的出口收入和进口能力。国外出口收入下降后，对本国出口商品的需求收缩，因此出口产业的产量和就业量将趋于下降。

如果进口关税损害了国内出口企业的利益，那么它们为什么没有强烈地反对此政策呢？一方面，关税给出口企业增加的成本很小，不容易被察觉，很多出口商甚至根本没有意识到它们的存在。另一方面，可能是关税增加的成本太大，一些原本打算出口的企业没有能力发展出口业务，也就在政治上没有切实的基础进行抵制。

美国的用钢企业是出口商不赞成对进口钢铁征收关税的一个例子。用钢企业认为限制钢铁进口会损害美国用钢产业的利益，用钢产业的工人总数约为 1 300 万人，而钢铁生产企业的雇员甚至不到 20 万人。在全球化经济条件下，美国的钢铁消费企业在各方面都必须与国外竞争者展开角逐，从消费者到生产设备、机械设备以及运输条件——从机动车、推土机到螺丝钉。对进口钢铁征税意味着与国外竞争者相比，美国厂商需要为钢铁支付更高的成本费用，这会给美国厂商造成三种不利影响：增加原材料的成本费用，阻碍国外钢铁的进口，加剧钢铁市场的竞争。用钢企业的规模一般较小，上述不利影响会损害这些小型企业的利益，迫使它们选择将工厂迁移至海外。

4.14 关税与穷人

经验性研究通常认为，关税的福利成本很高，除此之外，关税也影响着社会收入分配。政府官员有理由关心，关税的福利成本是否由本国所有人平均承担，或者说是否有些收入群体承担了不成比例的关税成本。

几项研究考察了进口关税的收入分配效应，得出的结论是，低收入家庭承担了大部分繁重的关税成本，因此进口关税带来了不公平。例如，关税的征收对象通常是那些低价位、低质量的产品，诸如鞋子和服装等基础产品往往是要征收关税的对象，而低收入家庭的大部分预算开支都花在了这部分产品上。因此，进口关税等同于对受保护商品征收销售税，与典型的销售税一样，它们的影响也是税率递减的。简而言之，美国的关税政策加剧了穷人的负担，例如，一位单身年轻母亲在沃尔玛购买便宜的服装和鞋子时所支付的关税，通常比富裕家庭在高档商店购买诺德斯特龙等产品时所支付的关税高 5～10 倍。① 国际贸易协定已经废除了美国对高新技术产品征收的大部分关税，如飞机、半导体、计算机、医疗设备和医药制品。同时，协议基本上将中档制成品的关税税率降低到 5%以内，如汽车、电视、钢琴、毡尖笔和许多奢侈消费品。此外，诸如石油、金属矿石以及美国自身不生产的农产品（如巧克力和咖啡）等自然资源的关税税率基本上接近于零。然而，便宜的服装、箱包、鞋子、手表和银器却被排除在大部分关税改革之外，仍然保持着较高的关税税率。例如，服装关税税率通常为 10%～32%。

不同消费品的关税税率是不同的，通常情况下，便宜商品的关税高于奢侈品，之所以出现这种差距是因为诸如拉尔夫·劳伦、蔻驰以及奥克利等奢侈品公司拥有销路好的品牌和公司形象，较小的价格优势相对来说并不重要。它们并没有游说美国政府提高关税，因此，诸如丝绸内衣、银制餐具、铅条镶嵌玻璃啤酒杯以及蛇皮手袋等奢侈品的关税税率较低。但是对于诸如玻璃水杯、不锈钢餐具、尼龙内衣以及塑料钱包等产品的生

① Edward Gresser, "Toughest on the Poor: America's Flawed Tariff System," *Foreign Affairs*, November-December, 2002, pp. 19 - 23; Susan Hickok, "The Consumer Cost of U. S. Trade Restraints," Federal Reserve Bank of New York, *Quarterly Review*, Summer 1985, pp. 10 - 11.

产者来说，竞争对手的价格提高很小的幅度对其也是有利的。因此，便宜商品的关税水平通常会高于消费品的总体平均水平，如表 4.8 所示。总之，在美国，对穷人来说越重要的商品，关税税率越高。不仅美国的关税制度对穷人不利，美国的大部分贸易伙伴国的关税制度也是如此。

表 4.8　美国便宜商品的关税税率较高，奢侈品的关税税率较低

商品	关税税率（%）
女士内衣	
人造纤维	16.2
棉织	11.3
丝织	2.4
男士针织衬衫	
合成纤维	32.5
棉织	20.0
丝织	1.9
手提包	
双面塑料	16.8
低于 20 美元的皮革	10.0
爬行动物皮革	5.3

资料来源：U. S. International Trade Commission，*Tariff Schedules of the United States*，Washington，DC：U. S. Government Printing Office，2008，http://www. usitc. gov/.

除了给穷人增加负担外，美国的关税制度还通过不同的方式影响着不同的国家。关税给专门生产便宜产品的国家所增加的负担尤其繁重，特别是亚洲地区和中东地区的贫穷国家。例如，欧盟向美国出口的商品，主要是汽车、计算机、电力设备以及化工产品，美国对其征收的关税税率不超过 1%。同时，如马来西亚等专业化生产信息技术产品的发展中国家，其面临的关税也处于较低的水平；石油输出国，如沙特阿拉伯和尼日利亚也是如此。然而，美国关税严重损害了诸如柬埔寨和孟加拉国等亚洲国家的利益，它们的廉价产品通常需要缴纳 15%的关税甚至更多，是世界平均税率水平的 10 倍左右。

4.15 贸易限制理论

自由贸易理论（Free-Trade Argument）在理论上很有说服力。它指出，从长远角度看，如果每个国家都生产其最擅长的产品并进行贸易，那么所有国家都将享受到比孤立状况下更低的价格和更高的产出、收入及消费水平。在动态变化的世界中，随着技术的变革，投入要素生产率的提高，工资、消费偏好的改变，比较优势也处于不断变化之中。自由市场具有强制调整的机制，要么迫使一个产业提高效率，要么使资源从低生产率的用途流向高生产率的用途。关税和其他贸易壁垒会阻碍经济调整，抑制经济的活力。

尽管课堂上讲的都是自由贸易理论，但实际上，所有国家都对产品、服务和资本的国际流动实行限制。贸易保护主义的支持者认为，自由贸易在理论上是理想的，但在现实世界中却行不通。现代贸易理论假定市场是完全竞争的，这并没有反映现实世界市场的真实状况。保护主义者承认，关税和其他贸易壁垒会导致经济损失，但是他们经常指出，诸如国家安全等非经济上的收益能够远远弥补这些经济损失。在寻求进口保护的过程中，国内的产业和工会也在试图保障它们的经济福利。多年以来，贸易保护理论得到了很大发展，已经能够说服总统和国会实施贸易限制措施。

□ 4.15.1 就业保护论

就业问题是促使政府对进口商品实行贸易限制的关键因素。尤其是在经济衰退时期，工人们极其迫切地强调，廉价的外国产品使国内的生产减少，外国工人抢走了国内的就业机会。历史上，美国工会抵制自由贸易政策，绝大多数都是出于这一原因。

但是，这一观点存在一个严重的漏洞，即没有认识到国际贸易的双重性质。一国货物和服务进口的变化与它的出口密切相关。各国出口商品，正是因为它们希望从其他国家进口商品。当美国从国外进口商品时，外国人由此获得的购买力最终将消费在美国的商品、服务或金融资产上。美国的出口产业将从中获益，销量上升，就业增加，而美国的进口竞争产业则与之相反。虽然进口减少了某些产业的就业，却为另一些产业带来新的就业机会，所以说进口并没有加剧整体失业。不过，公众往往忽视了自由贸易政策增加的就业，而只看到国外竞争所带来的失业。正因为如此，许多美国企业和工会才会联合起来，反对自由贸易。

贸易限制通过提高进口商品的价格（或减少供给量），增加了被保护产业（如钢铁）的就业，向被保护产业提供主要原材料的行业的就业也会增加。但是，那些购买被保护产品的产业（如汽车生产商）却要支付较高的成本，这些成本又以高价格的形式转嫁给消费者，造成销售量的减少。于是，这些相关行业的就业量会减少。

达拉斯联邦储备银行的经济学家对贸易限制对纺织、服装、钢铁和汽车制造产业的就业所产生的影响进行了考察。他们得出结论，从长期来看，贸易保护对就业水平很少或几乎不产生积极的影响。贸易限制只能使少数几个行业的就业机会增加，却导致其他行业的失业大量增加。①

关于就业保护的一个令人瞩目的结果是，被保护的每个就业岗位最终给消费者带来的损失通常大于此工人的工资增加。受到保护的每个就业岗位给消费者带来的成本如此之高，进一步说明了需要采取其他的措施来帮助工人，也说明了必须对离开面临外国竞

---

① Linda Hunter, "U. S. Trade Protection: Effects on the Industrial and Regional Composition of Employment," Federal Reserve Bank of Dallas, *Economic Review*, January 1990, pp. 1 - 13.

争的产业的工人进行补偿（补贴），帮助他们转移到新的产业或者提前退休。①

□ 4.15.2 抵制外国廉价劳动力的保护论

贸易保护主义者在证明贸易保护的合理性时，最常用的理论是，一国需要用关税抵制外国廉价的劳动力，保护国内的就业机会。如表 4.9 所示，德国和美国产业工人的美元工资远远高于菲律宾和墨西哥等国。据此，一些人认为，国外的低工资使得美国生产者很难同使用廉价劳动力的外国生产者进行竞争，除非对美国生产者实施进口保护，否则美国国内的产量和就业水平将会下降。

表 4.9　　2011 年制造业工人每小时的美元报酬

国家或地区	每小时薪资（美元/小时）
丹麦	51.67
德国	47.38
加拿大	36.56
美国	35.53
新西兰	23.38
韩国	18.91
中国台湾	9.34
墨西哥	6.48
菲律宾	2.01

资料来源：U. S. Department of Labor，Bureau of Labor Statistics，*International Comparisons of Hourly Compensation Costs in Manufacturing*，*2012*，available at http：//www. bls. gov.

美泰克（Maytag）公司将其洗衣机和吹风机的生产从艾奥瓦州转移到墨西哥时，廉价劳动力就是其主要原因。出于同样的考虑，李维斯（Levi Strauss and Co.）——美国著名的牛仔裤生产商，将其布局由美国转移到墨西哥和中国。

实际上，美国人普遍认为，同来自低工资国家生产的产品的竞争是不公平的，有损美国工人的利益。此外，在外国使用廉价劳动力进行生产的企业不应该干涉美国工人的工资制定。解决该问题的一种办法是，在同种产业中，对进入美国的产品征收等于外国工人和美国工人之间工资差额的关税。这样一来，竞争就可以被定义为谁生产了最好的产品，而不是谁花费了最少的钱来生产。因此，如果 Calvin Klein 公司打算在巴基斯坦生产运动衫，那么该公司需要缴纳关税或国内税，税额等于巴基斯坦工人收入与美国服装工人收入的差额。

这种观点虽然得到了广泛的支持，但是没有认识到效率、工资和生产成本之间的联系。尽管国内工资水平比国外高，但如果国内的劳动生产率高于国外，那么国内的劳动

① 被保护的每个就业岗位给美国消费者带来成本的其他例子包括：带螺帽螺栓，550 000 美元；摩托车，150 000 美元；蘑菇，117 000 美元；汽车，105 000 美元；鞋，55 000 美元。Gary Hufbauer，et. al. *Trade Protection in the United States*：*31 Case Studies*，Washington，D. C.：Institute for International Economics，1986。

力成本仍然可能具有竞争力。劳动力总成本不仅反映工资率，也取决于每小时劳动的产出。如果国内的劳动力生产率优势可以弥补国内偏高的工资率，那么实际上，国内劳动力的成本仍然低于国外。美国较高的生产率，在一定程度上抵消了发展中国家低劳动成本的优势。

表 4.10 显示了 2006—2009 年部分国家和地区制造业的劳动生产率（每个工人的产出量）、工资和单位劳动力成本与美国相比较的情况。从中可以看出，这些国家和地区的工资水平只是美国的一部分，工人的劳动生产率也远远低于美国。尽管其他国家和地区的工资水平低于美国，但是如果它们的生产率也低于美国，那么其单位劳动力成本仍然高于美国。中国香港、南非、日本和英国的单位劳动力成本（工资和劳动生产率的比率）都大于 1.0。这些国家和地区的单位劳动力成本高于美国，因为劳动生产率的差异超过了工资差异。简而言之，低工资水平并不能保证低生产成本。如果低工资就一定可以确保低生产成本，博茨瓦纳和马来西亚等就能支配整个世界的贸易。

表 4.10　与美国相比，部分国家和地区制造业生产率、工资和单位劳动成本（美国＝1）

国家和地区	相对于美国的劳动生产率	相对于美国的工资*	相对于美国的单位劳动成本	
中国香港（2008）	0.21	0.44	2.09	
毛里求斯（2007）	0.06	0.12	2.00	
南非（2008）	0.14	0.27	1.93	↑
欧盟（2009）	0.46	0.84	1.83	
英国（2009）	0.50	0.84	1.68	美国处于竞争优势
新加坡（2008）	0.40	0.61	1.53	
日本（2008）	0.67	0.72	1.07	美国处于竞争劣势
墨西哥（2009）	0.18	0.17	0.94	
韩国（2006）	0.71	0.61	0.86	↓
波兰（2006）	0.26	0.20	0.77	
中国（2008）	0.12	0.08	0.67	

*以市场汇率换算。

资料来源：对斯沃斯莫尔大学教授斯蒂芬·戈卢布表示感谢，他提供了该表的数据。还可参阅他的文章：CESifo Working Paper at the Center for Economic Studies, University of Munich, Munich, Germany, 2011；也可参阅：Janet Ceglowski and Stephen Golub, "Are China's Labor Costs Still Low?" This paper was prepared for the CESifo conference on China and the Global Economy Post Crisis, held in Venice, Italy 18-19, 2011。

廉价国外劳动力理论的另一个局限性是，低工资国家只在大量使用劳动力、较少使用其他投入要素的产品生产上具有比较优势。也就是说，只有在工资支出构成产品成本的绝大部分时，这些国家才具有竞争优势。与低工资的贸易国家相比，高工资国家的确在劳动密集型产品的生产上处于相对成本劣势，但这并不一定意味着外国厂商生产的所有产品的价格都低于国内市场价格，从而降低国内的整体生活水平。贸易国会用它们的出口收入购买本国具有比较优势的产品，即大量使用本国国内丰裕要素的产品。

赫克歇尔-俄林的要素禀赋理论指出，贸易推动了经济一体化的进程，随之，在竞争市场的条件下，不同国家的要素价格将趋于均等化。劳动力昂贵的国家倾向于进口劳动密集型产品。当进口增加、国内产量减少时，劳动力需求降低，从而使国内工资降至国外的水平。

□ 4.15.3 贸易公平论：创造一个公平的竞技场

贸易的公平性是保护主义提出的另外一个理由。商界企业和工人通常认为，外国政府制定的法规不同于本国政府，使国外企业获得不公平的竞争优势。国内生产者主张，应当用进口限制政策抵消这些国外优势，创造一个**公平的竞技场**（Level Playing Field），使所有生产者都能按照相同的规则进行竞争。

美国企业通常提出，在污染控制和工人安全方面，外国企业没有受到与美国企业相同的政府管制；许多发展中国家（如墨西哥和韩国）尤其如此，它们在制定及实施环境法规上一直都不严格。而且，外国企业不必支付如此多的公司税，不必遵守反歧视、最低工资、超时工资等雇佣规则。外国政府还可能设置高贸易壁垒，有效地封锁进口市场，或向生产者提供补贴，增强它们在世界市场上的竞争力。

被外国竞争者抢走市场份额的国内企业经常组织起来，将公平贸易理论作为寻求贸易保护的依据。公平竞争和平等待遇的托词容易博得议会投票者的支持。然而，某些反对者却指出，即使某些国家设置了较高的贸易壁垒，或者对本国生产者实施的管制较为宽松，也不应当对这些国家的进口采取限制措施。

第一，即使外国实施了贸易壁垒，与其开展贸易仍然对本国经济有利。虽然外国管制会减少本国的出口和福利，但是如果本国通过设置进口壁垒来进行报复，最终只会保护国内的低效率生产者，使本国的福利遭受更多的损失。

第二，贸易公平论没有认识到进口限制对全球贸易所产生的潜在影响。如果不论什么时候，只要外国的贸易壁垒高于本国，本国就提高贸易壁垒，那么就会出现世界范围内的贸易限制升级，继而减少贸易量，降低生产、就业和福利水平。有时候，提高贸易壁垒只是一种口头上的威胁，迫使外国降低贸易限制。但是，一旦贸易谈判失败，国内实施进口限制，那么结果是令人失望的，其他国家采取何种贸易做法并不是国内实施贸易壁垒的充分理由。

□ 4.15.4 维持国内生活水平的贸易保护论

贸易壁垒的支持者通常认为，关税有利于维持本国的高收入水平和就业率。通过降低进口水平，关税刺激了国内的消费支出，激发了国内经济的活力，因此自然会提高本国的就业和收入水平。

尽管这一理论表面上很有说服力，但需要满足几个条件。关税导致贸易收益在各国之间进行再分配，因此，很显然，所有国家不可能都通过关税来提高国内的生活水平。在一定程度上，一国通过征收关税所提高的本国的收入和就业，是以降低贸易伙伴国的生活水平为代价的。受到贸易壁垒负面影响的国家很可能会征收报复性关税，从而降低所有国家的福利水平。因此，将那些以牺牲贸易伙伴的利益来提高本国生活水平的贸易壁垒称为以邻为壑政策，也就不足为奇了。

□ 4.15.5 生产成本均等化理论

科学关税（Scientific Tariff）的倡导者试图消除他们认为的来自国外的不公平竞争。诸如低工资成本、关税减让或政府补贴等因素，使外国出口商较国内企业享有成本优势。为了抵消这种优势，应当按成本差异对外国进口商品征收等额的关税。实际上，1922 年和 1933 年的《美国关税法案》就已包括了这一条款。

在实际经济中，科学关税也存在许多问题。在某一行业内，企业与企业之间的成本各不相同，那么如何对成本进行真正的比较呢？假设在美国，所有的钢铁生产商都受到保护，这就需要对外国最有效率的生产商的成本进行调整，使其与美国最低效率生产商的成本相等。在目前的成本条件下，美国的钢铁价格必然会上涨。效率较高的美国企业会从中获利，享受到经济利润，而美国的消费者却不得不为低效率的生产商提供补贴。由于科学关税近似于禁止性关税，因此与比较优势理论完全相悖，彻底摧毁了贸易基础和贸易收益。

□ 4.15.6 幼稚产业保护理论

幼稚产业保护理论（Infant-Industry Argument）是一种被广泛接受的关税保护理论。此理论并没有否定自由贸易的有效性，却主张为了使自由贸易更有意义，贸易国应该暂时保护其新兴产业免受国外竞争的威胁。否则，成熟的、更有效率的外国企业将会把国内新兴的企业挤出市场。经过一段时间的保护之后，新兴企业成长为有效率的生产者时，才应该取消关税壁垒，实行自由贸易。

虽然幼稚产业保护理论有一定的道理，但又存在以下几方面的问题。第一，保护关税一旦征收，将很难取消。即使幼稚产业已经发展成熟，特殊利益集团也通常会让政策制定者确信，进一步的保护是合理的。第二，很难确定哪一个产业将来有可能会具备比较优势，从而值得加以保护。第三，幼稚产业保护理论一般不适用于美国、德国和日本等成熟的工业化国家。第四，为了使成长中的产业回避残酷的市场竞争，还可以采取其他办法。比如，政府可以不实施关税，而向幼稚产业提供补贴。补贴的优点是不会扭曲国内消费和相对价格；缺点则是不能像进口关税那样带来税收收入，反而需要增加政府支出。

□ 4.15.7 非经济性保护理论

贸易保护理论也涉及很多非经济因素，国家安全是其中的一个考虑因素。国家安全理论认为，如果一国过度依赖国外供给，那么一旦爆发国际危机或战争，该国将处在危险之中。所以，即使国内生产者不是很有效率，也应给予关税保护，让它们继续维持经营。这一理论非常适用于主要的石油进口国，1973 年中东战争时期，阿拉伯的几个国家对西方国家实行石油封锁，西方世界不得不为此支持阿拉伯，反对以色列。不过，保护国家安全需要确定基础产业到底包括哪些产业。如果泛泛地定义这个概念，很多产业都可以获得进口保护，这个理论也就失去了意义。

为维护国家安全而采取保护措施也会对外国投资产生影响，如外国收购美国企业或资产等。虽然美国向来比较欢迎外国投资，但是，如果某项外国收购、兼并或接收美国企业的投资项目将对美国国土安全构成威胁，美国总统享有延迟或禁止该投资计划的行政权。威胁美国国土安全的投资内容包括：对美国政府或行业协会瞒报关键技术或产品、将对国防或国土安全具有重要意义的重要技术或关键产品转移至海外、关闭或破坏某个重要设施。因此，美国政府将从工业的国防意义方面对外国投资项目进行审核，审核范围包括能源与自然资源、科技、通信、交通运输以及制造业等。2001 年 9 月 11 日美国遭受恐怖袭击以来，美国加强了对外国投资的审核力度。①

非经济性保护理论考虑的另外一个因素是文化和社会因素。新英格兰可能希望保护小规模的捕渔业，而西弗吉尼亚可能要求对手工玻璃花瓶的进口征收关税，理由是这些技术制造了生活垃圾。麻醉剂等特定产品可能被认为是社会不想要的，应该对其进口予以限制或禁止，这些理由合乎情理，不容忽略。经济学家能做的只是指明贸易保护的经济后果和成本，以及实现同样的目标还可以选择的其他方法。

在加拿大，很多民族主义者认为，加拿大的文化过于脆弱，如果没有政府保护将无法维持。美国的帝国主义文化是加拿大面临的最大威胁。为了保护自己的文化，加拿大一直对美国的出版物和教科书实行进口限制。截止到 20 世纪 90 年代，加拿大的文化保护主义仍然继续膨胀。最明显的案例是，1994 年出台的法律规定，美国杂志的加拿大版本在加拿大进行的广告宣传需要征收 80%的税收，此举实际上是试图杜绝美国文化的入侵。文化民族主义者担心，如果不对加拿大的媒体进行保护，加拿大的读者很快就会被《体育画报》（*Sports Illustrated*）、《时代》（*Time*）、《商业周刊》（*Business Week*）等美国杂志吸引，而无法从《麦克林》（*Maclean's*）、《加拿大商业》（*Canadian Business*）等加拿大杂志中了解自己的文化。尽管美国的关税报复使得此项法律条文最终被取消，但是加拿大仍然通过其他方式继续保护自己的民族文化。

需要强调的是，大多数贸易保护理论都假定，关税能够提高国家福利和个人福利。多边关税自由化进程之所以如此缓慢，一个主要原因就是关税对于提高进口竞争产业福利水平的战略重要性。不足为奇，进口竞争产业的生产者总能提供有力的政治证据，证明日益激烈的外国竞争将会损害本国整体及其自身的福利。虽然取消贸易壁垒会损害特定集团的利益，但是必须要注意，个人福利和国家福利是不同的。如果降低关税能够带来很高的贸易收益，并且能够补偿遭到负面影响的集团的损失，那么整个社会的福利水平就会提高。不过，在实际中，要想证明贸易利益大于损失是很困难的。

贸易冲突

为蜡烛制造商请愿

自由贸易的倡导者弗雷德里克·巴师夏（Frederic Bastiat）1845 年在法国众议院的

① Edward Graham and David Marchick, *U.S. National Security and Foreign Direct Investment*, Washington, D.C.: Institute for International Economics, 2006.

演讲对贸易保护主义理论进行无情而致命的讽刺。他请求通过一项法律，强制人们关闭门窗，以保护蜡烛行业免于太阳的“不正当竞争”。他表示，这将极大地使蜡烛行业受益，刺激就业且能够让供应商赚钱。下面摘录他演讲的片段：

> 我们正遭受外部竞争对手难以忍受的竞争，它以优越的光照制造设备，以难以想象的低价冲击国内市场。它一旦出现，所有消费者都去使用它的光照，立即停止使用蜡烛行业的产品，对法国蜡烛行业造成了难以估量的损失。这个竞争对手不是别的，就是太阳。
>
> 我们呼吁大家通过这个法律，强制人们关闭所有门窗、堵住所有缝隙以及其他透光的区域，让太阳的光照不要照射进入房屋楼舍，损害蜡烛行业。
>
> 尽可能地堵住自然光照，使得人造光照制品蜡烛成为必需品，难道法国哪一个行业不会因此受益吗？如果更多的油脂被消费，对牛羊的消费也将增加。如果更多的植物油被消费，我们将种植更多的橄榄树。由于更多的船只将用于捕猎鲸鱼，海运业也会发展。总之，如果通过这个法律，市场怎么可能不得到极大的发展呢？
>
> 尽管法国蜡烛行业将因为自然光的减少而得到发展，但是如果没有政府干预，消费者显然不乐意放弃免费的太阳光照。

资料来源：Frederic Bastiat，*Economic Sophisms*，edited and Translated by Arthur Goddard，New York，D. Van Nostrand，1964.

4.16 保护主义的政治经济学

近代历史表明，对国际贸易的日益依赖对国内行业造成了不同的冲击。美国在农产品、工业机械、化工产品和科学仪器等产品的生产上拥有比较优势，而在有些行业却丧失了比较优势，由于国际贸易而遭受了损失，如服装、纺织、摩托车、电子产品、生铁、钢铁和鞋类等行业。在这种经济条件下，国际贸易政策是很难制定的。一方面，自由贸易能够提高劳动生产率，降低价格，为整个经济创造大规模的收益。另一方面，如果政府实施进口保护，特定的社会集团会从中获益。在制定国际贸易政策的过程中，政府官员必须充分考虑这些相互冲突的利益。

政府官员制定贸易政策的动机受到了广泛的关注。作为投票人，我们没有机会走到投票箱前，为贸易法案投票，政府官员和他们的任命者掌握着贸易政策的制定权。一般来说，被选举的官员制定政策是为了争取尽可能多的选票，保住自己的职位。因此，政治制度会偏向于支持贸易保护主义。

经济中**支持贸易保护的部门**（Protection-Biased Sector）通常包括：进口竞争行业的企业、代表该行业工人利益的工会和该行业企业的原材料供应商。贸易保护主义的支持者通常处在夕阳行业，已经丧失了比较优势。现代技术缺乏、管理低效、工作规章落后或国内工人工资偏高，导致了这些企业的高成本。**支持自由贸易的部门**（Free-Trade-

Biased Sector）一般由出口企业、这些企业的工人和原材料供应商构成，此外，还包括消费者、进口商品的批发商和零售商。

政府官员认识到，如果反对汽车进口关税的提高，他们很可能会失去政治支持，如联合汽车工会（UAW）的支持。他们也认识到，贸易问题的投票不是博取其他公民政治支持的关键因素，因此，他们通过其他问题讨好公民，而通过投票赞成增加汽车进口关税以获得 UAW 的支持。

因此，代表生产者利益的特殊群体控制着美国的贸易保护政策。一般来说，消费者没有正式的组织，贸易保护给他们造成的损失比较分散；而贸易保护的收益却集中于受保护行业的生产者和工会集团。贸易保护政策的受害者是单个主体，单个人承担的成本往往难以察觉。尽管消费者要为受保护产品支付较高的价格，但他们往往不会把高价格与保护主义政策联系起来，因而也不会关心贸易政策。然而，特殊利益群体却十分重视保护他们的产业免受进口竞争。因此，他们支持为其分忧的政府官员，反对意见相左的官员。很显然，希望连任的政府官员对代表生产者利益的特殊群体的意见非常敏感。

前面的章节已经讨论过，在关税升级中，政治倾向有利于国内的生产者。在工业化国家的关税结构中，对进口半成品经常征收低关税，而对进口产成品则征收高关税。例如，美国对进口棉纱历来征收较低的关税，进口棉布却面临着较高的关税。一盘散沙的消费者虽然四处游说，却无法阻止棉布的高关税，拗不过有组织的、支持保护主义的美国棉布生产商。对棉纱来说，保护主义的成效不很明显。棉纱的购买者是美国的制造商，它们希望降低进口关税，结成联盟对国会施加压力，要求对进口棉纱征收与棉花同样的低关税。因此，对于棉纱这样的进口中间产品实行贸易保护是不太可能的。

不仅在贸易政策的制定方面，国内生产者的利益往往高于国内消费者，而且在立法方面，国内的进口竞争生产者对国会议员的影响力也要大于出口商。出口商面临的问题是，它们从国际贸易中得到的收益通常与国内市场的繁荣毫不相干；能够将产品打入海外市场的厂商的效率很高，国外竞争不会威胁到它们在国内市场的安全。大部分贸易政策强调的是保护进口竞争产业。虽然进口壁垒对出口生产商造成的间接损害扩散到很多出口产业，但是面临进口竞争的生产者往往能够找到足够的证据，证明外国竞争造成的直接损害，包括销售、利润和就业水平的下降。出口竞争产业更加清晰明确的理由更容易说服国会议员，而且在议会中，进口商的投票数量要多于出口商。

□ 4.16.1　贸易保护主义的供给和需求视角

保护进口的政治经济学可以从供给和需求视角来分析。国内政府是保护主义的供给者，而国内企业和工人是保护主义的需求者。保护主义的供给取决于：(1) 社会成本；(2) 进口竞争产业的政治重要性；(3) 协调成本；(4) 公众的同情。

开明的政府官员应该认识到，虽然保护主义为国内产业带来了收益，但社会总体却为此付出了成本，包括：高价格带来的消费者剩余损失，进口量下降造成的无谓损失，放弃进一步的贸易机会所导致的规模经济损失，丧失了进口竞争对技术进步的刺激。保护给社会造成的成本越高，政府官员愿意保护某一产业免受外国竞争的可能性越低。

保护主义的供给还受进口竞争产业的政治重要性的影响。某一产业如果在国会中拥有强有力的代言人，就比较容易赢得进口保护。对于政治家来说，与驳回 2 万名铜制品工人的建议相比，反对100万名汽车工人的呼声更加困难。贸易保护的国家安全理论也是产业政治重要性考虑的一种变形。例如，如果进口威胁到国内产业安全，那么美国的煤炭和石油产业就会成功地在美国贸易法案中赢得国家安全条款。

当国内的企业和工人面临着不断提高的进口竞争压力（例如，失业或工资下降），需要对成本进行大规模调整的时候，贸易保护也会趋于增加，这是回避成本调整的一种办法。

最后，如果公众同情一些国内企业或工人（例如，如果工人的工资较低，并且不具备其他的工作技能），国家也可能会提供更多的保护，抵制外国商品。

在需求方面，国内产业对保护主义的需求决定因素有：(1) 比较劣势；(2) 进口商品的市场渗透力；(3) 集中度；(4) 出口依赖程度。

随着国内产业比较劣势的日益显现，对保护的需求就会越来越多。美国的钢铁产业就存在这种情况。近几十年来，钢铁产业一直在强烈要求国家给予保护，以抵制低成本的日本和韩国钢铁生产者。进口商品的市场渗透水平越高，国内生产者的竞争压力就越大，继而增加对保护的需求。20世纪60年代末，美国劳工联合会—产业工会联合会（AFL-CIO）放弃了支持开放市场的一贯做法，转而支持保护主义。该组织立场的突然转变，是由20世纪60年代电子消费产品和鞋制品等产业的进口渗透比率迅速上升引起的。

影响贸易保护需求的另一个因素是国内产品生产的集中程度。例如，在美国，三大巨头控制了汽车产业。这些企业会为进口保护提供资金支持，因为它们不会担心没有参与的企业会获得贸易保护的大部分收益。相反，由许多小生产者组成的产业（例如，肉类包装）往往认为，保护主义带来的收益可能被那些不参与或者说不为保护主义付出成本的生产者获得。因而，国内产业的集中度越高，对保护的需求越强烈。

最后，贸易保护的需求还可能取决于对出口的依赖程度。如果一家企业的国外销售额占总销售额的比例很大（比如，波音），就不会非常关心进口保护。它们主要担心的是，实施国内贸易壁垒会招致国外报复，进而损害它们的出口市场。

4.17 小结

1. 尽管自由贸易具有强大的理论依据，但是世界上普遍存在着贸易壁垒。贸易壁垒包括关税壁垒和非关税壁垒。

2. 关税有几种类型。从量关税是指对进口商品的每个单位征收固定的税额。从价关税是指对进口商品价值征收一个固定比率的税额。混合关税则是从量关税和从价关税的结合。

3. 在从价关税制度下，进口商品的估价有几种方法。离岸价格（FOB）是指商品离开出口国家时的价格。到岸价格（CIF）是指商品到达目的港口时的价格。

4. 当国内进口竞争行业使用的进口原材料的关税税率与最终商品的关税税率不同时，有效关税税率就与名义关税税率有差别。发展中国家一直认为，许多发达国家利用关税结构升级提高工业品的关税，使得有效关税税率数倍于名义关税税率。

5. 美国的贸易法通过保税仓库和对外贸易区的形式减轻进口关税的影响，允许进口商延迟关税义务。

6. 关税的福利效应可以由保护效应、消费效应、再分配效应、收入效应和贸易条件效应衡量。

7. 如果一国相对于世界其他国家是个小国，若对进口商品征收关税，那么它的福利必然会减少，减少量等于保护效应与消费效应之和。如果进口国相对于世界来说是个大国，那么征收进口关税可能会改善其国际贸易条件，弥补消费效应和保护效应所带来的福利损失。

8. 因为关税以进口商品为征税对象，最初的税收负担落在进口商身上，它们必须向国内政府缴纳关税。但是，进口商一般会通过提价的方式，将增加的成本转移到消费者身上。如果国内出口商购买征收关税的进口投入品，那么它们将面临较高的成本，从而竞争力降低。

9. 尽管关税会改善一国的经济条件，但关税的任何收益总是以其他国家的损失为代价的。一旦出现关税报复，国际贸易量将会减少，世界福利也将遭受损害。关税自由化的目的是促进自由市场发展，扩大贸易量，加深国际分工，从而造福世界。

10. 有时候实施关税是合理的，能够保护国内就业和工资，为国际贸易创造一个公平的竞技场，实现进口商品成本与国内同类商品成本的均等化，使国内产业暂时避开国外竞争，获得成长和发展所需要的时间，保护国家相关产业的安全等等。

4.18 关键概念及术语

- 从价关税（Ad Valorem Tariff）
- 以邻为壑政策（Beggar-thy-Neighbor Policy）
- 保税仓库（Bonded Warehouse）
- 混合关税（Compound Tariff）
- 消费者剩余（Consumer Surplus）
- 消费效应（Consumption Effect）
- 到岸价估价法［Cost-Insurance-Freight（CIF）Valuation］
- 海关估价（Customs Valuation）
- 无谓损失（Deadweight Loss）
- 国内收入效应（Domestic Revenue Effect）
- 有效关税税率（Effective Tariff Rate）
- 对外贸易区（Foreign-Trade Zone，FTZ）
- 离岸价估价法［Free-on-Board（FOB）Valuation］
- 自由贸易理论（Free-Trade Argument）
- 支持自由贸易的部门（Free-Trade-Biased Sector）
- 幼稚产业保护理论（Infant-Industry Argument）
- 大国（Large Nation）

- 公平的竞技场（Level Playing Field）
- 名义关税税率（Nominal Tariff Rate）
- 海外组装条款（Offshore Assembly Provision，OAP）
- 最优关税（Optimum Tariff）
- 外包（Outsourcing）
- 生产者剩余（Producer Surplus）
- 支持贸易保护的部门（Protection-Biased Sector）
- 保护效应（Protective Effect）
- 保护性关税（Protective Tariff）
- 再分配效应（Redistributive Effect）
- 收入效应（Revenue Effect）
- 收入性关税（Revenue Tariff）
- 科学关税（Scientific Tariff）
- 小国（Small Nation）
- 从量关税（Specific Tariff）
- 关税（Tariff）
- 关税升级（Tariff Escalation）
- 贸易条件效应（Terms-of-Trade Effect）
- 关税避免（Tariff Avoidance）
- 关税逃避（Tariff Evasion）

4.19 习题

1. 描述从量关税、从价关税和混合关税的概念，并分析每种关税的优缺点。

2. 海关估价师用什么方法确定进口商品的价值？

3. 在什么情况下，对进口商品征收的名义关税高估或低估了实际关税或名义关税的有效保护性？

4. 发展中国家有时会认为，工业国的关税结构不利于发展中国家发展本国工业。请解释。

5. 区别消费者剩余和生产者剩余，这两个概念与国家经济福利有什么关系？

6. 国家对进口商品征收关税将给国民福利水平造成效率损失。请解释。

7. 影响关税收入效应、保护效应、消费效应以及再分配效应的规模大小的因素有哪些？

8. 如果关税改善了贸易条件，那么对进口商品征收关税的国家可能会发现该国的福利水平也提高了，试解释。

9. 有关关税的讨论，你认为哪一种与当今的世界最相关？

10. 尽管关税可能改善了一个国家的福利，但世界福利可能会降低。在什么条件下这种情况会发生？

11. 征收关税通常会对一个国家的贸易条件和贸易量产生什么影响？

12. 假设加拿大每生产 100 万美元的钢铁需要消耗 10 万美元的铁燧岩。在加拿大，钢铁进口的名义关税税率是 20%，铁燧岩的名义关税税率是 10%。基于上述信息，试算加拿大钢铁产业的有效保护率。

13. 美国对石油进口征收关税有利于美国能源开发与节能产业的发展吗？

14. 什么是保税仓库和对外贸易区？为什么它们能够帮助进口商减轻国内进口关税的影响？

15. 假定澳大利亚是"小国"，不能影响世界价格。它对电视机的需求与供给如表 4.11 所示。在同一个图中画出需求曲线和供给曲线。

a. 确定澳大利亚电视机市场的均衡点。

（1）均衡价格和均衡数量是多少？

（2）分别计算澳大利亚的消费者剩余和生产者剩余。

b. 在自由贸易条件下，假定澳大利亚以每台 100 美元的价格进口电视机，确定自由贸易下的市场均衡点，并画图加以阐述。

（1）澳大利亚生产、消费和进口的电视机的数量分别为多少？

（2）计算澳大利亚以美元计价的消费者剩余和生产者剩余。

c. 为了保护生产者免受国外竞争，假定澳大利亚政府对每台进口电视机征收 100 美元的关税。

（1）画图说明关税对澳大利亚电视机价格的影响、澳大利亚生产者的供给数量，以及消费者的电视机需求量及贸易量。

（2）关税引起电视机价格升高，计算由此导致的澳大利亚消费者剩余的减少量。

（3）分别计算关税的消费效应、保护效应、再分配效应和收入效应。

（4）关税给澳大利亚经济造成的无谓损失是多少？

表 4.11　　澳大利亚对电视机的需求与供给

电视机价格（美元）	需求数量	供给数量
500	0	50
400	10	40
300	20	30
200	30	20
100	40	10
0	50	0

16. 假定美国是钢铁进口大国，其进口数量的变化足以影响世界市场钢铁的价格。美国钢铁的需求和供给情况如表 4.12 所示，包括国内和国外生产者向美国消费者供给的钢铁数量。请画出供给曲线和需求曲线。

a. 在自由贸易条件下，钢铁的均衡价格是______美元/吨。在该价格水平上，美国消费者购买______吨钢铁，其中，美国生产者供给______吨，从国外进口______吨。

b. 为了保护生产者免受国外竞争，假定美国政府对每吨进口钢铁征收 250 美元的关税。

（1）画图说明关税对钢铁总供给曲线的影响。

（2）征收关税后，国内钢铁价格上升到______美元/吨。在这个价格水平上，美国消费者将购买钢铁______吨，进口钢铁______吨。

（3）计算由关税引起的钢铁价格变化而导致的美国消费者剩余的减少，以及消费效应、保护效应、再分配效应和国内收入效应。关税造成的无谓损失等于______美元。

（4）征收关税减少了进口数量，美国迫使钢铁的进口价格降低到______美元。美国的贸易条件因此得到（改善/恶化），进而（增加/减少）了美国福利。计算贸易条件效应。

（5）关税对美国的总体福利水平造成了多大的影响？

表 4.12 **美国钢铁的供给和需求**（吨）

价格（美元/吨）	供给数量（国内）	供给数量（国内＋进口）	需求数量
100	0	0	15
200	0	4	14
300	1	8	13
400	2	12	12
500	3	16	11
600	4	20	10
700	5	24	9

进一步探索

关于提供曲线（相互需求曲线）和关税的分析，请查询“进一步探索 4.1”，网址：www.cengage.com/economics/Carbaugh。

第 5 章

非关税贸易壁垒

本章讨论除关税以外的其他国际贸易限制政策。20 世纪 60 年代，这类被称为**非关税贸易壁垒**（Nontariff Trade Barriers，NTBs）的措施开始出现，现在已经成为最近几轮国际贸易谈判中讨论最广泛的话题。虽然近几十年来，关税壁垒已经减少，然而非关税贸易壁垒却有所增加。由于抬高关税的政治势力不会随着关税的下降而消失，所以非关税贸易壁垒的增加不足为奇。相反，这些政治势力会通过其他渠道寻求贸易保护。

非关税贸易壁垒包括多种形式。其中，部分非关税贸易壁垒对贸易的影响并不显著，例如，标签和包装条件能够限制贸易，但总体来说限制是有限的；其他的非关税贸易壁垒则对贸易结构产生了显著影响，包括进口配额、自动出口限制、补贴和国内含量要求，其目的在于减少进口，从而使国内生产者获益。

5.1 绝对进口配额

众所周知的非关税壁垒是进口配额，限制商品在一定时期内进口的数量。进口配额分为两类：绝对配额和关税税率配额。进口配额针对的商品是进口商品，并且由美国海关在各进口口岸执行。

绝对配额（Absolute Quota）是对特定时期内准许进口的商品数量的限制，通常为一年。一般来说，配额将进口商品的数量限制在自由贸易水平以下。例如，绝对配额可以规定，在特定的时间内，奶酪的进口不得超过 100 万吨，小麦的进口不得超过 2 000 万吨。超过配额的进口商品可能被扣留在保税仓库或者自由贸易区等直到下一个配额开放期，也可能在政府海关当局的监督下被出口或者销毁。为了管理进口配额，政府通常向进口企业颁发**进口许可证**（Import License），限制进口数量，而不管市场的需求是多少。

全球配额（Global Quota）是实施进口限制的一种方式，只规定一国每年允许进口的商品数量，但并不指定进口的来源地和进口商。当进口数量已经达到限额时（配额已满），该年度剩余时间将不再允许额外进口这种产品。

在现实中，由于国内进口商和国外出口商会争先恐后地抢在配额已满之前将它们的商品运入进口国，所以全球配额往往很难控制。在一年中，年初进口的商家可以得到它们想要的商品，而年末进口的商家可能就得不到想要的商品。而且，距离较远的商品因运输时间漫长容易遭到歧视。与大商家相比较，缺少良好贸易关系的小商家也可能处于劣势。因而，全球配额常遭到指责，认为它只倾向于幸运地最先得到大部分生意的商家。

为了避免全球配额制度所带来的问题，通常的做法是把进口配额分配给特定的国家，这种类型的配额被称为**国别配额**（Selective Quota）。例如，一国对苹果进口实施每年3 000万个的全球配额，并且规定其中的1 400万个来源于美国，1 000万个来源于墨西哥，余下的600万个来源于加拿大。进口国家的海关官员负责监控来自各个国家的特定商品的数量；一旦分配给某个国家的配额已满，就不再允许从这一国家进口更多的商品。

配额的另一个特点是可能会导致国内生产的垄断和高价格。由于国内企业明白外国生产商的出口不能超过配额，因此会提高价格。而关税不一定会导致垄断力量，因为它没有对能够进口的商品数量进行限制。

第二次世界大战之后，绝对配额成为各国政府普遍使用的严格限制进口商品数量的一种贸易保护形式。但是，20世纪60年代和70年代，世界贸易越加自由化，工业制成品的绝对进口配额被各国政府渐渐取消。到20世纪90年代，绝对配额也在农产品的贸易中被渐渐取消，取而代之的是关税税率配额。与绝对配额相比，关税税率配额限制性更弱，而且更容易通过世界贸易组织的协商降低。

□ 5.1.1 贸易和福利效应

与关税一样，绝对配额也会影响一国的经济福利。图5.1展示了美国与欧盟之间的奶酪贸易。假定美国在世界奶酪市场上是一个“小国”，其对奶酪的供给曲线和需求曲线分别为$S_{U.S.}$和$D_{U.S.}$，S_{EU}代表欧盟的奶酪供给曲线。在自由贸易条件下，欧盟和美国每磅奶酪的价格均为2.5美元。在这一价格水平上，美国企业生产1磅奶酪，而美国消费者购买的数量为8磅，其中的7磅从欧盟进口。

假定美国通过实施进口配额将奶酪的进口数量限制为3磅。在自由贸易价格的水平之上，美国奶酪的总供给量等于本国产量加配额。图5.1描述了这一变化，即供给曲线从$S_{U.S.}$移动到$S_{U.S.+Q}$，进口数量从7磅减少到3磅，均衡价格上升到5美元。价格的上升导致美国企业的供给量由1磅增加到3磅，美国的需求量则由8磅下降到6磅。

与前一章讨论的关税一样，也可以从福利效应的角度对进口配额进行分析。上例中，配额导致每磅奶酪的价格上升至5美元，美国消费者剩余损失的面积为$a+b+c+d$（数额为17.5美元）。其中，面积a（5美元）代表再分配效应，面积b（2.5美元）代表保护效应，面积d（2.5美元）代表消费效应。配额导致的经济福利的无谓损失，等于保护效应加上消费效应。

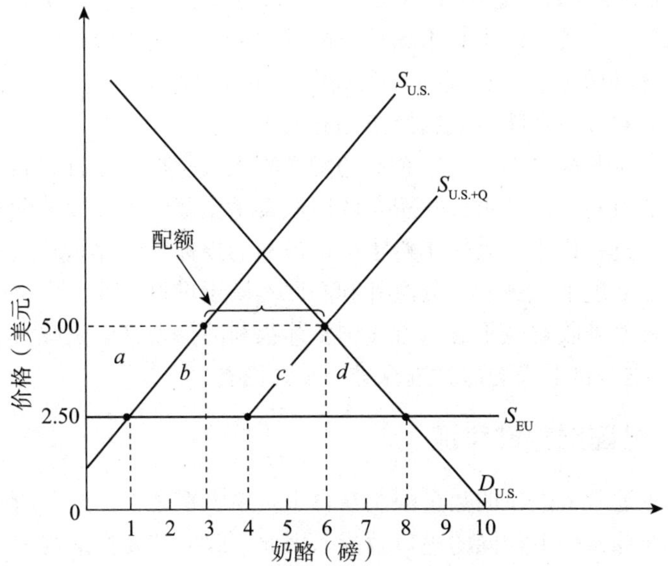

图 5.1　进口配额：贸易和福利效应

注：配额通过限制进口商品的可获得性供给来提高进口商品的价格。这一价格保护伞使得本国的进口竞争行业的生产商能够提高价格，结果导致消费者剩余的减少，其中的一部分是进口国家的福利损失，包括保护效应、消费效应和国外出口商获得的收入效应。

但是如何解释配额的收入效应，即面积 c（7.5 美元）呢？配额提高了美国经济中奶酪的稀缺程度，因此美国消费者购买进口的 3 磅奶酪时，每磅都不得不多支付 2.5 美元。配额的收入效应表现为“意外利润”，也被称为“配额租金”。这些收益到哪里去了呢？

为了了解配额收入效应分配的决定因素，我们分析一下下例中的一系列变化。假设欧洲出口企业将奶酪销售给美国百货公司（进口企业），并由百货公司卖给美国的消费者①：

欧洲出口企业→美国百货公司（进口企业）→美国消费者

配额收入效应的分配取决于这些集团之间交易的价格。谁将获得这份意外的利润，取决于出口企业和进口企业之间的竞争关系。

一种情况是，欧洲出口企业进行串谋，并最终形成垄断卖者。如果美国的百货商店属于竞争性买者，那么它们将会相互抬价竞争购买欧洲的奶酪，奶酪的价格将会从每磅 2.5 美元上升到 5 美元，因此，欧洲的出口企业攫取了配额的意外收益。除了保护效应和消费效应所带来的无谓损失之外，这部分意外收益也将成为美国经济的福利损失。

另一种情况是，假设美国进口企业组织起来形成一家进口企业（例如，西夫韦百货

① 本例中假设欧洲出口企业从完全竞争性的欧洲生产商那里购买奶酪，因此每家生产商的产量很小，不足以影响奶酪的市场价格，所以不能获取进口配额所带来的任何意外收益。

公司)，从而形成垄断买者。进一步假设欧洲出口企业属于竞争性卖者。此时，美国进口企业能够以每磅 2.5 美元的世界市场价格购买奶酪，继而以每磅 5 美元的价格销售给美国消费者。在这种情况下，配额的收入效应流向进口企业。进口企业属于美国企业，因此，这种意外收益并不意味着美国经济福利的损失。

除此之外，美国政府可能将进口企业的配额收入效应据为己有。假定政府向百货公司出售许可证。通过对进口许可证收费，政府获得了全部或者部分的配额意外利润。如果在竞争市场上，进口许可证被拍卖给了出价最高的投标者，那么政府将攫取所有的意外利润。而在配额制度下，这一部分意外利润原本属于进口企业。由于配额的收入效应被政府拥有，这种意外收益也不意味着美国整体福利的损失（假设政府将收益回馈于经济)。这一点将在本书接下来的部分进行进一步讨论。

□ 5.1.2 分配配额许可证

因为进口配额通常将进口的数量限制在自由贸易水平之下，并非所有的国内进口商都能获得与自由贸易条件下相同的进口数量，因此，政府需要在国内进口商之间分配数量有限的进口商品供给。

对于石油和牛奶产品，美国政府根据进口商以往的进口份额签发一定数量的进口许可证。但是这种做法对初次尝试进口的进口商构成了歧视。在其他行业，美国政府按比例分配配额，即先计算出进口配额占国内进口商总需求量的比率，每个进口商获得的配额数量等于其各自的需求量与这一比率的乘积。

美国政府还考虑使用另一种方法在国内进口商之间分配许可证，即在竞争性市场中，将进口许可证拍卖给出价最高的竞标者，这种方法已经在澳大利亚和新西兰开始应用。假定美国对纺织品进口实施配额限制，从而使得美国纺织品的市场价格高于世界市场价格，美国成为利润极高的市场。如果美国进口商（例如，西尔斯和沃尔玛）能够以较低的世界价格购买到纺织品，再按配额所导致的较高价格将其卖给美国消费者，它们将从中获得意外的利润。在这种利润的驱使下，美国进口商很可能愿意为获得纺织品的进口权利而进行支付。在竞争市场条件下，通过将进口许可证拍卖给出价最高的投标者，这种意外利润（图 5.1 中由面积 c 代表的收入效应）将被美国政府得到。进口商之间为了得到进口许可证而展开竞争，会把拍卖价格提高到没有超额利润可图的地步，因此政府攫取了全部的收入效应。进口许可证的拍卖会把配额变得类似于关税，成为一种能够给政府带来税收收入的手段。实际上，在配额制度下，很少有国家采用拍卖的方式分配进口商品的权利。

□ 5.1.3 配额与关税

前面的分析指出，进口配额的收入效应与进口关税有所不同，实际上，二者对贸易量的影响力度也存在着差异。下面的例子说明了需求增长时期，进口配额是如何比数额相当的进口关税更大程度地限制进口商品数量的。

图 5.2 展示了假设的美国汽车贸易的例子。美国汽车的供给曲线和需求曲线分别用 $S_{U.S.0}$ 和 $D_{U.S.0}$ 表示。日本汽车的供给曲线为 S_{J0}。假定为保护本国企业免受国外竞争的冲击，美国政府面临两种选择：对进口汽车征收关税或者实行配额。

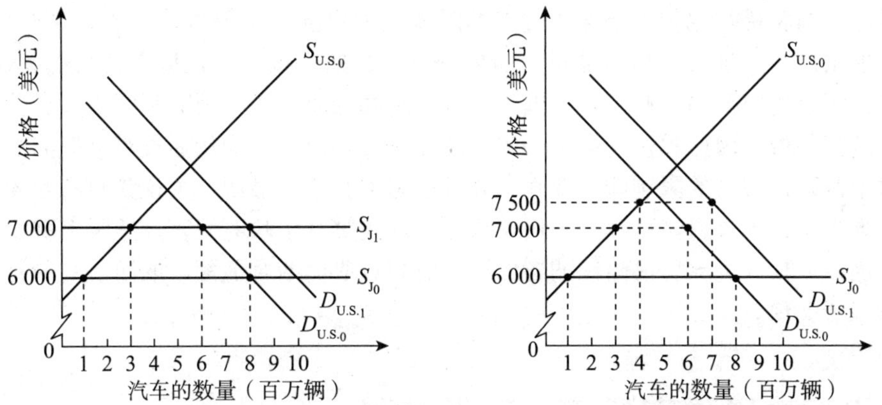

（a）关税限制　　（b）配额限制

图 5.2　关税和配额的贸易效应

注：在一个不断增长的市场中，同等数额的进口配额比进口关税对贸易的限制程度更高。在进口关税条件下，应对国内需求增加所产生的调整是增加进口商品数量。在进口配额下，需求增加导致商品价格上升，商品价格上升导致生产扩大和对进口竞争商品消费的下降，但进口数量仍维持不变。

在图 5.2（a）中，征收 1 000 美元的关税会使日本汽车的价格由 6 000 美元上升至 7 000 美元，汽车的进口数量将会从 700 万辆下降到 300 万辆。在图 5.2（b）中，如果实施 300 万辆的进口配额，那么美国将处于与征收关税时相同的贸易状况，即配额引致的汽车稀缺性使价格从 6 000 美元上升到 7 000 美元。因此，在对贸易量的限制方面，关税与配额看似相当。

现在假设美国的汽车需求曲线由 $D_{U.S.0}$上移到 $D_{U.S.1}$。如图 5.2（a）所示，尽管需求增加了，进口汽车的价格仍维持在 7 000 美元。这是因为美日两国间的汽车价差没有超过关税税额。汽车的进口数量从 300 万辆增加到 500 万辆。因此，在进口关税制度下，国内调整采取的方式是增加进口数量而不是提高汽车价格。

在图 5.2（b）中，同等幅度的需求增长导致了国内汽车价格的上升。在配额制度下，美国价格高出日本价格的程度并没有得到限制。假设国内汽车价格上升时，美国公司能够扩大生产，那么国内价格将一直持续上涨，直到扩大的国内产量加上固定的进口数量与国内需求相等为止。由图 5.2（b）可知，汽车的需求曲线由 $D_{U.S.0}$ 上移到 $D_{U.S.1}$，迫使价格由 7 000 美元上升至 7 500 美元。在新的价格水平下，美国国内的汽车产量为 400 万辆，消费数量为 700 万辆，进口数量为 300 万辆，这与国内需求增加之前的情况相同。因此，在配额制度下，进行调整的是汽车的国内价格，而不是进口数量。

因此，当需求不断增加时，与同等数额的进口关税相比较，进口配额对贸易的限制程度更高。在配额制度下，政府任意地限制产品的进口数量。在关税条件下，国内价格超过世界市场价格的程度只限于关税部分，国内消费者仍然可以无限制地购买意愿的并且能够支付得起的进口商品。尽管配额的实施使国内产业的竞争劣势更加严重，但是同时也阻碍了消费者向进口商品的转移。因此，如果不考虑对市场条件的扭曲，进口配额确定了国内产业进口的上限。①

---

① 为了检测对此种方法的掌握程度，你可以自行分析以下两种假设条件下的具体情况：(a) 由于生产成本的上升，汽车的国内供应下降了；(b) 由于经济出现衰退，进口国对汽车的需求下降了。

总之，与关税相比较，配额对进口的限制能力更强。关税虽然能够提高国内价格，但是不能限制一国进口商品的数量。如果进口商的效率很高，足以支付得起关税税额，那么仍然可以进口商品。此外，外国生产者通过降低成本或者削减利润来降低价格，从而可以抵消关税，因此关税允许了一定程度的竞争。但是，配额通过对进口商品施加绝对数量限制，比关税的限制能力要强，并且遏制了竞争。最后，关税是政府收入的来源之一。如果不计算进口许可证的费用，执行配额政策对于政府而言，实际上减少了关税收入。因而，加入世界贸易组织的各成员政府同意取消绝对配额，取而代之的是关税税率配额或者关税。

5.2 关税税率配额：双重关税

用来保护国内产业免受外国竞争的另一种限制手段是**关税税率配额**（Tariff-Rate Quota）。美国政府已经对钢铁、扫帚、牛、鱼类、蔗糖、牛奶以及其他农产品等进口商品实施了关税税率配额。

正如名称所示，关税税率配额同时具有关税和配额的特征。其具体实施方法是，对特定数量的进口商品实行某一种关税税率（配额内税率），超出这一数量水平的进口商品则按照更高的税率（配额外税率）征收关税。因此，在配额期间对于进口产品数量没有绝对限制。实际上，配额外税率经常制定得足够高以阻止进口产品进入国内市场。

关税税率配额有两个组成部分：配额限制了征收配额内税率的进口商品的最大产量；配额外关税税率。简而言之，关税税率配额是一种双重关税。关税税率配额仅适用于每个贸易年度，如果某一贸易年度内进口配额没有用完，那么剩余配额的市场进入就失效了。表 5.1 列举了美国对进口商品实施关税税率配额的例子。

表 5.1　美国关税税率配额范例

产品	配额内税率	进口配额	配额外税率
花生	0.935 美元/千克	30 393 吨	187.9%从价
牛肉	0.44 美元/千克	634 621 吨	31.1%从价
牛奶	0.32 美元/升	570 万升	0.885 美元/升
蓝纹奶酪	0.10 美元/千克	260 万千克	2.60 美元/千克
棉花	0.44 美元/千克	210 万千克	0.36 美元/千克

资料来源：U. S. International Trade Commission, *Harmonized Tariff Schedule of the United States*, Washington, DC, U. S. Government Printing Office, 2013.

关税税率配额与本章前面所讨论的进口配额区别很小。二者的区别在于，在进口配额条件下，从法律上讲，进口超过规定数量的产品是不可能的。但是，在关税税率配额条件下，进口可以超过规定的数量，但是超额部分必须缴纳较高的配额外关税。在理论上，关税税率配额允许产品的进口数量大于进口配额的数量。然而实际上，许多配额外关税的限制性非常强，在很大程度上有效地排除了超过配额进口的可能性。

在关税税率配额的管理方面，通常的做法是**按需求分配许可证**（License on Demand Allocation）。在这种体制下，在配额内税率水平上进口的产品需要许可证。在配额期开始之前，潜在的进口商应邀申请进口许可证。如果对许可证的需求小于配额，那么关税税率配额制度就按照“先来后到”原则实施。在通常情况下，如果对许可证的需求超过配额，那么将在所有的申请者之间按比例减少被允许的进口数量。分配配额许可证的其他方法还有以之前的市场份额为准和竞拍。

1995 年，世界贸易组织成立之时，在政府农业计划的帮助下，各成员对农产品的进口保护制度进行了变革。世界贸易组织要求成员废除其对其他成员进口商品实施的所有非关税壁垒（进口配额、可变税额、自由裁量许可、直接进口禁令），转而实施关税壁垒。这一规定使得非关税壁垒都被统一成了关税，由此一来，任何进口商都能够很容易地进行理解并加以估计。世界贸易组织允许成员在过渡时期采用关税税率配额制度作为一种过渡手段。在撰写本书的时候，这一过渡时期的长度还没有确定。因此，关税税率配额可能还需要一段时间才能实施。关于关税税率配额的福利效应分析，参见“进一步探索 5.1”，网址：www.cengage.com/economics/Carbaugh。

□ 蔗糖的关税税率配额

美国蔗糖业提供了一个关税税率配额效应的例子。传统上，美国蔗糖种植主已经拿到了价格支持形式的政府补贴，这导致美国国内蔗糖价格高于自由市场价格。虚高的价格吸引了廉价蔗糖的进口，最终导致价格下降。为了避免这种结果，美国政府通过实施关税税率配额对市场进行了二次干预。

未加工的蔗糖的关税税率配额在 41 个国家间按国别进行分配，而精制蔗糖的关税税率配额在全球范围内按“先到先得”的原则分配。关税税率配额之内的进口蔗糖征收的关税税率较低，超额部分的进口蔗糖征收的关税税率较高，甚至起到了禁止进口的效果。通过此种方式，关税税率配额起到了和本章前面讨论的进口配额贸易量限制一样的效果。然而，如果美国政府觉得国内蔗糖的供给不足以满足国内需求并使国内蔗糖价格维持在合理水平时，它随时可以增加关税税率配额的数量。

关税税率配额能够限制国外蔗糖进入美国市场的数量，从而使国内市场的蔗糖价格大幅度提高。由于关税税率配额制度，美国国内蔗糖的价格是世界市场价格的两倍。例如，在 2013 年，美国市场未加工的蔗糖的价格为每磅 43 美分，世界市场价格为每磅 26 美分。结果造成了美国食品公司的高成本和食品店较高的价格。因此，一些使用大量蔗糖的糖果、巧克力、早餐谷物食品加工商转移到加拿大和墨西哥等蔗糖价格便宜很多的地区。好时食品（Hershey Foods）关闭了位于科罗拉多州、加利福尼亚州和宾夕法尼亚州的工厂，转移到加拿大；布拉奇（Brach's）公司将其位于芝加哥的糖果加工工厂转移到了墨西哥。更有甚者，分析师估计大约一半的蔗糖项目的收益进入了 1%的蔗糖种植者的口袋。这个保护少数蔗糖大亨的政策是否公平呢？

蔗糖的关税税率配额体现了利润的集中和成本的分散。它为少数的美国甘蔗种植主和提炼者带来巨额收益。然而，这种收益的成本却由美国经济整体承担，尤其是美国家庭消费者和饮料制造公司等。简而言之，美国政府的蔗糖贸易政策对美国消费者来说是苦乐参半的。①

5.3 出口配额

除了实施进口配额外，许多国家还使用**出口配额**（Export Quotas）限制贸易。出口配额的主要特征是，贸易伙伴国间通过协商达成关于市场份额的协议，即自动出口限制协议，也被称为有序的销售安排。其主要目的在于缓和国际竞争程度，使得低效率的国内生产商在原本由物美价廉的国外产品占领的市场中分得一杯羹。例如，日本对出口欧洲的钢铁实施限制，或者中国台湾同意减少出口至美国的纺织品数量。出口配额带有一定的自愿性，因为进口国可能实施更加严厉的贸易限制，出口配额只是一种补充措施。虽然在20世纪80年代自动出口配额涉及电视机、钢铁、纺织品、汽车和轮船等众多行业，但近年来的国际贸易协定已经禁止进一步使用这种贸易限制。

自愿出口配额与进口配额产生的经济效应是一样的，只不过自愿出口配额是出口国政府自愿设定的。出口配额的收入效应被出口公司或者出口国政府所获得。出口配额的福利效应将在“进一步探索5.2”中详细说明，网址：www.cengage.com/economics/Carbaugh。

通过对20世纪80年代美国三大自动出口限制协议（汽车、钢铁、纺织品和服装）的分析可以得出结论，这些协议带来的意外利润有67%都被外国出口商攫取。② 统观美国整体经济，自动出口限制协议的成本高于关税。接下来看一下其中的一个自动出口限制协议。

□ 日本汽车的出口配额阻碍了美国汽车生产商的发展

1981年，随着国内汽车销量的下降，贸易保护主义情绪在美国议会中占据了上风，要求立法实施进口配额的呼声越来越高，这促使美国政府希望与日本协商达成一项自动限制安排。而日本很明显地认识到，自动限制汽车的出口量会避免美国议会的保护主义势力进一步采取更严厉的措施，因此接受了这一安排。

该限制方案要求日本在从1981年开始的三年内，对其出口到美国的汽车实施自愿性出口配额。第一年日本的出口量限制为168万辆，比1980年的出口量182万辆减少7.7%。在接下来的每年，配额都有所扩张，交易量也有所增长。

出口协议的目的在于将美国消费者从日本的汽车展厅吸引到美国展厅，以此帮助美国汽车生产商。美国国内汽车销量上升后，本国汽车工人的就业也会增加。在美国汽车产业向小型、能源节约型汽车生产转移，以及通过调整生产过程来提高成本竞争力的转

① Bryan Riley, *Abolish the Costly Sugar Program to Lower Sugar Prices*, The Heritage Foundation, December 5, 2012; U.S. International Trade Commission, *The Economic Effects of Significant U.S. Import Restraints*, Washington, D.C., 2011; Mark Groombridge, *America's Bittersweet Sugar Policy*, Cato Institute, Washington, D.C., December 4, 2001.

② David Tarr, *A General Equilibrium Analysis of the Welfare and Employment Effects of U.S. Quotas in Textiles, Autos, and Steel*, Washington, D.C., Federal Trade Commission, 1989.

型阶段，其希望日本的出口配额能够助其一臂之力。该限制方案为美国汽车公司提供了一个暂时免受国外竞争的机会，使得这些公司可以恢复盈利，减少失业。

并非所有的日本汽车制造商受到的出口配额影响都是均等的。日本政府要求汽车企业结成出口卡特尔共同对付美国消费者，配额使得一些大型的、有影响力的汽车公司（丰田、日产和本田）提高了在美国的销售价格。为了从数量有限的汽车出口中获得更多的收入，日本企业还在出口美国的汽车中装上豪华的内置设备，如更大的发动机和空调、高级立体声音响等。产品的丰富性不仅帮助日本企业加强了对美国市场的控制，也提高了其汽车的品牌形象。结果，大型日本生产商在美国获得了创纪录的利润。然而，包括铃木和五十铃在内的日本小型汽车生产商并不欢迎出口配额，它们认为配额的分配偏袒于大型制造商。

最大的受害者是美国消费者，因为在 1984 年，他们每购买一辆日本汽车要多支付 660 美元，购买一辆美国国产汽车要多支付 1 300 美元。1981—1984 年，因为配额的存在，美国消费者在购买汽车时总共多花费了 157 亿美元。虽然配额为美国汽车工人保住了 44 000 份工作，但每份工作造成的消费损失估计达到 100 000 美元。①

1985 年后，丰田、本田、尼桑都在美国建立了生产基地。这个结果是由联合汽车工会（UAW）以及美国汽车公司联合促成的。它们认为，通过这项措施，日本汽车企业将不得不聘用美国工人，同时也将面对本土汽车公司面临的激烈的生产环境。然而，事情并没有向美国汽车利益集团期望的方向发展。在美国本土进行生产后，日本公司调整了生产策略，推出了为美国市场量身定制的新车型。虽然它们的出口下降了，在美国工厂生产的日本汽车却完全弥补了这一损失，美国生产商的市场份额反而下降了。除此之外，由于联合汽车工会无法在日本工厂成功地起到组织作用，日本汽车制造商可以继续削减劳动力成本。

5.4 国内含量条件

目前，汽车和飞机等许多产品已经实现了全球化生产。这些产品的国内制造商从国外购买资源或者在国外进行组装生产，这被称为海外承包或者国际分工。例如，通用汽车从墨西哥的子公司购买发动机，戴姆勒-克莱斯勒从日本生产商那里购买球形接头，福特公司从欧洲公司那里购买汽缸头。企业通过海外承包，利用了包括低工资率在内的海外低成本优势，但是这种做法却经常遭到国内工人的反对，他们认为外包使得廉价的国外劳动力抢走了他们的工作机会，即使没有失业，他们的工资也会因此而面临下调的压力。实行国内含量要求的国家包括阿根廷、墨西哥、巴西、乌拉圭和中国等。②

为了限制外包，工人们组织起来四处游说主张制定**国内含量条件**（Domestic

① U. S. International Trade Commission, *A Review of Recent Developments in the U. S. Automobile Industry Including an Assessment of the Japanese Voluntary Restraint Agreements*, Washington, DC, Government Printing Office, 1985.

② U. S. Department of Commerce, International Trade Administration, Office of Automotive Affairs, *Compilation of Foreign Motor Vehicle Import Requirements* at http://trade.gov.

Content Requirements)。国内含量条件规定了在对进口商品实施零关税时商品总价值中所必须包含的国内生产的价值的最低百分比。其作用是迫使在进口国销售商品的国内外企业在生产这些商品的过程中必须使用进口国国内的投入要素（工人）。如此一来，对国内投入要素的需求将会增长，价格相应也会提高。生产商通常游说反对国内含量条件，因为这些条件使得它们无法以更低的成本获得投入要素，从而导致商品价格上升，影响竞争力。

在世界范围内，汽车产业的当地含量条件最受关注，发展中国家和地区经常用含量条件来扶持本地汽车的生产，如表 5.2 所示。

表 5.2　　部分国家和地区针对汽车的国内含量条件

国家和地区	征收零关税所要求的最低国内含量（%）
阿根廷	76
墨西哥	62
巴西	60
乌拉圭	60
中国台湾	40
厄瓜多尔	35
委内瑞拉	30
哥伦比亚	30

资料来源：U. S. Department of Commerce，International Trade Administration，Office of Automotive Affairs，*Compilation of Foreign Motor Vehicle Import Requirements* at http://trade.gov/.

图 5.3 说明了澳大利亚的汽车国内含量条件对福利可能造成的影响。假定 D_A 为澳大利亚对丰田汽车的需求曲线，S_J 表示出口到澳大利亚的日本丰田汽车的供给价格，即 2.4 万美元。在自由贸易条件下，澳大利亚进口 500 辆丰田汽车。参与这些汽车生产的日本资源所有者获得了 1 200 万美元的总收入，由面积（$c+d$）表示。

假设澳大利亚政府对汽车实行国内含量条件，这将会使丰田公司在澳大利亚建立生产基地进行汽车生产，而不是像以往那样向澳大利亚出口汽车。假定新建工厂在汽车生产过程中使用日本的管理和澳大利亚的资源（劳动力和原材料），澳大利亚较高的资源价格（工资）导致新建工厂的供给价格上升为 3.3 万美元，用 S_T 表示。在国内含量条件下，澳大利亚消费者对汽车的需求量为 300 辆。因为生产从日本转移到了澳大利亚，日本资源所有者的收益损失了 1 200 万美元。澳大利亚资源所有者的收益等于销售收入 990 万美元（面积 $a+c$）减去付给日本管理者的工资及丰田在澳大利亚投资（工厂）的回报。

然而，澳大利亚资源所有者的收益却加重了消费者的成本负担。由于含量条件使丰田汽车的价格上升了 9 000 美元，澳大利亚的消费者剩余减少了面积（$a+b$）（360 万美元）。其中，面积 b（90 万美元）是澳大利亚福利的无谓损失；面积 a（270 万美元）是

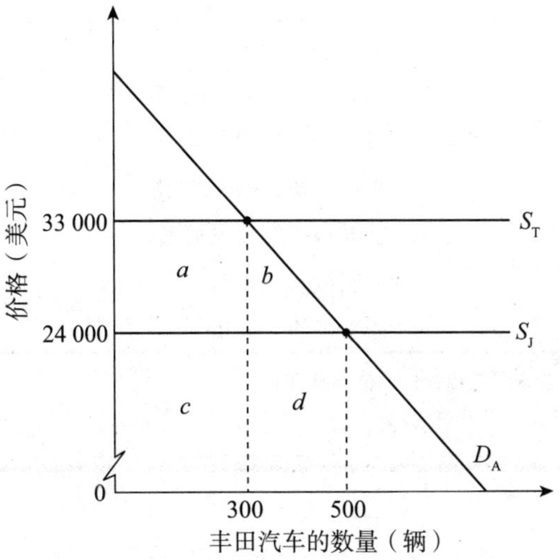

图 5.3　国内含量条件的福利效应

注：国内含量条件在一定程度上“迫使”生产商把生产工厂转移到高成本的国家，从而导致生产成本和价格的提高。尽管国内含量条件有助于保护国内就业，但是也给国内消费者造成了福利损失。

使用高价格的澳大利亚资源而放弃低价格的日本资源所增加的消费者成本，这一数量代表的是澳大利亚消费者和资源所有者之间福利的再分配。与其他进口管制类似，含量条件导致国内消费者为国内生产者提供补贴。

贸易冲突

你的汽车中有多少成分来自国外？

美国轿车和轻型货车的购买者知道在他们的新车中，有多少部件来自美国，有多少部件来自国外吗？法律规定，对低于 8 500 磅重的轿车和货车，其含量标签必须告知购买者汽车的各个部分是哪里制造的。含量的衡量标准是零部件的美元价格，而不是组装汽车的劳动力成本。对每条轿车生产线来说，北美（美国和加拿大）和国外部分所占的百分比必须以平均数的形式列出来。生产商自由设计标签，可以同时包括标价和燃料效率，或者将它们分别表示出来。表 5.3 列举了 2013 年美国市场上所销售的汽车的北美含量。

表 5.3　2013 年美国市场销售的汽车的北美含量

汽车品牌	组装	北美部件比例（%）
丰田 Avion	肯塔基州乔治城	85
雪佛兰 Express	密苏里州文茨维尔市	82
丰田塞纳	印第安纳州普林斯顿	80

续前表

汽车品牌	组装	北美部件比例（%）
本田雅阁	俄亥俄州马里斯维尔	80
本田 Cross Tour	俄亥俄州东伊丽莎白	80
福特远征	肯塔基州路易斯维尔	80
克莱斯勒 200	密歇根州斯特灵海茨	79
吉普自由人	俄亥俄州托莱多	76
雪佛莱特拉弗斯	密歇根州兰辛市	76

资料来源：本书作者根据汽车零售商提供的信息整理。

5.5 补贴

为了提高本国的贸易地位，一国政府有时会向国内生产者提供**补贴**（Subsidies）。补贴为国内企业提供了成本上的优势，使得它们能够在国际市场上以低于实际成本或利润的价格出售产品。政府补贴包括多种形式，如直接的现金支付、税收减免、保险安排和低息贷款等。

为了便于讨论，我们将补贴分为两种：一是**国内生产补贴**（Domestic Production Subsidy），是提供给进口竞争产品生产者的补贴；二是**出口补贴**（Export Subsidy），即给予在海外销售出口商品的生产者的补贴。在这两种情况下，对于购买者支付的价格，政府非但不扣除，反而给予一定的支持。因此，在消费者能够接受的任何一个价格水平上，接受补贴的生产者都能够提供数量更多的商品。接下来我们用图 5.4 来分析这两种补贴的经济效应。

5.5.1 国内生产补贴

如果一国政府认为，出于公共福利的考虑，需要维持半导体产业或飞机制造业的发展，那么政府直接给予这些产业补贴不是更好吗？为何要选择大费周章地限制某种产品的进口呢？国内生产补贴就是为了鼓励生产，增强国内进口竞争产业的活力。

图 5.4 (a) 说明了向本国国内进口竞争产业提供生产补贴的贸易效应和福利效应。假定美国钢铁初始的供给曲线和需求曲线分别由 $S_{U.S.0}$ 和 $D_{U.S.0}$ 表示，由此决定的市场均衡价格为 430 美元/吨。再假定由于美国是钢铁的小型购买者，其购买数量的变化不会对 400 美元/吨的世界钢铁价格产生影响。在 400 美元/吨的自由贸易价格下，美国将会消费 1 400 万吨钢铁，其中，本国生产 200 万吨，进口 1 200 万吨。

假定为了使国内生产者部分地免受国外竞争，美国政府对其生产的每吨钢铁给予 25 美元/吨的生产补贴。补贴带来的成本优势使美国的钢铁供给曲线由 $S_{U.S.0}$ 移至 $S_{U.S.1}$，国内产量从 200 万吨增加到 700 万吨，而进口则由 1 200 万吨降至 700 万吨，这些变化表示了补贴的贸易效应。

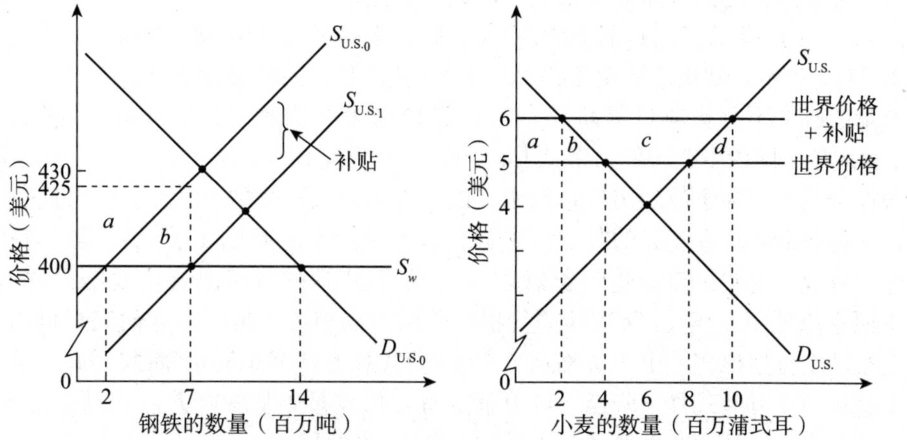

（a）国内生产补贴　　（b）出口补贴

图 5.4　补贴的贸易效应和福利效应

注：政府向竞争产业的生产者提供补贴，导致国内生产增加和进口减少。生产者获得的补贴收入被生产者剩余和高成本生产（保护效应）所吸收。出口商获得的补贴使它们得以将产品以低于成本的价格销售到海外。然而，这导致了保护效应和消费效应形式的母国净福利损失。

补贴也影响美国的国民福利水平。由图 5.4（a）可知，补贴使得美国的钢铁产出增加到 700 万吨。需要注意的是，在这一产量水平上，美国钢铁生产者获得的净价格为 425 美元——消费者支付的价格（400 美元）加上补贴（25 美元）。对美国政府来说，保护本国钢铁生产者支出的总成本等于补贴（25 美元）乘以国内钢铁产量（700 万吨），即 1.75 亿美元。

补贴产生的收益到哪里去了呢？其中的一部分以生产者剩余的形式再分配给了更有效率的美国钢铁生产者，数额相当于图中的面积 *a*（1.125 亿美元）。保护效应也是补贴收益的一个去向，正是由于政府的补贴，高成本的国内产品才能够在市场上销售。该效应的数额等于图中的面积 *b*（6 250 万美元）。对于整个美国来讲，保护效应代表了福利的无谓损失。

为了鼓励本国进口竞争产业生产者的生产，政府还可以对进口商品征收关税或者实施配额。但是，关税和配额造成的国家福利的损失要比同等数额的补贴大很多。与补贴不同，关税和配额除了允许低效率的本国生产存在之外，还会扭曲国内消费者的选择（导致国内对进口商品的需求减少）。结果导致了我们所熟悉的贸易保护措施的消费效应，本国的消费者剩余要遭受无谓的损失，而这一福利损失在补贴中是不存在的。因此，补贴在保护国内生产者方面可以达到与同等数额的关税和配额相同的结果，但在国民福利上付出的成本更少。

然而，补贴并不是免费商品，因为它们必须有人提供资金。补贴的直接成本是纳税人的税收负担，税收中必须拿出一部分支付这笔费用。而且，一个产业得到补贴时，通常还要接受政府在某些关键问题（比如，工资和薪金水平）上开出的条件。从这一角度分析，补贴可能不比其他的贸易政策更优越。

□ 5.5.2　出口补贴

除了对进口竞争产业的生产者提供生产补贴外，一国政府也可以只对出口进行补贴。出口补贴最常见的产品群包括农产品和奶制品。

图 5.4（b）揭示了出口补贴的效应。假设美国对小麦的供求曲线和需求曲线由 $S_{U.S.}$ 和 $D_{U.S.}$ 表示，则供求均衡价格为 4 美元/蒲式耳。同时假设美国是一个小麦生产小国，产量的改变不会影响世界价格。当世界价格为 5 美元/蒲式耳时，美国的产量为 800 万蒲式耳，国内生产 400 万蒲式耳，出口 400 万蒲式耳。

假设美国政府为了鼓励出口，对出口的小麦每蒲式耳补贴 1 美元。补贴使美国出口商可以获得每蒲式耳 6 美元的收益（世界价格 5 美元加上补贴 1 美元）。虽然补贴不对国内销售有效，这些出口商也只愿意以 6 美元/蒲式耳的价格出售小麦给国内消费者。它们不愿意以低于 6 美元/蒲式耳的价格在美国市场销售，是因为它们完全可以在世界市场上按这个价格出售。由于价格从 5 美元/蒲式耳上升至 6 美元/蒲式耳时，美国国内的购买量从 400 万蒲式耳下降至 200 万蒲式耳，供应量则从 800 万蒲式耳上升至 1 000 万蒲式耳，出口量从 400 万蒲式耳上升至 800 万蒲式耳。

出口补贴对美国经济造成的福利效应可以用消费者剩余和生产者剩余加以分析。出口补贴导致图中消费者剩余减少 300 万美元（面积 $a+b$），生产者剩余增加 900 万美元（面积 $a+b+c$）。出口补贴给纳税人造成的损失相当于 1 单位补贴（1 美元）乘以出口小麦额（800 万蒲式耳），即 800 万美元（面积 $b+c+d$）。因此，美国小麦生产商的盈利是以美国消费者和纳税人的福利损失为代价的。

同时，出口补贴也对美国经济造成无谓的福利损失。这包括因生产额外小麦而上升的国内成本面积 d（100 万美元），以及由于价格上涨带来的消费者剩余损失面积 b（100 万美元）。

在这个例子中，我们假设出口国是一个相对小的国家。然而，在现实世界中，出口国可能是世界市场上的生产大国，出口补贴将导致贸易条件的降低。这是为什么呢？为了出口更多的产品，出口商将不得不降低价格。出口商品价格的下降会恶化出口国的贸易条件。

美国的出口促进项目为出口补贴的使用提供了一个很好的案例。该计划产生于 1985 年，其目的是抵消具有竞争力的出口商（尤其是欧盟）的不公平的贸易惯例或补贴给美国农产品出口带来的负面影响。通过现金津贴，它使美国出口商可以在目标市场上以低于成本的价格出售商品。出口补贴在众多农产品的出口中都发挥了重大作用，如小麦、大麦、家禽和奶制品等。

5.6 倾销

当一国希望保护本国的进口竞争产业免受国外竞争的冲击时，也往往会采用反倾销措施。**倾销**（Dumping）是国际价格歧视的一种表现形式。考虑运输成本和关税后，如果同一种商品在国外市场的价格低于国内的价格，就发生了倾销；在国外市场上以低于生产成本的价格销售产品也被视为倾销。

□ 5.6.1 倾销的类型

商业倾销就其性质来说，一般可分为偶发性、掠夺性和持续性三种类型，每种类型适用于不同场合。

当一个企业在国外市场上以低于国内的价格处理过剩的存货时，就发生了**偶发性倾销**（Sporadic Dumping）（或灾难性倾销）。这种类型的倾销是外国生产者遭遇不幸或者计划失误所导致的。未预见到的供需变化使得存货积压，继而导致了倾销。虽然偶发性倾销有利于进口国的消费者，但对进口国同类产品的生产者却具有相当大的破坏性，其销售量相对下降，并在短期内出现亏损。当发生偶发性倾销时，政府可以征收暂时性关税来保护国内生产者，但由于这种倾销对国际贸易影响不大，所以政府往往不愿意实施关税保护。

掠夺性倾销（Predatory Dumping）是指为了排除国外的竞争对手，生产商暂时压低出口价格，一旦成功取得垄断地位之后，该生产商又会利用其市场支配力提高价格。新的价格水平必须高到足以抵消降价阶段所蒙受的任何损失。可以猜测，这个企业对自己阻止潜在竞争者进入市场的能力是非常自信的，认为自己能够在足够长的时间里独占市场，获得丰厚的经济利润。要想获得成功，掠夺性倾销必须建立在规模经济的基础上，必须有足够数量的产品供消费者进行一番讨价还价后购买。本国政府一般关注掠夺性定价的垄断目的，为了消除差别定价还会用反倾销关税加以还击。虽然掠夺性倾销在理论上是可行的，经济学家还没有发现支持其存在的经验性证据。掠夺性倾销的时间较长，成本也较高，同时也无法做到完全禁止新的竞争对手进入市场，因此，想通过完全垄断来获得利润的概率很小。

顾名思义，**持续性倾销**（Persistent Dumping）的存在是无限期的。生产商出于追求经济利润最大化的目的，持续地在国外市场以低于国内价格的价格销售产品，关于持续性倾销的基本原理将在下一节论述。

□ 5.6.2 国际歧视性定价

假设一国国内销售商通过限制国内竞争而获得了市场支配力，在此对这一情形进行分析。假设该企业在高度竞争的国外市场上销售产品，这意味着国内消费者对价格变化的反应程度要小于国外的消费者，国内的需求弹性小于国外的需求弹性。对同一种产品，企业为了追求利润最大化，将会在竞争不激烈且需求弹性较小的国内市场收取高价格，而为了应付竞争在国外市场制定低价格。与无歧视性定价的情况相比，将一种产品的购买者划分为不同群体，对每个群体收取不同的价格，会增加企业的收入和利润。

图 5.5 描绘的是韩国钢铁公司（SKS）的市场供求情况，该公司分别向韩国（缺乏弹性的市场）和加拿大（富有弹性的市场）出售钢铁，总的钢铁市场由这两个子市场构成。假定 D_{SK} 和 D_C 分别表示韩国和加拿大的钢铁需求曲线，与之相对应的边际收益曲线分别为 MR_{SK} 和 MR_C。将两个子市场的需求曲线水平相加得到整个市场的需求曲线 D_{SK+C}。同样，MR_{SK+C}表示市场的边际收益曲线。SKS 公司的边际成本和平均总成本曲线分别为 MC 和 ATC。

生产和销售 45 吨钢铁时，SKS 公司的利润达到最大化，此时边际收益等于边际成本。在这一产出水平上，平均总成本为 300 美元/吨，总成本等于 13 500 美元（=300×45）。公司面临的问题是：45 吨的总产量如何在两个子市场上进行分配？每个子市场如何进行定价？销往韩国和加拿大的钢铁应当采取统一（单一）定价，还是应该实行歧视性定价？

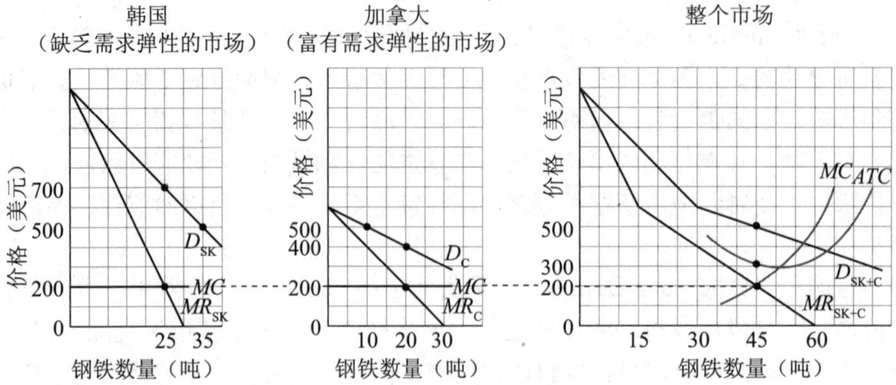

图 5.5　国际歧视性定价

注：一个实行歧视性定价的企业通过实现每个细分市场上的边际收入等于边际成本而达到利润最大化，在缺乏需求弹性（竞争较弱）的市场上，企业将制定高价；在富有弹性（竞争较强）的市场上，企业将制定低价。相对于没有倾销的情况，成功的倾销会给企业带来额外的收入和利润。

如果 SKS 公司是一个非价格歧视的销售商，它将按照每吨 500 美元的统一价格将 45 吨钢铁销售给韩国和加拿大的购买者，此价格是在 $MR=MC$ 的产出水平上，需求曲线 D_{SK+C}所能收取的最高价格。为了确定每个子市场应该销售多少吨钢铁，在图 5.5 中价格等于 500 美元处，画一条水平线，并与两个国家的需求曲线相交，交点决定了每个子市场的最佳产量。因此，SKS 公司以每吨 500 美元的价格向韩国出售 35 吨钢铁，获得 17 500 美元的总收益；按同一价格向加拿大出售 10 吨钢铁，实现总收益5 000 美元。两个子市场的销售收入总计为 22 500 美元。扣除 13 500 美元的总成本之后，SKS 公司获得了 9 000 美元的利润。

虽然 SKS 公司作为一个非价格歧视销售商实现了利润，但它的利润并没有达到最优水平。通过实行歧视性定价，这家公司可以在不增加成本的情况下增加总收入，进而提高利润。实现这一点只需要对缺乏需求弹性的韩国购买者制定高价格，而对富有需求弹性的加拿大购买者制定低价格。

作为采取歧视性定价的销售商，SKS 公司仍然要面对如何在两个子市场上分配 45 吨钢铁以及分别确定其价格的问题。为了回答这个问题，公司遵循 $MR=MC$ 原则，使每个子市场的边际收益等于实现利润最大化的产量上的边际成本，如在图 5.5 中，从 200 美元处引一条水平线，当 $MC=MR_{SK+C}$时就表示了这一点。每个子市场的最优价格和最优产量可以由该水平线与子市场 MR 曲线的交点得到。因此，SKS 公司应以每吨 700 美元的价格向韩国出售 25 吨钢铁，获得 17 500 美元的总收入；以每吨 400 美元的价格向加拿大出售 20 吨钢铁，得到收入 8 000 美元，两个子市场的收入总计为 25 500 美元，比不实行歧视性定价时增加了 3 000 美元。扣除总成本 13 500 美元之后，公司获得了 12 000 美元的利润，而在单一价格的情况下，利润仅为 9 000 美元。因此歧视性定价使得 SKS 公司获得了更高的收入和利润。

需要注意的是，SKS 公司利用其歧视性定价的能力，在两个市场收取不同的价格，即对韩国的钢铁购买者收取每吨 700 美元的价格，而对加拿大的购买者收取每吨 400 美元的价格。国际性歧视性定价要想成功，必须具备一定的条件。首先，为了确保在任何价格水平下两个子市场的需求曲线都具有不同的需求弹性，子市场的需求条件必须不同。例如，国内购买者的收入水平和偏好不同于国外购买者。其次，企业必须能够将两个子市场分开，防止产品从低价市场向高价市场大规模转售。这是因为消费者的任何转售都会抵消歧视性定价的效应，缩小价格差别，最终使所有消费者支付的价格相等。由于高额的运输成本和政府贸易壁垒，在国际上分割市场通常要比国内容易。

5.7 反倾销条例

尽管倾销会给进口国的消费者带来好处，政府却常常对在本国市场倾销的外国商品征收严格的惩罚性关税。美国运用反倾销法阻止损害美国产业的歧视性定价和低于成本的销售行为。根据美国的法律，当美国商务部确定一种国外商品正在以低于公平价值的价格（LTFV）销售时，或者美国国际贸易委员会（ITC）确定，进口商品以低于公允价值的价格进入美国市场，并对美国产业造成危害或存在实质性损害威胁（例如，造成失业、销售量和利润的损失）时，就会对其征收**反倾销税**（Antidumping Duty）。在正常关税的基础上附加反倾销税是为了抵消歧视性定价或按照低于成本的价格销售所带来的影响。

倾销幅度（Margin of Dumping）以国外市场价格超过美国价格的幅度来计算。确定国外市场价格有两种方法。根据**价格定义法**（Price-Based Definition），外国公司在美国市场上出售商品的价格低于同一种商品在其国内市场的价格，即视为倾销。当无法获得这种商品在其国内的价格时（例如，生产这种商品仅仅是为了出口，并不在国内销售），可以参照第三方市场销售该商品的价格。

如果不能使用价格定义法，那么允许采用**成本定义法**（Cost-Based Definition）确定商品的国外市场价值。按照这种方法，美国商务部规定国外市场价值的构成等于下面四项之和：（1）商品的制造成本；（2）正常费用；（3）国内市场销售利润；（4）包装商品运输到美国的成本。正常费用不得低于制造成本的10%，利润至少等于制造成本与管理费用总和的8%。

进行反倾销，首先是向商务部和国际贸易委员会同时提交诉讼。提交诉讼的人员必须是某一进口竞争产业的内部成员（如某企业或工会），掌握倾销存在的证据，以及能够证明实际损害或有损害威胁的数据。

商务部首先要初步确定是否发生了倾销，并估计倾销幅度。如果初步调查找到了倾销的证据，那么美国进口商必须立即对所有存在问题的进口商品支付特殊的关税（相当于估计的倾销幅度）。然后，商务部再对倾销是否发生和倾销幅度作出最后裁定。如果商务部认为没有发生倾销，先前征收的特殊关税将返还给美国进口商。否则，将由国际贸易委员会确定倾销是否已经导致了实质性损害。

如果国际贸易委员会裁决倾销没有损害到国内的进口竞争企业，特殊关税也将返还给美国进口商。但是，一旦国际贸易委员会和商务部的裁决均支持倾销诉讼，则要根据商务部最后审查核算的倾销幅度征收一项永久性关税。接下来考察某些关于倾销的案例。

近年来，美国的反倾销税税率平均为45%，一些税甚至超过100%。这些反倾销税给贸易带来巨大的影响。在实施保护的前三年，目标产品的进口量通常下降50%～70%。接下来看一些关于倾销的案例。

□ 5.7.1 惠而浦呼吁实施洗衣机反倾销关税

惠而浦公司是一家世界知名家用电器厂商，全世界拥有员工68 000人以及66家制造和技术中心。惠而浦公司以惠而浦、美泰克和厨宝（KitchenAid）等品牌销售洗衣机、冰箱和烘干机，触角几乎遍布全球每一个国家。

惠而浦的历史可以追溯到1908年。当时，其创始人卢·厄普顿（Lou Upton）投资了一家家用设备公司。但是，这家企业经营失败，厄普顿被允许从这家企业挑选一件有价值的东西以补偿其投资损失。他选了手提式抽洗机的专利。在他看来，这个设备可以电气化。凭借这个专利和创新的愿景，厄普顿及其叔伯兄弟一起开始生产电动绞拧式洗衣机。随着时间的推移，惠而浦公司越来越繁荣，成为生产家用电器的龙头企业。

到21世纪初，惠而浦公司开始面临墨西哥和韩国家用电器企业的激烈竞争。惠而浦公司表示，这些外国厂家销售的产品借助本国政府补贴，销售价格已经“远低于正常价值”，违反了美国的贸易法律并造成惠而浦失去市场份额、工作岗位流失和销售额降低。

2011年，惠而浦公司针对韩国洗衣机厂家三星和LG提出反倾销和反补贴申诉，认为这些厂家在美国出售产品的价格低于正常价值，要求美国商务部和国际贸易委员会调查韩国和墨西哥生产的洗衣机。美国商务部和国际贸易委员会判决：韩国和墨西哥生产的洗衣机定价违法，惠而浦公司受到了实质性伤害。根据判决，美国海关针对三星和LG的产品征收反倾销和反补贴进口关税，税率从11%到151%不等。

对这次判决，惠而浦表示，此举创造了一个公正的竞争环境，美国家用电器企业可以继续在美国投资，生产高质量的产品。但是，三星和LG公司表示，它们对这次判决非常失望，此举最终将减少美国消费者的消费选择。①

贸易冲突

游向上游：越南鲇鱼的案例

2003年，美国政府对来自越南的进口鲇鱼实施了限制，这一行为遭到了强烈的反对。根据约翰·麦凯恩参议员以及其他人的批评，这一政策证实了富裕国家在制成品方面大力宣扬自由化贸易，但是面对海外农产品竞争时，就会对本国农场主实施较高程度的贸易保护。接下来考察这一贸易冲突。

---

① “Whirlpool Wins, Rivals to Face Big Import Duty,” *The Blade*, January 24, 2013; “Whirlpool Wins Decision in Anti-Dumping Case,” *Crain's Detroit Business*, January 24, 2013; “Whirlpool Files Anti-dumping Petitions Against Samsung and LG,” *Daily News*, January 2, 2012; U.S. Department of Commerce, *U.S. Department of Commerce Anti-dumping Ruling Supports U.S. Manufacturers*, July 20, 2012.

自资本主义改革之后，越南成为20世纪90年代全球化的成功案例。越南从大米进口国转变为世界第二大大米出口国，而且是咖啡的出口大国。越南的农村贫困率从70%下降到30%。随着越南和美国政府之间的邦交正常化，美国贸易代表团开始在越南增加自由企业。

某贸易代表团的代表发现了越南鲇鱼的发展前景，凭借湄公河三角洲的地理位置以及廉价的劳动力，其具有较强的竞争优势。几年内，某些收入过50万美元的越南富翁是靠鲇鱼贸易致富的。越南控制了美国冷冻鲇鱼片市场的20%，迫使美国国内价格下跌。在美国的鲇鱼产业中心地带——密西西比河流域，即使是当地的饭店也使用越南鲇鱼，从而对当地的养殖者敲响了警钟。

不久之后，密西西比河鲇鱼养殖户对越南养殖户发起贸易战，提出产品标签的要求，并征收反倾销关税。虽然这些养殖户通常不属于大型农业企业，但是它们也有足够的力量说服美国政府，禁止原来鼓励越南养殖户进入美国鲇鱼市场的政策。政府宣称在2 000多种鲇鱼品种中只有在美国出生的鱼种才能被称为“鲇鱼”。由此，越南只能用越语中的“tra”和“basa”来命名自己养殖的鱼，才能进入美国市场。密西西比河流域的鲇鱼养殖户发出“棘手的鲇鱼崇拜者”的警告，宣称这种鱼“甚至没有真正的胡须”，“漂浮在第三世界国家的河流中，还会咬人”这一人为的假情报宣传，使得越南鲇鱼在美国的销量下降。

密西西比河鲇鱼养殖户并不满足于标签的成功，还进一步向越南鲇鱼提起了反倾销诉讼。在这一诉讼案中，美国商务部并没有掌握充足的证据来证明进口鲇鱼在美国的价格低于越南市场的价格，或者低于其生产成本。但是，为了使密西西比河的鲇鱼养殖户免受国际竞争的冲击，商务部声称越南属于“非市场”经济国家。此界定意味着越南养殖户收取的价格肯定低于像美国这样的市场经济国家的所有生产成本，因此被认为向美国市场倾销鲇鱼。由此，美国商务部向越南鲇鱼进口征收37%～64%的反倾销关税。美国国际贸易委员会进一步指出，越南倾销带来的不公平竞争给美国鲇鱼产业造成了损害，因此将这一反倾销税规定为永久性税收。批评者指出，非市场国家的界定是不合理的，因为美国政府一直鼓励越南向市场经济转型。

资料来源：“Harvesting Poverty：The Great Catfish War，” *The New York Times*，July 22，2003，p. 18；The World Bank，*Global Economic Prospects*，2004，Washington，DC，p. 85.

□ 5.7.2 加拿大对华盛顿苹果生产商的反倾销

不仅国外生产商在美国倾销产品，美国企业有时也向国外倾销产品。

1989年，加拿大政府指出，主要在华盛顿种植的美味苹果在加拿大市场上进行了倾销，损害了加拿大4 500多个商业苹果种植者的利益。为此，加拿大政府作出裁决：一箱42磅的华盛顿苹果在加拿大的售价不得低于11.87美元，即加拿大对正常储藏苹果估计的“正常价值”（类似于美国的“公允价值”概念）。为了确保总购买价格等于确定的“正常价值”，如果加拿大进口商以低于“正常价值”的价格购买美国苹果，必须向加拿大政府支付反倾销税。这一反倾销裁决的有效期为5年，即1989—1994年。

加拿大苹果种植者提交的诉讼声称，20世纪70年代末期至80年代初期，美国大量种植苹果，苹果产量严重过剩。1987年和1988年，华盛顿的苹果收成创历史纪录，存货数量超过了存储能力。种植者为了销售苹果而大幅度降低价格，导致美味苹果在北美市场的价格大幅度下跌。

趁华盛顿的苹果种植者未能提供及时信息之际，加拿大政府利用可获得的最好信息对美国一箱苹果的正常价值进行了估算。从表5.4中可以看出，1987—1988年这一种植年，一箱苹果的正常价值为11.87美元。同期，美国对加拿大的出口价格是一箱9美元。基于对出口价格和正常价值的比较，加权平均的倾销幅度被确定为32.53%。

表5.4　　1987—1988年正常价值与倾销幅度：美味苹果，正常储存*

美国包装箱的离岸价格（42磅）	正常价值（美元）
种植和收获成本	5.50
包装、销售和储存成本	5.49
总成本	10.99
利润（8%的利润率）	0.88
总的正常价值	11.87
倾销幅度	百分比（%）
范围	0～63.44
加权平均幅度	32.53

*真空储藏苹果的加权平均倾销幅度为23.86%。

资料来源：*Statement of Reasons: Final Determination of Dumping Respecting Delicious Apples Originating in or Exported from the United States of America*, Revenue Canada, Customs and Excise Division, December 1988.

加拿大政府证实，涌入本国市场的低价华盛顿苹果取代了本国苹果，致使1987—1988年这一种植年度内，国内种植商每箱苹果损失了1～6.4加拿大元。为此，加拿大政府作出裁决：倾销的苹果损害了加拿大种植者的利益，因此对华盛顿苹果加征反倾销税。

5.8　反倾销法不公平吗?

反倾销法的支持者认为，反倾销法的目的是为面临不公平进口竞争的国内生产商创造一个“公平的平台”，这个“平台”可以消除虚假的竞争优势来源。通过弥补倾销价格和正常市场价格间的差异，反倾销税给国内生产者重新提供了一个平等的起点。然而，许多批评者指出，虽然受保护的产业能从反倾销税中受益，但受保护产品的消费者和宏观经济都会受损，正如第4章中所论述的。因此，反倾销法受到批评也就不足为奇了。

□ 5.8.1　是否应该以平均可变成本来定义倾销?

按照目前的规则，当外国生产商在美国市场上以低于公允价格的价格销售产品时，就会发生倾销，其中，公允价格等于平均总成本加上8%的利润。然而，许多经济学家认为公允价格应该以平均可变成本而不是平均总成本为基础，特别是在国内需求出现暂时性衰退时。

接下来基于以下假设条件，考察收音机生产商的情况。假设（1）：在特定时期内，生产者的生产能力为150单位产品；假设（2）：国内市场对收音机的需求对价格富有弹性，而外国需求对价格缺乏弹性。参照表5.5，假设对于国内外消费者，生产商都收取统一价格（不存在倾销），每单位300美元。因为国内需求富有弹性，国内销售量为100单位。但是基于国外的需求弹性情况，假设在现行价格水平下，生产商无法卖出收音机。此时，生产商的销售收入等于3万美元，正好等于可变总成本与固定总成本之和。在不存在倾销的情况下，企业会有50台收音机的剩余生产能力。此外，生产商在国内市场的运营正好实现盈亏平衡。

表5.5　倾销与剩余生产能力

	不发生倾销	发生倾销
国内市场销售	100单位×300美元	100单位×300美元
出口销售	0单位×300美元	50单位×250美元
销售收入	30 000美元	42 500美元
可变成本，每单位200美元	−20 000美元	−30 000美元
	10 000美元	12 500美元
固定总成本，10 000美元	−10 000美元	−10 000美元
利润	0美元	2 500美元

假设这一生产商决定以低于国内市场的价格向海外倾销收音机。只要总可变成本能够得到弥补，固定成本之上的任何价格都能够带来比存在剩余生产能力时更多的利润（更少的损失）。根据表5.6，对国内消费者收取300美元的价格，生产商将能够销售100单位产品。如果收取250美元的价格，生产商将能够在海外多销售50单位产品。由此，总销售收入等于42 500美元，不仅能够抵消可变成本和固定成本，而且能获得2 500美元的利润。

表5.6　委内瑞拉电视机供给和需求

每台电视机价格（美元）	需求数量（台）	供给数量（台）
100	900	0
200	700	200
300	500	400
400	300	600
500	100	800

通过倾销，尽管生产商以低于平均总成本（平均总成本=40 000美元/150=267美元）的价格将产品销往海外，也能够增加利润。剩余生产能力使得生产商有动力通过降低价格来促进其产品的海外销售，可能会达到刚刚抵消平均可变成本的水平。当然，在此期间国内价格必须足够高，使得生产商获利。

总之，许多经济学家认为，反倾销法根据平均总成本来确定公允价值是不公平的。他们认为，根据经济理论，在竞争性条件下，企业按照平均可变成本进行产品定价，这一标准低于平均总成本。因此，反倾销法惩罚的对象只不过是按照典型的竞争性市场行为方式运营的厂商。此外，美国企业在国内市场的销售不受此规则的约束，这也是反倾销法不公平的原因之一。事实上，以低于成本的价格进行销售的外国企业，不管是在国内市场还是在美国市场，都极有可能被认为是倾销，此时，美国企业以相同的价格在国内市场销售，也会遭受损失。

□ 5.8.2 反倾销法是否应该反映币值波动?

关于反倾销法的另一种批评是，它没有反映币值波动。按照以价格为基础的倾销的定义，在国外市场以低于国内市场的价格销售，即被视为倾销。外国生产商对海外顾客指定的价格必须以外币表示，由此根据法律定义，汇率波动能够导致“倾销”。例如，如果日元对美元相对升值，将意味着用较少的日元就能购买到1美元。但是，如果日本钢铁出口企业在美国市场进行竞争，并以美元制定价格，日元的升值将会使其以日元表示的出口商品的价格下跌，从而看起来像对美国市场进行了倾销。根据美国反倾销法，本国企业无须遵照对在美国市场销售产品的外国企业实施的标准。反倾销法到底是修正了不平等现象，还是造成了不平等呢?

□ 5.8.3 反倾销税是否过度使用?

在20世纪90年代以前，反倾销行为一直是一种保护主义工具，只被少数的发达经济体使用：美国、加拿大、澳大利亚和欧洲。从那以后，许多发展中经济体的反倾销案件也开始激增，其中包括墨西哥、印度和土耳其。其他经济体加大反倾销力度意味着美国越来越成为反倾销的目标。

由于世界经济贸易自由化的程度越来越高，反倾销税的广泛使用也就不足为奇了。然而，经济学家并不认为反倾销税的扩散是一件好事，因为它可能成为变相的贸易保护主义，同第二次世界大战以来盛行的降低关税的趋势背道而驰。虽然在世界贸易组织的规则下，反倾销行为是合法的，但它也有可能导致恶性循环，因为一国的反倾销税会引发其他国家的报复。

对美国生产者而言，使用反倾销税避免进口竞争变得越来越容易。一个原因在于，申请反倾销调查的范围不断扩大，从限制暂时性倾销扩展到任何形式的国际价格歧视。评估进口商品对本国工业带来的伤害的标准越来越具有进攻性也是反倾销税得以扩张的原因。

美国反倾销政策的批评者认为，美国商务部几乎总是能找到倾销案例，而美国国际贸易协会确认的实际伤害案例却少得多。批评者同时指出，在许多情况下，多数在现行体制下被认为倾销的进口商品，如果用本国的反垄断法衡量的话，不会被质疑为反竞争威胁。换言之，国内企业如果采取进口商同样的行为的话，不会被视为反竞争威胁或具有伤害性。

5.9 其他非关税贸易壁垒

其他非关税贸易壁垒由进口国政府对进口商品实施的各种行为法规构成。尽管这些条款常常被很好地伪装起来，但它们仍是商业政策的重要来源。接下来我们讨论三种非关税贸易壁垒：政府采购政策、社会管制、海上运输和货运管制。

□ 5.9.1 政府采购政策

政府机构是商品和服务的大买主，对外国供应商来说是很有吸引力的顾客。如果政府只从成本最低的供应商处购买商品和服务，那么其贸易模式与竞争性市场条件下的贸易模式并不会有太大区别。然而，大多数政府在采购原材料和商品时往往优先购买本国商品，而不是国外商品，公共部门的总购买中进口所占的比例远远低于私人部门足以证明这一点。

政府通常以**购买国货政策**（Buy-National Policies）的形式为国内供应商提供优惠。美国政府通过明确的法律，在购买决策中公开歧视外国供应商。虽然大多数其他国家政府并没有对国内供应商的优惠正式立法，却常常利用隐蔽性行政法规和行为歧视外国供应商。例如，在竞标时，采用封闭投标制度限制参与投标的企业数量，或者以某种方式公布政府合同，使外国供应商难以投标。

1933 年经济大萧条时期，美国政府为了刺激国内就业，通过了《购买国货法案》。这项法案要求，如果美国供应商的价格不是“不合理地”高于国外竞争者，联邦机构应该从它们那里购买原材料和商品。在被定为国货的商品中，国产部件的含量不得低于 50%，并且商品必须在美国制造。目前同样的是，美国民用机构的供应商有 6%的优惠，这意味着，只要美国供应商的最低竞价高于国外竞争者的幅度不超过 6%，就能得到政府合同。如果实力弱的国内投标商属于劳动力过剩的行业，优惠幅度将上升到 12%，如果是国防部购买的话，则这一优惠比率将达到 50%。不过，当美国生产的商品数量或质量不尽如人意的时候，这些优惠条件将会无效。

偏袒国内供应商、歧视低成本的国外供应商，使得购买国货政策成为自由贸易的一种障碍。受到保护的国内供应商为其低效率的生产方式找到了庇护所，支付的资源价格高于自由贸易的情况，这导致了政府项目成本的攀升，整个国家的福利也以保护效应和消费效应的形式遭受了无谓损失。

采纳了 1979 年东京回合贸易多边谈判的决议之后，美国取消了政府购买国货的限制。然而州政府和地方政府机构在原材料和商品的采购中并没有实施这项决议。现在仍有 30 多个州设有购买国货的法规，从明确禁止购买外国商品的规定到有利于美国商品的较为宽松的指导性政策。

例如，2001—2004 年，加利福尼亚州交通部重建了一部分被地震损坏的旧金山-奥克兰海湾大桥。然而，该项目的成本达到 40 亿美元，超出当局预计的 3 倍。一个原因在于，加利福尼亚州的购买国货政策规定，只有当外国钢铁的价格至少低于本土价格的25%时才可以使用外国钢铁。而当时的差距只有23%，因此州政府不得不使用本国钢铁。价格差距使总价格增加了4亿美元。虽然这个规定使国内钢铁生产商受益，但对加利福尼亚州的纳税者而言却是不公平的。①

贸易冲突

☞

美国财政刺激和《购买国货法案》

在2007—2009年经济危机期间，美国政府执行了7 870亿美元的财政刺激法案。关于政府资助项目是否只能使用美国制造的原材料的争论也随之升级。《购买国货法案》的支持者认为，刺激花费中的任何一美元都不应该花在外国产品上；相反，纳税人的钱应该用来购买美国制造的产品，从而为美国人民创造就业机会。

最初由众议院制定的财政刺激法案规定，法案提供的资金不得用于基础设施建设，除非项目中的所有钢铁都是由美国生产的。参议院的版本要求更为严苛，要求建设项目中所有的制造品都应来自美国。这个法案受到美国工会和包括美国钢铁公司在内的企业的大力支持。

虽然在2008年竞选期间，奥巴马总统支持《购买国货法案》，但到2009年他已不那么坚定。《购买国货法案》在提案阶段就在国外引起轩然大波。例如，欧盟提出警告，《购买国货法案》的通过意味着美国违反了过去的贸易协议，将会使可能发生的贸易战升级，从而使世界陷入危机。同时，美国出口公司如卡特彼勒等认为，国外的报复会极大地降低它们在海外市场的销售额；卡特彼勒指出，在2009年，其60%的收益都来自国外市场。

为了回应这些担忧，奥巴马否决了《购买国货法案》中公然带有保护主义性质的条款。他最终签署的财政刺激法案是《购买国货法案》的缩水版，综合了参议院和众议院的条款。例如，如果《购买国货法案》使一项工程的成本多出25%，或者有损公众利益的话，联邦机构有权不执行《购买国货法案》。

联邦政府的贸易协议对美国的市政府和州政府没有法律强制执行力：这些市级和州级政府一直执行《购买国货法案》，拒绝来自加拿大、墨西哥和其他国家的企业竞标学校建设、污水处理厂建设等市政工程合同。

□ 5.9.2 社会管制

自20世纪50年代以来，国家在提高社会生活质量方面发挥着越来越重要的作用。**社会管制**（Social Regulation）的目的在于纠正经济中有关健康、安全和环境方面的各种不合理的负面效应。这些效应如果不加以管制，往往会被市场忽略。社会管制一般针

① "Steep Cost Overruns, Delays Plague Efforts to Rebuild Bay Bridge," *Los Angeles Times*, May 29, 2004.

对特殊的问题，比如环境质量，并影响汽车、钢铁和化工等许多产业的企业行为。

公司平均燃料节约标准

虽然社会管制可以实现改善健康、安全和环境状况的目标，但是也可能成为国际贸易的壁垒。接下来考察一下美国政府在汽车制造业中实施的燃料节约标准。

1975 年美国制定的**公司平均燃料节约标准**［Corporate Average Fuel Economy (CAFE) Standards］，是美国能源保护政策的基础。该标准规定了所有制造商销售的车辆的平均燃料效率，适用于在美国销售的所有客运交通工具。自 2011 年起，CAFF 标准要求载客汽车每 30.2 英里耗费 1 加仑汽油，轻型卡车每 24.1 英里耗费 1 加仑汽油。平均燃料效率达不到这个标准的制造商将被处以罚金。

20 世纪 80 年代，CAFE 标准不仅被用来促进能源节约，还被用于保护美国汽车工人的就业。对于美国汽车制造商来说，提高汽车平均燃料效率的最简单方式就是从它们在亚洲和欧洲的子公司进口体积更小、更节能的汽车，然而这会降低原本已经衰退的汽车产业的就业。为此美国政府分别对本国和进口汽车制定了相互独立但是统一的标准，要求通用、福特和克莱斯勒等既在美国制造汽车又出售进口汽车的公司，在两类汽车上都必须满足 CAFE 标准的规定。由此一来，美国企业就不能将节约燃料的进口汽车和燃料效率低的国产汽车指标平均起来，以满足 CAFE 标准。通过对国产汽车和进口汽车分别计算，美国政府试图迫使国内企业不仅生产更节能的汽车，而且要在美国国内进行生产。总之，不管是有意的还是无意的，政府管制时常会对外国产品设置有效的进口壁垒，从而削弱国外竞争者的竞争优势。

欧洲对美国荷尔蒙牛肉的禁令

社会管制可能影响到牛肉的生产，欧盟禁止生产和进口含有荷尔蒙的肉类就是一个例子。为了加快家畜的成长速度，生产出迎合消费者低脂肪和低胆固醇的饮食偏好的瘦肉型家畜，家畜养殖企业普遍使用促进生长的激素。然而，批评者认为，荷尔蒙会使肉类消费者患上癌症。

1989 年，欧盟通过了一项禁令，禁止生产和进口使用激素的牛肉制品。欧盟声称实施这项禁令是出于保护消费者的健康和安全的需要。

美国生产商立即对这项禁令表示了抗议，因为美国近 90％的肉类产品使用了荷尔蒙。在美国看来，以健康为由禁止牛肉进口是毫无科学根据的，而此项禁令的真正目的在于保护欧洲相对成本较高的牛肉产业免受国外竞争的冲击。美国生产商指出，实施这项禁令时，欧洲生产的牛肉严重过剩，加之储存牛肉的成本较高，对限制牛肉进口形成了巨大的政治压力。根据美国的看法，欧盟所强调的健康问题只不过是为保护劣势产业的掩人耳目的借口而已。

这项贸易争端最终提交给了世界贸易组织（见第 6 章）。WTO 裁定欧盟对含荷尔蒙肉类的禁令是不合理的，为此美国对欧盟的牛肉出口每年损失 1.17 亿美元。然而，欧盟以消费者偏好为由拒绝取消禁令。因此，WTO 授权美国征收足够高的关税，禁止欧洲向美国出口价值 1.17 亿美元的产品。美国行使其权利，立即对一系列欧洲产品征收 100％的关税，包括西红柿、羊乳干奶酪、芥末、鹅肝、柑橘、面团、火腿及其他产品。美国的报复名单集中在丹麦、法国、德国和意大利的出口商品上，这些国家曾是欧盟对含有荷尔蒙的牛肉实施禁令的最大支持者。

100%的关税使得目标产品双倍加价，有效地迫使欧洲各国放开了牛肉产品的进口。2009 年，欧盟和美国同意：欧盟继续禁止含有荷尔蒙的牛肉，美国逐渐取消进口关税，以换取欧盟大幅提高生长过程中未使用荷尔蒙牛肉的进口配额。到 2012 年，美国取消了所有贸易报复的关税，结束了这场旷日持久的贸易争端。虽然欧盟农民害怕美国牛肉大量涌入欧盟市场，但是这种情况一直没有出现。

□ 5.9.3 海上运输和货运管制

20 世纪 90 年代，服务于日本港口的美国船运公司对高度管制的港口服务体制表示不满。它们声称日本装卸公司联盟（从船上卸货的公司）运用有优先权的咨询系统控制竞争，在本联盟内部分配港口工作，使船运公司降低成本的计划屡遭失败。

令船运公司尤为不满的是，它们从到达时间到装卸工和仓库的选择上都要与日本装卸公司联盟进行谈判。由于日本装卸公司联盟控制着港口服务，所以外国运输商不能与单个装卸公司谈判价格和时间。并且，美国运输商认为，日本政府拒绝批准新企业进入港口服务领域，支持国外运输商与日本装卸公司联盟谈判的制度，从而纵容这些限制性行为。

东京港的一次午夜之行就足以说明美国船运公司的挫败。“海地商业”号刚刚靠岸，码头的灯光暗淡，到处一片宁静。凌晨 1 点，灯亮了，起重机开始干活，卡车开始卸载船上的集装箱（装有美国产的纸碟、计算机和宠物食品）。然而，凌晨 4 点钟，灯光熄灭了，工作停止了。码头工人要到第二天早上 8：30 才能回来，而且白天还要休息 3 个多小时。在船驶往奥克兰之前，有 488 个集装箱需要卸载，但只卸载了 169 个。按照这样的速度，中午之后才能干完。幸好不是星期天，否则所有的港口都会关门。

然而，当“海地商业”号到达奥克兰的时候，美国码头工人会一天 24 小时装货卸货，不仅收取的费用不及日本的一半，花费的时间还要少 30%。轮船要想进入东京港，必须向日本装卸公司联盟弄清一切细节；而进入美国港口，只需通知港口当局和海岸保卫队就行了。在美国出口商看来，港口的这种不公平待遇也是一种贸易壁垒，因为它使得美国的出口商品在日本变得更加昂贵。

1997 年，美国政府命令海岸警卫队和海关禁止插有日本旗的轮船在美国港口卸货，由此美国和日本之间的贸易战一触即发。美国政府要求外国船运公司可以与负责搬运它们船上货物的日本装卸公司直接谈判，从而给船运商一个避开日本装卸公司联盟管制的途径。两国政府在协商之后达成了一项日本港口服务自由化的协议。与之相对应，美国也取消了对日本轮船的禁令。

5.10 小结

1. 在过去的 20 年中，随着进口关税的降低，非关税贸易壁垒作为贸易保护的一种手段逐渐受到重视。非关税贸易壁垒包括以几种方式：（1）进口配额；（2）有序的销售安排；（3）国内含量条件；（4）补贴；（5）反倾销管制；（6）歧视性政府采购行为；（7）社会管制；（8）海上运输和货运管制。

2. 进口配额是政府对进口商品数量的限制。配额的实施以全球（整个世界）或者选择（个别国家）为基础进行。虽然配额的经济效应很多与关税相同，但更具有管制性。配额的收入效应一般根据国内进口商和国外出口商拥有的市场支配力程度在二者之间进行分配。如果政府希望获得收入效应，可以在竞争性市场上以竞价的方式将配额指标出售给出价最高的投标者。

3. 关税税率配额是对进口商品征收的双重关税。它允许限额以内的商品以较低的关税税率进口，而超过这个限制的进口商品则将面临较高的进口关税。税率配额产生的收入中，一部分作为关税收入转化为国内政府的收入，剩余的部分则被生产者以意外利润的形式获得。

4. 因为出口配额由出口国政府（供给方限制）管理，所以它的收入效应倾向于被出口国的销售商获得。对进口国来说，配额的收入效应是除了保护效应和消费效应之外的另一种福利损失。

5. 国内含量条件试图限制海外承包，鼓励国内产业的发展。典型的做法是规定一种产品的价值中国内生产价值必须占有的最小百分比。本国含量的保护导致了高生产成本和较高的产品价格，由此给国内经济带来福利的损失。

6. 政府补贴通常是对国内出口商和进口竞争产业的一种保护形式，可以采取直接的现金补助、税收减让、低息贷款和特殊保险协议等形式。与等额的税收和配额相比，对面临进口竞争的生产商给予直接的生产补贴，在经济福利方面引起的损失更小。实施出口补贴会产生贸易条件效应和出口收入效应。

7. 当一个企业在国外销售产品的价格满足以下两个条件时，即被认为是国际性倾销：(1) 低于平均总成本，或者 (2) 低于同一产品在国内的销售价格。倾销就性质而言分为偶发性倾销、掠夺性倾销和持续性倾销三种。政府通常对它们认定的、在本国倾销的国外产品处以严厉的罚金。

8. 政府在安全和技术标准上的法规、条例及市场条约能够对世界贸易结构产生重大影响。

5.11 关键概念及术语

- 绝对配额（Absolute Quota）
- 反倾销税（Antidumping Duty）
- 购买国货政策（Buy-National Policies）
- 公司平均燃料节约标准［Corporate Average Fuel Economy（CAFE）Standards］
- 倾销的成本定义法（Cost-Based Definition of Dumping）
- 国内含量条件（Domestic Content Requirements）
- 国内生产补贴（Domestic Production Subsidy）
- 倾销（Dumping）
- 出口配额（Export Quotas）
- 出口补贴（Export Subsidy）

- 全球配额（Global Quota）
- 进口许可证（Import License）
- 按需求分配许可证（License on Demand Allocation）
- 倾销幅度（Margin of Dumping）
- 非关税贸易壁垒（Nontariff Trade Barriers，NTBs）
- 持续性倾销（Persistent Dumping）
- 掠夺性倾销（Predatory Dumping）
- 倾销的价格定义法（Price-Based Definition of Dumping）
- 国别配额（ Selective Quota）
- 社会管制（Social Regulation）
- 偶发性倾销（Sporadic Dumping）
- 补贴（Subsidies）
- 关税税率配额（Tariff-Rate Quota）

5.12 习题

1. 过去 20 年，作为保护措施的非关税贸易壁垒逐渐受到重视。主要的非关税贸易壁垒有哪些？

2. 进口配额的收入效应和关税的收入效应有何不同？

3. 政府给国内生产者的补贴有哪些形式？

4. 自动出口限制的含义是什么？它和其他贸易保护性壁垒有什么不同？

5. 美国的反倾销法是该以平均总成本表示还是该以平均变动成本表示？

6. 进口关税和等额的进口配额哪一个是更具有限制性的贸易壁垒？

7. 偶发性倾销、持续性倾销和掠夺性倾销之间的区别是什么？

8. 补贴为面临进口竞争的生产者提供了与关税和配额同等程度的保护，但在国家福利方面损失更小。请解释其原因。

9. 补贴不像关税那样产生税收收入，反而要耗费税收收入，因此不是保护国家经济的有效措施。你同意这种观点吗？

10. 1980 年，美国汽车产业建议对进入美国市场的国外汽车实行进口配额。这一政策可能带来的收益和成本是什么？

11. 为什么 1982 年美国政府提供进口配额来帮助国内蔗糖生产商？

12. 哪种趋势会造成家庭经济更大的福利损失：（a）对本国政府实行进口配额，或是（b）由外国政府实行自愿出口配额？

13. 日本对出口到美国的汽车数量进行限制可能给美国带来什么影响？

14. 为什么针对在美销售的外国钢材实施配额时，美国钢材消费企业会向政府进行游说？

15. 考虑国际性倾销，区别以价格为基础和以成本为基础确定的国外市场价值。

16. 表 5.6 为委内瑞拉对电视机的需求和供给表。委内瑞拉属于小国，不能影响电视机的世界价格。在图纸上画出委内瑞拉对电视机的需求曲线和供给曲线。

a. 假设委内瑞拉每台进口电视机的价格是 150 美元。在自由贸易条件下，委内瑞拉生产、消费和进口电视机的数量分别是多少？计算委内瑞拉的消费者剩余和生产者剩余。

b. 假设委内瑞拉实行进口配额，将进口电视机的数量限制在 300 台。计算配额引起价格上涨的幅度和消费者剩余的减少量。计算配额的再分配效应、消费效应、保护效应和收入效应。假设作为买方的委内瑞拉进口公司组织起来，与具有竞争力的国外出口商进行讨价还价，那么配额给委内瑞拉造成的全部福利损失是多少？假如外国出口商组织起来形成垄断性卖者，配额给委内瑞拉造成的全部福利损失又是多少？

c. 假设委内瑞拉不实施配额，而是对面临进口竞争的生产者给予每台电视机 100 美元的补贴。在你的图中画出给予补贴后委内瑞拉生产者的供给曲线。补贴使价格上升到自由贸易水平之上了吗？计算在补贴条件下委内瑞拉生产、消费和进口电视机的数量。委内瑞拉政府补贴的总成本是多少？在这一数量水平下转移到委内瑞拉生产者身上的生产者剩余是多少？无效率的国内生产所导致的较高生产成本所减少的产量为多少？计算在补贴条件下委内瑞拉的总体福利损失。

17. 这个问题使用到出口配额福利效应的知识，关于出口配额福利效应的内容，参见“进一步探索 5.2”，网址：www. cengage. com/economics/Carbaugh。表 5.7 为厄瓜多尔对计算机的需求和供给表。厄瓜多尔是一个不能影响世界价格的小国。在图纸上画出厄瓜多尔对计算机的需求曲线和供给曲线。

表 5.7　　厄瓜多尔的计算机需求和供给

每台计算机的价格（美元）	需求量（台）	供给量（台）
0	100	—
200	90	0
400	80	10
600	70	20
800	60	30
1 000	50	40
1 200	40	50
1 400	30	60
1 600	20	70
1 800	10	80
2 000	0	90

a. 如果中国香港和中国台湾能够分别以 300 美元/台和 500 美元/台的价格向厄瓜多尔提供计算机，在自由贸易条件下，厄瓜多尔将会进口多少台计算机？从哪个地区进口？

b. 假设厄瓜多尔与中国香港达成了一项自动出口协议，商定中国香港对出口实行配额，出口到厄瓜多尔的计算机数量限制为 40 台，而且中国台湾没有借此向厄瓜多尔出口计算机。计算配额使厄瓜多尔计算机价格升高的幅度和消费者剩余的减少量。确定配额的再分配效应、消费效应和收入效应。因为出口配额由中国香港控制，所以其出口商将获得配额的收入效应。计算配额给厄瓜多尔造成的总的福利损失。

c. 再假设中国香港向厄瓜多尔出口的配额限制为 40 台计算机，但是现在中国台湾属于非限制性出口地区，它向厄瓜多尔出口 20 台计算机。因此，厄瓜多尔进口 60 台计算机。计算配额给厄瓜多尔造成的总体福利损失。

d. 总的来说，当非管制性供给的增加弥补了部分出口配额减少的供给时，与没有非管制性供给时相比较，进口国的福利损失是增加还是减少了？以厄瓜多尔为例确定这一数量。

18. 图 5.6 表示的是大不列颠玩具公司（BTI）进行国际倾销的实例。图 5.6（a）表示 BTI 在英国所面临的需求曲线和边际收益曲线，图 5.6（b）表示 BTI 在加拿大所面临的需求曲线和边际收益曲线。图 5.6（c）是两个市场汇总后的需求曲线和边际收益曲线，以及 BTI 的平均总成本曲线和边际成本曲线。

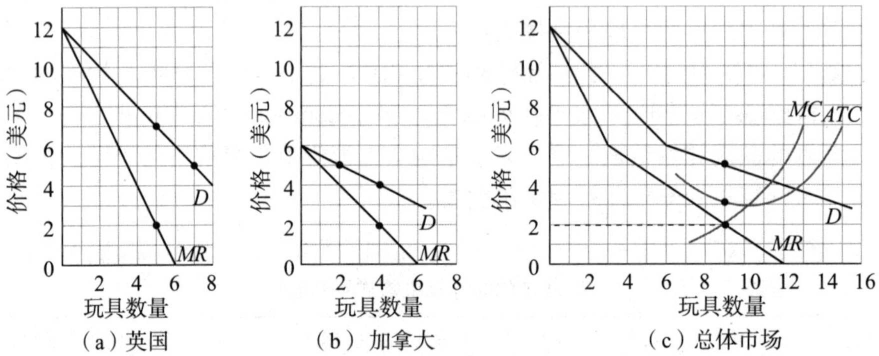

图 5.6 国际倾销曲线

a. 在没有国际倾销的情况下，BTI 对英国和加拿大消费者实行统一的价格（忽略运输成本）。计算公司实现利润最大化时的产量、价格和总利润水平。BTI 在英国和加拿大销售时获得的利润分别为多少？

b. 现假定 BTI 实行国际倾销，确定其对英国购买者制定的价格和销售利润，以及对加拿大制定的价格和销售利润。国际倾销的实施会比统一价格战略带来更高的利润吗？如果是这样，这一利润是多少？

19. 为什么把关税税率配额看做对国内消费者利益和国内生产者利益的折中？关税税率配额与进口关税在收入效应上有哪些不同？

进一步探索

1. 关于关税税率配额的福利效应的分析，请查询“进一步探索 5.1”，网址：www.cengage.com/economics/Carbaugh。

2. 关于出口配额的福利效应的分析，请查询“进一步探索 5.2”，网址：www.cengage.com/economics/Carbaugh。

第 6 章

贸易法规与产业政策

在前几章中，我们讨论了关税和非关税贸易壁垒的收益及成本。本章将介绍美国的主要贸易政策；世界贸易组织在全球贸易体制中的作用；各国用以提高本国产品竞争力的各种产业政策；以及用以实现国外政策目标的国际经济制裁的本质和效果。

6.1 1930 年以前美国的关税政策

从表 6.1 中可以清楚地看出，美国的关税发展历史呈现明显的波动。美国早期关税法的主要目的在于为政府提供税收收入。1789 年，美国议会通过第一个关税法案，最主要的目的就在于获取收入，按照这个法案，只有联邦政府有权征收关税，税率从 5%到 15%不等。至此，各州征收关税的旧体制消失了。18 世纪 90 年代，关税是联邦政府收入的最主要来源，占比达到 90%多。随着经济的发展，政府税收来源多样化，新的税收来源不断出现，比如收入所得税，以收入为征收关税的理由的合理性在逐渐减弱。目前征收的关税只占联邦政府总收入的 1%，可以忽略不计。

表 6.1　美国关税发展历史：平均关税税率

关税立法和颁布时间	平均关税税率* （%）
《麦金利关税法》，1890 年	48.4
《威尔逊关税法》，1894 年	41.3
《丁利关税法》，1897 年	46.5
《佩恩-奥尔德里奇关税法》，1909 年	40.8

续前表

关税立法和颁布时间	平均关税税率* (%)
《安德伍德关税法》，1913 年	27.0
《福德尼-麦坎伯关税法》，1922 年	38.5
《斯穆特-霍利法案》，1930 年	53.0
1930—1949 年	33.9
1950—1969 年	11.9
1970—1989 年	6.4
1990—1999 年	5.2
2000—2009	3.5
2013	3.5

* 税率指简单平均税率。

资料来源：U. S. Department of Commerce, *Statistical Abstract of the United States*, various issues and World Trade Organization, *World Tariff Profiles*, 2012.

随着关于关税的财政收入作用讨论的逐渐衰退，关于其保护性的讨论与日俱增。1791 年，亚历山大·汉密尔顿向议会提交了著名的《制造生产商报告》，主张对美国的幼稚产业进行保护，免受外国产品的竞争，直到它们能够成长并实现繁荣，这就是幼稚产业保护论。虽然汉密尔顿的著作起初没有产生立法效应，但是直到 19 世纪 20 年代，美国的保护主义情绪一直在高涨。特别是北部工业发达的各州，贸易保护主义更加严重。但是，南部各州基本上没有制造业，进口商品时缴纳很高关税，人们强烈反对提高关税：如果提高关税，他们将不得不支付更多的成本进口工业品。

贸易保护主义运动不断兴起，1828 年"关税厌恶"（Tariff of Abominations）的通过使得这一运动达到高潮。这一措施使得平均关税税率提高到 45%，达到了美国内战之前的最高水平，这激怒了希望对其进口制成品征收较低关税的南方各州。南方各州对这一关税水平的反对，使得 1833 年的《妥协关税法》（Compromise Tariff）得以通过，对美国制造商降低了关税保护。19 世纪四五十年代，美国政府的税收收入超过了政府支出。由此，政府通过了《沃克关税法》（Walker Tariffs），将关税税率降低到 23%，目的在于消除财政盈余。1857 年，美国政府进一步削减了关税，平均关税水平下降到约 16%，达到了自 1816 年以来的最低水平。

在美国内战时期，美国政府通过了 1861 年、1862 年和 1864 年的《莫里尔关税法》（Morill Tariffs），再次提高了关税水平。这些政策起初是为了支持内战，截止到 1970 年，贸易保护程度再次提高到了 19 世纪 40 年代的最高水平，然而，此时的关税水平很难再降低。19 世纪后期，美国劳动者和企业领导者抱怨国外生产者凭借廉价的劳动力而使产品大量进入美国市场，并说服了美国政策制定者。《麦金利关税法》（McKinley Tariffs）和《丁利关税法》（Dingley Tariffs）在很大程度上就是为回应这一抱怨而制定的。截止到 1897 年，美国对进口商品征收的保护性关税的平均税率为 46%。

尽管 1909 年《佩恩-奥尔德里奇关税法》（Payne-Aldrich Tariff）标志着保护主义

由上涨转为下降，但是直到 1913 年，《安德伍德关税法》（Underwood Tariff）的出台才将平均关税税率降低到 27%。如果没有第一次世界大战的爆发，贸易自由化可能仍然具有长期存在的基础。战争期间，保护主义不断兴起，直到战争结束之后，保护主义仍然盛行。20 世纪 20 年代初期，科学关税理念非常具有影响力。1922 年，《福德尼-麦坎伯关税法》（Fordney-McCumber Tariff）列出了一项条款，当外国产品的生产成本低于美国的生产成本时，总统可以提高关税水平。在《福德尼-麦坎伯关税法》制度下，平均关税税率提高到 38%。

6.2 《斯穆特-霍利法案》

1930 年颁布的**《斯穆特-霍利法案》**（Smoot-Hawley Act）使得美国贸易保护主义达到高潮，美国对进口商品征收的平均关税税率达到 53%。当《斯穆特-霍利议案》（Smoot-Hawley Bill）递交到美国国会时，其他国家纷纷向华盛顿政府提出官方抗议，最终形成一份长达 200 页的文件。然而，美国众议院和参议院还是一致通过了这项法案。尽管近千名美国经济学家联名上书，但赫伯特·胡佛总统也没有否决该议案，并于 1930 年 6 月 17 日将其签署为法律。简单来说，美国制定《斯穆特-霍利法案》的目的在于用本国商品取代进口商品。

这项法案遭到了美国 25 个贸易伙伴的报复。美国对来自西班牙的软木、橙子和葡萄进口征收关税后，西班牙向美国征收了威斯关税（Wais Tariff）。因为美国对瑞士的手表和鞋开征了新关税，由此瑞士也进行报复，抵制美国的出口商品。由于美国对源于加拿大的木材、原木和许多食品征收关税，作为报复，加拿大也把关税提高了 3 倍。意大利对美国汽车征收关税，以报复美国对其橄榄油和帽子征收的关税。墨西哥、古巴、澳大利亚和新西兰也参加了这场关税战。各国还采取了其他以邻为壑的政策，如外汇管制和货币贬值。一些国家试图通过减少进口以实现贸易盈余，导致了国际贸易体系的崩溃。在《斯穆特-霍利法案》实行后的两年内，美国的出口额减少了近 2/3。图 6.1 表示了在全球经济陷入大萧条后，世界贸易量的减少情况。

胡佛总统是如何陷入这一贸易保护主义陷阱的呢？1928 年，当农场经济面临困境时，总统就不得不按照共和党纲领的要求对其实施关税援助。1929 年股票市场的崩溃以及紧随其后的经济大萧条更加重了这一危机。几十年来，共和党人一直都支持保护主义，此时更是认为政府应该采取积极的措施，通过实施进口关税来解决国内失业问题。

胡佛总统认为有义务遵循惯例和共和党的纲领。亨利·福特曾花了一个晚上的时间恳求胡佛行使总统否决权，制止这种“经济上的愚蠢行为”，其他汽车公司的总裁也都站在福特一边。但是，以前的总统从来没有否决过关税法案，胡佛也不想开先例。胡佛的答复是：“经济恢复正常以后，我们的对外贸易将继续扩张。”

截止到 1932 年，美国同其他国家之间的贸易已经崩溃。富兰克林·罗斯福在竞选总统时，斥责贸易法案具有毁灭性。而胡佛的反应则是，罗斯福的政策会让美国工人遭受外国廉价劳动力的竞争。1932 年，胡佛在总统大选中失败，随后民主党废除了《斯穆特-霍利法案》，但他们还是谨慎行事，采用互惠贸易协定，而不是全面减让关税。众

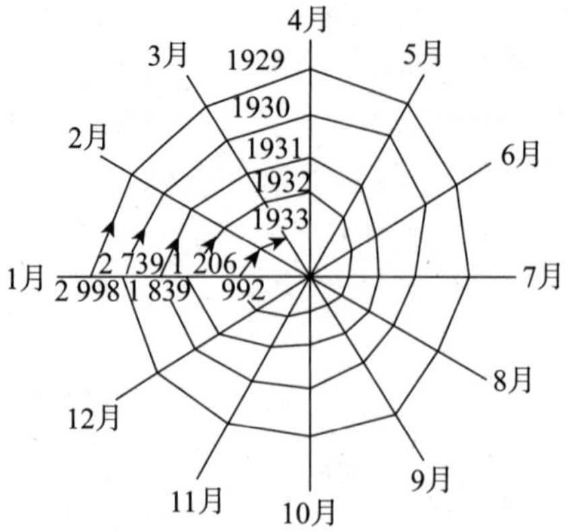

图 6.1　斯穆特-霍利保护主义与世界贸易：1929—1933 年（百万美元）

注：该图展示了 1929—1933 年期间的世界贸易模式。1930 年《斯穆特-霍利法案》的颁布，将美国的平均关税税率提高到 53%。为了进行报复，其他国家也都相应地提高了自己的进口限制程度。同时，伴随着全球经济陷入大萧条，世界贸易总量下降了。

资料来源：数据来自 League of Nations，*Monthly Bulletin of Statistics*，February 1934；也可参见 Charles Kindleberger，*The World in Depression*（Berkeley，CA：University of California Press，1973），p. 170。

议院发言人山姆·雷奔坚持说，任何想成为众议院能源运输委员会一员的政党成员必须支持互惠贸易，而不是贸易保护主义。《斯穆特-霍利法案》的方法遭到了质疑，美国开始通过互惠贸易协定来实现贸易自由化。

6.3　《互惠贸易协定法案》

大萧条和外国对《斯穆特-霍利法案》的关税报复对美国的出口造成了很大冲击，因此，美国的贸易政策发生了逆转。1934 年，美国国会通过了**《互惠贸易协定法案》**（Reciprocal Trade Agreements Act），掀起了贸易自由化的浪潮。这一法案以关税减让为主要目的，具有两个特征：(1) 协商权力；(2) 普遍减让。

按照这一法案，总统被授予前所未有的权力，有权同外国政府签订关税减让协定（例如，美国同瑞典）。无须经过国会批准，总统就可以将现有的关税降低 50%。关税是否减让取决于其他国家愿不愿意降低对美国商品的关税。1934—1947 年，美国签署了 32 个双边关税协定，在此期间，受保护产品的平均关税税率降低到 1934 年关税水平的一半左右。

《互惠贸易协定法案》还通过了**最惠国条款**［Most-Favored-Nation（MFN）Clause］，提供普遍的关税减让。根据这个条款，一国按照常规，不能歧视性地对待不同的贸易伙伴：在给予一国更低关税的同时，也必须给予另一国家相同的关税水平。一般而言，最惠国条款意味着，每次一国降低贸易壁垒或者开放某一产品市场，这个国家所有的贸易伙伴都应该享受这样的贸易待遇，无论这些贸易伙伴是贫穷还是富有。1998 年，美国用**正常贸易关系**（Normal Trade Relations）代替了最惠国这个术语。本书后面的部分将使用正常贸易关系这种说法。

尽管《互惠贸易协定法案》打破了政治力量平衡，有利于降低关税，但它渐进的双边做法限制了美国自由化贸易的努力。美国意识到需要一个更加全面的方法来推动多边基础上的自由贸易。

6.4 《关税与贸易总协定》

经济大萧条时期，世界贸易几近崩溃，对此，第二次世界大战后，美国和其部分盟国试图重建国际贸易秩序。1947 年签署的**《关税与贸易总协定》**（General Agreement on Tariffs and Trade，GATT）是战后世界贸易向自由化迈出的第一步。GATT 是经各缔约方周密协商达成的，目的在于降低贸易壁垒，使所有国家在贸易关系中处于平等地位。GATT 从来没有想到会发展成为一个组织，最初只是作为各国在世界范围内降低贸易壁垒的多边协定而设立的。

1995 年，GATT 转变为**世界贸易组织**（World Trade Organization，WTO）。WTO 不但保留了 GATT 的主要条款，还增强了 GATT 解决缔约方间贸易争端的能力。我们首先探讨最初的 GATT 体系的运作模式。

6.4.1 非歧视贸易

根据《关税与贸易总协定》，成员不能歧视其他贸易成员。非歧视原则主要包括两方面内容：最惠国待遇（正常贸易关系）和国民待遇。

最惠国待遇是指，如果一个成员给予另一个成员较低的关税，那么它必须给予所有其他成员相同的关税水平。因而，最惠国待遇也指“惠及一成员必惠及全部成员”。当然，也有一些例外。一国可以签署专门针对贸易组织内部成员的自由贸易协定，歧视性地对待非成员；或者也可以专门为发展中国家提供优惠待遇。此外，一国可以对不公平竞争的国家提高关税壁垒。

最惠国待遇或者差别化税收可以被用作外交工具。作为惩罚，一个国家可以向对其不友好的国家征收高关税，而向对自己友好的国家征收低关税。美国已经给予大多数贸易伙伴最惠国待遇，然而，并没有在 2014 年给予古巴和朝鲜最惠国待遇。与其他获得最惠国待遇的国家相比，对这两个国家征收的关税经常高出 3～4 倍（有时甚至更高），如表 6.2 所示。此外，美国还给予几个国家暂时性最惠国待遇，如越南和俄罗斯。

表 6.2　美国对正常贸易关系国家和非正常贸易关系国家征收的关税：示例

产品	正常关系国家	非正常关系国家
火腿	0.12 美元/千克	0.72 美元/千克
酸奶油	0.32 美元/升	0.15 美元/升
黄油	0.123 美元/升	0.309 美元/升

续前表

产品	正常关系国家	非正常关系国家
鱼	3%（从价）	25%（从价）
锯	4%（从价）	30%（从价）
花菜	10%（从价）	50%（从价）
咖啡	10%（从价）	20%（从价）
纺织品	15.7%（从价）	81%（从价）
儿童T恤	20.2%（从价）	90%（从价）
金项链	5%（从价）	80%（从价）

资料来源：U. S. International Trade Commission，*Harmonized Tariff Schedule of the United States*，Washington，D. C.，Government Printing Office，various issues.

非歧视贸易的另一主要方面的内容是国民待遇，即同等对待本国商品和外国商品。按照国民待遇条款，《关税与贸易总协定》成员对外国商品的待遇必须不低于对本国商品的待遇。因此，一旦外国商品进入本国市场，国内管制政策和税收不能歧视外国商品。但是，进口商品仍然需要征收关税。

我们以加拿大期刊为例进行说明：为了增加进口商品的负担，政府利用歧视性关税保护本国商品。譬如，加拿大一直以来保护本国的杂志行业，把它视作表达加拿大人观点和发扬本国文化的媒介。20 世纪 90 年代，加拿大向美国杂志征收重税，例如，美国出版的向加拿大人销售的《体育画报》，征税的目的是让美国出版的杂志在加拿大无法盈利，以保护本国出版物的广告收益。这样征税实质上违反了《关税与贸易总协定》中的国民待遇条款，因为其歧视对待外国商品。

□ 6.4.2 促进自由贸易

《关税与贸易总协定》的另一个目标是促进自由贸易，通过自身的作用，解决贸易争端。在以前，贸易争端只是贸易双方的事情，无法向第三方求助，以寻求更好的解决方案；即使最后争端得以解决，也是强国获胜，小国付出代价。《关税与贸易总协定》包含申诉机制，改善贸易争端的解决程序，向申诉受害国提供贸易争端解决小组。但是，《关税与贸易总协定》也有弱点，它没有执行争端解决小组裁决的法律强制效力，这直接促使世界贸易组织的成立。

《关税与贸易总协定》约束其成员，使它们更多地使用关税而不是配额来保护本国产业。《关税与贸易总协定》认为，配额从本质而言更加容易扭曲市场，因为配额允许使用方对提供方产生歧视，对出口商来说难以预料、不透明，实质上对进口商品实行了最高限额。但是，《关税与贸易总协定》的限制配额条款也有例外条款：成员可以利用配额保障国际收支平衡、促进经济发展和推进国内农业扶助项目。自愿出口限制条款也不被包含在限制配额条款中，因为相关的贸易协定是自愿的。

□ 6.4.3 增强约束性和透明度

有时，不增加贸易壁垒的承诺和减少贸易壁垒的承诺一样重要，因为不增加贸易壁垒的承诺可以让企业或投资者更加清晰地辨识商业机遇。《关税与贸易总协定》规定，国家一旦开放本国市场，就应“遵守承诺”。承诺包括对发达国家进口商品实施的最高关税税率，承诺关税税率就是通常被征收的税率。大多数发展中国家承诺的关税税率比实际征收的要低一些，所以承诺税率被视为税率限额。一个国家可以改变承诺，但前提是必须通知贸易伙伴国，与它们进行磋商，补偿它们的贸易损失。结果最终将会使贸易商和投资者在市场中更加安全。

再者，《关税与贸易总协定》通过使国家贸易政策更加透明和公开来提高预见性和稳定性。国家需要在国内公布贸易政策条例，或者通告《关税与贸易总协定》秘书处。

□ 6.4.4 多边贸易谈判

在 GATT 之前，贸易协定包括如美国和单个外国的双边谈判。随着 GATT 的出现，贸易谈判在一个多边的基础上进行，将所有 GATT 成员纳入谈判中。随着时间的推移，GATT 将绝大部分主要贸易国纳入其中，尽管一些还是非成员。因此，那时用“多边”而非“全球”或“世界”来描述 GATT 体系。为了促进更自由的贸易，GATT 主办了一系列谈判回合，以求降低关税或非关税壁垒，如表 6.3 所示。

GATT 谈判第一回合结束于 1947 年，关税平均降低了 21%。然而，在 20 世纪 40 年代末至 50 年代的 GATT 回合中，关税降低幅度小了很多。在此期间，随着第二次世界大战遭到破坏的日本、欧洲产业的重建，贸易保护主义在美国抬头。谈判进程缓慢、冗长，各国通常不愿意考虑降低许多产品的关税。

表 6.3　　GATT 谈判回合

谈判回合和谈判范围	时间	参与成员数量	关税削减的幅度（%）
涉及关税的谈判回合			
日内瓦回合	1947	23	21
安纳西回合	1949	13	2
托基回合	1951	38	3
日内瓦回合	1956	26	4
狄龙回合	1960—1961	26	2
肯尼迪回合	1964—1967	62	35
涉及关税和非关税壁垒的谈判回合			
东京回合	1973—1979	99	33
乌拉圭回合	1986—1993	125	34
多哈回合	2002—	149	—

在 1964—1967 年间，GATT 各缔约方参加了由美国总统约翰·肯尼迪发起的贸易谈判，即贸易谈判的**肯尼迪回合**（Kennedy Round）。在这一回合中，GATT 各缔约方采取了多边会议的形式，谈判方式从按照产品进行逐项谈判转变成全面谈判。关税谈判按照商品大类展开，达成的关税减让条款适用于该大类中的所有商品，这是一种简单且更加有效率的谈判方式。肯尼迪回合谈判将制成品的关税平均削减了 35%，使关税的平均水平下降到 10.3%。

20 世纪 40—60 年代，GATT 各回合的谈判重点几乎都集中在了关税减让方面。随着战后工业化国家平均关税水平的下降，非关税壁垒的重要性与日俱增。为此，谈判的重点转向国际贸易中的非关税壁垒。

在 1973—1979 年的**东京回合**（Tokyo Round）贸易谈判中，各缔约方一致同意采用肯尼迪回合创立的全面关税削减的形式。9 个主要工业国制造产品的平均关税税率从 7.0%削减到 4.7%，降低了 39%。而且，产成品的关税削减幅度高于原材料，从而减轻了关税升级的程度。东京回合之后，关税水平如此低，已经不再构成工业化国家之间显著的贸易障碍。东京回合的第二个成就是达成了取消或降低多种非关税壁垒的协议，并对如下 6 个领域的行为作出了规定：海关估价、进口许可、政府采购、贸易的技术壁垒（如产品标准）、反倾销程序和反补贴税。

尽管东京回合在贸易自由化方面作出了许多努力，但是 20 世纪 80 年代，世界主要国家还是普遍感受到 GATT 体系的作用正在逐渐削弱。GATT 的缔约方越来越多地使用双边协议，如自动出口限制，以及其他一些由国内保护主义政策滋生的贸易扭曲行为，如补贴。世界主要国家也意识到，GATT 体系需要涉及其他领域，如知识产权、服务和农业。它们还希望 GATT 更加关注发展中国家的利益，使它们不再像以前那样被 GATT 谈判所忽略。

正是基于这些考虑，各缔约方在 1986—1993 年又进行了**乌拉圭回合**（Uruguay Round）谈判。乌拉圭回合最终使得工业化国家关税的平均水平全面下降了 40%，其中某些行业完全取消了关税，包括钢铁、医疗设备、建筑设备、制药和造纸。许多国家还首次同意对其自身的大部分关税实施限制，承诺将来关税税率不会超过限制值。乌拉圭回合在降低或消除非关税壁垒上也取得了重大进展。政府采购规定为各缔约方开放了更广阔的市场。乌拉圭回合还下大力气取消了农产品配额，要求各国用关税代替配额。服装和纺织品行业的各种双边配额也将在 2005 年之前逐步取消。保护协议则禁止使用自动出口限制。

1999 年，世界贸易组织（相关介绍内容参阅下面一节）的成员在西雅图展开新一轮谈判。与会国家谈判的议题涉及：农产品贸易、知识产权保护、环境问题以及对发展中国家的援助。发展中国家认为在过去谈判中它们都被当作“清洁工”，而这次谈判将不能再这样被歧视。发展中国家和发达国家之间的矛盾成为谈判焦点，最后导致谈判以失败结束。这次西雅图会议也被称为“西雅图战争”，在会议召开期间，西雅图的街道上爆发了骚乱。

虽然贸易自由化的支持者对于西雅图谈判的失败非常失望，但是仍然继续施压展开新一轮谈判。这就是 2002 年在卡塔尔举行的**多哈回合**（Doha Round）谈判。多哈回合的议题非常复杂：降低扭曲农产品贸易的政府补贴；降低发展中国家的工业品关税；削减贫穷国家较为关注的纺织服装关税；促进服务贸易自由化；协商竞争、投资、政府采购和贸易便利化等四个新领域的贸易规则。

尽管多哈回合的目标非常宏大，但是谈判没有进展。多哈回合很快陷入僵局，发展中国家拒绝接受谈判的重要内容：大幅削减工业品关税，以此换取发达国家更大的农产品市场准入。2003年，多哈回合几近停滞，2008年以失败结尾。一些人士指出，如果多哈回合难以成功，那就是该考虑结束很多国家参与、多边贸易谈判的时候了，应该更多地展开区域性双边谈判，区域性贸易成为一个次优选择。在本书写作的时候，多边谈判越来越多地被区域性双边谈判取代。

6.5 世界贸易组织

1995年1月1日，乌拉圭回合谈判正式生效，GATT当天转变为世界贸易组织，这使GATT从一个贸易协定转变成了一个组织，负责管理成员之间的贸易关系。WTO仍然保留了GATT的主要规则，但是要求成员不仅遵守GATT的规则，还要遵守几十年来在GATT框架下所达成的各项贸易条约，从而结束了许多GATT缔约方（尤其是发展中国家）“搭便车”的行为。自从20世纪70年代以来，这些国家受益于GATT谈判所达成的新协定，却拒绝参与贸易谈判。

贸易冲突

经济萧条时期贸易壁垒的减弱

经济萧条经常成为贸易保护主义盛行的催化剂。随着经济的萎缩，政府在政治压力之下设置贸易壁垒，保护本国在困难中挣扎的产业。在20世纪30年代经济大萧条期间，美国政府提高了大约20 000种商品的关税，其他国家也提高针对美国的贸易壁垒(包括关税、进口配额和汇率管控)。这导致国际贸易急剧下滑，全球经济进一步衰退。但是，2007—2009年经济衰退期间，各国并没有采取那么多的贸易保护措施。为什么？

现在，经济史学家认识到，20世纪30年代各国严重的贸易保护行为不仅仅是因为政府急于保护本国产业免于国外竞争，也是因为不愿意放弃金本位制、让货币贬值。在金本位制下，一国货币币值与黄金绑定（这将在本书第15章讨论）。如果每个国家都实行金本位制，那么货币之间的汇率也基本上是不变的。金本位固定汇率制是各国政府在20世纪30年代仍要坚守的汇率体制。

当时，许多政府无法使用宽松的货币和财政政策来刺激微弱的经济。货币政策受制于金本位制，而财政制度受制于政府收支平衡的准则，经济萧条期间税收减少，为了保持收支相抵，政府开支也不得不减少。由于经济调节中不能使用汇率贬值以及宽松的财政和货币政策，政府官员只能转而高筑贸易壁垒，使用限制进口商品的方法，提振衰弱的经济。20世纪30年代期间，政府除了贸易保护之外应对经济下滑的政策工具相对较少，所以贸易保护主义在当时大肆盛行。相比之下，废除金本位制的国家允许货币贬值，贸易保护主义政策实行得较少。

但是，2007—2009年，政府经济调节的工具已经扩展。许多国家实行自由浮动的汇率制度，通过货币贬值减少贸易赤字。扩张的货币和财政政策尽管有效性备受争议，但被广泛用于刺激经济。相比于20世纪30年代，各国经济已经更大地融进全球经济，贸易破坏的代价也更大。此外，劳动力市场结构也发生了很大变化，原来以农业和制造业为主，现在以服务业为主。这意味着，受到国际贸易直接影响的就业人数减少，贸易保护的支持者也相应减少。最后，各国已经签订了贸易协定，美国成为世界贸易组织和北美自由贸易区等的成员。

当然，经济萧条期间，贸易保护仍然会抬头，但是相应的力度已经不可同日而语。

资料来源：Douglas Irwin，*Trade Policy Disaster*：*Lessons From the 1930s*，The MIT Press，Cambridge，MA，2012；Douglas Irwin，*Peddling Protectionism*：*Smoot-Hawley and the Great Depression*，Princeton University Press，2011；Barry Eichengreen and Douglas Irwin，"The Slide to Protectionism in the Great Depression，" *The Journal of Economic History*，Vol. 70，No. 4，December 2010，pp. 871－897.

WTO与其前身GATT有何区别呢？WTO是一个真正意义上的国际组织，总部设在瑞士日内瓦；其前身GATT则是由特别秘书处负责的临时协定。WTO所涉及的范围比GATT广泛得多，并首次将服务贸易、知识产权和投资等问题纳入多边贸易体系。WTO还执行一揽子协定，所有成员都必须遵守；而GATT则由许多局部协议（如反倾销措施和补贴）构成，成员关系只局限于少数几个国家和地区。此外，WTO取消了对某些敏感领域（例如，农产品和纺织品）的保护政策；而GATT则或多或少地容忍这些政策的存在。WTO不是政府，各成员可以自由地确定符合自身实际的环境、劳动、健康和安全保护的适当范围。

通过设立各种各样的委员会，WTO管理乌拉圭回合中达成的诸多协定，以及政府采购协定和民用飞机协定；考核这些谈判所达成的关税减让和非关税贸易壁垒削减的执行情况；并作为国际贸易的监督人，定期检查各成员的贸易发展情况。在WTO的各个组织中，各成员都可以指责他国实施的可能引起贸易争端的措施。各成员还必须更新各种贸易指标和统计数据，这些资料都保存在WTO的庞大的数据库中。

在WTO体系下，当成员通过消除贸易壁垒开放市场时，它们则"遵守"了承诺。当它们通过协商降低关税时，它们承诺像与贸易伙伴谈判的那样不上调关税，而是将关税减让到一个协定水平。约束关税为贸易提供了一个稳定的、可预测的基础，为世界贸易组织的运行提供了一个最基本的原则。然而，有一项条款是为重新谈判约束关税而设定的。这项条款意味着一个国家在得到其他国家的许可的情况下可以提高关税，但这通常需要以降低其他关税作为补偿。目前，发达国家中几乎所有的关税税率都是有约束性的，大约是发展中国家税率的75%。

□ 6.5.1 解决贸易争端

WTO的一个主要目标是强化GATT解决贸易争端的机制。GATT在解决争端时拖延的时间很长，被指控方有机会阻止 GATT 小组作出不利于它们的决定，并且裁判决议往往得不到完全执行。WTO 的争端解决机制考虑了 GATT 争端解决机制存在的所有缺陷。一旦发生贸易争端，WTO 就立刻组建争端解决小组，并对解决过程的每一个阶段都设定时间限制。如果成员对小组的决议不满，可以向另外成立的上诉部门起诉，但对于上诉部门作出的最终决定，各成员必须执行。这种争端解决机制对美国尤为重要，因为美国是最常使用 GATT 贸易争端解决机制的国家。

WTO 解决的第一个贸易争端发生在美国和若干其他国家之间。1994 年，美国政府通过了一项条令，对在美国市场销售的汽油数量进行一定程度的限制。这一决议是环境保护局（Environmental Protection Agency，EPA）根据《清洁空气法案》（Clean Air Act）制定的，目的在于通过减少汽车排放尾气所产生的污染量来改善空气质量。这一规则对国内汽油和进口汽油设定了不同的污染标准。这使得委内瑞拉，继而巴西向 WTO 提出质疑。

委内瑞拉政府官员指出，美国的这一规定违背了 WTO 的国民待遇原则，即只要进口汽油进入美国市场，就不能受到低于美国本国汽油的待遇。委内瑞拉认为其汽油在美国受到的控制程度和所要求的标准，均高于对美国国产汽油实施限制的情况。

美国却认为这一歧视性做法是符合 WTO 规则的，并指出清洁空气属于可耗尽的资源，对其进行保护是符合 WTO 规则的。它还指出其污染规则是保护人类健康所必需的，这也是 WTO 规则所允许的。主要问题是这些规则不应该成为伪装的贸易保护主义。

委内瑞拉反对这一说法。委内瑞拉无权质疑美国制定高环境标准的权利，但是其指出，如果美国希望得到清洁的汽油，那么应该对国产和进口汽油制定同样的高标准。

美国实施的这些新规则对委内瑞拉及其汽油生产商造成了重要的影响。委内瑞拉认为，如果按照美国环境保护局的双重标准进行汽油生产，那么所耗费的成本要远远高于按照与美国生产商同样的标准进行生产的情况。另外，美国市场对于委内瑞拉极其重要，其 2/3 的出口汽油都流向了美国市场。

当认识到美国的汽油限制无法通过美国得以修正时，委内瑞拉向 WTO 提起了诉讼。巴西也抱怨美国政策的歧视性待遇。WTO 争端解决小组听取了委内瑞拉和巴西的控诉，并在 1996 年作出裁决：美国对进口汽油实施了非法歧视性待遇。美国对这一裁决提出了上诉，WTO 上诉部门最终同意了争端解决小组的裁决。因此，美国修订了环境保护法，同意停止其对进口汽油采取的歧视性待遇。委内瑞拉和巴西对美国的做法表示满意。

□ 6.5.2 WTO 是否削弱了国家主权？

WTO 规则或争端解决机制是否削弱了美国和其他国家的主权？WTO 制定了一系列的规则，要求其他国家对其自身的贸易行为负责，这种贸易争端解决机制对美国是有利的。同时，美国政府也谨慎地构筑 WTO 的争端解决规则，以保护本国的权利。然而，左右两方面的批评者，例如，拉尔夫·纳德和帕特里克·布坎南，一致认为加入 WTO 严重地损害了美国的主权。

但是，支持者注意到，WTO 争端解决小组调查的结果不能迫使美国改变法律。美国可以全权决定如何对 WTO 争端解决小组的建议作出反应。如果美国的某项措施违背了 WTO 条款，美国可以自行决定是否改变法律；可以通过降低另一个行业等量的贸易壁垒来补偿外国的损失；或者什么都不做，任由受影响的国家采取报复行为，等量增加对美国出口商品的贸易壁垒。但是，在决定是否执行 WTO 争端解决小组的决议时，美国享有充分的主权。简而言之，WTO 协定既没有阻碍美国制定和维持自身的法律，也没有限制美国设立其认为合适水平的环境、劳动、健康和安全标准的权利。不过，如果这些标准对外国生产者构成歧视，WTO 是不允许一国使用贸易限制来强制执行本国的环境、劳动、健康和安全标准的。

经济学家普遍认为，WTO 的真正问题并非是否削弱了国家主权，而在于它赋予一国的义务与该国向其他国家履行义务所获得的收益孰多孰少。按照这个标准，美国加入 WTO 的收益远大于成本。通过给予美国与所有的 153 个成员正常贸易关系的地位，WTO 增加了美国进入外国市场的机会，同时也降低了其他国家限制美国进入其市场的能力。如果美国退出 WTO，它将无法通过 WTO 机制迫使其他国家降低贸易壁垒，并因此会伤害到美国出口企业和工人的利益。简而言之，经济学家普遍认为，WTO 虽然对私人和公共部门的决策施加了一些限制，但国家从自由贸易中所获得的经济收益足以抵消这些限制所带来的成本。

□ 6.5.3 WTO 是否应该采用报复性关税?

批评者认为，WTO 的争端解决机制是以关税报复为基础的，这使得小国（市场力量较弱）处于不利地位。假设厄瓜多尔是一个小国，WTO 授权它对美国不公平的贸易规则进行报复，其国民福利将会下降。因此，尽管得到了 WTO 的支持，厄瓜多尔可能不愿意征收报复性关税。

但是，对于经济规模较大并能够影响世界市场价格的国家，情况则不同。这是因为报复性关税可能改善大国的贸易条件，进而增加国民福利。如果美国提高关税壁垒，那么将减少世界市场对产品的需求，进而降低美国所面对的进口商品的价格，因此会增加进口商品的购买，减少出口。因此，贸易条件（出口价格和进口价格之比）改善了美国的福利状况，这足以抵消关税提高导致的低效率所造成的福利减少的一部分。

简而言之，尽管小国能够实施报复性关税，给经济规模较大的贸易国以教训，但是这一行为所带来的成本要高于大国的情况，因为它们的贸易条件得不到改善。因此，有限的市场力量使得小国不太可能按照 WTO 规则采取报复性措施。但是，小国无法采取报复性措施，这减少了它们通过 WTO 关税减让（无须作出相互减让）而获得的特殊利益。

有人认为，WTO 目前的争端解决机制应该被纠正。例如，自由贸易者反对报复性关税，理由是 WTO 的目的在于减少贸易壁垒。相反，他们认为违反规则的国家应该缴纳货币罚款。罚款机制能够有效地避免额外的贸易保护，并且不会使小国处于不利地位。然而，这一机制也面临问题，即如何对违反行为进行货币估价。此外，由于违反规则的国家政府将不得不启动特定预算授权，因而罚金可能难以收到。并且，WTO 允许外国对某一国（如美国）征收货币罚金的表述很有可能受到批评，被认为是没有代表性的课税，并且被指责为损害国家主权。

美国出口补贴提供了一个关于 WTO 授权征收报复性关税的案例。1984—2004 年，美国税法提供了税收优惠，即美国出口商可以减免其出口收入的 15%～30%的税收。

1998 年，欧盟向 WTO 提出控诉，认为美国的税收优惠属于出口补贴，违反了 WTO 规则。2003 年，WTO 最初裁决认为税收优惠是非法的，并同意欧盟立即向美国对欧盟出口的产品征收价值 40 亿美元的惩罚性关税。尽管欧盟给美国政府时间来取消出口补贴，但计划的持续是有惯性的。因此，2004 年，欧盟开始征收报复性关税，对美国的出口商品，如珠宝、冰箱、玩具和纸制品加征 5%的惩罚性关税。如果美国法律制定者不能使美国税法与 WTO 规则保持一致，那么这一惩罚性关税每月将增加 1%，这使美国因违反 WTO 规则而首次遭到 WTO 的惩罚。尽管议会的部分人员反对向 WTO 妥协，但是来自关税的压力使得议会不得不取消出口补贴。

□ 6.5.4 WTO 是否危害了环境?

近些年来，贸易和环境之间的联系，以及 WTO 在促进环境友好型贸易方面应当发挥什么样的作用，引起了广泛的争论。这一问题提出者的主要观点是，贸易本身和对贸易自由化的追求可能会对环境产生负面的效应。1999 年，在世界贸易组织的西雅图峰会上，数以千计的环境保护主义者示威游行，抗议 WTO 对环境造成的破坏——从海洋生物灭绝到全球变暖。接下来分析关于贸易和环境之间关系的两种截然不同的观点。①

□ 6.5.5 危害环境

关于贸易自由化如何危害环境的讨论主要有两个：第一，贸易自由化会造成环境标准的“逐底竞争”现象。如果某些国家的环境标准比较低，环境密集型或高污染型产品的生产就会向这种“污染天堂”转移。贸易自由化使得污染产业的跨国转移变得更有吸引力。如果这些产业造成的污染会对全球产生不利影响，那么贸易自由化就间接造成了环境恶化。更糟糕的是，贸易导致的竞争压力可能迫使各国降低自身的环境标准，从而刺激了能够产生全球性污染的产品的贸易。

为什么与工业化国家相比较，发展中国家较少地实施严格的环境政策？与发达国家相比较，贫穷国家优先考虑生产利益（更多的就业和收入），而不是环境质量。此外，发展中国家具有较强的通过自然过程降低污染的环境恢复能力（例如，拉丁美洲热带雨林具有减少空气中二氧化碳含量的能力），而工业化国家由于历史污染产生的负面影响较大而无法自我恢复。因此，发展中国家能够承受较高的排放量，而不会提高污染水平。最后，如果将污染型产业设置在人口稀少的发展中国家，那么将几乎不影响环境通过自然过程降低污染的能力，而在人口密集的工业化国家情况则不同。

对于贸易的作用，环境保护主义者关注的第二个方面是社会偏好。不同民族和社会有不同的风俗习惯，因而某些国家会反对与其风俗习惯相冲突的产品贸易。例如，在捕捞金枪鱼时杀死海豚，以及用夹子和陷阱捕捉动物以得到皮毛。20 世纪 90 年代，美国禁止进口用网捕捉的虾，因为这样会网到海龟，WTO 接到来自印度、马来西亚、巴基斯坦和泰国对美国的投诉之后，制止了美国的这种行为，由此引发了环境保护主义者与 WTO 之间的冲突。此外，美国禁止从墨西哥进口以溺死海豚的方式捕捉的金枪鱼，这也违反了世界

① World Trade Organization, *Annual Report*, Geneva, Switzerland, 1998, pp. 54 - 55; “Greens Target WTO's Plan for Lumber,” *The Wall Street Journal*, November 24, 1999, pp. A-2 and A-4.

贸易法。实际上，批评者坚持认为，WTO的自由贸易政策与环境质量目标相矛盾。

在大多数经济学家看来，任何促进贸易自由化的措施都能提高生产率，加快经济增长，创造就业机会，并因竞争加剧而对通货膨胀产生向下的压力。日本的木材产成品进口关税很高，美国企业几乎无法进入日本市场。较高的国内价格也限制了日本对木制品的国内需求。但是如果取消关税，日本对美国原木产品的需求就会激增，美国伐木行业和日本其他进口相关行业的就业机会也将随之增加。

但是，环境保护主义者对削减关税的看法不同于经济学家。他们主要关注的是，如果关税为零，市场价格的降低会刺激对木制品的需求，从而加剧对世界现有原始森林的砍伐，而这些原始森林是复杂生态系统的栖息地，一旦森林被分割开来，生态系统将遭到破坏。这些古老的森林现存于阿拉斯加的大部分地区、加拿大和俄罗斯的西伯利亚地区。环境保护主义者注意到，在宾夕法尼亚、纽约和美国东北部的其他州，由于过度砍伐森林，许多大型食肉动物已经离开了这片土地，而鹿的繁殖却失去限制，数量过多。

然而，贸易自由化的拥护者对削减关税的负面效应不以为然，他们认为关税削减后，房屋、纸张和其他木制品的成本会下降，这样不但会实现世界经济繁荣，而实际上也会改善森林状况。例如，美国木材协会官员就表示，他们会到诸如印度尼西亚这样的国家，劝说当地的企业采用保护森林的更加有效的方法，即自由贸易。

□ 6.5.6 改善环境

另一种观点认为，贸易自由化不但不会加剧环境恶化，反而能够改善环境质量。首先，贸易会刺激经济增长，而经济繁荣是决定社会对清洁环境需求的一个主要因素。人们越富有，就越想要更清洁的环境，而且越有能力支付得起。贸易还能增加错误的环境政策的成本。例如，如果农民随意污染河流，那么农产品出口的增加就会加剧污染程度。但是，对此的解决方式不是停止出口，而是实行更严格的环境法规，让污染者付费。

其次，随着绿色产品需求的增加和市场规模因贸易而不断扩大，贸易和经济增长能够促进绿色生产技术的研发和传播。跨国公司可能在所有经营活动中都使用最先进、最环保的技术，这也会有利于创造更清洁的环境。与在不同的生产地区使用不同的技术的情况相比较，这样不仅耗费的成本更低，而且有助于公司树立良好的形象。

在理论上，日益激烈的竞争会促生“污染天堂”，但是经验研究表明，这种现象并没有大规模地出现，这一结论是无可争论的。主要原因在于遵守环境法规的成本相对于其他成本所占的比重很小，不可能影响企业生产的选址决策。美国人口普查局发现，即使污染程度最高的行业花费在污染治理上的费用也不超过收入的2%。在企业考虑将生产基地设在何处时，劳动力成本和基础设施条件等其他因素要比环境标准重要得多。至于环保主义者谈论的“逐底竞争”的环境标准问题，实际上也没有政府竞相通过降低环境标准来获得竞争力的例证。

□ 6.5.7 WTO终裁稀土案中国败诉

中国稀土（一种工业原材料）贸易政策为我们提供了世界贸易组织参与解决贸易和环境问题的一个视角。2011年，世界贸易组织裁决中国限制锌、锰等稀有金属出口的政策不合法。锌、锰等稀有金属对于高科技产品的制造至关重要，尤其是光缆、智能手机、电动汽车、电脑显示器和军事武器等。中国政府使用出口关税和出口配额等措施来限制稀有金属向其他国家出售。中国是稀有金属的生产大国，约占世界总产出的97%。

为什么一个国家降低原材料出口、减少全球供给量呢？通过限制出口，本国市场的原材料市场供给就会增加，降低本国购买者的生产成本。限制出口意味着世界市场的供给量减少，价格上升，改善出口国家的贸易条件。出口国家也可能希望保护稀有资源。原材料出口限制使本国需求者以更低的价格获得原材料，压低生产成本，从而在世界市场上更有竞争力。

图6.2显示了中国锌出口关税的影响。假设中国的锌产量占世界总产量的比例很大，图中，S_C代表中国市场的供给曲线，D_C代表中国市场的需求曲线，D_{C+W}代表世界市场的总需求曲线，每一价格上D_C和D_{C+W}之间的距离代表除中国外世界市场的需求量。S_C和D_{C+W}相交的点达到均衡。在此点处，中国生产900万磅，其中400万磅本国使用，500万磅被出口，国内和国外市场同一价位1.05美元/磅。

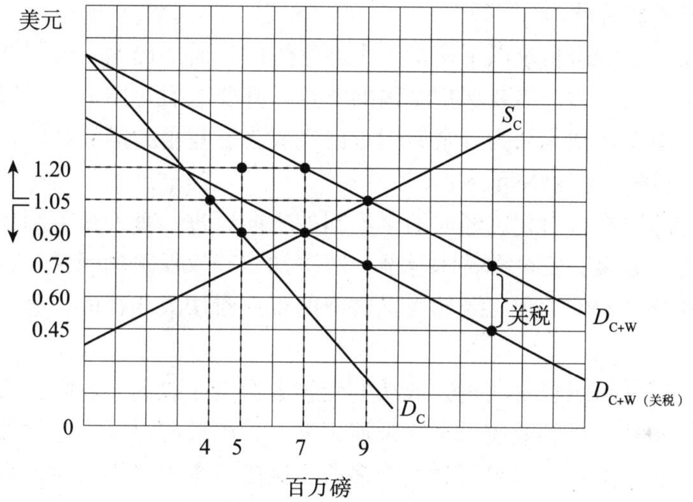

图6.2 中国原材料出口限制

资料来源：中国原材料出口限制保障了本国生产商对原材料的供给，同时压低了生产成本，同时也提高了国外同中国竞争的下游生产商的原材料成本价，使它们处于竞争劣势的地位。

再假设中国对每磅锌征收0.3美元的出口关税，国外买家的需求量因价格的上涨而下降，需求曲线下移，从D_{C+W}移动到$D_{C+W(关税)}$，从而达到新的平衡，新供给曲线和需求曲线相交点的生产量是700万磅，其中500万磅本国使用，200万磅被出口。国外买家需要支付1.2美元/磅的价格，其中包括0.3美元/磅的关税。中国市场买家只需支付0.9美元/磅。中国的出口关税导致本国售价降低，而世界市场价格变高。限制出口的另外一种措施出口配额也会产生相同的经济效应。

对于本国的贸易政策，中国政府表示，这些出口限制措施对于保护本国环境和稀有资源至关重要。世界贸易组织允许政府因为环境因素采取限制政策，但前提是还要有效地限制本国的生产商，不能歧视性地对待外国的生产商。

美国等上诉国家表示，中国的出口限制措施是歧视性的贸易保护主义政策。这些限制措施导致中国国内市场价格下降，而国际市场的价格上升，国际市场价格高于国内市场价格。这不利于外国下游生产商，不利于它们与中国国内生产商之间的竞争。出口限制措施被视为中国吸引更多生产商搬至中国国内的举措。世界贸易组织的裁决致使中国的贸易政策无法实施。对于裁决，中国官员表示，将作出调整，以免除惩罚。

到 2014 年，中国对稀土矿的出口管制越来越小。在中国政策不确定性和稀土价格维持高位的刺激下，更多的供应商出现在世界市场上，比如格陵兰和俄罗斯。中国在全球的份额从 2010 年的大约 95%下降到 80%。在本书写作时，中国的政策调整最终产生的影响还没有完全表现出来，让我们拭目以待。

□ 6.5.8 世界贸易组织的未来

多哈回合谈判的失败使一些观察人士质疑世界贸易组织的非歧视性原则还适不适应当今的世界。虽然大国之间的贸易仍然在非歧视性的原则（最惠国原则）下进行，但是复杂而多样的区域双边谈判越来越多。近几年，多边贸易协定越来越让步于区域协定，世界贸易结构呈现碎片化。

多边谈判的一个障碍是难以平衡世界大国之间的矛盾。巴西、俄罗斯、印度和中国金砖国家自视为仍欠发达，需要保护本国的产业，并要求发达国家降低贸易壁垒，特别是农产品市场。而发达国家认为，金砖国家已经成为有竞争力的经济体，其贸易发展模式与自由开放的世界经济格格不入。

此外，现在的贸易自由化已经向两个不同的方向迈进。其一是美国最希望的，保护环境和劳工，统一健康、安全和技术标准，解决知识产权保护的问题。其二是中国最希望的，降低非敏感产业的关税。既然大国之间的观点看法大相径庭，达成多边贸易协定也十分困难。

或许，世界贸易组织也是其过去成功的受害者。由于以前多轮降低关税的谈判，进一步贸易自由化的经济福利效应没有原来那么大，各国政府已经不愿意按照世界贸易组织的方法推进贸易自由化。世界贸易组织多边主义的日渐式微不会对世界大国产生很大的负面影响，大国可以按照对自己有利的方式协定区域协议，没有谈判实力的小国将处于不利地位。①

6.6 贸易促进权力（快速通道权力）

如果国会对贸易协定进行修正，那么就算有希望达成，肯定也是很费劲的。经总统批准的条款很快就会被国会大幅度修改，修改后的协定很快会遭到已经接受了原始条款的贸易伙伴（们）的反对。

为了防止这种情况发生，1974 年美国出台了**贸易促进权力**（Trade Promotion Authority）[又被称为**快速通道权力**（Fast-Track Authority）]，规定总统在同其他国家进行贸易谈判之前必须正式通知国会。国会要在接到通知后的 60 个法定工作日内对是否给予“快速通道”权力作出答复。如果同意给予快速通道权力，总统需要在规定期限

① Greg Ip, “The Gated Globe,” *The Economist*, October 12, 2013, pp. 3 - 20.

内完成贸易谈判，超过这一期限需要经过国会批准。一旦谈判结束，结果必须立刻呈报国会，参众两院要在 90 个法定工作日内批准决定或驳回，不能修订。然后，总统再同国会及贸易谈判中涉及的私人部门进行积极磋商。

快速通道权力在重大贸易协定的谈判和执行过程中发挥了重要作用，如 1994 年的《乌拉圭回合协定》和 1993 年的《北美自由贸易协定》。多数分析家认为，将来实施贸易协定需要赋予总统快速通道权力。重新延续这种权力遭到了强烈反对，主要是因为国会担心总统享有太多的自主决策权，而且部分社会群体也对美国贸易谈判的目标存在异议，尤其是工会和环境保护主义者，他们一直希望贸易协定能够体现他们所关心的问题。他们认为，美国较高的劳动和环境标准会使美国生产者处于竞争劣势，随着美国同环境标准宽松的国家之间的贸易的增加，美国的劳动力和环境标准会面临降低的压力。如果其他国家想同美国进行贸易，难道它们就不应该执行与美国相似的环境和劳动力标准吗？

快速通道权力的支持者通常认为，劳动力和环境标准虽然重要，但并不属于贸易协议的范围。相反，这些问题应当通过贸易协议的从属协议进行协商。然而，工会领导人和环境保护主义者则认为，以前的从属协议缺乏实施细则，在改善国外生活质量方面几乎没有发挥作用。

6.7 保障条款（豁免条款）：进口紧急保护条款

除了通过 WTO 对不公平贸易行为进行监督以外，美国自身也实施了一系列**贸易补救法规**（Trade Remedy Laws），为国际商务活动的所有参与方创造一个公平的贸易环境。这些补救法规包括：豁免条款、反补贴税、反倾销税和不公平贸易行为。表 6.4 总结了美国贸易补救法规的条款，并逐一进行讨论。

表 6.4 贸易补救法规条款

案例	关注点	行动标准	回应
公平贸易（豁免条款）	增加的进口	增加的出口造成实质损害	关税、配额、关税税率配额、有序市场安排、调整性援助
补贴进口（反补贴税）	生产商品或出口补贴	重大损害或重大损害威胁	关税
倾销进口（反倾销税）	进口商品以低于生产成本或外国市场价格的价格销售	重大损害或重大损害威胁	关税
不公平贸易（301 条款）	外国行为违反贸易协定或对美国贸易造成损害	不公平、不合理或歧视性行为，对美国商业造成负担	所有合理和可行的行为

豁免条款（Escape Clause）向美国企业和工人提供了暂时性**保障措施**（Safeguards），他们在外国出口商品猛增的情况下受到损害。为了减少激增的进口商品，豁免条款允许美国总统结束或改变向外国妥协的贸易政策，采取贸易限制措施。最常见的贸易保护措施是增加关税，还可以采取关税配额和贸易调整援助措施。此进口限制措施刚开始执行 4 年，还可以延长 4 年时间。暂时性保障措施给予本国生产企业充足的时间来适应外来竞争。保障措施在实施期间不断减弱，以使企业慢慢适应竞争，并最终终止保护。

美国产业可以向美国国际贸易委员会提交申请，该机构负责调查，并向总统提出政策建议。如果该行业想获得豁免条款的保护，还必须说明其如何遭到进口商品的极大损害，此外还需准备一份材料，表明保障措施如何发挥作用来帮助本产业适应外来竞争，经过美国国际贸易委员会的肯定后，向总统报告，由其决定采取什么样的政策才符合美国的国家利益。

受保障措施保护最多的产业是制造业，譬如鞋类、钢铁、渔具以及衣架等。其次是农产品产业，如芦笋、干制蘑菇、虾、蜂蜜和鲜花。表 6.5 列举了一些美国产业受豁免条款保护的例子。

表 6.5　　依照豁免条款实行的保障措施：部分例子

产品	救助措施
磁钢厨具	增收关税 4 年，分别是每磅 20 美分、20 美分、15 美分和 10 美分
干制蘑菇	增收从价关税 3 年，分别是 20%、15%和 10%
高碳铬铁合金	增收暂时性关税
彩色电视接收器	与中国台湾和韩国签订有序市场协定
鞋类	与中国台湾和韩国签订有序市场协定

资料来源：*Annual Report of the President of the United States on the Trade Agreements Program*，Washington，DC，Government Printing Office，various issues.

虽然 20 世纪 70 年代使用豁免条款的事例很多，但是近几十年来却很少使用。部分原因在于：保障（豁免）条款很难成为保护本国产业的一种方法，因为这种贸易措施的实行需要总统的批准，而总统常不愿批准这样的措施。此外，保障政策经常被反倾销关税所取代，反倾销关税的实行无须总统批准，而且要求受损害的程度也较小。

支持实行保障条款的一个观点是：保障条款是贸易自由化协议签订的政治必需品。如果没有安全网保障本国企业免受进口商品激增所带来的压力，贸易自由化协议难以达成。虽然实施保障条款损害了外国生产者，但是本国企业是政府的选民，政府可以借保障条款安抚拥有强大游说能力的美国企业。也有人认为，减轻本国生产企业竞争压力的比较好的措施就是采取暂时性措施，因为长期或永久措施反而可能导致全部贸易自由化政策不复存在。然而，这个观点的破绽在于：还有许多种其他方法可以减轻本国生产者的竞争压力，不至于损害外国生产者的利益，例如，政府补助和税收减免。

□ 美国以其保障条款限制从中国进口纺织品

政府利用保障条款维护市场稳定，我们用中国向美国出口纺织品激增的例子来进行说明。最近几年，美国纺织品和服装制造行业极大地受益于这种重要保障政策的长期实施。1974 年，美国和欧洲国家进行协商，制定了一套规则，限制发展中国家出口因廉价劳动力而受益的产品。这套规则被称为**《多种纤维协定》**（Multifiber Arrangement，MFA），每年，国与国之间就配额达成协议，将发达国家进口纺织品和服装的数量分配给各个发展中国家。《多种纤维协定》起初只是让本国类似行业获得时间适应激烈的全球竞争，但是这一套规则一直延续至 2005 年才结束。

《多种纤维协定》促进了一些国家纺织品和服装制造行业的出现，因为这些国家如果没有被赋予出口服装制品的权利，这些部门将无法自己发展起来。发展中国家如孟加拉国、柬埔寨、哥斯达黎加依靠服装出口为本国居民提供工作机会和收入，从而获得发展。如果没有《多种纤维协定》，许多从配额中获益的发展中国家将会在越发激烈的竞争环境中举步维艰。

2005 年，当《多种纤维协定》终止时，进口企业可以从任何国家进口任何数量的纺织品而不受限制。这无疑会影响工业生产的地理布局，对世界纺织品制造成本最低、产量最大的中国十分有利。中国成为这一贸易自由化事件的最大受益者。

中国在纺织品和服装制造行业拥有绝对的竞争优势，导致 2005 年向欧洲和美国的出口猛增。为了缓和对欧美市场的猛烈冲击，中国政府采取自愿出口限制措施，包括加强纺织品和服装制造出口行业的自律性、降低此行业投资和鼓励大型企业进行海外投资。此外，中国政府还增加了 148 类纺织品和服装的出口关税，以减弱它们的竞争力。但是，中国的商品仍然源源不断地、快速地向欧美国家出口。

美国政府害怕中国服装吞噬了美国市场，于是采取保障配额措施，将对来自中国的裤子、衬衫和内衣的进口增加比例限制在 7.5%。2005 年 11 月，保障配额措施取消，取而代之的是与中国签订的对 34 类纺织品实行最高年限额的协议，此协议一直持续到 2008 年。据经济学家估计，此进口限制措施将使服装价格升高，每年达到 30 亿～60 亿美元，这意味着每个美国普通家庭的账单上将会多出 10～20 美元。

6.8 反补贴关税：抵制出口补贴

作为消费者，我们欢迎接受国外政府补贴的钢铁，因为其价格较为便宜。但是，本国进口竞争产品的生产商却反对外国出口补贴，因为它们没有接受补贴，价格就必定要高于进口商品。在它们看来，出口补贴使外国生产商享有不公平的竞争优势。

世界贸易组织认为，出口补贴构成了不公平竞争，进口国可以通过征收**反补贴税**（Countervailing Duty）进行报复。关税的规模不得超过外国出口补贴的额度，目的就是把进口商品的价格提高到公平市场价值的水平。

美国商务部在接到美国某行业或企业的请求后，就会对外国供应商是否得到出口补贴进行初步调查。如果初步调查中有充分证据证明存在出口补贴，美国进口商必须立即对进口的全部问题产品支付特别关税（等于估算的补贴额度）。然后，美国商务部进行最终调查，确定出口补贴是否确实存在，以及补贴的数量。如果认定不存在出口补贴，美国进口商缴纳的特别关税会被退回。如果美国商务部认为存在出口补贴，那么美国国际贸易委员会就会对这种情况展开调查，确定进口竞争产业是否因补贴而遭到了实质性损害。① 如果美国商务部和美国国际贸易委员会都认为存在补贴行为，将按美国商务部最终计算的补贴额度等额征收一项永久性反补贴税。一旦国外停止该种出口商品的补贴，反补贴税也就随之取消。

□ 木材配额损害了美国购买者的利益

让我们看一下美国木材行业的反补贴税的例子。在20世纪80—90年代期间，美国和加拿大一直对软木木材争执不休。此争执涉及巨大的经济利益，即加拿大企业每年向美国消费者出口价值数十亿美元的木材，这几乎与美国从世界其他国家进口木材的总价值持平。

美国和加拿大两国的木材贸易争端以拉锯式进行。起初，美国的木材生产商指控加拿大的竞争对手享受了政府补贴。它们尤其声称，加拿大人砍伐的木材来自加拿大政府所有的土地，支付的树木砍伐费低于正常情况，这是不公平的。在美国，各企业每年要提前竞标政府所有森林的砍伐权。因为树木砍伐费是固定的，为了保证获利，各企业必须准确估计它们的价格。相反，加拿大的树木砍伐费是浮动的。当木材价格下降时，各省政府可以降低树木砍伐费，以此保证木材加工厂的收益。美国木材加工厂的经营者认为，这种做法对加拿大的木材加工厂提供了补贴。然而，加拿大的回复是，它们的木材定价政策并没有扭曲市场，它们战胜竞争对手靠的是技术上的优越性。虽然美国在几个回合的战役中失败了，但是通过木材行业游说人员的努力，最终取得了全面的胜利，它们施加了残酷的政治压力，迫使加拿大为保证商业和平而接受部分贸易限制条款。

例如，1996年，美国一些木材加工厂组成公平木材进口联盟，向美国政府递交了一份要求征收反补贴税的请愿书，指控加拿大对木材出口提供补贴，损害了美国生产商的利益。这一指控最终促成了1996年的《软木木材协定》。该协定为了保护美国生产商，设立了关税税率配额。加拿大出口到美国的软木木材中的147亿板英尺可以免除关税，额外的6.5亿板英尺木材需要支付每千板英尺50美元的关税。加拿大政府也同意提高向各省生产者收取的林木砍伐费。这一贸易协定的签订使美国的进口木材数量减少了大约14%。

美国木材生产商坚称，此关税税率配额创造了一个美国生产企业和加拿大生产企业共同公平竞争的环境。但是，批评人士指出，此贸易限制措施没有考虑木材交易、房地产开发和家具制造等行业的企业的利益；同时还忽略了购买房产和家具的家庭的利益。他们还表示，此贸易限制措施还使木材价格提高了20%～35%，因而，平均每套房产的成本增加了800～1 300美元。

---

① 对于WTO补贴法案的签署国家，美国国际贸易委员会在征收反补贴税之前，必须确定这些国家的出口补贴是否损害了美国生产商的利益。对于没有签署WTO补贴法案的国家，如果被美国商务部确定为实施了出口补贴，就必须立即缴纳反补贴税，而无须美国国际贸易委员会作出损害裁决。

美国和加拿大的木材生产企业仍在此问题上较劲，但最终的解决方案如何，我们将拭目以待。

6.9 反倾销关税：防范外国倾销

反补贴关税程序烦琐，最近几年，使用这种保护措施的企业越来越少。取而代之的是另一种保障措施：美国企业发现申诉外国出口商品倾销的方法更加简便，并说服美国政府对这些商品征收反倾销关税。在试图获取贸易保护的美国企业看来，反倾销可谓信手拈来。

贸易冲突

碳关税可以解决气候问题吗？

许多科学家认为，二氧化碳排放是气候变暖的元凶。石油和煤炭等化石燃料的燃烧排放这种无色无味的气体。降低化石燃料的政策措施包括：设定企业污染排放量上限，以及向污染物排放征税。这些政策将提高污染物排放较多行业的成本，比如钢铁、铝、化学品、纸以及水泥等。

竞争公平问题一直是全球各国协商降低排放的症结。如果美国单方面加大对二氧化碳排放的惩罚，实行最高限额或者征税，美国的制造商就会处于竞争劣势，因为政府管制导致成本升高，生产的产品售价将高于不实行排放管制的国家。为了逃避管制带来的成本，美国企业很可能将业务搬往没有管制的国家，因而美国虽然降低了全球的排放量，但是却牺牲了本国工人的就业机会。

保护美国企业的一种方法就是征收碳关税，即对污染排放管制较弱国家的产品征收碳关税。如果这样，中国出口到美国的商品关税变高，而来自能源利用率更高国家巴西的产品关税变低。碳关税的支持者表示，提高进口关税导致进口产品售价升高，从而抵消排放管制对本国企业的不利影响；同时也刺激其他国家实施碳排放管制。

但是，一些人士反对碳关税的实施：第一，由于产品零部件导致多少碳排放很难精确地被海关获知，这种关税很难实施。如果实施碳关税，海关官员不得不精确了解每一辆汽车用了多少钢材、每一部分钢材是从什么地方生产的。这基本上是不可能的。从德国进口钢材的印度尼西亚产汽车与从中国进口钢材的印度尼西亚产汽车缴纳的碳关税是不同的，但是，海关很难判断。

第二，征收碳关税可能引发贸易战，从而伤害本国企业：碳关税主要针对发展中国家，而发展中国家的合作对于解决气候变暖问题至关重要。按照世界贸易组织的规制，碳关税可能不具法律效力。根据世界贸易组织提倡的贸易准则，各国应该生产拥有比较优势的产品。对碳排放较多的产品征收关税违背了这一原则，很有可能遭到印度和中国的申诉。根据碳排放的具体实施结果，世界贸易组织可能仲裁碳排放不合法。

碳关税的实施确实存在复杂而实际的政治问题。但是，是不是能够成功实施？让我们拭目以待。

资料来源："Can Trade Restrictions Be Justified on Environmental Grounds?" *The Economist*, February 23, 2013; David Drake, *Carbon Tariffs*, Working Paper 12－29, Harvard Business School, October 19, 2011; Tim Wilson and Caitlin Brown, *Costly, Ineffectual and Protectionist Carbon Tariffs*, Melbourne, Australia: Institute of Public Affairs, 2010; Olive Heffernan, *Would a Carbon Tariff Even Work?* Nature Publishing Group: Macmillan Publishers Limited, January 2010.

美国反倾销政策的目的是抵制两类不公平的贸易行为：向美国出口商品的售价低于平均总成本；出口企业的产品在美国的售价低于在本国的售价。这两类行为使美国进口竞争企业深陷经济困境；外国出口企业通过降低售价使更多的美国消费者购买进口商品，本国产品的销售量从而减少。

在进行反倾城销调查之前，进口竞争企业需要提交书面申诉，陈述证据：(1) 存在倾销；(2) 造成实质性损害，譬如，销售量、利润或者就业机会减少；(3) 实质性损害由倾销商品造成。反倾销调查常要求外国出口商和本国生产商填写详尽的调查问卷。如果有一方没有完成调查问卷，将在判决中处于不利地位；调查结果依据可获得的信息，或许只是本国企业提交的支持反倾销的调查信息。与其他贸易保护措施相比，反倾销案例的数量最多。美国商务部最终决定是否倾销，而美国国际贸易委员会决定国内企业是否因倾销受到了损害。

如果这两个机构裁决存在倾销并造成了实质性损害，那么美国将会对相关倾销商品征收相当于倾销差额的关税。增加的关税将抵消售价与平均总成本之间的差额或者在美国的售价和出口地的售价的差额。反倾销关税一般数额很大，税率大约为 60%。据美国国际贸易委员会称，倾销产品如果被征收的反倾销关税超过 50%，价格将会增加 33%，销售数量将会减少 73%。

如果在调查结果发布之前，被调查出口企业同意停止倾销，减少向美国的出口，提高价格或者就出口数量进行磋商并达成协议，那么反倾销调查将被取消。事实上，反倾销调查只是威胁外国出口企业提高价格、停止倾销的行为。

反倾销法对国家有利吗？经济学家常对此持怀疑态度，因为反倾销关税提高了价格，减少了消费者福利。据经济学家分析，低价格只有在长期看来会导致价格提高的情况下才是需要解决的问题。经济学家一般认为，反倾销关税只有在制止掠夺性定价、试图垄断市场、将其他竞争者排挤出市场时才是合理的。经济学家一直认为，现在的反倾销法与制止掠夺性定价毫无关系，其存在没有经济学依据。

反倾销法的支持者承认，他们的目的不是抵制掠夺性定价行为，也不是提高经济学家所说的消费者福利。但是，他们认为反倾销法合理，理由不是效率，而是公平。他们认为，虽然反倾销在短期内有可能损害消费者的利益，但是与不公平的贸易行为进行竞争，对国内的生产企业而言是不公平的。

□ 6.9.1 对倾销和补贴进口商品的补救措施

如前所述，倾销和补贴的直接后果是降低了进口商品的价格，给进口国既带来了收益，也带来了成本。如果进口的是最终产品，受益方是消费者和把进口商品作为中间投入品的消费品产业（下游产业）；相反，受损方则是进口竞争产业、其工人，以及为其提供中间投入品的其他产业（上游产业）。按照国际贸易法，以低于公平市场价值的价格倾销商品和实施出口补贴都被认为是不公平的贸易行为；进口国家可以对倾销的进口商品或受到补贴的进口商品征收反倾销关税或反补贴关税，以抵消这一价格差。

图 6.3 说明了不公平贸易行为对加拿大的影响。假定加拿大是一个小国，无力影响钢铁的国外价格；为了简化分析，假设加拿大的钢铁、铁矿石和汽车市场都是完全竞争的。在图 6.3（a）中，S_C 和 D_C 分别表示加拿大钢铁的供给曲线和需求曲线。假设韩国在钢铁生产上具有比较优势，按照每吨 600 美元的公平贸易价格向加拿大供应钢铁。在这一价格水平上，加拿大的钢铁产量为 200 吨，消费量为 300 吨，进口量为 100 吨。

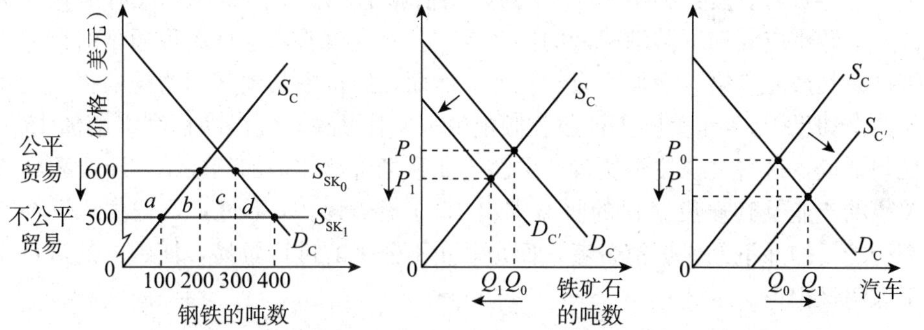

（a）加拿大钢铁产业　（b）加拿大铁矿石产业（上游产业）　（c）加拿大汽车产业（下游产业）

图 6.3　倾销和补贴的经济效应及其补救措施

注：如果进口的是最终产品，倾销或补贴进口为消费者和把进口商品作为中间投入品的消费品企业带来利益，将成本强加于国内进口竞争生产商、其工人以及为其提供中间投入品的其他国内生产商。如果进口的是中间产品，反倾销或反补贴关税将成本强加于消费者和把进口商品作为中间投入品的消费品企业；利益将由国内进口竞争生产商、其工人以及为被保护产业提供中间投入品的生产商所获得。

现在，假定由于韩国实行了倾销和补贴行为，加拿大的钢铁进口价格下降至每吨 500 美元；因此，倾销和补贴的额度为 100 美元（＝600－500）。这种不公平的贸易行为使加拿大钢铁的供给量从 200 吨下降到 100 吨，需求量从 300 吨增加到 400 吨，进口量从 100 吨增加到 300 吨。价格和产量的下降反过来又导致加拿大钢铁行业的投资和就业的下降。尽管因为不公平贸易，加拿大钢铁生产商的生产者剩余减少了面积 a，但消费者剩余却增加了面积（$a+b+c+d$）。由于消费者的收益大于生产者的损失，二者差额为面积（$b+c+d$），所以从整体上看，不公平贸易行为会使加拿大钢铁市场受益。

不公平贸易也会影响加拿大钢铁产业的上游和下游产业。如果加拿大的铁矿石产业（上游产业）主要为加拿大的钢铁生产商供货，那么当它们的客户因来自低价进口钢铁的竞争而产量下降时，加拿大的铁矿需求就会相应减少。如图 6.3（b）所示，在公平贸易的情况下，加拿大钢铁制造商对铁矿石的需求量为 Q_0 吨，价格为 P_0 每吨。由于钢铁业的不公平贸易，铁矿的需求曲线降至 $D_{C'}$，该行业的产量、收入和就业水平也均随之下降。在汽车产业（下游产业），生产商可以买到更便宜的进口钢铁，生产成本下降，供给将会增加。如图 6.3（c）所示，供给曲线向右移至 $S_{C'}$，加拿大的汽车产量从

而增至 Q_1，收入和就业也随之增加。生产成本的下降还将增强加拿大汽车产业在国际市场上的竞争力。

假定钢铁的不公平贸易促使加拿大政府对进口钢铁征收反倾销税或反补贴税，其额度等于倾销或补贴的幅度（100 美元）。如图 6.3 所示，因为钢铁产业的反倾销或反补贴税刚好抵消了倾销或补贴，加拿大的钢铁、铁矿石和汽车产业的价格和产量均恢复到最初水平。关税提高了倾销或得到补贴的钢铁在加拿大的进口价格，导致加拿大钢铁生产商的产量增加；对铁矿石的需求也相应增加，价格就会随之上升。与此同时，因为钢铁价格上涨，加拿大汽车制造商的生产成本增加，汽车价格上升，销量下降。征收补偿性进口关税后，加拿大钢铁市场消费者剩余的减少大于生产者剩余的增加，因此抵消后还有净损失。

美国国际贸易委员会利用 1991 年的数据估算了征收反倾销税和反补贴税对请愿产业，以及上游供应商和下游消费者的经济效应。研究表明，这种关税通常对请愿产业有利，可提高其产品价格，增加产出和就业。然而，经济中其他部门遭受的损失远远大于这些收益。如果 1991 年美国不征收反倾销税和反补贴税，经济净福利将增加 15.9 亿美元。换句话说，这些关税使消费者、下游产业和经济整体增加的成本，至少要比成功申请到关税的产业及其雇员获得的收益多出 15.9 亿美元。① 不过，要记住，反补贴税和反倾销税的目的并不是保护消费者，而是制止不公平的进口贸易，使国内的进口竞争产业和工人免遭损失。

□ 6.9.2 美国钢铁公司在不公平贸易中虽败尤胜

多年来，美国国际贸易委员会（ITC）的申诉部接收最多的就是钢铁产业的申诉。美国钢铁企业不断地向美国国际贸易委员会提出申诉，报怨外国钢铁产品接受补贴或者存在倾销行为。但是，美国钢铁企业针对便宜进口产品的申诉并不是一直都成功，事实上，失败的次数比成功的次数还多。

不过，对钢铁产业来说，赢得申诉并不是其最终目的。钢铁企业认识到，它们可以使用贸易法律影响市场的供给，进而限制来自国外的竞争。无论何时市场变弱，无论以什么原因，它们都会申诉。

下面我们看一看这种竞争战略是如何发挥作用的。当市场疲软时，美国钢铁联盟就对外国的补贴和倾销行为提出申诉，源于目标国家企业的钢铁进口就会减少。案件审理过程往往持续一年左右，美国钢铁制造商可以趁这段时间扩大市场份额，提高价格。即使 ITC 最终驳回了申诉，市场也会赢得时间并走向复苏。

案件一旦被受理，就要通过四个阶段的法律程序，历时数月，这有利于美国国内的钢铁制造商。美国钢铁制造商通常会在第一回合中获胜，在这一回合中，钢铁业提供给 ITC“合理的证据”，证明进口商品给它们带来了伤害。根据这些证据，美国商务部就可以对进口商品征收初级关税。进口商必须发行金融债券，支付这些关税。随后，美国商务部根据外国补贴和倾销的幅度确定最终关税。然后，这个案件又被送回 ITC，由其

① U. S. International Trade Commission, *The Economic Effects of Antidumping and Countervailing Duty Orders and Suspension Agreements*, Washington, DC: International Trade Commission, June 1995.

作出最终损害程度的裁决。如果美国公司败诉，就不得再征收关税，而进口商也就不必承兑债券。然而，如果美国公司获胜，进口商就必须支付债券的面值全额。

在这个过程当中，美国进口商有权继续进口。如果它们确信美国的钢铁零售商会败诉，那么它们就会继续进口。然而，ITC 是一个政治性团体，其委员由总统任命，他们当中一部分人支持自由贸易，另一部分人则倾向于贸易保护主义。美国进口商清楚地认识到，如果判断失误，它们将承担巨大的风险。因此，它们通常在案件开始受理时就终止进口。

简而言之，只要不公平贸易案件被受理，美国的钢铁业就可能获胜。其无论花费多少法律费用，都会从额外增加的收入中得到数倍的补偿。这就是提请申诉的好处：即使你输了，你仍是赢家。

6.10 301 条款：应对不公平贸易行为

1974 年《贸易法案》中的**301 条款**（Section 301）规定，美国贸易代表（USTR）经总统批准后有权对外国不公平的贸易行为进行报复。这些不公平的贸易行为包括外国阻止美国出口的贸易限制行为，以及阻止美国向第三国出口的贸易限制行为。当 USTR 认定这种行为给美国出口商带来“不合理”或“歧视性”负担时，他或她可以进行还击。这个条款的制定主要是由于国会对 GATT 在解决贸易争端方面无效率的不满。

301 条款调查的发起方通常是遭受负面影响的美国企业和工会，也可以是美国总统。如果经调查认定外国正在实施不公平的贸易行为，USTR 有权（1）对产品和服务征收关税，或采取其他进口限制；（2）取消对外国有利的贸易协定。

虽然美国最终能够采取的制裁措施往往是报复性的进口限制，但是 301 条款的目的在于有效地解决贸易冲突。在大多数情况下，美国只是用 301 条款迫使外国改变或消除美国认定的不公平贸易行为，只有在少数情况下，才真正使用关税或配额对外国生产商进行报复。然而，除美国之外的国家通常将 301 条款比作解决贸易争端的“铁锹”方法，它们认为此方法会招致报复性贸易限制。用 301 条款为美国出口商打开国外市场具有局限性，原因至少有两方面：（1）爱国主义让外国人民团结起来，共同抵制美国的贸易限制威胁；（2）外国将贸易的重点转向美国之外的其他贸易伙伴。

关于 301 条款的一个案例便是美国与欧盟之间的香蕉贸易争端。1993 年，欧盟推行针对香蕉进口的一体化机制，该机制给予欧洲以前的殖民国家优惠准入，譬如，加勒比海、非洲和亚洲的一些国家；并且限制来自拉丁美洲一些国家的香蕉进口，而美国生产企业在这些国家处于主导地位。美国政府认为，欧盟的香蕉进口机制是不公平的贸易制度，歧视了美国企业。美国贸易官员表示，由于欧盟的香蕉进口不公平机制，奇吉塔（Chiqita Brands International）和都乐（Dole Food Co.）这两家在拉丁美洲从事香蕉生意的企业失去了一半的生意。结果，美国以此向世界贸易组织提出诉讼，并且获胜。世界贸易组织裁决，欧盟的香蕉进口机制歧视美国在拉丁美洲的出口企业。一番挣扎之后，欧洲国家改正了行为，削减了关税。

6.11 知识产权保护

19世纪，查尔斯·狄更斯谴责美国出版商未经授权就出版了他的著作，也没有付给他任何酬金。但美国的版权保护并不适用于外国（英国）作者，因此，美国出版商盗版狄更斯的畅销小说就不会受到任何惩罚。近些年，美国出版企业的利润预期被打破了。例如，韩国出版商不支付版权税就私下翻印美国教材；日本电子产品生产商侵害美国专利，美国的研究机构也在同它们打官司。

某些产业和产品是众所周知的盗版、制假和其他侵害**知识产权**（Intellectual Property Rights，IPRs）行为的目标。在汽车零件、珠宝、体育用品、手表等产业，假冒产品随处可见。盗版的磁带、录像带、计算机软件和印刷品也遍布世界的各个角落。一些产业的产品生命周期很短，比申请和执行专利所必需的时间还要短，这些产品也经常遭到剽窃，照相仪器和通信产品就是例子。表6.6列举了某国侵害知识产权的例子。

表6.6　某国侵害知识产权的例子

被侵权企业	某国的侵权行为
爱普生	伪造复印机和墨盒。
微软	授权店铺将假冒的 Windows 和 Windows NT 与包装难以区分的正版产品一同出售。
雅马哈	标有雅马哈商标的每6台 JYM150-A 型摩托车和 ZY125 小型摩托车中就有5台是假冒产品。某些企业在一款新车型引进4个月后，就能模仿制造。
吉列	某国销售的其生产的派克笔、劲霸电池和吉列剃须刀中有1/4属于盗版。
安海斯-布希	某国每年销售约6.4亿瓶假冒百威啤酒。
百仕福	其家乐牌牛肉汤和四季宝牌花生酱的假冒品，每年导致的销售损失达到几千万美元。

资料来源：U.S. Trade Representative, *National Trade Estimate Report on Foreign Trade Barriers*, various issues, available at http://www.ustr.gov.

知识产权是在政府有关部门注册的一项发明、一种想法、一件产品或一个生产工艺，发明者（或作者）在规定的一段时期内独自享有该项发明的使用权。政府采用多种方式保护知识产权。授予作品（例如，音乐作品、教材）原创者版权，以此保护他们的权益，在大多数国家，作者终生享有版权保护，当其去世之后，版权保护还将延续50年。企业拥有商标权，独自享有某一独特的名称或符号（如“可口可乐”）的使用权。专利被用来保护新技术或新产品的发明者，保护期限通常为15年或更长，在专利有效期内，发明者独自享有专利成果的生产、使用和转让的权利。

尽管各国政府努力保护知识产权，但是参与市场竞争的企业有时还是会以较低的成本模仿创新产品，侵犯其他企业的知识产权。1986年，法庭判决柯达公司侵犯了宝丽来公司的一次性成像相机专利，并要求其赔偿宝丽来公司损失费9亿多美元。如果一家公司生产与宝丽来相似的一次性成像相机，贴上宝丽来公司的商标，当作宝丽来的产品来销售，就属于伪造产品，也是一种侵权。

当复制一项创新技术的代价（包括被抓后受罚的成本）低于购买或租赁该项技术的成本时，如果缺乏有效的国际知识产权保护的程序，就会出现侵权行为。假定沃纳-兰伯特制药公司（Warner-Lambert Drug Co.）研制出了一种治疗普通感冒的药品，叫做“感冒灵”，公司计划向中国台湾出口这种药品。如果因为中国台湾不承认知识产权，或者沃纳-兰伯特制药公司没有在中国台湾申请专利，“感冒灵”在中国台湾将得不到专利保护，那么与“感冒灵”难以区分的假冒产品就可以在当地合法地生产和销售，从而降低沃纳-兰伯特制药公司的销量和利润。此外，如果“感冒灵”是沃纳-兰伯特制药公司十分受消费者青睐的一个品牌，质量低劣的假冒产品还会对沃纳-兰伯特制药公司的声誉造成负面影响，并影响“感冒灵”和沃纳-兰伯特制药公司其他产品的销售。

虽然大多数国家都制定了保护知识产权的法规，但是在涉及知识产权的产品贸易方面仍然存在许多问题。问题之一是各国的知识产权法规存在差异。例如，在确认专利时，美国使用的是发明在先的原则，而大多数其他国家采用的却是申请在先的原则。另一个问题是国际上有关知识产权的协定得不到有效执行，这主要是因为不同国家保护知识产权的动力存在差异，尤其是创新能力强的技术出口国与不具有创新能力的技术进口国。发展中国家缺乏研发活动和专利创新，有时会剽窃国外技术，并运用这些技术生产产品，成本低于创新国。如果对创新产品（如医疗供给品）实行专利保护，价格就会提高，贫穷的发展中国家很难支付得起，因此对其所需要的产品，根本没有提供专利保护的动力。

考虑到被抓的可能性和成本之后，只要剽窃技术的成本低于企业通过剽窃获得的利润，剽窃行为就会持续下去。然而，剽窃行为会降低创新国企业的利润，进而阻碍它们对研发的投资。随着时间的推移，新产品数量减少，两国人民的福利都将遭受损失。

美国在保护其知识产权的过程中遇到了许多障碍。许多国家缺乏保护外国公司专利的完备的法律体系。还有一些国家为了支持自己产业的发展，故意将某些产品（如化学制品）排除在知识产权保护之外。即使在有法可依的发达国家，法律体系能为知识产权提供的保护也经常跟不上技术快速革新的步伐。

贸易冲突

创意和知识产权的全球化

同商品和服务一样，创意也可以跨过国界流动。从美国到印度，人们可以交换创意并从中受益。创意的全球流动随处可见，从我们身边的智能手机、MP3、电脑和电子书阅读器等高技术产品都可以看到。

创意是指创造新产品、降低成本或者提高质量的点子、看法或者观点。由于创意可以被不同的生产商同时使用，所以其稀缺性的表现形式与商品、服务不同。使用勾股定理计算三角形边长的建筑师并不能阻止其他任何人使用勾股定理。创意一旦形成，可以被反复使用，不需要额外增加成本。随着使用者数量的增多，创意的价值也越高。换言之，勾股定理的价值随着新建建筑物的增加而增加。如果世界各地的建筑师分享交流，便可以产生更大的经济价值，促进经济增长。

这并不意味着，创意对每个人而言都是免费的。为了保护创意不被模仿，政府以专利、商标和版权的形式保护知识产权，保护创意的投资者，防止模仿者使用或者出售。

虽然创意很难精确衡量，我们以专利申请数量来说明。从数据来看，全球创意市场一直被美国、德国和日本主导，如表 6.7 所示。但是，创意在中国和韩国等国家大幅上升。

表 6.7　　2012 年专利申请数量

国家	专利申请数量
美国	51 625
日本	43 660
德国	18 764
中国	18 617
韩国	11 848
法国	7 851
瑞士	4 190
荷兰	4 071

资料来源：World Intellectual Property Organization, *The Intellectual Patent System*: *Monthly Statistics Report*, September 2013 at www. wipo. int/ipstats/en.

经济学家发现，1967—2008 年，美国每小时产出因为进口资本密集型产品而增长 20%～30%。创意在不同地方产生和发展促进了经济增长。现在，电脑可以在美国设计，在中国台湾生产组装，之后出口到美国。较低的交通成本、全球生产设施的产生、分配和组合使得实际生产放在劳动力最便宜的地方。美国的资本和劳动力被重新分配到更有竞争力的产业，包括航空设备、生物制品、健康医疗设备和电脑电子。在这些行业的发展中，创意是最重要的驱动因素。

资料来源：Anthony Landry, "The Globalization of Ideas," *Economic Letter*, November 2010, Federal Reserve Bank of Dallas; Michele Cavallo and Anthony Landry, "The Quantitative Role of Capital Goods Imports in U. S. Growth," *American Economic Review*, Vol. 100, No. 2, 2010, pp. 78－82.

□ 微软公司反对软件盗版

发展中国家经济的快速发展对于美国企业而言既是机遇，也是挑战。波音和通用电气在发展中国家市场取得了巨大成功，但是一些美国企业因为知识产权侵权而遭受损失，比如销售、利润、特许经营和版权费用的损失，还有品牌和产品声誉的伤害。分析人士估计，在某发展中国家，2009 年侵权致使美国企业损失多达 480 亿美元，如表 6.8 所示。

表 6.8　2009 年美国企业在某发展中国家因为侵权造成的损失*

按照行业分类的损失	价值（十亿美元）
信息和其他服务	26.7
高科技和重型制造	18.5
化学品制造	2.0
消费品制造	0.8
交通设施制造	0.2
总和	48.2
知识产权各类别侵权的损失	
版权侵权	23.7
商标侵权	6.1
专利侵权	1.3
贸易机密泄露	1.1
其他	16.0
总和	48.2

* 来自美国国际贸易委员会的一项调查。

我们以微软公司为例说明。微软是深受盗版损害的一个公司。尽管微软公司不断打击侵权事件，但 Microsoft's Office 和 Windows 软件的盗版在一些国家的街头只卖 2～3 美元，仅仅相当于正版售价的一小部分。

微软公司不断驳斥普遍存在的一个错误观点：许多发展中国家消费者使用盗版软件，是因为正版软件的费用太贵。虽然微软公司认为并不是每个发展中国家居民都买得起电脑，但是既然买得起电脑，那也一定买得起微软的软件。尽管对发展中国家的盗版很失望，但是微软仍旧大笔投资发展中国家，发展中国家将成为世界上最大的个人电脑市场。

微软公司一直尝试与那些盗版严重的国家进行官方合作，达成协议，要求它们的电脑生产厂家在出厂的时候即搭售微软正版软件。这些国家的政府承认存在侵权问题，正在加强打击力度。政府也要求国家政府机构必须采购正版软件。但是，分析人士表示，2011 年仍有许多国家的个人电脑上仍然安装盗版软件。的确，仿造和盗版的利益具有极大吸引力。知识产权问题仍是微软将要应对的主要问题。

6.12 贸易调整援助

根据自由贸易理论，在一个依照比较优势理论进行贸易的动态经济中，资源会从生产率较低的用途流向生产率较高的用途。随着时间的推移，世界资源的配置效率将会提高。然而，在短期中，贸易调整可能带来痛苦，使无效率的企业破产，工人们失业。对受影响的团体而言，这种转移成本是非常巨大的。

近年来，许多工业国实施了**贸易调整援助**（Trade Adjustment Assistance）计划，帮助那些因国内生产被取代而在短期内陷入困境的经济主体。实施这种计划源于一个想法，即如果贸易自由化可以通过提高效率而使社会整体获利，那么暂时受到进口竞争伤害的经济个体就应该得到某种形式的补偿。只要自由贸易为该国创造的收益足够大，赢家在补偿完输家之后，仍然能够享有自由贸易的部分收益。

美国贸易调整援助计划被用于帮助由于外国贸易和进口增加而被替代的国内工人，其向工人提供的援助包括：扩展的、高于正常失业保险利益的收入支出、工作培训，以及寻找和调动工作的津贴。对于企业和社区来说，这项计划为其提供转移新生产线的技术支持、市场调研援助以及低息贷款。贸易调整援助计划的主要受益人是服装和纺织产业的工人和企业，接下来是石油和天然气、电子产业以及金属和机械产业。传统而言，因国际贸易失去工作的工人与一般工人相比，年龄更大，受教育水平较低，曾经只在一个行业工作。他们寻找工作所用的时间更长，找到的工作的工资也可能更低。2009 年，援助项目不仅包括制造业，还拓展到服务业。

6.13 美国的产业政策

为了给参与国际贸易的所有企业或者个人提供一个公平的贸易环境，美国政府除了实施一些贸易法律之外，还推行一系列产业政策，增强国内企业的竞争力。如第 3 章所述，政府可以通过产业政策引导资源流向某些特定的对未来经济增长有重要贡献的目标企业。一般的产业政策包括税收刺激、贷款担保和低息贷款。

那么，美国实施产业政策的手段有哪些呢？在当今社会、环境和安全要求限制下，美国政府一直致力于营造一个有利于企业持续发展的经营环境。总体而言，美国政府并不制定影响特定产业的协调性产业政策，而是着重实施宏观经济政策（财政政策和货币政策），利用这些宏观经济政策实现经济稳定、增长和收入分配公平的目标。

然而，毋庸置疑，美国政府调节经济结构的措施在其他国家可能被称为“产业政策”。表现最为突出的就是农业政策。在农业中，一个农民如果研制出一项重大的创新成果，其他农民纷纷模仿，效仿的农民虽然没有承担创新的成本，却攫取了巨大的经济利益。为了解决这一问题，美国政府积极参与农业技术研发，利用服务推广传播技术信息，并兴建大规模农业项目，如灌溉设施。出于国家安全的考虑，美国政府还支持海运业、航空业、造船业、国防工业和能源产业。

促进出口也是美国产业政策的一个重要构成部分。除了贸易代表团帮助企业扩大外国消费者的认知度之外，美国政府还向本国出口企业提供市场信息和技术援助。另外，美国政府为了促进出口，还出资帮助美国产品在国际贸易展览会上展出；允许出口企业组成贸易协会，方便美国产品在外国市场的营销。

此外，美国政府还提供出口补贴。**进出口银行**（Import-Export Bank）是美国政府的官方出口信贷机构。该机构建立于 1934 年，旨在为购买美国产品的外国消费者提供廉价信贷支持服务，比如贷款、贷款担保和保险服务。无论大小，美国出口企业都可以获得该机构的服务。进出口银行不与私有银行进行竞争，其提供信贷的对象一般是私有银行没有能力或者不愿意提供信贷服务的。表 6.9 列举了进出口银行进行直接贷款或者贷款担保的个例。进出口银行的主要受益方包括飞机、通信、发电设备和能源开发等产业。波音公司、通用电气、卡特彼勒和西屋电气以及许多中小型公司都从这些项目中获益。进出口银行自负盈亏，向借款者收取利息和费用。

表 6.9　　美国进出口银行提供贷款的例子

外国借款者/美国出口商	用途
巴西桑坦德/通用电气	火车头
保加利亚政府/西屋电气	仪器
中国航空/波音	飞机
克罗地亚政府/贝克特国际	高速公路建设
加纳政府/万安国际	电子设备
印度尼西亚政府/IBM	计算机硬件
日本航空/波音	飞机
墨西哥的 Fevisa 工业/宾夕法尼亚科亚什（Crusher）	玻璃加工设备
墨西哥 Delta 通信网/摩托罗拉	通信设备

资料来源：Export-Import Bank of the United States, *Annual Report*, various issues, http://www.exim.gov.

进出口银行的支持者认为，美国企业参与竞争的全球市场中，外国企业也有支持当地政府出口信贷支持。中国从事大宗交易的企业可以通过向国际买家提供出口信贷，使得中国出口的火车成本比印度等国家更加便宜。当在大宗交易市场中竞争时，通用电气等美国公司同样能够为大宗交易提供相应的融资支持。美国这样的政策可以保证美国企业在国际市场上公平竞争。

由于部分资金来源于美国财政部，进出口银行以较低的利率贷出资金，所以有时遭到指责和批评。批评者质疑美国纳税人的资金不应该以低于私人银行的利率为出口到国外的商品提供补贴。从这个意义上讲，进出口银行扭曲了市场行为，将收入再分配给了出口企业。

另一家提供融资支持的官方机构是**商品信贷公司**（Commodity Credit Corporation，CCC），这家机构隶属于美国农业部。商品信贷公司为符合条件的农产品提供出口信贷扶持，收取的利息通常略低于私人金融机构的市场利率水平。我们下面提供两个案例，说明美国的产业政策。

□ 6.13.1 美国的航空公司和波音公司为出口信贷起争执

2010 年，美国主要航空公司联合起来反对向波音出售给外国航空公司的飞机提供数十亿美元的补贴。它们反对的正是进出口银行的出口信贷：进出口银行为购买飞机的外国航空公司提供成本较低的贷款，贷款利率低于市场利率水平。2010 年，波音公司大约 35%的销售额来自进出口银行的信贷支持。

达美航空和西南航空等公司表示，由于它们是美国公司，无法获得这些出口补贴，而与它们竞争的外国航空公司却可以通过出口信贷获得更多的融资支持以及更低的利息。达美航空指出，其购买飞机的融资利率与阿拉伯联合航空相比高出 4.5%个百分点，并且这些与其竞争的国际航空公司还可以获得更多的贷款。因而，达美航空表示，出口信贷使本国航空公司处于竞争劣势，使外国航空公司能够开通更多的航班。

除了一些资质信用优秀的航空公司，私人银行一般不愿意向航空公司发放贷款。在为航空公司提供贷款时，私人银行一般不愿意承担违约风险，要求政府提供贷款担保。但是，一些愿意以更高利率贷款给航空公司的私人银行表示，进出口银行已经把它们逼出了这个市场。

这场争执最后上升到了到底哪一方才对美国整体经济贡献更大的口水仗：是飞机制造公司还是航空公司？政府在提供扶持的同时怎样不扭曲市场？据达美航空表示，美国政府必须意识到，出口信贷只是帮了波音公司，而对美国航空行业不利。对于达美航空的观点，波音公司表示不屑：抑制出口信贷将危害飞机制造业的竞争力，加拿大、巴西和欧盟都大肆提供出口信贷。

对于美国经济整体而言，对于出口补贴的冲突实质是一种均衡。从出口信贷中，波音公司获得好处，销售额和利润增加，就业岗位也随之增加，其工人的薪资水平也被提升，创造贸易盈余。但是，对于航空公司而言，出口信贷是负面因素，销售额和利润减少，就业机会减少，其工人的工资也被降低，随着航空市场被外国航空公司挤占，造成贸易赤字。这场争执到底如何发展？让我们拭目以待。[1]

□ 6.13.2 美国太阳能行业暗淡，中国则蒸蒸日上

自古以来，人类利用太阳能的能力随着技术的进步不断提高。虽然太阳能发展前景广阔，潜力巨大，但是对于如何发展这一行业，人们的观点莫衷一是。是应该依赖市场优胜劣汰，还是依靠产业政策通过补贴提升竞争力？

2011 年，三家美国太阳能公司倒闭，中国自此在市场中占据主导地位：大约占据市场的三分之二。这一年，另一家德国的太阳能公司也正在收缩业务。虽然美国、欧盟

① "Carriers Oppose Plane Subsidies," *Wall Street Journal*, October 7, 2010, p. B-3; "U. S., European Airlines to Seek Curbs on Aircraft Subsidies," *Bloomberg*, October 6, 2010 at http://www.bloomberg.com/news.

和日本的太阳能公司拥有技术优势，但是它们表示，在成本方面，它们很难打败中国的竞争对手。中国的产业政策执行效率颇高，为中国太阳能企业提供了很大的竞争优势，比如较低的融资成本、补贴电价、免费获得土地以及工厂审批速度很快。中国的太阳能制造企业已经实现了规模效益，降低了生产成本，提高了竞争力。中国并不是唯一一个依靠产业政策扶持清洁能源的国家。欧盟和美国政府也扶持太阳能行业，比如对下游消费者减税，为太阳能企业提供低息贷款和贷款担保。

2011 年，太阳能行业深陷困境，太阳能板价格大幅下滑，晶片、电池、多晶硅和组件等零部件的价格也大幅下滑。价格下滑的原因很明显，市场中的太阳能企业太多了，供远大于求。生产企业之所以过多，是因为以下几个因素：美国政府扶持清洁科技研发，风险投资涌入这个行业，投资者在石油价格大涨期间疯狂追逐太阳能上市企业，气候问题急需解决。欧盟政府为安装太阳能设备提供大量补贴，刺激了市场的需求。太阳能板的大量供应导致竞争白热化。2010 年，每瓦特太阳能板价格 1.6 美元。到了 2011 年，价格下滑至 0.9～1.05 美元。尽管需求很大，但是供给增加的速度远大于需求增加的速度，结果造成许多企业破产。

2011 年加利福尼亚州太阳能板生产企业索林佐公司（Solyndra Inc.）的倒闭引发了公众广泛的关注。2010 年，奥巴马总统曾经到访这家企业，并称赞这家企业是增长行业的领先企业。这家企业表示，由于无力与中国便宜的太阳能板进行竞争，无法偿付政府担保的 5.35 亿美元贷款。这招致人们对奥巴马政府的指责。奥巴马总统认为，这家倒闭的企业是美国在太阳能行业产业政策失败的标志，同时对于其他可再生能源企业也是很大的打击。

6.14 日本的产业政策

虽然美国一般不使用直接的产业政策扶植特定产业，但有些国家却使用这种政策。接下来考察一下日本的情况。

第二次世界大战以后，日本成为技术上的领导者。20 世纪 50 年代，日本主要出口纺织品和其他低技术含量的产品。到了 20 世纪 60 年代和 70 年代，汽车、钢铁和轮船等资本密集型产品成了日本出口的重点产品。截止到 20 世纪 80 年代和 90 年代，日本已经发展成为世界上高技术产品的主要竞争者，如光导纤维和半导体。

产业政策的支持者认为，在日本经济从低技术产业到重工业、再到高技术产业的转型中，政府对新兴产业的扶植起了重大作用。他们声称，政府实行的进口保护、研发补贴和其他类似措施促进了日本产业的发展。显而易见，20 世纪 50 年代，日本政府援助的对象是造船业和钢铁业，20 世纪 60 年代转向汽车和机床产业，20 世纪 70 年代初期转向高技术产业。日本的产业政策可以分为两个不同阶段：第一阶段是从 20 世纪 50 年代到 70 年代初期，日本政府对国家资源流动和经济发展的方向实行高度控制；第二阶段是从 20 世纪 70 年代中期至今，政府的产业政策变得较为温和巧妙。

为了在制造业领域实施产业政策，日本政府成立了**经济产业省**（Ministry of Economy，Trade and Industry，METI），负责选择应该予以支持的目标产业，促进资源流向高技术产业。在来自大公司、贸易联盟、银行和大学的顾问人员的帮助下，METI首先决定何种产业政策才是最佳的选择，接下来就会增加国内的研发、投资和产量。目标产业享受到一系列不同形式的支持，包括贸易保护、外汇分配、研发补贴、低于市场利率的贷款、在公司盈利后才需要归还的贷款、税收优惠以及政府与产业联合进行的研究项目，以开发有发展前景的技术。

如果没有政府的支持，日本的半导体、电信设备、光导纤维和机器产业不会像现在这样有竞争力。然而，日本的产业政策并非在所有产业都获得了成功，例如计算机、铝和石油化工产业。就连造船和钢铁等日本在国际市场上具有竞争力的产业，也长期面临着生产能力过剩的问题。而且，日本某些最成功的产业（电视机、音响和VCR）也并不是日本政府选定的目标产业。尽管在工业国中，日本的产业政策最为明显，但也不应夸大产业政策对日本成功的重要性。①

6.15 战略性贸易政策

从20世纪80年代开始，一种有关产业政策的新理论引起了人们的重视。**战略性贸易政策**（Strategic Trade Policy）理论认为，政府能够帮助国内企业与国外竞争者争夺经济利润。② 这种帮助表现为政府对特定“战略性”产业（如高新技术产业）的支持。所谓的战略性产业，是指对一国未来经济增长具有重要意义或能为社会提供广泛收益（外部性）的产业。

战略性贸易政策的基本假设是不完全竞争。该理论认为，许多参与国际贸易的产业都是由少数几家大企业控制的，每家企业的规模都很大，能够显著地影响市场价格。市场支配力使这些企业可能获得长期经济利润。根据战略性贸易政策理论，政府政策能够使竞争条件向有利于国内企业的方向转变，从而将不完全竞争市场上的经济利润由国外企业转移到国内企业。

飞机制造业是一个标准范例。③ 研制一种新机型的固定成本很高，而生产过程中显著的学习曲线效应又使得单位生产成本递减，因此该产业只需要少数制造商。飞机产业也是典型的与国家形象密切相关的产业。

假定有两个相互竞争的制造商：波音公司（代表美国）和空中客车公司（由四个欧洲国家联合所有），它们都在考虑是否要开发一个新机型。如果只有一家公司生产该飞机，那么该公司将获得1亿美元的利润。如果两家公司同时生产，每家公司都将损失

---

① R. Beason and D. Weinstein, “Growth, Economies of Scale, and Targeting in Japan: 1955—1990,” *Review of Economics and Statistics*, May 1996.

② 战略性贸易政策理论首次出现在：J. Brander and B. Spencer, “International R&D Rivalry and Industrial Strategy,” *Review of Economic Studies* 50 (1983), pp. 707 - 722，也可参见P. Krugman, ed., *Strategic Trade Policy and the New International Economics* (Cambridge, MA: MIT Press, 1986) 以及P. Krugman, “Is Free Trade Passe?” *Economic Perspectives*, Fall 1987, pp. 131 - 144。

③ Paul Krugman, “Is Free Trade Passe?” *Economic Perspectives*, Fall 1987, pp. 131 - 144; R. Baldwin and P. Krugman, “Industrial Policy and International Competition in Wide-Bodied Jet Aircraft,” in R. Baldwin, ed., *Trade Policy Issues and Empirical Analysis* (Chicago: University of Chicago Press, 1988), pp. 45 - 77.

500 万美元。

现在假定欧洲政府决定为空中客车公司提供 1 000 万美元的补贴。这时，即使两家公司都生产新型飞机，空中客车也能保证获利 500 万美元，而波音公司将取消生产新型飞机的计划。因此，欧洲政府的补贴不仅可以确保空中客车生产新型飞机，而且能使波音公司知难而退。最终，空中客车将获得 1.1 亿美元的利润，并可以轻松地偿还欧洲政府的补贴。如果两个制造商生产的飞机全部用于出口，那么这 1 000 万美元的政府补贴就使得 1 亿美元的利润从美国转移到了欧洲，图 6.4 对此结果进行了归纳。关于战略性贸易政策的福利效应将在本章末的“进一步探索 6.1”中进行讨论。

假定的支付矩阵：以百万美元为单位

		空中客车公司	
		生产	不生产
波音公司	生产	空中客车 −5 波音公司 −5	空中客车 0 波音公司 100
	不生产	空中客车 100 波音公司 0	空中客车 0 波音公司 0

（a）不存在欧洲政府补贴

		空中客车公司	
		生产	不生产
波音公司	生产	空中客车 −5 波音公司 −5	空中客车 0 波音公司 100
	不生产	空中客车 110 波音公司 0	空中客车 0 波音公司 0

（b）存在欧洲政府补贴

图 6.4　欧洲政府对空中客车提供补贴的效应

注：根据战略性贸易政策理论，政府补助可以帮助国内企业抢夺外国企业的利润。

资料来源：Paul Krugman，“Is Free Trade Passe?” *Economic Perspectives*，Fall 1987，pp. 131 - 144.

我们来看另外一个例子。假定电子产业仅有两家公司：一家在日本，一家在美国。随着产量的不断扩张，“边干边学”会无限制地降低这个产业的生产成本。假定日本政府认为其电子产业是战略性产业，因此设置贸易壁垒，使美国竞争者无法进入本国市场；而美国电子市场是开放的。那么，日本制造商就可以通过增加产量降低单位生产成本。一段时间后，具有竞争优势的日本制造商会把美国制造商逐出市场。美国制造商从美国消费者那里获得的利润就转移到了日本制造商手中。

战略性贸易政策的支持者指出，古典的自由贸易理论虽然也充分考虑了外部性，但是以完全竞争为基础的，因此无法指出外部性最可能的来源，而以不完全竞争为基础的现代贸易理论就能做到这一点。这里所说的外部性是指各企业都从成本高昂的创新中获利的能力。因为创新和研发过程需要大量的固定成本，一个产业只能有少量的竞争者，以完全竞争为基础的传统理论则忽略了这一因素。

战略性贸易政策遭到了基于若干理由的批评。从政治角度看，存在着特殊利益集团操纵政策的危险，由它们决定接受政府资助的产业或企业。此外，如果出现了世界范围的贸易政策报复和反报复行为，那么所有国家的情况都会变坏。而且，政府也缺乏足够的信息来明智地干预市场。在上述波音公司和空中客车公司的例子中，先行动的政府必须知道，在有外国竞争和没有外国竞争的情况下，生产新飞机会获得多大的利润。即使是微小的计算错误，也会导致干预行为的失败，使本国经济状况变得更糟，而不是更好。最后，即使政府无所不知，单纯的不完全竞争也并不能确保一定会有战略机会。获取战略机会还必须要有潜在竞争无法消除的、持续的经济利润来源，但持续的经济利润很可能比政府预期的要少。

20 世纪 70 年代欧洲政府对飞机制造业的补贴，就是一个说明战略性贸易政策的收益和成本的例子。在 20 世纪 70 年代，空中客车公司获得了 15 亿美元的政府补贴。空中客车公司生产的 A300 型飞机的成本比其主要竞争对手波音公司的 767 型飞机高出 20%，补贴就是为了消除该公司的成本劣势。那么，这种补贴为空中客车财团的欧洲国家带来好处了吗？证据显示，答案是否定的。空中客车公司生产 A300 不仅亏了钱，而且相对于波音公司仍然处于成本劣势。政府补贴降低了空中客车公司的飞机价格，给欧洲的航空公司和乘客带来了收益。然而，空中客车公司的损失几乎与这些收益相等，因为补贴的资金来自税收，要想增加政府补贴就必须增加税收，因而政府补贴可能使欧洲的福利状况变坏。虽然欧洲政府的补贴并没有把波音公司挤出市场，还是使美国蒙受了损失。美国飞机使用者支付的价格降低，减少了波音公司的利润。唯一的受益者是其他国家，它们没有花费任何成本，自己的航线和乘客就享受到了由空中客车公司降价而带来的收益。

6.16 经济制裁

政府为了实现国内和国外的政策目标，有时候非但不促进出口，反而限制出口。**经济制裁**（Economic Sanctions）是对国家之间的常规贸易或金融关系的政府限制，常被用来保护国内经济，削减核扩散，补偿被外国政府没收的财产，反对国际恐怖主义，维护国家安全，以及保护人权等等。经济制裁的发起国，即实施国，希望通过制裁削弱目标国的经济实力，使其服从自己的目标。

实施国可以采取几种类型的经济制裁。贸易制裁是发起国拒绝向目标国出口商品。美国就经常利用自己作为世界上主要的小麦产地、军火和高技术产品生产国的地位，迫使外国服从自己的对外政策目标。此外，对于来自目标国的进口商品，实施国还可以设置配额。金融制裁是对官方借款或援助进行限制。20 世纪 70 年代末，美国冻结伊朗的金融资产，以迫使伊朗释放美国人质。表 6.10 是美国为了实现对外政策目标而实施经济制裁的例子。

表 6.10　美国的经济制裁

年份	目标国家	目的
2014	俄罗斯	防止吞并克里米亚
2010	伊朗	防止核扩散
1998	巴基斯坦和印度	防止核扩散
1993	海地	保障人权
1992	塞尔维亚	终止波黑内战
1990	伊拉克	制止伊拉克入侵科威特
1985	南非	保障人权

续前表

年份	目标国家	目的
1981	苏联	结束波兰军事管制
1979	伊朗	解救美国人质、解决国家征用赔偿
1961	古巴	加强国家安全

图 6.5 可以说明对目标国（比如，伊拉克）实行经济制裁的目的。图中画出了伊拉克对机器和石油的假定的生产可能性曲线。在实行经济制裁之前，伊拉克能够在生产可能性曲线 PPC_0 的点 A 处进行效率最大化生产。在实施经济制裁后，实施国拒绝购买伊拉克的石油，因此，伊拉克的油井、炼油设施和工人被闲置起来。因为生产能力没有得到充分利用，伊拉克的生产点被迫移到 PPC_0 线以内。如果实施国还对生产投入品实行出口制裁，减少向伊拉克出售设备的数量，那么伊拉克的潜在产出就会下降，其生产可能性曲线将向内移至 PPC_1。经济制裁导致的经济无效率和可能实现的产出的减少，使伊拉克民众和政府陷入困境。随着时间的推移，经济制裁将会使伊拉克的经济增长率降低。尽管经济制裁所带来的短期福利损失并不大，但是劳动力和资本的使用会变得无效率，国民对国内经济形势的预期将变得悲观，储蓄、投资和就业水平下降。因此，制裁就会最终减少伊拉克的潜在产出。

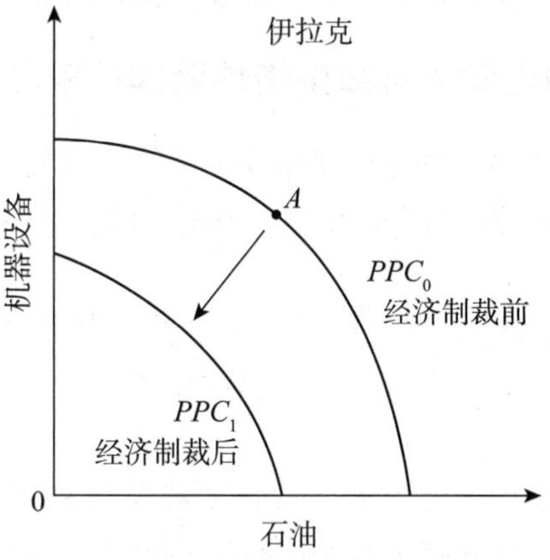

图 6.5　经济制裁的效应

注：经济制裁会迫使目标国的生产点移动到生产可能性曲线内部，还会使目标国的生产可能性曲线向内移动。

□ 6.16.1　影响经济制裁成功的因素

通过对以往的经济制裁的分析，可以发现一些影响制裁有效性的因素。决定经济制裁成功与否的最重要因素是：(1) 制裁实施国的数量；(2) 目标国与实施国之间经济和政治联系的紧密程度；(3) 目标国在政治上对制裁的反对程度；(4) 目标国的文化因素。

尽管单方面制裁可能会达到部分预期效果，但是如果很多国家同时实施经济制裁，效果会更加明显。一般来说，多边制裁对目标国的经济压力要比单边制裁更大。多边制裁措施表明，反对目标国行为的国家不止一个，经济制裁也就具有更大的政治合法性，成功的可能性就会越高。国际社会的排斥会给目标国的人们造成巨大的心理压力。然而，在实施多边制裁时，如果多边合作不够牢固，制裁将很难发挥作用。实施国之间在制裁问题上的争执会被目标国视为一种无序和软弱的信号。

如果实施制裁之前目标国与实施国之间存在大量的经济和政治往来，那么实施制裁往往会更加有效。在这种情况下，如果目标国不按照实施国的意愿行事，潜在成本是非常高的。例如，20 世纪 80 年代，西方国家对南非的制裁促使南非政府改革了种族隔离体制。这次制裁之所以成功，部分就是因为南非的对外贸易中有 4/5 是同西方六国进行的，所需的资本也几乎全部来自西方国家。

目标国国内的政治反对力度也会影响经济制裁的成功。当目标国政府对内面临着巨大的反对时，经济制裁会通过有影响力的利益集团（如有国际联系的企业）对政府施压，要求政府服从实施国的意愿。实施国一方面有选择地、温和地实施制裁，另一方面又用更严厉的后续制裁作为威胁，这不但会给目标国的居民带来一定程度的经济负担，还会激发他们为避免更严重的制裁去游说政府。因此，虽然渐进式制裁需要给予目标国一段时间调整经济，但在政治上的优势可能会更大。如果立即实施全方位的严厉制裁，国内的利益集团就不会迫使政府修改政策；这时，经济损失已经发生了。

当目标国与实施国在文化上联系紧密时，它们可能与实施国有一致的目标，制裁的有效性也会提高。例如，南非的白种人通常认为自己是西方社会的一部分。因此，在 20 世纪 80 年代，当西方因为种族隔离政策而对南非实行经济制裁的时候，许多自由的白种人觉得在道德上被西方世界孤立在外，这促使他们游说南非政府，实行政治改革。

□ 6.16.2 经济制裁和大规模杀伤性武器：朝鲜和伊朗

几十年来，美国和联合国一直对涉嫌恐怖主义行为和发展生化与核武器的国家实行制裁，经济制裁在对这样行为的制止方面发挥作用吗？让我们看一看伊朗和朝鲜的例子。

1950 年，美国和联合国对朝鲜实行了多种制裁。制裁的理由是：朝鲜资助恐怖主义组织，并且发展大规模杀伤性武器，如核弹和导弹，这对全球的安全而言是一个巨大的威胁。

针对朝鲜的制裁包括禁止朝鲜贸易、禁止朝鲜船只和朝鲜人进入其他国家。同时，美国对朝鲜实行金融制裁，对和朝鲜有经济往来的银行实行惩罚。一旦某个目标银行被锁定，实际上便被美国金融体系排除在外，该银行不能兑换美元，不能和美国的银行和其他金融机构进行交易。

例如，在 2005 年，美国将一家银行列入黑名单，指责该银行向朝鲜政府提供不正当的金融服务：帮助朝鲜政府流通 1 000 亿美元的伪造发票，为毒品交易洗钱并且为香烟走私融资。由于这家银行是朝鲜重要的国际金融通道，这样的制裁打击了朝鲜的贸易和金融。但是，制裁却难以阻止朝鲜进行核武器实验。

美国制裁无法强制改变朝鲜行为的一个重要原因是：朝鲜与其他国家的贸易和金融往来十分有限。这也限制了制裁的范围和力度。另一个重要原因是：朝鲜的主要经济生命线如韩国不愿实行大规模的制裁，害怕引起该地区战乱。迄今为止，朝鲜政府一直认为发展核武器是其政治生存的关键。以经济制裁实现制止朝鲜发展核武器的目标十分困难。

伊朗的案例也表明经济制裁在制止发展核武器方面的作用十分有限。自 1987 年以来，美国对伊朗实行了很多制裁，例如，贸易和金融制裁。到 2006 年，制裁变得更加严厉，因为伊朗政府公开表明要发展核反应堆。伊朗坚持表示其只是发展核能；但是其他国家怀疑核能技术将可能被用于研发核弹。2011 年，美国针对伊朗中央银行和石油出口进行制裁。一年之后，美国把伊朗的船运业、造船业和能源行业也列入黑名单，导致伊朗货币大幅贬值，通货膨胀率上升到 50%以上，经济大幅下滑，失业率攀升到 20%以上。占政府收入来源 50%以上的石油出口额下降一半，出口量从每天 250 万桶下降到每天 125 万桶。这是因为欧盟的禁运以及美国对伊朗石油消费国的施压。

经济制裁的支持者认为，在外来经济的压力下，伊朗经济将显得十分脆弱。伊朗依赖于外国的投资和资本开发石油和发展刚刚起步的核能，但是，伊朗在石油生产中扮演着十分重要的角色，如美国这样的石油依赖国很难对它实行严厉的经济制裁。此外，美国和伊朗的贸易量在过去 20 年中不断减少，伊朗同其他国家的贸易量增加，这样就减弱了美国制裁伊朗的筹码。伊朗继续向中国、印度、韩国和日本出口石油，这些国家是伊朗石油收入的主要来源。

2013 年，随着制裁的压力越来越大，伊朗政府表示：准备结束与西方国家的核谈判僵局。伊朗和西方国家签署过渡协议：放缓对伊朗的制裁，作为交换，伊朗承诺暂时停止部分核项目。希望过渡性协议成为永久性核谈判协议。本书写作期间，双方仍在谈判。

6.17 小结

1. 美国的贸易政策体现了许多利益集团的动机，包括政府官员、工会领导、商界管理人员。

2. 美国以往的关税一直上下浮动。美国的关税立法已经体现了许多传统的关税理论（收入、就业）。

3. 1930 年颁布的《斯穆特-霍利法案》把美国的关税提高到了前所未有的高度，并带来了灾难性后果。1934 年通过的《互惠贸易协定法案》普遍削减了美国的关税水平，并实施了最惠国条款。

4.《关税与贸易总协定》的目的在于降低贸易壁垒，使所有国家在贸易关系中处于平等地位。1995 年，GATT 转变为世界贸易组织。世界贸易组织继承了 GATT 的主要条款，并提供了一种促进成员之间争端解决的机制。东京回合和乌拉圭回合的多边贸易谈判在削减关税的同时，还废除了各种非关税壁垒。

5. 贸易补救法可以保护国内企业免受国外的激烈竞争，这些法律包括豁免条款、反倾销和反补贴关税条款，以及 1974 年《贸易法案》中针对外国不公平贸易行为提出的 301 条款。

6. 豁免条款可以为美国的生产者提供暂时性保护，避免在公平贸易的条件下遭受国外进口商品的竞争。

7. 反补贴税用来抵消外国生产者因外国补贴而获得的任何不公平的竞争优势。

8. 经济理论表明，如果一国是外国补贴产品或倾销产品的净进口国，该国在整体上就会从外国补贴或倾销中获利。这是因为本国消费者从倾销或补贴商品中获得的收益，高于本国进口竞争产品的生产商所遭受的损失。

9. 美国反倾销税的目的在于抵消外国的两种不公平贸易行为：(1) 以低于平均总生产成本的价格向美国出售商品；(2) 国际性价格歧视，即外国企业在美国的销售价格低于在本国的销售价格。

10. 如果贸易争端不能成功解决，1974 年《贸易法案》中的 301 条款允许美国对那些采取不公平竞争行为的国家实施贸易限制。

11. 知识产权包括版权、商标和专利。外国侵犯知识产权一直是许多工业国所面临的一个重要问题。

12. 由于外国竞争可能会使本国进口竞争行业的企业倒闭、工人失业，美国和其他国家实施了贸易调整援助计划，由政府对受到不利影响的企业、工人和社会群体提供援助。

13. 美国政府一直不愿意制定直接的产业政策，在产品和厂商中选出赢家和输家，而是采用消极方式帮助国内生产者（如进出口银行和出口贸易委员会）。

14. 按照战略性贸易政策的观点，政府可以帮助本国企业夺取外国竞争对手的经济利润。该政策适用于不完全竞争市场。

15. 经济制裁包括对外国实施的贸易和金融限制。它们被用来维护国家安全、保护人权和反对国际恐怖主义。

6.18 关键概念及术语

- 商品信贷公司（Commodity Credit Corporation，CCC）
- 反补贴税（Countervailing Duty）
- 多哈回合（Doha Round）
- 经济制裁（Economic Sanctions）
- 豁免条款（Escape Clause）
- 进出口银行（Export-Import Bank）
- 快速通道权力（Fast-Track Authority）
- 《关税与贸易总协定》（General Agreement on Tariffs and Trade，GATT）
- 知识产权（Intellectual Property Rights ，IPRs）
- 肯尼迪回合（Kennedy Round）
- 经济产业省（Ministry of Economy，Trade and Industry，METI）
- 最惠国条款［Most-Favored-Nation（MFN）Clause］
- 《多种纤维协定》（Multifiber Arrangement，MFA）
- 正常贸易关系（Normal Trade Relations）
- 《互惠贸易协定法案》（Reciprocal Trade Agreements Act）

- 保障措施（Safeguards）
- 301 条款（Section 301）
- 《斯穆特-霍利法案》(Smoot-Hawley Act)
- 战略性贸易政策（Strategic Trade Policy）
- 东京回合（Tokyo Round）
- 贸易调整援助（Trade Adjustment Assistance）
- 贸易促进权力（Trade Promotion Authority）
- 贸易补救法规（Trade Remedy Laws）
- 乌拉圭回合（Uruguay Round）
- 世界贸易组织（World Trade Organization，WTO）

6.19 习题

1. 在何种程度上传统观点证明了保护主义壁垒实际上被纳入美国贸易立法是正确的？

2. 在美国贸易史上，贸易保护主义达到最高峰是在什么时期？

3. 最惠国条款是什么？它与美国关税政策有什么联系？

4. GATT 及其以后的世界贸易组织都为各国的贸易行为设立了一套规则，试加以解释。

5. 什么是贸易补救法规？面对不公平（公平）的商品贸易，它们如何保护美国企业？

6. 什么是知识产权？为什么知识产权成为近几轮国际贸易谈判的主要问题？

7. 贸易调整援助计划如何帮助被进口竞争取代的国内企业和工人？

8. 东京回合贸易谈判针对非关税壁垒主要采取了哪些政策？乌拉圭回合的情况如何？

9. 请叙述一下美国政府实行的产业政策，这些政策和日本的政策有什么不同？

10. 如果美国是日本补贴或倾销产品的净进口国，美国消费者不仅会获利，他们获得的收益还将高于美国生产者因倾销或补贴而蒙受的损失，请加以解释。

11. 战略性贸易政策的目的是什么？

12. 经济制裁的目的是什么？实施经济制裁的国家会遇到什么困难？在什么时候实行制裁是最有效的？

13. 假定西班牙是个“小国”，不能影响巴西（世界）的钢铁价格。西班牙钢铁的供给和需求见表 6.11。假定巴西钢铁的价格为每吨 400 美元。用图纸在同一个坐标系中画出西班牙和巴西的供给和需求曲线。

a. 在自由贸易情况下，西班牙将会购买、生产和进口多少吨钢铁？计算以美元计价的西班牙的生产者剩余和消费者剩余。

b. 假定巴西政府为钢铁公司的每吨钢铁提供 200 美元的生产补贴。请画出对巴西进行补贴调整后的供给曲线。

（1）钢铁的新的市场价格是多少？在这一价格水平上，西班牙将生产、购买和进口多少吨钢铁？

（2）补贴帮助/伤害了西班牙公司，因为它们的生产者剩余提高/降低 了______ 美元；西班牙钢铁使用者的消费者剩余提高/降低了______美元。西班牙整体经济从补贴中获得的收益/损失为______美元。

表 6.11　　西班牙钢铁的供给和需求

价格（美元）	供给量（百万吨）	需求量（百万吨）
0	0	12
200	2	10
400	4	8
600	6	6
800	8	4
1 000	10	2
1 200	12	0

进一步探索

关于战略性贸易政策的福利效应，查询“进一步探索 6.1”，网址：www.cengage.com/economics/Carbaugh。

第 7 章

发展中国家的贸易政策

按照实际收入对所有国家进行排序，然后画一条分界线，将世界划分为发达国家和发展中国家，这是一种人们普遍接受的做法。除了北美、西欧国家以及澳大利亚、新西兰和日本属于**发达国家**（Advanced Nations）之外，世界上大多数国家属于**发展中国家**（Developing Nations），它们大多位于非洲、亚洲、拉丁美洲和中东地区。表 7.1 为部分国家的基本经济和社会发展指数，从中可以看出，发达国家通常具有以下特征：相对较高的人均国内生产总值、较长的平均寿命以及较高的成人识字率。世界大多数人口生活在贫穷的发展中国家。

表 7.1　　2011 年部分国家的基本经济和社会发展指数

	人均国民收入*（美元）	预期寿命（年）	成人识字率（%）
瑞士	52 530	83	99
美国	50 120	79	99
日本	34 890	83	99
智利	19 820	79	97
墨西哥	15 770	77	93
阿尔及利亚	7 550	71	73
印度尼西亚	4 440	70	92
几内亚	940	56	30
布隆迪	540	53	67

* 按购买力平价换算成国际美元。国际美元与美国美元在美国市场的购买力相同。

资料来源：From The World Bank at http：//www. worldbank. org/data.

虽然国际贸易能够为国内生产者和消费者带来收益，一些经济学家却指出，当前的国际贸易体系阻碍了发展中国家的经济发展。他们认为，基于比较优势理论的传统国际贸易理论并不适合发展中国家。本章介绍部分经济学家解释其对国际贸易体系担心的理由，并探讨旨在提高发展中国家经济水平的政策。

7.1 发展中国家的贸易特征

如果考察发展中国家的贸易特征，我们会发现发展中国家对发达国家具有很强的依赖性。发展中国家的大部分出口商品销往发达国家，绝大多数进口商品源于发达国家。虽然近年来发展中国家之间的贸易在不断增加，但是仍然相对较少。

发展中国家贸易的另一个特征是，出口主要集中在**初级产品**（Primary Products）（农产品、原材料和燃料）方面。在发展中国家出口的制成品中，大多（如纺织品）属于劳动密集型产品，生产过程中技术含量较低。

然而，在过去的30年里，发展中国家（地区）贸易中初级产品所占的主导地位已经明显下降，相对于初级产品，制成品和服务产品在出口中所占的比重得到了提高，如中国、印度、墨西哥、韩国、中国香港、孟加拉国、斯里兰卡、土耳其、摩洛哥、印度尼西亚、越南等国家和地区。这些已经步入世界工业化经济行列的国家和地区，在很大程度上削减了贫困。

发展中国家是如何出口制成品的呢？在人口和工厂方面的投资起到了很大的作用。在所有的发展中国家，每个工人的平均教育水平和资本存量得到大幅度提高。此外，运输和通信技术的发展，加上发展中国家的改革，使得产品的生产链被分解成很多部分，从而在发展中国家全球生产分工中发挥了关键性作用。最后，20世纪80年代中期，发展中国家贸易壁垒的自由化增强了它们的竞争力，尤其是在制成品和初级加工产品方面。总之，发展中国家具备了出口较高科技含量产品的基础。然而，它们在向发达国家出口这些产品时却屡屡受挫。

同时，拥有20亿人口的发展中国家没有融入全球工业化经济，这些国家大部分位于非洲和前苏联地区，它们的出口商品仅限于小范围的初级产品。这些国家往往局限于落后的基础设施、不充分的教育、猖獗的腐败现象以及较高的贸易壁垒。此外，商品运往工业化国家市场的运输成本往往会高于其产品的关税，因此，运输壁垒所造成的阻碍要高于富裕国家的贸易政策壁垒。因此，对这些发展中国家来说，在过去20年里，收入水平不断下降，贫困化程度不断提升。对它们来说重要的是，尽可能地进入制成品和服务产品的全球市场，实现出口商品的多样化。为什么一些国家比另一些国家贫穷呢？

7.2 发展中国家与发达国家之间的紧张局势

尽管发展中国家在国际贸易中屡屡受挫，但是目前大多数学者和政策制定者一致认为贫穷国家发展经济最好的战略是充分利用国际贸易的机遇。在过去20年中，许多发展中国家认识到这一战略的重要性，并对国际贸易和外国投资开放了国内市场。但是极具讽刺意味的是，尽管发达国家的学者们支持发展中国家的这一战略变化，但是发达国家有时还是会对来自这些发展中国家的进口商品提高壁垒，这是为什么呢?

把世界经济看做一个梯子。位于底端的是发展中国家，主要生产纺织品和其他低技术含量的产品；位于梯子顶端的国家依次是美国、日本和其他发达国家，生产先进的软件、电子器件和医药品；位于梯子中间的是所有其他国家，生产从存储芯片、汽车到钢铁的所有产品。从这个角度来看，经济发展很简单，即每个国家都想爬到上一阶梯。当最顶层的国家能够创造出新型产业和新产品，从而使梯子增加一层时，这一过程会进展顺利。创新使得夕阳产业向海外转移，同时国内创造出新的就业。但是如果最顶层的国家不能及时地进行创新，那么会不利于其工人，他们将面临来自发展中国家低工资工人的竞争。

发展中国家所面临的困境是，为了实现经济发展，它们必须代替在先进国家进行最不先进产品生产的生产者。例如，如果赞比亚打算生产纺织品和服装，它将会与美国和欧洲的这些产品生产者进行竞争。先进国家的生产者遭到进口竞争，他们就会寻求贸易保护。然而，这一保护措施会决定性地限制发展中国家的市场进入，遏制它们发展的意图。因此，发展中国家在追赶发达国家的过程中受到不公平的待遇。

受发达国家保护以免受到发展中国家竞争的生产者，一般是已经接近于发达国家收入分配底端的生产者。这些人中的大多数从事劳动密集型工作，并且拥有有限的技能和较低的工资收入，他们是收入再分配计划中应该予以支持的群体，而不应该加以阻碍。在某种程度上，先进国家在帮助国内穷人和帮助世界穷人之间面临着一种权衡。但是批评者认为，世界作为一个整体需要帮助所有穷人，并且需要通过国际性组织加以保障。例如，世界贸易组织的职责是防止发达国家的贸易政策过多地偏向其国内的经济活动主体，而且要顾全世界大局。这也是为什么在最近的世界贸易组织会议上，贫穷国家和富裕国家之间充满了紧张气氛。

然而，为发展中国家提供更多的进入发达国家市场的机会，并不能解决所有发展中国家的问题。它们自身也面临着结构性缺陷，并且法律和秩序方面的机构和政策、稳定的宏观经济惯例以及公共服务的缺失或不足使得这一缺陷更加复杂。

7.3 发展中国家的贸易问题

比较优势理论认为，如果各国都专业化生产其具有比较优势的产品，并用这些产品的一部分交换其他产品，那么所有国家都将从自由贸易中获益。美国和其他许多发达国家的政策制定者指出，国际贸易体系的市场导向结构为获取比较优势的收益提供了一套机制。他们声称，现行的世界贸易体系带来了广泛的收益，只需对现行体系进行务实渐进的调整就可以使所有国家的贸易利益实现最大化。发达国家还认为要想获得贸易成功，必须管理好国内和国际的经济政策。

通过与发达国家进行贸易，一些发展中国家已经对它们和发达国家之间的贸易收益分配问题产生了质疑。它们指出，发达国家的贸易保护主义政策阻碍了许多发展中国家的工业化进程，为此发展中国家要求建立国际贸易新秩序，使它们能够获得更多的进入发达国家市场的机会。发展中国家面临很多问题，其中最为棘手的就是出口市场的不稳定、贸易条件的日益恶化，以及进入工业化国家的机会受到限制。

□ 7.3.1 不稳定的出口市场

许多发展中国家都具有一个共同特征，其出口仅仅集中在一种或几种初级产品上。表 7.2 列出了部分发展中国家对单一初级产品的依赖性。一旦这种产品的收成欠佳或市场需求减少，出口收入就会大幅度降低，严重影响国内收入和就业水平。

表 7.2　　2012 年发展中国家对初级产品的依赖

国家	主要出口产品	主要出口产品占总出口的比重（%）
尼日利亚	石油	95
沙特阿拉伯	石油	90
委内瑞拉	石油	82
贝宁	棉花	81
布隆迪	咖啡	80
马拉维	烟叶	70
赞比亚	铜	62
埃塞俄比亚	咖啡	60

资料来源：The World Bank Group，*Data and Statistics*：*Country at a Glance Tables*，available at http://www.worldbank.org/data. 也可参阅：Central Intelligence Agency，*World Factbook*，available at www.cia.org。

许多经济学家认为，导致初级产品价格和生产者收入不稳定的一个关键因素是，这些产品的需求和供给价格弹性较小，如锡、铜和咖啡等产品。需求（供给）价格弹性是指价格变动 1%所引起的需求（供给）量变化的百分比。在一定程度上，某种商品的需求与供给相对缺乏弹性，意味着价格变动的百分比大于需求量或供给量变动的百分比，需求曲线或供给曲线的一个很小的移动就会使价格和出口收入发生很大的变动。

图 7.1 表示咖啡的供给和需求曲线，将市场作为一个整体。假设这些曲线富有弹性。市场在点 A 处达到均衡，此时有供给曲线 S_0 与需求曲线 D_0 相交。咖啡生产商的销售总额为 2 250 万美元，等于均衡价格（4.5 美元）乘以销售数量（500 万磅）。

参照图 7.1（a），假设外国收入降低导致咖啡的市场需求曲线移至 D_1。由于咖啡供给缺乏弹性，需求的降低导致市场价格大幅下降，从每磅 4.5 美元下降至 2 美元。咖啡生产商的总销售额因此下降至 800 万美元。下降的一部分代表了生产商利润的减少。结论是当市场供给缺乏弹性时，咖啡价格和销售收入将变化很大。

不仅在供给无弹性的时候，需求变化会引起价格大幅度波动，当需求无弹性时，供给变化也会使价格产生显著波动，图 7.1（b）的双阶段图形说明了后一种情况。假设最优的增长条件导致咖啡的市场供给曲线向右移至 S_1，结果是价格从每磅 4.5 美元大幅降低至每磅 2 美元，生产商的销售收入也降至 1 400 万美元（=2 美元/磅×700 万磅)。可以看到，当需求条件缺乏弹性时，价格和销售收入变化很大。

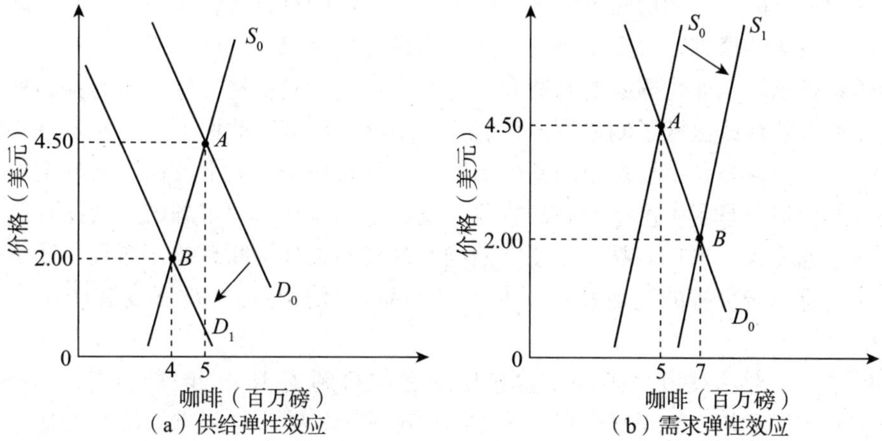

图 7.1 某发展中国家的出口价格弹性

注：当商品的供给价格无弹性时，需求的减少（或增加）将引起很大的价格变动。当商品需求价格无弹性时，供给的增加（或减少）将引起价格很大的变动。

□ 7.3.2 商品价格下降威胁出口国家的经济增长

在 21 世纪的第一个 10 年中，商品价格不断上升，发展条件优越，许多发展中国家的生产企业和政府都受益于此。较高的价格意味着更多的利润，政府的税收也会增加，所以政府可以清还债务，完善社会服务项目。商品市场的强劲发展使拉丁美洲国家的平均经济增长在 2003—2008 年间达到 5%，而在此之前的 30 年里，它们的经济增长速度只有 3.5%。

但是，当 2008 年和 2009 年发达国家陷入经济萧条时，上升周期受到了严重冲击。随着发达国家经济的萎缩，它们的商品需求不断下降，导致铜、锌、铁、大豆和石油等商品的价格暴跌。由于出口收入下滑，商品生产国家，例如秘鲁和玻利维亚，不得不暂停资源投资项目，比如暂停铁矿开发等。

大豆、铁矿石等初级产品占巴西出口的 40%，由于这些商品的价格暴跌，巴西经济也受到了严重冲击。大豆价格在 2008—2009 年从每吨 600 美元的价格下降到每吨 365 美元。出口商品价格的下降使巴西的巨大贸易顺差不断减小，淡水河谷等巴西公司不得不减少产量、裁减员工。同时，本地区的玻利维亚、厄瓜多尔和委内瑞拉等石油和天然气的生产国也由于经济危机遭到重创。

许多发展中国家的经济与初级产品息息相关，也与大部分出口到发达国家的产品息息相关。当发达国家遭遇经济萧条时，其贸易伙伴发展中国家也会很快受到牵连，2008—2009 年的全球经济危机就是这样。

□ 7.3.3 日益恶化的贸易条件

国际贸易的收益在贸易国之间如何分配一直存在争议，尤其是在集中出口初级产品的发展中国家。这些国家普遍认为，国际贸易收益的很大一部分都不合理地流向了发达国家。

发展中国家抱怨，在过去的一个世纪中，它们的产品贸易条件恶化了，相对于进口商品，它们出口的产品的价格下降了。因为贸易条件的日益恶化，许多发展中国家拒绝参与贸易自由化的谈判，并要求在与发达国家进行贸易时享受优惠待遇。

观察者指出，工业化国家的制造商凭借垄断力量抬高价格。生产率的提高所带来的收益以高收入的形式流进了制造商的口袋，价格却并没有因此而下降。而发展中国家初级产品的出口价格是在市场竞争的基础上形成的，价格不断上下波动，国外消费者因此通过较低的价格分享了生产率提高的收益。发展中国家认为，市场的力量使其进口商品价格上升的速度大于出口商品，致使它们的产品贸易条件不断恶化。而且，随着收入的增加，人们将消费更多的制成品，而非初级产品，这就更加恶化了发展中国家的贸易条件。

发展中国家对产品贸易条件日益恶化的看法得到了 1949 年联合国一项研究的支持。[①] 这项研究证实，在 1876—1880 年和 1946—1947 年，与制成品价格相比，初级产品的价格下降了 32%。然而，由于数据不足以及在价格指数构造上存在问题，联合国的研究不能形成定论。其他研究对贸易条件变动持相反结论。

2004 年，联合国经济学家发现，1961—2001 年，与发达国家出口的制成品相比，发展中国家出口的农产品价格大约下降了 70%。贸易条件的这种恶化尤其对撒哈拉以南的非洲国家十分不利。此外，世界银行估计，1970—1997 年，贸易条件的恶化使非洲非产油国付出了巨大的代价，其失去的收入相当于其国民生产总值的 119%。从理论上讲，贸易条件的恶化由生产和出口的增加量来抵消，以保持或增加出口收入。事实上，非洲国家出口数量的增加并没有弥补由贸易条件恶化带来的损失。[②]

至于中国、印度和俄罗斯等其他国家以及其他产油国，贸易条件恶化的状况在近几年并没有那么显著。许多发展中国家在棉花、粮食等初级产品的生产方面已经实现了规模经济，并且经济也已经实现了多样化，不再单单依靠石油出口。

发展中国家整体的贸易条件究竟是日益恶化了，还是有所改善，确实难以定论。在进行比较时，基期的选择、技术和生产率变化的处理问题、是否考虑新产品和产品质量、评估进出口商品价值和确定指数权重所用方法方面的差异，使有关贸易条件变动的结论存在差异。

□ 7.3.4 有限的市场进入机会

在过去 20 年间，发展中国家整体上提高了对世界市场的渗透力，但是，全球保护主义一直以来是其市场进入的一个障碍，尤其是农产品和劳动密集型制成品，如服装和纺织品。这些产品对世界上的贫穷国家而言是非常重要的，因为它占低收入国家出口的一半以上，并且占最不发达国家出口收入的约 70%。

工业化国家对来源于发展中国家的进口商品征收的关税，一般会高于向其他工业化

---

① United Nations Commission for Latin America, *The Economic Development of Latin America and Its Principal Problems*, 1950.

② Food and Agriculture Organization (FAO) of the United Nations, *The State of Agricultural Commodity Markets*, Rome, Italy, 2004, pp. 8-12; Kevin Watkins and Penny Fowler, *Rigged Rules and Double Standards: Trade, Globalization and the Fight Against Poverty* (Oxford, England: Oxfam Publishing, 2002), Chapter 6.

国家进口商品所征收的关税。平均关税税率的差异部分反映了贸易壁垒的存在，诸如欧盟和《北美自由贸易协定》废除了工业化国家贸易伙伴国之间的关税。而且，20 世纪 90 年代之前，发展中国家没有积极参与多边贸易自由化协定，在前几轮大幅度削减关税的多边贸易谈判中，它们的产品被遗漏了。总之，富裕国家之间的平均关税税率较低，但是它们却正好在发展中国家具有比较优势的领域保持着较高的贸易壁垒，例如，农产品和劳动密集型制成品。

发展中国家也会遭遇到第 4 章所讨论的关税升级问题。在工业化国家，关税升级幅度较大，特别是对于农产品。关税升级具有减少对发展中国家加工的进口商品需求的潜力，因此会限制它们向高附加价值出口商品转化的多样化进程。虽然不普遍，但是关税升级也影响了发展中国家工业制成品的进口，尤其是半加工产品。这些产品在许多发展中国家具有竞争优势，包括纺织品和服装、皮革和皮革制品、木材、纸制品、家具、金属以及橡胶制品。

此外，保护主义壁垒也会使发展中国家的纺织品和服装生产商蒙受大量出口收入的损失。几十年来，发展中国家对这些产品的进口实施配额。尽管《乌拉圭回合协定》使纺织品和服装领域的配额在 2005 年被废除，但是纺织品和服装的市场进入仍然被较高的关税壁垒所限制。

最后，反倾销税和反补贴税越来越多地代替了区域和多边贸易自由化过程中逐渐被削减的传统贸易壁垒。发展中国家已经指出，诸如美国之类的工业化国家大肆使用反倾销税和反补贴税来限制产品进入其市场。据发展中国家统计，这些政策导致了其出口量和市场份额的大幅度减少。

的确，贫穷国家需要美国和欧洲降低关税壁垒，但是富裕国家指出，贫穷国家需要降低其自身的关税，其关税水平往往高于富裕国家，如表 7.3 所示。

表 7.3　　2012 年部分发展中经济体和发达经济体的关税税率

经济体	平均关税税率* (%)
巴哈马	35.9
马尔代夫	20.5
津巴布韦	19.5
巴西	13.7
印度	13.0
韩国	12.1
俄罗斯	9.5
欧盟	5.1
日本	4.4
加拿大	3.7
美国	3.5

*平均使用关税税率是事实上对进口产品征收的关税，可能低于承诺关税。如果不补偿受影响的贸易国，不能提高承诺关税。

资料来源：The World Trade Organization, *World Tariff Profiles*, 2012.

发展中国家也在较大范围内实施关税升级，其充分加工的农产品和制成品的平均关税税率高于未经加工的产品。尽管发展中国家之间的贸易只占总贸易很小的份额，但是制成品的平均关税税率大约是其向发达国家出口关税税率的 3 倍。因此，批评者指出，发展中国家自身是其所面临的问题的一部分，应该实现自由化贸易。

然而，此观点并没有得到许多贫穷国家的认同，它们认为大幅度削减关税将会使原本就很脆弱的经济陷入更加糟糕的境地，正如富裕国家降低关税，随着企业将生产转移到成本最低的地区，某些工人将会不可避免地失业一样。但是与美国和欧洲国家不同的是，贫穷国家不具备社会安全网和再教育计划，无法减轻受到的打击。发展中国家所收到的信息是它们应该在一定程度上实现自身贸易的自由化。然而，发达国家一方面要求发展中国家废除关税壁垒，但是另一方面，诸如美国和加拿大这样的发达国家处于发展阶段的时候也实施了较高的贸易壁垒，这是自相矛盾的。

□ 7.3.5 发达国家的农业出口补贴

发展中国家面临的另一个重要问题是农业的全球保护主义。除了使用关税保护本国农产品免受进口商品的竞争之外，发达国家还给予农民巨额补贴。农业补贴常常以农业非经济福利补贴的形式出现，例如，食品安全和农村社区维护等。补贴鼓励了本国农产品的生产，因而不利于外国农产品的出口，发展中国家的农产品因此很难出口到发达国家。同时，发达国家将由于政府补贴而生产的剩余农产品投放到世界市场时，加上出口补贴的作用，压低了世界农产品的价格，导致许多产品的价格低廉，降低了发展中国家的收入。

譬如，西非生产大米的农民指责，美国与欧洲的出口补贴压低了农产品的价格，使他们难以与之竞争。2007 年，美国大米从种植到收割的成本是平均每吨 240 美元，但是，等到大米装好、运出美国港口时，补贴已经使成本降到了 205 美元。但是，西非的生产成本是 230 美元。因此，西非生产的大米甚至不能在自己的市场上与美国的大米竞争，所以，西非种稻的农民纷纷破产，非法偷渡到欧洲寻找工作。为了避免被欧洲巡逻船发现，数千人在穿越地中海比较危险的海域中死亡。

西非生产棉花的农民的指责与生产大米的农民的指责相同。他们认为，美国出口的棉花受到了大量补贴，让他们既与美国农民竞争，又与美国政府竞争，实在是不公平。

美国食品补贴政策常常加剧了这种争议。美国政府向发展中国家捐献资金、拯救了数百万名因农场破产而穷困潦倒的农民，但是，发展中国家农民指责美国政府宁愿购买本国生产的农产品捐给发展中国家，也不愿从他们手中购买。依照法律，除一些特殊情况外，美国政府用于救助的物资必须是本国产品，而不能购买外国产品。这样的政策有利于美国农民、加工企业、船运企业以及世界上忍受饥饿的人。西非农民的指责并没有博得美国人民的太多同情，因为美国农民反对政府拿纳税人的钱购买进口商品。

然而，也有许多发展中国家是农产品净进口国，所以受益于发达国家的农业补贴。这些发展中国家因为这种补贴政策从世界市场上购买的粮食价格较低，如果补贴取消，它们将受到损害。

□ 7.3.6 孟加拉国的血汗工厂

血汗工厂是发展中国家面临的一大问题。血汗工厂是指环境不安全和工作时间不合理的工厂。在血汗工厂中，工人工资待遇不公平，使用童工，工人没有福利，比如孟加拉国的服装制造工厂。

孟加拉国的服装行业非常特殊：数百万名工人快速地生产出做工精良的牛仔裤、T恤和内衣，工资却是全世界最低的。服装行业是孟加拉国经济增长的主要动力。孟加拉国是仅次于中国的第二大服装出口国，下游零售商包括沃尔玛、希尔斯、盖普（Gap）和潘尼百货（J. C. Penny）。

1974—2005年，世界服装贸易领域的主要法律是《多种纤维协定》（Multifibre Agreement，MFA），其对来自发展中国家的纺织品实行歧视性的进口数量限制。由于拥有丰富而廉价的劳动力资源，发展中国家在服装生产领域具有比较优势。2005年《多种纤维协定》到期之后，由于面临中国纺织业的巨大竞争，孟加拉国可能遭受的影响最大。但是，事实并非如此，即使面对中国这样大国的竞争，孟加拉国的劳动力工资仍然相对较低。2005年之后，孟加拉国服装业的订单仍然源源不断。

服装的巨大需求使得孟加拉国的制衣工厂数量自2005年增长了30%，2013年达到大约5 500家。制衣工厂的剧增给该国的发电、供电和油气等行业带来很大压力。工厂需要占用大量土地，也导致该国土地供给捉襟见肘，工厂建筑物增加高层房屋。大多数高层工厂没有安全问题，但是有一些存在严重安全隐患：一些高楼仓促建起来，没有遵守消防和安全条例。在快速发展的同时，恶劣的工作条件成为一系列令人震惊的事故的诱因：发生数起服装厂火灾。2013年，一栋八层高的服装工厂倒塌，造成1 100多名工人死亡。

批评人士指责，欧洲和美国对廉价服装的“嗜好”助长了孟加拉国服装业的繁荣，最终也酿成工人伤亡的惨剧。随着原来世界低成本大国中国的劳动力成本大幅上扬，服装生产企业搬到了越南、柬埔寨和孟加拉国等劳动力工资较低的国家，这些国家制衣工人的基本工资只有不到40美元，大约是中国工人工资的四分之一。结果，这些国家工厂面对巨大增长的需求，加班加点，忽视了工人的权利，也忽视了安全。悲剧发生之后，零售企业一甩手，撇开了与事发工厂的任何关系。

孟加拉国制衣工厂的悲剧给西方零售商施加了巨大压力，它们不仅给予受害人赔偿，而且开始改善工厂安全和消防条件。灾难之后，受害者获取赔偿是一件困难的事情，特别是当遇到分包层级很多的情况时。零售商经常通过多个国家中介人、多层分包的复杂体系，撇清与工人的关系。

孟加拉国工厂倒塌事件发生之后，世界上几个最大的欧洲服装公司同意为孟加拉国工厂的安全消防设施和房屋修缮提供资金。沃尔玛公开表示，把大约250家可能存在隐患的孟加拉国工厂列入黑名单。其他一些零售商，如西尔斯，仍旧认为其上游工厂安全可靠，接受它们数个批次的服装。这些零售企业之间反应的不同也折射出：尽管呼吁变革的呼声一浪高过一浪，由于鉴定标准和方法不同，难以判断工厂生产是否安全，主观性强，非常复杂。①

---

① “Major Retailers Join Bangladesh Safety Plan,” *The New York Times*, May 13, 2013; “Apparel Makers Promise Bangladesh Factory Safety,” *Dow Jones Business News*, May 13, 2013; Jonathan Lahey and Anne D'Innocenzio, “Bangladesh Increasingly Risky for Clothing Makers,” *The Boston Globe*, May 13, 2013; “Before Dhaka Collapse, Some Firms Fled Risk,” *The Wall Street Journal*, May 8, 2013; “Global Standards for Garment Industry Under Scrutiny After Bangladesh Disaster,” *PBS News Hour*, April 26, 2013.

7.4 稳定初级产品价格

尽管发展中国家已经开始出口制成品，但是农产品和自然资源产品仍然是吸收就业的主要来源。正如我们所了解到的，这些产品的出口价格和收入是极其不稳定的。

为了维持初级产品出口价格和收入的稳定性，发展中国家制定了**国际商品协定**(International Commodity Agreements，ICAs)。国际商品协定是商品（如咖啡、橡胶、可可）的主要生产国和消费国就稳定商品价格、保证充足供给和促进生产国经济发展等问题达成的协定。为了促进商品市场的稳定性，国际商品协定依赖生产和出口控制、缓冲存货以及多边合同。我们必须注意，这些措施通常仅能有限地改善发展中国家的经济条件，还需要其他措施来帮助这些国家。

□ 7.4.1 生产和出口控制

如果国际商品协定规定一种商品的生产占该商品世界总产出（或出口）的比重很大，那么其成员国就会同意运用**生产和出口控制**（Production and Export Controls）来稳定出口收入。这类方法实质上是通过减少市场供给来抵消初级产品市场需求的下降。如果这一措施能够成功，通过减少供给而提高的价格将足以弥补需求减少所带来的损失，出口总收益会保持在原始水平。

企图对生产和出口施加限制的一个障碍就是生产国之间物流的限制。例如，如果咖啡出口总量下降，需要价格下降来抵消，在单个生产者之间出口量的减少将如何分配？价格降低时，小生产商降低生产量可能会犹豫。另一个问题是咖啡的新的生产商可能会被虚高的价格吸引进市场。此时刚开始咖啡生产或出口的生产国可能不愿意减少它们的生产或出口水平。此外，生产商有诱因背叛产出限制，因此强制实施是很难的。

□ 7.4.2 缓冲存货

稳定商品价格波动的另一种手段是**缓冲存货**（Buffer Stock），在这种方式下，一种商品的生产者结成联盟（或某一国际机构），准备随时大量买进和卖出该商品。生产者联盟提供资金购买并持有的商品库存构成缓冲存货。当目标商品的供给增加，价格低到无法接受的水平时，缓冲存货的管理者会从市场上买进该商品；在供给紧张、价格飙升的时期，则卖出部分缓冲存货，以增加市场供给。

图 7.2 说明了假设的《国际锡协定》为稳定价格所做的努力。假设该组织规定，每磅锡的价格最低不得超过 3.27 美元，最高不得超过 4.02 美元，以此指导缓冲存货管理者的运作。在图 7.2 (a) 中，市场的初始均衡水平为点 A。假设锡的需求曲线从 D_0 上升到 D_1，为了使价格不超过 4.02 美元的上限，缓冲存货的管理者必须抵消这部分超额需求，做好在这一价格水平上卖出 20 000 磅锡的准备。反之，若最初的均衡位置为图 7.2 (b) 中的点 E，当市场上锡的供给曲线从 S_0 增加到 S_1 时，要想维持 3.27 美元的最低价格，缓冲存货的管理者必须按照此价格购入 20 000 磅的超额供给。

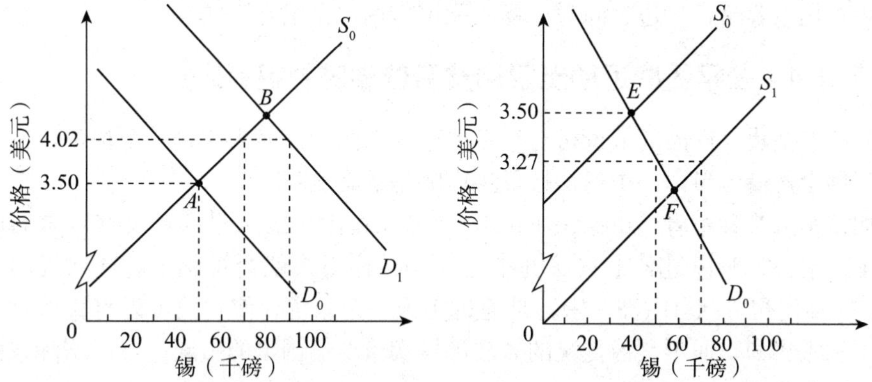

（a）抵消价格上涨　　（b）抵消价格下跌

图 7.2　缓冲存货：价格上限和价格支持

注：当锡的市场需求增加时，缓冲存货管理者售出锡以阻止价格超过上限。然而，对上限价格的持续维护将导致存货的枯竭，从而破坏该价格稳定机制的有效性并引起价格上限的调整。而供给充足时，管理者将购入锡以阻止价格跌破底线。而在底线价格下大量购入锡将导致资金枯竭并引起价格下限的调整。

支持者认为，实施缓冲存货计划给初级产品的生产国带来很多好处。首先，成功运作的缓冲存货能够提高经济效率，因为如果初级产品的生产商意识到价格不会大起大落，就会有计划地进行投资和扩张。其次，初级产品价格的飞涨会不可避免地拉动工业产品价格的上涨，其价格的下跌又会对工业品的价格产生向下的压力，因此，通过稳定商品价格、缓冲存货可以缓和工业化国家的通货膨胀。从这个意义上说，缓冲存货为初级产品生产者提供了稳定价格波动的机制，这是在自由市场中无法实现的。

建立和管理一项缓冲存货计划也会产生成本和问题。在运用缓冲存货稳定价格的过程中，最基本的难题是如何确定反映长期市场趋势的目标价格。如果目标价格设置得过低，管理者要使市场价格与目标价格保持一致，需要在公开市场上大量出售商品，缓冲存货会日益枯竭。如果目标价格设置得过高，管理者为了支持市场价格不得不大量购入商品，保存这些商品需要支付运输费、保险费和人工费用，持有存货的成本将越来越高。一般来说，在选择目标价格时，缓冲存货管理方的决策通常是不尽如人意的，因此他们并不大规模地进行稳定价格的操作，而是定期修改目标价格，以不背离价格的长期趋势。

□ 7.4.3　多边合同

多边合同（Multilateral Contract）是稳定商品价格的另一种手段。这类合同通常会设定一个最低价格和一个最高价格，进口国可以按最低价格从生产国购买一定数量的商品，生产国则可以按最高价格销售一定数量的商品到进口国。进行这种形式的购买和销售是为了把商品的价格保持在目标范围之内。多边合同下的贸易通常发生在几个出口国和几个进口国之间，如《国际糖协定》和《国际小麦协定》。

与缓冲存货和出口控制等其他稳定价格的手段相比，多边合同的一个可能的好处是对市场机制和资源配置的扭曲较少。之所以具有这种优势，是因为典型的多边合同并不涉及产出限制，从而不会制约高效率、低成本的生产者的发展。不过，如果设定的目标价格偏离长期均衡价格，供给和需求就会不一致。如果出现超额需求，表明最高价格定得过低；而如果供给发生了过剩，则说明最低价格定得太高。此外，由于参与者的进入和退出相对比较容易，多边合同对市场的稳定作用也是很有限的。

□ 7.4.4 公平贸易运动能帮助贫穷的咖啡种植者吗？

我们已经知道，商品的低价格对于发展中国家的生产商来说是一个损失。商品消费者能否帮助生产商？考虑一个尼加拉瓜生产咖啡的案例。

尼加拉瓜咖啡种植者 Santiago Rivera 走出他在山区的家很远，去宣传著名的公平贸易咖啡运动。你听说过公平贸易咖啡运动吗？你很快就会听说了。这项运动出现于20世纪90年代初，源自欧洲，宗旨是通过实施一个系统，使农民可以直接将种子销售给烘焙工和零售商，而不是像传统的做法那样卖给他们国家的中间商，以增加发展中国家贫穷农民的收入。

这项协议允许主要在山区耕种的南美和其他热带地区的农民将优质的、高价格的种子卖给美食店，每磅可赚取1.26美元，而卖给中间商只赚取0.4美元。

在公平贸易运动中，农民组成了一个有2 500名成员的合作性组织，这个组织制定价格，直接与经纪公司和其他分销商安排出口。中间商——也就是大家熟知的尼加拉瓜的“土狼”——之前在做这些事情。目前，发展中国家400万名种植咖啡的农民中的50万人已经加入了公平贸易运动。然而，这项运动已经导致了南美一些地方的冲突，大多涉及被忽略的中间商。

公平贸易咖啡运动是最新的一个说明社会活动者如何利用自由市场经济来促进社会变化的例子。运动的组织者说他们已经跟8个美食烘培工和大约120个商店签订了合同，包括一些大型连锁店，如西夫韦公司。公平贸易咖啡都附有一个标志。

公平贸易在欧洲取得了巨大成功，公平贸易咖啡在35 000个商店中销售，创造了2.5亿美元的年销售收入。在一些国家如荷兰和瑞士，公平贸易咖啡占了总销售量的5%。基于这些成果，欧洲的组织者正将其公平贸易的努力向其他商品扩张，包括糖、茶、巧克力和香蕉。但公平贸易活动者承认，在美国宣传买咖啡的社会效应比在欧洲困难。他们说，美国人比欧洲人更少注意到发展中国家的社会问题。公平贸易运动还未得到美国主要咖啡屋的支持，如麦斯威尔和福爵咖啡。同时，组织者正试图说服西雅图两大咖啡商——星巴克咖啡公司和西雅图咖啡公司同意购买一些公平贸易咖啡。然而，批评者也质疑“公平贸易”咖啡究竟能提供多少帮助。他们提到，最大的赢家不是农民，而是不时以公平贸易咖啡的名义剧烈加价同时又宣扬自己是企业公民的零售商。它们可以利用这点，因为消费者通常很少了解到产品价格中有多少流向农民。

7.5 石油卡特尔组织——欧佩克

尽管近十年来许多发展中国家的经济并未明显改善，但一些国家已经取得了显著成果：这一类国家一度是拥有石油储备的发展中国家。石油出口国形成了卡特尔以提高石油价格，实现“垄断”利润，而不是仅仅达成协议稳定价格和销售收入。近代历史上最成功的卡特尔就是石油输出国组织。

石油输出国组织（欧佩克，Organization of Petroleum Exporting Countries，OPEC）由

世界上的主要石油销售国组成。为了使成员国的利润达到最大化，OPEC 试图将价格提高到竞争水平之上。经过整个 20 世纪 60 年代的幕后运作，OPEC 在 1973 年和 1974 年获得了石油价格的控制权，将当时的石油价格从每桶约 3 美元提升至 12 美元。受 1979 年伊朗解放运动的推动，从 1979 年初到 1980 年初，石油价格翻了一番。到 1981 年，石油的平均价格大约为每桶 36 美元。1986 年，世界经济萧条，需求下降，由此，石油价格跌至每桶 11 美元，之后又有所反弹。

在 OPEC 形成之前，各石油生产国在销售石油时彼此独立，互相竞争。对全球市场而言，单个国家并不重要，其出口水平的改变也不会对世界石油价格产生明显的影响。然而，石油输出国发现，它们可以通过生产配额限制内部竞争，从而控制世界石油价格，20 世纪 70 年代的石油价格高涨就因为此。

□ 7.5.1 卡特尔利润的最大化

为了增加成员的利润，**卡特尔**（Cartel）试图将价格提高到竞争水平之上。接下来我们考虑一下卡特尔在提高利润时遇到的一些困难。

假设石油是一种标准化产品，在国际石油市场上共有 10 个规模相同的石油供应商。由于前期的价格战，所有供应商收取的价格均等于最低平均成本。因为担心其他供给者不跟进而失去自己的市场份额，所以谁都不敢提高价格。

假设这些供应商决定彼此不再进行残酷的价格竞争，而是联合组成卡特尔。那么卡特尔将如何实现整体利润的最大化呢？答案是，像追求利润最大化的垄断厂商一样运作，即限制产量，提高价格。

图 7.3 给出了 10 个石油供应商作为一个整体的需求和成本条件［图 7.3（a）］以及集体中平均每个供应商的需求和成本条件［图 7.3（b）］。在卡特尔成立之前，竞争条件下的石油市场价格为每桶 20 美元。因为每个供应商的价格都恰好弥补其最小平均成本，这时的经济利润为零。市场上的每个供应商每天提供 150 桶石油，总产量为每天 1 500 桶（＝150×10）。

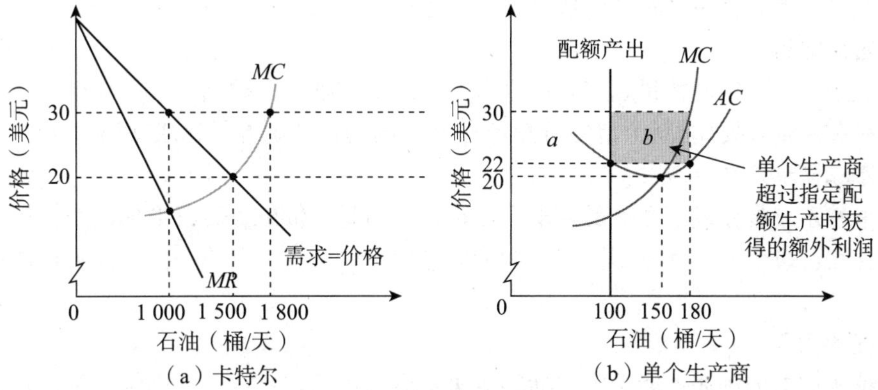

图 7.3 欧佩克利润最大化

注：如果对成员指定配额数量，欧佩克可以将石油价格从 20 美元提高到 30 美元。配额使产量从 1 500 桶/天减少至 1 000 桶/天，并允许成员进行平均成本定价，从而实现利润最大化。每个生产者都想超过指定配额，将产量提高至边际成本等于 OPEC 价格的位置。然而如果所有的成员都增加产量，在卡特尔价格水平上，将会出现生产过剩，从而迫使价格回落至 20 美元/桶。

假定为了实现成员总体的利润最大化，这些石油供应商组成卡特尔。为了实现该目标，卡特尔必须首先按照边际收益等于边际成本的原则确定利润最大化的产出水平，然后发放生产配额，将总产出分配给各成员。

如图 7.3（a）所示，卡特尔把产量从每天 1 500 桶限制到每天 1 000 桶，以此实现集团利润的最大化。这意味着，卡特尔每个成员必须将自己的产量从每天 150 桶减少到 100 桶，如图 7.3（b）所示。这一生产配额导致石油市场价格从每桶 20 美元上升到 30 美元。每个成员从每桶石油中可获得 8 美元（＝30－22）的利润，生产 100 桶石油的总利润为 800 美元（面积 a）。

下一步是确保卡特尔成员的石油销售量不会超出生产配额。这个任务是艰难的，因为在卡特尔价格水平下，每个供应商都希望在配额之外销售更多的石油。但如果所有成员的销售量都超出配额，卡特尔价格就会跌向竞争价格，利润将不复存在。所以，卡特尔要对背叛的国家进行处罚。

在图 7.3（b）中，按照配额规定的销售量，每个卡特尔成员每天销售 100 桶石油，获得 800 美元的经济利润。然而，单个供应商意识到，在卡特尔价格水平下，如果自己的销量超出这一数量，将会增加利润。受此激励，每个供应商都会提高产量，一直持续到其边际成本等于卡特尔价格 30 美元为止，这时产量为每天 180 桶。在此产出水平下，该供应商将实现 1 440 美元的利润，用面积（$a+b$）表示。通过暗中违反协定的生产配额，供应商能够增加 640 美元（＝1 440－800）的利润，用面积 b 表示。需要注意的是，当供应商扩大供给时，只有石油价格不下降，利润才能增加。也就是说，只有供应商额外的产出在世界石油供给中所占比例微不足道时，利润才会随着产出的扩张而增加。

单独一个供应商产量超出配额，石油的市场价格不会有太大的变化。但如果卡特尔的每个成员为了赚取更多的利润，都将产量增至每天 180 桶，总产量将达到 1 800 桶（＝180×10）。然而，要使价格维持在 30 美元，行业产量必须控制在每天 1 000 桶。超量的 800 桶导致价格下降，经济利润减少。如果经济利润跌落为零（竞争水平），卡特尔就会瓦解。除了背叛问题外，成立卡特尔还存在其他一些障碍：

销售商数量

一般来讲，销售商数量越多，成立卡特尔的困难越大。控制市场的 3 个销售商合作操纵价格和产量，要比 10 个市场份额各占 10%的销售商更容易达成一致。

成本和需求差异

当卡特尔成员在成本和产品需求方面存在差异时，价格协商就更加困难。因为这种差异的存在，每个成员都有不同的利润最大化价格，没有一个单一价格能够被所有成员接受。

潜在的竞争

卡特尔增加的利润可能会吸引新的竞争者进入市场，导致产品供给增加，从而导致价格下降和利润减少。所以，卡特尔要想成功，必须能够阻止新竞争者进入市场。

经济衰退

经济衰退是卡特尔普遍遇到的问题。随着经济低迷，市场销售量下降，利润相应减少。卡特尔成员可能会私下降低价格，希望以其他成员的销售量为代价增加自己的销售量，避免严重的利润损失。

替代商品

如果顾客可以用其他产品（煤炭和天然气）代替卡特尔生产的产品（石油），卡特尔控制价格的能力将会被削弱。

贸易冲突

海外直接投资阻碍还是促进了经济发展?

低收入经济体发展的前提条件是增加国内的资本积累。发展中国家可以通过吸引海外直接投资来增加国内的资本存量。海外直接投资是指外国企业在东道国设立生产工厂，或者拥有东道国企业的部分所有权，第 9 章将对这一问题展开进一步讨论。

许多发展中国家出于民族情绪的考虑，以及对外国经济和政治影响的担心，试图限制海外直接投资。民族情绪产生的原因之一在于许多发展中国家曾经是发达国家的殖民地。这一殖民地经历往往会使这些国家担心海外直接投资可能成为经济殖民主义的一种现代形式，海外企业将会剥削东道国的资源。

近些年来，随着国际协议的签订、国际货币基金组织和世界银行不断施加压力，同时政府也认识到海外直接投资能够促进本国经济的增长而采取了单边行动，许多发展中国家大幅度放松了对海外直接投资的限制，由此导致了某些发展中国家海外直接投资的急剧扩张。

短期内，海外直接投资能够通过扩大东道国国内的总需求而促进经济增长。长期内，资本存量的增加将提高劳动生产率，并导致收入水平和国内总需求进一步增加。然而，另一个长期的影响是，技术知识从工业化国家转移到发展中国家。许多经济学家认为，这一技术转移是海外直接投资的主要好处。

然而，为了保证特定产业的国家安全，通常情况下有必要对海外直接投资加以限制。这是对幼稚产业和关系到国民安全的产业的海外直接投资进行限制的依据所在。例如，大多数政府会考虑到，只有国内企业控制军事武器的生产，才能够在将来有效地对付敌人。

环境保护主义者担心发展中国家海外直接投资的扩张会恶化全球环境，因为投资扩张最迅速的国家往往具有相对宽松的环境标准。他们指出，正是由于缺乏严格的环境标准，资本投资才能够在发展中国家获得较高的收益。然而，发达国家的技术转移会促进发展中国家实施比没有海外投资情况下更有效的并且无害于环境的生产方式。

资料来源：John Kane，*Does Foreign Direct Investment Hinder or Help Economic Development*? South-Western Policy Debate，2004.

□ 7.5.2 作为卡特尔的 OPEC

OPEC 由秘书处、部长会议、管理委员会和经济委员会构成。虽然该组织一直否认卡特尔这一称呼，但其不断地在成员国之间制定系统的限产计划，提高石油的价格。不过，OPEC 很难控制价格。目前集团控制的市场份额不足世界供给的 40%，不足以成立有效的卡特尔组织。此外，OPEC 的限产协定并不总能达到期望水平，因为太多的成员国违反协定，产量超过配额。自 1983 年首次对成员国实施生产配额开始，OPEC 的实际产量几乎总是高于目标水平。各成员国一直超量销售石油。简而言之，OPEC 没有任何机构来加强法令的实施。

一个例外是沙特阿拉伯，它是世界上石油储备最大的国家，并且生产成本最低。沙特阿拉伯花费大量的资本来维持超过其使用量的产量水平，从而在短期内影响或者威胁到价格水平。

为了抵消 OPEC 的市场力量，美国和其他进口国可能会出台政策增加供给和/或减少需求。然而，美国采取这些措施不可避免地会面临很多困难的选择，例如：

- 提高联邦政府指定的燃料经济标准。分析家估计，如果从 1987 年开始，每年新型汽车的汽油消费每加仑多行驶 1 英里，并且轻型卡车消耗的 1 加仑汽油多行驶半英里，那么美国每天将会节省 130 万桶汽油。然而，燃料经济标准的提高会遭到来自汽车生产企业的阻力，因为这一政策将会增加它们的生产成本。
- 提高联邦政府对汽油征收的特许权税。尽管由此导致的汽油价格会上涨，进而鼓励消费者节约能源，但是这也会遭到偏好于低价格汽油的美国消费者的反对。此外，汽油价格的上涨将会伤害到支付能力较弱的低收入消费者的利益。
- 允许石油公司在属于联邦政府土地的阿拉斯加州荒野进行开采，这是它们可能发现新油田的大好机会。但是荒野被破坏后可能会产生什么后果无法预测，也无法恢复，谁来承担这一切呢？
- 促进进口商品的多样化。尽管成本很高，但是美国应该努力发展与中东地区以外的石油生产国的关系，从而降低对不稳定地区的依赖性。然而，这需要美国与如安哥拉、印度尼西亚和越南等国家进行更加密切的合作。另外，OPEC 石油能够以比较便宜的成本被开采出来。在墨西哥湾以及北海地区，诸如埃克森美孚和康菲的深水钻机开采一桶石油的成本是 6～8 美元，但是沙特阿拉伯和科威特的成本只是它们的一小部分，每桶 1 美元或者更少。这一成本优势增强了 OPEC 的市场控制力。
- 开发可替代能源资源，如生物燃料和风能。但是，这可能需要政府给予财政补贴支持。

尽管实施上面的措施非常困难，但是我们已经看到了一些变化。20 世纪 70 年代 OPEC 的崛起刺激美国和其他国家生产更多的能源，包括石油。现在，我们看到风能和太阳能行业的发展，煤炭和核能等也作为电力来源得到发展。特别是，随着水力压裂等新技术的应用，美国北达科他州和得克萨斯州的页岩油得到开发，美国的石油产出量大幅提高。宾夕法尼亚州等地也出产大量页岩气。随着墨西哥、加拿大和俄罗斯等国的石油开采，石油产出量与20世纪70年代相比增加了50%。因而，OPEC国家再也不能在世界能源市场一家独大。

7.6 对发展中国家的援助

发展中国家对自身的经济发展状况不满意，并认识到它们所面临的很多问题是现行国际贸易体制的缺陷造成的，因此它们组织起来不断要求发达国家成立机构并制定政策，来改善现行国际贸易体制下的经济发展环境。由此产生的支持发展中国家的机构和政策包括：世界银行、国际货币基金组织以及普遍优惠制度。

□ 7.6.1 世界银行

20世纪40年代，为了促进战争时代过渡到和平时代，并防止大危机时代经济动荡局势的再次发生，两个世界组织成立了。1944年7月，在美国新罕布什尔州布雷顿森林召开的联合国货币和金融会议上，成立了世界银行和国际货币基金组织，这是发展中国家促进其经济发展和金融稳定的资金来源。

世界银行（World Bank）是向发展中国家提供贷款的国际组织，其目的在于减少贫困和促进经济发展。世界银行向成员政府及其代理机构，以及成员的私人企业提供贷款。世界银行并不是一般意义上的“银行”，它是联合国的专门机构之一，由185个成员组成，这些国家共同负责世界银行资金的筹措和发放。

“世界银行集团”被用来描述紧密联系在一起的5个机构。欧洲重建与发展国际银行和国际发展协会负责向发展中国家提供低息贷款和补助金。国际金融公司负责向资本稀缺的发展中国家提供股权、长期贷款、贷款担保以及咨询服务。多边投资担保机构通过向海外投资者提供担保，使其免受因为战争、国家动荡及其他原因所造成的损失，来鼓励它们向发展中国家投资。最后，国际投资争端解决中心通过向投资纠纷提供协调和仲裁方面的便利，在发展中国家和外国投资者之间形成一种相互信任的氛围，从而鼓励了海外投资。

世界银行向无法按照合理的条件通过其他途径获得资金的发展中国家提供贷款，这些贷款资金用于具体发展项目，如修建医院、学校、公路和水坝。世界银行的业务还包括多样化的项目，例如，提高几内亚人民预防艾滋病的意识；支持孟加拉国的女孩教育；提高墨西哥卫生保健的覆盖面；以及资助印度遭受地震破坏后的重建工程。世界银行向难以甚至无法按照市场条件筹措到资金的发展中国家提供低利率贷款，并在一定条件下提供无息贷款。

最近几年，世界银行帮助一些贫穷国家完成了债务再融资活动，鼓励私人对这些国家进行投资，如表7.4所示。世界银行从发达国家接受资金。来自世界各个国家的大约10 000名发展专家在华盛顿总部及世界银行在各个国家设立的109个分支机构工作，为成员提供技术援助。

表 7.4　　2011 年世界银行为各领域提供的贷款

发展中国家领域	金额（百万美元）
农业、渔业和林业	2 128
教育	1 733
能源和矿产	5 807
金融	897
健康和社会服务	6 707
工业和贸易	2 167
信息通信	640
法律	9 673
交通	8 638
水源、清洁卫生和防洪	4 617
总和	43 007

资料来源：The World Bank, "World Bank Lending by Theme and Sector," *Annual Report 2012*, available at http://www.worldbank.org.

在帮助发展中国家抗击痢疾以及修建学校和水坝的同时，世界银行还帮助防止商业欺诈和政府腐败：腐败的政府官员和道德败坏的分包商常将发展资金装进自己的腰包，而不是造福穷人。由于资金可以交换，世界银行很难追踪资金的流向、辨识腐败的源头。由于资金的滥用，贫穷国家失去了许多资金，但是这些国家的纳税人仍然背负着这部分债务。批评者指出，自 1946 年以来，世界银行援助资金的 5%～25%被滥用了。资金的滥用使上百万穷苦人民失去了改善卫生医疗、教育和经济条件的机会。此外，在过去的 20 年中，世界银行的贷款很明显难以归还。世界银行将如何布置安全网、确保资金的正确使用，让我们拭目以待。

此外，随着全球化的发展，世界发生了翻天覆地的变化，世界银行的作用越发减弱。新的机构开始源源不断地将资金输往发展中国家，例如，新加坡以及阿布扎比等主权基金。此外，中国、巴西、印度和俄罗斯也在资助其他贫穷发展中国家的基础设施建设和产业发展，以获取原材料和占领市场。

□ 7.6.2　国际货币基金组织

另一个向发展中国家（以及发达国家）提供援助的机构是**国际货币基金组织**（International Monetary Fund，IMF），总部设在华盛顿，由 188 个成员构成。国际货币基金组织可以被看做成员中央银行的银行。在特定的时期内，某些成员会面临国际收支盈余，同时其他成员会面临国际收支赤字。如果一成员国际收支出现赤字，最初会动用源于其他国家支付的外汇储备，例如美元，但是有时候某些贸易赤字成员外汇储备不足，这时就可以通过国际货币基金组织来提供援助。通过向国际货币基金组织提供资金，盈余成员的资金流向面临临时赤字的成员。在长期内，国际货币基金组织必须调整贸易赤字，并力图确保这一调整过程尽可能及时有序地进行。

国际货币基金组织的资金主要有两个来源：配额和贷款。配额（或捐助）集中了成员的资金，是国际货币基金组织资金的主要来源。成员的配额大小取决于其在世界经济和金融中的重要性，一成员的经济重要性越大，承担的配额也越大。配额是周期性增加的，由此可以增加国际货币基金组织的资金。国际货币基金组织还通过成员的贷款来筹措资金，主要的发达成员以及沙特阿拉伯都拥有一定的信贷额度。

所有国际货币基金组织的贷款都带有一定程度的限制性，即贸易赤字成员要想获得贷款，必须同意实施国际货币基金组织约定的经济和金融政策。这些政策的目的在于调整成员的贸易收支赤字，并促进无通货膨胀的经济增长。然而，国际货币基金组织贷款的限制性条件往往会遇到赤字成员的坚决抵抗。国际货币基金组织有时要求赤字成员实施紧缩性政策，包括公共开支、私人消费和进口的大幅削减，从而实现“量入为出”。

批评者认为，国际货币基金组织的紧急援助可能会滋生所谓的道德风险问题，即当经济形势繁荣时，成员能够从决策中获利，而当经济形势恶化时则受到保护。如果成员没有遭受到因为决策错误而带来的损失，那么它们将来是否还会被鼓励作出其他错误决定呢？另一个值得关注的问题是国际货币基金组织的限制性货币和财政政策条件带来的负面效应。这些条件是否会导致企业和银行的失败，从而导致更严重的衰退，限制政府支出以帮助贫穷国家呢？许多分析家认为答案是肯定的。

□ 7.6.3　普遍优惠制度

由于没有充分地进入工业化国家市场的权利，发展中国家要求工业化国家降低它们的关税壁垒。为了帮助发展中国家增强国际竞争能力，巩固工业化基础，许多工业化国家已经对发展中国家的出口商品实施了非互惠的关税优惠政策。在这一**普遍优惠制度**（Generalized System of Preferences，GSP）下，主要工业化国家临时削减从发展中国家进口的指定制成品的关税，并且低于对其他工业化国家进口商品所征收的关税水平。然而，普遍优惠制度不是统一的制度，它是由许多独立的计划组成的，这些计划适用于不同种类的产品，关税削减的程度也不尽相同。总之，普遍优惠制度的目的在于通过扩大贸易而不是外国援助来促进发展中国家的经济发展。

工业化国家提供的贸易优惠是自愿性的，不属于世界贸易组织规定的义务。提供普遍优惠制度的国家决定申请资格、优惠幅度以及优惠期限。实际上，工业化国家政府很少会对发展中国家具有很大出口潜力的部门提供较大程度的优惠。因此，发展中国家通常情况下只能得到具有比较优势的部门的有限的优惠。限制性优惠的主要原因在于工业化国家国内的有些部门强烈反对贸易自由化。

美国普遍优惠制度源于 1976 年，至今免关税待遇已经扩展到了约 3 000 个名目。申请的标准包括，不支持国际恐怖主义，符合国际环境、劳工和知识产权法律。美国普遍优惠制度对源于符合条件的国家的符合条件的产品提供完全免税和免配额的优惠。美国普遍优惠制度的受益者涉及大约 130 个发展中国家及其属地。与其他工业化国家的普遍优惠制度类似，美国的这一制度从优惠关税待遇中排除了某些进口敏感性产品。纺织品和服装、鞋类以及许多农产品不符合普遍优惠制度的标准。此外，一国对特定产品的普遍优惠制度标准排除了年出口额达到1亿美元的产品，以及对国内产业造成重大损害的产品。

尽管普遍优惠制度向发展中国家提供了进入工业化国家市场的优惠，但是某些因素会削弱贫穷国家所面临的贸易壁垒带来的效应。首先，优惠措施主要适用于关税税率已经相对比较低的产品；其次，关税优惠还可能被非关税壁垒措施所抵消，例如，反倾销税和保障条款；再次，一些产品和国家之所以被普遍优惠制度的标准排除在外，是因为进口国家国内利益集团的游说；最后，普遍优惠制度很少能够对世界上大部分的穷人提供援助，这些穷人多数每天的生活费不足1美元，集中在印度和巴基斯坦之类的国家，而这些国家在它们拥有比较优势的产品方面得到限制性的优惠。结果，发展中国家只得到了进入工业化国家市场的有限的权利。

□ 7.6.4 资助能够促进发展中国家经济增长吗?

资助能够促进发展中国家的发展吗？关于资助是否有效的争论已经持续了几十年。批评者认为，资助助长了政府官僚主义，延长了罪恶政府的寿命，只是使发展中国家的富人受益，或者有的资助干脆被浪费了。他们指出，南亚和非洲的国家虽然接受了40年的资助，仍然普遍贫穷；那些接受巨额资助的国家的状况非常糟糕，例如，海地、刚果、索马里、新几内亚和巴布亚等国家。以他们之见，资助项目应作出很大改变或减少，甚至应该被取消。

然而，支持者并不这样认为，上述观点虽然有正确的成分，但是过于夸张。支持者表示，虽然资助有时会达不到效果，但是在扶贫、促进经济发展以及防止情况恶化方面发挥了极大作用。资助出现这些不足更多地是由于捐助国，而不是接受捐助国，特别是，捐助国资助其政治伙伴国，目的不是促进其经济发展。他们引述了一系列接受捐助成功的案例，例如，韩国、博茨瓦纳、莫桑比克、印度尼西亚和坦桑尼亚等国。在过去40年中，许多国家接受了大量资助，贫穷状况大为改善，健康与医疗条件已经是历史上最好的状况。

位于华盛顿的全球发展中心试图找到争论的答案，它把资助分为几类。发展基础设施（例如，交通、通信、能源和金融服务业等）的资助被认为对经济发展有强大的促进作用，被分类为“发展指向型资助”。然而，食物供给、清洁水源、灾难和人道主义救援等资助不会对经济产生立竿见影的效果。研究发现，每1美元发展指向型资助对接受国家而言可以产生1.64美元的收入，每年的投资回报率约是13%。研究人员最后得出的结论是：发展指向型资助与发展成正相关关系，但是，并不是每个国家都是这样。简而言之，以促进经济发展为目的的资助效果明显。①

□ 7.6.5 如何帮助发展中国家脱离贫困?

诺贝尔经济学奖得主斯蒂格利茨发表大胆言论，批评了世界银行和国际货币基金组织，他已经在1999年从世界银行首席经济学家的职位上辞职。世界银行和国际货币基

① Steven Radelet, Michael Clemens, and Rikhil Bhavnani, “Aid and Growth,” *Finance and Development*, September 2005, pp. 16 - 20.

金组织等机构通常将贸易自由化和市场经济作为经济增长的原动力。然而，斯蒂格利茨指责这些机构，表示开放市场、加强贸易、放松金融管制、快速自由化国有企业的发展中国家更经常地遭受经济动荡和社会动荡，而不是经济发展。因此，迫使发展中国家经济自由化或许将会以失败告终。让我们看一看斯蒂格利茨对这一问题的演讲的一段摘录。①

> 世界贸易组织秘书长迈克尔·摩尔先生呼吁向发展中国家提供更多的援助，我十分高兴。我希望自己可以扩大他的呼声。我认为，基于平等与公平的原则，下一轮的贸易谈判需要更加平衡，也就是更能反映发展中国家的利益和关心的话题。
>
> 当今局势的风险很高，发达国家和发展中国家之间的差距不断拉大，但是国际社会对此仍然袖手旁观。发展中国家利用资助的有效性虽然提高了，但是资助的数量却在不断减少，20世纪90年代，发展中国家平均每人的资助数量下降了1/3。资助数量的削减常常打着“交换，而不资助”的幌子，并且夹带着告诫，让发展中国家市场完全融入全球市场。发展中国家一直听着发达国家布告似的教导：政府补贴和保护主义扭曲了市场价格，阻止了经济增长。在大多数情况下，这些教导只是一句空话。发展中国家采取了措施开放市场、扩大出口，却发现面临着许多产业存在的贸易壁垒，最后既没了贸易，也没了援助。它们很快便遇上反倾销税，经济学家没有表示过它们的贸易是倾销，也没有说过它们拥有比较优势的产业（如农业和纺织业）面临的是一个受保护和限制的市场。
>
> 在这种情况下，发展中国家对自由化持批评态度的人士很快发出指责虚伪的反对声音。发展中国家经常面临着快速自由化的压力。当它们担心失业问题时，它们经常得到教条式的回答：市场创造就业机会，受保护产业释放的资源将会更有效率地分配到其他领域。但是，那些失业的人们往往不能立即找到工作；他们没有资源缓冲，社会保障体系也不健全，难以保障他们的生活。
>
> 就业充裕以及保障健全的发达国家辩称，它们需要采取保护性措施来保障在贸易中受损害的公民。发展中国家怎么会发表支持快速自由化的言论呢？发达国家忽视了发展中国家的政治压力，对发展中国家说“你们必须直面艰难的选择”，但同时一再辩称，由于“政治压力”它们不得不实行贸易壁垒和政府补贴。发展中国家又该怎么赞扬快速自由化呢？
>
> 恕我直言：无疑，我心中一直认为，贸易自由化有益于发展中国家，对整个世界都是有利的。但是，贸易自由化需要被均衡，需要反映发展中国家的利益，贸易自由化的议程、过程和结果都要被均衡，不仅要把发达国家拥有比较优势的产业（如金融）考虑进来，还要考虑发展中国家的特殊利益，例如农业和建筑服务业。同时，还必须考虑发展中国家在贸易谈判中所处的不利地位。

---

① Excerpts from Joseph Stiglitz, “Two Principles for the Next Round, or, How to Bring Developing Countries in from the Cold,” The World Bank, Washington, D.C., September 21, 1999; Joseph Stiglitz, *Globalization and Its Discontents* (New York: W. W. Norton, 2002).

此外，我们必须意识到发展中国家和发达国家环境的不同点。我们知道，发展中国家面临着很大的不稳定性，事实上，开放市场、进行贸易都会加剧这种不稳定性，因为发展中国家没有完善的社会保障体系，甚至根本没有。高失业率一直是大多数发展中国家的顽疾。简而言之，发达国家和发展中国家不是在一个公平的平台上进行竞争。

按照传统的经济学分析，贸易自由化，甚至单边地开放市场，对一个国家是有利的。一个领域失去的工作机会可以由另一个领域创造的工作机会来抵消，并且新的工作机会比原来的更有效率。正是工作机会从低效率部门向高效率部门的转移才使整个国家受益，这也解释了为什么每个人都可以从贸易自由化中获益。但是，这个经济学逻辑的前提是：市场运行状况良好。而实际上许多国家经济发展的落后正是市场运行状况欠佳的反映，因此，难以创造新的就业机会，或者不会自动创造就业机会。只是把工人从低效率部门转移出来成为失业人员，不会增加产出。不能创造新的就业岗位的原因有多种：政府管制、劳动力市场刚性和缺乏资本等。

未来的贸易谈判和协商要坚持公平与理解的原则，有望达成更加平等和自由的贸易体制。以前贸易谈判的参加国虽然都口头上表示遵守这些原则，但大多仍然没有守约。未来谈判时遵守这些原则是保证成功的关键，如果发展中国家想要在贸易自由化进程中成为全面的贸易伙伴，尤其需要如此。

7.7 经济增长战略：进口替代型与出口导向型增长

发展中国家除了向发达国家寻求经济援助之外，还实施了两种实现工业化的竞争性战略：(1) 内向型战略（进口替代型增长），发展工业的目的主要是支持国内市场，不考虑对外贸易的重要性；(2) 外向型战略（出口导向型增长），鼓励发展本国具有比较优势的产业，出口商品生产的增加在很大程度上依赖于海外购买。

□ 7.7.1 进口替代型经济增长

在 20 世纪 50 年代和 60 年代，**进口替代**（Import Substitution）型工业化战略流行于阿根廷、巴西和墨西哥等发展中国家，目前还有一些国家依然采用这一战略。实施进口替代型战略要求广泛运用贸易壁垒，保护国内产业免受进口竞争。这一战略是内向型的，贸易和工业生产的目的在于扶植国内市场，而不是培育出口市场。例如，按照进口替代型战略，如果化肥需要进口，本国就应当建立自己的化肥产业，用国产化肥代替进口化肥。进口替代型政策如果极端化，将会导致完全自给自足的经济。

进口替代型战略的基本原理源于发展中国家的贸易观点。许多发展中国家认为它们与工业化国家的企业不在同一竞争起跑线上，因此无法向工业化国家出口制成品，尤其是这些国家又设置了很高的贸易壁垒。考虑到经济增长和发展的需要，发展中国家必须自己生产部分现在依靠进口的商品，通过实施关税和配额限制进口，把国内市场留给国内生产者，除此之外别无选择。这种观点经常与幼稚产业保护理论结合在一起，即保护新兴产业，让它们成长壮大，直至能够与发达国家的产业进行竞争。

进口替代似乎是合理的。如果一种商品存在需求，需要进口，那么为什么不在国内生产呢？然而，经济学家对此的解释是，国内生产成本可能会更高，进口可能会更便宜；比较优势会决定哪些商品该进口，哪些商品该出口。

进口替代在促进经济发展方面具有以下优势：

- 由于国内制成品市场已经存在，建立本国产业来替代进口品的风险较低。
- 对发展中国家来说，保护国内的制造商免受国外竞争，要比迫使工业化国家减少对发展中国家出口商品的贸易限制更加容易。
- 为了避开发展中国家的进口关税壁垒，外国厂商愿意将工厂建在该国国内，这就为当地劳动者提供了就业机会。

与这些优势相对，进口替代型战略也存在一些劣势：

- 国内产业因贸易保护而避免了国际竞争，就会失去提高效率的动力。
- 大多数发展中国家的国内市场规模较小，制造商难以实现规模经济，因此，产品的单位成本偏高。
- 如果没有贸易保护，受保护产业所使用的资源原本会流到其他产业。因此，对进口竞争产业的保护对其他产业构成了歧视，包括潜在的出口产业。
- 一旦投资沉淀于只有在关税和配额的保护下才能获利的经济活动，那么任何废除这些贸易限制措施的努力都将受到很大的阻力。
- 进口替代还会滋生腐败现象。经济的保护程度越高，非法活动所获得的收入将会越大，例如走私。

20 世纪 70 年代，进口替代型工业化越来越多地遭到批评。实证研究表明，采用自由贸易政策的发展中国家，与采用保护主义贸易政策的国家相比，通常经济增长得更快。因而，20 世纪 80 年代，许多发展中国家开始取消进口配额，降低关税。

□ 7.7.2 进口替代型战略给巴西造成的负面影响

尽管发展中国家在工业化进程中经常采用进口替代型战略，有时这一战略产生的结果却恰恰相反。让我们看一看巴西的例子。

1991 年，安瑞科·米萨斯作为意大利奥力微特计算机制造公司巴西分公司的总裁，却没有一台奥力微特生产的计算机。他的办公桌后摆放的计算机是由两家巴西公司制造的，不仅成本是奥力微特的三倍多，质量也很差。在巴西，奥力微特公司不能生产计算机，只能生产打字机和计算器。

之所以会出现这种反常现象，是因为巴西直到 1991 年仍然实施进口替代型政策。从 20 世纪 70 年代直到 1991 年，巴西禁止从国外进口个人计算机或微芯片、传真机及几十种其他电子产品。不仅禁止进口电子产品，就连外国公司在巴西投资建立电子产品的制造厂也遭到了禁止。法律规定，合资公司中外国公司拥有的股份不能超过 30%。采取这些限制措施的目的是培育巴西国内的电子产业。但事实上，就连该法律的支持者也不得不承认，巴西的电子产业技术落后，根本不具备国际竞争力。

从 20 世纪 90 年代初期开始，禁止进口的成本日益凸现。巴西的汽车中几乎看不到电控燃油喷射系统和刹车防滑系统，而这两种产品在世界上已经被广泛使用了。巴西不允许诸如苹果公司的 Macintosh 计算机等产品在国内销售。巴西宁可让德州仪器关闭在巴西的半导体工厂，损失 250 个就业机会，也不允许该公司投资 1.33 亿美元更新生产线。对进口替代型政策的坚持使巴西成为一个计算机不受欢迎的国家，到 1991 年，巴西只有 12%的中小企业部分实现了计算机现代化，巴西只有 0.5%的教室装备了计算机。国外的计算机既不能在巴西国内生产，又不准许进口，阻碍了许多巴西企业的现代化进程。一些巴西企业诉诸计算机和其他电子设备的走私，而遵守规定的企业则只能继续使用陈旧而昂贵的设备。

由于意识到进口替代型政策对本国计算机产业产生的负面影响，1991 年，尽管巴西政府仍然运用较高的进口关税保护国内产业，但是取消了电子产品的进口禁令，推翻了民族主义的基石。政府还允许外方在合资企业中持有的股份从 30%提高至 49%，并鼓励向巴西转移先进技术。

□ 7.7.3 出口导向型经济增长

另一种发展战略是**出口导向型增长**（Export-Led Growth）或**出口导向型政策**（Export-Oriented Policy），这一战略将国内经济与世界经济联系在一起，因此是外向型的。进口替代型战略通过保护处于比较劣势的国内产业来实现经济增长，而出口导向型战略则通过制成品出口来促进经济增长。在这种战略下，不存在贸易控制，即便有的话，控制程度也很低。如果外国的进口壁垒抑制了本国的出口，本国政府会实施出口补贴加以弥补。工业化被视为经济发展的自然结果，而不是以牺牲经济效率为代价追求的目标。截止到 20 世纪 80 年代中期，许多发展中国家已经放弃进口替代型战略，重点转向了出口导向型战略。

出口导向型战略具有三个优点：促进了发展中国家比较优势产业的发展，如劳动密集型制成品；通过提供更为广阔的销售市场，使国内制造商能够更广泛地利用规模经济；对进口商品的限制较少，国内企业迫于竞争压力，会努力提高效率。

世界银行的经济学家已经研究了发展中国家贸易开放和经济增长之间的关系。分析样本包括 72 个国家，被分为“全球化国家”和“非全球化国家”两大类。全球化国家是指那些 1975—1995 年贸易额占国内生产总值的比重提高最大的 24 个国家。20 世纪 60 年代和 70 年代，非全球化国家在一定程度上经历了一段人均实际收入较快增长的时期，增长速度相对快于全球化国家。然而，进入 20 世纪 80 年代，全球化国家经历了较高的经济增长，这些国家的实际人均收入的年均增长率高达 3.5%，而非全球化国家的这一增长率仅为 0.8%。这些发现支持这样的一个观点：出口导向型国家的经济表现比进口替代型国家更出色。[①]

□ 7.7.4 穷人能否从经济增长中获益？

尽管事实强有力地证明国际贸易能够促进经济增长，但是经济增长是否有利于发

① David Dollar and Aart Kraay, *Trade*, *Growth*, *and Poverty*, World Bank Development Research Group, 2001.

展中国家的穷人呢？批评者认为，如果经济增长是由贸易或者海外直接投资促进的，那么这样一种经济增长将不利于穷人。他们指出，投资流动加剧了经济的不稳定性，工人们易于遭受金融危机，并且成为工业化国家银行的众矢之的。此外，他们还认为贸易拉动的经济增长使西方跨国公司控制了第三世界的发展，这是很糟糕的，因为西方的跨国公司根本不关心发展问题，而只是追求利润最大化，甚至不惜让穷人维持贫困的状态。这些批评观点的依据在于，随着工业化国家和发展中国家国民收入的增加，经济不平等现象不断增加，并且跨国公司通过“血汗工厂”生产产品。因此，如果工人们的福利是首要关心的问题，那么贸易促进增长的现实即使是真的，也不一定能够增加工人的福利。

然而，也有事实强有力地证明经济增长有利于穷人。实现了持续性增长的发展中国家，比如一些东亚国家，贫困明显地减少了。那些大范围存在贫困或者贫困状况日益恶化的国家是经济增长不明显的国家，典型的是非洲国家。尽管经济政策能够影响贫困的程度，但是长期来看经济增长更加重要。

关于穷人在多大程度上受益于经济增长，一直存在着激烈的争论。持反对意见的人认为，经济增长给穷人带来的潜在利益，被伴随着经济增长而急剧增加的不公平破坏或者彻底抵消了。然而，支持者认为自由化的经济政策，如市场开放以及货币和财政稳定政策，增加了穷人的收入，并且使得整个社会的穷人与其他人的比例趋于合理。

假设工业化国家和发展中国家之间的收入不平等加剧是真实存在的，那么这能成为对全球化的可怕预测吗？也许不会。如果世界范围内不平等不断加剧，最贫穷国家收入的绝对数额而不是相对数额不断减少，那么这一可能性就会被打乱。但是这很少发生。甚至在非洲，非洲相对来说虽然比较贫困，但是收入不断增加，并且发展的广义指标也在不断改善。也许这一增长幅度很小，但是比什么都没有要好一些。

□ 7.7.5 所有的发展中国家都能够实现出口导向型经济增长吗？

尽管出口能够促进发展中国家经济的增长，但是这取决于工业化国家是否愿意和是否有能力从发展中国家进口大量的产品。悲观者认为这一过程有错误的成分。如果所有的发展中国家同时扩大出口，那么其产品在世界市场上的价格将会下降。此外，工业化国家可能会担心海外竞争，特别是在高失业率时期，因此会征收关税以减少来自进口商品的竞争。那么，如果过多的发展中国家同时扩大出口，自由贸易是否会弄巧成拙呢？

从地理和人口方面看，发展中国家整体上是很大的经济体，但是从经济方面来看就显得很小了。合计起来，世界上所有贫穷国家和中等收入国家的出口只有世界产出的5%，这大约仅相当于英国的国民产出水平。即使全球对进口商品需求的增加接近上限，那些原本没有参与出口的发展中国家的联合出口也不会对全球贸易体系产生很大的影响。

悲观者也倾向于低估贸易中的产业内专业化的范围，而这能够为发展中国家创造一系列新的贸易机会。相对于与发达国家之间的贸易，发展中国家之间的新型贸易也被低估了。通常情况下，随着经济的增长，发展中国家或地区将会从劳动密集型制造业转向更加复杂的产品的生产，这就使得它们把自己的一部分供给市场让给发达程度较低的国家或地区生产的产品。例如，20 世纪 70 年代，日本退出劳动密集型制造业，从而使源自韩国、中国台湾和新加坡的进口商品能够进入日本市场。20 世纪 80 年代和 90 年代，韩国、中国台湾和新加坡也退出劳动密集型产业，之后随中国开始进入这些市场。随着发展中国家或地区出口的增加，它们对进口商品的需求也不断增加。

7.8 东亚地区经济

尽管许多发展中国家的经济发展缓慢，但是某些国家也实现了强劲的、持续的经济增长，如表 7.5 所示。东亚地区的一些国家或地区在经济方面获得了成功，例如中国、印度尼西亚。如何解释这一现象呢?

表 7.5　　2003—2012 年东亚经济体人均国内生产总值增速

国家和地区	每年平均 GDP 增速（%）
中国	9.9
印度尼西亚	4.3
中国香港	3.9
泰国	3.9
新加坡	3.6
韩国	3.3
菲律宾	3.3
马来西亚	3.2

资料来源：World Bank, World Data Bank, *World Development Indicators*, available at http://www.data.worldbank.org. 也可参阅：Central Intelligence Agency, *World Fact Book*, available at www.cia.gov。

东亚国家虽然在自然资源、人口、文化和经济政策方面存在巨大差异，但是它们经济成功的背后也存在一些共同特征：（1）高投资率；（2）因初等教育和中等教育的普及，人力资本禀赋丰富并不断增加。

为了增强竞争力，东亚各国政府对其人口进行投资，为私人企业提供有利的竞争环境。它们还保持经济对国际贸易的开放性，通过许可权、资本品进口以及国外培训等方式积极寻求和引进国外先进技术。

无论是采取有意的压制（韩国和中国台湾）、政府管制（新加坡），还是放任自由（中国香港），东亚经济体通常都不鼓励组建贸易同盟。这既避免了最低工资立法，又维持了劳动市场的自由性和竞争性。

第二次世界大战之后，在一段时期内，东亚经济体（中国香港除外）实施了进口替代型贸易政策。为了培育民族消费品产业，这些国家和地区对进口商品征收高额关税，实行数量限制，还对纺织等制造产业提供补贴。尽管这些政策最初增加了国内产量，但随着时间的推移，却给东亚经济体带来了很多成本。由于进口替代型政策刺激了资本品和中间产品的进口，抑制了本国制成品的出口，东亚国家产生了巨大的贸易赤字。为了获得弥补这些赤字的外汇，东亚国家开始转向外向型和促进出口的发展战略。

20 世纪 50 年代末和 20 世纪 60 年代，东亚经济体实施了出口促进战略。新加坡和中国香港制定了类似于自由贸易的贸易制度。日本、韩国和中国台湾一方面保护自己的生产者免受进口竞争，另一方面推行出口促进政策。印度尼西亚、马来西亚和泰国在逐步减少进口限制的同时，采取多种政策鼓励出口。由于这些措施，东亚经济体在世界出口中所占的比例不断上升，其中绝大多数增长归功于制成品的出口。

然而，东亚经济体惊人的经济增长成就也产生了一些问题。东亚国家不惜一切代价进行工业化，带来了很多问题，主要是污染问题。巨大的贸易顺差激化了海外的保护主义情绪，尤其是美国。美国认为，未来东亚经济体出口的增长将在很大程度上取决于美国市场。

□ 雁行经济增长模式

人们普遍认为，东亚经济体遵循的是**雁行经济增长模式**（Flying-Geese Pattern of Economic Growth），即在发展过程中，通过跟随领先国家的发展模式，逐步提高技术发展水平。例如，当日本转入汽车、电子和其他资本品等高新技术行业时，中国台湾和马来西亚代替日本成为服装和纺织品产业的主导者。大约 10 年之后，当中国台湾和马来西亚有能力生产汽车和电子产品时，服装和纺织品产业又转移到了泰国、越南和印度尼西亚。

在某种程度上，雁行经济增长模式是市场力量作用的结果，即劳动力丰富的国家将在劳动密集型产业上拥有国际竞争力，如鞋类。随着储蓄和教育增加了资本和熟练劳动力的供给，该国将逐渐向资本或技术密集型产业转移。不过，正像东亚国家所呈现的那样，按照雁行模式发展经济所必需的不仅仅是市场。即便是像电子组装这样的基础劳动密集型产品，也逐渐为跨国公司和工业化国家所创造的技术所支配。

对东亚经济体来说，一个强大的出口平台是支撑其雁行经济增长模式的基础。东亚各国政府已经采用了多样化的出口平台，如保税仓库、自由贸易区、合资企业和与跨国公司组建战略联盟等。政府通过经济政策支持这些机制，以促进劳动密集型产品的出口。

贸易冲突

☞ **国家资本主义胜出了吗?**

从 20 世纪 80 年代到 2008 年，关于国家资本主义和自由资本主义孰是孰非的争论一直没有停息。从苏联解体以及美国采取去管制、全球化和自由贸易等措施且经济表现强劲来看，自由资本主义看似更优。

但是，2008—2009 年经济危机的袭来让人们再次争论政府在经济中的作用。经济严重萧条暴露了发达经济体的缺陷，引致许多观察人士怀疑：自由资本主义是否已经垮塌？在美国，民主党人希望政府积极发挥作用，创造就业机会，促进风能等新能源产业的发展，帮助美国企业在国际竞争中胜出。同时，共和党人希望政府在促进经济复苏中发挥更小的作用。

政府对经济的干预在发展中国家引发的争议通常很少。巴西、马来西亚和俄罗斯更喜欢“国家资本主义”，综合使用国家政府和资本主义的力量。在国家资本主义体制下，政府拥有国有企业，管理资源分配，引导发展政府认为非常重要的领域，创造更多的就业机会。常见的国有企业包括马来西亚石油企业和俄罗斯的天然气企业。政府可以影响银行的信贷流向，主导经济的关键行业，通过政府指令驾驭经济发展。虽然国家资本主义仍然是资本主义的一种，但是政府在经济中发挥着极为关键的作用。在经济萧条期间，信奉国家资本主义的政府依然有能力使经济保持强劲增长，这引发一些观察人士思考：这种国家资本主义体制是不是比美国的自由资本主义更优？

国家资本主义的重要性显而易见。在信奉国家资本主义的国家，政府是国家最大企业的最大股东。国有企业市值在信奉国家资本主义的国家占整个股票市场的大部分，比如在巴西大约为40%。全球最大的13家石油企业中，四分之三都有政府背景。比如，世界最大的天然气提炼企业俄罗斯天然气工业股份公司就是俄罗斯的国有企业。

国家资本主义也有缺陷。国有大型企业占用的人才和资本资源很可能被私有企业使用更有效率。虽然在政府的支持下，国有企业能够接触新技术，但是在促进新技术方面比较失败。最后，国家资本主义运行良好的前提条件是：政府官员有能力。但是，政府官员并不一定有足够的能力。此外，国家资本主义还可能导致社会不公平、裙带关系、公众不满等问题，如埃及和俄罗斯。

那么，国家资本主义和市场资本主义哪一个是正确的？历史告诉我们：每个经济奇迹最终都会暗淡，“年轻旺盛”的经济最终都要变得成熟。随着从农业和手工业向工业转变，之后进入服务和知识经济，经济不断进步，旧技术被更换。在技术进步的过程中，乡村慢慢消失，看似无限供应的廉价劳动力资源最终变得紧缺。另外，随着固定投资的增长，边际收益也将递减，每一新增单位资本产生的收益递减。这是经济中亘古不变的规律。作为经济发展的一个模式，国家资本主未来发展的方向仍是一个有待讨论的开放性话题。

资料来源：Josef Joffe, "China's Coming Economic Slowdown," *Wall Street Journal*, October 26, 2013; James McGregor, *No Ancient Wisdom, No Followers: The Challenges of Chinese Authoritarian Capitalism*, Prospectus Press, Westport, CT, 2012; "State Capitalism," *The Economist*, January 21, 2012; Michael Schuman, "State Capitalism Versus The Free Market," *Time Business*, September 30, 2011 at http://business.time.com; Ian Bremmer, "State Capitalism Comes of Age," *Foreign Affairs*, May-June 2009.

7.9 中国飞速发展

中国是另一个近些年取得卓越经济成就的东亚国家。我们来看看原因。

20世纪70年代初期，中国只是世界产品市场上微不足道的参与者。截止到2005年，中国已经发展成为世界上第二大经济体，国内产出水平超过美国国内产出水平的一半，以及日本国内产出水平的60%以上，是什么导致了这一重大转变呢?

1949年，共产主义革命运动在中国取得胜利，现代化由此开始。共产党掌握了政权以后，中国很快建立了中央计划经济体制，实现了经济的快速增长，特别是加快了工业化进程。政府接管了城市制造业，实施了农业集体化，取消了家庭农业，并且制定了强制性生产限额。政府不鼓励市场机制，人们的生活水平较为贫困。

到20世纪70年代，中国目睹了日本、新加坡和韩国经济的发展繁荣。在此刺激下，中国一步步改革，使政治反对和经济破坏最小化，向市场化迈进。在农业和工业中，改革提升了生产主体的发展动力，提高了个体的积极性，减少了政府计划的作用。产品的生产由市场主导，而不是政府规划；允许新企业进入市场，允许新企业和国有企业竞争。中国还向外国投资者开放，建立合资企业。政府对外国贸易的垄断也被终结，建立经济特区。在经济特区中，私营企业被允许持有外币，可以雇用和解雇工人。中国打破旧有的进口替代模式，削减贸易障碍。现在，中国已经进一步开放，进口在中国经济中的作用也越来越大。

中国的国际贸易遵循了与比较优势理论相一致的贸易模式，该模式可以由要素禀赋理论来解释，这在本书第3章中讲述过。中国的主要出口商品是劳动密集型产品，劳务是中国的丰裕要素。因此，中国成为低价制成品的生产国，出口体育用品、玩具、电子产品、鞋、服装、纺织品及其他产品。在进口方面，中国是机械、交通设备和其他资本品的重要市场，生产这些产品要求比国内更高的技术水平。1978年以来高速的经济增长来自出口和投资增长的拉动。

□ 7.9.1 中国经济的挑战

尽管中国经济已经飞速发展，但是如果想跨过中等收入陷阱，进入富裕的发达国家行列，仍旧面临着许多挑战。让我们在下面的内容中简单地列述一些挑战。

存在阻碍改革的因素

在当今世界上，没有一个国家的持续发展不依赖于企业和市场。中国的经济中存在大量国有企业，其中一些国有企业生产效率较低。虽然国有企业的比重不断下降，但是仍旧占非农业大约一半产出。中国经济如果希望保持快速发展，必须进一步深化改革。

劳动力成本上升

廉价劳动力日渐减少是中国经济面临的另一个挑战。随着劳动力供给减少，劳动力成本上升，如果劳动生产率没有随之相应提高，出口产品的价格将上升，使外国对于中国纺织品和玩具等低端产品的需求减少。伴随着劳动力资源优势的减弱，中国将更加依赖其他经济发展的驱动因素。

在距离发达沿海地区很远的内地，中国仍然有较为廉价的劳动力资源。尽管工厂内迁可以获得廉价劳动力资源，但是必须承担较高的铁路和公路等交通成本。迁入内地可以更好地服务中国本地不断增长的市场，而不是出口到美国等外国市场。

在中国劳动力成本上升的压力之下，一些企业开始把业务搬到其他国家或地区，以求压低成本。裕元集团，世界上最大的制鞋企业，已经把一部分低成本业务迁往孟加拉国和柬埔寨等国。但是随着工厂都搬往这些国家，这些国家的劳动力资源也变得稀有，工资增长的速度快于中国。世界其他国家很难复制中国的规模化生产模式，如果企业把业务分散在多个国家，势必会增加物流成本，因而制造成本更加昂贵。这意味着西方国家可能会出现新的消费趋势。

基础设施的发展

中国政府一直认为现代经济依赖可靠的通信、铁路和公路以及电力，因而基础设施的完善仍旧是中国政府的重要目标。中国一直致力于将基础设施水平提升至中等收入国家水平，利用高效率的交通体系连接全国各地。这需要中国增加投资，建设机场、高速公路、港口和铁路。这些项目的资金在很大程度上来源于政府。事实上，中国政府为这些交通项目提供了90%多的资金。

长距离卡车运输大约占货物运输量的四分之三，因而中国政府比较关注公路建设。但是卡车运输本身效率不高，且比较分散，特别是中国内陆地区。中国已经以比较快的速度在这些地区建设公路，但是由于地形复杂，建设起来比较困难。此外，许多高速公路从刚开始开通，就出现拥堵的现象，长途运输时间拖延的现象也经常出现。

对投资的依赖

中国的另一个挑战是对投资的依赖，消费还没有充分释放。中国官员认识到，中国经济需要再平衡，依赖投资的经济发展模式已经不可持续。中国消费者需求的增长需要中国财富再分配，增加普通民众收入水平。家庭消费只占中国国内生产总值的38%，而美国的数据大约是70%。换句话说，消费还没有成为中国经济的主要驱动因素，虽然需要改变投资导向型经济，但是消费还没有能力接棒。

中国官员表示，中国经济政策调整的目标是把投资导向经济转为消费导向经济，使家庭消费成为拉动经济增长的主要力量。为了提高居民收入和家庭消费，政府可以提高国有企业的分红，经济再平衡有可能降低重工业、建筑业等原来得益于大规模投资的行业的增长。本书写作时，中国政府正在致力于经济结构调整。

环境问题

中国主要城市的空气质量指数经常超标，对人体健康构成危害。虽然制造业以及汽车尾气排放导致空气污染，但大多数专家认为燃煤电厂应该负主要责任，而这些电厂还要为经济的增长提供动力。中国的煤炭消耗量约占全世界的一半。

伴随着经济的快速发展，中国的自然资源消耗量大，面临着资源匮乏和环境破坏问题。环境因素在一定程度上阻碍了中国经济的发展。

虽然中国意识到了这样的问题，也出台了众多保护环境的措施，但政策效果难以在短期显现，中国的环境问题依然严峻。中国未来需要抓住机会，使得工业发展对环境更友好，经济增长可持续。

全球金融业中的地位

中国作为世界上最大的储蓄国，在全球金融市场中发挥着重要作用。但是，中国一直是一个封闭的金融市场，不可能在短时间内放开。为了成为全球金融市场的领先国家，中国的金融市场必须更加深入地发展。如果能够更加有效地吸引和分配资本，中国居民、企业和政府的收益势必会提高。阻止居民和企业自由向外国投资以及阻止外国投资者向中国投资的障碍也应当减少。此外，中国还必须获得外国投资者的信任。随着持续的改革，再加上巨大的储蓄和国际贸易量，中国未来几年将成为一个影响力很大的全球资金供给国。

人民币的自由兑换

随着中国经济和金融影响力与日俱增，人民币在国际市场中的使用也更加频繁。中国希望人民币能够成为与美元和欧元相匹敌的国际货币。这需要中国深入发展自由流动的资本市场，为公司债券等人民币金融资产提供流通的平台。此外，人民币也需要成为国际金融交易的兑换媒介。这需要人民币完全可以在任何银行自由兑换。诚然，中国的金融全球化需要时间和耐心。

□ 7.9.2 中国出口繁荣的代价：如何使企业公平竞争?

虽然中国已经成为世界工业制成品的主要出口国，但是中国也为此付出了代价。沃尔玛、家乐福等零售商强制中国供应商降低价格，而不顾其产品安全、环境质量和劳工保护等问题。

劳工保护是中国面临的另一个问题。艾迪宝等零售商不断要求中国供应商降低价格，让美国消费者买到物美价廉的服装和鞋。同时，价格压力使一些制造商降低了劳工保护标准。劳工保护标准包括遵守法定最低工资，最低工资一般由地方或省政府制定。美国企业经常宣称，它们的中国供应商遵守中国的法定工作时间，每星期工作 40～44 个小时，加班时要发放更多的工资。但是，降低成本的压力使一些工厂忽略了这些标准。

环境质量也是中国面临的重要问题。在过去的 20 年中，美国企业让中国工厂代工生产了大批低价的 T 恤和牛仔裤；中国的水、土地和空气受到了污染，为此付出了巨大代价。环境保护组织和中国政府认为，美国跨国企业不断压低中国产品的价格，加剧了中国环境的不断恶化。

7.10 印度：冲出第三世界国家行列

印度是实行自由贸易政策、迅速实现经济快速增长的另一个国家。印度经济已经实现多样化，包括农业、手工业、制造业和服务业。虽然印度2/3的劳动力仍依靠农业谋生，但是印度的服务业却在不断增长。随着数据时代的到来，印度大量受过良好教育、会说流利英语的年轻人使印度成为全世界服务和技术外包的中心。

印度与中国的发展道路不同，中国走的是一条传统的发展道路，与日本和韩国相同，成为低工资工业制成品的生产国；而印度意识到无法与中国的制造业比较，认为发展服务业是一个更好的选择。根据要素禀赋理论，印度的丰富资源是受过良好教育、会说流利英语的劳动力，可以低价提供服务，如数据处理、电话服务中心等。相对于商品主导战略，印度的方法从长期来看更有效。世界人均工资的资料显示，国家财富更多地取决于服务业，而不是制造业。

1947年，印度脱离英国，获得独立，之后，采取社会主义体制和进口替代模式发展经济。实行这两种制度源于独立后印度对帝国主义的恐惧，因而印度政府开始推行保护主义贸易壁垒，禁止外国投资，限制竞争，严格管制私有企业和金融市场，实行公有制和中央计划经济。这导致印度从20世纪50年代到80年代孤立于世界主流经济体之外。在此期间，印度经济增长缓慢，贫穷落后。印度人越来越认识到公共部门导致了印度的失败。

到1991年，印度政府意识到，国家控制体制和进口替代模式扼杀了经济发展，印度急需一场改革。因此，印度经济转变为开放的市场经济。工业投资支出的政府审批被取消，进口配额被废除，出口补贴也被取消，进口关税从1990年的87%减少到1994年的33%。同时，印度企业可以从国际市场上借款，印度卢比出现贬值。这些改革措施使印度从一个贫穷落后的封闭国家一跃成为开放进步的国家，印度鼓励外商投资，从工业和服务业中积累了大量财富。结果，印度经济高速增长，贫穷人口数量不断下降。

印度的外包业务表明，这个国家已经从外国投资和贸易中受益。外商投资限制措施的取消吸引了通用电气公司和英国航空公司将信息科技和其他后台业务部门移往印度。这些公司的成功表明印度是外包服务的天堂，更多的企业在印度设立业务。这些跨国企业培训了数千名印度员工，其中有许多员工把他们学到的技术传到了其他崛起的印度公司。简而言之，外国投资为印度提供了数千个就业岗位，并增加了印度工人的工资，印度工人因此受益。

印度的汽车制造业也受益于外来投资。20世纪80年代之前，印度禁止外来投资，并设立了高额关税，保护本国国有汽车企业免于全球竞争。这些公司的技术落后，机车模型只有两个，而且售价高昂。到了20世纪90年代，汽车进口关税被取消，外来投资的禁令也被一并取消。汽车的进口开始增加，外国汽车企业甚至在印度建立了装配工厂。随着竞争的加剧，汽车行业的劳动生产率增加了三倍多，而且该行业工人的工资也增加了。同时，汽车价格下降，需求猛增，汽车销售数量不断攀升，创造了数千个就业岗位。现在，印度的汽车产量是20世纪80年代初期的13倍，并且印度生产的汽车还出口到了其他国家。如果印度的汽车行业仍旧“闭门造车”，那么所有的这一切都不可能发生。

但是，印度外包和汽车产业的强劲发展与其他一些行业形成了鲜明的对比。贸易与投资限制仍然存在于一些行业，扼杀了竞争，保护了无效率企业的生存。以食品零售业为例说明在禁止外国投资时印度的经济将会如何。2007 年，印度该行业的生产率只有美国的 5%。差距的原因在于几乎所有的印度零售商店都是街头市场或者夫妻便利店，而不是现代的大超市。此外，印度超市的平均生产率只有美国同行的 20%，因为其规模小，经营方式落后。而在中国、墨西哥等国家，沃尔玛等跨国零售商已经加剧了市场竞争，提高了生产率。但是，这些零售企业却被禁止在印度进行投资。

尽管印度经济取得了巨大的成功，但是不能坐吃山空；2.5 亿印度人仍然生活在官方贫困线以下。持续强劲的经济增长需要印度致力于基础设施建设，例如，铁路、公路、港口和电力等。印度基础设施的建设已经跟不上经济发展的速度。相比之下，中国已经建成世界级的基础设施，以吸引外资、促进发展。

到 2030 年，印度将成为世界上人口最多的国家，人口的增长将为印度带来几乎无穷无尽的劳动力供给和消费需求，这是一个巨大的优势。但是，印度也急需改善教育和医疗卫生条件，创造更多的就业机会。

大多数经济学家都认为，印度需要系统性地解除经济中各个行业的管制，例如零售业、新闻媒体业和银行业，对这些行业的监管和限制是陈旧体制的残留。印度还需要消除对小规模、无效率的生产企业的优惠政策，废除大中型企业的裁员法律限制。随着解除管制的推行和市场的开放，外国资本和技术投资可以更容易地流进印度，使印度经济更有效率、更有活力。为了使发展惠及全国，印度还需要对农业进行改革，以在农村获得更多的就业岗位。

印度已经取得了很大的进步，但是仍需更多工作来保证经济的持续发展。随着人口的快速增加，印度面临着创造更多就业机会的挑战。印度政府、私有部门和整个社会能否共同表现出足够的政治意志以完成使命？我们将拭目以待。

7.11 巴西腾飞

2001 年，高盛经济学家曾经预计，中国、印度、巴西和俄罗斯这几个国家未来将主导世界。但是，人们对巴西持怀疑的态度。到 2011 年，这种怀疑消失了：巴西已经成为拉丁美洲最大的经济体，世界第七大经济体。

巴西的经济增长并不是一帆风顺。20 世纪 30—60 年代，巴西政府实行进口替代型政策。这种政策强调国家在经济发展中的主导作用，注重国内市场，不利于出口；在限制进口以及汇率管制的同时，官僚机构庞杂冗余；裙带关系和贪污腐败十分常见，官员对通货膨胀视若无睹，经济增长停滞。巴西政府逐渐意识到，市场自由化和贸易全球化是巴西经济繁荣的必要条件。

20世纪90年代，巴西实行了一系列旨在促进经济增长的措施；通货膨胀受到抑制，地方和联邦政府受制于法律，压缩债务。巴西的央行开始独立于政府之外，拥有自主权，致力于控制通货膨胀以及防范系统性金融风险。另外，巴西经济对外开放，促进贸易，吸引投资，许多国有控制行业被私有化。这些政策使得巴西在21世纪初成为经济快速发展的国家。

巴西拥有1.9亿人口，自然资源丰富，现在每年生产数千万吨钢铁、水泥以及数百万台冰箱和电视机。同时，巴西参与高科技行业，比如电脑和飞机制造。巴西遍布矿产资源，比如石油、天然气和锰矿的出口带来大量收入。另外，巴西与澳大利亚一样，是世界上最大的铁矿出产国之一，其中大部分出口到中国。巴西可耕地资源丰富，是农产品的重要出口国之一。巴西经济现有两大优势：适龄劳动力很多，且仍在增长；自然资源十分丰富。

从一些方面讲，巴西超过了其他经济快速发展的国家。与印度不同，巴西没有动乱，没有民族和宗教冲突。与俄罗斯不同，巴西不仅出口石油和武器，还以尊敬的态度欢迎外国投资者。

未来，如果希望继续发展到一个新的阶段，巴西需要作出更多改变，比如增加储蓄，更多地投资于铁路和公路等基础设施，同时还要建设有利于企业经营的环境。

7.12 小结

1. 发展中国家一般具有人均资本国内总产出水平相对较低、平均寿命较短以及成人识字率较低等特征。许多发展中国家认为，目前基于比较优势理论的国际贸易体系不适合它们。

2. 发展中国家面临的困难包括：（1）不稳定的出口市场；（2）日益恶化的贸易条件；（3）有限的市场进入机会。

3. 援助发展中国家的国际机构和政策包括：世界银行、国际货币基金组织和普遍优惠制度。

4. 国际商品协定是为了稳定初级产品价格和生产者收入而达成的协定。实现这些目标的手段主要有缓冲存货、出口控制和多边合同。事实证明，这些手段都获得了成功。

5. 针对第二次世界大战后国际上的主要石油公司竞相压价的现象，石油卡特尔OPEC于1960年成立。OPEC运用生产配额的方式提高价格，从而获得高于竞争条件的收益。

6. 除了向发达国家寻求资金援助外，发展中国家还通过进口替代和出口导向型政策来推动国内工业化进程。相对于实施进口替代型战略的国家，实施出口导向型战略的国家的经济增长较快。

7. 近几十年，东亚经济实现了瞩目的增长，主要原因是高投资率、受教育劳动力禀赋的日益丰富以及出口导向型政策的实施。

8. 截止到 20 世纪 90 年代，在亚洲经济体中，中国经济发展较快。目前，中国自称为社会主义市场经济国家。基于丰富的劳动力禀赋，中国专业化于许多劳动密集型产品的生产。2001 年，中国加入了 WTO。

9. 印度是另一个实行自由贸易政策、迅速实现经济快速增长的国家。1947 年，印度脱离英国，获得独立，之后尝试用社会主义体制和进口替代模式发展经济。到 1991 年，印度政府意识到，国家控制体制和进口替代模式扼杀了经济发展，因此，印度后来采取了鼓励外商投资的开放经济政策，促进了经济的快速发展。

7.13 关键概念及术语

- 发达国家（Advanced Nations）
- 缓冲存货（Buffer Stock）
- 卡特尔（Cartel）
- 发展中国家（Developing Nations）
- 出口导向型增长（Export-Led Growth）
- 出口导向型政策（Export-Oriented Policy）
- 雁行经济增长模式（Flying-Geese Pattern of Economic Growth）
- 普遍优惠制度（Generalized System of Preferences，GSP）
- 进口替代（Import Substitution）
- 国际商品协定（International Commodity Agreements，ICAs）
- 国际货币基金组织（International Monetary Fund，IMF）
- 多边合同（Multilateral Contract）
- 石油输出国组织（Organization of Petroleum Exporting Countries，OPEC）
- 初级产品（Primary Products）
- 生产和出口控制（Production and Export Controls）
- 世界银行（World Bank）

7.14 习题

1. 许多发展中国家对比较优势理论和自由贸易产生怀疑的主要原因是什么？

2. 稳定商品价格已经成为许多初级产品国家的主要目标。达到价格稳定的主要方法是什么？

3. 国际商品协定的例子有哪些？为何许多这样的协定经过一段时间后会解散？

4. 为什么发展中国家担忧商品价格稳定？

5. 普通居民可能在 1973 年和 1974 年石油价格飞涨之前从未听说过石油输出国组织。实际上，OPEC 成立于 1960 年，为什么 OPEC 直到 20 世纪 70 年代才产生世界性的影响呢？20 世纪 80 年代 OPEC 出现问题的主要原因是什么？

6. 为何背叛是卡特尔的一个典型问题？

7. 普遍优惠制度的目的在于帮助发展中国家进入国际市场，试对此进行解释。

8. 进口替代和出口导向型政策如何帮助发展中国家实现工业化？

9. 试叙述 20 世纪 70—90 年代，东亚实现经济增长所采取的战略政策。东亚奇迹在新千年能否继续？

10. 中国如何实现良好的经济形势？为什么中国的最惠国待遇总是美国争论的焦点？中国加入世界贸易组织将产生何种影响？

11. 印度在 20 世纪 90 年代放弃进口替代模式的原因是什么？印度采取了什么样的经济增长战略？

第 8 章

区域贸易协定

第二次世界大战以来，发达国家大大降低了对贸易的限制。贸易自由化的途径主要有两种。第一种是国与国之间在非歧视性基础上相互削减贸易壁垒。在世界贸易组织及其前身《关税与贸易总协定》的框架内，任意两个成员之间达成的关税减让协议都将无条件地扩展到所有其他成员。这种国际性的做法促进了整个世界范围内关税的逐步降低。

实现贸易自由化的另一条途径是几个国家以地域为基础组成小集团，签订**区域贸易协定**（Regional Trading Arrangement）。在这种区域贸易协定中，成员国之间相互降低贸易壁垒，而对非成员国则实施相对较高的贸易壁垒。每个成员国仍然有权决定自己的国内政策，但每个国家的贸易政策都要给予成员国优惠待遇。正因为如此，区域贸易协定（自由贸易区和关税同盟）一直是世界贸易组织所体现的非歧视性原则的例外。本章将要阐述两大区域性贸易协定——欧盟和北美自由贸易区的运行和影响。

8.1 区域一体化与多边主义

回顾一下，世界贸易组织的一个主要目标是通过贸易协定促进世界范围内的贸易自由化。然而，多数国家同时对改革达成一致协议是相当困难的。到 21 世纪初，世界贸易组织屡屡受挫，难以达成全球多边贸易协定，许多国家纷纷寻求签订区域性贸易协定，取代全球贸易协定。区域性贸易协定的数量由 1990 年的 70 个左右增长为现在的 300 多个，并且覆盖了一半以上的国际贸易。那么，区域性贸易协定是为全球多边贸易体系制造障碍还是扫除障碍呢?①

① World Trade Organization, "The WTO and Preferential Trade Agreements: From Co-existence to Coherence," *World Trade Report*, 2011.

与世界贸易组织所构建的多边自由化框架相比较，区域贸易协定框架下的贸易自由化有非常大的不同。在区域贸易协定框架下，各国只对小范围的参与国家降低贸易壁垒，而对世界上其他国家构成了歧视。在世界贸易组织框架下，每个国家的贸易自由化适用于所有的世界贸易组织成员，共 159 个成员，不存在歧视的基础。

尽管区域贸易集团能够弥补多边贸易体系的不足，但是其本质是歧视性的，是与正常的贸易关系原则相背离的，而这一原则正是世界贸易组织的基础。某些分析家指出，区域贸易集团使成员国家减少了寻求与集团外国家进行自由化贸易的自行决定权，因此成为多边主义的绊脚石。例如，如果马来西亚已经成功进入了美国市场，那么它将会对与美国签订自由贸易协定不感兴趣，但是不像马来西亚那样成功的竞争对手阿根廷将会非常迫切地与美国签订区域自由贸易协定，从而能够抢占马来西亚在美国市场的份额，阿根廷无须提高产品质量，无须降低产品的价格，而是获得了美国贸易法规所给予的特殊待遇。一旦阿根廷获得这一特权，那么它参与世界贸易组织会议，并且签订将会削弱这些特权的多边自由贸易协定的动机何在?

另外两个因素也意味着区域贸易协定的成员国不会积极推进世界范围内的自由化。第一，贸易集团成员国一般不会意识到全球贸易自由化所带来的额外规模经济，而只是对外国市场进行适度开放。通常情况下，贸易自由化范围不断扩大的区域贸易集团、区域内企业能够进行充分的生产运行，从而享受规模经济的全部好处。第二，贸易集团成员国可能愿意花费大量的时间和精力来建立强有力的区域联系，而不是参与全球谈判。

另一方面，按照开放性和包容性原则，区域贸易集团往往会增加全球自由贸易和投资的障碍，而不是削减障碍。区域贸易集团通过几种方式来促进全球市场的开放。第一，由于利益的一致性和谈判进程的简化，区域贸易协定能够实现纵深的经济一体化。第二，自由贸易区的建立是一个自我强化的过程，即随着自由贸易区的扩大，市场范围也不断扩张，从而吸引更多的非成员国加入集团，以获得与成员国同等的贸易优惠。第三，区域自由化能够促进产业之间工人的部分调整，即工人从一国比较劣势较强的进口竞争产业转移到比较优势较强的出口产业。随着调整的推进，越来越多的劳动力从自由化贸易中获益，同时利益损失的部分也将减少，这也赢得了政治上对自我强化进程中贸易自由化的支持。基于以上所有原因，当根据开放性原则达成一系列区域贸易协议以后，它们之间可能会重叠并不断扩张，进而促进自下而上的全球自由贸易。

接下来考察区域贸易协定的类型及经济效应。

8.2 区域贸易协定的类型

从 20 世纪 50 年代中期起，**经济一体化**（Economic Integration）一直是经济学家经常提到的词汇之一。经济一体化是对国际贸易、支付和要素流动取消限制的一个过程，因此，往往会使两个或更多的经济体通过区域贸易协定的形式联合起来。在展开论述之前，我们先来区分一下区域贸易协定的类型。

自由贸易区（Free-Trade Area）是指若干贸易国之间达成协议，一致同意相互间取消所有的关税和非关税贸易壁垒而形成的经济一体化组织。但是，每个成员国仍然保留自己对非成员国家的一系列贸易限制。这种一体化形式的一个例子是《北美自由贸易协定》(North American Free Trade Agreement，NAFTA)，由加拿大、墨西哥和美国组成。除了《北美自由贸易协定》，美国还和其他国家签订了自由贸易协定。[①] 和自由贸易协定相似，**关税同盟**（Customs Union）也是由两个或两个以上的贸易国达成的相互取消所有关税和非关税贸易壁垒的协定。此外，所有成员国都对非成员国采取一致的贸易限制措施。在这种共同的外部贸易政策作用下，在关税同盟内部进行自由贸易，成员国对非成员国则实行统一的关税和非关税贸易壁垒。比较著名的关税同盟是 1948 年成立的**比荷卢联盟**（Benelux）（由比利时、荷兰和卢森堡组成）。

共同市场（Common Market）具有以下三个特征：(1) 产品和服务可以在成员国之间自由流动；(2) 对非成员国家采取共同的贸易限制措施；(3) 在集团内部，生产要素可以越过国界自由流动。因此共同市场是一种比自由贸易区和关税同盟更完全的经济一体化形式。**欧盟**[②]（European Union，EU）在 1992 年取得了共同市场的资格。

在经过上述阶段之后，经济一体化进入**经济联盟**（Economic Union）阶段。成员国之间不仅拆除贸易壁垒，统一对外贸易政策，允许生产要素的自由流动，而且在协调的基础上采取一致的国家、社会、赋税和财政政策，并由一个超国家的机构统一进行管理。20 世纪 20 年代，比利时和卢森堡组成了经济联盟。建立一个经济联盟要比实现其他形式的经济一体化任务更为艰巨，这是因为自由贸易区、关税同盟或共同市场主要源于现存贸易壁垒的废除，而经济联盟则需要将经济主权让渡给一个超国家的机构。经济联盟的终极形式将是成员国统一货币政策，接受由超国家的货币机构发行和管理的共同货币。因此经济联盟包含了**货币联盟**（Monetary Union）的特征。

美国可以作为货币联盟的一个特例。50 个州使用同一种货币，连接成一个完全的货币联盟，州与州之间的汇率是固定不变的。美联储充当整个国家唯一的中央银行，发行货币并制定国家的货币政策。州与州之间进行自由贸易，追求最大回报，劳动力和资本在各州之间自由流动。联邦政府制定国家的财政政策，处理退休、健康计划、国防、国际关系及其他类似事务。治安防护和教育等其他规划由州和地方政府制定，以保持联盟内部各州的相对独立性。

8.3 区域主义的推动因素

区域贸易协定建立的原因是多样化的，而最基本的动机就是加快经济增长。区域市场的扩大可以利用生产的规模经济，促进专业化分工，发挥干中学的优势，吸引外国投资。区域经济一体化也有很多非经济目标，如控制移民流动、促进地区安全等。此外，区域主义还能深化和巩固国内的经济改革。例如，东欧国家就把效仿欧盟作为贯彻它们

① 其他自由贸易伙伴包括澳大利亚、巴林、智利、哥斯达黎加、多米尼克共和国、萨尔瓦多、危地马拉、以色列、约旦、巴拿马、尼加拉瓜、哥伦比亚、阿曼、洪都拉斯、摩洛哥、秘鲁和韩国。

② 欧洲共同体成立于 1957 年，是欧洲经济共同体、欧洲煤钢联营和欧洲原子能委员会的统称。1994 年，欧洲共同体的 12 个成员国签署《马斯特里赫特条约》，欧盟取代了欧洲共同体。为简单起见，本章在讨论 1994 年前后发生的事件时都使用欧盟这一称呼。

向私有化和市场体制转变的国内政策的一种方式。

当小国对未来能否进入大国市场缺少把握时，往往会出于安全考虑与大国签订贸易协定，《北美自由贸易协定》的形成就明显带有这种动机。在北美地区，墨西哥加入《北美自由贸易协定》部分是由于担心美国的贸易政策会朝着控制程度更高或者战略性贸易方向转变。加拿大加入该协定则在很大程度上是为了防范美国使用反补贴税和反倾销税。

随着新的区域贸易协定的形成，或现有协定的扩展和深化，一国不加入协定的机会成本越来越高。非成员国的出口商会发现，其市场份额会被成员国的出口商抢走，市场份额大幅下降。当非成员国的出口部门利益超过面临进口竞争的部门利益时，政治天平就会偏向于加入区域贸易协定的这一边。美国和墨西哥的自由贸易区谈判极大地影响了加拿大加入《北美自由贸易协定》的决定，该国因此才没有在北美自由贸易运动中掉队。

8.4 区域贸易协定的经济效应

区域贸易协定的福利含义是什么呢？我们可以从两个方面描述区域贸易协定的收益和成本。首先是关于生产效率和消费者福利的**经济一体化的静态效应**（Static Effects of Economic Integration）；其次是与成员国长期经济增长率有关的**经济一体化的动态效应**（Dynamic Effects of Economic Integration）。由于经济增长率的一个微小的变化就会对国民产出产生巨大的累积效应，因此贸易政策变化的动态效应要比静态效应大得多。动态效应和静态效应共同决定了区域贸易协定的总福利收益或损失。

□ 8.4.1 静态效应

为了说明贸易集团成员国相互降低关税壁垒所带来的静态福利效应，假设世界上只有卢森堡、德国和美国三个国家。卢森堡和德国决定成立关税同盟，而美国是非成员国。组建关税同盟要求卢森堡和德国取消它们彼此之间的所有关税限制，并对美国采取统一的关税政策。

如图 8.1 所示，S_L 和 D_L 分别代表卢森堡对谷物的供给曲线和需求曲线。假设卢森堡的市场规模远远小于德国和美国，这意味着它不能影响国外价格，因此，谷物的国外供给曲线是完全弹性的。令德国的谷物供给价格为每蒲式耳 3.25 美元，美国相应的价格为每蒲式耳 3 美元。注意，这里假设美国在供给谷物方面更有效率。

在组成关税同盟之前，在自由贸易条件下，卢森堡从美国进口所需的谷物。德国没有加入这一市场，因为它的供给价格高于美国。当自由贸易达到均衡时，卢森堡的谷物消费量为 23 蒲式耳，其中的 1 蒲式耳由本国生产，余下的 22 蒲式耳来自进口。如果卢森堡对从美国（或德国）进口的每蒲式耳谷物征收 0.5 美分的关税，进口量将从 22 蒲式耳下降到 10 蒲式耳。

假设作为贸易自由化协定的一部分，卢森堡和德国组成关税同盟。卢森堡削减了对德国征收的进口关税，而且对非成员国美国所征收的关税保持不变。关税的这种变动使德国成为有效率的供应者，此时，卢森堡以每蒲式耳 3.25 美元的价格从德国进口 16 蒲式耳谷物，而从美国的进口量则减少到 0 蒲式耳。

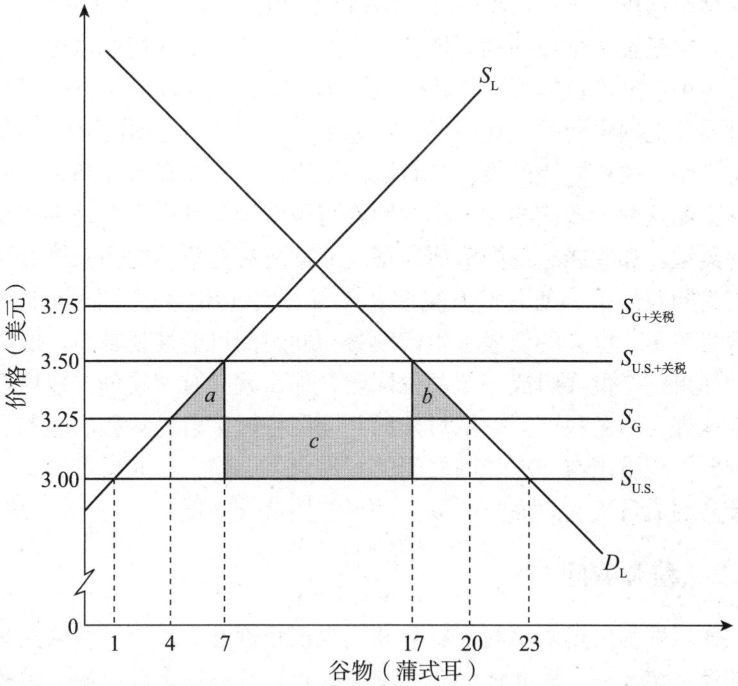

图 8.1　关税同盟的静态福利效应

注：关税同盟的静态福利效应包括两方面：增加福利的贸易创造效应和减少福利的贸易转移效应，两种效应的相对强弱决定了关税同盟对成员国和世界福利的总影响。

关税同盟内部的这种贸易自由化从两个相反的方面影响世界福利：一是增加福利的**贸易创造效应**（Trade Creation Effect），二是减少福利的**贸易转移效应**（Trade Diversion Effect）。两种效应的相对强弱决定了关税同盟对成员国和整个世界福利的总体影响。

当一成员国的部分国内产出被来自其他成员国的低成本进口所取代时，就发生了贸易创造效应。由于贸易创造提高了成员国之间按照比较优势理论进行专业化分工的程度，因此能够增加成员国的福利。贸易创造效应包括消费效应和生产效应两部分。

在组成关税同盟之前，在关税的保护下，卢森堡以每蒲式耳 3.50 美元的价格从美国进口谷物。加入关税同盟使得该国降低了对德国的所有关税，进口价格下跌至 3.25 美元，卢森堡的谷物消费量增加了 3 蒲式耳。在图 8.1 中，由于消费增加所增加的福利相当于三角形 b 的面积。

关税同盟能够提高世界资源的使用效率，因此还产生了生产效应。取消对德国的关税壁垒意味着卢森堡的生产者必须面临来自成本更低、效率更高的德国生产者的竞争，无效率的国内生产者将会退出市场，国内产量下降了 3 蒲式耳，降低的成本等于图中三角形 a 的面积，这是正向的生产效应。三角形 $a+b$ 的面积之和代表总的贸易创造效应。

尽管关税同盟可以通过贸易创造增加福利，但贸易转移效应却通常意味着福利的损失。当关税同盟外的低成本供应商的出口被同盟内部的高成本供应商所取代时，就发生了贸易转移效应，生产在世界范围内的这种重组是缺乏效率的。在图 8.1 中，虽然关税同盟中的贸易总量增加了，但一部分贸易（10 蒲式耳）从低成本供应商美国转移到了高成本供应商德国那里。进口这10蒲式耳谷物所增加的成本等于面积c，这不仅是卢森堡的福利损失，也是整个世界的福利损失。通过静态分析，我们可以得出结论：如果正的贸易创造效应可以抵消负的贸易转移效应，那么组建关税同盟不仅会提高成员国的福利，也会使世界其他国家获益。在图形中，如果$a+b>c$，上述情况就会发生。

这一分析说明，关税同盟的成功与否取决于决定贸易创造效应和贸易转移效应的各种因素。能够影响这两个效应相对大小的因素有很多种，其中一个是希望从关税同盟中获益的国家的类型。那些在组建同盟前经济就非常具有竞争力的国家最有可能从贸易创造中获利，因为同盟的形成使它们有更多机会从事专业化生产。同盟中的国家规模越大，国家的数目越多，世界的低成本生产国参与同盟的可能性就越高，所以获得收益的机会也越大。如果整个世界组成一个关税同盟，那么就只有贸易创造效应，而没有贸易转移效应了。此外，当关税同盟调低对外的共同关税时，贸易转移的范围也将缩小，因为对外关税较低，成员国与非成员国之间的贸易量就会增大，非成员国的廉价进口商品被成本相对较高的成员国进口商品所取代的可能性就会降低。

□ 8.4.2 动态效应

实际上，区域贸易协定对福利的影响并不仅仅是静态的。由于区域贸易协定影响着成员国的长期经济增长率，因此还会产生动态收益。这种动态收益源于关税同盟中的贸易自由化所导致的市场规模的扩大，足以抵消负面的静态效应。动态收益包括经济的规模效应、更激烈的竞争和投资激励。

关税同盟最显著的一个动态效应是市场扩大效应。关税同盟成立以后，一国的企业可以自由进入其他成员国的国内市场，因此能够获得在贸易限制条件下的小范围市场中无法实现的规模经济优势。市场的扩大提高了工人和机器的专业化程度，企业可以采用最有效率的设备，更加充分地利用其副产品，所有这些都有助于提高效率。大量证据表明，欧盟已经在钢铁、汽车、制鞋和炼铜等产品的生产中实现了显著的规模经济效应。

经济一体化对欧洲的冰箱产业产生了动态效应。在欧盟成立之前，欧洲主要的冰箱生产国为德国、意大利和法国，每个国家只有少数几家冰箱制造商，主要为了满足国内市场需求。这些制造商每年的产量不到10万台，在这个产量水平上根本无法采用自动化的设备，因此冰箱的单位成本较高。欧盟的成立促进了欧洲市场的开放，为自动装配线、现场焊接等大规模生产方法的应用铺平了道路。到20世纪60年代末期，意大利的冰箱工厂平均每年生产85万台冰箱，这一产量远远超过年产80万台的最低有效规模。德国和法国的冰箱年产量也分别达到了57万台和29万台。①

市场的扩大也促进了成员国企业之间的竞争。通常认为，贸易限制会助长垄断。少数几家企业控制国内市场，这些企业更倾向于彼此相安无事，它们往往达成协议，一致同意不进行价格竞争。但是随着关税同盟内部市场的日益开放和竞争者数目的增加，这种串谋行为成功的可能性降低了。在自由贸易条件下，国内企业必须参与竞争，否则就要面临破产的命运。为了在日趋激烈的竞争大市场中生存，企业必须投资新的设备、技

---

① Nicholas Owen, *Economies of Scale*, *Competitiveness*, *and Trade Patterns Within the European Community* (New York: Oxford University Press, 1983), pp. 119 - 139.

术和生产线，从而降低成本，扩大产量。如果非成员国为了规避关税壁垒，在关税同盟内部建立子公司，那么资本投资也会增加。

此外，贸易可以促进科技进步和生产率的提高。通过增加成功创新的期望回报率和合理分散研发成本，贸易促进大量资金用于发展最新科技。随着国际贸易的增加，人力资本和物质资本流动加速。这些贸易将促进经济的发展，不仅一次性地创造经济福利，而且更长久和持续地促进收入增长。

贸易冲突

☞

《韩美自由贸易协定》对美国有利吗？

在长达四年没有与其他国家签订自由贸易协定的空窗期之后，美国政府于 2011 年批准与韩国、巴拿马和哥伦比亚的自由贸易协定。期望该举措可以帮助美国在孱弱经济中创造就业机会，奥巴马总统急切希望批准这些协议。但是，大多数工会持怀疑态度。它们担心，由于其他国家低成本的优势，美国企业会把更多的就业机会迁移到海外。让我们以美韩之间的自由贸易协定为例来进行说明。

为什么与韩国的自由贸易协定有利于美国呢？韩国有很大的市场，是亚洲第四大经济体。自由贸易协定让美国企业的产品增加了大约 5 000 万个潜在消费者。

那么，就业机会可能被韩国夺走吗？确实，出口只是贸易的一部分，进口同时也会增长。这将使就业机会减少，表现在两个方面：一方面从韩国进口的商品更便宜；另一方面美国公司可能把一部分业务搬往韩国，就业机会也跟着到了韩国。

美国将因为自由贸易协定失去一些就业机会，但是关键在于：失去的就业岗位是不是少于获得的就业岗位？据行业分析人士，奶制品、水果、牛肉、猪肉、禽类产品、塑料、化学和金融行业将受益。在《韩美自由贸易协定》签订之前，韩国对樱桃征收 24%的进口关税，对苹果征收 45%的进口关税，这样的关税税率将美国的水果挡在了韩国市场之外。难怪美国农场主支持《韩美自由贸易协定》。然而，钢铁、纺织、半导体和机械零件等行业将受害，可能面临韩国进口的激烈竞争。

自由贸易的支持者指出，贸易使一些行业受益，同时使另一些行业受损，这是贸易常见的特征。贸易促进各国生产其拥有比较优势的商品。一方低成本生产的商品或服务出口到另一方。即使短期内可能带来阵痛，但是长期来看，自由贸易协定可以让美国更好地发展最有竞争力的行业。美国家庭可以购买便宜的韩国产品，把结余的钱消费在其他产品上面，包括美国产品。

那么，对于那些因此失去就业机会的工人如何呢？为了取得国会的赞成，奥巴马同意重新修订贸易调整援助项目，为因《韩美自由贸易协定》而失去工作的工人提供收入援助和培训。尽管失去了工作，这些工人可能适合其他稳定的岗位。

尽管这样，工会官员仍然游说国会，反对《韩美自由贸易协定》。他们认为《韩美自由贸易协定》势必将加快美国企业把生产业务迁往低成本国家的速度。

8.5 欧洲联盟

在第二次世界大战刚刚结束的几年，处于经济重建中的西欧国家的国际收支出现了逆差。为了保护国内企业和工人免受外部竞争的压力，西欧国家建立了一套完备的关税、交换限制、数量控制和国内贸易的体系。然而，进入20世纪50年代以后，各国普遍认识到这些贸易壁垒不利于生产率的提高，因此，在《关税与贸易总协定》的框架内，西欧各国成功进行了关税谈判，并开始废除贸易壁垒。它们希望加强经济和政治方面的紧密性，遏制新的战争。

在这一贸易自由化的背景下，1957年根据《罗马条约》创立了欧洲联盟，即当时的欧洲经济共同体。欧盟最初由6个国家组成：比利时、法国、意大利、卢森堡、荷兰和联邦德国。1973年，英国、爱尔兰和丹麦加入这一贸易集团。1981年，希腊成为欧盟的第10个成员国。1987年，西班牙和葡萄牙的加入使欧盟成员国增加到12个。奥地利、芬兰和瑞典也在1995年获准加入欧盟。2004年，10个其他的中欧和东欧国家加入欧盟，包括塞浦路斯、捷克共和国、爱沙尼亚、匈牙利、拉脱维亚、立陶宛、马耳他、波兰、斯洛伐克和斯洛文尼亚。2007年，其他两个国家，即保加利亚和罗马尼亚加入欧盟。2013年克罗地亚加入欧盟，至此，欧盟成员国达到28个。欧盟认为，区域一体化的不断扩大通过和平方式维护了欧洲的稳定，并进一步促进了欧洲大陆的一体化。

□ 8.5.1 经济一体化的进程

根据《罗马条约》，欧盟原则上同意走经济一体化的道路，最终建立了一个经济联盟。为了实现这一目标，欧盟的各成员国首先废除了关税，并于1968年建立了自由贸易区。贸易的自由化使欧盟成员国间的贸易值增加了5倍，远远高于世界贸易的增长速度。自由贸易区的成功促使欧盟国家继续推进经济一体化的进程。1970年，欧盟对所有成员国设置了共同的对外关税，从而成为一个成熟的关税同盟。

经济学家分析了欧盟对各成员国的经济影响。他们的研究表明，贸易创造效应大于贸易转移效应2%～15%。另外，分析人士还注意到，竞争、投资和规模经济产生的经济一体化，使欧盟各国获得动态收益。比如，在比利时和荷兰等小国家，许多企业通过既为本国、又为欧盟其他成员国生产而实现规模经济。①

从关税同盟开始组建到1985年，欧盟在向共同市场目标迈进的过程中几乎没有取得任何进展。20世纪70年代恶劣的经济环境（衰退和通货膨胀）改变了欧盟成员国的战略方向，它们不再积极地废除贸易壁垒和投资限制，而是对本国居民采取保护措施。然而，进入20世纪80年代，集团内部的贸易壁垒对成员国之间交易的制约越来越突出。欧盟官员也担心欧盟的竞争力会落后于日本和美国。

① Richard Harmsen and Michael Leidy, "Regional Trading Arrangements," in International Monetary Fund, World Economic and Financial Surveys, *International Trade Policies: The Uruguay Round and Beyond*, Volume Ⅱ, 1994, p. 99.

为此，1985年欧盟出台了详细的共同市场计划，要求在1992年年底之前废除尚存的、制约欧盟内部交易的非关税贸易壁垒，包括边界控制、烦琐的关税程序、不一致的标准和技术规则、冲突的商业法规和保护性的政府采购等。这些贸易壁垒的废除促成了欧洲共同市场的形成，并使其发展成为世界第二大经济体，几乎和美国的经济规模相当。

在欧盟发展成为共同市场的同时，各成员国的首脑一致同意实现更深层次的一体化。他们的目标在于用欧洲联盟的中央银行取代各国的中央银行，用统一的欧洲货币（欧元）取代各成员国的货币。1991年，欧盟成员国签署**《马斯特里赫特条约》**（Maastricht Treaty），规定在2002年完成这一计划。2002年，一个成熟的、统一的**欧洲货币联盟**（European Monetary Union，EMU）诞生，这一单一货币被称为**欧元**（Euro）。

签署《马斯特里赫特条约》的时候，欧盟各成员国的经济条件差别很大。条约规定，一国的经济水平必须与其他国家接近，才可以加入欧洲货币联盟。要想使成员国之间的相对货币价值保持稳定，各国当然不能追求不同的货币增长率、经济增长率和通货膨胀率。因此，欧盟要做的首要事情就是统一各成员国的经济政策和货币政策。

为统一经济政策和货币政策所作出的努力被称为收敛。这种趋同过程使各成员国在通货膨胀、货币供应量增长速度和其他关键经济变量上保持了高度的一致性。《马斯特里赫特条约》确定的具体**收敛标准**（Convergence Criteria）如下：

- 价格稳定。如果一国想加入货币联盟，其通货膨胀率不能超过通货膨胀率最低的三个成员国的平均通货膨胀率的1.5%。
- 较低的长期利率。长期利率不能超过这些国家平均利率的2%。
- 汇率稳定。汇率要保持在货币联盟的目标范围之内，至少在加入货币联盟前两年内货币没有贬值的征兆。
- 良好的公共财政。一国要想加入货币联盟，预算赤字最多不能超过GDP的3%，政府未清偿的债务总量不能超过当年GDP的60%。

欧元是28个欧盟成员国中18个成员国的官方货币。被统称为欧元区的这些国家有奥地利、比利时、塞浦路斯、爱沙尼亚、芬兰、法国、德国、希腊、爱尔兰、意大利、拉脱维亚、卢森堡、马耳他、荷兰、葡萄牙、斯洛伐克、斯洛文尼亚和西班牙。而英国、丹麦和瑞典尚未决定是否转换为使用欧元。欧元也常用于其他6个欧盟成员国，最终每天有大约3.3亿欧洲人使用。全世界超过1.75亿人使用的货币钉住欧元，包括在非洲的1.5亿多人。欧元成为继美元之后第二大储备货币和第二大贸易通货。

加入欧洲货币联盟的一个重要动机是缔结政治联盟，这是许多欧洲政策制定者的长远目标，法国和德国就是出于这一动机才决定加入欧洲货币联盟的。在德国看来，加入货币联盟是确保其在欧洲安全的一种重要方式。法国则希望通过加入货币联盟，在制定欧洲货币政策方面发挥更大的作用，因为联盟的货币政策由共同的中央银行制定，而在欧洲货币联盟形成之前，欧洲的货币政策主要是由德国联邦银行制定的。

□ 8.5.2 农业政策

除了在成员国之间实行工业产品的自由贸易外，欧盟还废除了区域内农产品的贸易限制。欧盟的**共同农业政策**（Common Agricultural Policy）取代了各成员国之间多样化的农业稳定政策。共同农业政策的一项重要内容是对农产品价格的支持，已经实施的价格支持计划包括差额补贴、产出控制和直接收入补贴等。此外，为了保证农产品的价格稳定，共同农业政策还制定了**差价税**（Variable Levies），对进入欧盟的外国农产品征收进口关税，对欧盟剩余农产品的出口则实行**出口补贴**（Export Subsidies）。

欧盟农产品价格支持计划面临的一个问题是，成员国之间的农业效率参差不齐。以谷物为例，德国农民的生产成本偏高，为了生存需要较高的支持价格。法国农民的效率较高，维持运作原本并不需要和德国一样高的支持价格，但为了增加自身利益也游说政府提高支持价格。近些年来，法国对牛肉、谷物和黄油等产品也制定了很高的支持价格。共同农业政策因此助长了欧盟农业无效率的生产，限制了来自高效率的非成员国的食品进口。这种贸易转移效应已经成为欧盟福利减少的一个方面。

差价税

图 8.2 说明了差价税和出口补贴的运行机制。假设直线 S_{EU_0} 和 D_{EU_0} 分别表示欧盟对小麦的供给曲线和需求曲线。世界小麦的价格为每蒲式耳 3.50 美元，假设欧盟农民的生产成本较高，因此制定了每蒲式耳 4.50 美元的支持价格。只要允许进口小麦以 3.50 美元的自由市场价格进入欧盟，国内价格就不会保持在 4.50 美元的水平上。假定欧盟为了维持支持价格，采取了差价税。当进口关税为每蒲式耳 1.0 美元时，欧盟农民的小麦产量为 500 万蒲式耳，而在自由贸易条件下的产量则只有 300 万蒲式耳。同时，欧盟进口的小麦数量由 600 万蒲式耳下降为 200 万蒲式耳。

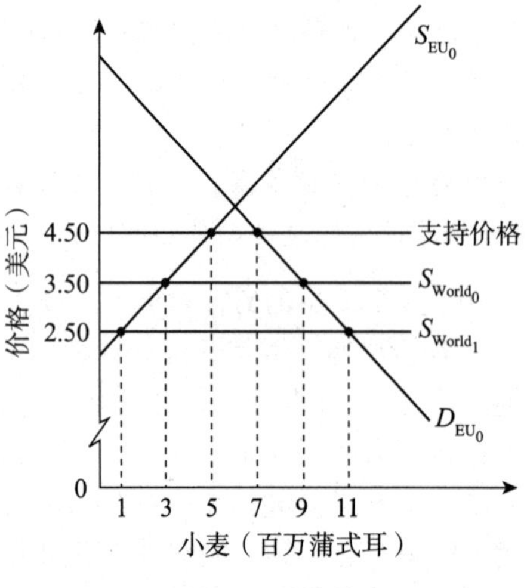

图 8.2 差价税

注：欧盟的共同农业政策利用差价税保护区域内农民免受低成本的外国生产者的竞争。当世界市场价格下降时，差价税按比例增减的性质使得欧盟的进口关税自动增加。

现在假定，由于海外小麦生产率的提高，小麦的世界价格下降到每蒲式耳 2.5 美元。在差价税制度下，税收等于世界市场的最低价格与支持价格之间的差额，并且按天调整。差价税的这种按比例增减的性质决定了欧盟会把进口关税提高到每蒲式耳 2 美元。小麦的支持价格维持在每蒲式耳 4.5 美元，欧盟的小麦产量和进口量都保持不变，这样，国外供给变化就不会对欧盟农民产生影响。当欧盟的小麦减产时，欧盟市场上的小麦价格趋于上升。为了保护欧盟的消费者，进口关税会下调，增加的进口将抵消欧盟减少的产量，小麦价格仍将保持在支持价格的水平上。

与固定关税相比，差价进口关税的限制力更大。差价进口关税减少了海外生产者吸收的那部分关税，若其降低价格以维持出口水平，这只会引发更高的差价税。出于相同的原因，差价税还能够减少海外生产者为进入国内市场而提供的补贴。

1994 年，乌拉圭回合谈判达成并制定了相关规则，增加了采用差价税的成本。乌拉圭回合规定，所有的非关税比例，包括差价税都必须转换为等量关税。然而，欧盟采用的转换方式基本上维持了差价税制，只存在一个差别：对出口农产品征收的实际关税是能够根据世界价格不断调整的，这类似于之前的差价税。然而，目前已经对关税的提高程度有了较高的限制。

出口补贴

为了确保剩余的农产品能够在海外销售，欧盟还采用了出口补贴制度。共同农业政策的高支持价格为欧盟农民扩大生产提供了动力，增加的产出往往无法在区域内部消化，而世界的农产品价格一般又低于区域内价格。针对这一状况，欧盟实施了农产品出口补贴，使其生产者在把剩余产品以低价卖到国外的同时，仍能得到较高的国际支持价格。

欧盟保证农民高收入的政策需要付出代价。对农产品（牛奶、黄油、奶酪和肉类等）的保护价格导致生产较多而消费较少。结果，大量剩余农产品由欧盟购买，以保证价格稳定。为降低成本，欧盟不得不将这些农产品以低于收购成本的价格在国际市场上销售。这种带有补贴的销售遭到了发展中国家农民的强烈反对，尤其是贫穷发展中国家的农民。他们指责，在国际市场上同这些因出口补贴而人为压低价格的产品进行竞争，极大地损害了他们的利益，他们的农产品无法与之竞争。

实际上，所有发达国家都对农产品进行补贴。如表 8.1 所示，2010 年，欧盟各国政府补贴占农产品价格的 20%。这个数额在挪威、瑞士和日本等国家更高，在美国、澳大利亚和新西兰较低。补贴较低的国家经常指责补贴较高的国家。

表 8.1　　2010 年政府对农业的扶持

国家和地区	生产者补贴* 占农产品价格的百分比（%）
挪威	61
瑞士	54
日本	50
冰岛	45
韩国	45
欧盟	20
加拿大	18
墨西哥	12
美国	7
澳大利亚	2
新西兰	1

* 这里的生产者补贴包含市场价格补贴、直接现金补贴以及转移支付等间接使农民受益的总和。

资料来源：Organization of Economic Cooperation and Development（OECD），*Agricultural Policy Monitoring and Evaluation*，2011. 也可参阅：World Trade Organization，*Annual Report*，various issues。

关于政府购买政策与欧盟的讨论，请阅读“进一步探索 8.1”。

□ 8.5.3 欧盟是一个真正的共同市场吗?

几十年来，欧盟一直致力于建立共同市场，实施统一的市场监管体制、共同的贸易政策，促进生产要素在欧盟的自由流通。欧盟完全是共同市场吗?

以凯洛格公司（Kellogg Co.）为例，这是一家生产早餐谷物类食品的企业。几年来，这家公司一直向欧盟提交申请，希望在欧盟经营，销售添加维生素的谷物食品。但是，提交的申请屡屡碰壁。丹麦的监管部门不想在食品中添加维生素，担心消费者服用的维生素超过每天医生推荐的剂量，危害健康。荷兰的监管部门认为，维生素和叶酸对身体无益，不需要添加。而芬兰希望添加维生素，因为芬兰缺少阳光。因此，该公司不得不在英国工厂生产四种不同的食品。

欧盟原有的概念是基于统一规则的共同市场。企业通过在市场上生产单一产品，实现巨大的规模经济收益，但是，各个国家规则的不同增加了公司的成本，既不利于经济增长，也不利于工作机会的增加。

缺乏一致性的行业不止是早餐谷物生产行业。卡特彼勒公司在欧洲出售拖拉机。但是，德国的拖拉机必须要有备用的高音喇叭，并且在机身不同部位装配车灯。拖拉机与其他推土设备的让路标志和车牌安装部位必须不同，有时只差几厘米，而且国家与国家的标准也不相同。卡特彼勒公司的管理人员表示，这些规则的差别毫无根据，只能使大规模高效生产更加困难。

规则标准的不同阻碍了企业扩大生产。例如，瑞典家具零售企业宜家公司必须花钱做几项研究，证明宜家的进入不会将当地企业挤垮。宜家表示，每项研究要花费25 000美元，在决策之前还要耗费将近一年的时间。但是，只有 33%～50%的申请得到了批准。

虽然欧盟成员国在过去 50 年间不断将一体化推向更高的水平，但是，像规则差异这样的贸易和投资壁垒依然存在，不利于经济的发展。这些壁垒引发了生产企业和监管部门、欧盟委员会和各国政府之间的诉讼。简而言之，欧盟还不是真正意义上的共同市场。①

8.6 欧洲货币联盟：共同货币的成本和收益

我们已经知道，1999 年启动的欧洲货币联盟创建了单一货币（欧元）和欧洲中央银行。改用一种新的货币是极其困难的，想象一下，如果美国的 50 个州每个州都有自己的货币和中央银行，然后让每个州都同意与其余 49 个州采取相同的货币和金融体系，那将是一项多么艰巨的任务，但这正是欧洲人已经做到的事情。

欧洲中央银行位于德国法兰克福，负责制定欧洲货币联盟的货币政策和汇率政策，

① “Corn Flakes Clash Shows the Glitches in European Union,” *The Wall Street Journal*, November 1, 2005, p. A-1.

独家控制欧元的供给，设定欧元的短期利率，并维持成员国的永久性固定汇率。在共同中央银行的管辖范围内，每个成员国的中央银行执行的功能类似于美国 12 个地区的联邦储备银行。

对美国人来讲，共同货币的好处显而易见。美国人知道，他们可以用口袋和钱夹里的美元钞票在美国任何一个地方的麦当劳和必胜客购买汉堡。而在欧洲货币联盟成立之前，这样的事情在欧洲国家是不可能发生的，因为每个国家都有自己的货币，法国人不先把法郎换成马克就无法在德国商店里买东西，这就像圣路易斯人每次到芝加哥都不得不把密苏里州货币换成伊利诺伊州货币一样。更糟糕的是，马克和法郎的汇率在一定范围内上下浮动，法国游客今天换到的马克数量很可能与昨天或明天的完全不同。由于汇率的不确定性，游客还不得不为兑换货币支付一笔费用，这样算来，出国旅行实在是件昂贵的事情。虽然对个人来讲，因为钱的数量很小，所以兑换货币的成本很低，但企业却会因此承担高昂的成本。欧洲货币联盟用共同货币（欧元）取代不同的欧洲货币后就能够避免这类成本。简单地说，欧元将降低产品和服务的成本，方便欧盟内部的价格比较，从而使成员国之间的价格更为一致。

□ 8.6.1 最优货币区

很多关于共同货币成本和收益的分析都基于最优货币区理论。① **最优货币区**（Optimum Currency Area）是指在某一区域内实行单一的官方货币比多种官方货币更经济。例如，美国可以被视为一个最优货币区。如果在 50 种不同货币的环境下，美国目前的 50 个州之间的商业活动仍然能够有效地运行，那将是不可思议的。表 8.2 列出了形成共同货币区的优点和缺点。

表 8.2　　采用共同货币的优点和缺点

优　点	缺　点
• 在共同货币区内部消除汇率波动的风险。	• 各国国内的货币政策在应对宏观冲击方面失效。
• 货币之间的兑换成本降低。	• 单个国家无法利用通货膨胀来减少实际公共债务。
• 使经济免受货币冲击和投机的影响。	• 从独立货币向单一货币过渡时可能会导致投机性冲击。
• 减少贸易保护的政治压力。	

根据最优货币区理论，不同国家使用同一种货币会产生很多收益，包括统一价格、降低交易成本、提高投资的确定性和增强竞争等。此外，独立的中央银行制定的单一货币政策还可以促进价格稳定。

然而，单一的货币政策也具有成本，尤其是当利率变化以不同方式影响不同的经济

① “最优货币区”理论最初是由罗伯特·蒙代尔提出的，他于 1999 年获得诺贝尔经济学奖。详见 Robert Mundell, “A Theory of Optimum Currency Areas,” *American Economic Review*, Vol. 51, September 1961, pp. 717－725。

体时。加入货币联盟后，各成员国放弃了制定独立的货币政策和自行改变汇率的权力，因此共同货币所带来的净收益必须与放弃这两种政策工具所带来的损失进行权衡。如果一国或地区容易受到“不对称性冲击”的影响，失去这两种政策工具的后果就尤为严重，因为该经济体将再也不能通过扩张性货币政策或调节货币发行量来对外部变化作出反应。这里的“不对称性冲击”指的是对一个国家的影响不同于货币联盟内部其他国家的影响的事件。

最优货币区理论还分析了化解不对称性冲击的各种办法，主要有三种：第一是劳动力的流动性，即受影响国家的工人必须能够也愿意自由流动到其他国家；第二是价格和工资的灵活性，即该国必须能够根据外部变化相应地调整价格和工资；第三是要有某种自动调节机制，可以把财政资源转移到受影响的国家。

最优货币区理论得出结论，一个货币区要想获得最大成功，不对称性冲击应当很少，即成员国应当具有相似的经济周期和经济结构，共同货币政策对所有成员国的影响方式也必须相同。而且，劳动力的跨国流动不应存在法律、文化或语言方面的障碍；工资应该富有弹性；并且应该具有稳定转移的机制。

□ 8.6.2 欧元区的问题和挑战

对于欧元区各成员国，欧元虽然提高了经济效率，但是仍旧存在问题和挑战。在此之前，我们讨论过，希望加入欧元区的国家需要满足一些经济标准，比如预算赤字较小，通货膨胀率较低，利率接近欧元区平均利率水平。但是，一些国家（比如希腊）在加入欧元区时并没有满足这些标准。一国一旦加入欧元区，这些标准有时可能被忽略。换言之，欧元区从一开始财务基础就不是很牢固。

贸易冲突

☞ 欧元区的“不统一”

欧洲货币联盟的一个重要目标是促进欧洲经济和政治一体化。两次世界大战再加上20世纪30年代的经济大萧条，刺激欧洲各国在第二次世界大战后“抹掉”政治和经济界限。另外，美国鼓励欧洲各国加强经济联系，促进战后重建，来遏制苏联的扩张。欧元区的支持者指出，货币联盟促进欧洲和平，重新恢复地域政治势力，统一使用一种货币，与美元相抗衡。

随着欧洲各国向欧元迈进，财政不统一的担忧被搁置一边。一些经济学家预计，如果不通过政治机制对财政进行监管（管制预算赤字），货币联盟最终可能“土崩瓦解”。他们还表示，与德国（最大的成员国）低通货膨胀搭在一起的统一货币联盟的利率水平对于高通货膨胀小国（比如希腊）而言太低，在宽松的信贷环境中，这些小国容易出现贸易赤字。但是，这些经济学家的警告性观点经常被欧洲媒体嘲弄。

当欧元区建立时，德国政府认为，意大利作为欧洲第四大国家是欧元区坚实的创始国。但是，意大利并没有满足财务健康的标准。既然债务缠身的意大利都可以加入欧元区，不让希腊、爱尔兰和葡萄牙这些国家加入也没有什么理由。欧元区中既有财务健康的国家，比如德国，也有财务羸弱的国家，比如希腊。随着2008年金融危机的爆发，同处在一个欧元区的这两类国家之间的差异越来越大。

怀疑人士表示，欧元是大胆的尝试，但是像一个被许多匹马拉的马车。最根本的问题在于：欧元区并不是一个国家。欧元区刚开始有11个成员国，后来有17个。这些国家在加入欧元区时并没有形成经济联盟，没有统一的财政政策、税收体系和金融管制。欧元区成立时，没有一个强有力的中央政府推行跨越国界的财政纪律和金融交易。在欧元区内，一些国家追求财政的健康稳定，而另一些国家则不然，这导致欧元区内部更加不和谐。弱小国家债务违约、退出欧元区的担忧在市场中蔓延。

为了解除这些担心，欧元区国家于2011年举行会议，承诺各成员国遵守一个宪法性条款——平衡财政收支。如果实际债务超过国内生产总值的3%，则面临数十亿美元的罚款。批评人士指出，这没有强制执行力，很容易被违反，最终不了了之。在本书写作的时候，我们很难判断欧元区是否能够实现财政一体化。

另一个问题是，把不同的国家整合成一个货币联盟，却没有有效的方法进行调节。1999—2013年，北方国家（德国）生产效率很高，而南方国家（意大利和希腊）的生产率相对较低。与南方国家相比，北方国家单位劳动力成本的产出低大约25%。正常条件下，汇率调整可以缩小效率差距，南方国家货币的汇率相对北方国家贬值。但是，既然欧元区内只有一种货币，各成员国的汇率也就无法调整。汇率无法作为调整机制，再平衡经济要求南方国家工人自由流动到北方，促进北方国家经济增长，物价也增长，北方富裕国家补贴南方较弱国家，南方国家失业率偏高，压低劳动力工资等等。但是，实际上经济并不会如上面的叙述一样调整，政治障碍在欧洲各国很普遍。

因此，由于无法通过正常的调节机制来阻止经济失衡破坏欧元区，一些分析人士推出财政联盟的概念，即让欧元区国家的财政政策一体化，包括税收和政府开支。这个观念强制财务羸弱的国家践行财政纪律。从国家主权的角度来看，财政政策自主权至关重要，欧元区成员国不愿意放弃财政的独立性。欧元区是货币联盟，但是没有财政联盟。

尽管成员国政府仍然拥有制定财政政策的权力，但是由于沉重的财政赤字会降低经济活力、推高通货膨胀，所以避免财政赤字对于货币联盟的成功至关重要。大多数国家很难减少预算赤字和债务，满足货币联盟的标准。削减政府开支，尤其是削减传统社会项目的开支，无论是过去还是现在，都会在政治上遇到困难。随着多数欧洲国家进入老龄化社会，预算上的压力可能更大。

欧洲货币联盟的另一个挑战是：欧洲央行能否长期把稳定价格作为核心？一些人士担心：由于货币政策由投票决定，而强硬的反通货膨胀措施在葡萄牙、西班牙和意大利这些国家不常采用，因此，随着时间的推移，货币政策可能会变得太具有扩张性。

欧洲国家必须进行结构性改革，结构性改革也是欧洲货币联盟的一项挑战。劳动力市场的灵活性是最重要的结构性问题。据估计，欧洲实际工资（通货膨胀修正后）的弹性只有美国的一半。另外，在欧洲，不论是国家之间还是国家内部，劳动力的流动性都非常低，工作和新技能培训缺乏激励。对企业解雇工人的各种限制导致企业不愿意雇用和培训新员工。此外，欧洲国家政府的高税收和较好的失业保障也加剧了经济萧条。

分析人士指出，欧洲的结构性改革之所以刻不容缓，主要有两个原因：第一，结构性改革可以降低居高不下的结构性失业问题；第二，一旦发生经济衰退，企业可以根据经济萧条状况灵活调整，尤其是那些只波及欧元区一个或多个成员国的经济萧条。如果价格和工资可以灵活调整，当需求减少时，物价就会下降，扩大需求量。提高劳动力的流动性对于走出萧条也十分有帮助。

□ 8.6.3 欧元区能幸存下来吗?

由于 2007—2008 年全球经济危机的爆发，欧元区第一次正式进入经济萧条，严重程度几近使欧元区解体，财务羸弱的希腊、葡萄牙、塞浦路斯和西班牙等欧元区成员国徘徊在债务违约边缘。欧洲货币联盟对此问题的应对也略显迟缓。大多数观察人士表示，欧洲货币联盟各国必须深化政治和财政一体化，以及推进结构性变革，才能长期解决面临的经济问题。

希腊是欧元区成员国中财务最困难的一个国家。其财务困境开始于 2008 年。当时，希腊政府透露，其财务赤字比原来的估计大三倍多，希腊的财政数字前几年一直蒙混过关。随着债务的累积，投资者开始担心希腊可能没有能力偿还债务。为了增强财政稳定，希腊政府开始削减财政开支，冻结公共部门员工工资，推行养老金改革，提高税收，打击逃税漏税。由于财政节制措施最后在社会和政治压力下无法实施，市场仍旧对希腊政府能否兑现承诺持怀疑态度。最终，欧元区其他国家与国际货币基金组织一起，给予希腊 1 100 亿欧元的贷款。

在本书写作期间，欧元区前景仍旧“阴云密布”。欧洲国家重新恢复财政健康的进程可能会持续数年时间，陷入财务困境的国家需要很长时间，才能控制预算赤字、改善竞争力。债权国，尤其是德国，一直坚持认为，希腊和意大利等国应为这次长期经济调整负全责。但是，批评人士指出，德国的方法是合成谬误（Fallacy of Composition）：在通往繁荣的道路上，不可能每个国家都一直节俭，必须得有消费。德国和荷兰等国一直维持贸易结余。但是，债权国不会接受债务国不实行财务节制的方案。

8.7 《北美自由贸易协定》

欧洲在组建欧洲联盟上取得的成功使美国也对区域贸易协定产生了兴趣，并签订了若干区域贸易协定。例如，在 20 世纪 80 年代，美国与加拿大达成了一个自由贸易协定，并于 1989 年正式生效。这为 1994 年正式生效的墨西哥、加拿大和美国签订的**《北美自由贸易协定》**（North American Free Trade Agreement，NAFTA）奠定了基础。

美国对《北美自由贸易协定》的构想是一个革命性的赌注。墨西哥的专制政治制度、低迷的经济以及由此而生的贫困等问题，对区域的永久性提出了挑战，墨西哥的不稳定性最终会波及巴西里奥格兰德。选择很简单，即援助墨西哥发展并使其成为北美一体化的一部分，或者任由经济差距不断扩大，并且美国面临的风险不断增加。

人们期望《北美自由贸易协定》的签署可以为成员国之间共享市场、技术、劳动力和专业知识提供更好的机会。在许多方面，成员国之间都具有显著的互补性，例如，美国将得益于来自墨西哥的廉价、技能日益提高的劳动力，而墨西哥则会得益于美国的投资和专业知识。尽管如此，自由贸易协定的谈判仍然困难重重，因为需要将两个发达的工业大国（美国和加拿大）与一个规模可观的发展中国家（墨西哥）紧密联系在一起。工资水平低的墨西哥与美国和加拿大之间在生活水平上的巨大差距是一个政治上的敏感问题。《北美自由贸易协定》所关心的一个主要问题是，加拿大和美国作为发达国家在与作为发展中国家的墨西哥进行的自由贸易中是否获得了很多的利益。表 8.3 列举了墨西哥和美国经济一体化可能带来的收益和损失。

表 8.3　与墨西哥进行自由贸易时，美国的受益者和受害者

美国受益者	美国受害者
• 高技能、高科技企业及其工人能够从贸易中获益。 • 在墨西哥设厂进行生产的劳动密集型企业因生产成本的降低而获利。 • 生产过程中使用进口商品作为零部件的国内企业能够节约生产成本。 • 自由贸易刺激了竞争，美国国内消费者可以购买到价格较低的产品，从而增加消费者的福利。	• 劳动密集型、低工资和进口竞争企业因为进口商品关税的下降而遭受损失。 • 如果进口竞争企业关闭或者移植到海外，那么其工人将会遭受损失。

□ 8.7.1　《北美自由贸易协定》给墨西哥和加拿大带来的收益和成本

同经济规模数倍于自身的经济体进行一体化，墨西哥从《北美自由贸易协定》中获得的好处在比例上要比美国和加拿大大得多。据估计，贸易壁垒的废除刺激了墨西哥拥有比较优势的产品和服务产量的增加。墨西哥的收益在很大程度上是以牺牲其他低工资国家和地区的出口为代价的。总体来说，墨西哥会生产更多的、得益于低工资和非熟练劳动力的产品，如水果、蔬菜、加工食品、糖、金枪鱼和玻璃，同时，诸如器械和经济型汽车等劳动密集型制成品的出口也会增加。日益增加的海外投资帮助墨西哥增加了工资收入和就业，提高了国民产出水平以及外汇收入；同时还有利于外国先进技术的转移。

尽管墨西哥的农业收入只占其 GDP 的 4%～5%，但是养活了本国约 1/4 的人口。墨西哥大部分农业工人属于自耕农，他们在小块土地上种植谷物和油料，从而养活自己并世代相传。墨西哥的水稻种植者以及牛肉、猪肉和家禽肉的生产者声称，《北美自由贸易协定》使美国生产者进入墨西哥市场，从而损害了他们的利益。他们声称，美国的农民得到了便利的信贷支持，运输和技术条件先进，并且得到政府的大量补贴，从而拥有不公平的竞争优势，因此，本国产品无法与美国的进口商品相竞争。

对于加拿大，签署《北美自由贸易协定》最初的目的不是为了应对非熟练制造业的就业问题，因为它与墨西哥之间的贸易量要比与美国的贸易量小得多。相反，加拿大关心的主要问题为，它与美国之间形成的紧密的一体化将会使某些做法和政策（如广泛的卫生保健和较高的最低工资水平）变得不具有国际竞争力，或者对私人和企业税收所构成的国家基础产生向下的压力，继而是政府计划资金来源的枯竭，最终威胁到加拿大欧洲风格的社会福利模型。然而，目前加拿大的社会福利模型并没有发生变化，并且与美国截然相反。只要加拿大的多数民众愿意为政府服务的大规模开支而缴纳较高的税收，那么《北美自由贸易协定》将不会对加拿大的生活方式构成威胁。

加拿大从《北美自由贸易协定》中所获得的好处主要体现在安全方面，即保持其国际贸易地位，无损其当前在美国市场上享有的贸易优惠，并且以同等的条件进入墨西哥市场。凡是能够最终增加进入中南美市场机会的协定，加拿大都愿意积极参与。虽然加拿大希望在长期内能够从与墨西哥之间的贸易中获得收益，但是据多数研究人员统计，由于加拿大和墨西哥之间现存贸易额很小，因此加拿大至今所获得的收益相对较小。

《北美自由贸易协定》促进了贸易和海外投资，这是其成功之处，但是其本身并不足以使墨西哥实现现代化以及经济繁荣，这也是令许多墨西哥人失望的地方。但是贸易和投资所能够做到的也就只有这些了。自从《北美自由贸易协定》签署以来，诸如腐败现象、教育水平低下、官僚作风、技术设施陈旧、信用缺失以及税基过小等一系列问题对墨西哥经济发展产生了很大的影响，政府也在积极努力地解决这些问题。对于墨西哥来说，要使经济达到发达国家的水平，必须建立完善的教育制度、降低电力价格、改善道路设施以及有促进经济增长的投资动力，而这些都是《北美自由贸易协定》无法提供的。

□ 8.7.2 《北美自由贸易协定》给美国带来的收益和成本

《北美自由贸易协定》的支持者认为，协定给美国经济带来的好处主要表现在：扩大贸易机会，降低价格，促进竞争和增强企业获得规模经济的能力。美国将生产更多大量使用实物资本和熟练劳动力的产品，包括化学制品、塑料、水泥、精密电子、通信设备、机器工具和家用电器。墨西哥放松对外国保险公司的限制也会使美国的保险公司获利。美国企业，特别是大型企业，还能够更便利地获得廉价劳动力和零部件。此外，美国的石油资源将更有保障，非法的墨西哥移民也将减少，并且随着财富的增加，政治稳定性也不断增强。尽管存在这些收益，由于美国的经济规模是墨西哥的 25 倍，而且与墨西哥之间的许多贸易壁垒在签署自由贸易协定之前就已经废除了，因此，美国从《北美自由贸易协定》中获得的收益并不太大。

规模经济是《北美自由贸易协定》带来的另一个好处。北美自由贸易区的成员国可以克服单一本地市场较小的缺陷，通过出口产品，实现规模经济。《北美自由贸易协定》实施之后，美国大型企业，比如通用汽车和通用电气，实现了产品线生产的规模化。在《北美自由贸易协定》之前，通用电气在墨西哥的工厂生产很多产品，但是总量较少，提高了成本，并且质量不高。现在，墨西哥工厂专业化生产总量很大的产品，既降低了成本，又提升了质量。这对美国和墨西哥的消费者都是好事情。关于制造业的规模经济效应，请参考“进一步探索 8.2”，网址：www. cengage. com/economics/Carbaugh。

但是就连最忠实的支持者都承认，《北美自由贸易协定》会给美国经济的某些部门造成负面影响。在商业方面，那些依靠限制墨西哥低价进口商品的贸易壁垒而生存的产业是最有可能受到损害的。其他利益受损者主要是非熟练的劳动力，如制衣业的工人，面对国外低工资劳动力的竞争，他们的工作是最不堪一击的。

美国工会尤其担心，墨西哥的低工资会吸引美国企业到墨西哥去设厂生产，从而减少美国的工作机会。在密歇根的马斯基根等城市，数以千计的工人靠生产活塞铰链等汽车基本部件谋生，特别容易受到来自墨西哥低工资劳动力的竞争。事实上，墨西哥制造业工人每小时的报酬仅仅是美国和加拿大工人工资的一小部分。

《北美自由贸易协定》的批评者指出，美国公司将会像蜜蜂一样涌向墨西哥，以利用当地的廉价劳动力。但是，该协议签订 10 多年以后，美国公司大部分仍然留在了美国，而没有搬到墨西哥。国际贸易理论告诉了我们原因。如表 8.4 所示，2012 年美国平均劳动生产率（人均国内生产总值）是 114 045 美元，而墨西哥的是 23 231 美元。美国工人的劳动生产率是墨西哥工人的 4.9 倍，所以美国公司可以支付给美国工人的工资也是墨西哥工人的 4.9 倍，而每单位产出的成本没有什么区别。此外，在美国经营还得益于美国比较稳定的法律和政治环境。简而言之，墨西哥的劳动力工资虽然廉价，但是不足以吸引美国公司前往墨西哥。

表 8.4　　2012 年国内生产总值、雇佣人数以及劳动生产率

国家	国内生产总值（十亿美元）	雇佣人数*（百万人）	劳动生产率**（美元）
澳大利亚	1 542	11.5	134 061
美国	16 245	142.5	114 045
加拿大	1 821	17.5	104 021
日本	5 960	62.7	95 121
英国	2 476	29.5	83 955
德国	3 430	41.5	82 639
墨西哥	1 117	48.1	23 231
中国	8 221	746.9	11 007

* 雇佣人数＝(1－失业率)×劳动力人数。

** 劳动生产率＝GDP/雇佣人数。由于四舍五入，数字不精确。

资料来源：Central Intelligence Agency，*World Fact Book*，http：//www.cia.gov. 也可参阅：World Bank Group，*Data and Statistics*，http：//www.worldbank.org/data/；International Monetary Fund，*International Financial Statistics*。

墨西哥的环境管制不像美国那样严格，这是引起关注的另一个问题。美国的劳工和环境保护人士担心，墨西哥对污染的放任会使得美国企业关闭设在本国的虽然清洁但是运营成本更高的工厂，而将生产基地转移到墨西哥。环境保护主义者还担心墨西哥经济的高速增长还可能加剧空气和水资源的污染。然而，《北美自由贸易协定》的支持者认为，墨西哥的经济越繁荣，就会越有能力并且越愿意加强环境管制，经济的开放程度越高，生产技术也越趋向于清洁化。

在支持者看来，《北美自由贸易协定》为在整个地区创造一个大型的生产基地提供了机会，生产要素的重新配置将增加每个成员国的产出。然而，美国、加拿大与墨西哥之间的贸易增加源于《北美自由贸易协定》对贸易壁垒的削减，这种扩张将会部分地取代美国、加拿大与中美、南美、加勒比海和亚洲等其他国家进行贸易的机会，这部分替代所产生的贸易转移效应，即进口从低成本生产国转移到高成本生产国，造成福利损失。但是，估计这种替代效应很小，对美国和加拿大经济的负面影响微乎其微。

到目前为止，《北美自由贸易协定》对美国经济的影响偏小。这些影响包括提高了美国整体的收入水平，提升了美国和墨西哥之间的贸易量。《北美自由贸易协定》尽管使某些行业失去了一些就业岗位，但是对整体就业水平基本没有影响。对于某些行业或者产品，《北美自由贸易协定》的影响还是很大的，包括某些工人就业岗位的转移。研究显示，总体而言，《北美自由贸易协定》产生的贸易创造效应大于贸易转移效应，因而提升了整个美国的福祉。[①]

与经济方面相比，《北美自由贸易协定》的政治影响更大，其已经成为美国与墨西哥两国之间关系紧密的象征。鉴于两国在历史上长期处于敌对状态，这一合作显得极为重要，影响深远。美国官员也意识到，如果希望在遏制非法移民上取得成效，最可行的方法就是使墨西哥变得富有，而不是更加贫穷。通过《北美自由贸易协定》，美国使墨西哥成为一个盟友国家。除了《北美自由贸易协定》，其他西半球国家也签订了多个区域贸易协议，如表 8.5 所示。

表 8.5　　西半球国家的区域贸易协定

协定	成员国	生效时间
《中美洲自由贸易协定》(CAFTA)	哥斯达黎加、萨尔瓦多、危地马拉、洪都拉斯、尼加拉瓜、多米尼克共和国和美国	2005
《北美自由贸易协定》(NAFTA)	加拿大、墨西哥和美国	1994
南美共同市场（MERCOSUR）	阿根廷、巴西、巴拉圭、乌拉圭	1991
加勒比共同市场（Caribbean Community and Common Market）	安提瓜、巴哈马、巴巴多斯、巴布达、伯利兹、多米尼克、格林纳达、圭亚那、海地、牙买加、蒙特塞拉特、圣基茨、尼维斯、圣卢西亚、圣文森特、苏里南、特立尼达和多巴哥	1973
安第斯共同体（Andean Community）	玻利维亚、哥伦比亚、厄瓜多尔、秘鲁和委内瑞拉	1969
中美洲共同市场（Central American Common Market）	哥斯达黎加、萨尔瓦多、危地马拉、洪都拉斯和尼加拉瓜	1961

① Daniel Lederman, William Maloney, and Luis Serven, *Lessons from NAFTA for Latin America and the Caribbean Countries: A Summary of Research Findings*, The World Bank, Washington DC, December 2003; Sidney Weintraub, ed., *NAFTA's Impact on North America: The First Decade*, Center for Strategic and International Studies, Washington, DC, 2004.

□ 8.7.3 美国和墨西哥的卡车运输纠纷

实现北美市场的一体化并不是一件容易的事。让我们看一下两个贸易伙伴之间的贸易纠纷：一方追求卡车体系去监管化带来的高效率，而另一方的社会积极分子则更担心高速公路安全。或者，难道这是为了保护国内的就业机会?

数十年来，卡车运输安全问题一直困扰着美国和加拿大。美国制定了相关法律，禁止长时间连续驾驶，卡车司机必须接受酒精和毒品检测，卡车还必须接受安全检查。但是，墨西哥传统上对卡车及其司机的监管没有那么严格。墨西哥既没有路边检查站，也没有对司机进行毒品检测，卡车司机不需要保存驾车记录，也无须进入重量测试站。此外，墨西哥既没有规定卡车需要标识危险货物，也没有检查识别驾照的体系。

根据《北美自由贸易协定》，墨西哥、加拿大和美国同意开放彼此的公路。但是，1995 年，就在《北美自由贸易协定》卡车运输条款实施的前一天，美国总统克林顿表示出于卡车运输安全的顾虑，颁布禁令，禁止墨西哥卡车行驶超过国界 20 英里。如果超过这一限制距离，墨西哥卡车上的商品必须卸装到美国的卡车上。这一禁令赢得美国卡车司机的称赞。此外，2002 年，美国政府颁布针对墨西哥卡车的 22 条安全要求。如果希望在全美国展开运输，墨西哥卡车必须满足这些要求。实际上，这些安全要求比对美国和加拿大的管制更加严厉。

感觉被美国运输市场排斥，墨西哥表示反对，并且向《北美自由贸易协定》仲裁委员会提出申诉。该仲裁委员会裁定，美国的做法违反自由贸易协定。2007 年，美国同意设定一个实验项目，允许有限的墨西哥卡车在严格遵守美国相关法律的前提下通行。一年半之后，实验项目表明墨西哥卡车与美国、加拿大的卡车一样安全，并且节省的运输成本对美国消费者有利。但是，这对美国卡车司机工会而言不是好消息。于是，卡车司机工会开始游说，向国会施压，取消这一实验项目。

2009 年，美国政府终止实验项目，对墨西哥货车关闭了南部边界。墨西哥政府遂进行贸易报复，对美国多达 99 种商品征收 10%到 45%的关税。受墨西哥提高关税冲击最严重的是加利福尼亚州、俄勒冈州和华盛顿州。这些州向墨西哥出口多种农产品。由于关税的提升，美国农产品在墨西哥的售价提升，墨西哥消费者转而向拉丁美洲、加拿大和欧洲进口。很明显，农产品种植者的利益因为保护美国卡车司机而付出了代价。美国农业种植者及其利益相关方向奥巴马总统抗议，要求解决卡车运输贸易纠纷。

2011 年，美国和墨西哥政府签订一份协议，终结卡车运输纠纷。根据协议，墨西哥取消贸易报复关税，美国同意墨西哥卡车在美国通行。进入美国的墨西哥卡车及其司机需要遵守严格的管理规定。墨西哥司机必须携带记录仪，确保必须跨过边界，而不是只是在美国国内进行运输，并且必须遵守美国服务时间法规。这些要求比《北美自由贸易协定》中的条款更加严厉，甚至比对美国司机的管制更加严格。分析人士一般表示，协议达成之后的几年中，不会有太多墨西哥卡车在美国各地长距离运输。

□ 8.7.4 美国和墨西哥的西红柿贸易纠纷

墨西哥和美国的另一场贸易纠纷是关于西红柿的进出口。① 1994 年的《北美自由贸易协定》废除了对墨西哥进口产品的关税，包括对墨西哥进口西红柿的关税。随着竞争加剧，美国西红柿种植者指责墨西哥种植者以低于公平价值的价格向美国倾销西红柿，把美国产的西红柿挤出了市场。因此，美国西红柿种植者提请申诉，要求对从墨西哥进口的西红柿征收反倾销关税。但是，墨西哥政府表示，墨西哥的西红柿并没有在美国倾销，而是因为高科技、气候适宜和低劳动成本而更有竞争力，如果因为更有竞争力而遭到惩罚，显然是不公平的。

1996 年，美国和墨西哥达成协议，解决这一纠纷：为了减小美国种植者的压力，墨西哥最大的西红柿种植园对出口到美国的西红柿实行最低限价，夏天最低限价每磅 17 美分，冬季最低限价每磅 21 美分。为了保证最低限价能够实施，墨西哥 85%的西红柿出口商同意遵守最低限价规定。相应地，美国取消实施反倾销关税。

最低限价协议实现了阻止墨西哥西红柿在美国倾销的目的。研究此事的分析人士表示，该协议并没有消除美国西红柿种植者的外来竞争。为什么？在西红柿最低限价实施之后，墨西哥向加拿大出口更多的西红柿，加拿大和其他国家又增加了对美国的西红柿出口，因而削弱了最低限价实施的实际效果。

2012—2013 年，美国西红柿种植者展开游说，要求终止以前的最低限价协议。他们表示，鉴于最低限价协议中的最低限价仍旧很低，他们很难竞争。如果协议终止，他们可以再次提出申诉，要求征收反倾销关税，使墨西哥西红柿在美国的售价更高。

2013 年，美国和墨西哥就西红柿贸易达成新的协议，提高最低限价：冬季最低限价提高到每磅 31 美分，夏季最低限价提高到 24.6 美分。该协议还增加了覆盖范围，包含墨西哥所有西红柿种植者和出口商。虽然墨西哥对此表示失望，但是意识到新协议仍旧可以带来一个稳定的美国市场，从而避免了一场贸易战争。

□ 8.7.5 NAFTA 属于最优货币区吗？

随着《北美自由贸易协定》成员国之间的日益融合，在加拿大、墨西哥和美国之间采用统一货币和成立美洲货币联盟的讨论也与日俱增。这一货币联盟的经济合理性的关键在于本章所讨论的最优货币区的概念。

根据最优货币区理论，国家之间的联系越紧密，它们之间越适合采用单一的官方货币。其中的联系之一在于《北美自由贸易协定》三个成员国之间的经济一体化程度。正如所想象的那样，《北美自由贸易协定》内部的贸易规模相当大。在贸易额方面（进口加上出口），加拿大和墨西哥分别是美国第一大贸易国和第二大贸易国。同样，美国也是加拿大和墨西哥最大的贸易国。

---

① Cathy Baylis and Jeffrey Perloff, *End Runs Around Trade Restrictions*: *The Case of the Mexican Tomato Suspension Agreements*, Giannini Foundation of Agricultural Economics, 2005; Richard Lopez, "Tomato Prices to Rise If U. S.-Mexico Trade Agreements Ends, Study Says," *Los Angeles Times*, January 24, 2013; Stephanie Strom, "United States and Mexico Reach Tomato Deal, Averting a Trade War," *The New York Times*, February 3, 2013.

另一种联系是《北美自由贸易协定》三个成员国之间经济结构的相似性。加拿大较为先进的工业化经济已经接近于美国的发展水平。在过去10年里，加拿大的人均实际收入水平、通货膨胀率和利率水平均非常接近于美国的相应指标。然而，墨西哥正处于经济成长期，与加拿大和美国相比较，其人均实际收入水平较低，通货膨胀率和利率水平显著较高，因此非常渴望维持经济和金融稳定。此外，尽管比索与加拿大元相比较为稳定，但是相对于美元价值是非常不稳定的。墨西哥经济还面临着外部债务水平较高、国际收支赤字以及金融市场脆弱等其他问题。

某些分析家怀疑，墨西哥采用美元作为官方货币是否有利。如果墨西哥采用美元，那么当面临经济冲击时，其中央银行将无法使用货币政策来影响生产和就业水平，这有可能进一步削弱其经济。然而，使用美元也会给墨西哥带来诸多好处，包括墨西哥金融市场可实现长期的信用，货币实现长期稳定，利息率降低，以及通货膨胀率降低到美国的水平之后能够增加经济自律性和信心。总之，多数研究者认为，从经济层面看，墨西哥加入北美最优货币区是值得怀疑的。然而，墨西哥政府对其经济的美元化表现出兴趣，试图与美国发展较强的政治联系。

加拿大居民总体上对采用美元作为官方货币表现出不满。尤其是，加拿大担心实施这一政策将使国家主权丧失。自从像美国那样实现了较低的通货膨胀率、较低的利率以及相对于国内生产总值较低的债务率之后，加拿大并没有发现其货币和财政政策的可信度有任何额外的提高。简而言之，加拿大加入北美货币区的政治基础比经济基础薄弱。截止到本书撰写之时，近期成立北美货币区的希望很渺茫。

8.8 小结

1. 贸易自由化有两种主要形式。一种形式是如同世界贸易组织所采用的那样，在非歧视性原则的基础上相互削减贸易壁垒；另一种形式是一组国家在内部签订区域贸易协定，如欧盟和《北美自由贸易协定》。

2. 经济一体化是对国际贸易、支付和要素流动取消限制的过程。经济一体化的阶段包括：(1) 自由贸易区；(2) 关税同盟；(3) 共同市场；(4) 经济联盟；(5) 货币联盟。

3. 经济一体化的福利含义可以从两个方面来分析。第一是静态福利效应，来自贸易创造和贸易转移；第二是动态福利效应，来自经济一体化产生的竞争加剧、规模经济和投资刺激。

4. 从静态角度来看，如果贸易创造的消费和生产收益足以抵消贸易转移带来的世界效率损失，关税同盟的形成会产生福利净收益。

5. 影响贸易创造和贸易转移的因素包括：(1) 关税同盟形成之前成员国之间的经济竞争程度；(2) 成员国的数目和规模；(3) 对非成员国外部关税的大小。

6. 根据《罗马条约》，1957年欧盟成立。目前，欧盟包括28个成员国。到1992年，欧盟基本达到了一体化的共同市场阶段。经验数据表明，欧盟从贸易创造中获得的收益超过了贸易转移所带来的损失。欧盟面对的一个障碍是要求政府提供大量补贴资助欧洲农民的共同农业政策。1991 年的《马斯特里赫特条约》号召合格的欧盟成员建立货币联盟，1999 年，货币联盟正式开始实施。

7. 1999 年，欧洲货币联盟成立，创造了单一货币（欧元）和欧洲中央银行。有了共同的中央银行后，每一个参与国的中央银行发挥的作用与美国的 12 个地区联邦储备银行相似。

8. 关于欧洲共同货币收益和成本的很多分析都是以最优货币区理论为基础的。根据这一理论，不同国家共用同一种货币的收益包括：统一价格、降低交易成本、减少投资的不确定性和加强竞争，这些收益必须与丧失独立的货币政策和改变汇率的自主权带来的损失进行权衡。

9. 1989 年，美国和加拿大成功签署了自由贸易协定，规定两国将在 10 年内逐步实现自由贸易，该协定后来发展成由美国、加拿大和墨西哥签署的《北美自由贸易协定》。

8.9 关键概念及术语

- 比荷卢联盟（Benelux）
- 共同农业政策（Common Agricultural Policy）
- 共同市场（Common Market）
- 收敛标准（Convergence Criteria）
- 关税同盟（Customs Union）
- 经济一体化的动态效应（Dynamic Effects of Economic Integration）
- 经济一体化（Economic Integration）
- 经济联盟（Economic Union）
- 欧元（Euro）
- 欧洲货币联盟（European Monetary Union，EMU）
- 欧盟（European Union，EU）
- 出口补贴（Export Subsidies）
- 自由贸易区（Free-Trade Area）
- 《马斯特里赫特条约》(Maastricht Treaty)
- 货币联盟（Monetary Union）
- 《北美自由贸易协定》(North American Free Trade Agreement，NAFTA)
- 最优货币区（Optimum Currency Area）
- 区域贸易协定（Regional Trading Arrangement）
- 经济一体化的静态效应（Static Effects of Economic Integration）
- 贸易创造效应(Trade Creation Effect)
- 贸易转移效应（Trade Diversion Effect）
- 差价税（Variable Levies）

8.10 习题

1. 贸易自由化如何在非歧视和歧视的环境下存在？分别有哪些实际例子？

2. 经济一体化的含义是什么？经济一体化包括哪些阶段？

3. 贸易创造和贸易转移的静态福利效应如何影响一国建立关税同盟的决策？动态福利效应对这一决策有什么重要意义？

4. 为什么所谓的共同农业政策对于欧盟来说是一个具有争议的问题？

5. 通过经验研究发现，欧盟的贸易创造和贸易转移的福利效应是什么？

6. 表 8.6 为葡萄牙对手套的供给和需求，假设葡萄牙是一个小国，不能影响手套的世界价格。在画图纸上画出葡萄牙手套的供给和需求曲线。

表 8.6　手套的供给和需求：葡萄牙

价格（美元）	供给数量	需求数量
0	0	18
1	2	16
2	4	14
3	6	12
4	8	10
5	10	8
6	12	6
7	14	4
8	16	2
9	18	0

a. 假设德国和法国分别以 2 美元和 3 美元的价格向葡萄牙供应手套。在自由贸易情况下，哪个国家会出口手套到葡萄牙？葡萄牙生产、消费和进口的手套数量各为多少？

b. 假设葡萄牙对进口手套征收 100%的非歧视性关税。哪个国家会对葡萄牙出口手套呢？葡萄牙将生产、消费和进口多少手套？

c. 假设葡萄牙与法国组成关税同盟。试确定关税同盟的贸易创造效应和贸易转移效应。关税同盟对葡萄牙福利的总影响是什么？

d. 假设葡萄牙与德国组成关税同盟。这个关税同盟是贸易转移同盟还是贸易创造同盟呢？关税同盟是增加还是降低了葡萄牙的福利水平？增加或降低了多少？

进一步探索

1. 关于政府购买政策与欧盟的讨论，请查询“进一步探索 8.1”，网址：www.cengage.com/economics/Carbaugh。

2. 关于制造业的规模经济效应与 NAFTA，请查询“进一步探索 8.2”，网址：www.cengage.com/economics/Carbaugh。

第 9 章 国际要素流动和跨国企业

迄今为止，我们关注的一直是商品和服务的国际流动。然而，世界经济的一些最显著的变化是由劳动力和资本等生产要素的国际流动引起的。19 世纪，欧洲的资本和劳动力（还有非洲和亚洲的劳动力）流到美国，促进了美国经济的发展。20 世纪 60 年代，美国向西欧和加拿大大举投资；而在 80 年代和 90 年代，投资又从日本流向美国。目前，来自南欧的工人在北欧的工厂寻找工作，墨西哥工人向美国移民。1990 年，柏林墙的倒塌促使大量工人离开民主德国，转向联邦德国。

实际上，生产要素的国际流动与商品和服务的国际流动一样，都受到同样经济力量的支配。如果条件允许，生产要素会从要素充裕的国家（生产率较低）流动到要素稀缺的国家（生产率较高）。不同国家回报率（如工资和资本收益）的差别是生产要素流动的动力，只要回报高于从一国向另一国流动的成本，生产要素就会在国际流动。

本章考察国际资本流动（投资）作为资本密集型产品贸易的替代品所发挥的作用。重点研究跨国企业，它们充当资本在国际范围内再配置的载体的角色。本章还将研究国际劳动力流动作为劳动密集型产品贸易的替代品的角色。

9.1 跨国企业

“企业”这个术语可以被准确地定义，但对于**跨国企业**（Multinational Enterprise，MNE），却没有普遍可接受的准确定义。然而，仔细观察一些有代表性的跨国企业，可以发现这些企业有很多相似的特征。跨国企业在许多国家经营，其业务活动除了制造、开采、精炼和商业服务以外，通常还包括研究和开发活动。跨国企业超越了国家的界限，所有的经营活动通常接受远离东道国的企业规划中心的控制。股权和公司管理具有典型的国际化特征。一个典型的跨国企业国外销售收入占总销售收入的比重很高，通常达到25%，甚至更多。虽然对于跨国企业的构成缺乏一致意见，但是毫无疑问的是，这类企业的规模是非常庞大的。表9.1为全球部分大企业的概况。

表9.1　2013年世界上最大的几家公司

公司	总部所在国家或地区	收入（十亿美元）
荷兰皇家壳牌公司	荷兰	481.7
沃尔玛	美国	469.2
埃克森美孚	美国	449.9
中国石化	中国	428.2
中国石油	中国	408.6
英国石油	英国	388.3
国家电网	中国	298.4
丰田汽车	日本	265.7
大众汽车	德国	247.6
道达尔公司	法国	234.3

资料来源："The 2013 Global 500," *Fortune*, available at http://www.fortune.com.

跨国企业可以在东道国和母国间进行纵向、横向以及混合型的多元化经营。当母公司决定建立国外子公司，生产产成品所需的中间产品或原材料时，通常属于**垂直一体化**（Vertical Integration）经营。对于石油精炼和钢铁等产业，实施后向一体化可能包括原材料的提取和加工领域，但是大多数制造商往往只把经营范围向后延伸至零部件的生产。国际上的石油大公司是在世界范围内实施后向一体化的典型例子，它们把生产石油的子公司设在中东等地区，而精炼和销售活动则集中在西方工业化国家进行。跨国企业也可以朝着最终消费者市场的方向实施前向一体化。例如，汽车制造商建立国外子公司，销售母公司的产成品。在实践中，大多数的对外纵向投资都是后向的。跨国企业通常希望实现经营活动的纵向一体化，以获取规模经济和国际专业化分工的收益。

如果母公司在资源来源国生产一种商品，在东道国设立子公司生产相同的产品，就属于**水平一体化**（Horizontal Integration）。这些子公司是彼此独立的生产单位，设立的目的就是在海外市场生产和销售母公司的产品。譬如，可口可乐和百事可乐不只在美国，在世界很多国家都有它们的罐装厂。有时，跨国企业在海外设立生产工厂，部分是为了避免严厉的外国关税壁垒，以避免其产品在竞争中处于劣势。母公司也倾向于把工厂设在靠近消费者的地方，因为不同国家的偏好不同，可能需要对产品进行特殊的设计。

除了进行垂直和水平的对外投资以外，跨国企业可以在不相关的市场实施多元化，也就是所谓的**混合多样化**（Conglomerate Diversification）。例如，20 世纪 80 年代，预计石油和天然气的未来投资机会将会减少，因此，美国的石油公司加速并购非能源行业的企业。埃克森公司在智利并购了一家外国铜矿开采子公司，田纳科购买了一家生产减少汽车尾气排放装置的法国公司。

为了实施它们的全球化经营战略，跨国企业大量运用**对外直接投资**（Foreign Direct Investment），即购买海外公司或设施的控制权。对外直接投资的典型形式包括：

（1）母公司购买某一外国公司足够多的普通股，以获得话语控制权（如果一个“外国居民”控制了公司股份的 10%，这家公司就会被美国商务部认定为直接被外国拥有）；

（2）母公司在海外购买或者建造新的工厂和设备；

（3）母公司向海外转移资金，资助外国子公司扩张；

（4）外国子公司的利润用于重新投资子公司，用以扩张生产规模。

表 9.2 总结了 2013 年美国的对外直接投资情况，数据包括美国的对外直接投资和外国对美国的直接投资。近些年来，美国对外直接投资的大部分流向了欧洲、拉丁美洲和加拿大，尤其是制造业部门。美国吸收的对外直接投资大部分来自欧洲、加拿大和亚洲，集中在美国的制造业、石油和批发贸易机构。

表 9.2　　2013 年美国的直接投资情况（历史成本计价*）

国家或地区	美国的对外直接投资		外国对美国的直接投资	
	投资额（十亿美元）	百分比（%）	投资额（十亿美元）	百分比（%）
加拿大	351.8	7.9	225.3	8.5
欧洲	2 477.0	55.6	1 876.2	70.8
拉丁美洲	869.3	19.5	95.6	3.6
非洲	61.4	1.4	5.3	0.0
中东	42.8	1.0	20.6	1.0
亚太地区	651.3	14.6	427.8	16.1
总和	4 453.3	100.0	2 650.8	100.0

*历史成本计价指的是投资发生时的数值，没有对价格进行任何调整。

资料来源：U. S. Department of Commerce, *U. S. Direct Investment Position Abroad and Foreign Direct Investment Position in the United States on a Historical Cost Basis*. 也可以参阅：U. S. Department of Commerce, *Survey of Current Business* (Washington, D. C.: Government Printing Office)。

9.2 对外直接投资的动因

对外直接投资开放市场如同开放贸易那样迫切，更加开放的经济会带来更多的私人投资，这是决定经济增长和就业创造的主要因素。各国竞相吸引对外直接投资，一方面是因为它能够产生溢出效应，提高管理水平，引进先进技术；另一方面是因为对外直接投资密集的企业和部门与开展国际贸易的企业和部门一样，往往具有较高的平均劳动生产率，支付较高的工资。来自国外的投资使企业保持竞争力，从而吸收国内的就业；向其他国家进行投资还会刺激机器设备和其他资本品的出口。

新的跨国企业并不是随意地选择目标国家，而是在公司经理的周密计划下进行投资活动。经济理论和经验研究都支持这样一种观点：预期的未来利润是对外直接投资的驱动力。一般认为，在考虑过风险之后，投资会从预期利润低的地区流向预期利润高的地区。虽然预期利润可以最终解释对外直接投资的过程，但如果问公司的管理人员什么是他们的投资动机，他们往往会强调许多其他的因素，包括市场需求条件、贸易限制、投资管制、劳动力成本和运输成本。所有这些因素都与成本和收益有关，因此也会影响利润水平。

□ 9.2.1 需求因素

对利润的追求促使跨国企业不断寻找新的市场和需求来源。有些跨国企业在海外设立子公司，开拓不能完全依靠产品出口来维持的国外市场份额。有时，企业采取这种做法是因为对国外的分销技术不满意，因此通常先设立一个外国营销部，然后再建立制造工厂。当企业意识到当地存在不同的消费和设计偏好时，这种动机将会特别强烈，因为对一个成功的营销计划而言，最重要的就是熟悉当地情况。

一些母公司意识到自己的生产能力已经能够充分满足国内市场的需求，这也会促使它到外国设立生产制造基地。如果企业想让增长速度超过国内需求的扩张速度，就必须出口，或者建立海外生产基地，国外生产工厂的选址会受此影响。例如，通用汽车在英国、法国和巴西等国家设立了制造子公司，这些市场的强劲需求足以让通用汽车的子公司生存。但是，波音公司却把其生产活动集中在美国，而向国外出口，这是因为相对于大多数国外的市场规模，建立有效的喷气式飞机生产工厂是一笔很大的投资。

市场竞争也会影响企业设立海外工厂的决策。如果企业的战略目标是维持市场份额，避免现存的和潜在的竞争，那么其战略在本质上属于防御型战略。而为了防止国外竞争变成一股强大的力量，最有效的方法就是并购外国企业。在 20 世纪 60 年代和 70 年代初期，美国就曾掀起一次并购外国企业的狂潮。当时，美国跨国企业的海外子公司大约有一半并购的是现存企业。这方面的一个例子是通用汽车，它在全世界范围内购买和设立汽车生产企业，成功获得了很多大型外国汽车公司的控制权，包括蒙那克（通用汽车在加拿大的子公司）和欧宝（通用汽车在德国的子公司）。当时的一些小型汽车公司，如丰田、日产和大众等没有被通用汽车列为收购目标，现在都发展成为其主要竞争对手。

□ 9.2.2 成本因素

跨国企业通常通过降低生产成本来寻求利润水平的提高。以降低成本为目的的对外直接投资包括很多形式。获取关键的原材料是企业实施多国化经营的最初动因，尤其是在提炼行业和特定的农产品行业。例如，联合水果公司在洪都拉斯建立香蕉生产基地，以获取当地气候和种植条件所提供的自然贸易优势。与之相似的自然贸易优势还可以解释为什么阿纳康达在玻利维亚设立采矿厂，为什么壳牌公司在印度尼西亚生产和精炼石油。资源禀赋或气候条件等供给方面的自然优势确实影响着一个企业的海外投资决策。

生产成本除了原材料之外，还包括很多其他因素，最突出的就是劳动力。不同国家的劳动力成本往往存在差别。通过把部分或全部的生产基地设在海外，跨国企业能够降低成本。例如，美国的许多电子企业在国外生产产品，至少是在海外进行产品组装，以利用外国廉价的劳动力。（美国支付的工资虽然高于国外，但并不一定意味着高成本。高工资可能是因为美国人的劳动生产率高于国外工人。只有当劳动生产率的优势不能补偿美国的高工资时，外国劳动力才会相对具有吸引力。）

运输成本也会影响跨国企业的选址决策，特别是对于那些运输成本在产品产值中占很大比例的产业。当原材料的运输成本远远超过把制成品运往市场的成本时，跨国企业一般会将生产工厂安排在靠近原材料产地的地方，而不是接近于消费市场，符合这一模式的产品包括木材、初级化工产品、铝和钢铁等。相反，当运输制成品的成本要比原材料的运输成本高很多时，跨国企业将会在接近消费市场的地方建立生产基地。可口可乐和百事可乐等饮料制造商就是把浓缩糖浆运到世界各地的工厂，在糖浆里加水、装瓶后，再卖给消费者。如果运输成本只占产品价值的一小部分，跨国企业在选址时往往会根据劳动力和其他投入要素的可得性和成本，将工厂设在制造成本最低的地方。生产电子元件、服装和鞋类的跨国企业就是这种灵活机动选址的例子。

政府政策也可能引来外国直接投资。一些国家为了吸引外国制造商在它们的国家建立工厂，提供就业岗位，给跨国企业提供补贴，如提供优惠税待遇或免费的厂房。但在更多情况下，直接投资是避开进口关税壁垒的一种方式。巴西对进口汽车强征高额关税，如果外国生产商想在巴西市场销售汽车，就不得不在该国设厂。欧盟组建后，成员国之间的贸易壁垒降低了，却对非成员国征收统一的对外关税。美国企业为了绕开这些贸易壁垒，就在欧盟的成员国设立子公司。20 世纪 80 年代和 90 年代，由于美国贸易保护主义压力日益攀升，日本企业明显增加了设在美国的汽车装配工厂的数量。

9.3 向国外购买者供应商品的两种方式：国内生产和国外生产

一家企业一旦了解到国外对其产品存在需求，它就必须确定以什么样的方式向国外供应这些产品的成本最低。假设美国的安海斯-布希公司（简称 A-B 公司）打算将其百威啤酒卖到加拿大，它有三种途径可以选择：(1) 在美国酿造，出口到加拿大（直接出口）；(2) 在加拿大建立自己的生产子公司（对外直接投资）；(3) 授权加拿大的一家啤酒厂在加拿大酿造和销售百威啤酒。A-B 公司选择哪种方法取决于规模经济的程度、运输和分销成本以及国际贸易壁垒，接下来分别对这些因素进行讨论。

□ 9.3.1 直接出口和对外直接投资/特许经营

A-B公司可以通过三种方式向加拿大供应啤酒，即直接出口、对外直接投资或者特许经营，接下来考虑一下该公司的决策。首先分析规模经济对 A-B 公司决策的影响。一般说来，当加拿大的啤酒需求量相对较小时，考虑到规模经济，A-B公司会向加拿大出口啤酒；而当加拿大的啤酒需求量相对较大时，规模经济的存在会鼓励 A-B 公司通过特许经营协议或者对外直接投资的形式在加拿大设厂生产。

为了说明这一原则，假设有三家企业：A-B 公司、加拿大的一家啤酒厂和 A-B 公司在加拿大的子公司，三家企业具有相同的生产函数，并都存在规模经济。每家企业支付的要素投入价格均相同，如图 9.1 所示，它们的平均成本曲线是相同的，都由曲线 *AC* 表示。

假定在现行的价格水平下，美国消费者对百威啤酒的年需求量为 200 箱，如图 9.1 所示。在这一产量水平下，A-B 公司能够实现规模经济，每箱啤酒的生产成本为 8 美元。假如加拿大对百威啤酒的需求量较小，只有 100 箱，因为这个数量太小，无法进行有效率的生产，加拿大的啤酒厂或者 A-B 公司在加拿大的子公司生产每箱啤酒的生产成本为 11 美元。为了实现成本最小化，A-B 公司将会增加美国的产量，以满足加拿大的额外需求。A-B 公司生产 300 箱啤酒，产量增加所导致的规模经济使成本下降到 6 美元。于是，加拿大消费者通过直接进口获得了 100 箱的啤酒供应。只要每箱百威啤酒从美国运送到加拿大的运输成本低于 5 美元，向加拿大出口啤酒就会增加 A-B 公司的利润。

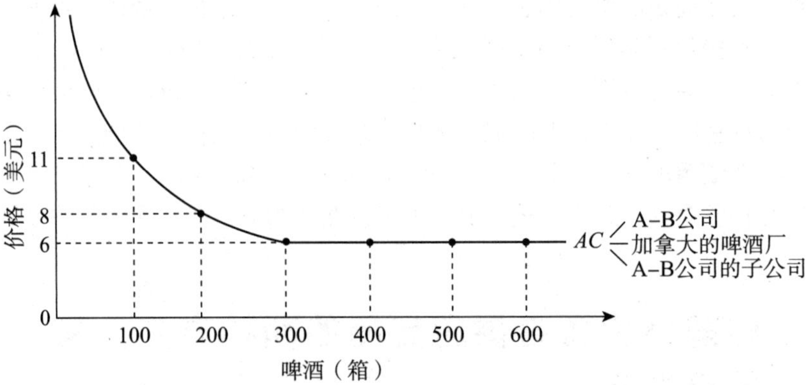

图 9.1 直接出口和对外直接投资/特许经营之间的选择

注：当加拿大市场足够大，并且可以进行有效率的生产时，美国企业在加拿大建立生产子公司，或者授予加拿大企业生产和销售其产品的权利，能够增加利润。如果加拿大的市场相对较小，无法开展有效率的生产，向加拿大出口商品能够增加美国企业的利润。

如果加拿大对百威啤酒的需求量是 300 箱或者更多，对 A-B 公司来说在加拿大进行生产更为合适，它可以与加拿大的一家啤酒厂签订特许经营协定，也可以投资建立一个生产子公司。假如加拿大需要 400 箱百威啤酒，而百威啤酒在美国的销量维持在 200 箱。产量达到 300 箱后，规模经济已经达到极限，加拿大的需求量再大，也不能使 A-B 公司每箱啤酒的生产成本降到 6 美元以下。然而，产量从 100 箱提高至 400 箱以后，加拿大的啤酒厂或 A-B 公司在加拿大的子公司达到了最低有效规模，它们的生产效率与 A-B 公司接近，生产成本达到了可能的最低水平，每箱为 6 美元。在生产成本相同的条件下，当地生产可以避免将啤酒从美国运到加拿大的额外成本，使 A-B 公司的总成本实现最小化。因此，A-B 公司将生产啤酒的技术授权给加拿大企业，或在加拿大投资设立子公司，将会增加利润。

与运输成本相似，贸易限制也会抵消生产成本的优势。如果加拿大征收很高的进口关税，在美国生产的成本优势就会被抵消。这时，进入加拿大市场的唯一可行的途径就是对外直接投资或特许经营。

□ 9.3.2 对外直接投资和特许经营

企业一旦决定以国外生产的方式向海外供应产品，就必须决定是设立国外生产子公司还是通过特许经营授权外国企业生产产品哪个效率更高。在英国，肯德基店由当地的居民拥有并经营，美国总部只是提供店名和经营程序，当地的经营者向其支付特许经营费。虽然在实践中，特许经营有着广泛的应用，但是前提假设是，当地企业有能力使其经营适应总部的生产过程或技术要求。

假定 A-B 公司正在考虑是将百威的生产技术授权给加拿大的一家啤酒厂，还是直接在加拿大投资设立生产子公司。图 9.2 为假设的成本曲线，其中，曲线 $AVC_{子公司}$ 代表 A-B 公司在加拿大的子公司的平均可变成本（例如，劳动力和原材料），曲线 $AVC_{加拿大}$ 为加拿大啤酒厂的平均可变成本。成立国外生产子公司也要发生固定成本，由曲线 $AFC_{子公司}$ 表示，包括总部与子公司之间的关系协调费用、评估外国市场潜力的成本等。A-B 公司成立一个外国子公司的平均总成本由曲线 $ATC_{子公司}$ 来表示。

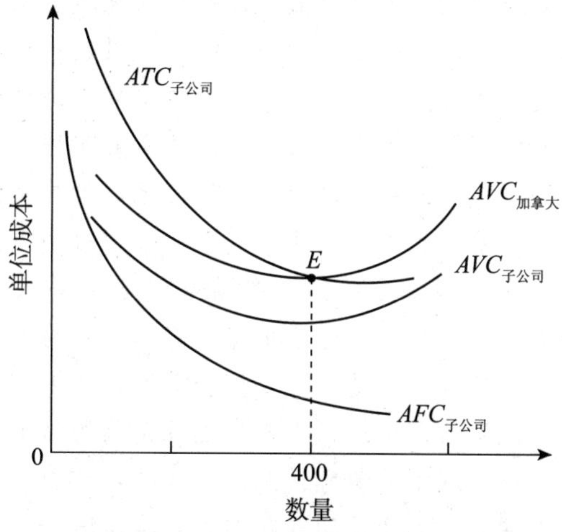

图 9.2 对外直接投资和特许经营之间的选择

注：以对外直接投资还是特许经营的方式开展海外业务，取决于：（1）生产过程中所使用资本的密集程度；（2）外国市场的规模；（3）建立海外生产工厂所需的固定成本。

通过 $ATC_{子公司}$ 和 $AVC_{加拿大}$ 之间的比较可以发现，当市场容量较小、不足 400 箱时，加拿大的啤酒厂具有绝对成本优势，在这种情况下，对 A-B 公司来说，与加拿大的啤酒厂签订特许经营协定更为合适。但是，如果加拿大对百威啤酒的需求量超过 400 箱，

A-B 公司的海外子公司就具有绝对成本优势，以对外直接投资的方式向加拿大供应啤酒会增加 A-B 公司的利润。

当产量达到一定水平时，相对于加拿大的啤酒厂来说，A-B 公司的生产子公司才开始具有绝对成本优势，这一产量水平要受几个因素的影响（在图 9.2 中是 400 箱）。当产品的生产属于资本密集型时，如果 A-B 的子公司获取资本的成本比加拿大的啤酒厂低，子公司的可变成本优势就会更大，其固定成本的劣势在较低的产量水平上就会被抵消。子公司固定成本的大小也与这一最低产出水平有关，较低的固定成本会降低子公司的平均总成本，使得子公司在较低的产量水平上就开始拥有绝对成本优势。

如上所述，跨国企业在决定要不要在国外生产、以什么样的方式在国外生产时，其决策会受到生产成本、在海外设厂的固定成本、生产过程中劳动力和资本的相对重要性以及外国市场规模等因素的影响，此外还受到风险和不确定性的影响。当决定在哪里设立生产工厂时，货币价值是否会波动和子公司的所有权被剥夺的可能性，往往也是管理层所关心的问题。

贸易冲突

☞ 美国跨国企业剥削外国工人吗？

美国跨国企业剥削了发展中国家的工人吗？批评者说道，利润最大化是跨国企业唯一关心的事情，当决定在哪里设厂时，它们在全球寻找最便宜的劳动力。批评者还认为，这样做的唯一好处就是有利于那些将低工资工厂从发达国家搬到发展中国家的企业主。简单地说，根据批评者的言论，发展中国家的工人报酬过低。

事实上，跨国企业的经营就是为了利润。但这似乎并不会成为发展中国家的许多竞相为跨国企业工作的工人的烦恼。人们之所以去外资企业工作，是因为他们更偏向外资企业，无论什么工作，按照他们的观点，新工作都使他们过得更好。

假设批评者是对的，这些工人被剥削了。其中一个补救的方法就是完全禁止跨国企业在发展中国家经营。如果跨国企业在发展中国家停止雇用工人，照工人们自己的估计，他们的境况也许会更糟糕。另一种途径是诱导跨国企业为发展中国家的工人支付同工业化国家的工人一样高的工资。但是，这也许会抑制在发展中国家的直接投资。为什么呢？发展中国家的工人比发达国家的工人工资更低是因为他们通常生产率更低，他们通常使用更落后的机器工作，周围的基础设施也不健全，这也降低了生产率。尽管生产率更低，但由于这些工人便宜，因此他们对跨国企业具有吸引力。如果你想要消除这种抵消优势，你也许会造成工人的失业。简单地说，顶着压力将美国或欧洲薪酬扩展到发展中国家可能意味着关闭当地工厂，这伤害了而非帮助了当地人。

除了生产率外，“负责任的”跨国企业应该为它们在发展中国家的工人支付比其他当地工人更多的工资吗？为了雇用工人，它们也许不一定要提供高于当地的工资，如果它们能提供其他好处，例如，提供现代化的工厂而不是血汗工厂。通过参与当地的劳动力市场，增加劳动力的总需求，跨国企业最可能提高所有工人的工资，而不仅仅是它们雇用的工人。

然而，有证据表明跨国企业确实支付工资溢价，显然这反映了它们愿意招聘相对熟练的工人。彼得森国际经济研究所的经济学家估计，在 20 世纪 90 年代跨国企业支付给贫穷国家工人的工资是当地制造业工资的 2 倍，支付给中等收入国家工人的工资是当地制造业工资的 1.8 倍。简而言之，美国跨国企业是否支付给发展中国家工人的工资过低？按美国标准，确实低了，但美国标准与发展中国家的标准没有关系：在这些国家中只有很少的工人获得美国标准的工资。关键在于，按照当地标准，这些工人的待遇通常非常好。

资料来源：Edward Graham，*Fighting the Wrong Enemy*（Washington，DC：Institute for International Economics，2000）.

9.4 国家风险分析

虽然国际投资回报丰厚，但是也总伴随着风险。譬如，俄罗斯政府可能随时没收外国投资者的资产，或者将偿还外国借债定为非法的。因此，跨国企业和银行在决定对外国进行投资时，需要进行**国家风险分析**（Country Risk Analysis）。

国有企业的负责人通过评估投资国家的风险状况来决定是否在这个国家经营或投资。美国大通银行在对土耳其客户提供贷款时，会设定限额，不仅要考虑市场要素，还要考虑到土耳其存在着恐怖主义风险。丰田汽车如果担心墨西哥严重的通货膨胀、劳动力成本的上升，会考虑在墨西哥缩小工厂规模。

评价海外投资的成本与收益需要分析一个国家的三个风险要素：政治、金融和经济风险。政治风险分析的目的在于评估政治稳定性，此风险要素的评价标准是政治稳定性、腐败、国内冲突、宗教和民族紧张局势。金融风险考察公司融资还债的能力，包括以下要素：债务占 GDP 的比重、债务违约以及汇率稳定性。经济风险考察现在经济的优势和劣势，分析国内生产总值增长率、人均国内生产总值增长率和通货膨胀率等，而综合风险反映国家的总投资风险。

国家风险分析需具体问题具体对待。例如，国际旅游公司在考量国家风险时，必定考虑这个国家作为旅游地点的吸引力。在这种情况下，考虑委内瑞拉等国家的综合风险就没有太大用途。委内瑞拉在进行综合风险比较时可能被认为是风险比较大的国家，但是并不代表对旅游者来说风险也是比较大的，因为较低的财务和经济风险使综合风险降低了。较恶劣的投资环境并不影响旅游者。虽然以色列由于政治稳定和经济政策健康被认为十分安全，但是对游客而言仍旧有很大的风险，因为该国民族和宗教局势紧张。因此，考虑某一特定因素（如法律或国内冲突，而不是综合风险指标）有时可能会更好地理解风险的含义。

当进行国家风险分析时，跨国企业或许可以从其他风险机构处获取帮助，例如，政治服务风险中心每月发布报告《世界各国风险指南》（*International Country Risk Guide*）。该指南提供 130 多个发达和发展中国家的政治、经济、财务分析以及综合风险指标。在计算综合风险指标时，政治风险的权重是 50%，而经济和金融风险的权重都是 25%。表 9.3 提供了一些国家的综合风险指标。在评价综合国家风险时，高分意味着低风险，而低分代表着高风险。对公司而言，这些信息可以提高对国际投资和金融交易的预见性。

表 9.3　　2013 年 1 月部分国家综合风险排名

国家	综合风险指数（总分 100）	
挪威	90.8	
瑞士	89.0	
加拿大	83.5	
韩国	81.0	较低风险
美国	75.8	↑
中国	75.0	↓
乌克兰	67.5	较高风险
巴基斯坦	55.8	
津巴布韦	51.5	
索马里	43.5	

资料来源：Political Risk Services，*International Country Risk Guide*.

算出综合风险指标后，企业应该决定自身承受风险的能力。如果估计风险较高，那么就不需要再论证项目的可行性。但是，如果估计风险可以承受，那么应该对国家的项目进行进一步考证。为了辨识风险水平，《世界各国风险指南》把风险分为以下几类：(1) 低风险，80～100 分；(2) 中度风险，50～79 分；(3) 高风险，0～49 分。但是，针对具体的跨国企业或银行，需要进行不同的调整。

9.5　国际贸易理论和跨国企业

对于跨国企业的形成原因的主要解释也许是公司管理层的战略。其实，比较优势理论也可以说明跨国企业的形成原因。企业的管理者意识到，其他国家存在着他们可以利用的优势，包括投入要素、新技术和新产品以及管理技巧。企业在海外设立子公司，在很大程度上就是因为国外生产极大地扩大了利润空间。

从贸易理论来看，对跨国企业的分析基本上与比较优势理论的预测一致。两种方法一致认为，一种商品将在成本低的国家进行生产。跨国企业分析和传统贸易理论的主要区别在于，前者强调投入要素的国际流动，而后者则是以商品的跨国流动为基础。

国际贸易理论认为，当跨国企业为了自身利益而进行对外直接投资时，东道国和收入来源国的总福利都会提高。在此假设，如果企业投资国外要比投资国内赚得的回报更高，资源就会从生产率低的用途转移到生产率高的用途。总体来说，资源在世界范围内的配置将会得到优化。因此，对跨国企业的分析基本上与传统的贸易理论相同，只不过传统贸易理论的基础是商品的国际流动。

尽管传统的贸易理论和跨国企业分析的基本观点一致，但仍有一些显著的不同。传统的贸易理论模型预先假设，在国际市场上产品按照竞争价格在相互独立的组织之间进行交换。但跨国企业一般是纵向一体化的公司，其子公司既生产中间产品，也生产制成品。在一个跨国企业中，产品从一个子公司转移到另一个子公司，销售成为企业内部的事情。虽然这种销售是国际贸易的一部分，但决定它们价值的是竞争性定价机制以外的因素。

9.6 美国汽车产业的日本移植工厂

众所周知，在20世纪80年代，日本对美国汽车产业的直接投资急剧增长。日本的汽车制造商在美国装配工厂的投资超过几十亿美元，这些设在美国的装配工厂被称做**移植工厂**（Transplants）。日本的8家汽车制造商和100多家零部件供应商在美国经营或设立了工厂，见表9.4。在美国设立移植工厂给日本汽车制造商提供了很多好处，包括：

- 一些人认为，在美国出售的汽车必须在美国生产，把工厂建在美国让这些批评者无话可说。
- 避免美国潜在的进口壁垒。
- 在日本市场接近饱和的情况下进入另一个不断扩张的市场。
- 防止日元与美元之间汇率的波动。

表9.4　日本在美国的汽车生产工厂

公司名称/母公司	地点
美国本田公司（本田）	俄亥俄州的马里斯维尔，俄亥俄州的东利伯蒂，印第安纳州的格林斯堡
丰田汽车美国公司（丰田）	肯塔基州的乔治敦，亚拉巴马州的亨茨维尔，印第安纳州的普林斯顿，得克萨斯州的圣安东尼奥，西弗吉尼亚州的布法罗，密西西比州的布卢斯普林斯
尼桑汽车制造公司（尼桑）	田纳西州的士麦那、戴克德，密西西比州的坎顿
马自达汽车美国公司（马自达）	密苏里州的克雷考门
大众汽车美国公司（大众）	田纳西州的查塔努加

丰田公司已经承诺将北美汽车销售量的至少 2/3 的汽车生产转移到该地区，并且将考虑在美国生产更多的汽车作为政治保险。通过向多个州提供工作机会，丰田公司已经在美国建立了生产网，联邦政府也因此对其非常友好。

日本对美国汽车产业投资的快速增长引发了美国人对自己的汽车制造业和零部件产业未来发展的担心。对外直接投资的支持者认为，这将提高美国汽车组装和零部件产业的整体竞争力水平；对外直接投资还会创造就业机会，为消费者提供种类更多、价格更便宜的产品。然而，美国汽车工人联合会（United Auto Workers，UAW）却认为，来自外国的投资将减少美国汽车组装和零部件产业的就业机会。

影响工人雇佣数量的一个因素是企业的职务分类，即对每名员工工作范围的规定。职务分类的数目越多，工作的范围越小，在雇用员工时的灵活性越低。这会降低工人的劳动生产率，导致生产成本上升。

日本所属的汽车公司使用的职务分类数目远远少于传统的美国汽车公司。日本在美国的移植工厂采用的是团队工作，每个团队成员都经过培训，能够胜任该团队的所有工作。典型的日本组装工厂有 3～4 个职务分类，即一个团队领导，一个生产技师，1～2 个维护技师，团队成员之间经常轮换工作。相反，传统的美国汽车工厂实行 90 多个不同的职务分类，员工通常只做他所属类别所要求的具体工作。由于这种差别，日本移植工厂的劳动生产率显著高于美国最大的三家汽车企业。虽然在美国汽车三巨头的内部存在强大的抵制变革的力量，但国际竞争的压力还是迫使它们慢慢地放弃了美国的管理和生产方式，按照日本模式进行重组。

对政策制定者而言，日本的移植工厂是否已经达到了期望值，是更重要的问题。20 世纪 80 年代，当日本厂商开始投资美国的汽车制造业时，许多美国人都把它们看做复苏美国汽车产业的范例和美国汽车零部件供应商的新顾客，认为移植工厂能够为美国汽车工人提供就业机会，帮助他们摆脱进口增加所导致的失业问题。当移植工厂成立时，美国人预计移植工厂的生产会主要使用美国的零部件、原材料和劳动力；移植工厂的生产将取代美国市场上的进口，为美国带来新的管理方法和技术。

肯定地说，移植工厂促进了所在地区经济的繁荣，将日本的质量控制、即时发货和其他的生产技术带到美国。然而，美国对移植工厂的最初期望只实现了一部分。持怀疑态度的人强调，日本的制造工厂将进口零部件在美国组装的可能性是一般外国企业的 2 倍，进口零部件的可能性是一般美国企业的 4 倍。日本的移植工厂大规模使用进口零部件会使美国与日本的汽车贸易呈现赤字，并减少美国汽车工人的就业机会。

9.7 国际合资企业

跨国企业参与的另一个领域是**国际合资企业**（International Joint Ventures）。合资企业是由两个或两个以上的企业结合各自的技能和资产而成立的经营组织，可以为了有限的目标（研究或生产）在短期内存在，也可以是多国性的，涉及几个国内和国外企业之间的合作。合资企业不同于合并，它是创造一个新企业，而不是两个现有企业的联合。

国际合资企业有三种类型。第一种是两个企业组建合资企业，在第三国进行经营。例如，美国一家石油公司与英国一家石油公司成立合资企业，在中东开采石油。第二种是与当地的私人企业组建合资企业。日本的霍尼韦尔信息系统公司是由美国的霍尼韦尔公司和日本的三菱办公设备公司联合组建的，向日本销售信息系统设备。第三种类型的合资企业包括当地政府的参与。为在伊朗进行石油提炼，美国的柏克德公司、联邦德国的 Messerschmitt-Boelkow-Bolhm 公司与伊朗国家石油（代表伊朗政府）合资组建了伊朗石油投资公司。

创建合资企业的原因有几方面。有些业务功能，如研究开发，需要的成本很大，任何一个企业都没有能力独自承担。全球最大的几家制铜公司共同拥有并开采着世界上许多大型铜矿，因为只有合资才能筹集到足够的资本。油田也经常由几家石油公司联合开采。在典型的钻井工程中，几家公司组成一个合资企业，还要有几家拥有远距离原油输送管道的炼油公司。外国炼油厂可以由美国的几家石油大公司和外国的石油公司共同拥有。

促进国际合资企业形成的另一个因素是，一些政府对当地企业国外所有权的限制。发展中国家的政府通常对外国公司施加封锁，除非它们愿意与当地的企业合作。墨西哥、印度和秘鲁规定，在其国内从事经营活动的任何外国企业，控股权必须由本国的企业拥有。外国投资者要么接受当地的股权参与者，要么就得放弃在这个国家的生产。政府制定这种政策的依据是，合资企业能够给发展中国家带来先进的管理技术和知识，同时避免外国投资者受到过多的政治影响，并有助于减少红利的海外转移，从而改善发展中国家的国际收支状况。

国际合资企业也是规避进口限制的一种先发制人的方式。20 世纪 80 年代，美国国内的贸易保护主义升温，日本制造商（丰田汽车）出于进入美国市场会受到限制的担心，与美国企业组建了很多合资企业。这种合资企业采取的典型做法是，雇用美国工人组装由日本制造的零部件，再将制成品卖给美国的消费者。这种做法不仅使日本的产品进入了美国市场，还模糊了日本和美国生产的区别。我们是谁？他们是谁？于是，保护国内产出和就业免于外国竞争的意识也相应减弱了。

然而，组建国际合资企业也存在缺点。与独立企业相比，合资企业是一个复杂的组织。控制权的分散导致了“两个主人”，合资企业的成功或失败，取决于两家企业之间的磨合，而这两家企业在经营目标、公司文化和运营方式方面都存在差异。公司的高层行动很难预测，但又非常关键，因为按照合资企业的协定，合作双方在管理中的作用是不断变化的。当合资企业的所有权一分为二时，决策过程就会经常陷入僵局。要想保持不同经济利益之间的平衡，就要协商建立一个等级顺序。即使通过协商达到了平衡，也会被公司目标或人员变动打乱。

□ 福利效应

对于本国经济而言，国际合资企业既能产生福利增加效应，也能产生福利减少效应。在如下情况下，合资企业的福利将增加：(1) 新建企业增加了现有的生产能力，促进了竞争；(2) 新建企业能够进入两个母公司在单枪匹马的情况下无法进入的新市场；(3) 新建企业节约了成本，如果每个母公司单独从事相同的业务，不可能获得这种成本的节约。然而，建立合资企业也可能导致福利减少。例如，市场支配力可能会增加，企业有更大的能力影响市场产出和价格，如果在母公司经营的市场上组建合资企业，这种情况尤其可能发生。通过它们在合资企业的代表，两个母公司就其所在市场的价格和产出达成协定，这种内部勾结行为会限制竞争，提高价格，降低国内的福利水平。

接下来通过一个案例来比较两种福利情况：(1) 两个相互竞争的企业在国内市场销售汽车；(2) 这两个竞争对手组建一家合资企业，作为单一的卖者（垄断）在国内市场上经营。我们将会发现，当合资企业如同一个垄断厂商那样行动时，价格会较高，产量会较低。只要合资企业的边际成本曲线等于单个竞争企业的边际成本曲线的水平加总，就总会出现这种情况，这就是市场支配力效应，它会给国内经济造成无谓的福利损失，即消费者剩余减少，减少的数额超过生产者所获得的相应收益。然而，如果合资企业能够实现任何一个母公司在以前所无法获得的生产率收益，国内的福利就会增加。这是因为，生产既定数量的产出，本国现在只需要使用较少的资源。合资企业究竟会提高还是减少国内的福利，要取决于这两种相反作用力的大小。

图 9.3 说明了两个母公司在它们所在的市场组建合资企业的福利效应。假设日本的索尼汽车公司和美国的美洲汽车公司是美国市场上仅有的两家生产和销售汽车的企业。假定每家企业的长期成本均固定不变，这意味着在任何产量水平上，平均总成本总是等于边际成本。在组建合资企业前，每家企业的成本曲线为 $MC_0 = ATC_0$，数额为 10 000 美元。于是，$MC_0 = ATC_0$ 就表示汽车的长期市场供给曲线。

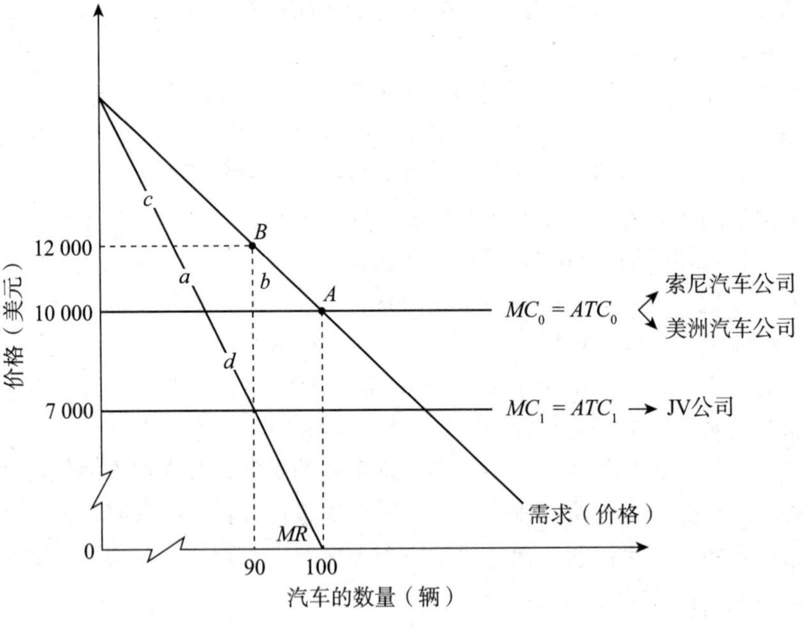

图 9.3　国际合资企业的福利效应

注：国际合资企业既会产生减少福利的市场支配力效应，又会产生增加福利的成本削减效应。成本削减效应可能来自资源价格的降低，或者技术和生产率的提高。如果成本的下降是由于技术和生产率的提高，并且下降的幅度远远大于市场支配力效应，那么合资企业的建立就会改善国内福利状况。

假定索尼汽车公司和美洲汽车公司最初是竞争对手，按照边际成本制定价格。在图 9.3 中，市场在点 A 处达到均衡，以每辆 10 000 美元的价格售出 100 辆汽车。消费

者剩余等于面积 $a+b+c$。因为汽车的供给曲线是水平的，所以不存在生产者剩余（回想一下，生产者剩余等于从零到均衡产量的每一个产量水平上，市场价格与供给曲线所表示的最小价格之间的差额的总和）。

现在，假设两个竞争对手成立了一家合资企业 JV 公司，由其在美国市场生产和销售汽车，两个母公司在美国市场上出售的汽车被 JV 公司的产品所取代。

假定组建 JV 公司的目的是为了采用新技术，提高生产效率，削减成本。令 JV 公司的新成本曲线为 $MC_1=ATC_1$，数额为 7 000 美元。作为一个垄断者，JV 公司会在边际收益等于边际成本的水平上进行生产，从而实现利润最大化。因此，市场均衡点位于点 B，均衡价格为每辆 12 000 美元，均衡数量为 90 辆汽车。价格的上涨减少了消费者剩余，数额等于面积 $a+b$。在这一数额中，面积 a 作为生产者剩余转移到了 JV 公司，面积 b 没有转移给 JV 公司，成为美国福利的无谓损失（消费效应）。

与这种无谓福利损失相对应的是 JV 公司的效率效应，即每辆汽车的单位成本由 10 000 美元下降到 7 000 美元。在 90 辆汽车利润最大化的产出水平上，JV 公司的生产成本比母公司的生产成本减少了面积 d，代表了额外的生产者剩余，也是美国经济的福利收益。通过分析，可以得出结论：如果面积 d 大于面积 b，成立 JV 公司对美国来说就是合理的。

我们已经假定，JV 公司能够削减成本，这是任何一个母公司单枪匹马时所无法做到的。不过，降低的这些成本是否有利于美国的整体经济，还要取决于它们的来源。如果成本的减少是因为生产率的提高（比如，新的工作规则提高了每个工人的产出），整个经济就会存在福利收益，因为生产既定数量的汽车只需要使用较少的资源，多余的资源可以转移到其他产业。然而，JV 公司成本的降低也可能是由于货币方面的原因。作为一个新建的企业，JV 公司可以让国内工人在工资谈判上让步，而美洲汽车公司就做不到这一点。在这种情况下，成本的降低是因为国内工人的工资转变成了 JV 公司的利润，并没有对经济体产生总体福利收益。

9.8 对跨国企业的争议

跨国企业直接影响母公司所在国和子公司所在的东道国，支持者经常宣讲跨国企业为这些国家带来的收益，包括增加了投资和资本，创造了新的就业机会，发展了技术及生产过程。但是，批评者却指出，跨国企业经常制造贸易限制，与本国的经济和政治目标发生冲突，并对一国的国际收支造成不利影响。这些观点也许解释了，对于对外直接投资，为什么一些国家皱眉头，而另一些国家却鼓掌欢迎。本节考察一些关于跨国企业争议较大的问题。虽然不管母公司位于哪里，都要面临相同的问题，但在此主要引用美国的跨国企业。

□ 9.8.1 就业

在关于跨国企业的讨论中，争议最大的问题之一就是它对来源国和东道国就业的影响。跨国企业经常宣称，它们的对外直接投资让东道国的劳动力受益颇多。确实，在加拿大建立新的跨国汽车制造工厂将会为加拿大的工人创造更多的就业机会。但是，跨国企业对就业的影响不能一概而论。当国外跨国企业的直接投资是用来购买已经存在的当地企业而不是建立新企业时，跨国企业的投资支出可能不会带来额外的生产能力，对东道国的就业也就不能产生显著的影响。跨国企业从国外雇用经理人和其他高层人员，掌管东道国的子公司，也容易产生问题。在沙特阿拉伯的美国石油企业中，沙特阿拉伯人越来越多地要求他们自己的国民担任高层职务。

对收入来源国来讲，工作岗位的减少和廉价的外国劳动力是本国工人最为关注的问题。因为工会只在单个国家发挥作用，跨国企业的多国本质使得它们可以逃避许多国内工会的集体讨价还价。有关人士还指出，跨国企业在设立子公司时，往往挑选那些劳动力市场支配力较弱的国家。

跨国企业对东道国和收入来源国的就业最终会产生什么样的影响，似乎部分取决于时间的长短。在短期内，当生产转移到海外时，来源国的就业可能会下降。但随着时间的推移，来源国的其他产业的国外销售额将不断增长，这是因为，外国劳动力在生产的同时也要消费，当就业和收入因投资的增加而上升时，他们购买的商品也会越来越多。争论可能主要源于这样一个事实：跨国企业推动技术迅速变革，并把生产性企业转移到东道国，虽然这种做法可能会在长期内增加全球福利，但来源国在短期内面对的劳动力的潜在调整问题也不容忽视。

□ 9.8.2 卡特彼勒解雇加拿大机车工人

如果一个企业在雇用工人时有更多的选择，那么这个企业降低劳动力成本的能力就更强。以卡特彼勒为例，卡特彼勒公司总部位于美国伊利诺伊州皮奥瑞亚，全球重要的重型机械、柴油机、建筑采矿机械和拖拉机等制造企业。

2012 年，卡特彼勒关停了持续营业 62 年的加拿大安大略省伦敦市铁路机车厂，该厂雇工大约有 450 人。加拿大汽车工人工会将这一行为视作卡特彼勒管理层自私的表现。此外，加拿大汽车工人工会指出，在宣布关停加拿大工厂的同时，卡特彼勒立刻就公告在印第安纳州曼西市开设新工厂。在这个工厂中，工人有权加入工会，但是并不被强迫加入工会。卡特彼勒清楚地表示，公司将不会与曼西工厂工会代表进行任何协商。为什么？

由于曼西市失业率较高且工人普遍没有加入工会，卡特彼勒支付曼西市工人的工资只有加拿大工人的一半：卡特彼勒曼西市工厂工人的工资为每小时 12～18.50 美元，相比较，加拿大工厂工人的工资则高达每小时 35 美元。鉴于加拿大安大略省的劳动力工资较高，卡特彼勒曾经要求当地工人工资减少一半，但是遭到了加拿大汽车工人工会的拒绝。经过 10 个月的谈判，没有任何成果，卡特彼勒公司宣布工资纠纷无法解决，于是关停了工厂，不允许工人进入。除了把工厂搬到曼西市之外，卡特彼勒还调高了巴西和墨西哥业务的总量，这两个国家的劳动力成本比美国更低。

卡特彼勒关停工会化工厂的做法与其竞争对手通用电气的做法不同：2011 年，通用电气平和地同工会代表谈判，签订了为期四年的劳动合同，每年增加工资大约2.25%。由此，通用电气宾夕法尼亚州伊利市工厂的工人工资达到每小时25～36美元，大约是曼西市工人工资的两倍。通用电气表示，公司将在得克萨斯州沃斯堡市开办另一家机车工厂，这个新工厂的工人工资更低，而且工会化程度也较低。①

□ 9.8.3 技术转移

除了加剧就业机会流失之外，跨国企业还会促进技术（知识和技能）向其他国家转移，这一过程称做**技术转移**（Technology Transfer）。

技术一直被看成是一种传染病，接触的人越多，传播就越远，传播的速度就越快。国际贸易是不同国家的人们进行接触的一条渠道，通过贸易一国公民可以了解其他国家的产品。对外直接投资为技术转移提供了一种更为有效的途径。当拥有技术优势的外国企业在当地建立子公司时，子公司和当地企业之间的人员交往就会比公司设在国外时更加频繁，关系也会更加密切。

在促进技术转移方面，国际贸易和对外直接投资还可以产生"示范效应"，企业在展示其产品生产方法的同时，也向其他公司传递了重要的信息，即这样的产品不仅存在，并且可以使用。竞争效应也有助于技术扩散，当外国企业生产出一种受消费者欢迎的卓越产品时，其他企业就受到了威胁，为了生存，它们不得不进行创新，提高其产品质量。

虽然技术转移会提高东道国的生产率和竞争力，却有可能遭到技术输出国的反对，因为技术转移不利于它们经济的发展。输出国认为，跨国企业在海外建立生产企业会降低它们的出口潜力，使其工人失去工作机会。如果与外国分享技术知识，输出国就会最终丧失国际竞争力，因此导致经济增长率的下滑。

接下来考察20世纪90年代中期美国向中国进行技术转移的情况。经过几十年的相互敌对之后，美国期望在20世纪90年代末期，中国加大对世界的开放，并参与自由贸易，由此外国可以按照比较优势理论与中国开展贸易。相反，中国利用其外国产品大买家的地位来吸引跨国企业在中国实施当地化生产，并向当地转移技术，以帮助中国提高竞争力。跨国企业愿意提高竞标价格来赢得中国政府的支持，由此，中国在获得技术溢出利益方面处于有利地位。

例如，微软公司与中国当地合作者共同开发了中文版的Windows 95，并且同意援助中国发展软件产业。另一个案例是通用汽车，为了打败福特，从而赢得在上海合作生产轿车的权利，通用汽车同意以大量零部件为资本来建立合资企业，并在中国设计了多种车型，同时还同意建立五个研究机构，来引导中国设计师把诸如动力火车和燃料喷射

---

① James Hagerty, "Caterpillar Closes Plant in Canada After Lockout," *The Wall Street Journal*, February 4, 2012, p. B-1. 也可参阅：James Hagerty and Alistair MacDonald, "As Unions Lose Their Grip, Indiana Lures Manufacturing Jobs," *The Wall Street Journal*, March 18, 2012, pp. A-1 and A-12; Shruti Date Sing, "Caterpillar Factory Closing Deal Ratified by CAW," *Bloomberg News*, February 23, 2012。

式系统等领域的技术理论应用于商业用途。

美国跨国企业认为，向中国转移技术在很大程度上是无风险的，因为中国要成为美国强有力的竞争对手还需要几十年的时间。然而，20 世纪 90 年代中期，不断增加的技术转移越来越受到美国工会的反对，其担心中国工资较低的工人将会替代其成员，从而造成失业。美国政府官员也担心技术转移极有可能创造出一个竞争对手。接下来考察一下通用电气公司向中国转移技术的情况。

通用电气进入中国市场的权衡：短期销售与长期竞争

几十年以来，通用电气为了增强其发电设备在中国市场的竞争力，采取了有效的战略，即以最低的价格销售最好的设备。然而，截止到 21 世纪头十年，这一战略方案发生了变化。除了以竞争性价格提供高质量的燃气涡轮机之外，通用电气还同意与中国企业分享生产涡轮机的先进技术。考虑到价值几十亿美元的涡轮机合同，通用电气、三菱、西门子和其他竞争者与中国国有电力企业成立了合资企业。通用电气也必须向新的合作者转移燃气涡轮机的生产技术和先进的制造设计规格，而这些技术的研发耗费了通用电气超过 5 亿美元的成本。通用电气的管理层希望保护其花费了大量资金投资的技术。

中国大规模的电力市场使得通用电气的决策层相信，这一市场值得寻求，即使需要技术转移。由于美国电力企业和机构过去热衷于扩大生产规模，国内燃气涡轮机市场非常有限。另外，中国有望在不久的将来每年花费 100 多亿美元来兴建发电厂。因此，通用电气的管理层面临着在中国的短期销售和长期内来自中国的制造者竞争之间的权衡。最后，通用电气赢得了 13 台燃气涡轮机的订单，同时也同意与中国的合作企业分享技术。

在与通用电气进行燃气涡轮机的合资生产之前，中国制造商只拥有生产效率不太高的蒸汽涡轮机技术，这一技术部分来源于先前的合资企业，如西屋电气公司。然而，中国需要生产效率更高的燃气涡轮机技术。

通用电气的管理层意识到中国不可能马上在先进产品的生产上形成竞争力，如燃气涡轮机。过去，即使在获得外国企业的专业技术之后，中国企业在充分利用技术并在世界市场上获得竞争力方面也不具优势。此外，在中国企业掌握了最初从通用电气那里获得的技术之后，通用电气又开发出了更加先进的技术。但是，中国官方期望通用电气和其他竞争对手之间就电力设备进行新一轮竞标，那时中国政府希望达成获利更大的技术分享协议。①

波音公司向中国转移技术

另一个技术转移的案例是波音公司。自 20 世纪 70 年代，波音公司的飞机在中国占有很大的份额。中国商业飞机市场的一半份额归属波音公司。分析人士估计，2013—

① “China's Price for Market Entry: Give Us Your Technology, Too,” *The Wall Street Journal*, February 26, 2004, pp. A-1 and A-6.

2030 年，中国将从波音公司购买大约 5 000 架飞机，价值大约 6 000 亿美元。波音公司未来可能失去这一市场份额吗？

通常，中国要求波音公司并购当地中国相关企业，与当地企业分享技术知识产权。这样，波音公司也可以借此扩大市场份额。

为了获得中国的波音 787 梦幻客机订单，波音公司把大量零部件的生产外包给中国企业（同时也交给欧洲和日本的企业生产），同时还将技术转移给中国当地企业。波音 787 推出之前，波音公司基本上完全控制着飞机的设计，为外国零部件生产企业提供确切的生产说明，最大的例外就是飞机的发动机，通常由劳斯莱斯、普拉特·惠特尼公司（Pratt and Whitney）和通用电气提供。波音 787 之后，波音公司开始放弃这个策略，把本公司的生产资料提供给许多供应商，比如《如何建造商业飞机》这个手册是波音工程师花费五年时间编写的，可以让国外供应商深入了解飞机的制造工艺。

中国商飞是政府扶持的一家中国飞机制造企业，计划在 2016 年推出第一架飞机。制造飞机要求的技术水平非常高。2012 年，波音公司和中国商飞成立了一家合资公司，共同致力于研究生物燃料和燃料节约技术。合资企业专注于新技术研究，在这一合资企业中中国研究人员可以与波音工程师一起工作，并向他们学习。

□ 9.8.4 国家主权

有关跨国企业行为的另一个有争议的问题，是它们对来源国和东道国政治及经济政策的影响。许多国家都担忧跨国企业的存在会削弱东道国的主权。例如，跨国企业可能阻碍政府税收对国民收入的再分配功能。它们会利用会计上的技巧，把利润转移到海外，逃避东道国的税收。为了避税，跨国企业还可能提高在低税率国家子公司的产品价格，以减少在高税率国家从事的经营活动的利润，事实上，它的大多数业务都是在高税率国家进行的。

正如智利的例子所说明的那样，跨国企业的政治影响也遭到许多质疑。多年以来，美国企业在智利从事直接投资，多数投资集中于铜矿开采。当萨尔瓦多·艾林德（Salvador Allende）竞选总统时，美国企业因为担心在智利的工厂被东道国没收而横加阻挠。国际电话电报公司不但多方阻止艾林德的当选，还试图煽动国内动乱，以使艾林德下台。跨国企业干涉东道国事务的另一个例子是联合品牌（United Brands，现为 Chiquita)，它是一家从事食品生产的跨国企业。1974 年，该公司动用 125 万美元贿赂洪都拉斯总统以削减香蕉的出口关税。东窗事发后，总统不得不引咎辞职。

存在争议的领域还有很多。假如美国对一国实施禁运，而总部设在美国的跨国企业在加拿大的子公司却与该国进行贸易，美国的政策制定者应当将这种做法裁定为非法行为吗？一般说来，母公司会对加拿大的子公司施加压力，要求其遵守美国的对外政策。在国际危机期间，跨国企业为了避免汇率波动所带来的损失（或者为了赚取汇率波动所带来的利润），可能会把资金快速地从一个金融中心转移到另一个金融中心，这种做法使得各国政府难以稳定本国经济。

在各国相互独立并且生产要素自由流动的世界中，损失一点国家主权常常被视为一项不可避免的成本。只要外国通过直接投资控制了本国的生产设施，就可能会伤及国家主权。国际劳动分工和专业化的福利收益是否能够补偿国家独立性的削弱，取决于政策制定者及其公民的价值判断。

□ 9.8.5 国际收支

要了解跨国企业如何影响一国的国际收支，美国就是一个好例子。简单说来，国际收支账户就是反映一国的商品、服务、资本运动（包括对外直接投资）和其他项目价值流入或流出的账户。商品和服务的出口以及资本流入（外国投资流入本国）对一国的国际收支状况起正向效用，而反向的流动则会恶化国际收支状况。表面看来，我们可能会得出这样的结论，当美国的跨国企业进行对外直接投资时，这些支付代表资本从美国流出，因此将减少美国的收支余额。虽然这种看法在短期分析中可能是正确的，却忽略了直接投资在长期内对贸易流动和收入的正向效应。

当美国跨国企业在海外建立子公司时，为了满足开办子公司的需要，一般要购买美国的资本设备和原材料。子公司一旦投产，往往还会从美国购买额外的资本设备和其他原材料投入。两种因素都会刺激美国的产品出口，改善其国际收支状况。

美国对外直接投资对其国际收支的另一个长期影响，是海外经营收入的回流。这种收入包括国外附属企业的收入、利息和红利，以及特许权费用。这些项目产生了收益流入，因此会改善一国的国际收支状况。

□ 9.8.6 转移定价

跨国企业的转移定价一直引发争议，**转移定价**（Transfer Pricing）是指跨国企业各子公司或部门出售商品的价格。例如，公司生产部门将商品出售给国外销售部门，或者外国子公司向母公司提供生产投入品。转移价格可能是任意价格，与生产成本或企业经营无关。转移价格的确定决定了各个部门或子公司的利润，进而影响总税负。

例如，假设戴尔公司在美国生产计算机，芯片从马来西亚的子公司进口，并且假设美国企业所得税是34%，而马来西亚企业所得税是20%。如果戴尔公司让马来西亚的子公司以高价（转移价格）将芯片出售给美国公司，这样，戴尔的成本费用被提高了，就削减了美国公司的盈利。戴尔利用转移定价减少了在美国的应税收入，以避免承受34%的税率，而马来西亚子公司的应税收入增加，但承担的税率较低，只有20%。简而言之，戴尔公司把收入大部分留在低收入国家马来西亚，减少在高收入国家美国的收入，来减少整个企业的税收负担。但是，需要注意一点，马来西亚政府的税收收入增加了，而美国政府的税收收入减少了。因而，一国希望立法禁止这种行为，而另一国则反对这种立法。

美国政府和其他国家政府都十分关注转移定价在跨国企业实现利润中的作用。如果有证据表明跨国企业内部定价不合理，则行为是不合法的。美国税务部门规定，与子公司有关联交易的企业定价必须符合市场价格，跨国企业内部定价应和与其他企业交易的定价一样。这意味着，转移定价必须依照实际发生的生产成本与企业经营状况而定，但是，证明转移定价远低于市场价格是十分困难的。

贸易冲突

☞ **苹果公司利用税收漏洞避税**

当就任总统时，奥巴马表示是时候对转移就业岗位到国外的公司停止减让税收了，应该对留在国内创造就业的公司减税。他此举的目的是：在美国创造更多的就业机会，使税法更加公平，还可以增加政府的收入。奥巴马所说的税收优惠措施是指国外税收减免、税收递延。

根据税法，总部在美国的跨国企业享有减税的政策优惠，减税数额等于国外政府征收的所得税。比如，美国跨国企业的一家爱尔兰子公司的应税收益为10万美元，爱尔兰的企业所得税税率是12.5%，该子公司需要向爱尔兰政府缴税1.25万美元。而美国的企业所得税税率是35%，该部分收益应缴纳3.5万美元税收。根据税法中的税收抵免条款，美国公司只需缴纳税收2.25万美元（=3.5−1.25）。在此，避免重复性缴税是税收减让背后的逻辑。

此外，美国跨国企业还享有税收递延的优势。根据美国税法，只要国外收益没有汇回美国，美国跨国企业就可以递延子公司应缴纳的那部分税收。这相当于政府给企业发放了无息贷款。国外子公司留下这部分资金可用于再投资，而无须缴税。因而，境外子公司在税收这方面与当地企业竞争没有处于劣势。比如，从税收角度看，美国公司可以在中国市场与中国企业、法国企业公平竞争。如果子公司把不用的盈利汇回了美国，那么这部分收益的税收就没有必要递延了。美国跨国企业在美国缴纳的所得税已经减掉了向外国政府交过的税。

跨国企业利用这些税收漏洞避税，苹果公司就是这样一家公司。苹果公司的手机、音乐播放器和其他电子产品凭借质量畅销全球，该公司的设计人员和工程人员也因为非凡的创造力享誉全球。苹果公司的大部分产品设计、软件开发和其他高端业务主要分布在美国。但是，根据这家公司的财务报告，只有30%的利润来自美国。为什么出现这种现象？为了降低税收开支，苹果公司把利润尽可能地截留在税率较低的国家，同时尽可能多地把成本留在税率较高的国家，比如美国。美国企业所得税税率是35%，每一美元税收抵扣35美分；而爱尔兰的税率只有12.5%，每一美元税收抵扣大约只有美国的三分之一。2014年，苹果公司超过三分之二的利润被截留在了海外账户，无须在美国交纳税收。只有在美国的利润或者汇回美国的利润，才会被征税。

虽然苹果公司的做法没有违反税法，但是批评人士指出：苹果公司这样做不公平，应该被整改。由于20世纪交易只发生在一个国家的税收原则越来越不适应21世纪互联网和全球化的发展，税收体系的改革变得愈发重要。从前，人们认为，只要在其他国家生产企业开展业务，必须常设一个机构，也不可能不在这个国家缴税。但是，在当今互联网时代，在数个国家同时开展业务的公司可能在这几个国家都没有缴税。因而，处理国际性避税需要各国之间公平地协商合作。

资料来源：Gary Hufbauer and Martin Vieiro, *Corporate Taxation and U. S. MNCs: Ensuring a Competitive Economy*, Policy Brief, Washington, DC: Peterson Institute of International Economics, April 2013; McKinsey Global Institute, *Growth and Competitiveness in the United States: The Role of Its Multinational Companies*, Washington, DC 2010; Kimberly Clausing, "Multinational Firm Tax Avoidance and Tax Policy," *National Tax Journal*, Vol. 62, December 2009.

9.9 国际劳动力流动：移民

从历史上看，美国一直是国际**移民**（Migration）首选的目标国家。因为大量的移民流入，美国被描述成为世界的熔炉。表 9.5 是从 19 世纪 20 年代至 2011 年流入美国的移民数量。这个时期的移民主要来自西欧，数量最多的 3 个国家是德国、意大利和英国。近些年来，大量的墨西哥人和亚洲人移民美国。移民的动机包括获得更好的经济机会，以及非经济因素，如政治、战争和宗教等。

表 9.5　　1820—2011 年进入美国的移民

时期	数量（千人）
1820—1840	743
1841—1860	4 311
1861—1880	5 127
1881—1900	8 934
1901—1920	14 531
1921—1940	4 636
1941—1960	3 551
1961—1980	7 815
1981—2000	16 433
2001—2011	11 563

资料来源：U. S. Department of Homeland Security, Office of Immigration Statistics, *Yearbook of Immigration Statistics*, 2011 available at http://www. uscis gov/graphics/shared/statistics/yearbook/; U. S. Department of Commerce, Bureau of the Census, *Statistical Abstracts of the United States*, Washington, DC: Government Printing Office, available at www. census. gov/.

国际劳动力流动虽然能够提高世界经济效率，却通常被政府的控制措施所限制。和大多数国家一样，美国也限制移民。伴随 19 世纪至 20 世纪之交的移民浪潮，1924 年美国通过了《移民法案》，除了限制进入美国的移民总数外，该法案还实施了一项配额，对每个国家移民到美国的人数进行限制。由于配额依据的是美国居民中先前从那些国家移入的人数，因此相对于南欧而言，分配制度更倾向于北欧的移民。20 世纪 60 年代末，美国对配额的计算公式进行了修改，使得亚洲移入美国的人数增加了。

□ 9.9.1 移民的经济效应

图 9.4 说明了劳动力移民的经济学。假设世界上只有两个国家：美国和墨西哥，它们最初是相互隔离的。横轴代表美国和墨西哥的劳动力数量，纵轴代表劳动力的工资。每个国家的劳动力需求曲线都由劳动力的边际产量价值（*VMP*）[1] 表示。同时假设，美国和墨西哥的劳动力供给量均固定为 7 个工人，分别记做 $S_{U.S.0}$ 和 S_{M0}。

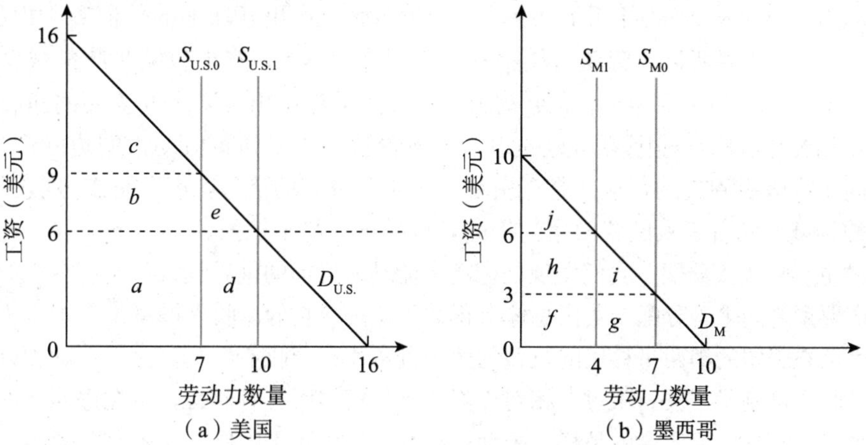

图 9.4 劳动力从墨西哥向美国移民的经济效应

注：在发生移民之前，美国的工资水平高于墨西哥，受这种工资差距的吸引，墨西哥的工人移民到美国，墨西哥的劳动力供给减少，而美国的劳动力供给增加。墨西哥的工资水平将会不断上升，美国的工资则不断下降，直到二者最终相等为止。劳动力移民损害了美国本土工人的利益，却有利于美国的资本所有者，墨西哥的情况刚好相反。由于移民的工人从生产率低的工作转移到生产率高的工作，所以提高了世界的总体产出水平。

每个国家的均衡工资由劳动力的供给曲线和需求曲线的交点决定。在图 9.4（a）中，美国的均衡工资为 9 美元，劳动力的总收入为 63 美元，用面积 $a+b$ 表示。劳动力需求曲线的下方还有一个区域，即面积 c，等于 24.50 美元，代表了国民收入中由资本所有者[2]所获得的部分。在图 9.4（b）中，墨西哥的均衡工资是 3 美元，劳动力的总收入是 21 美元，用面积 $f+g$ 表示。资本所有者获得的收入等于面积 $h+i+j$，数额为

---

① 劳动力的边际产量价值（*VMP*）指的是企业出售其雇用的一个工人生产的产品所获得的收入。换句话说，*VMP*＝产品价格×劳动力的边际产量。*VMP* 曲线就是企业对劳动力的需求曲线。在竞争条件下，企业会发现，雇用的劳动力数量达到劳动力的价格（工资率）等于 *VMP* 这一点时，利润实现最大化。*VMP* 曲线之所以是劳动力的需求曲线，就是这一原理的应用。*VMP* 曲线的位置取决于劳动力的边际生产率和所生产产品的价格。在完全竞争条件下，价格是固定的。因此，劳动力的边际生产率递减决定了劳动力需求曲线向右下方倾斜。

② 我们如何判断区域 c 代表的是美国资本所有者的收入呢？在此假定有两种生产要素：劳动力和资本。将一定数量的劳动力与固定数量的资本相结合，获得的总收入（产出价值）等于这一劳动力数量对应的 *VMP* 曲线下方的面积。在这一面积中，劳动力所占的份额可以用雇用的劳动力数量与工资相乘来计算，剩余的面积就是资本所有者的收入。

24.50 美元。

假设劳动力可以在美国和墨西哥之间自由移动，而且是无成本的，当工资存在差距时，移民就会发生。因为美国的工资水平相对较高，墨西哥的工人会希望移民到美国，参与美国劳动力市场的竞争，并且这一过程将一直持续到两国之间的工资差距消失为止。假设有 3 个工人从墨西哥移民到美国，美国新的劳动力供给曲线移动到 $S_{U.S.1}$；当工资为每小时 9 美元时，劳动力存在超额供给，使得工资下降到每小时 6 美元。在墨西哥，劳动力移民到国外后，新的劳动力供给曲线为 S_{M1}；对劳动力的超额需求将使工资上升到 6 美元。因此，**劳动力流动**（Labor Mobility）的效应就是使这两个国家的工资水平均等化。[①] 接下来进一步估计，由工资水平的差距而导致的劳动力移动如何影响世界经济的效率。在自由移民的情况下，世界的产出是扩张还是收缩呢？对美国来讲，移民使劳动力的供给从 $S_{U.S.0}$ 上升到 $S_{U.S.1}$，产出扩张，产出新增加的价值等于面积 $d+e$（22.50 美元）。在墨西哥，劳动力供给从 S_{M0} 下降到 S_{M1}，产出收缩，产量减少的价值用面积 $g+i$ 代表（13.50 美元）。劳动力的移民给世界产出带来了 9 美元的净收益，这是因为在相关范围内，美国劳动力的边际产量价值高于墨西哥劳动力的边际产量价值。工人被高工资吸引到美国，这些高工资是工人生产率高的信号，因此将工人吸引到其最有效率的领域。随着工人配置效率的提高，世界产出趋于扩张。

移民也影响收入分配。我们发现，劳动力流动所增加的世界收入并没有在所有国家和所有生产要素之间平均分配。美国总体上得益于移民，它的总收入增量是美国本土工人的损失、生活在美国的墨西哥移民的收益与美国资本所有者收益之和。由于劳动力外迁，墨西哥的总收入遭到了损失。不过，相对于墨西哥的资本所有者而言，留在墨西哥的工人的收入增加了。正如前面所说的那样，墨西哥的移民迁移到美国后，收入也会增加。

对美国而言，由移民增加的收入为图 9.4（a）中的面积 $d+e$，总计 22.50 美元。其中，墨西哥的移民获得了 18 美元，用面积 d 表示。面积 e（4.50 美元）是美国的资本所有者因获得了额外的劳动力而增加的收入。然而，墨西哥移民的进入使工资水平由 9 美元下降至 6 美元，美国本土工人的收入减少了 21 美元，即面积 b。这 21 美元转移到了美国资本所有者的手中。

对墨西哥来说，由于劳动力外迁，总收入减少了面积 $g+i$，数额为 13.50 美元。这部分收入由墨西哥转移到了美国。因为工资水平上升，留在墨西哥的工人的收入增加了 12 美元，以面积 h 表示。然而，墨西哥资本所有者的收入减少了，因为只有较少的劳动力供他们使用。

尽管移民可能会降低某些美国本土工人的工资率水平，但是还应该注意到，这些较低的工资率水平将有利于美国的生产者。低工资率还会导致较低的产品均衡价格，从而有利于消费者。从整个社会的角度来看，必须对移民给生产者和消费者带来的收益与工人们因为低工资而遭受到的损失进行权衡。

通过以上分析，我们可以得出结论：劳动力流动增加了世界总收入，使美国的收入

① 工资的均等化假设劳动力的流动不存在任何限制，工人们只关心他们的收入，并且移民对劳动力来说是没有成本的。在现实中，移民到另一个国家存在经济和心理上的成本。这种成本的存在可能只使得少数人认为移民国家的工资收入足够高，能够补偿他们的移民成本。因此，完全的工资均等化不可能发生。

由劳动力向资本再分配，而使墨西哥的收入由资本向劳动力再分配。移民对收入分配的影响类似于墨西哥向美国出口劳动密集型产品。

□ 9.9.2 关于移民的争议

上面的例子清楚地说明了，为什么资本丰裕国家的劳动力经常要求政府采取措施，限制外来移民。因为如果放开移民，他们的工资水平将会下降。正如这个例子所表明的那样，当移民的工人是非熟练劳动力时，工资下降主要影响的是国内的非熟练工人。相反，国内的制造商会支持自由移民，这是它们获得廉价劳动力的一个渠道。

有关外来移民的另一个争议是，他们是否消耗政府的资源。很多国家向经济上的劣势群体提供慷慨的福利金。它们担心，这种福利金会引来大批游手好闲的人，他们不像图 9.4 中的工人那样工作，却享受福利待遇，侵蚀着国内居民和积极工作的移民们的福利。不过，财政的负担并不是不能减轻。外来移民的子女很快就会成为劳动力，并开始纳税，他们不仅供养自己的孩子，还会赡养父母。在两代问题上，绝大多数的移民家庭有一个相似之处，即它们给财政造成的负担与其他本国人并没有什么两样。当考虑到所有这些因素时，多数的长期统计资料均表明，外来移民对财政作出了正的净贡献。

发展中国家有时也对开放的移民政策心存顾虑，担心**人才流失**（Brain Drain），即受过高等教育、有一技之长的劳动力从发展中国家移民到工业化国家，从而限制了发展中国家经济增长的潜力。美国和其他工业化国家的移民法加剧了发展中国家的人才流失，它们为高素质的人才移民大开方便之门，而限制非熟练工人移民。

在上面的移民例子中，我们暗含了一个假设：墨西哥工人移民的决定或多或少是永久性的。但在现实中，很多劳动力移民都是临时性的，尤其是在欧盟。譬如，法国等国家会在需要的时候，临时允许外国工人移入本国，这些工人就是所谓的**客座工人**（Guest Workers）。如果发生经济衰退，不再需要外国工人，法国就将拒绝发放工作许可证。借助这种做法，法国在经济扩张时期不至于出现劳动力短缺，而在衰退时期又不会出现劳动力过剩。然而，劳动力调整问题却被转移到了劳动力的移出国。

在劳动力的国际流动中，还存在着非法移民问题。在美国，这一问题已经成为政治上的烫手山芋。数百万的非法移民在地下经济中找到工作，获得的报酬通常低于最低工资水平。据估计，美国有 300 万～1 500 万的非法移民，大多来自墨西哥。对于美国，尤其是西南部各州，墨西哥的移民的进入提供了廉价的农业劳动力和非熟练工人。对墨西哥来说，向外移民既是外汇的主要来源，也是应付国内失业问题的缓冲器。非法移民的涌入使得美国非熟练工人的收入趋于下降，因此对美国本土居民的收入再分配产生影响。对于影响的大小，大家莫衷一是。

另外，外来移民不仅使一国经济多元化，而且可能促进经济增长。正是因为移民通常与本土居民存在差别，经济整体上才能够获利。在许多情况下，移民的加入既带来价格的下降，使所有消费者获益，又能增加国内生产产品的种类，而单靠本土居民，产品不会这么丰富。如果移民与本土居民没有差别，外来移民就只会增加人口和经济的规模，不会对人均收入的增长速度产生影响。外来移民如果技能水平较高，有创新精神和企业家精神，能吸引资本，能在人才缺乏的行业工作，那么他们就越能推动经济的发展。

从图 9.4 中我们已经了解到，外来移民增加了经济中的劳动力供给。如果所有工人都是同质的，市场的整体工资水平将会下降。但并不是所有的工人都是同质的，有些本土工人与移民拥有相似的技能，将与移民竞争工作岗位，而其他人则会和移民一道工作，互相取长补短。这种技能上的差别意味着，不是每个本土工人的工资都要下降。与移民竞争的工人（被移民替代的工人）的工资将比不存在移民的时候低，而与移民存在互补关系的工人的工资将会提高。对不同国家的大量分析发现，移民占国内人口份额增长的 10%，本土工人的工资最多减少 1%。这一结果表明，多数的外来移民并没有替代本土劳动力——无论是熟练劳动力还是非熟练劳动力，相反，移民补充了国内劳动力市场。①

移民的提倡者认为，儿童不是一出生就开始工作的，培养一个成年工人需要在衣、食、住、教育和其他抚养费用方面投入大量开支，这些人力资本形成过程中的投资是巨大的。而移民工人与新生婴儿不同，一旦移民进入就可以参与生产活动，其人力资本形成过程中的大部分成本都由移出国家承担了。因为大多数移民正处于一生中相对最具有生产能力的阶段，较高的移民比率通常会提高劳动人口在总人口中的比重，继而人均收入增加。

出于未来社会安全的考虑，也应支持放松移民限制政策。美国的婴儿出生率不断下降，并且在未来几十年里，在职人员的退休率不断提高，因此，年轻移民的增加有助于缓解这一问题。

□ 9.9.3 美国应当学习加拿大的移民政策模式吗?

如美国一样，加拿大的移民对于这个国家社会文化的发展起了重要作用。由于人口稀少、未开发的地域辽阔，加拿大推行自由移民政策，借此推动经济的发展。现在，加拿大人口老龄化的压力日益增大，为了增加人力资源储备，加拿大移民制度积极鼓励高技能且掌握双语的年轻人移民加拿大。加拿大的移民政策不把外来移民看成敌人，而是视作对经济发展不可或缺的朋友，这些“朋友”提供的劳动力和技能对于经济发展至关重要。

如今，加拿大的移民来自 200 多个国家或地区，其中中国、印度和菲律宾是移民最大来源地。移民人口的增长主要集聚在大城市，比如蒙特利尔、多伦多和温哥华。

加拿大的移民可以分为三类：第一类是加拿大居民的近亲；第二类是市场急需的技能型人才和企业管理人员；第三类是政治或者人权避难人员。利用积分制度，加拿大决定让哪些人员成为其公民。移民申请者不一定有一份工作或者雇主，如果掌握法语或者英语、学历水平高或者工作经历丰富，就有加分政策。

加拿大移民事宜由联邦政府和各省政府共同管理。各省根据自身的人口数量拥有一定移民名额。省政府有权决定以何种理由吸纳移民，也有权选取何人成为本省移民。联邦政府无权质疑各省的移民标准和方法，但是负责审核移民的安全、犯罪记录和身体健康背景。联邦政府发放一定永久居民名额给技能工人，也为医院、食品和油气提炼行业移民人员发放短期签证。

为什么加拿大敞开怀抱、欢迎外来移民呢？因为加拿大必须这么做。加拿大人意识到，移民带来了积极影响，比如促进经济发展，为土生土长的本地人创造新的就业机

① Friedberg, R. M. and J. Hunt, "The Impact of Immigrants on Host Country Wages, Employment and Growth," *Journal of Economic Perspectives*, Spring 1995, pp. 23–44.

会。加拿大的大部分移民是高技能工人，对经济的发展产生正面影响。此外，加拿大人口稀少，生育率低，需要移民的流入来促进人口增长和经济发展。

加拿大绿卡中大约三分之二的发放都是因为经济因素；相比之下，美国三分之二的绿卡都是发放给美国本国居民的亲属。加拿大人把多样文化看做本国的一大特色，把移民视为社会结构中不可或缺的部分。他们认为，受多种观点、多种文化影响的人更容易具有合作精神，更容易求同存异，通过学习交流，也可以提升生产效率。另外，加拿大不担心非法移民。虽然美国和加拿大边界横亘绵长，但是大多数美国人并不希望移民到加拿大。换言之，美国成为了加拿大阻挡非法移民的缓冲区，降低了加拿大对于非法移民的忧虑。

加拿大奉行开放的移民政策，积极接纳本国急需、追求上进的高技能移民。加拿大已经成为一个名副其实的移民国家，其中总人口的 20%出生在外国，而这一数字在美国只有 13%。大多数加拿大人认为，人才的流入提升了加拿大经济发展的活力。

2013 年，加拿大开始修改移民制度，更加强调申请者的工作技能和英语或法语的语言沟通能力。修改移民制度的目的是缓解原有居民和新移民之间的收入差距，减小移民在工资层面低于本地居民的差距。新移民制度将考察移民申请者是否有工作安排、是否拥有市场急需的技能，比如数据处理能力。此外，加拿大还将考察移民申请者的适应能力，比如曾经在加拿大待过多长时间。修改过的移民制度究竟有什么影响？让我们拭目以待。①

贸易冲突

美国的移民政策是否会损害本国工人的利益？

移民对美国本国工人不利吗？一些分析人士认为，移民带来的正面净影响非常小，在政治辩论中，移民可以带来好处的论据站不住脚。然而，另外一些人士不这样认为，他们认为移民对经济产生很大有益影响。他们表示，大量技能水平高的移民可以为本国工人创造新的就业机会，而技能水平低的移民可以填补美国本地人不想从事的工作岗位，比如餐厅帮厨、苹果和樱桃等水果采摘、办公楼打扫卫生等，从而移民为经济的发展增添了活力。

目前美国居民中大部分是过去 150 年间定居在美国的移民的后代。然而，考虑到移民对国内劳动力所产生的影响，美国出台了若干法律来限制移民。尤其是工会主张实施更加严格的移民政策，依据是移民降低了国内居民的工资水平和就业水平。

① Alistair MacDonald, "As Disparities Grow, Canada Tightens Its Immigration Rules," *Wall Street Journal*, August 31, 2013; A. E. Challinor, *Canada's Immigration Policy: A Focus on Human Capital*, Washington DC: Migration Policy Institute, September 2011; Fareed Zakaria, "Global Lessons: The GPS Roadmap for Immigration Work," *CNN TV Special*, June 10, 2012; E. G. Austin, "Immigration: The United States v Canada," *The Economist*, May 20, 2011; Elisabeth Smick, *Canada's Immigration Policy*, Council on Foreign Relations, New York, July 6, 2006.

在1921年《配额法》出台之前，美国都没有实质性的移民限制措施。这一法律按照来源国分配允许移民进入的数量配额。《配额法》主要限制来自东欧和南欧的移民。1965年，《移民和国籍法修正案》废除了国别基础上的配额制度，并规定了允许进入美国的移民的最大数量。根据这一修正案，为了实现家庭团聚的移民可享受优惠待遇；那些拥有独特技能的移民也被允许优先进入；然而，没有对允许进入美国的政治避难者的移民数量进行限制。当然，并不是所有的移民都是通过合法的途径进入美国的。个人通常凭借学生或者旅游者签证进入美国，而从事有悖其签证身份的工作。还有其他个体没有有效的美国签证，非法进入美国。1986年，《移民改革和控制法案》通过对雇用非法移民的雇主处以高额罚金，解决了非法移民的问题。

1996年《非法移民改革和移民责任法案》对移民实施了若干新的限制措施。定居家庭在收入至少高于贫困线125%的情况下，才能接受移民。这一法案也要求移民归化局严格登记非居民外国人的进入和退出。

9.10 小结

1. 投入要素的国际流动是当今世界经济的一大特征，跨国企业在这个过程中发挥着核心作用。

2. 对于什么是跨国企业，没有统一的定义。跨国企业最突出的一些特征包括：（1）股权和管理在本质上是多国的；（2）公司总部可能与具体业务的发生国距离很远；（3）国外销售额占总销售额的比重很高。

3. 跨国企业通过纵向、横向和混合一体化进行多元化经营。

4. 影响对外直接投资决策的关键因素包括：（1）市场需求；（2）贸易限制；（3）投资管制；（4）劳动力的生产率和成本。

5. 如果计划在海外开展业务，一个企业必须决定是在国外设立（或者购买）工厂，还是给予外国企业特许经营权，允许其生产自己的产品。

6. 跨国企业理论基本符合比较优势理论的预测。然而，传统的贸易理论假设商品的贸易发生在相互独立的竞争企业之间，而跨国企业经常采用纵向一体化贸易，大量的销售发生在公司内部。因此，跨国企业可能使用转移定价实现公司总利润的最大化，而不是实现单个子公司利润的最大化。

7. 近些年，越来越多的企业与先前的竞争对手通过组建合资企业开展合作。国际合资企业既能产生福利增加的效应，也会产生市场支配力效应。

8. 对于跨国企业，争议最大的问题包括：（1）就业；（2）技术转移；（3）国家主权；（4）国际收支；（5）税收。

9. 劳动力的国际迁移有经济方面的原因，也有非经济方面的原因。对移入国来说，移民会增加产出，降低工资水平；而对来源国来说，移民会减少产出，提高工资水平。移民将使世界总产出净增长。

9.11 关键概念及术语

- 人才流失（Brain Drain）
- 混合多样化（Conglomerate Diversification）
- 国家风险分析（Country Risk Analysis）
- 对外直接投资（Foreign Direct Investment）
- 客座工人（Guest Workers）
- 水平一体化（Horizontal Integration）
- 国际合资企业（International Joint Ventures）
- 劳动力流动（Labor Mobility）
- 移民（Migration）
- 跨国企业（Multinational Enterprise，MNE）
- 技术转移（Technology Transfer）
- 转移定价（Transfer Pricing）
- 移植工厂（Transplants）
- 垂直一体化（Vertical Integration）

9.12 习题

1. 跨国企业可以在东道国和母国间进行纵向、横向以及混合型的多元化经营，区别这些多元化经营方法。

2. 美国企业的对外直接投资主要集中在国外的哪些产业？外国人在美国的直接投资主要集中在哪些产业？

3. 为什么美国对发展中国家直接投资的回报率通常超过对工业化国家投资的回报率？

4. 企业进行对外直接投资的最重要动机是什么？

5. 跨国企业的含义是什么？

6. 在什么条件下一个企业希望通过扩展许可或特许经营的方式进入外国市场，在当地生产它的产品呢？

7. 对东道国和来源国来说，围绕跨国企业的争议主要有哪些？

8. 跨国企业理论与比较优势的传统模型相比，是基本一致，还是不一致？

9. 相互竞争的企业之间组成国际合资企业既会带来福利收益，也会导致福利损失。试举出一些例子。

10. 劳动力移民对移民接收国、移民移出国以及世界总体分别产生什么影响？

11. 表 9.6 为 ABC 公司和 XYZ 公司的收入状况，它们是美国计算器市场上的竞争者。每个公司都具有不变的长期平均成本（$MC=AC$），每台计算器 4 美元。在图纸上画出企业的需求曲线、边际收益曲线和边际成本（平均成本）曲线。根据这些信息，回答下面的问题。

表 9.6　价格和边际收益：计算器

数　量	价格（美元）	边际收入（美元）
0	9	—
1	8	8
2	7	6
3	6	4
4	5	2
5	4	0
6	3	−2
7	2	−4

a. 如果 ABC 公司和 XYZ 公司是竞争对手，那么均衡价格为________美元，均衡产出是________。在均衡价格水平上，美国家庭获得的消费者剩余为________美元，而公司的利润总和是________美元。

b. 假设两家企业合资组建一家新的公司 JV，代替两个母公司在美国计算器市场上进行生产和销售。假设 JV 公司是个垄断者，它的单位成本（$MC=AC$）为 4 美元，公司的产出将是________，价格为________美元，总利润为________美元。与 ABC 公司和 XYZ 公司相互竞争时的市场均衡位置相比，JV 公司的垄断给消费者剩余造成的无谓损失为________美元。

c. 假设 JV 公司的组建带来了技术进步，单位成本降到 2 美元。在图中画出新的 $MC=AC$ 曲线。如问题 b 所描述的那样，JV 公司会导致消费者剩余的无谓损失。成立 JV 公司对美国福利的净效应为________美元的收益/损失。如果 JV 公司成本的减少是因为 JV 公司的美国雇员作出了工资让步，那么美国的净福利收益/损失将会是________美元。如果 JV 公司的成本减少来自由工作规则的变化而导致的高生产率，美国的净福利收益/损失将为________美元。

12. 表 9.7 为假设的美国劳动力的需求和供给。假设只存在劳动力和资本两种生产要素。在图纸上画出劳动力的需求和供给曲线。

表 9.7

工资（美元）	需求数量	供给数量$_0$	供给数量$_1$
8	0	2	4
6	2	2	4
4	4	2	4
2	6	2	4
0	8	2	4

a. 在没有移民时，美国的劳动力供给用曲线 S_0 表示。均衡的工资率为________美元，支付给美国本土工人的总工资为________美元，而美国的资本所有者获得的收益为________美元。

b. 假设中国香港移民流入，导致美国总的劳动力供应量增长到 S_1，工资将会上升/下降到________美元，支付给美国本土工人的工资总和为________美元，来自中国香港的移民获得的收入为________美元，美国的资本所有者得到的收入为________美元。

c. 美国生产要素中的哪一个将会从移民中获利？美国生产要素中的哪一个可能抵制允许中国香港工人自由移民到美国的政策？

第 2 部分
国际货币关系

第 10 章 国际收支平衡表

当美国与其他国家进行贸易时，多种类型的财务交易的记录被统称为国际收支平衡表。本章通过研究一国国际收支平衡表的性质和意义来考察国际贸易的货币关系。

国际收支平衡表（Balance of Payments）是一国居民与他国居民之间进行经济交易的记录。通常情况下，各国记录其国际收支平衡表的周期为1年，然而美国和其他某些国家记录其国际收支平衡表的周期为1个季度。

国际交易是一国居民与他国居民之间进行的商品、服务以及资产的交换。但是“居民”的含义是什么呢？一国的居民包括以该国作为法定居住地的公司、个人以及政府机构。某公司属于其注册国的“居民”，但是它的海外分支机构或子公司却不属于该国的“居民”；暂时居住在国外的军人、政府外交官员和旅游者属于其公民身份所属国家的居民。

10.1 复式记账

通过国际收支账户记录国际交易，需要将每一项交易都按借方或贷方分类。**贷方交易**（Credit Transaction）是从国外居民处获得支付的交易；贷方通常记为“＋”。**借方交易**（Debit Transaction）则是向国外居民进行支付的交易。借方通常记为“－”。为了阐明二者的区别，假设交易发生在美国居民与非美国居民之间，而且所有的支付都用美元计价。

从美国的角度来看，下列交易的结果是从国外得到美元，记入贷方账户（＋）。

- 商品出口。
- 运输及旅游收入。

- 通过海外投资获得的收入。
- 外国居民捐赠。
- 外国政府援助。
- 外国居民在美国的投资。

与之相对应，从美国的角度来看，下列交易计入借方账户（－），因为它们向外国进行了支付。

- 商品进口。
- 运输及旅游支出。
- 支付给外国投资者的收入。
- 向外国居民的捐赠。
- 美国政府给予的援助。
- 美国居民的海外投资。

虽然我们使用了“贷方交易”和“借方交易”这两个术语，实际上每一项国际交易都涉及资产的交换，同时包含借、贷两个方面。借方的每一项都与贷方平衡，反之亦然。因此记录任何国际交易都有两个互相抵消的项目。换句话说，国际收支账户使用的是**复式记账**（Double Entry Accounting）系统，下面用两个例子来说明复式记账法。

例 1

IBM 公司向德国一家进口商出售了价值 2 500 万美元的计算机。货款用汇票支付，这就增加了纽约银行在其波恩联行的账户余额。由于这项出口使美国的财产转移到国外并获得收入，因此在美国的国际收支平衡表内作为一项贷方交易。美国对德国银行财务方面的债权增加了，因此 IBM 公司获得的货款被德国银行划归为一项短期资本移动。美国的国际收支记录如下所示：

	贷方（＋）	借方（－）
商品出口	2 500 万美元	
短期资本移动		2 500 万美元

例 2

某美国居民拥有一家日本公司发行的债券，并获得 10 000 美元的利息收入。利息支付后，纽约银行东京分行的账户余额增加了。这项交易对美国国际收支的影响如下：

	贷方（＋）	借方（－）
利息收入	10 000 美元	
短期资本移动		10 000 美元

这两个例子说明了每一项国际交易都有借方和贷方两个方面。假如我们把贷方所有的款项相加，再减去借方所有的款项，净额为零，即贷方总和总是等于借方总和。这意味着总的国际收支账户必须总是平衡的，不会存在盈余或赤字的情况。

虽然根据定义，国际收支必须在总体数量上保持平衡，但是这不一定意味着每一个明细账户或国际收支平衡表的每一项都实现平衡。例如，货物出口总量与货物进口总量可能相等也可能不相等。因此，通常所说的国际收支逆差或顺差指的是国际收支的特定明细账户，而不是总体账户。当一个（或某些）明细账户的差额为正时，就出现了盈余；而当一个（或某些）明细账目的差额为负时，则出现了赤字。

贸易冲突

☞

国际支付的程序

如图 10.1 所示，不同国家的居民进行产品买卖时，必须考虑如何进行支付。假设你是个美国居民，从韩国生产商那里直接购买了一台电视机，那么韩国生产商将在何时、何地以何种方式获得韩元，以便在韩国将这笔钱花出去呢？

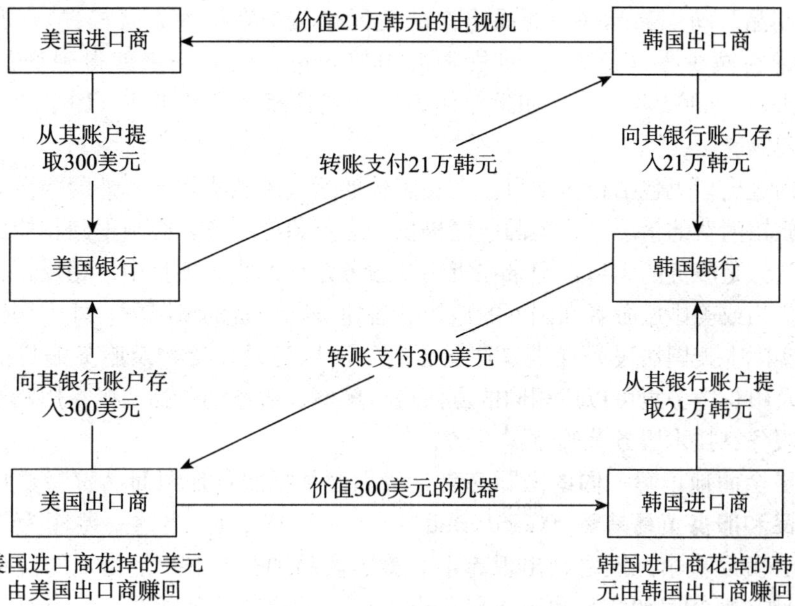

图 10.1　国际支付的程序

首先，你需要签发一张面额为 300 美元的支票，由美国的开户银行将其兑换为 21 万韩元（假设汇率为 1 美元兑 700 韩元）。当韩国生产商收到你的支票后，将这笔资金存入它的开户银行。由此，韩国银行就持有了一张美国银行承诺支付一定数量韩元的支票。

假设你在购买电视机的同时，韩国一家买主向美国一家生产商购买了价值 300 美元的机器。上面的流程图说明了这两次交易的路径。

当贸易达到平衡时，不同国家的货币就不存在实际的转手。在这个例子中，韩国向美国出口商品的价值等于韩国从美国进口商品的价值；韩国进口商用来购买美元以支付美国商品的韩元与韩国出口商将产品卖到美国而得到的韩元相等；从美国进口商转移到美国出口商那里的美元也同样相等。

理论上，进口商将本国货币支付给本国的出口商，但是实际上，一国的进出口商之间并不直接接触，银行承担了这些支付，从而方便了国际交易。

10.2 国际收支平衡表的结构

接下来，我们通过考察国际收支平衡表的各种明细账户来了解它的结构特征。

□ 10.2.1 经常账户

国际收支中的**经常账户**（Current Account）是指与商品和服务贸易、投资收入及与单方转移有关的国际流动货币的价值。下面对这些资金的流动情况一一进行说明。

商品贸易包括美国进口和出口的所有货物，包括农产品、机械制品、汽车、石油、电子制品、纺织品等等。商品出口的美元价值记在增加方（贷方），商品进口的美元价值记在减少方（借方）。将货物的出口与进口结合起来就得到**商品贸易差额**（Merchandise Trade Balance）。如果差额为负，就是商品贸易赤字；如果差额为正，就是商品贸易盈余。

服务的进出口也包括很多项目。在美国轮船运输外国货物或者外国旅游者在美国餐馆、汽车旅馆消费的情况下，美国居民提供了有价值的服务，必须得到相应的报酬，这种服务被认为是服务的出口，记录在货物及服务账户的贷方项目中。相反，在外国轮船运输美国货物或美国旅游者在国外的旅馆和餐馆进行消费的情况下，外国居民提供了有偿服务，实际上美国居民是在进口这些服务，所以记录在货物及服务账户的借方项目中。保险及银行服务也可以用相同的方法进行解释。服务还包括调拨军用物资、建筑服务、法律服务、技术服务等等。

为了更全面地了解一国的国际交易，我们必须把服务加到商品贸易账户中，这就形成了**商品和服务贸易差额**（Goods and Services Balance）。当这一差额为正时，就是商品和服务贸易盈余，反之则出现赤字。美国商品和服务账户上出现的盈余或赤字到底意味着什么呢？假如商品和服务账户出现盈余，则表示美国在一年内对外输出的资源（商品和服务）多于获取的资源。实际上，商品和服务贸易差额与商品和服务的净出口这两个概念是相同的，而后者正是 GDP 的一部分，因此，商品和服务贸易差额除了能够衡量资源往来的净价值外，还能够提供一国国内生产总值（GDP）的相关信息。

回顾宏观经济学课程上所学到的知识，我们可以知道，GDP 等于一国在一段时间内生产的商品和服务的总价值。在进行国际贸易的经济体中，GDP 等于发生在该经济内的四种不同类型支出的总和：消费、总投资、政府支出与商品和服务的净出口。实际上，净出口代表了在国内生产但是没有在国内消费的商品和服务的价值。

由此，对于一国的 GDP，商品和服务账户的差额可以这样解释：账户差额为正表示出口大于进口，多出的部分必须加到 GDP 中；当账户出现赤字时，进口大于出口的部分要从 GDP 的总额里扣除。如果一国商品和服务的进口与出口相等，则该账户的差额为零，不影响 GDP 的数额。因此，商品和服务账户的收支状况对一国产出水平的影响要取决于进口和出口的相对价值。

国际收支平衡表的进一步扩展必须包括**收入差额**（Income Balance），由投资收入和支出构成，包括美国对外投资的净收入（股利和利息），即美国对外投资的收入扣除对美国境内外国资产的支付，还包括雇员的工资。

国际收支经常账户的最后一部分是**单方转移**（Unilateral Transfer），包括商品和服务（实物赠与）或者金融资产（货币赠与）在美国和其他国家之间的转移。个人转移支付是指个人和非政府机构向外国居民的赠与，包括生活在美国的某移民向家里亲属的汇款，为海外朋友寄去的生日礼物，或者美国居民向发展中国家捐赠的救济基金。政府转移支付是一国政府对另一国居民或政府的捐赠。美国政府的转移支付包括捐赠给发展中国家的货币和资本品，对外国政府的军事援助，或者诸如支付给返回母国的外国工人的退休金之类的补偿金。在某些情况下，美国政府的对外援助项目提供的资金被外国政府用来发展与美国之间的贸易。应当注意的是，美国的很多转移支付项目（对外援助）都附加了购买美国出口货物（如军事装备或农业出口商品）的条款，因此是对美国出口商的补贴。将投资收入、单方转移与商品和服务贸易结合起来，就得到了经常账户差额，这是报纸、政府电视节目及新闻广播定期引用的一国国际收支的最全面的衡量指标。

□ 10.2.2 资本与金融账户

国际收支中的资本和金融交易包括所有的国际性资产买卖。广义地讲，“资产”指的是房地产、公司股票和债券、政府证券以及普通商业银行存款。**资本与金融账户**（Capital and Financial Account）既包括私人部门的资产交易，也包括官方部门（中央银行）的资产交易。①

资本交易包括资本转移以及特定非金融资产的收购和处置。资本转移的主要形式包括债务减免、移民进出某个国家时所携带的商品和金融资产。特定非金融资产的收购和处置包括自然资源的买卖权、专利、版权、商标、专营权和租赁。尽管从概念上来看，资本交易显得很重要，但是通常情况下其在美国账户中所占的比重很小，因此在本章分析中不做重点强调。

资本与金融账户中出现的绝大部分交易源于金融交易。接下来列举几个私人部门金融交易的例子。

直接投资

当一国居民取得外国某企业的控制权时（拥有的股份超过 10%），就发生了直接投资。

有价证券

有价证券是指私人部门购买的短期或长期债券，如短期国库券、长期国库券和某些私人公司的债券。

银行债权及债务

银行债权包括贷款、国外储蓄、承兑票据、外国商业票据、对海外分支银行以及外

① 自从 1999 年开始，美国国际交易被划分为三部分，即经常账户、资本账户与金融账户，而以前国际交易被划分为经常账户和资本账户。详见“Upcoming Changes in the Classification of Current and Capital Transactions in the U. S. International Accounts,” *Survey of Current Business*, February 1999。

国政府的债权。银行债务包括即期存款、可转让支付命令账户、活期存款、存单以及对海外分支银行的债务。

资本和金融交易在记录到国际收支平衡表中时，资本和金融流入计为“＋”（贷方），资本和金融流出计为“－”（借方）。在美国，金融流入在下面几种可能的情况下发生：(1) 美国对外国居民债务的增加（如法国居民购买IBM公司的债券）；(2) 美国对外国居民债权的减少（花旗银行贷给墨西哥一家公司的贷款得到偿还）；(3) 外国居民在美国持有的资产增加（丰田在美国建立一家汽车组装工厂）；(4) 美国海外资产的减少（可口可乐公司将其在日本的一家装瓶工厂卖给日本企业）。金融流出的情况则刚好相反。

以下规则有助于我们理解资本与金融账户的借方交易和贷方交易之间的根本区别。任何使母国从外国获得支付的交易都被视为贷方项目。资本（金融）的流入可以看做是商品和服务的出口。与之相对应，任何使外国从母国获得支付的交易都被认为是借方项目。资本（金融）的流出实际上类似于商品和服务的进口。

□ 10.2.3 官方结算交易

资本与金融账户除了包括私人部门之间的交易之外，还包括母国的中央银行所从事的**官方结算交易**（Official Settlements Transactions）。官方结算交易是指金融资产在官方持有人之间的流动（例如，美联储和英格兰银行）。这些金融资产可分成两类：官方储备资产（美国政府的海外资产）和对外国官方机构的债务（外国官方在美国境内拥有的资产）。

政府储备资产主要出于以下两个目的：第一，为国家提供足够的国际流动性，为短期贸易赤字融资，并且有助于其渡过货币危机，提供流动性功能经常只对少数发展中国家非常重要，因为它们的货币不容易转换，或者在国际市场上难以以有利的条件融资。第二，中央银行有时通过与私有部门进行市场交易储备资产来稳定本国货币汇率。美国若希望维持美元在外汇市场的汇率，就需要卖出黄金或者外币，买入美元，增加美元的需求，进而支撑美元的汇率。相反地，美国如果想使美元贬值，就买入黄金或者外币，抛出美元，这样就增加了美元的供给，从而降低美元汇率。在现实中，美国实行有管理的浮动汇率制，一般对汇率的干涉较少。因而，美国的官方储备资产变化较小。这个话题将在本书第15章中进一步讨论。

表10.1概述了2013年美国的**官方储备资产**（Official Reserve Assets）的情况。第一项是美国政府持有的黄金储备；接下来是可自由兑换的货币，如日元，这类货币在国际贸易中被广泛接受，并且容易兑换成另一种货币；另一项储备资产是美国在国际货币基金中的储备头寸；最后一项是特别提款权（SDR），有关内容将在下面讨论。

官方结算交易还包括本国与外国官方机构之间的债务交易。这些债务是指外国官方机构在美国商业银行中持有的资产和外国官方机构持有的美国国库券。因为可以提供利息收入，外国政府通常愿意持有这类资产。表10.2说明了2013年美国对外国官方机构的债务情况。

表 10.1　　2013 年* 美国储备资产

储备资产类别	金额（十亿美元）
黄金储备**	11.0
特别提款权	54.9
国际货币基金组织的储备头寸	33.4
可兑换的外国货币	48.3
总和	147.6

* 2013 年 9 月。

** 黄金价格为每盎司 42.22 美元。

资料来源：Board of Governors of the Federal Reserve System，available at Internet site www. federalreserve. gov.

表 10.2　　2013 年* 美国对外国官方机构的债务状况

	金额（十亿美元）
按类型分类	
美国银行的债务**	227.3
美国国库券和汇票	372.9
美国中期和长期国债	3 600.1
其他美国债券	1 388.9
总和	5 589.2
按地区分类	
欧洲	856.8
加拿大	32.5
拉丁美洲/加勒比海岛国	503.8
亚洲	4 117.2
其他地区	78.9
总和	5 589.2

* 2013 年 8 月。

** 包括活期存款、定期存款、银行承兑汇票、商业票据、可转让定期存单以及回购协议欠款。

资料来源：Board of Governors of the Federal Reserve System available at Internet site www. federalreserve. gov.

□ 10.2.4　特别提款权

20 世纪 60 年代，各国一直担心缺乏储备资产，担心储备资产的供给跟不上需求的迅速增加。那时，储备资产由黄金、外币和国际货币基金组织份额组成。各国需要的储备资产既能够被它们接受，又要能够在需求增长时供给也增加。

1969 年，国际货币基金组织发行了所谓的“特别提款权”，作为当时储备资产的补充。**特别提款权**（Special Drawing Rights）可以在成员之间转移，用于弥补国际收支赤字或者稳定汇率。比如，如果需要英镑还债，马来西亚就可以使用特别提款权与成员进行交换，换取英镑。除了英镑，特别提款权还可以汇兑成美元、日元和欧元。特别提款权只能被政府持有和使用，私人企业或者个人则没有这个特权。根据国际货币基金组织的规定，特别提款权的份额由成员的经济规模决定。自1970年以来，国际货币基金组织又数次发行特别提款权。

特别提款权的价值由美元、日元、英镑和欧元组成的一篮子货币决定。各货币的权重基于进出口总额以及各国外币储备数额。2014年，一篮子货币权重如下：美元的权重是42%，欧元35%，日元12%，英镑11%。特别提款权最新的价值可以在国际货币基金组织的网站查到，每天都有更新。

□ 10.2.5 统计误差：错误与遗漏

对外公布的国际收支数字以数据搜集为基础，而搜集这些数据的过程是很不完善的。有关国际收支的统计数字搜集成本很高，完全精确的搜集系统的费用更是令人难以负担。因此，政府统计人员得出的数字部分源于搜集来的信息，部分则源于估计。与商品贸易有关的、最为可靠的数据信息主要来自海关统计。资本与金融账户的信息来自金融机构报告的对外债权及债务的变化情况，这些数据与具体的经常账户交易不尽相符。由于统计人员没有一个系统能够对每项交易的借方和贷方同时作出记录，同一笔交易的贷方信息和借方信息往往来自不同渠道，并且大量的交易被遗漏，没有记录。

当统计人员加总贷方和借方时，两边不相等也就不足为奇了。因为在理论上贷方总额必须等于借方总额，统计人员就加入了一个“余项”，以使两边相等。这一修正项目被称为**统计误差**（Statistical Discrepancy），或错误与遗漏。在国际收支平衡表中，统计误差被当作资本与金融账户的一部分，因为通常情况下短期资本交易的记录最常出错。

10.3 美国的国际收支平衡表

表10.3说明了美国商务部是如何表述美国国际收支统计数字的。此表格按功能对各个交易进行了归类，为分析者提供了关于国际交易是如何影响国内经济的信息。定期公布的局部差额包括商品贸易差额、商品和服务差额、经常账户差额以及有关资本与金融账户交易的信息。

表10.3　2011年美国国际收支平衡表　　单位：十亿美元

经常账户		资本与金融账户	
商品贸易差额	−738.4	资本账户交易净值	−1.2
出口	1 497.4		
进口	−2 235.8	金融账户交易净值	556.3
		美国海外资产*	−483.6

续前表

经常账户		资本与金融账户	
服务差额	178.5	在美国的国外资产	1 000.9
旅游和交通净值	31.3	金融衍生品净值	39.0
军事武器交易净值	−11.6		
其他服务净值	158.8	统计误差	−89.2
商品和服务贸易差额	−559.9	资本与金融账户差额	465.9
收入支出差额	227.0		
单方面转移差额	−133.0		
经常账户差额	−465.9		

* 不包括金融衍生品。

资料来源：U. S. Department of Commerce，*Survey of Current Business*，June 2012. 也可参阅：Bureau of Economic Analysis，*U. S. International Transactions Accounts Data*，available at Internet site http://www.bea.gov/ and *Economic Report of the President*。

商品贸易差额，就是新闻媒体通常所说的**贸易差额**（Trade Balance），用商品账户的净出口（进口）来计算。由于仅限于商品贸易，商品贸易差额的政策指导价值也是有限的，但是它之所以被普遍采用，在很大程度上是因为它按月公布。商品贸易数据能够很迅速地被搜集和公布出来，而服务贸易的衡量则需要耗费大量时间进行问卷调查。

如表 10.3 所示，美国商品贸易赤字 2011 年达 7 384 亿美元，是商品出口额（14 974 亿美元）和商品进口额（−22 358 亿美元）之间的差额。回忆之前出口记为“+”，而进口记为“−”。从上面可以看出，美国 2011 年是商品净进口国。表 10.4 表示，最近几十年，美国的商品贸易账户持续呈现赤字。这与 20 世纪 50 年代和 60 年代的情况正好相反，那时美国的商品贸易账户总是处于盈余状态。

表 10.4　　1980—2012 年美国国际收支平衡表　　单位：十亿美元

年份	商品贸易差额	服务贸易差额	商品和服务贸易差额	收入差额	单边转移差额	经常账户差额
1980	−25.5	6.1	−19.4	30.1	−8.3	2.4
1984	−112.5	3.3	−109.2	30.0	−20.6	−99.8
1988	−127.0	12.2	−114.8	11.6	−25.0	−128.2
1992	−96.1	55.7	−40.4	4.5	−32.0	−67.9
1996	−191.3	87.0	−104.3	17.2	−42.1	−129.2
2000	−452.2	76.5	−375.7	−14.9	−54.1	−444.7
2004	−665.4	47.8	−617.6	30.4	−80.9	−668.1
2008	−820.8	139.7	−681.1	127.6	−119.7	−673.2
2012	−735.3	195.8	−539.5	198.6	134.1	−475.0

资料来源：U. S. Department of Commerce，*Survey of Current Business*，various issues.

一般来说，国内居民和政策制定者不喜欢贸易赤字，因为贸易赤字对本国贸易条件和就业水平不利，还会进一步影响国际货币市场的稳定性。对于美国的持续贸易赤字，经济学家关注的重点往往是贸易赤字对美国与他国之间贸易发生的条件可能产生的影响。发生贸易赤字时，由于美元的支出大于收入，国际货币市场上美元的价值可能会下跌，继而外币的美元价值可能会升高，所以对于美国居民而言，进口的成本就会增加。贸易赤字导致美元的国际价值降低，从而通过增加进口成本而加重美国居民的实际负担。

另一个经常被提及的贸易赤字的后果是，对国内某些行业就业水平的负面影响，如钢铁和汽车。贸易收支状况的恶化会损害国内工人的利益，这不仅是由于就业机会被生产进口商品的国外工人抢走，而且出口销量下降也会减少就业机会。难怪国内的工会总是极力宣传贸易赤字对国内经济所带来的负面影响。不过要记住，虽然一国的贸易赤字可能会使国内某些行业的就业水平下降，但是同时也会使资本流入增加，从而提高另外一些行业的就业水平。贸易赤字影响的只是就业在国内行业之间的分配，而不会决定整个国家的就业水平。

关于美国在商品贸易中的竞争力的讨论往往会给人留下这样的印象，即与其他工业化国家相比，美国一直处在弱势地位。但是，商品贸易赤字是一个很狭义的概念，因为商品贸易只是国际贸易的一部分，另一部分则是服务贸易。描述一国国际收支状况的更好指标是商品和服务差额。如表 10.3 所示，2011 年美国的服务贸易实现了 1 785 亿美元盈余，再减去商品贸易赤字 7 384 亿美元，从而得出商品和服务贸易赤字 5 599 亿美元。这意味着，美国的商品和服务进口额大于出口额。

最近几十年，美国在服务贸易方面创造了盈余，见表 10.4。美国在服务贸易方面具有较强的国际竞争力，包括运输、建筑、工程、证券经纪和某些医疗服务。美国还从与产权有关的交易中获得了大量净收入，包括酬金、特许经营权以及其他一些主要源于美国母公司与海外分支机构的长期稳定的收入。

用投资收入（支出）及单方转移净额对商品和服务差额进行调整，就得到经常账户差额。如表 10.3 所示，2011 年美国的经常账户赤字为 4 659 亿美元。这意味着商品、服务、投资收入和单方转移的进口大于出口，导致美国国外净投资的减少。不过，我们不必对经常账户的赤字过度关心，因为它忽略了资本与金融账户的交易。如果外国居民在美国购买更多的美国资产（如土地、楼房以及债券），美国就能够有资金从国外进口更多的商品和服务。仅仅注意到一国国际收支状况的一个方面而忽略其他方面往往会产生误导。

总体看来，美国的国际交易一直处于平衡状态。这表明，使一个收支账户余额增加或减少的任何力量都会被其他账户差额的变化刚好抵消。如表 10.3 所示，2011 年美国的经常账户赤字是 4 659 亿美元。这一数字等于资本与金融账户盈余：（1）资本账户交易净值，－12 亿美元；（2）金融账户交易净值，5 563 亿美元；（3）统计误差，－892 亿美元。

10.4 经常账户的赤字(盈余)意味着什么?

在国际收支平衡表中，经常账户和资本与金融账户并不是相互独立的，而在本质上是相互反映的。由于国际收支采用的是复式记账系统，贷方总额总是等于借方总额。如果经常账户出现赤字（借方大于贷方），资本与金融账户就必定是盈余或资本净流入（贷方大于借方）。相反，如果经常账户出现盈余，资本与金融账户则必定是赤字或资本净流出。

为更好地理解这个概念，假定某一年里你的支出超过了你的收入。如何填补你的"赤字"呢？答案是借款或变卖你的部分资产。你可能会出售一部分不动产（例如，卖掉你的计算机），或者卖掉某些金融资产（例如，卖掉你拥有的美国政府债券）。同样，当一个国家出现经常账户赤字的时候，扣除投资收入和国外赠与后，其购买外国商品和服务的花费大于向外国出售商品和服务而获得的收入。既然出现了这种情况，该国必定采取办法填补经常账户赤字。那么如何操作呢？答案是变卖资产和向外借款。换句话说，一国的经常账户赤字（借方大于贷方）主要是通过资本与金融账户的金融净流入（贷方大于借方）来弥补的。

然而，我们不能认为国际资本流动是经常账户作出的被动反应。有人指出，经常账户赤字通过境外借款进行"偿还"。但是，国际资本投资者并不认为他们是在"偿还"经常账户赤字，而是把购买美国资产视做合理的投资机会，这种投资机会既有回报，又十分安全。这种投资与人们普遍认为的借贷没有丝毫关系，而主要用于购买美国的土地、企业和股票。

□ 10.4.1 国外净投资与经常账户差额

经常账户差额与国民收入账户中的**国外净投资**（Net Foreign Investment）是同义词。经常账户盈余意味着商品、服务、投资及单方转移的出口大于进口，本国居民拥有净债权。这些资金可以被本国用来增加金融资产或减少对其他国家的外债，改善国外净投资状况（相对于其他国家的净资产），由此使该国成为世界上其他国家的资金净供给国（借出者）。与之相反，经常账户赤字表示一国的商品、服务、投资及单方转移的出口小于进口，本国对外债务增加。对其他国家而言，该国是外国资金的净需求国，这种需求需要通过向别国借款或者清算国外资产来满足，最终结果是恶化了本国的国外净投资状况。

因此，经常账户差额代表了一国收入状况的底线。如果经常账户差额为正，一国的支出小于收入，对外债权就会增加。如果经常账户差额为负，一国的支出大于收入，就会向其他国家借钱。

一国借入款项的净额可以用其各部门的借款净额的总和来表示，即政府部门和私人部门，其中，私人部门包括企业和家庭两方面。政府借入款项的净额等于预算赤字，即政府购买（G）超过税收（T）的部分。私人借入款项的净额等于私人投资（I）超出私人储蓄（S）的部分。一国借入款项的净额可由下面的等式表示：

$$\underset{\text{政府赤字}}{(G-T)}+\underset{\text{私人投资}}{(I}-\underset{\text{私人储蓄}}{S)}=\underset{\text{净借款}}{\text{经常账户赤字}}$$

该等式的一个重要方面是，它表明经常账户赤字是一个宏观经济现象，即其反映了政府支出与税收之间以及私人投资与私人储蓄之间的不平衡关系。任何能够有效减少经常账户赤字的政策都必须最终减少这些失衡。减少经常账户赤字需要削减政府预算赤字，或者相对于私人投资增加私人储蓄，或者同时采取这两种做法。然而，这些措施很难实行。减少预算赤字需要提高税收或削减政府支出，二者都不受欢迎。投资是一国生产力和生活水平的重要决定因素，因此减少投资必然遭到反对。最后，为了增加储蓄而采取的措施，如调节税收，也会遭到反对，因为这会有利于富人而不利于穷人。

经常账户赤字的削减不完全是由一国控制的。对世界整体而言，所有国家经常账户差额的总和一定等于零。于是，削减一国的经常账户赤字必定会使世界其他国家的经常账户盈余减少。因此，其他国家采取的辅助性政策，特别是那些经常账户存在大量盈余的国家，将有助于赤字国进行成功的过渡。

□ 10.4.2 资本流动对经常账户的影响

在前文中，我们将一国的资本与金融流动描述成对经常账户变动的反映。然而这一过程能够也通常会通过其他途径引起资本和金融流动，并改变经常账户余额。例如，如果外国人想要购买的美国金融工具的数量超过了美国人愿意持有的外国金融债务的数量，那么他们就必须用外国商品或服务来交换超出的部分。因此，外国资本流入美国将伴随着美国经常账户的赤字。

接下来详细说明一下资本净流入是如何导致美国经常账户赤字的。假定美国国内储蓄不能满足国内投资的需要，那么相对于国外利率，美国的利率水平就会上升。在高利率的吸引下，外国储蓄会流入美国，支持美国国内的投资，于是美国就成为外国储蓄的净进口方。当美国利用这些借来的购买力购买外国商品和服务时，就会产生相同价值量的商品及服务的净流入——经常账户赤字。但是，资本流动是如何造成美国经常账户赤字的呢？当外国居民从美国购买的资产多于美国人购买的外国资产时，美元在外汇市场上的汇率就会升高（见第 11 章）。由此使得在国际市场上，对于外国居民来说美国货物变得更昂贵，进而抑制出口。同时，对美国人而言，外国商品变得便宜，从而导致进口增加。最终结果就是经常账户赤字的增加或盈余的减少。以上内容总结如下：

美国较高利率 → 资本流入美国 → 美元升值 → 美国出口量降低/进口量增加 → 美国经常账户赤字

经济学家认为，20 世纪 80 年代，大量的资本流入造成了美国经常账户的赤字，而资本的流入则是美国利率比别国利率高的结果。高利率又主要归因于美国联邦政府预算赤字增加和私人储蓄率降低的共同作用。

与其认为资本流动造成了经常账户赤字，不如说经常账户赤字也驱动了资本流动：资本流入使美元比之前更强劲，这会使进口增加，抑制出口，因此导致经常账户赤字。

□ 10.4.3 经常账户赤字是问题吗？

与人们通常的认识相反，经常账户赤字与对外贸易无关，对一国将商品打入国际市场的能力也几乎没有关系。相反，赤字的产生是因为在本国的宏观经济条件下，满足国内对商品及服务的需求所需的进口超过了出口收入所能支付的数量。实际上，当一国国内的消费超过了自身的产出水平时，满足超额需求的国外商品及服务的净流入就导致了经常账户赤字。当经济处于衰退期时，这一倾向被弱化，但是随着经济的复苏和扩张，收入不断增加，这种倾向也就随之增强。

当一国出现经常账户赤字的时候，就已经变成外国资金的净债务人。这是问题吗?不一定。经常账户赤字的好处在于它能使当前的消费摆脱当前生产力水平的限制。然而，经常账户赤字的成本是必须对从外国借入资金进行债务偿还。

全球化

☞ 苹果公司复杂的供应链凸显了贸易统计方法的局限性

美国创造的高科技产品让美国产生了贸易盈余吗？不一定，我们以苹果公司为例进行说明。

苹果公司设计和营销的苹果智能手机功能繁多，包括：可视语音邮件、手机短信发送、便携收音机、浏览网页和无线网络连接。很明显，苹果手机是一件高科技产品。但是，就是这样一件美国的高科技产品，并没有为美国带来贸易盈余，反而在中美贸易中带来了赤字。这是因为苹果手机的最终产品是从中国运往美国的。

根据传统的贸易统计方式，苹果手机在 2009 年让美国在中美贸易中产生了 19 亿美元的赤字。这怎么可能？传统的贸易统计方法忽略了国际贸易的复杂程度，贸易产品的设计、制造和组装通常分布在数个不同的国家。传统贸易统计方式的弱点在于把苹果手机的全部价值计入美国从中国的进口额，实际上苹果手机的设计在美国，零部件的生产分布在数个欧洲和亚洲国家，只是最后的组装在中国，组装和船运成本才是苹果手机在中国增加的成本。

如表 10.5 所示，2009 年运往美国的苹果手机的成本是 178.96 美元，这全部计入中国对美国的出口，实际上组装成本只有 6.5 美元，只占总成本的 3.6%。这夸大了美国对中国的贸易赤字。如果中国出口额只计入发生在中国的成本，那么美国对中国的贸易赤字就会小得多。因而，许多经济学家认为，只把产品在各个国家发生的增加值计入进出口，是贸易统计更加精确的方法。

表 10.5　　苹果手机的全球生产成本

2009 年运往美国的苹果手机的成本是 178.96 美元，零部件来自许多国家，成本拆解如下：

生产成本（劳动力和零部件）	价值（美元）	占比（%）
日本	60.60	33.9
德国	30.15	16.8
韩国	22.96	12.8

续前表

生产成本（劳动力和零部件）	价值（美元）	占比（%）
美国	10.75	6.0
中国	6.50	3.6
其他	48.06	26.9
总和	178.96	100.0

资料来源：Yuqing Xing and Neal Detert, *How iPhone Widens the U.S. Trade Deficits with PRC*, Tokyo, Japan: National Graduate Institute for Policy Studies, November 2010.

传统贸易统计方法通常夸大出口加工地区的贸易盈余、出口目的地的贸易赤字。以苹果手机为例，中美之间的19亿美元的贸易赤字中，实际上来自中国的只有3.6%，剩下的来自日本、德国等参与产业链的各个国家。传统统计方法夸大了中国之间的贸易逆差，导致中美之间贸易关系和政治关系紧张，更使得美国在汇率问题和不正当贸易问题上向中国施压。

资料来源：Yuqing Xing and Neal Detert, *How iPhone Widens the U.S. Trade Deficits with PRC*, Tokyo, Japan: National Graduate Institute for Policy Studies, November 2010; Andrew Batson, "Not Really Made in China," *Wall Street Journal*, December 15, 2010, pp. B1 - B2.

一国负债是件好事还是件坏事呢？很显然，答案取决于该国如何利用这笔钱。将来的收入及生活水平将会怎样就取决于这笔赤字是更多地用于消费还是投资。如果从国外的借款只用于增加国内投资，债务负担就会轻一些。我们知道，投资会增加一国的资本存量，提高一国商品及服务的生产能力。增加的产出价值不仅可偿清国外债务，还能增加国内消费。在这种情况下，由于未来的消费不会降低，负债也就不会给经济造成真正的负担。然而，如果是另一种情况，从外国的借款被用于增加国内消费（私人部门或公共部门），未来的生产能力就不能够得到增强。因此，为了偿还债务，必须减少将来的消费，消费水平的下降就是借债的负担。这也不一定是坏事，完全取决于人们如何看待现期的消费和将来的消费。

20世纪80年代，美国经常账户发生赤字时，国内的储蓄率相对于投资率下降了。实际上，总体储蓄率的下降主要是其构成部分政府储蓄减少的结果，而政府储蓄的减少又是因为这一时期持续、大规模的联邦预算赤字——预算赤字实际上就是负储蓄，要从总储蓄中扣除。这说明美国用外国借款来增加现期的消费，而不是进行提高生产力的公共投资。20世纪80年代的经常账户赤字因此引起了许多经济学家的关注。

然而，20世纪90年代，美国经常账户赤字是由国内投资的增长引起的。投资增长有助于就业扩大和产出增加，但不能仅仅由本国的储蓄来负担。国外借款提供了扩大投资所需的额外资本。如果没有国外借款，美国利率可能会更高，由国内储蓄资金支持的投资就会不可避免地收缩。因此，如果美国在20世纪90年代不实行经常账户赤字，资本的积累、产出和就业的增长都会下降。大量的经常账户赤字没有限制生产及就业的增长，相反却促进了美国经济的长期快速增长，改善了经济福利状况。

□ 10.4.4 经济周期、经济增长与经常账户

经常账户与经济周期和长期经济增长之间的关系如何呢？就经济周期来说，产出和就业的快速增长往往伴随的是大量的、不断上升的贸易和经常账户赤字；而当产出及就业的增长放慢时，贸易和经常账户通常发生大量的、不断增多的盈余。

在经济衰退期，储蓄和投资都会趋于下降。面对收入的暂时下降，家庭会努力维持原有的消费方式，因此会减少储蓄。由于生产能力利用率及利润率下降，投资也会减少。但是因为投资对额外生产能力的需求格外敏感，在衰退期要比储蓄下降的幅度更大。在储蓄和投资两种力量的共同作用下，经常账户差额会趋于增加。换一个角度来看，贸易差额之所以在经济衰退期明显改善，是因为总消费和投资需求中的进口减少了。在经济繁荣期则会出现相反的情况：当投资需求的增长速度超过储蓄的增长速度时，经常账户差额就会减少。当然，收入之外的因素也会影响储蓄及投资，因此，衰退期国家经常账户赤字减少的趋势并不是不可逆转的。

刚才所描述的经常账户和经济运行之间的关系并不仅仅适用于短期或一个经济周期，也同样适用于长期。经济高速增长的国家通常存在长期的经常账户赤字，而那些经济增长缓慢的国家经常账户则长期处于盈余状态。这种联系产生的原因可能源于这样一个事实——经济的高速增长总伴随着强劲的投资。如果经济高速增长的推动力是发现了新的自然资源、获得了技术进步或实行了经济改革，那么经济快速增长时期可能同时也是新投资获取超额利润的时期。然而，一国的投资资金必须来源于国民储蓄，如果一国的国内储蓄不足以为所有盈利的新投资项目提供资金，该国就将借助于外国储蓄来弥补资金的缺口。于是，资本发生净流入，相应地就会出现经常账户赤字。只要新投资是盈利的，就能够有额外的收入偿还为其提供资金的债务。因此，当经常账户赤字反映的是具有高额利润的投资项目时，就会加速产出和就业的增加，而不会破坏就业和生产。

挪威是投资机遇的一个例证。20 世纪 60 年代，北海发现了丰富的油气储备。挪威是此发现的主要受益国之一。开发油气田需要对海上钻井平台、输油管道、油船和直升机进行投资。同时，挪威也必须掌握油气勘察、精确定位以及油气提炼开发方面的知识。这方面的投资使挪威进口增加，出现了贸易赤字。发现油气田时，挪威缺少利用此机遇的装备和技术，虽然石油收入最终将偿还这些投资债务，但是在开发之前必须进行投资。于是，为了给投资筹资，挪威开始向其他国家借款。外国投资者也十分乐意发放给挪威贷款，因为挪威的资金会得到有效利用并且回报率比投向其他国家更高。一旦石油开始开采，挪威就会不断出现贸易盈余，挪威用此来偿还当初投资欠下的贷款，并增加储蓄，以防止石油储备耗尽。简而言之，挪威开始时的贸易赤字是经济不断强劲增长的前兆。

□ 10.4.5 美国如何使借款成本较低？

在过去的 40 年中，美国从一个贸易盈余国变成一个拥有巨额贸易赤字的国家。此赤字要么通过借款偿还，要么通过向外国人出售资产偿还。随着经常项目赤字的不断积累，美国变成净债务巨大的国家。如果一个国家的借款逐渐增加，那么其借款成本将不断提高。这是因为，该国必须向外国投资者支付数额不断增大的本金和利息。

在过去20年里，美国的国际交易一直存在着这样一个悖论：美国居民的投资回报大于外国人的投资回报。因此，虽然美国的债务不断增加，成本负担却没有增加。这个悖论表明，美国经常账户赤字的负担或许没有通常描绘的那么沉重。

悖论出现的原因是什么呢？一种解释是不对称的投资回报。美国在国外的投资回报率一直高于外国在美国的投资回报率，而差距常在1到2个百分点之间，这种投资回报率的差异主要是因为美国公司在向他国投资时承担了更大的风险，例如，政治和经济的不稳定性。如果不存在潜在的高回报，人们不会进行高风险投资。相反，因为美国一直被认为是投资的庇护港口，所以，外国人更愿意购买美国资产，回报率和风险相对较低。

此悖论解释了美国的大量外资借款在过去20年中为什么没有那么沉重的负担。但是，未来的借款前景或许不会这样美好。怀疑人士担心，如果全球各国的利率增加，那么美国也必须支付高利率才能吸引到外国投资。这样可能会使美国的投资账户从盈余变为赤字，从而使美国的债务负担加重。但是，随着成本的增加，美国经常账户赤字将越来越成为经济政策制定者需要担心的问题。①

□ 10.4.6 经常账户赤字减少美国就业机会吗?

我们在读报纸关于贸易的报道时，总感觉贸易（经常账户）赤字拖累了美国的经济，或者至少遏制了经济的增长。为什么？进口增加可能减少国内的就业机会，由于替代了本国生产的产品或者服务，也降低了经济的增速。进口一部手机、收音机或者一件T恤，意味着国内就要少生产一部手机、收音机或者一件T恤，在这些行业的工人就可能失业。

虽然进出口趋势引发人们对就业机会减少的担忧，但是，纽约联邦储备银行和卡托研究所的经济学家发现就业数据没有证明经常账户赤字上升与就业减少之间存在着关系。② 为什么呢？

随着外国商品进入国内，巨额经常账户赤字确实会减少某些行业或企业的就业机会。但是，从整个经济层面来讲，经常账户赤字的出现意味着同等数额的资本流入国内，增加了目标行业的就业数量。美国一个种植玉米并出口的地区，其玉米出口的收益将会不少于日本汽车工厂在美国的投资。外国购买美国国债降低了长期利率，从而刺激了美国经济。外国投资美国的股票和房地产，是资金流入出售这些资产的美国人手中，他们可以更多地进行国内消费。流入美国的资金不论是购买商品还是资产，美国的经济活动都会被促进。外国购买美国资产与出口商品和服务一样，最终都会刺激美国经济。

---

① Juann Hung and Angelo Mascaro, *Why Does U.S. Investment Abroad Earn Higher Returns Than Foreign Investment in the United States?* Washington, D.C.: Congressional Budget Office, 2005; Craig Elwell, *U.S. External Debt: How Has the United States Borrowed Without Cost?* Washington, D.C.: Congressional Research Service, 2006; William Cline, *The United States as a Debtor Nation*, Washington, D.C.: Institute for International Economics, 2005.

② Matthew Higgins and Thomas Klitgaard, "Viewing the Current Account Deficit as a Capital Inflow," *Current Issues and Economics and Finance*, Federal Reserve Bank of New York, December 1999, pp. 1–6; Daniel Griswold, *The Trade-Balance Creed: Debunking the Belief that Imports and Trade Deficits Are a Drag on Growth*, Washington, D.C.: The Cato Institute, April 11, 2011.

从外国投资净流入这个角度而言，经常账户赤字反而增加了就业：既直接增加了投资导向型行业的就业，又间接增加了整体经济的就业机会。简而言之，伴随着经常账户赤字的出现，进口竞争行业（如纺织业）的产出和就业机会下降，但是，一些资本密集型行业（如房地产业）的产出和就业机会将会增加。此外，美联储也可以利用货币政策将经济总支出水平调整到充分就业状态。将经常账户赤字与资本净流入综合起来考虑，有利于消除经济全球化消极影响国内就业市场的误解。

虽然传统经济学认为经常账户赤字不会导致整个经济体的就业机会减少，却会改变产出和就业结构。例如，有证据表明，在过去的 30 年中，持续的经常账户赤字可能导致美国制造业萎缩，而服务业的产出和就业机会却出现了增长。

□ 10.4.7 美国能否继续保持经常账户赤字?

美国一直受益于世界许多地区的储蓄大于投资的盈余状况，这些国家的盈余为美国提供了资本。由于外国人愿意用多余的储蓄购买国库券等美国资产，美国可以获得这部分储蓄的盈余，以弥补经常账户赤字。例如，在 20 世纪 90 年代以及 21 世纪头 10 年中，美国储蓄量下降，国内投资额上升。如果没有来自中国、日本等高储蓄国的资本来进行调节（如表 10.6 所示），美国也不可能不断地增加经常账户赤字。

表 10.6　　2012 年* 外国持有美国证券表

国家	金额（十亿美元）	占比（%）
日本	1 835	13.8
中国	1 592	12.0
开曼群岛	1 031	7.8
英国	1 008	7.6
卢森堡	837	6.3
加拿大	635	4.8
瑞士	566	4.3
中东产油国	489	3.7

* 2012 年 6 月。

资料来源：U. S Treasury Department, *Report on Foreign Portfolio Holdings of U. S. Securities as of June 30, 2012*, April 30, 2013.

中国是对美国资本供给增长最快的国家之一，部分原因在于：中国人为地压制了人民币汇率，以使商品出口美国，并为本国工人创造了就业机会（见第 15 章）。为了抵消人民币升值的压力，中国人民银行以人民币购买美元。因为不能产生利息，中国人民银行没有直接持有美元现金，而是把美元换成美国证券以赚取利息。这使美国处在一个独特的位置，即因为中国愿意投资美国证券、抵消经常账户赤字而受益。简而言之，为了给巨额开支提供资金，美国“印刷钞票”，而中国持有这些钞票。中国的美元储备支撑了美国的债券和股票市场，这样，美国政府仍能够在利率不高的情况下增加开支，减少税收。但是，一些分析人士担心，未来中国投资者可能会认为美国债务不断增加是不可持续的，并且风险很大，会把资本迅速转移到其他国家或地区。他们还担心，美国可能在政治上会更依赖于中国，中国可能会以此为筹码影响美国的对华政策。

美国可以无限期地维持赤字吗？由于经常账户赤字的产生主要是由于外国居民愿意购买美国资产，所以从经济角度来看，没有理由认为美国的经常账户不能无限期地维持赤字状态。只要投资回报具有竞争力，外国投资者就会愿意继续为美国提供资金。简而言之，这一过程完全有可能无限期地维持下去，经常账户的赤字不会自动变成盈余，盈余也不会自动变成赤字。

美国历史也证明了这一点。1820—1875 年，美国的经常账户几乎连年赤字。那时，美国是一个相对贫穷（按欧洲的标准来衡量）但高速增长的国家。外国投资促进了美国经济的增长。第一次世界大战后这种情况发生了变化，美国变富了，但是投资机会却变得有限了。于是，1920—1970 年，经常账户几乎一直处于盈余状态。最近 40 年，情况又出现了逆转。美国的经常账户由盈余转为赤字。美国的产权保护制度可靠，政治及货币环境稳定，劳动力增长迅速（相对于欧洲和日本），所有这一切都使美国成为具有吸引力的投资目标地，这也构成美国经常账户持续赤字的基础。另外，与主要贸易伙伴相比，美国的储蓄率较低。所有这些因素共同导致了美国经常账户赤字，只要这些因素存在，赤字状态就可能持续下去。简而言之，经常账户赤字反映出当时美国拥有非常好的投资机会，而其他国家相比之下没有这么好的投资机会。

一些人认为，随着全球化的不断扩张，世界金融市场向美国提供的储蓄将会史无前例地增加，流动性也会增强。这使得外国投资者继续为美国提供资金，而美国却无须承担较高的利率水平。假设几十年前，占 GDP 6%或者以上的经常账户赤字没有被很好地弥补，那么较低程度的国际金融一体化将会抑制由相对回报率所决定的大量世界储蓄向美国转移的能力。然而近年来金融市场的日益一体化扩大了更加愿意并有能力向美国市场投资的投资者的种类。

经常账户赤字的后果是外国拥有的美国资本存量越来越大，美国收入中越来越多的部分不得不以利息及红利的形式转移到外国居民手中。一旦外国居民对美国偿还海外借款的能力失去信心，就会出现严重的问题。如果由于信心的丧失，外国居民决定减少储蓄中以资本形式流到美国的数量，最初的结果是：一方面，外汇市场上美元的供给增加，美元价值瞬间大幅下跌；另一方面，由于金融市场上作为储蓄重要来源的外国资本被抽走，美国利率突然大幅上涨，继而会减少债券的市场价值，造成股票市场价格下跌，降低债务人的偿付能力，从而使美国经济出现问题。简单地说，美国能否在可预见的将来继续保持经常账户赤字，主要取决于外国居民是否愿意增加对美国资产的投资。经常账户赤字使外国投资者部分地掌握了美国经济的命运。

然而，经济体处理巨额经常账户赤字的能力取决于效率和科技的不断进步。如果经济变得更加有效率，实际增长速度会超过债务的增长速度。乐观人士认为，近些年美国效率的强劲提高可以使美国还清债务。但是，如果效率增长停滞，处理经常账户赤字的能力也会随之下降。

对于美国的经常账户赤字，虽然很难估计出一个合适的水平，但是如果要减少赤字，至少要遵循两个原则。第一，美国对刺激外国经济增长的政策很感兴趣，因为降低经常账户赤字最好是通过加速外国经济增长，而不是减缓本国的经济增长来实现。显然，用本国经济衰退来减少赤字的做法是极其不受欢迎的。第二，降低赤字最好是通过增加国内储蓄，而不是减少国内投资来实现。如果美国存在有吸引力的投资机会，用国外借款进行投资要比放弃这些机会好得多。另外，如果利用较高的国内储蓄来增加投资，将来本国的收入就会更高。国内储蓄的增加会使利率维持在较低水平，低利率又会带来较高的国内投资，而国内投资较高又会反过来刺激对设备及建筑的需求。在投资水平既定的情况下，储蓄的增加也会拉动净出口增加，从而提高这些部门的就业。

然而，美国经常账户赤字的减少是很困难的。外国的经济没有强大到足以吸收美国的额外出口商品的地步，并且美国也不愿意抑制对外国商品的偏好。此外，美国政府表现出较强的赤字支出的偏好。扭转经常账户的赤字状态将会伴随着汇率的大幅下降以及调整国家的产出的减少，关于这些将在下面章节中进行分析。

10.5 国际债务平衡表

美国国际收支平衡表的一个主要特点是衡量了美国一年或一个季度的经济交易量。但是在任何时刻，一国相对于别国的资产与负债存量都是固定的，汇总这种存量关系的表被称为**国际债务平衡表**（Balance of International Indebtedness），是美国在特定时刻的国际地位的一个记录（年终数据）。

美国的国际债务平衡表说明了美国的国际投资状况，反映了相对于外国在美国的投资，美国在海外投资的资产价值。这些资产包括：金融资产，如公司股票和债券、政府债券、直接商业投资和不动产。这些资产的价值会随着新资产的交易而波动，也会因为通货膨胀或者通货紧缩而变动。如果某一时期美国的对外债权大于债务，美国就是世界上其他国家的**净债权人**（Net Creditor）。如果出现相反的情况，美国则处在**净债务人**（Net Debtor）的地位。表 10.7 给出了几年的美国国际投资情况。

表 10.7　美国年终时的国际投资情况　单位：十亿美元

投资类型*	1995	2000	2012
美国海外资产			
美国政府资产	257	214	666
美国私人资产	3 149	5 954	20 971
总计	3 406	6 168	21 637
外国在美国的资产			
外国官方资产	672	922	5 692
外国私人资产	3 234	7 088	19 810
总计	3 906	8 010	25 502

续前表

投资类型*	1995	2000	2012
国际投资净值	−500	−1 842	−3 865
相对份额：美国净国际投资额/美国国内生产总值	6%	15%	25%

*以市场价格计算。

资料来源：U. S. Department of Commerce. Bureau of Economic Analysis, *The International Investment Position of the United States at Year End*, available at http://www.bea.gov; U. S. Department of Commerce, *Survey of Current Business*, various June and July issues.

国际债务平衡表有什么用呢？最重要的意义可能在于该表将国际投资分成几类，每一类都可以提供有关该国资本流动性的政策信息。就短期投资状况而言，战略要素是外国居民持有的短期负债（银行存款以及政府债券）的数量，因为这些资产可以在很短的时间内被提走，造成国内金融市场的混乱。官方货币资产的差额也是很重要的，如果从美国的角度看这一差额是负数，并且外国政府决定将其持有的美国政府债券出售并转换成官方储备资产，那么美元在国际金融市场上的影响力就会下降。对一国长期的投资状况而言，它一般是基本经济趋势的反映，不受不确定的业主提款的影响，因此对美国的资本流动状况不那么重要。

贸易冲突

全球经济结构失衡

2014年，如果把世界经济看成一个整体，那么这个整体的内部结构已经失衡。以美国为首的发达国家消费较多，而储蓄很少，财政出现巨额赤字，经常账户也呈现赤字；但是，美国的一些贸易伙伴虽然相对较为贫穷，但是却借款给美国这个富裕国家，为富裕国家提供资金，来维持这样一种失衡的状态。相反地，以中国为首的新兴国家通常消费较少，而储蓄较多，币值相对低估，维持较大的经常账户盈余。资本从经济飞速发展、投资回报率更高的新兴国家流向富裕的成熟国家。这可持续吗？是人们期望的结果吗？其他国家应该依赖美国作为需求的出口地吗？

虽然这样的情况最后不知向哪个方向发展，许多经济学家认为：全球经济应该再平衡。他们表示，发达国家应该减少消费，增加储蓄，财政纪律需要更有节制，减少经常账户赤字；而发展中国家应该允许货币升值，增加消费，减少储蓄，减少经常项目盈余，持续投资，吸引国外资本流入。如果世界主要国家的政府携起手来，共同致力于全球经济再平衡，协调财政、货币、外汇和贸易政策，慢慢地推进，全球经济调整不会产生毁灭性的后果。

政府政策的调整不是一件容易的事情。发达国家的政客必须迎合选民的喜好，而这些选民一般并不理解世界经济的运营模式，他们的诉求也更可能使政府赤字增加。比如，发达国家选民经常要求政府扩大对社会项目的开支（美国选民要求增加开支，推进医疗和社会保障），并且不愿意看到政府提高税率。为满足选民这样的要求，发达国家政府的债务只能越滚越大。但是，其中一些国家很快耗尽偿债能力，希腊、葡萄牙、爱尔兰和西班牙等国陷入财政困境。未来，世界主要国家可能丧失挽救这些高负债政府的能力，或者不愿意帮助这些政府。到那时，政府违约和债务重组将难以避免。

新兴国家的担忧则不同。这些国家债务比率较低，拥有大量外汇储备，维持经常账户盈余，把资本借给发达国家。这些新兴国家明白，发展太快或者资本大量流入可能会造成资产泡沫。由于民众对经济增长的预期较高，新兴国家政府担心一些妨碍经济发展的因素。

当然，双方都需要调整自己的行为。如果不这样做，市场就会惩罚各国政府，特别是维持高债务率的发达国家。

资料来源：Jane Sneddon Little，editor，*Global Imbalance and the Evolving World Economy*，Boston，Massachusetts：Federal Reserve Bank of Boston，2008；Lowell Bryan，"Globalization's Critical Imbalances，" *McKinsey Quarterly*，Boston，Massachusetts：McKinsey & Co.，June 2010，pp. 57－68；John Williamson，*Getting Surplus Countries to Adjust*，*Policy Brief*，Peterson Institute for International Economics，January 2011.

□ 作为债务国的美国

在工业化发展的早期阶段，美国在国际上是一个净债务国，在很大程度上依赖于外国资本，通过将部分财富抵押给外国人建立起了自己的工业体系。第一次世界大战以后，美国演变成净债权国。自 1987 年开始，美国变成净债务国，一直到现在，如表 10.7 所示。

为什么会发生这样快的转变呢？原因是外国投资者对美国投入的资金多于美国居民对国外的投资。美国从 20 世纪 80 年代初的经济衰退中很快恢复过来，加上它的政局稳定，利率相对较高，因此对其他国家的投资者具有很强的吸引力。美国对外投资的下降是因为欧洲对资金的需求萎缩；拉丁美洲的债务偿付出现问题，商业银行希望减少投到国外的资金；由于石油价格下降，进口石油的发展中国家减少了借款数量。国外对美国的投资中，只有不到 1/4 是直接投资到美国的不动产和企业的，大部分资金用来购买金融资产，如银行存款、债券、股票。

美国的普通居民觉察不到美国从净债权国向净债务国的转变。然而，美国的净债务国身份引发了合理性问题。许多观察者认为，美国作为世界上最富的国家，从其他国家大笔借钱似乎是不合理的。

10.6 世界储备货币：美元

本章最后介绍美元作为国际货币的内容。

现在，美元是世界最主要的外汇储备货币，作为交易媒介、会计单位和价值贮存载体在全球流通。许多国家持有美元计价资产，比如美国国债。世界各国外汇储备中，2/3以上是美元；世界结算中，4/5以上的外币交易使用美元。欧元是排在第二位的储备货币，但是与美元相比相形见绌，之后的排名是英镑和日元。美元的使用之所以这么普遍，是因为有美国强大经济的背书，并且美国一直被国际投资者视为“避风港”。但是，近年来，美国政府财政赤字和贸易赤字的不断扩大使得美元的前景蒙上了阴影。

随着使用美元的人越来越多，美元的交易效率也得到提升，巩固了美元作为世界第一货币的地位。一些人士把美元的普及程度类比为微软的Windows操作系统。电脑用户有可能觉得其他的操作系统更为好用，但是基本上所有的电脑用户都在使用微软操作系统，只要使用微软操作系统，无论身在世界哪一个地点，软件和文档都可以兼容，使得微软操作系统遍及全球。同样，如果大家在国际贸易中都使用美元，交易进行起来更为容易、顺畅，而且交易成本也更低：使用美元的国家越多，兑换美元的成本也就越小。因而，即使某一个国家不愿意使用美元，但是顾及其他国家都在使用美元，美元的交易成本更小，这个国家也就不得不使用美元了。

□ 10.6.1 对美国的好处

美国意识到，美元作为主要外汇储备，为美国带来了巨大的好处。首先，美国人购买商品的价格更加便宜，因为不像其他国家一样，还得兑换成美元，美国人直接使用美元，无须兑换，省去了兑换成本。此外，美国人购买房屋或者汽车所用借贷的利率也更低，美国国债的偿还期可以更长，并且政府融资的利率也较低。美国以自己的货币为单位在国际上发债，因而把外汇风险转嫁到了外国投资者身上。这意味着，如果美元贬值，外国投资者可能没有收益。

比如，中国投资者持有美国国债的利率是5%，但是如果美元贬值了5%，那么这个中国投资者的收益为0。2009年，由于持有大约价值1万亿美元的美元资产，中国十分担心美元大幅贬值导致这些资产丧失购买力。

尽管美元对投资者十分有吸引力，但是人们越来越担心美元作为主要外汇储备引发的问题。中国等国家担心，美国建立在财政赤字和贸易赤字上的经济可能产生很严重的问题，美元的不稳定性可能严重影响国际贸易市场和金融市场。批评人士表示，美元等法定货币债务本身就存在风险，容易引发全球经济失衡，导致金融危机蔓延，因而美元应该成为主要世界货币。

如果美元不是主要储备货币，那么哪一国货币可以取代美元呢？当然，不是英镑，英国的辉煌已成过去。人民币在短时间内也很难成为主要储备货币。至于欧元，欧洲近几年问题缠身，欧元的地位也不断被削弱。尽管日本和瑞士拥有强大的金融机构和金融市场，但是这两国政府近几年都在让本国货币贬值，投资者不愿意持有日元和瑞士法郎。因而，由于美国金融市场在规模、信贷质量、流动性和结算习惯方面的优势，美元仍旧是世界主要储备货币。尽管美国有很多经济和政治问题，美元仍被视为安全的货币。

□ 10.6.2 新的储备货币？

2009年，中国央行官员提议变革国际货币体系，让特别提款权代替美元，成为世界主要储备货币。中国的目的是使储备货币不再是单一一个国家的货币（即美元），减小美元波动带来的金融风险，保持长期更加稳定。为了实现这个目标，中国提议使用一篮子货币，而不单单是美元。这个货币篮子基于特别提款权，由欧元、日元、美元和英镑组成，根据国际贸易和金融确定权重。中国还提出扩大一篮子货币，把人民币和俄罗斯卢布加入其中。特别提款权由国际货币基金组织管控。

特别提款权在能够满足成员储备货币作用之前，需要经过以下几个步骤。首先，要建立特别提款权与其他货币之间的结算体系，以方便特别提款权在国际贸易和金融交易中被广泛接纳和使用。现在，特别提款权只是被国际货币基金组织和其他一些国际组织用作会计记账单位。此外，还要积极提倡人们在国际贸易、商品定价、投资和企业会计中积极使用特别提款权。再者，还要创造以特别提款权为计价单位的金融资产，提升特别提款权的吸引力。但是，实现这些目标需要很长时间。

支持特别提款权作为主要储备货币的人士表示，以特别提款权为世界储备货币可以带来很多好处。对中国而言，由于美元只是特别提款权的一部分，这能够缓解美元贬值带来的负面影响。此外，一篮子货币能减少人们对货币波动的担忧，有利于增加全球总需求。再者，全球经济福利不仅仅依赖某一种货币，即美元，货币风险通过一篮子货币储备被分散化，提升了全球的稳定和信心。另外，还有投资问题，因为美元是主要储备货币，在经济动荡时期，投资者希望持有美元，尽管利率很低，美国仍然能够吸引大量资本。

然而，以特别提款权为储备货币存在很多问题。首先，特别提款权的价值除了国际货币基金组织的信誉，没有任何支撑。相比之下，美元由美国生产的商品和劳务支撑，美国人相信美元的购买力。此外，谁才能决定特别提款权的价值呢？国际货币基金组织吗？国际货币基金组织会不会屈服于政治压力、改变货币的权重？再者，使用特别提款权增加了交易环节，买卖双方必须首先将各自的本币兑换为特别提款权，这对于企业和投资者而言增加了成本。

把特别提款权作为主要储备货币对于美国而言没有好处。首先，由于美元的需求量变小，美元贬值，美国人不得不花费更多的资金购买商品。此外，私人和政府的融资利率也将升高，利率升高将导致消费和投资减少，进而妨碍经济的发展。再者，如果美元失去了主要储备货币的地位，美国的经济地位也将被削弱。因而，美国对于把特别提款权作为主要货币储备的提议十分不满。

以特别提款权为主要储备货币在理论上或许可行，尤其在美国债务沉重、高通货膨胀和货币贬值的情况下。如果外国人预期持有美元的成本（购买力的减小）大于收益，他们可能会寻求替代储备货币。由于人们现在仍然认为美元在国际交易中效率更高，特别提款权在短时间内不可能成为主要储备货币，如果特别提款权带来的好处大于美元，特别提款权才能取代美元，成为主要储备货币。

10.7 小结

1. 国际收支平衡表是指在既定年份，一国与所有其他国家之间所发生的经济交易的记录。贷方交易是指一国从外国获得收入的交易，而借方交易则是指向国外支付的交易。由于采用的是复式记账法，一国的国际收支平衡表总是平衡的。

2. 国际收支平衡表按照功能将经济交易分为两类：(1) 经常账户交易；(2) 资本与金融账户交易。

3. 商品和服务贸易差额反映了国外实物资源的净流入，也衡量了进口和出口在一国国民生产总值中所占的比重，因此对政策制定者很重要。

4. 国际收支中的资本与金融账户表示了投资及贷款的国际流动。资本流入（流出）与商品和服务的出口（进口）类似，因为它们都会导致一国从其他国家获得（支付）资金。

5. 官方储备由一国的金融资产构成，包括：(1) 黄金储备；(2) 可自由兑换货币；(3) 特别提款权；(4) 国际货币基金的储备头寸。

6. 当前，美国商务部用来表示国际收支状况的方法是使用一种按功能划分的表格，主要强调这几项差额：(1) 商品贸易差额；(2) 商品和服务贸易差额；(3) 经常账户差额。

7. 由于国际收支平衡表采取的是复式记账系统，贷方总额总是等于借方总额。这说明，如果经常账户出现赤字（盈余），资本与金融账户就会出现盈余（赤字）或净资本流入（流出）。如果一国经常账户出现赤字（盈余），它就会成为世界上其他国家的资金净需求方（供给方）。

8. 在一个商业周期里，生产力及就业水平的快速增长往往伴随着大量或不断增加的贸易和经常账户赤字。而产出及就业量的缓慢增长则伴随着大量或不断增加的经常账户盈余。

9. 美国在某一时期的国际投资状况是由国际债务平衡表来衡量的。国际收支是个流量的概念（一定时期内），而国际债务平衡则是个存量的概念（某一个时间点）。

10.8 关键概念及术语

- 国际债务平衡表（Balance of International Indebtedness）
- 国际收支平衡表（Balance of Payments）
- 资本与金融账户（Capital and Financial Account）
- 贷方交易（Credit Transaction）
- 经常账户（Current Account）
- 借方交易（Debit Transaction）
- 复式记账（Double Entry Accounting）
- 商品和服务贸易差额（Goods and Services Balance）
- 收入差额（Income Balance）
- 商品贸易差额（Merchandise Trade Balance）
- 净债权人（Net Creditor）
- 净债务人（Net Debtor）
- 国外净投资（Net Foreign Investment）

- 官方储备资产（Official Reserve Assets）
- 官方结算交易（Official Settlements Transactions）
- 特别提款权（Special Drawing Rights）
- 统计误差（Statistical Discrepancy）
- 贸易差额（Trade Balance）
- 单方转移（Unilateral Transfer）

10.9 习题

1. 国际收支平衡表的含义是什么？

2. 什么样的经济交易会使美元收入增加？什么样的交易会使美元支出增加？

3. 为什么国际收支平衡表是“平衡”的？

4. 从功能上看，一国的国际收支可以分成哪几类？

5. 对美国而言，哪些金融资产是官方储备资产？

6. 下面这些项目盈余（赤字）的含义是什么？（a）商品贸易差额；（b）商品和服务贸易差额；（c）经常账户差额。

7. 为什么有时商品和服务贸易差额出现盈余，而有时会出现赤字？

8. 国际债务平衡表衡量的是什么？其与收支平衡表的区别是什么？

9. 请说明对美国而言，下面哪些交易是国际收支平衡表的借方？哪些是贷方？

a. 美国进口商从法国买进一批法国酒。

b. 一家日本汽车公司在美国肯塔基州建了一个组装工厂。

c. 英国用美国船只运送向中国台湾出口的机器。

d. 美国一大学生在瑞士学习了一年。

e. 美国的慈善团体向非洲遭受旱灾的地区捐赠食物。

f. 日本投资者因购买美国政府债券而获得利息收入。

g. 一德国居民向其美国亲戚寄钱。

h. 英国伦敦的劳埃德保险公司向美国一家商业公司出售一份保险单。

i. 一瑞士居民因持有 IBM 公司股票而获得红利。

10. 表 10.8 表示在某一特定年度的一项假设交易。

表 10.8　　美国的国际交易　　单位：十亿美元

旅游及运输净收入	25
进口商品价值	450
单边转移净值	−20
特别提款权的分配	15
美国在国外的投资收入	20
统计误差	40

雇员赔偿	−5
美国国外资产的变动净值	−150
出口商品价值	375
其他服务净值	35
外国投资在美国的支付额	−10

a. 计算美国商品贸易差额、服务贸易差额、商品和服务贸易差额、收入差额、单方转移差额，以及经常账户差额。

b. 这些差额中的哪一项与美国的外国净投资状况有关？你怎样解释这种状况？

11. 如表 10.9 中所假设的项目所示，美国的国际投资状况如何？美国是处于债务国地位还是债权国地位？

表 10.9　美国的国际投资状况　单位：十亿美元

外国在美国的官方资产	25
国外在美国的其他资产	225
美国政府在海外的资产	150
美国居民在海外的资产	75

第 11 章

外　汇

国际经济学之所以能成为一门独立的学科，在一定程度上是因为不同国家使用不同的计价单位。在美国，价格是以美元衡量的，墨西哥的计价单位是比索，瑞士的计价单位是法郎，日本的计价单位是日元。

一项典型的国际交易包括两个不同的买卖过程：首先买进外币，然后用外币支付国际交易。例如，法国进口商要从美国出口商那里购买货物，必须首先购买美元，再用美元支付货款。因此，为了保证国际贸易顺利进行，需要通过特定的制度安排提供一种有效的机制，将交易双方在支付货币时的不方便程度降到最低，这种机制以外汇市场的形式存在。①

本章将考察外汇市场的性质和运行机制。

11.1 外汇市场

外汇市场（Foreign-Exchange Market）是个人、企业、政府和银行买卖外汇和其他债务工具的组织形式。② 在日常外汇交易中，仅有一小部分真正涉及货币交换，而绝大部分涉及银行存款的转移。美国的主要银行，如花旗银行，在国外的分支银行或联行持有外币存款。美国居民可以从当地银行获得外汇，当地银行再向花旗银行购买外汇。

外汇市场是世界上规模最大、流动性最强的市场。每天全世界的外汇交易量达 4 万亿美元，金额在 2 亿美元到 5 亿美元之间的个体交易并不足为奇。报价通常每分钟变化

① 本章考察的是没有政府限制情况下的外汇市场。但在现实中，很多货币的外汇市场是由政府控制的。因此，本章所讨论的外汇交易活动并不是完全可行的。

② 本部分来源于 Sam Cross，*The Foreign Exchange Market in the United States*，Federal Reserve Bank of New York，1998。

20 次，世界上最活跃的汇率一天之内可以变化 18 000 次以上。

外汇市场由四种货币主导：美元、欧元、日元和英镑。并不是所有的货币都参与外汇市场的交易。一种货币无法在外汇市场上进行交易的原因多种多样，从国内政局的不稳定性到经济的不确定性。有时一国生产的产品很少引起其他国家的兴趣，基于这一简单的原因，该国货币也不会在外汇市场上进行交易。

与股票和商品交易不同，外汇市场没有一个有组织的结构。它没有集中的交易场所，对参与规则也没有正式要求，任何国家都可以参与外汇市场交易。一种货币的外汇市场包括所有将该货币兑换成他国货币的场所，例如，美元的外汇市场。纽约、伦敦和东京外汇市场是世界上最大的三个外汇市场，承载了绝大部分的外汇交易。其他的外汇市场分布在世界各地，如巴黎和苏黎世。由于外汇交易商随时通过电话和电脑进行联络，因此，外汇市场的竞争性很强，其功能与集中市场没有任何差别。

星期一早上，中国香港的外汇市场开盘，这时的纽约仍是星期天的晚上。随着一天的行进，东京、法兰克福、伦敦、纽约、芝加哥、旧金山等地的外汇市场相继开盘。当美国西海岸的外汇市场收盘时，距离中国香港星期二的开盘时间只有 1 个小时。因此，外汇市场实际上是连续 24 小时运转的。

典型的外汇市场交易通过三个层面进行：（1）商业银行与其商业客户之间的交易，商业客户是外汇的最终需求者和供应者；（2）国内银行借助经纪人进行同业市场交易；（3）与国外银行的外汇交易。

出口商、进口商、投资者以及旅游者通过商业银行买卖外汇，相互之间并不进行外汇交易。例如，美国的一个汽车经销商要进口德国汽车，每辆车的价格为 50 000 欧元。因为没有欧元账户，美国的经销商不能直接按照欧元价格开支票。他需要首先到开设外汇业务的美国银行，比如大通曼哈顿银行的外汇部办理外汇支付。如果汇率是 1.1 欧元＝1 美元，那么美国经销商按每辆车 45 454.55 美元（＝50 000/1.1）的价格开支票给大通曼哈顿银行。随后，大通曼哈顿银行再以每辆车 50 000 欧元的价格向德国生产商进行支付。而大通曼哈顿银行之所以能够支付欧元，是因为它在波恩的分行里有欧元支票存款。

办理外汇业务的各大银行一般不直接进行交易，而是通过外汇经纪人来进行。经纪人的目标是使银行保持合理的外汇余额。如果在某一时刻一家银行的外汇余额偏离合理水平，经纪人就会替其卖出多余的外汇，或买进不足的外汇。于是，经纪人创造了一个大规模的银行同业市场，供银行买卖外汇，经纪人则从卖出外汇的银行那里获得佣金。

外汇市场的第三个层面是交易银行与其国外分行或联行之间的外汇交易。虽然办理外汇业务的美国银行多达几十家，但只有纽约的几家大银行经常与外国银行进行交易。其他内陆地区的银行与纽约的银行保持联行关系，以满足自身的外汇需求。纽约的银行与国外银行的外汇买卖，维持着纽约外汇市场上的外汇供求平衡。外汇的国际交易主要是通过电话和计算机进行的。

外汇市场上的商业交易只代表大规模的名义数量，同投机行为相比，它们所占的份额很少。到目前为止，大多数的货币交易都出于投机目的。交易者根据时时刻刻的价格波动买进或者售出货币，从而获得短期利润。据统计，投机行为约占外汇市场每日交易量的 90％。

直到20世纪80年代，大多数的外汇交易都是通过电话进行的。然而，现在大多数交易都由电子设备执行。贸易正通过电脑终端在世界上数千个交易点上演。当执行一项外汇交易时，交易员会在其电脑终端上输入一个订单，显示货币数量、价格、买进或售出的指令。如果这个订单能与其他未完成的订单匹配，且在同一系统内的其他交易员看来价格也十分优惠的话，交易就完成了。如果没有订单同其匹配，这个新的订单将会进入系统，其他银行的交易员就能看到它。通过按下“买”或“卖”的键并发送，另一个交易员便可以接受这个订单。电子贸易的支持者认为，这种贸易执行方式因其确定性和清晰性有许多益处。在电话交易中，有时交易员会因事先商议好的交易价格而产生争端，但电子交易将不存在这个问题。

2000年之前，企业通常通过花旗银行、摩根大通和大通曼哈顿银行等主要银行获得每天支付外国工资所需的硬通货，或者将销售获得的外国货币兑换成美元。这就需要企业客户通过电话与若干银行的交易人进行交流，并立即获取合适的报价。然而，银行之间很少发生正面竞争，企业顾客只能寻求其他途径。Currenex公司成立之后这些情况发生了变化，此公司建立了在线市场，不同银行可以向企业提供外汇交易服务，并展开竞争。这一市场包括各大主要银行以及企业客户，如家得宝（Home Depot）。在线运营使得货币交易程序更加透明，企业客户能够在第一时间看到多重报价，并选择最有利的交易。

11.2 外汇交易的类型

在买卖外汇时，银行承诺在规定日期向另一家银行或客户支付一定数量的货币。银行从事的外汇交易主要包括三种类型：即期交易、远期交易和掉期交易。

即期交易（Spot Transaction）是买卖双方达成交易后，在两个交易日内办理外汇现金交割的交易。两天内的外汇交割被称为即期交割。按照惯例，交割日是双方达成交易后的第二个交易日。两天的期限使交易双方有足够的时间确认协议，在世界各地的银行账户中安排结算和必要的借贷。

即期交易的操作过程如下：

- 交易一方先向另一方打探某种货币（例如，欧元）的价格。他只是初步表达交易意向，并未明确说明是要买进还是卖出。
- 另一方接受问询后将告知买价和卖价。
- 双方达成交易意向后，一方将用欧元交换另一方的货币（例如，美元）。按照惯例，实际的支付将在两天后完成。

即期交易的优势在于可以用最便捷的方式满足外币需求，但同时也伴随着汇率波动的巨大风险，因为在交易结束之前，汇率是不确定的。汇率的波动能显著地提高或降低价格，对公司或个人都是极大的财务考验。

很多情况下，商业银行或金融机构知道，自己在将来某一特定日期会获得或支出一定数量的外币。例如，为了应付圣诞节前后的销售高潮，美国一家进口公司在8月份向日本订购了一批收音机，10月份到货。销售协议规定，10月20日以日元支付货款。为了防范日元相对于美元升值可能造成的损失，美国进口公司可以与银行签订合约，以既定价格买入日元，但货币的实际交割日为 10 月 20 日，即真正需要日元的那一天。合约到期时，进口公司用已知数量的美元购买日元，支付货款。这种外汇交易就是**远期交易**(Forward Transaction)。简单而言，远期交易能防范汇率波动带来的损失，但如果在合同签订至交割期间汇率向有利于你的方向变动，你也不可能获得收益。

远期交易与即期交易的区别是，远期交易的到期日超过了两个交易日，可能是几个月，甚至几年，汇率固定在合约签订时的汇率水平。虽然外汇交易商可能要求某些顾客事先提供担保，但在交易实际发生前，并不需要转手资金。值得注意的是，在远期交易中，买方和卖方是以固定的价格签订合同的，因此它不受市场汇率的影响。这种方式使市场参与者能作出更加谨慎的规划，因为他们提前知道自己将要支付的外币数额，同时也使他们避免了立即的现金支出。

银行之间的外汇交易还包括掉期交易。**货币掉期**（Currency Swap）是指在某一时点将一种货币转换成另一种货币，同时签订协议，在未来某一指定时刻，再将这种货币兑换成原来的货币。两次交易的汇率水平均事先约定。通过掉期这种有效的方式，银行可以用暂不需要的货币兑换另一种货币，满足它们在一段时期内的外汇需求。掉期交易的运作过程如下：

- 假设一家美国公司需要 1 500 万瑞士法郎在瑞士进行一项为期 3 个月的投资。
- 它同一家公司达成了为期 3 个月的瑞士法郎掉期交易，约定以 1 美元兑 1.5 瑞士法郎的价格换取 1 500 万瑞士法郎。
- 3 个月后，美国公司偿还了 1 500 万瑞士法郎，并得到了事先支付的 1 000 万美元，当然也对利率差别做了一些调整。

这里的关键是，一笔掉期交易包括两次外汇买卖。两家银行约定，以指定的汇率支付和获取一定数量的货币。掉期为贸易商提供了一种有效的机制，使它们在一段时间内的外汇需求得以满足。贸易商可以用暂不需要的货币来换取另一种货币。

表 11.1 说明了美国银行机构外汇交易的分类情况。外汇掉期和即期交易是两类最重要的外汇交易工具。

表 11.1　　2013 年全球外汇交易各类情况（平均每天交易量）

外汇交易工具	金额（十亿美元）	占比（%）
外汇掉期	2 282	42.7
即期交易	2 046	38.3
远期交易	680	12.7
外汇期权	337	6.3
总和	5 345	100.0

资料来源：Federal Reserve Bank of New York，2013，*Triennial Central Bank Survey of Foreign Exchange and Derivatives Market*，available at http://www.newyorkfed.org/. 也可参阅：Bank for International Settlements，*Triennial Central Bank Survey of Foreign Exchange and Derivatives Market*。

11.3 银行同业交易

在外汇市场上，世界的每个角落每分每秒都在进行大量的货币交易。通信设备将世界各地的银行紧密联系在一起，银行之间能够及时沟通。在美国，少数几家货币中心银行担负着绝大多数的外汇交易。事实上，与伦敦、东京、香港、法兰克福等金融中心的同行一样，纽约的所有大银行都积极开展外汇交易业务，洛杉矶、芝加哥、旧金山和底特律等城市的大银行也是如此。而对美国的大多数银行来说，其业务中外汇交易所占的比重并不大，它们通过纽约或其他地方的联行从事外汇交易。

这不仅有助于银行自身的投机活动，同时也可以为其客户，如企业、政府机构和富人提供贸易服务。所有这些银行都向客户提供买进或卖出外汇的服务。交易量低于100万货币单位的交易为零售交易，超出100万货币单位的交易被归为批发交易，多发生在银行之间，或银行与大的公司客户之间。

全球大约有400家银行为世界各地的买家和卖家提供每日外汇交易。通常情况下，各大商业银行的外汇部门是其利润中心。一家银行的外汇交易员总是与其他交易员随时联络，买卖外汇。在多数大银行中，一个交易员往往专门负责一种或几种外汇。首席交易员决定外汇交易的整体政策和方向，在满足客户外汇需求的同时，力求为银行赚取尽可能多的利润。外汇交易是24小时进行的，汇率每时每刻都可能发生变化。银行的外汇交易员睡觉时也要保持警惕性，因为电话常常会在半夜响起，告诉他们外国市场的汇率大幅波动，他们必须随时准备对此作出反应。为了应付这种情况，银行通常允许高级交易员在家办公。

在先进的电子设备的帮助下，外汇交易是在电脑终端达成的，按一个键就可以确认一笔交易。交易员使用电子交易行情板，以及时登记每一笔交易，核实其银行的外汇头寸。除了白天的外汇交易外，各主要银行还建立了夜间交易柜台，利用晚上的汇率波动获利，来满足公司对货币交易的需求。在银行同业市场上，一笔交易的数量至少是100万货币单位。表11.2列出了外汇市场上交易量领先的部分银行。

表 11.2　2013年外汇市场上交易份额排名领先的银行

银行	占外汇市场份额（%）
德意志银行	15.2
花旗银行	14.9
巴克莱银行	10.2
瑞士银行	10.1
汇丰银行	6.9
摩根大通	6.1
苏格兰皇家银行	5.6
瑞士信贷	3.7
摩根士丹利	3.2

资料来源："Foreign Exchange Survey," *Euromoney*, 2013, available at www. euromoney. com.

美国银行、花旗银行等银行如何通过外汇交易赚取利润呢？定期参与银行同业市场交易的银行会向其他银行报出买价和卖价。**买价**（Bid Rate）是银行买进一单位外币愿意支付的价格，**卖价**（Offer Rate）则是银行卖出一单位外币所愿意接受的价格。买价与卖价之差就是**价差**（Spread），这一价差随着交易规模以及交易货币的流动性的变化而发生变化。无论什么时候，一家银行的买价总是低于卖价，价差用来弥补银行兑换货币的成本。参与外汇交易的大银行提供一种货币的买价和卖价，从而“创造市场”。买价和卖价的使用使银行得以在即期和远期市场上通过外汇交易获取利润。

外汇交易员同时买进和卖出外汇，按价差赚取利润。例如，花旗银行报出的瑞士法郎的买价和卖价分别为 0.585 1 美元和 0.585 4 美元。买价为 0.585 1 美元/瑞士法郎意味着花旗银行准备按照这个价格用 585 100 美元买进 100 万瑞士法郎；卖价为 0.585 4 美元/瑞士法郎表示花旗银行愿意按照这个价格卖出 100 万瑞士法郎，收回585 400美元。如果花旗银行能够同时买进和卖出 100 万瑞士法郎，就可以赚到 300 美元，这一利润等于价差（0.000 3 美元/瑞士法郎）乘以交易量（100 万瑞士法郎）。

除了赚取价差利润外，外汇交易员还力图准确预测货币的价格走势，从中获利。如果花旗银行的交易员预计日元将相对于美元升值（走强），他就可能会抬高买价和卖价，劝说别的交易员将日元卖给花旗银行，而不让他们从花旗银行买走日元。于是，花旗银行的交易员买入的日元多，卖出的日元少。如果日元真的相对于美元升值了，他就可以用较高的价格卖出日元，赚取利润。相反，如果花旗银行的外汇交易员预计日元将相对美元贬值（走弱），他就会降低日元的买价与卖价。由于这种行为鼓励日元的卖出，抑制日元的买进，因此，该交易员卖出的日元多，买进的日元少。当日元如期贬值时，他就可以以较低的价格买回日元，赚取利润。

如果汇率的变动方向与预期一致，外汇交易员将会赚钱。但是，一旦汇率的变动方向与预期相反，他就要蒙受损失。为了限制外汇交易可能造成的损失，银行通常控制外汇交易员的交易数量。交易员买卖任何一种外汇时，要遵守头寸限量。虽然采取了正式的限制规定，但未经许可的、超出头寸限量的外汇交易有时还会给银行造成大量损失。在银行的管理层眼中，外汇部门是利润的来源，投入外汇业务的资金的回报率必须达到满意的水平。为此，交易员承担了巨大的压力。

当银行向企业和个人客户出售外币时，它收取一定的“零售”费用。这个费用由它买取外币时的同业（批发）交易费和服务补偿费共同决定。服务费取决于交易规模、市场的不稳定性和兑换货币种类。

11.4 解读外汇牌价

大多数日报每天都会公布主要货币的汇率。**汇率**（Exchange Rate）是用另一种货币表示的一种货币的价格。例如，购买 1 英镑所需的美元数量，简记为 ER＝美元/英镑，其中的 ER 就是汇率。如果 $ER=2$，那么购买 1 英镑就需要支付 2 美元（2/1＝2）。汇率也可以用购买 1 单位本国货币所需的外国货币数量来表示，即 ER'＝英镑/美元。在我们的例子中，$ER'=0.5$（1/2＝0.5），表明购买 1 美元需要 0.5 英镑。显然，ER'

是 ER 的倒数（$ER'=1/ER$）。

表 11.3 是 2013 年 10 月 29—30 日的外汇牌价。在第 2 栏和第 3 栏中，外汇的卖价是用美元表示的，说明购买 1 单位外汇需要多少美元。例如，阿根廷比索在星期三（10 月 30 日）的报价为 0.169 3，意味着买入 1 比索需要付出 0.169 3 美元。第 4 栏和第 5 栏则正好相反，说明的是购买 1 单位美元需要的外汇数量。在星期三的外汇牌价表上，购买 1 美元需要 5.905 3 阿根廷比索。

表 11.3　　外汇牌价表

汇率　　2013 年 10 月 29—30 日*

以下牌价适用于银行间 100 万美元以上的交易，路透社和其他来源于美国东部时间下午 4:00 报收。零售交易牌价更低。

国家(地区)/货币	美元/外币		外币/美元	
	星期三	星期二	星期三	星期二
美洲				
阿根廷比索	0.169 3	0.169 8	5.905 3	5.890 1
巴西雷亚尔	0.456 5	0.458 1	2.190 5	2.182 8
加拿大元	0.954 2	0.955 2	1.048 0	1.046 9
智利比索	0.001 965	0.001 966	508.80	508.60
哥伦比亚比索	0.000 531 0	0.000 531 0	1 883.24	1 883.24
厄瓜多尔美元	1	1	1	1
墨西哥比索	0.077 3	0.077 4	12.934 4	12.918 7
秘鲁新索尔	0.362 5	0.363 1	2.759	2.754
乌拉圭比索	0.046 30	0.046 43	21.597 5	21.537 5
委内瑞拉玻利瓦尔	0.157 480	0.157 480	6.350 0	6.350 0
亚太地区				
澳大利亚元	0.948 4	0.948 0	1.054 4	1.054 8
1 个月远期	0.946 5	0.946 2	1.056 5	1.056 8
3 个月远期	0.942 6	0.942 3	1.060 9	1.061 2
6 个月远期	0.937 3	0.936 9	1.066 9	1.067 3
中国人民币	0.164 1	0.164 2	6.094 6	6.089 6
中国香港港币	0.129 0	0.129 0	7.753 4	7.753 4
印度卢比	0.016 30	0.016 27	61.340	61.455
印度尼西亚卢比	0.000 091 7	0.000 092 1	10 901	10 855
日本日元	0.010 151	0.010 184	98.52	98.19

续前表

国家(地区)/货币	美元/外币		外币/美元	
	星期三	星期二	星期三	星期二
1个月远期	0.010 152	0.010 186	98.50	98.18
3个月远期	0.010 157	0.010 190	98.46	98.13
6个月远期	0.010 163	0.010 197	98.40	98.07
马来西亚林吉特	0.317 6	0.317 7	3.148 4	3.147 4
新西兰元	0.826 7	0.825 8	1.209 6	1.211 0
巴基斯坦卢比	0.009 40	0.009 39	106.395	106.550
菲律宾比索	0.023 2	0.023 2	43.103	43.103
新加坡元	0.806 7	0.805 8	1.239 6	1.241 1
韩国韩元	0.000 943 9	0.000 941 7	1 059.40	1 061.88
中国台湾台币	0.033 99	0.033 94	29.421	29.465
泰国泰铢	0.032 15	0.032 19	31.106	31.064
越南盾	0.000 047 38	0.000 047 38	21 105	21 105
欧洲				
捷克共和国克朗	0.053 40	0.053 3	18.726	18.751
丹麦克朗	0.184 2	0.184 3	5.429 9	5.426 2
欧元区欧元	1.373 6	1.374 6	0.728 0	0.727 5
匈牙利福林	0.004 673	0.004 676	214.00	213.86
挪威克朗	0.169 6	0.169 5	5.897 7	5.898 7
波兰兹罗提	0.328 5	0.328 3	3.044 3	3.046 0
俄罗斯卢布	0.031 25	0.031 14	32.001	32.112
瑞典克朗	0.156 4	0.156 7	6.393 4	6.382 6
瑞士法郎	1.112 1	1.112 5	0.899 2	0.898 9
1个月远期	1.112 4	1.112 7	0.899 0	0.898 7
3个月远期	1.113 0	1.113 3	0.898 5	0.898 2
6个月远期	1.113 9	1.114 3	0.897 8	0.897 5
土耳其里拉	0.501 3	0.502 1	1.994 8	1.991 7
英国英镑	1.603 9	1.604 7	0.623 5	0.623 2
1个月远期	1.603 6	1.604 3	0.623 6	0.623 3
3个月远期	1.602 8	1.603 5	0.623 9	0.623 6
6个月远期	1.601 7	1.602 4	0.624 3	0.624 1
中东和非洲				
巴林第纳尔	2.653 0	2.652 8	0.376 9	0.377 0
埃及镑	0.145 2	0.145 2	6.888 0	6.888 0
以色列谢克尔	0.284 1	0.284 5	3.519 6	3.515 1
约旦第纳尔	1.411 9	1.413 9	0.708 3	0.707 3
科威特第纳尔	3.549 9	3.549 9	0.281 7	0.281 7

续前表

国家(地区)/货币	美元/外币		外币/美元	
	星期三	星期二	星期三	星期二
黎巴嫩镑	0.000 663 6	0.000 663 9	1 506.90	1 506.35
沙特里亚尔	0.266 6	0.266 6	3.750 3	3.750 3
南非兰特	0.100 5	0.101 1	9.945 7	9.892 0
阿联酋迪拉姆	0.272 3	0.272 3	3.672 4	3.672 4

* 2013 年 10 月 29 日，星期二；2013 年 10 月 30 日，星期三。

资料来源：Reuters，*Currency Calculator*，available at http://www.reuters.com. 也可参阅：Federal Reserve Bank of New York，*Foreign Exchange Rates*，available at http:// www.newyorkfed.org/。

表头上的汇率是指纽约银行向其他银行卖出价值 100 万美元以上的外汇时所收取的价格。表头还说明报价是当天的哪一时刻的报价，因为在一天之中，外汇价格随着供求条件的变化随时都在波动。交易量在 100 万美元以下的外汇零售交易需要支付额外的交易费用，所以采用不同的汇率。

消费者零售牌价的定价是多少？计算零售交易价时，可能会加上 1%～10%的佣金，甚至更多。比如：

- 世界许多地方的自动取款机通常加价 2%，如果有更多服务，还可能加价。
- 信用卡换汇通常加价 3%，如果外汇不是主要货币，还可能加价更多。
- 当换取主要货币现金时，银行加价 4%，如果不是主要货币，加价更多。

由自由市场力量决定的汇率可以频繁变动，在实际中也确实如此。例如，当英镑的美元价格从 2 美元=1 英镑上涨到 2.10 美元=1 英镑时，美元就相对于英镑贬值了。货币**贬值**（Depreciation）意味着，购买 1 单位外汇需要花费较多的本币数量。相反，当英镑的美元价格下跌，例如从 2 美元=1 英镑下降到 1.90 美元=1 英镑时，则说明相对于英镑美元升值了。货币**升值**（Appreciation）是指购买 1 单位外汇需要较少的本币数量。

从表 11.3 的第 2 栏和第 3 栏（美元）可以看出，从星期二（10 月 29 日）到星期三（10 月 30 日），澳大利亚元的美元价格从 0.948 0 美元涨到 0.948 4 美元。这表明澳大利亚元升值了，而美元贬值了。为了重新确认这一点，观察表中第 4 栏和第 5 栏，从星期二到星期三，我们可以看到美元兑换澳大利亚元从 1.054 8 澳大利亚元降到 1.054 4 澳大利亚元。利用同样的方式，我们也可以看到墨西哥比索兑美元从星期二的 0.077 4 下降到 0.077 3，美元兑墨西哥比索从星期二的 12.918 7 上升到 12.934 4，墨西哥比索贬值，而美元升值。

不管在哪个国家，绝大多数外汇牌价都用美元表示外汇的价格。然而，在多数情况下，美元并不参与外汇交易。在这种情况下，交易双方需要知道两种非美元货币之间的汇率。例如，英国一家进口商要用瑞士法郎购买瑞士手表，他需要知道瑞士法郎与英镑的汇率。任意两种货币（如瑞士法郎和英镑）的汇率可以用这两种货币以第三种货币（美元）所表示的汇率来计算。通过这种方法得出的汇率被称为**交叉汇率**（Cross Exchange Rate）。

从表 11.3 我们可以看到星期三英镑的美元价格是 1.603 9 美元，瑞士法郎的美元价格是 1.112 1 美元。从上面的这两个数据，我们可以算出英镑对瑞士法郎的汇率：

$$\frac{\text{英镑的美元价格}}{\text{瑞士法郎的美元价格}}=\frac{1.6039}{1.1121}=1.4422$$

1 英镑可以兑换 1.442 2 瑞士法郎，这是英镑和瑞士法郎的交叉汇率。利用相同的计算方式，我们可以计算出表 11.3 中任何两种货币的交叉汇率。纳斯达克货币转换器有这样的功能，网址：www.nasdaq.com/aspx/currencyconverter.aspx/。

贸易冲突

日元贬值，丰田汽车盈利上调

2013 年，日本汽车制造企业发现，它们生产的汽车对于全球消费者而言相对便宜了。为什么？这是因为日元的贬值。我们在这里以丰田汽车为例。

2012—2013 年，由于日本首相安倍晋三倡导通过日元贬值提升日本汽车生产企业在全球市场的竞争力，日元相对美元稳步贬值。2012 年，1 美元兑换不到 80 日元，而到 2013 年，兑换超过 100 日元。2012 年一辆丰田凯美瑞轿车在美国的售价是 3 万美元，大约相当于 240 万日元。到了 2013 年，同样一款轿车售价换算成日元，价值大约为 300 万日元。按日元计算，这样一辆轿车售价上升了 25%。因此，丰田汽车 2012—2013 年的盈利增长一倍也就不令人吃惊了。摩根士丹利的分析师表示，日元兑美元从 78 日元/美元贬值到 100 日元/美元，丰田汽车单车利润增加大约 2 000 日元。

由于日元贬值，与其他国家相比，日本汽车企业在降低售价、增加广告投入和改善产品质量等方面的竞争力更强。这增加了这些企业在美国从 2007—2009 年经济萧条复苏后的销售量。

2013 年，丰田汽车出口量是日产和本田的两倍，从日元的贬值中受益更大。但是，丰田管理人员表示，日元的贬值是暂时的，企业将继续致力于提高生产率、降低成本以及提高产品质量，以抵御汇率的波动风险。

资料来源：Morgan Stanley, *100 Yen: Global Auto Implications*, April 18, 2013; Kiroko Tabuchi, "Toyota Bounces Back with Help From Eager American Buyers and a Weak Yen," *The New York Times*, May 8, 2013; "Toyota Ups Profit Forecast on Yen Fall," *The Japan Times News*, August 2, 2013; Yoshio Takahashi, "Tokyo's Net Soars 70 Percent as Yen Falls," *The Wall Street Journal*, November 7, 2013; Daniel Inman, "Japan's Signals Sink the Yen," *The Wall Street Journal*, November 15, 2013.

11.5 远期市场和期货市场

外汇的买卖既可以立即交割，也可以在未来交割，前者被称做**即期市场**（Spot Market），后者则被称做**远期市场**（Forward Market）。远期合同是由那些在几个星期或几个月后将要收到或支付外汇的经济个体签订的。如表 11.3 所示，纽约外汇市场是世界上绝大多数货币的即期市场。然而，正规的远期外汇市场只对那些流通范围较广泛的货币开放。需要在将来支付和获取外汇的进口商和出口商是远期外汇市场的主要参与者。英镑、加拿大元、日元以及瑞士法郎等货币的远期报价是指，在表头所示日期（2013 年 10 月 30 日）的 1 个月、3 个月或 6 个月后的交割价格。

外汇交易还可以在**期货市场**（Futures Market）上进行，合同双方约定在将来买卖外汇，并事先确定一个双方都可接受的汇率水平。远期市场和期货市场的区别在于，只有少数几种主要货币可以在期货市场上进行交易，并且只能按照标准的合同数额和特定的地理位置进行交易。表 11.4 总结了远期市场和期货市场的主要区别。

表 11.4　远期合同与期货合同

	远期合同	期货合同
签约人	商业银行	芝加哥商品交易所的国际货币市场（IMM）和其他外汇交易所，如东京国际金融期货交易所
交易方式	通过电话的“场外交易”	在 IMM 的交易厅内进行
合同规模	按进口商/出口商/投资者的需要裁定，无固定数量	标准化交易量
交割日期	谈判商定	在规定的日期
交易成本	基于买卖价差额	买卖订单的佣金
结算	在到期日按预定的价格结算	每天交易结束时的结算利润或损失

芝加哥商品交易所的**国际货币市场**（International Monetary Market，IMM）就是一个期货市场。IMM 建立于 1972 年，是从商品期货市场发展而来。商品期货市场是买卖指定数量的小麦、玉米或其他商品，但是在未来某个特定日期进行交割的市场。IMM 为未来交割的各种金融工具（如外汇）和贵金属（如黄金）的买卖提供了便利，特别受到小型银行和小型企业的青睐。此外，IMM 还是少数几个允许个人进行外汇投机的场所之一。

IMM 的外汇交易仅限于主要货币。合约的交割日期固定在 3 月、6 月、9 月和 12 月的第三个星期三。报价用每单位外汇的美元价格来表示，但是每份期货合同的数量是固定的（如 62 500 英镑）。

接下来看一下，如何解读表 11.5 中所列出的 IMM 期货牌价。[①] 牌价的上方是货币名称、所属国家和期货合同的规模。例如，日元的每份标准合同表示购买 1 250 万日元的权利。在合同数量的右方，可以看到购买 100 日元所需的美元数量。表中的第一栏是合同**到期月份**（Maturity Months）。以 6 月为例，表中的其余各栏提供以下信息。

表 11.5　　2013 年 10 月 30 日外汇期货牌价

	开盘价	高点	低点	收盘价	变化	未结清权益
日元（芝加哥商品交易所）——1 250 万日元；美元/100 日元						
12 月 13 日	1.024 7	1.026 4	1.022 8	1.024 0	−0.003 4	150 637
3 月 14 日	1.025 3	1.028 1	1.023 6	1.024 7	−0.003 4	1 131

资料来源：Chicago Mercantile Exchange，International Monetary Market，available at http://www.cme.com/trading.

开盘价（Open）指的是 2013 年 10 月 30 日早上国际货币市场第一笔交易的报价。根据隔夜国际上发生的事件，开盘价可能与前一个交易日的收盘价不相同。报价以美元/100 日元计价，1.024 7 的开盘价是指 1.024 7 美元/100 日元。用这个价格乘以合同交易数量，就可以计算当天开盘后第一份合约的总价值：（1.024 7×1 250 万）/100＝128 087.50 美元。

高点（High）、低点（Low）和收盘价（Settle）分别代表当天合同的最高价、最低价以及当天结收价。从这些数字中，我们可以看出当天的波动程度。在这一天中，12 月交割合约的最高价为 1.026 4 美元/100 日元，最低价为 1.022 8 美元/100 日元，收盘价为 1.024 0 美元/100 日元。用收盘价乘以合同的标准数量，可以得到该交易日收盘时一份合约的总价值：（1.024 0×1 250 万）/100＝128 000 美元。

变化（Change）一栏将该交易日的收盘价与前一天公布的收盘价相比较。正号（＋）表示当天的收盘价比前一天高，负号（－）表示当天的收盘价比前一天低。以 100 日元为例，12 月份交割的日元收盘价比前一个交易日低 0.003 4美元。

未结清权益（Open Interest）是所有未平仓的合同份数，即那些还没有被对冲交易结清的合同，说明某项交易合同还剩多少权益。

11.6　外汇期权

20 世纪 80 年代，出现了一种新形式的外汇市场：期权市场。简单说来，**期权**（Option）是持有人（买方）与开立人（卖方）之间的一项协议，此项协议给予持有人

① 此部分源于 R. Wurman and others, *The Wall Street Journal: Guide to Understanding Money and Markets* (New York: Simon and Schuster, Inc., 1990)。

一种权利，而非义务，即有权在指定时期内的任何时刻买进或卖出金融工具。虽然期权持有人没有义务买卖货币，但是期权开立人却有履行交易的义务。期权具有一次性的特点，是一种特殊的金融合约，只有在需要的时候才使用它。相反，在远期外汇合同中，即使市场发生了变化，或者当事人不想再做这笔交易，他也必须履行合约，按照规定的汇率完成交易。

外汇期权（Foreign Currency Options）提供给持有人在几天或几年之内以预定价格买卖一定数量外汇的权利。期权持有人既可以按照意愿选择汇率，也可以选择合同的履行期限。企业和外汇投机商通过使用外汇期权来寻求套期保值，防范外汇风险。

外汇期权有两种类型。**看涨期权**（Call Option）赋予持有人以指定价格买进外汇的权利，**看跌期权**（Put Option）则使持有人有权按特定价格卖出外汇。期权的执行价格（买进或卖出外汇的价格）被称为**协定价格**（Strike Price）。外汇期权的持有人有权执行合同，但是如果无利可图，也可选择不履行合同。如果看涨期权的持有人要求执行期权，开立人（如美国银行、花旗银行、美林银行）必须交割外汇。当看跌期权的持有人要求执行期权时，开立人则必须买进外汇。由于负有这种义务，期权合同的开立人要收取一定数额的溢价或手续费（期权费）。金融机构非常愿意开立外汇期权，因为这会带来大量的期权费收入（从事一笔 500 万美元的交易，期权费收入可达 10 万美元）。不过，由于开立人要面对变幻莫测的汇率，签发货币期权是一项有风险的业务。在欧洲和美国，很多外汇都可以进行期权交易。《华尔街日报》每天公布外汇期权合同，关于外汇期权的交易机制请参考更高级的教材。

在此以波音公司为了向日本一家航空公司销售喷气式飞机而进行投标的案例，来分析出口商是如何使用外汇期权来规避外汇风险的。波音不仅面对是否会成功中标的不确定性，还面临着外汇风险。如果波音中标，将会在将来获得日元，但是如果日元暂时出现贬值，例如，从 115 日元＝1 美元贬值到 120 日元＝1 美元，将会怎样呢？波音持有的日元将只能兑换较少数量的美元，因此减少了喷气式飞机的销售利润。由于波音打算将日元兑换成美元，它可以购买看跌期权，从而使波音公司有权按照既定的价格卖出日元。获得看跌期权之后，如果波音成功中标，它将只面临有限的外汇风险。另一方面，如果投标失败，波音的损失也仅限于购买期权的成本。因此，外汇期权能够向从事国际业务的企业提供一种最坏情况下的汇率。企业汇率风险所造成的最大损失等于期权费。

11.7 汇率决定

在自由竞争市场上，均衡汇率是由什么因素决定的？下面从美国的角度，即从每单位外汇的美元价格来考察汇率。与其他价格一样，自由竞争市场上的汇率也是由供求条件决定的。

□ 11.7.1 外汇的需求

一国的外汇需求是一种派生需求，由外国对本国商品和资产如银行存款、股票、债券和不动产的需求而驱动。其与该国国际收支平衡表的借方项目相对应。例如，当美国打算从英国进口商品和服务，在英国投资，或者向英国居民进行转移支付时，均会产生对英镑的需求。

与大多数需求曲线类似，美国对英镑的需求量与价格成反方向的变动关系，即英镑的价格越高，对英镑的需求量越少，图 11.1 中的曲线 D_0 表示了这一关系。当美元相对于英镑贬值（英镑的美元价格上涨）时，美国进口商会发现，英国的商品和服务变贵了，因为进口商品需要以英镑支付，而购买每单位英镑所需花费的美元数量增加了。汇率的上升减少了对进口商品的购买量，因此美国居民对英镑的需求将会减少。同理，如果美元相对于英镑升值，进口会增加，美国居民对英镑的需求将会增加。

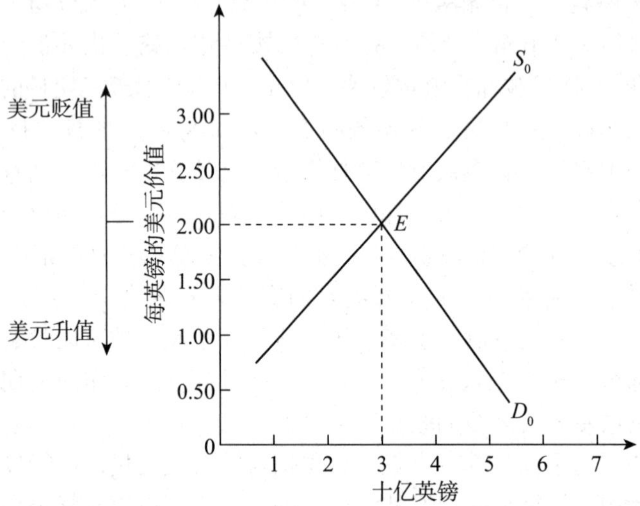

图 11.1　汇率的决定

注：均衡汇率是由外汇供给曲线和需求曲线的交点决定的。外汇的需求与一国国际收支的借方项目相对应，外汇的供给则反映了国际收支的贷方项目。

□ 11.7.2　外汇的供给

外汇的供给是指在其他条件保持不变的情况下，在各种可能的汇率水平下，市场提供的外汇数量。例如，如果英国的家庭或企业打算进口美国的商品和服务，向美国居民提供贷款，在美国投资，或者偿还美国债权人的债务，以及向美国居民提供转移支付，都会形成对英镑的供给。在其中的任何一种情况下，英国居民向外汇市场提供英镑，以换取支付给美国居民所需要的美元。需要注意的是，英镑的供给登记在美国国际收支平衡表的贷方项目上。因此，国际收支平衡表与外汇市场之间是相互联系的。

在图 11.1 中，英镑的供给曲线用 S_0 表示，代表英国居民为了获得购买美国商品、服务和资产所需要的美元而向外汇市场提供的英镑数量。在该图中，英镑的供给量与英镑的汇率之间存在正相关关系。当美元相对于英镑贬值（英镑的美元价格上升）时，英国居民会倾向于购买更多的美国商品。当然，这是因为英镑的美元价格越高，1 英镑换得的美元数量越多，也就能买到更多的美国商品。于是，对英国居民来说，美国商品变得便宜了，他们将购买更多的美国商品。因此，英国居民向外汇市场提供更多的英镑来兑换美元，以支付给美国出口商。

□ 11.7.3 均衡汇率

只要货币当局不试图稳定汇率或者减少汇率波动，均衡汇率就会由市场供求力量决定。在图 11.1 中，外汇市场在 D_0 和 S_0 的交点 E 处达到均衡，均衡汇率为 2 美元/英镑。在这一均衡汇率水平上，均衡交易量为 30 亿英镑。外汇市场完全出清，既不存在英镑的超额供给，也不存在英镑的超额需求。

如果图 11.1 中的供求曲线保持不变，汇率就不可能偏离均衡水平。但是在实际中，均衡汇率不可能在既定水平上维持很长时间，因为随着时间的推移，外汇需求曲线和供给曲线位置的决定因素会发生变化，从而导致曲线移动。如果英镑的需求曲线向右移动（需求增加），美元相对于英镑就会贬值；如果英镑的需求曲线向左移动（需求减少），美元则相对于英镑升值。与之相反，当英镑的供给曲线向右移动时（供给增加），美元会相对于英镑升值；当英镑供给曲线向左移动时（供给减少），美元则相对于英镑贬值。那么，哪些因素会导致需求曲线和供给曲线的移动呢？美元升值和贬值的效应被总结在表 11.6 中。

表 11.6　　美元坚挺与疲软的优缺点

美元坚挺（升值）	
优　　点	缺　　点
1. 对美国消费者而言，外国商品的价格降低了。 2. 外国商品价格下降有助于美国保持较低的通货膨胀率。 3. 美国消费者到国外旅游的成本降低了。	1. 削弱了美国出口企业在外国市场的竞争力。 2. 在面临进口竞争的市场上，美国企业很难与外国的低价商品进行竞争。 3. 外国游客到美国旅游的成本更高。
美元疲软（贬值）	
优　　点	缺　　点
1. 美国出口企业易于在外国市场销售商品。 2. 美国企业保持低价格的竞争压力减小。 3. 更多的外国游客能够支付得起到美国旅游的费用。	1. 对美国消费者而言，外国商品的价格提高。 2. 外国商品价格上升，会加剧美国的通货膨胀率。 3. 美国消费者到外国旅游的费用增加。

11.8 美元的外汇价值指标：名义汇率和实际汇率

自 1973 年以来，以外汇表示的美元的价值每天都处于变化之中。在这种市场决定汇率的情况下，衡量美元的国际价值是一件很麻烦的事情。报纸的金融专栏头条报道美元相对于某些货币贬值，同时又报道美元相对于另一些货币升值。普通老百姓往往被弄得满头雾水，搞不清楚美元的实际价值。

如果美元相对于日元升值了10%，相对于英镑贬值了5%，那么，美元的国际价值的变化量就是这两种双边汇率变化量的某一加权平均值。在市场决定汇率的情况下，一天之内美元相对于任何货币的价值都可能发生变化。要直接地比较不同时期美元的汇率，就要把美元与所有的双边汇率变化进行加权平均，这个平均值被称做美元的**汇率指数**（Exchange Rate Index），也被称为**有效汇率**（Effective Exchange Rate）或美元的**贸易加权价值**（Trade-Weighted Dollar）。

汇率指数是本国货币与主要贸易伙伴国货币之间的汇率的加权平均值，权数由该国与每一个贸易伙伴国之间贸易的相对重要性决定。一个广泛使用的汇率指数是由美国联邦储备委员会设计的“主要货币指数”。该指数反映的是美元汇率变动对美国与7个主要贸易伙伴国之间进出口的影响，指数的基期为1973年3月。

表11.7列出了美元的**名义汇率指数**（Nominal Exchange-Rate Index）。这一指数是指美元的平均价值，没有经过美国及其贸易伙伴国的价格水平变动的调整。名义汇率指数（每年）的上升意味着，美元相对于指数所涉及的其他国家的货币升值了，并且意味着美国国际竞争力的下降。与之相反，名义汇率指数的下降意味着美元相对于指数所涉及的其他国家的货币贬值了，并且意味着美国国际竞争力的增强。总之，名义汇率指数以**名义汇率**（Nominal Exchange Rate）为基础，名义汇率并不反映贸易国家的价格水平变动情况。

表11.7　　美元的汇率指数（1973年3月=100）*

年　份	名义汇率指数	实际汇率指数
1973（3月）	100.0	100.0
1980	87.4	91.3
1984	138.3	117.7
1988	92.7	83.5
1992	86.6	81.8
1996	87.4	85.3
2000	98.3	103.1
2004	85.4	90.6
2008	80.7	88.5
2012	73.6	82.8
2013（10月）	75.2	85.2

* “主要货币指数”包括下列货币：美元、加拿大元、欧元、日元、英镑、瑞士法郎、澳大利亚元和瑞典克朗。

资料来源：Federal Reserve, *Foreign Exchange Rates*, available at http://www.federalreserve.gov/releases/H10/Summary/.

然而，当价格不固定时，关于名义汇率指数变动的解释就会出现问题。当美国或一个贸易伙伴国（或者二者）的商品和服务的价格发生变化时，简单地考察名义汇率的变动而不考虑两国的新的价格水平，将无法了解外国商品和服务的相对价格变化。例如，在其他条件既定的情况下，如果美元相对于墨西哥比索升值了 5%，那么我们预期在世界市场上，美国商品相对于墨西哥商品的竞争力与先前相比要下降 5%。然而，如果美元在升值的同时，美国商品价格上升的速度要快于墨西哥商品价格上升的速度，那么，美国商品相对于墨西哥商品的国际竞争力下降的幅度将会超过 5%，5%的名义汇率变动将会产生误导。总之，美国制成品的总体国际竞争力不是取决于名义汇率的变动，而是取决于名义汇率相对于价格水平的变动情况。

由此一来，经济学家转而计算**实际汇率**（Real Exchange Rate），以体现指数所涉及国家的价格变化。简而言之，实际汇率是名义汇率经过相对价格水平调整后得到的汇率。我们运用以下公式计算实际汇率：

$$\text{实际汇率} = \text{名义汇率} \times \frac{\text{外国价格水平}}{\text{本国价格水平}}$$

其中，名义汇率和实际汇率均以每单位外国货币的本国货币价值来衡量。

为了简化分析，假设 2013 年美国和欧元区之间的名义汇率为 0.9 美元/欧元；到 2014 年，名义汇率下降到 0.8 美元/欧元。美元相对欧元升值 11% [=(0.9−0.8)/0.9]，美国商品的竞争力相对于欧洲商品将会大幅下降。要计算实际汇率，我们必须考虑价格因素，假设 2013 年为基准年，消费者价格指数为 100。到 2014 年，美国消费者价格指数上涨到 108，而欧元区的消费者价格指数上升到 102。那么，实际汇率的计算过程如下：

$$\text{实际汇率}_{2014} = 0.8 \times 1.02/1.08 = 0.756 \text{ 美元/欧元}$$

在此例子中，实际汇率意味着美国商品在国际市场上竞争力下降的幅度更甚于用名义汇率所表示的水平。出现这一结果是因为虽然美元名义上相对于欧元升值了，但是同时美元价格上升的速度要快于欧元价格上升的速度。实际上，美元不止升值了 11%（等于名义汇率），而是 16% [=(0.90−0.756)/0.9]。简而言之，如果汇率变动对美国产出结构、产出增长、就业和贸易产生了影响，那么一定是实际汇率的变动。也就是说，名义汇率的变动必定会影响美元在外国所能够购买的商品和服务的数量。实际汇率提供了比较的可能性，因此比名义汇率更好地衡量了国际竞争力的变化。

经济学家不仅编制了名义汇率指数，还编制了大量美国贸易伙伴国的实际汇率指数。表 11.7 也列出了美元的**实际汇率指数**（Real Exchange Rate Index），这是基于实际汇率的美元的平均价值。根据这一指数，如果美元升值，就对应较高的指数值。货币当局赋予实际汇率指数的重要性具有经济理论基础，即实际汇率的上升将倾向于降低美国企业的国际竞争力，相反，实际汇率的下降倾向于增强美国企业的国际竞争力。①

---

① 关于名义汇率指数和实际汇率指数的讨论参见"New Summary Measures of the Foreign Exchange Value of the Dollar," *Federal Reserve Bulletin*, October 1998, pp. 811-818 以及"Real Exchange Rate Indexes for the Canadian Dollar," *Bank of Canada Review*, Autumn, 1999, pp. 19-28。

11.9 套汇

我们已经了解到，外汇的供求关系是如何决定市场汇率的。以上分析是从美国（纽约）外汇市场的角度出发的，那么，美国外汇市场的汇率与其他国家外汇市场的汇率的联系如何呢？当约束条件不改变外汇市场有效运行的能力时，正常的市场力量能够使所有货币的市场汇率保持一致。也就是说，如果在纽约1英镑＝2美元，那么在伦敦1美元＝0.5英镑。同一种货币在世界不同地方的价格是一样的。

汇率之所以会保持一致性，主要是因为**套汇**（Exchange Arbitrage）的存在。套汇是指在不同的外汇市场上同时买卖一种货币，以从两地的汇率差价中赚取利润。这种行为使得同一种货币在不同地方的价格趋于相同，从而形成统一的市场价格。

如果在纽约外汇市场上，美元对英镑的汇率为1英镑＝2美元，而在伦敦市场上，1英镑＝2.01美元，外汇交易者将会发现赚钱的机会，在纽约市场上以1英镑＝2美元的价格买进英镑，然后立即在伦敦市场上以2.01美元的价格售出。如果不考虑银行转账费用和套汇过程中对冻结资金所收取的利息，每卖出1英镑可赚取1美分的利润。这个报酬看起来微不足道，但是对于一笔100万美元的套汇交易来说，将产生近5 000美元的利润，几分钟之内就能赚这么多钱是相当不错的！随着纽约市场上对英镑需求的增加，英镑的美元价格将会上升并超过2美元；而在伦敦市场上，随着英镑供给的增加，英镑的美元价格将会下降并低于2.01美元。这种套汇过程将一直持续下去，直到纽约市场上美元对英镑的汇率与伦敦市场上的这一汇率大致相等。于是，两种货币之间的套汇形成了统一的外汇市场。

上面的例子说明的是**两角套汇**（Two-Point Arbitrage），即在两个金融中心之间买卖两种货币。**三角套汇**（Three-Point Arbitrage 或 Triangular Arbitrage）是更为复杂的一种套汇形式，涉及三个金融中心和三种货币，即在三种货币间转移资金，利用汇率差异赚取利润，如下面的例子所示。

假设有三种货币：美元、瑞士法郎和英镑，均在纽约、日内瓦、伦敦三地进行交易。假设三地的现行汇率如下：1英镑＝1.5美元；1英镑＝4法郎；1法郎＝0.5美元。由于三个金融市场的现行汇率（价格）相等，所以两角套汇无利可图。但这三个汇率相互之间并不一致。于是，套汇者可以用150万美元进行如下操作，以赚取利润。

1. 用150万美元购买100万英镑；
2. 同时，用100万英镑购买400万法郎；
3. 同时，卖出400万法郎，得到200万美元。

如果不考虑交易费用，套汇者可以不冒任何风险地赚取50万美元（200万美元－150万美元）。

此交易过程会使三地的汇率水平均发生变化，最终调整到一个恰当的水平，使套汇行为无利可图。近些年，实际中由于众多货币交易商在先进的计算机信息系统的帮助下随时监控所有金融市场的货币报价，通过套汇赚钱的机会已经越来越少了。在套汇行为的推动下，全球范围内的汇率趋于一致，只是由于交易费用的存在，不同外汇市场之间的汇率才存在着微小的差别。

11.10 远期市场

我们已经知道，外汇市场分为即期和远期两种。在即期市场上，买卖的货币立即交割（通常是在成交后的两个交易日内）。在远期市场上，现在买卖的货币要到未来才会交割，交割日期一般是交易日的 1 个月、3 个月或 6 个月之后。汇率水平在签订合同的时候确定，但是实际的支付行为直到交割日才会发生。只有使用最广泛的货币才会被列入远期市场的常规交易，但是多数国家的货币都可以签订单独的远期合同。

花旗银行、美国银行之类的银行会从某些客户处购买外汇远期协议，同时也会向另一些客户出售外汇远期协议。银行提供此项服务是为了获取收益。银行提供这项服务不收取佣金，而是以较低的买价购入外汇，以较高的卖价出售外汇，从中赚取差价。譬如，美国银行把 180 天欧元远期合约卖给沃尔玛，售价为 1.2 美元/欧元，这是银行的卖出价。同时，该银行从波音公司买入 180 天欧元远期合约，价格为 1.19 美元/欧元，这是银行的买入价。买卖价差为 0.01 美元/欧元。差价包含了银行的成本以及利润。

外汇买卖价差取决于货币的流动性和波动率。如果是交易量大的主要货币，比如欧元和日元，价差就小。如果是交易量相对较小的货币，比如韩元和巴西雷亚尔，价差就大。此外，波动率越大，价差通常也越大。

11.10.1 远期汇率

远期交易结算时所使用的汇率被称为**远期汇率**（Forward Rate），报价方式与即期汇率相同，即用一种货币表示的另一种货币的价格。以表 11.8 中 2013 年 10 月 29—30 日的远期汇率为例，在星期三的外汇牌价中，1 个月远期英镑是 1.603 6 美元，3 个月是 1.602 8 美元，6 个月是 1.601 7 美元。

表 11.8　外汇牌价表

汇率　　2013 年 10 月 29—30 日*

以下牌价适用于银行间 100 万美元以上的交易，路透社和其他来源于美国东部时间下午4:00报收。零售交易牌价更低。

国家（地区）/货币	美元/外币		外币/美元	
	星期三	星期二	星期三	星期二
日本日元	0.010 151	0.010 184	98.52	98.19
1 个月远期	0.010 152	0.010 186	98.50	98.18
3 个月远期	0.010 157	0.010 190	98.46	98.13
6 个月远期	0.010 163	0.010 197	98.40	98.07

续前表

国家（地区）/货币	美元/外币		外币/美元	
	星期三	星期二	星期三	星期二
英国英镑	1.603 9	1.604 7	0.623 5	0.623 2
1 个月远期	1.603 6	1.604 3	0.623 6	0.623 3
3 个月远期	1.602 8	1.603 5	0.623 9	0.623 6
6 个月远期	1.601 7	1.602 4	0.624 3	0.624 1

资料来源：数据摘自本章表 11.3。

一种货币的远期汇率的表述通常与其即期汇率相关。如果一种货币在远期市场的价值比在即期市场的价值更高，就称之为**升水**（Premium）；当这种货币在远期市场的价值不如在即期市场的价值高时，则称之为**贴水**（Discount）。远期报价年升（贴）水的计算公式如下：

$$升水（贴水）=\frac{远期汇率-即期汇率}{即期汇率}\times\frac{12}{远期的月数}$$

如果远期升水的结果为负，则意味着此货币的远期汇率为贴水。

根据表 11.8，星期三 1 个月远期英镑卖价为 1.063 6 美元，而即期价格为 1.063 9 美元。英镑远期价格低于即期价格，1 个月远期英镑贴水 0.000 3 美元，或者 0.2%，1 年的贴水为：

$$贴水=\frac{1.603\,6-1.603\,9}{1.063\,9}\times 12=-0.002\,2$$

需要注意的是，如果英镑的远期汇率大于即期汇率，则英镑的远期汇率为升水，其相对于美元的升水幅度要带有“+”号。

□ 11.10.2 远期汇率与即期汇率的联系

从表 11.8 中我们可以看到，英镑 1 个月期的远期市场价值高于即期市场价值，3 个月期和 6 个月期的价值也是如此。这是否意味着投资者们预期瑞士法郎的即期价值在未来会升高？逻辑上可以如此假设，但市场预期与远期汇率和即期汇率之间的关联不大。这种关联是纯粹数学上的计算。

远期汇率是由两个国家间的利率差异决定的，计算方式是将现行的即期汇率加上（或减去）升水（或贴水）。例如，如果英国的利率水平高于美国的利率水平，则英镑的远期汇率倾向于贴水，即英镑的远期汇率小于即期汇率。相反，当英国的利率水平低于美国的利率水平时，英镑的远期汇率倾向于升水，即远期汇率高于即期汇率。

为了简化分析，假设在美国 3 个月期国库券的利率水平是 2%，而英国为 6%，这意味着英国的利率比美国高 4 个百分点。同时，还假设美元和英镑的远期和即期利率都相同，2 美元=1 英镑。在这种情形下，美国投资者将以即期汇率出售美元，换取英镑购买英国债券。为了确保债券到期后，将英镑转换成美元时不会遭受损失，他们将签订一份 3 个月的远期合同，使英镑可以用固定的汇率（远期汇率）购买美元。当投资者在即期市场上出售美元换取英镑、在远期市场上用英镑买回美元时，他们的行为会抬高即期市场上英镑的价格，压低远期市场上英镑的价格。因此，远期市场上英镑将贴水。这一过程如下所示：

为了从英国相对较高的利率中获利，美国投资者将会	⇨	在即期市场上用美元购买英镑；在远期市场上用英镑购回美元	⇨	英镑的即期价格上升，如 2.01 美元=1 英镑；英镑的远期价格下跌，如 1.99 美元/英镑	⇨	在远期市场上英镑贴水，投资于英国国库券的收益下跌

这就是为什么利率较高国家的货币倾向于在远期市场上贴水，而利率较低国家的货币同即期利率相比在远期市场上倾向于升水。

国家间利率的不同对即期和远期利率的关系产生主要影响。但是，在某一天，我们可能看到现实市场中并不是这样的，原因如下：第一，利率变化并不总能促使投资者立刻作出反应；第二，投资者有时单向交易，不进行远期交易；第三，汇率管制以及外汇投机也会削弱利率差异与外汇升贴水之间的关系。

□ 11.10.3 外汇风险管理：远期外汇合同

虽然即期交易很普遍，但它同时也给货币购买者带来了潜在的金融风险。汇率波动将显著地提高或降低货币价格，对公司和个人来说，这都是财务规划的噩梦。为了诠释即期交易中汇率的风险，假设有一家美国公司向一家德国公司进口一批机器零件。

- 零件可于 6 个月后交货，费用是 1 000 万欧元。
- 在下订单时，每欧元的价格是 1.4 美元。
- 美国公司在收到货后，预计将支付 1 400 万美元。

然而，我们无法保障 6 个月后汇率将维持在同一水平。假设汇率上升为 1.6 美元兑 1 欧元，则美方将为此多支付 200 万美元。相反，如果汇率降低至 1.2 美元兑 1 欧元，则美国公司可以少支付 200 万美元。

公司和个人是如何避免汇率波动的呢？他们进入远期市场来进行**套期保值**（Hedging），通过套期保值来避免或转换汇率风险。请参考下面的套期保值的案例。

例 1：美国进口商对美元贬值的套期保值

假设西尔斯公司欠瑞士手表制造商 100 万瑞士法郎，3 个月后支付。在这段时间内，西尔斯公司面临着外汇风险。例如，在 3 个月内，瑞士法郎的美元价格可能上涨（美元相对于瑞士法郎贬值），从 0.60 美元/瑞士法郎涨至 0.70 美元/瑞士法郎。如果是这样的话，西尔斯公司每购买 100 万瑞士法郎将多花 10 万美元。

为了规避此风险，西尔斯可以立即在即期市场上购买 100 万瑞士法郎，但这会使资金闲置 3 个月。另一种做法是，西尔斯在远期外汇市场上按照现行的远期汇率签订 3 个月后交割的价值 100 万瑞士法郎的远期购买合同。3 个月后，再按合同价格用美元购买瑞士法郎，支付给瑞士出口商。这样，西尔斯公司就通过套期保值避免了瑞士法郎在 3 个月期间内升值所带来的损失。需要注意的是，在远期市场上套期保值并不需要占用西尔斯公司 3 个月的资金。然而，合同是一项义务，会对企业的信用产生影响。西尔斯的开户银行愿意担保西尔斯拥有足够的结余或者信用额度，因此能够在 3 个月后支付所需数额。

例 2：美国出口商对美元升值的套期保值

假设微软公司向瑞士零售商出口电脑软件，预计 3 个月后会收到 100 万瑞士法郎的货款。在此期间，微软公司面临着外汇风险。如果瑞士法郎的美元价格从 0.5 美元/瑞士法郎下降到 0.4 美元/瑞士法郎（美元相对于瑞士法郎升值），那么，当把这 100 万瑞士法郎兑换成美元时，微软公司的收入将减少 10 万美元。

为了避免这种汇率风险，微软公司可以按当时的远期汇率，在远期市场上签订卖出瑞士法郎的远期合约，数量等于预计收到的瑞士法郎数量。锁定远期汇率后，即使瑞士法郎价值突然下跌，微软公司也能够保证自己获得的、用美元表示的瑞士法郎的数量保持不变。

因此，远期市场消除了国际交易中因即期汇率波动所带来的不确定性。出口商用套期保值防范本币升值，进口商则以套期保值应对本币贬值。套期保值并不局限于出口商和进口商，其适用于未来有外汇收入或支出的任何经济个体。例如，国际投资者也通常利用远期市场达到套期保值的目的。

正如案例所述，进口商和出口商参与远期市场活动，从而避免了汇率波动所产生的风险。它们主要通过商业银行进行远期交易，因此，外汇风险转移给了这些银行。商业银行能够通过出口商的远期购买和进口商的远期销售之间的匹配来实现外汇风险最小化。然而，由于进出口商的远期货币交易的供求通常不一致，银行可能会承担一些风险。

假设某日，一家商业银行对特定货币的远期购买与远期销售不相匹配，这家银行可能会在市场上寻找其他拥有补偿空间的银行。因此，如果当天大通曼哈顿银行的远期购买超过远期销售 5 000 万欧元，那么它将试图寻找远期销售超过远期购买的另一家银行（或者多家银行）。由此，这些银行彼此之间签订远期合同，从而消除任何可能遗留的外汇风险。

□ 11.10.4 马克尔、大众汽车和任天堂是如何驾驭外汇波动的？

对于诸如通用电气和福特汽车之类的企业巨头来说，货币汇率波动是全球化生产过程中的一个实际问题。但是对于诸如马克尔这样的小型企业来说，世界货币市场的波动对其生存底线具有重大影响。[①] 马克尔公司是位于宾夕法尼亚州普利茅斯的一家家庭作坊式管材制造商。其生产的管材和绝缘导线用于器械、汽车和水净化产业。马克尔 40%的产品被出口，主要集中在欧洲。

为了降低几个月期间汇率的不稳定性，马克尔通过位于匹兹堡的 PNC 金融服务集团购买了远期合同，并承诺 3 个月后卖出 50 000 欧元，并且不管汇率发生何种变化，银行都保证一定数额的美元的供应。当马克尔的首席财务官认为美元相对于欧元会升值时，可能会通过远期合同对预期的全部欧元收入来源进行套期保值。当他认为美元将要贬值时，可能只对一半的收入进行套期保值，并置身于货币波动中以抓住机会赚取更多

① Drawn form "Ship Those Boxes: Check the Euro," *The Wall Street Journal*, February 7, 2003. p. C1.

的美元。

然而，他的猜测不总是对的。例如，2003年，马克尔按照3个月前订立的购买合同，必须向PNC提供50 000欧元。银行支付的价格为1.05美元/欧元，即共52 500美元。如果马克尔再等一段时间，它将能够按照1.08美元/欧元的汇率水平卖出，并可获得额外的1 500美元的收入。

用套期保值防范外汇波动的另一案例来自德国的大众汽车。在2005年，大众汽车宣布将提升其外汇风险的套期保值。大众汽车面临外汇风险的原因是，它的生产成本，尤其是劳动力成本都是以欧元衡量的，而相当一部分的利润却来自美元。即，大众汽车用欧元支付工资，销售汽车所得的资金却以美元的形式回流。

在2002—2004年间，欧元相对美元出现大幅升值。购买同等数量的欧元需要支付更多的美元。由于大众汽车无法或不愿意改变在美国所售汽车的价格来有效抵消汇率升高带来的损失，公司来自美国部分的收益换算成欧元时严重缩水。由于成本不变，收益却在下降，大众汽车在美国的盈利随着欧元和美元间汇率的波动变得不太乐观。

为了避免将来出现同样的损失，公司选择通过提高其外汇风险的套期保值来对抗走高的欧元。在2004—2005年间，大众汽车在外汇市场上的合约翻了一倍多。这种套期保值策略的本质是以事先确定的汇率签订远期交易合同。如果欧元对美元升值，并造成来自美元的收益缩水，损失将从远期交易合同中得以弥补。如果欧元贬值并造成来自美元的收益增加，公司将因其外汇策略遭受另一种损失。通过这种方式，大众汽车可以使其收益不受外汇浮动的影响，保持未来合约的持续性。①

我们还可以以任天堂公司为例，说明外汇管理的另一种策略。任天堂公司是一家日本企业，缔造了超级马里奥的游戏，还发明了风靡全球的DS系列掌上游戏机。2010年，由于日元升值，任天堂的利润急剧下滑。与日本其他公司不同，出口下降并不是任天堂最担心的问题，其最大的问题是持有价值70亿美元的外汇现金，主要是美元，大约占70%。任天堂利用远期合约对冲了一些日元升值的风险，尽可能地以外币支付款项，并没有把外币兑换成日元，确认损失。由于有一些款项必须用日元支付，比如缴税，任天堂时不时地在汇率合适的时候把外币兑换成日元，来支付这些款项。任天堂表示，这样可以充分利用外国较高的利率，同时也降低了货币兑换的交易成本。

□ 11.10.5 套期保值总是有利的吗？

公司的套期保值策略取决于业务类型以及外汇波动的可预见性。许多国际公司对冲掉一半货币的外汇风险。净利率降低的公司，比如大宗商品和农业公司，可能对冲掉五分之四。但是，如果外汇汇率波动剧烈，那么套期保值的成本也将很大。即使是最聪明的财务主管也不会单纯地进行外汇投机，因为这样可能造成灾难性的亏损。

由于不能预期未来有多少外汇流入，或者已经利用策略在外汇币种之间寻求均衡配置，一些公司根本不进行套期保值。在意识到一半以上的销售收入都是外币之后，3M公司（Minnesota Mining and Manufacturing，3M）开始对汇率的波动异常敏感。如果美元升值，该公司的利润就会减少；反之，如果美元贬值，利润就会增加。1997—1998

---

① "Hedging against Foreign-Exchange Rate Fluctuations," *Economic Report of the President*, 2007, p.154.

年，外汇市场剧烈波动，亚洲货币大幅贬值，俄罗斯卢布市场崩溃，是否进行套期保值对该公司就显得至关重要。但是，该公司最终并没有利用外汇远期合约或者掉期合约进行对冲。①

1998年，Scotch磁带制造公司宣布，在过去3年里，美元的升值使该公司的利润减少了3.3亿美元，销售收入减少了18亿美元。3M公司不进行套期保值的政策确实使其股东倍感紧张。不用套期保值防范汇率风险是不是太不明智了呢？事实上，很多其他的大公司很少使用套期保值，这是与许多经济分析相违背的。从埃克森、迪尔到柯达，很多企业都认为，汇率的波动虽然时常减少利润，但也经常增加利润。换句话说，虽然美元的升值会减少它们的利润，但美元的贬值又会增加它们的利润。由于在长期中货币升值和贬值的概率几乎相等，因此，套期保值是没有必要的。

普遍观点认为，套期保值可增强现金流动和收益的稳定性。针对美国大公司的调查发现，它们当中的1/3都进行了某种形式的套期保值。例如，药业巨头默克公司就对其部分外汇收入进行了套期保值，方法是在外汇期权市场上以固定汇率卖出外汇，以换取美元。当汇率变动对其不利时，默克公司会行使期权规避汇率风险；当出现了有利的汇率变动时，则不执行期权，享受汇率波动所带来的收益。不管采取哪种方法，公司的目标都是为了确保海外销售收入现金流量的稳定性，即使有些年份，美元坚挺减少了外汇收入，公司也能维持研发费用。按照默克公司财务总监的说法，该公司是花钱买保险，以减少不确定性事件所造成的经济波动。

不过，很多知名企业都认为没有必要在防范汇率风险上花钱。它们的资金丰厚，通常自己掏钱弥补汇率波动造成的损失。3M公司的管理层指出，如果考虑整个周期的套期保值，购买这种保险的成本是很高的。事实上，外汇套期保值会吞噬利润。一个简单的远期外汇合同每年的费用占套期保值收入的0.5%。外汇期权等其他工具的费用更高，企业业务的变动也会降低外汇套期保值的实际效果。

贸易冲突

海外投资的货币风险

美国投资者投资于外国标的（股票或者债券）时将遇到更多风险，比如政治环境的不确定性、会计计量标准的差异以及其他在美国不会出现的经济影响因素。此外，货币风险也是投资国外证券的一个重要风险。

投资者在购买国际证券基金时，考量基金持有证券组合、过往业绩表现以及管理风格，同时也会考量外汇因素，比如是否进行了外汇套期保值、该基金是不是对冲基金。除了证券投资风险之外，一些投资者不愿意承担外汇波动的风险，希望对外汇风险进行对冲。但是，也有一些投资者希望保留外汇投资风险，如果证券和外汇波动朝着有利的方向发展，那么这样的投资者收益就更高，但是，如果出现了相反的波动，亏损也会

① "Perils of the Hedge Highwire," *Business Week*, October 26, 1998, pp. 74-76.

更大。

国际投资者在套期保值时通常使用远期合约，交易双方约定在未来某一时间以约定价格买入或者卖出一定数量的货币。合约成本的大小取决于时间和币种，同时受两种货币所在国的汇率差异的影响。对于大型机构投资者来说，使用远期合约一般具有经济性。如果是世界主要货币之间的兑换，比如日元和美元，市场流动性较好，价差较小；如果是交易量相对较小的货币，比如俄罗斯卢布和印度卢比，价差就大。套期保值最大的缺陷就是机会成本。国际证券基金一般而言不进行外汇对冲，或者只对冲一小部分。比如，奥克马克基金（Oakmark Funds）管理人只有在意识到较大的外汇风险时，比如说某一种货币被低估了20%，才会进行对冲。

为了给投资者提供多样化的选择，特威迪布朗公司（Tweedy，Browne Co.）提供两类国际证券基金。该公司的全球价值基金1993年开始使用货币套期保值的手段，对冲货币风险。但是，在了解到一些投资者不希望对冲货币风险的需求时，该公司又发起全球价值2号基金，证券组合同全球价值基金相同，但是不对冲货币风险。这样，如果证券和外汇波动朝着有利的方向发展，投资者收益更高，但是，如果出现反向波动，投资者就承担损失更大的风险。

资料来源：Annelena Lobb，“Making Sense of Currency Effects，” *The Wall Street Journal*，October 4，2010，p. R10；*Global Value Fund and Global Value Fund Ⅱ*，available at www. tweedy. com.

11.11 套利、货币风险和套期保值

在制定投资决策时，投资者要对国内投资和国外投资的收益率进行比较。如果国外投资的收益率更高，他们就会把资金转移到国外。这种为了获得国外高投资回报而将资金兑换为外币的行为被称做**套利**（Interest Arbitrage）。但是，投资者进行国外投资时面临一个风险，即当他们将国外投资的收入兑换成本国货币时，收入的价值可能会因汇率的变动而减少。这种风险就是**货币风险**（Currency Risk）。

一个美国人购买德国化工企业巴斯夫（BASF）公司的股票时必须使用欧元。如果该股票的欧元价值上升了4%，但是欧元相对于美元贬值7%，则该投资者会意识到当他卖出股票并兑换为美元时，他将面临净损失。他可以通过套期保值或其他技术方式降低货币风险。现实中，进行套期保值通常是昂贵而且复杂的，正如我们将要讨论的，并不是所有的投资者都会选择使用该技术。

□ 11.11.1 非抵补套利

非抵补套利（Uncovered Interest Arbitrage）是指一个投资者不通过远期外汇市场操作来规避投资过程中汇率波动所产生的风险。虽然这种做法很少使用，却是一个好的学习起点。

假设纽约3个月期短期国债的年利率为6%，伦敦为10%，当前的即期汇率为2美元/英镑。美国某投资者发现了此获利机会，按1英镑等于2美元的价格将美元兑换成

英镑，并在伦敦购买3个月期的英国国债。与在纽约购买美国国债相比，该投资者每年将多赚取4%的收益，或者3个月将多赚1%的收益，表11.9总结了这些可能的结果。

表11.9　非抵补套利：一个案例分析

	年利率（%）	3个月利率（%）
英国3个月期国债的利率	10	2.5
美国3个月期国债的利率	6	1.5
对英国有利的非抵补的利率差	4	1.0

然而，实际上美国投资者把资金转移到伦敦，并不一定能真正获得1%的额外回报（3个月内）。只有英镑的价值在投资期间保持不变的情况下，回报才会增加1%。如果英镑相对于美元贬值，该投资者赚到的收益就会减少；如果英镑相对于美元升值，收入就会增加。

假设此投资者没有购买美国国债，而是购买3个月期的英国国债，额外获得了1%的回报。同期，英镑的美元价格从2美元下跌到1.99美元（英镑相对于美元贬值）。当该投资者把这些收入兑换成美元后，将损失0.5%，即（2－1.99)/2＝0.005。因此，与购买美国国债相比，他只多赚了0.5%（＝1%－0.5%）。如果在这3个月期间，英镑的美元价格从2美元下跌到1.98美元，投资英国国债将不会获得任何额外的收入，这一点读者可自行证明。

反过来，假设在3个月内，英镑的美元价格从2美元上涨到2.02美元，相对于美元升值1%。此时，该投资者购买英国国债除了额外获得1%的回报之外，还会从英镑的升值中得到1%的收入。这是为什么呢？当他为了购买英国国债而将美元兑换成英镑时，每英镑支出了2美元；而当他把投资收入重新兑换为美元时，每英镑可换回2.02美元，(2.02美元－2美元)/2美元＝0.01。由于英镑升值增加了投资的收益率，因此，购买英国国债比购买美国国债多赚2%。

简而言之，与在美国投资相比较，美国投资者在英国投资获得的额外收益是英镑汇率变动后的利差，即：

额外收益＝(英国利率－美国利率)－英镑贬值率

或

额外收益＝(英国利率－美国利率)＋英镑升值率

□ 11.11.2　抵补套利（降低货币风险）

在国外金融中心进行投资的资金往往存在汇率风险，投资者迫切希望回避这种风险，因此，通常会对套利进行抵补。

抵补套利（Covered Interest Arbitrage）包括两个基本步骤。首先，投资者按现行的即期汇率将本币兑换成外币，并到国外进行投资。同时，该投资者在远期外汇市场上签订卖出这种外币的合约，数量等于该笔投资预期的总收入，交割日为投资的到期日。只要国外投资的利率高于国内投资，并且利差大于远期抵补的成本，投资者就有利可图。

假设伦敦的 3 个月期国债年利率为 12%，纽约为 8%。伦敦的利率高于纽约，两地的年利率差为 4%，3 个月期的利率差为 1%。进一步假定英镑当前的即期汇率为 2 美元/英镑，3 个月的远期英镑卖价为 1.99 美元。这表明，3 个月的远期英镑贴水 0.5% [(1.99−2)/2=−0.005]。

与在纽约购买 3 个月期的美国国债相比，如果在伦敦购买 3 个月期的英国国债，美国投资者可以多赚 1%。不过，这些英镑到底能兑换回多少美元是不确定的，为了消除这种不确定性，投资者可以在 3 个月的远期外汇市场上卖出足够多的英镑，数量等于该项投资的预期收入。远期抵补的成本等于即期汇率与合约规定的 3 个月期远期汇率之差，也就是英镑的贴水值，即 0.5%。1%的利率差减去 0.5%后，尚余 0.5%。这说明，该投资者购买英国国债的净收益比购买美国国债高 0.5%，详见表 11.10。

表 11.10　　抵补套利：一个例子

	年利率（%）	3 个月利率（%）
英国 3 个月期国债利率	12	3
美国 3 个月期国债利率	8	2
对英国有利的非抵补的利差	4	1
英镑 3 个月后的贴水		−0.5
对英国有利的抵补后的利差		0.5

这种投资机会不会持续很久，因为净利润差额很快就会消失。随着美国投资者买入即期英镑，即期汇率将上涨。同时，卖出远期英镑又会推动远期汇率下降。结果，英镑的贴水值上升，抵补汇率风险的成本增加。当英镑的贴水值上升到 1%时，国外投资的额外利润消失，套利过程也将结束。英镑的即期汇率可能从 2 美元/英镑上升为 2.005 美元/英镑，3 个月远期英镑汇率可能从 1.99 美元/英镑降为 1.985 美元/英镑，则英镑的远期贴水为 1%[(1.985−2.005)/2=−0.01]。这就抵消了投资英国国债比投资美国国债多出的 1%的利率差。

11.12　外汇市场投机

外汇市场除了为商业交易和投资进行融资外，还可用于外汇投机。**投机**（Speculation）是通过预测未来价格，并据此买卖外汇，以赚取利润的行为。部分投机者是金融机构或企业的外汇交易商，其余则是个人投机者。两种投机者都会买进预期升值的货币，卖出预期贬值的货币。在外汇市场上，投机者无疑占主导地位：每天约有 90%的外汇交易本质上都是投机行为。

我们需要注意套利和投机的区别。套利是指交易者以较低价格买入货币的同时，以较高价格卖出同一种货币，赚取无风险利润。而投机者的目的是：在某一时间（比如现在）买入货币，等价格上涨之后（比如明天）卖出。投机者本身必须承担外汇风险：如果货币价格到明天下降了，投机者亏钱。外汇市场上的投机者通过即期汇率未来波动的预期收益来预测外汇风险。投机者可以在即期市场、远期市场、掉期市场或者期权、期货市场建立仓位。

□ 11.12.1　多头和空头

我们通常想到，以较低价格买入之后以较高价格卖出，从而赚取利润，“低买高卖”。这就是我们经常所称的**多头**（Long Position）：从货币的升值中获取利润。

当然，投资者也可以通过建立**空头**（Short Position）卖出货币（不拥有这种货币），之后以较低价格买回，“高卖低买”，从货币的贬值中获取利润。

假设现在的汇率是 1 欧元＝1.25 美元（1 美元＝0.8 欧元），我们从外汇经纪商那儿借款 100 万欧元，卖出这部分欧元获得 125 万美元。再假设第二天欧元贬值，1 欧元＝1.20 美元，我们卖出前一天获得的 125 万美元，换回 103.75 万欧元。还给外汇经纪人之后，我们还剩余 37 500 欧元，减去中间费用之后，就得出我们的净利润。流程图如下：

从经纪商处借入 100 万欧元。根据今天的利率 1.25 美元＝1 欧元购入 125 万美元	⇨	假设明天欧元贬值到 1.2 美元＝1 欧元。卖掉 125 万美元，得 103.75 万欧元	⇨	还回 100 万欧元，留下的 37 500 欧元就是所得利润

让我们以下面两个实例说明。

□ 11.12.2　安迪·克雷格做空新西兰元

外汇交易史上最大的一笔交易发生在 1987 年。当时年仅 32 岁的安迪·克雷格是美国信孚银行的一名外汇交易员。他极具野心且拥有其所在银行的绝对授权。银行的其他交易员都有一个 5 000 万美元的交易上限，而克雷格的上限则达到 7 亿美元，占当时银行总资本的四分之一。通过使用外汇期权，他还可以加大杠杆水平：10 万美元的外汇期权可以支配 3 000 万～4 000 万美元货币。1987 年，克雷格就是运用这种方法对新西兰元展开了一轮投机攻击。

克雷格当时正密切关注着自 1987 年 10 月 19 日世界股市崩盘后对美元升值的货币。随着投资者和企业疯狂地抛售美元，买进在股灾中受害较小的货币，势必有些货币的币值将被高估，这就为投机创造了有利时机。克雷格认为，新西兰元被高估了，未来一定会跌。因此，他一次性抛售了几亿新西兰元，使其币值在一日内贬值 5%。当新西兰元达到 59 美分的谷底时，克雷格又重新买进新西兰元，以此获利。简而言之，克雷格通过出售和重新买进新西兰元以利用价格差来获取暴利，因为他的买价比卖价低很多。不过克雷格第二年就从信孚银行辞职了，显然他对信孚银行只给他300万美元的酬金极为不满，因为通过攻击新西兰元，他帮助银行赚到了3亿多美元的纯利润。

□ 11.12.3 索罗斯做空日元

索罗斯是一位世界著名的外汇投机家，通过做空他认为高估的货币，赚取数十亿美元。当然，索罗斯并不是所有的货币投机都是成功的，我们以2012—2013年做空日元为例进行说明。

2012年12月，安倍晋三当选首相，立刻宣布：实施宽松的货币政策、刺激衰弱的经济，增加货币供给，从而降低利率，提高国内消费。伴随着利率下降的是日元的贬值，投资者不愿意持有日元资产。

预期未来日元贬值，索罗斯在日元上建立了很大的空仓，希望通过日元的贬值赚取收益。分析人士估计，索罗斯在2012年11月—2013年2月赚了接近10亿美元。

做空日元可不是“胆小鬼”敢做的事情。在2012—2013年之前，日本数年来都没有能够降低利率，做空日元的投机者因为日元走强而损失惨重。

□ 11.12.4 中国人民银行惩罚货币投机者

2014年，中国人民银行（中央银行）担心对人民币升值预期投机过热。投机者以相对较低的价格购入人民币，等过一段时间人民币升值之后再卖出人民币，从市场中赚取利润。为什么这成为中国担心的一个问题？随着投机者不断买入人民币，资金不断流入中国，造成物价大涨，比如房地产价格大涨。这是因为投机资金最喜欢流入的地方就是房地产。此外，“热钱”大量流入还可能增加中国银行业的风险，使经济更容易遭受金融风暴的冲击。

为了减少热钱流入，中国人民银行必须打消投机者人民币单边升值的观念，让人民币有涨有跌。为了达成这个目的，中国人民银行采取了两个措施：第一，指导国有银行大肆抛售人民币，买入美元，使人民币对美元贬值；第二，提升人民币钉住美元单边浮动幅度至2%。之前的浮动幅度是1%，这次扩大人民币浮动幅度达一倍，投机人民币的风险变得更大，在人民币的投机上不再能很容易赚钱。这些措施遏制了热钱向中国的流入。

分析人士表示，人民币浮动幅度扩大一倍的做法是中国建立汇率市场化、允许人民币自由浮动的关键一步。

□ 11.12.5 稳定性和不稳定性投机

货币投机行为既会增强外汇市场的稳定性，也会破坏外汇市场的稳定性。**稳定性投机**（Stabilizing Speculation）与市场力量反向而行，以能够缓和或扭转汇率的上升与下降趋势。例如，在外币的本币价格下降或贬值时，投机者用本币购买外币的行为就是一种促进稳定的投机。投机者之所以购买外币，是希望外币的本币价格很快会上涨，从而产生利润。这种购买会增加对外币的需求，进而减缓其贬值的趋势。银行和生意人往往希望汇率维持稳定，稳定性投机对此发挥了重要的作用。

不稳定性投机（Destabilizing Speculation）会加剧汇率的波动，其作用方向与市场力量一致。当一种外币贬值时，如果投机者预计该种货币会在未来进一步贬值，他就会卖出这种外币。由于他的卖出行为降低了此种外币的价值，因此产生了不稳定性投机。当一种外币升值时，如果投机者预计未来的升值幅度将更大，他就会买入这种外币，这种行为推动了这种外币价值的上涨，也是一种不稳定性投机。不稳定性投机通过几种途径扰乱国际交易活动。由于进出口过程中资金价值的不确定性，套期保值的成本变得很高，从而阻碍国际贸易的发生。此外，随着汇率风险的加剧，国际资本交易的远期抵补成本将显著上升，因此不稳定的汇率还可能妨碍国际投资活动。

为了减少不稳定性投机的发生，一些政府机构对外汇市场实施了政府管制。然而，如果外汇市场由政府来管制，那么这种干预是否优越于非干预市场所产生的后果呢？政府能够比市场更好地确定“正确的”汇率吗？许多分析家认为，政府将会作出更大的失误决策。此外，与政府不同，市场不具有自满的特征，因此，市场能够更好地承认错误并进行纠正。关于外汇投机技巧的更多内容，请参阅“进一步探索 11.1”，网址：www.cengage.com/economics/Carbaugh。

贸易冲突

如何操纵持续贬值的美元？

当预期美元贬值时，美国投资者为了赚取更大的利润，可能会更加关注外国市场。为什么呢？美元贬值使得以外汇计价的金融资产相当于更多的美元。然而，那些从业人员强调，交易货币是在“投机”，而不是投资。如果美元能够反弹，所有的以外汇计价的投资将会带来较少的收入。总之，如果预期失误将很容易遭受较大的损失。

如果预期美元贬值，最直接的方式是到美国银行购买 10 000 欧元，并将单据锁进保险箱，6 个月后将其重新兑换成美元。然而，这种操作并不是特别有效的方法，因为其存在交易成本。

另一种方法是购买以外国货币计价的债券。如果美国某投资者预期在不久的将来，日元的外汇价值会大幅度提高，那么他可以从嘉信理财和摩根大通等经纪公司那里购买由日本政府或者企业签发的以日元计价的债券。购买债券需要支付日元，因此需要按照现行的即期汇率用相当的美元购买日元。如果日元升值，投资者将不仅获得债券的应计利息，还将获得以美元表示的升值价值。有趣的是，在各种可能的情况下，其他人也进行同样的投机行为。对债券的总需求将会增加，并足以推动债券价格的上涨，从而导致较低的利息率水平。如果投资者想获得利润，那么日元的升值幅度必须超过利息收入损失的程度。在许多情况下，汇率波动不足以使投资有利可图。除了投资特定的外国证券外，投资者还可以投资由诸如美林证券等经纪商发行的外国债券共同基金。你只需 2 500 美元就能够购买外国债券共同基金，但是如果要购买债券，通常情况下，必须支付 10 万美元甚至更多。

一些投资者选择购买外国企业的以外币计价的股票，而不购买外国债券。在这种情况下，投资者不仅要预测外汇的变化趋势，还需要充分了解外国的金融和经济事务。投资者一般会将钱存入外国股票共同基金，而不是购买个股。

如果投资者预期外国货币的即期汇率很快要上升，那么其决策将取决于以外币表示的储蓄存款账户的情况。例如，美国一投资者可能会与花旗银行或者外国银行的美国分支机构签订协议，并且办理以外币表示的定期存款利息证书。此储蓄账户的一个好处是，投资者可以获得有保证的、固定的利息率。如果投资者预测正确，他还可以获得外汇升值所带来的利益。然而，投资者需要注意的是，政府有可能对这种定期存款进行征税或者撤销，或者干预投资者持有另一个国家货币的自由。

最后，为了应对美元贬值，还可以将资金转换成各种衍生工具，所有这些也是存在风险的。例如，你可以在芝加哥商品交易市场上买卖期货交易合同，或者在专门公司通过开立账户直接买卖货币，例如Saxo银行（丹麦）和CMC（英国）。通常情况下，最小份额为10 000美元，杠杆率为95%。因此，对于一笔通常规模的、价值10万美元的交易，你只要扣除5 000美元即可。

11.13 以外汇交易为职业

当你完成了国际经济学的课程并从大学毕业的时候，你也许会考虑成为一名外汇交易员。你可以成为银行或企业的外汇交易员，也可以个人独立操作。

□ 11.13.1 受雇于商业银行、企业和中央银行的外汇交易员

外汇交易员通常受雇于商业银行，如摩根大通和美国银行等，银行通过彼此间买卖外汇盈利。一些大型公司如果在从事贸易时有外汇需求，也会雇用外汇交易员。外汇交易员的另一雇主来自中央银行，例如，美联储，它们参与外汇市场是为了影响本国的货币价值。

一个外汇交易员需要研究影响当地经济和汇率的诸多因素，并对那些被错误估值的货币在不同的外汇市场上进行买卖。只有那些能够承受高风险和不确定性的人才能以此为业，因为每一个决定都输赢难测。信心和勇气是从事外汇交易必备的核心素质。

外汇交易员同时还需要处理不同的账户，研究每个工作日发布的各种报告，并对世界各地最新的经济情况了如指掌。外汇交易员大部分的时间都被用来打电话或在电脑前工作。外汇交易员需要掌握十分迅捷的沟通方式，为了快速作出决定，还要有很强的逻辑推理能力。经济学或数学专业学生在申请这个职位时有显著优势，财会背景也有助于在慌乱时期追踪盈利和亏损的出处。这个行业需要本科学历，但入行后也极少有人继续深造获得更高学历。

在职业发展初期，交易员通常专注于一种货币以及与这种货币相关的经济体。随着经验的增长和对操作多种货币更有信心，他可以把地理位置上相邻的国家作为研究的群体，例如，环太平洋地区的国家。

外汇交易员喜欢在这个充满风险的市场上博弈，并享受这种刺激的感觉。在上班期间，交易员要时刻谨慎，因为世界上发生的任何一个事件都有可能影响一种货币的币

值，从而创造盈利的机会。事实上，多数交易员都承认，在每天下班后他们往往筋疲力尽。外汇交易的基本知识在“进一步探索 11.2”中将有所论述。

□ 11.13.2 外汇市场吸引当日交易者

几十年来，只有像德意志银行和通用电气公司这样的银行和企业巨头才能从事外汇行业。然而，在欧洲和亚洲，越来越多的个人投机者开始参与其中，并从市场上瓜分利润。在 21 世纪的头 10 年，许多美国人也加入了这个“电子赌博游戏”。从事外汇交易的人来自各行各业，从摇滚明星、职业运动员到政府官员、律师、医生、教师等。

以马克·科波拉的故事为例。他是演员尼古拉斯·凯奇的弟弟，电影导演弗朗西斯·福特·科波拉的侄子。在 2005 年，他以 6 万美元为赌注，预言欧元将对美元升值，结果获利 1 400 美元。随后他改变方向，又用 4 万美元赌欧元贬值。当欧元从 1.31 美元降到 1.30 美元时，他将一半的赌注兑换成现金，随后又将剩下的也兑现了。然而，他也坦言自己还是太过谨慎了：他担心欧元的汇率将突然发生逆转，因此提早退出了。如果他能坚持到欧元降至 1.2 美元，他能从此次投机中获取更多的报酬。

外汇市场成为个人交易者的投机竞技场。他们建立了网上交易账户，同外汇市场一样，它们可以连续 24 小时运作。嘉盛集团、环亚外汇、银特贝克和福汇集团是提供此类账户的比较受欢迎的公司。开户的最低金额是 250 美元，不过赌额可以达到账户金额的 400 倍，虽然通常 15～20 倍的赌额比较普遍。

它的运作过程如下。400∶1 的比例意味着投机者可以用 5 000 美元（假设为上限）参与一项价值 200 万美元的赌注，预言美元将对欧元贬值。最高投资金额和赌额之间的差距就是杠杆倍数。美元对欧元每降低 0.01 个百分点，参与者将获利 200 美元。因此，如果美元对欧元降低 1 个百分点，那么 200 万美元的赌额将赚得 2 万美元。然而，如果赌输了的话，损失也将极为惨重。

同其他的投资机遇相比，外汇交易拥有一些优点。24 小时运作的市场使投机者在任何时刻都可以下注，而不用同美国的股票市场保持一致，仅限于东部时间的早上 9：30 到下午 4：00。由于交易成本更低，外汇交易同股票相比成本更少。同时，外汇交易也更加简单，因为同成千上万的股票相比，6 组货币（如美元对欧元）已占据了交易量的 90%。与股票不同，外汇市场上没有熊市：因为货币总是以另一种货币的价值来衡量的，当一种货币升值时，另一种货币必然贬值。而且，投资外汇的风险比投资股票要小，因为货币几年就会出现一个周期，这使投资者更容易判断投资趋势。

然而，专业的外汇交易员还警告业余投资者谨慎选择。据统计，在当日交易者中，只有 15%的人获利。虽然通过网上账户的金融杠杆作用能产生巨大的利润，但如果决策失误也会造成巨额损失。总之，外汇投机是高风险的行为。建议你还是不要把下学期的学费用来赌美元是升值还是贬值。①

① “Currency Markets Draw Speculation, Fraud,” *The Wall Street Journal*, July 26, 2005, p. C1; “Young Traders Run Currency Markets,” *The Wall Street Journal*, November 5, 1987, p. A26.

11.14 小结

1. 外汇市场为个人、企业和金融机构买卖外汇提供了制度框架。世界上最大的三个外汇市场位于纽约、东京和伦敦。

2. 汇率是用本国货币表示的一个单位外币的价格。从美国的角度来看，汇率可能指的是购买1瑞士法郎所需要的美元数量。美元贬值（升值）是指购买1单位外币所需的美元数量的增加（减少）。

3. 在外汇市场上，全球各地连续24小时进行外汇交易。多数外汇交易发生在银行同业市场中。银行主要参与三种类型的外汇交易：即期、远期和掉期。

4. 自由市场上的均衡汇率由外汇供给曲线和需求曲线的交点决定。外汇的供给和需求源于一国国际收支的借方项目和贷方项目。

5. 套汇使世界不同地方的汇率保持一致，这是通过低价买进、高价卖出而实现的。

6. 为了避免可能的汇率波动，从事国际贸易的企业和投资者经常在远期外汇市场中交易。然而，投机者为了获取高额利润也在外汇期货市场上买卖外汇。一般说来，套利行为决定了即期汇率和远期汇率的关系。

7. 从性质上看，外汇市场上的投机活动分为稳定性投机和不稳定性投机两类。

11.15 关键概念及术语

- 升值（Appreciation）
- 买价（Bid Rate）
- 看涨期权（Call Option）
- 抵补套利（Covered Interest Arbitrage）
- 交叉汇率（Cross Exchange Rate）
- 货币风险（Currency Risk）
- 货币掉期（Currency Swap）
- 贬值（Depreciation）
- 不稳定性投机（Destabilizing Speculation）
- 贴水（Discount）
- 有效汇率（Effective Exchange Rate）
- 套汇（Exchange Arbitrage）
- 汇率（Exchange Rate）
- 汇率指数（Exchange Rate Index）
- 外汇期权（Foreign Currency Options）
- 外汇市场（Foreign Exchange Market）

- 远期市场（Forward Market）
- 远期汇率（Forward Rate）
- 远期交易（Forward Transaction）
- 期货市场（Futures Market）
- 套期保值（Hedging）
- 套利（Interest Arbitrage）
- 国际货币市场（International Monetary Market，IMM）
- 多头（Long Position）
- 到期月份（Maturity Months）
- 名义汇率（Nominal Exchange Rate）
- 名义汇率指数（Nominal Exchange-Rate Index）
- 卖价（Offer Rate）
- 期权（Option）
- 升水（Premium）
- 看跌期权（Put Option）
- 实际汇率（Real Exchange Rate）
- 实际汇率指数（Real Exchange Rate Index）
- 空头（Short Position）
- 投机（Speculation）
- 即期市场（Spot Market）
- 即期交易（Spot Transaction）
- 价差（Spread）
- 稳定性投机（Stabilizing Speculation）
- 协定价格（Strike Price）
- 三角套汇（Three-Point Arbitrage）
- 贸易加权价值（Trade-Weighted Dollar）
- 两角套汇（Two-Point Arbitrage）
- 非抵补套利（Uncovered Interest Arbitrage）

11.16 习题

1. 什么是外汇市场？其位于什么地方？
2. 什么是远期市场？它和即期市场有何区别？
3. 外汇的供给和需求被认为是衍生的，试解释。
4. 请解释为什么不同金融中心的汇率牌价会趋于一致。
5. 远期市场的参与者是谁？远期市场能给参与者带来什么好处？
6. 解释即期汇率和远期汇率的关系。
7. 远期市场上的投机战略是什么？利用汇率变化进行投机的其他途径有哪些？

8. 区分稳定性投机和不稳定性投机。

9. 假如汇率从 1.70 美元=1 英镑变为 1.68 美元=1 英镑，这对美元意味着什么？对英镑呢？如果汇率从 1.70 美元=1 英镑变为 1.72 美元=1 英镑，情况又如何？

10. 假定在纽约外汇市场上，1.69 美元=1 英镑。而在伦敦外汇市场上，1.71 美元=1 英镑。怎样利用套汇从汇率差异中赚取利润？试解释套汇是如何促使纽约市场美元兑英镑的汇率与伦敦市场的汇率一致的。

11. 表 11.11 列出了英镑的供求情况，假定汇率是富有弹性的。

表 11.11　　英镑的供给和需求

英镑的供给数量	每英镑的美元价值（美元）	英镑的需求数量
50	2.50	10
40	2.00	20
30	1.50	30
20	1.00	40
10	0.50	50

a. 均衡汇率等于________，在这一均衡汇率水平上，有多少英镑会被买进？如果以美元计价，成本是多少？

b. 假设汇率为 2 美元/英镑，在这一汇率水平上，存在着超额英镑（供给/需求）。这种不均衡会导致英镑的美元价格（上升/下降），英镑的供给量为________，需求量为________。

c. 假设汇率为 1 美元/英镑，这时存在着超额英镑（供给/需求）。这种不均衡状态会导致英镑的美元价格（上升/下降），英镑的供给量为________，需求量为________。

12. 假设英镑今天的即期汇率为 1.70 美元/英镑，3 个月后的远期汇率为 1.75 美元/英镑。

a. 美国某进口商需要在 3 个月后支付 20 000 英镑，他如何利用套期保值来规避汇率风险？

b. 如果该进口商没有进行套期保值，3 个月后英镑的即期汇率变为 1.80 美元/英镑，会发生什么情况？

13. 假设伦敦的 3 个月期政府债券的年利率为 10%，纽约为 6%，英镑的即期汇率为 2 美元/英镑。

a. 美国投资者如何利用非抵补套利赚取利润？

b. 如果 3 个月后英镑的价格变为 1.99 美元，美国投资者能通过抵补套利赚取利润吗？假如能，能赚多少？

14. 表 11.12 为假设的 2008 年 5 月 5 日星期三的美元兑瑞士法郎的汇率。

a. 填写该表最后两栏用瑞士法郎表示的美元价格。

b. 星期三，两种货币的即期汇率为________美元/瑞士法郎或________瑞士法郎/美元。

表 11.12	美元/瑞士法郎汇率			
	瑞士法郎的美元价格		美元的瑞士法郎价格	
	星期三	星期二	星期三	星期二
瑞士法郎	0.585 1	0.584 6		
30 天远期	0.585 3	0.584 8		
90 天远期	0.585 4	0.584 9		
180 天远期	0.585 1	0.584 7		

c. 在即期市场上，从周二到周三，美元相对于瑞士法郎（升/贬）值了；瑞士法郎相对美元（升/贬）值了。

d. 在周三的即期市场上，购买 100 瑞士法郎将花费________美元，购买 100 美元将花费________瑞士法郎。

e. 瑞士法郎在周三的 30 天远期汇率将（升/贴）水________美元，等于每年百分之________。瑞士法郎的 90 天远期汇率呢？

15. 假定投机者预测法郎 3 个月后的即期汇率将比现在的 3 个月期远期汇率（0.5 美元/法郎）低。

a. 投机者怎样利用 100 万美元在远期市场上进行投机？

b. 假如法郎 3 个月后的即期汇率是 0.40 美元，应该怎么做？如果是 0.6 美元呢？0.5 美元呢？

16. 给出以下即期汇率：1 美元＝3 法郎，1 美元＝4 奥地利先令，1 法郎＝2 奥地利先令。不考虑交易成本，一个人通过三角套利能赚取多少利润？

进一步探索

1. 关于外汇市场投机的技巧，请查询“进一步探索 11.1”，网址：www.cengage.com/economics/Carbaugh。

2. 关于外汇交易的基本知识，请查询“进一步探索 11.2”，网址：www.cengage.com/economics/Carbaugh。

第 12 章

汇率的确定

20 世纪 70 年代，各主要工业国采用市场决定汇率制度以来，汇率发生了大幅度变动。虽然汇率的长期变化趋于相对缓慢，但是如果考察较短时期，就会发现汇率变动频繁。事实上，在一天之内汇率也能够波动好几个百分点。本章将对市场决定（浮动）汇率制下造成汇率波动的因素进行分析。

12.1 什么决定汇率?

我们已经知道，外汇市场本质上具有较高的竞争性。大量来自世界各主要城市的买者和卖者在市场云集，通过电子媒介联结成一个世界范围的市场。外汇市场的参与者充分掌握着与任何两个国家间汇率有关的最新信息。因此，如果中央银行不采取稳定币值的措施，汇率将由不受管制的市场供求力量决定。不受管制的供求力量是指个人、公司、银行及政府部门对货币的供给与需求，但不包括中央银行的供求。在自由市场上，当货币的需求量与供给量相等时，汇率达到了均衡水平。

如果说自由市场上的汇率由供求关系来决定，既等于什么都说了，也等于什么都没说。因为，如果要了解为什么有些货币会贬值，有些货币会升值，我们就必须对引起货币供求曲线变化的各要素进行深入研究。这些要素包括**市场基本因素**（Market Fundamentals）（经济变量）和**市场预期**（Market Expectations）。其中，市场基本因素包括：生产力水平、通货膨胀率、实际利率水平、消费者偏好和政府的贸易政策；市场预期包括：有关远期市场基本因素的信息以及交易者对远期汇率的观点。①

① 这种汇率的确定方法就是所谓的国际收支法，它强调商品、服务、投资基金的流动及其对外汇交易和汇率的影响。这个方法认为，在一定时期内，如果一国通过购买或投资投到国外的资金大于（小于）它从国外得到的资金，那么货币就倾向于贬值（升值）。

经济学家认为，在短期（几周甚至几天）、中期（几个月）和长期（1年、2年甚至5年），影响汇率波动的因素存在很大差异，因此，我们将按这三个时间维度对影响汇率波动的因素进行分类，并分别加以分析。在短期，影响汇率的主要因素是短期外汇交易，这些交易由金融资产（银行存款）的转移构成，当各国的实际利率和对远期汇率的预期存在差异时，就会发生金融资产的转移。在中期，汇率取决于一些周期性因素，如经济活动波动周期。在长期，汇率则是由长期外汇交易决定的，这些交易取决于商品、服务以及投资资本的流动，它们反映了通货膨胀率、投资盈利程度、消费者偏好、生产率以及政府贸易政策等因素的变化。

需要注意的是，在短期因素的作用下，汇率的波动方向可能会与汇率的长期走势相悖。虽然目前的汇率可能与长期基本因素确定的范围不符，但是这并不意味着汇率与短期决定因素不一致。例如，利率差属于短期时间范围的相关因素。

图12.1给出了汇率决定的框架。[1] 该图表明，汇率波动是三种因素综合作用的结果，这三种因素分别是长期结构性因素、中期周期性因素和短期投机性因素。从图中我们可以看出，在汇率波动过程中存在着一个均衡路径或均衡水平，汇率以之为中心上下波动。这个均衡路径就像一块永久磁铁或一个锚，确保汇率不会盲目地波动，而是围绕着长期均衡路径上下波动。

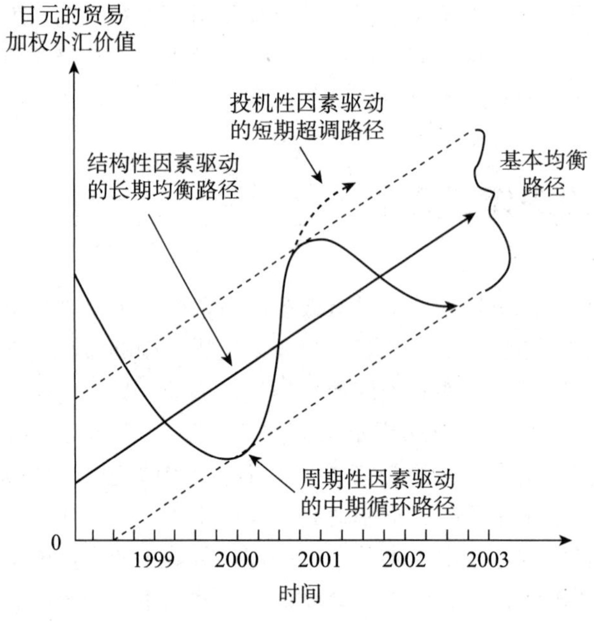

图12.1 日元汇率的波动路径

注：从该图中可以看出，一国货币的价值同时由长期结构性、中期周期性以及短期投机性的力量决定。

中期的周期性力量导致币值偏离其长期均衡路径上下波动。然而，市场基本因素仍会迫使汇率接近于其长期均衡路径。当然，如果经济失衡，贸易流动及资本运动发生了

① 这个图形及对其的分析摘自 Michael Rosenberg, *Currency Forecasting* (Homewood, IL: Richard D. Irwin, 1996), pp. 3–5。

巨大变化，中期的周期性波动也通常会使汇率严重偏离长期均衡路径。

长期的结构性力量和中期的周期性力量相互作用，形成了一个货币的均衡路径。如果短期力量（如市场预期的变化）对汇率波动的影响超过了那些基本因素的影响，汇率波动可能会偏离这个均衡路径。这种超调现象有时会持续很长时间，但一般来说，基本因素的力量还是会使汇率回到长期均衡路径上。

然而，确定（预测）汇率变动并不是件容易的事情。因为，各个经济要素通过各种不同的渠道影响汇率，一些渠道对汇率有正面影响，而另一些有负面影响；一些渠道可能对汇率短期或中期走势的影响较大，而另一些则可能对汇率长期走势的影响较大。

为了简化分析，我们将汇率分为两部分。首先，分析长期内汇率是如何决定的；继而运用我们所知道的汇率的长期决定因素来理解汇率在短期内是如何决定的。

为了更好地理解这些决定因素，可以参考《华尔街日报》上的“货币交易”专栏，通常刊登在第 3 部分“货币和投资”上，这一专栏主要讨论引起美元汇率变动的因素。

12.2 长期汇率的决定

汇率价值的长期波动是由外汇市场上买卖双方对四个核心要素变化所作出的反应引起的，这四个要素是：相对价格水平、相对生产力水平、国内外商品的消费者偏好以及贸易壁垒。需要注意的是，这些因素影响了国内外商品的贸易，继而对进出口商品的需求产生了影响，表 12.1 总结了这些要素的影响。

为了解释这些要素的影响，图 12.2 描绘了英镑的供给曲线和需求曲线。最初，均衡汇率为每英镑 1.5 美元。在此讨论每一种因素变动时的情况，假设其他因素保持不变。

表 12.1　美元长期汇率的决定因素

要素*	波动	对美元汇率产生的影响
美国价格水平	上升	贬值
	下降	升值
美国生产力水平	上升	升值
	下降	贬值
美国消费者偏好	增加	贬值
	减少	升值
美国贸易壁垒	增加	升值
	减少	贬值

* 相对于其他国家。对一种决定因素进行分析时假设其他决定因素保持不变。

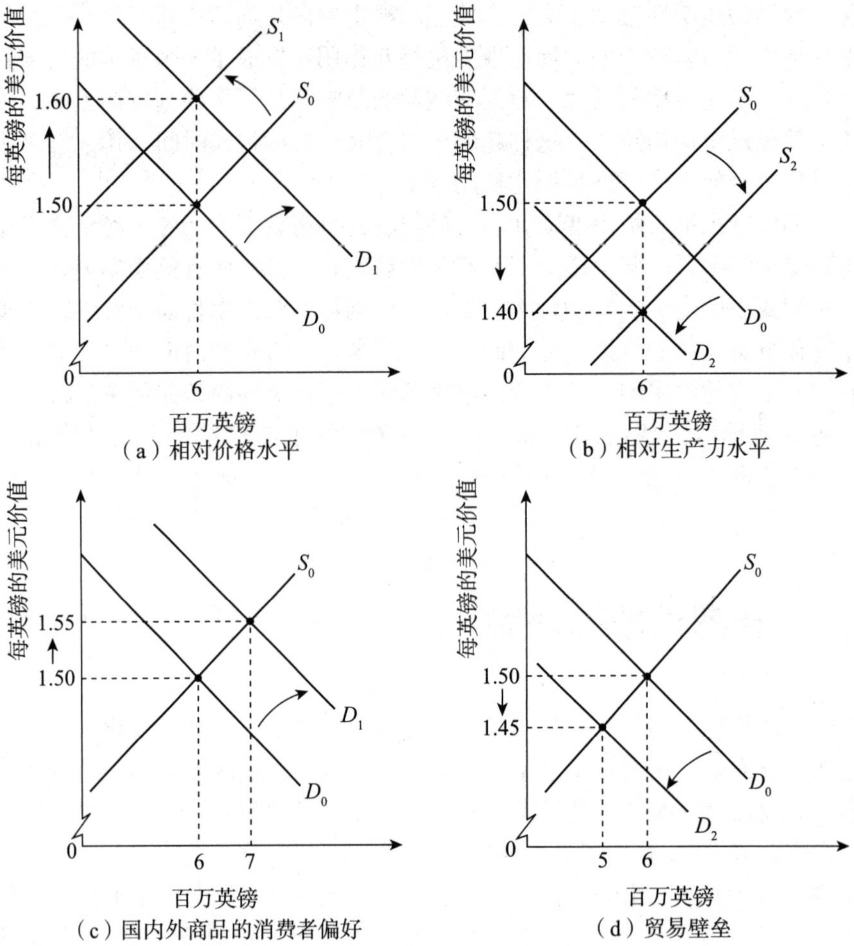

图 12.2　长期内影响美元汇率的市场基本因素

注：在长期内，美元和英镑之间的汇率取决于相对价格水平、相对生产力水平、国内外商品的消费者偏好以及贸易壁垒四大因素。

□ 12.2.1　相对价格水平

如图 12.2（a）所示，假设美国国内的价格水平快速上升，而英国的价格水平保持不变。在这种情况下，美国消费者倾向于购买价格相对较低的英国商品，因此英镑的需求增加到 D_1。相反，随着英国对价格相对较高的美国商品的购买量的减少，英镑的供给减少到 S_1。英镑需求的增加以及供给的减少，最终导致美元贬值为每英镑 1.60 美元。此分析意味着，美国价格水平相对于其他国家的价格水平上升时，将会导致美元在长期内贬值。

□ 12.2.2　相对生产力水平

生产力增长水平衡量了一国在既定投入水平下产出水平的增加。如果一国相对于其他国家变得生产力水平更高，那么它能够比外国竞争者以更低的成本生产产品。如果生产力的好处以较低价格的形式传递给国内外消费者，那么该国家的出口将会增加，进口将会减少。

如图 12.2（b）所示，假设美国的生产力增长速度超过英国。随着美国产品价格的相对下降，英国居民对美国产品的需求将会增加，从而使英镑的供给增加到 S_2。同时，美国居民对价格相对较高的英国产品的需求将会减少，使得对英镑的需求减少到 D_2。因此，美元升值到每英镑等于 1.40 美元。总之，长期内，如果一国的生产力水平高于其他国家，那么其货币将会升值。

□ 12.2.3 国内外商品的消费者偏好

如图 12.2（c）所示，假设美国消费者对英国制造的产品（诸如汽车和 CD 机）具有较强的消费偏好。对英国产品较强的需求使得美国消费者需要更多的英镑来购买这些产品。随着英镑需求增加到 D_1，美元贬值为每英镑 1.55 美元。与之相反，如果英国消费者需要额外的美国计算机软件、机械设备和苹果，那么美元将会相对于英镑升值。因此我们得出结论，对一国出口商品需求的增加将会导致此国货币在长期内升值，与之相反，对进口商品需求的增加将会使本国货币贬值。

□ 12.2.4 贸易壁垒

自由贸易壁垒也会影响汇率水平。假设美国政府对英国钢铁征收关税。关税使得进口钢铁比国产钢铁更加昂贵，从而抑制了美国居民对英国钢铁的购买。在图 12.2（d）中，关税使得对英镑的需求减少到 D_2，从而使得美元升值到每英镑 1.45 美元。总之，诸如关税和配额等贸易壁垒会导致贸易壁垒实施国的货币在长期内倾向于升值。

12.3 通货膨胀率、购买力平价和长期汇率

前面分析的基本汇率决定因素有助于理解汇率的长期波动。接下来我们主要讨论购买力平价分析法，考察它是如何构建长期汇率的相对价格决定因素的。

□ 12.3.1 一价定律

购买力平价分析法中最简单的概念就是**一价定律**（Law of One Price）。该定律认为，假定商品在国家之间不存在运输成本，也不存在贸易壁垒（如关税），那么在任何国家，同一种商品的价格应该是一致的。它的基本假设是，卖家会寻求最高的可能价位，而买家则寻求最低的价位。两者间的差异将迅速被套利消除。

一般说来，一价定律适用于全球所有可交易的商品，如石油、金属、化学原料和农作物等。然而，这个定律并不适用于不可交易的商品和服务，例如，乘坐计程车、租房和理发等个人服务。这些产品基本不参与全球化竞争，它们的价格也因地域而异。

在比较不同国家商品价格之前，应把各种价格换算成同一种货币。用即期市场汇率换算以后，同一种商品在任何两个国家的价格应该是相等的。例如，将瑞士法郎换成美元之后，在瑞士购买机械工具的价格与在美国的购买价格应该相等。这意味着瑞士法郎

和美元的购买力相等，一价定律有效。

在理论上，对利润的追求会最终使得相同产品在不同国家之间的价格趋于相等。例如，如果在瑞士购买的机械工具的美元价格比在美国购买的同种商品的价格便宜，瑞士出口商就会在瑞士低价买进这种机械工具，再在美国高价卖出，从而赚取利润。这种套利交易会促使瑞士的产品价格上升，美国的产品价格下降，直至两国机械工具的价格最终相等（不管是用瑞士法郎表示，还是用美元表示）为止。因此，一价定律有效。

虽然一价定律在理论上合情合理，但一些现实的例子可以说明为什么单一的价格不能在实际生活中发生。首先，从瑞士进口这种低价的机械工具再运到美国去卖可能是不现实的。加上运输费和构建经销网络的成本后，价格上的优势将难以维持。交易成本意味着商品价格间的差异可能依旧存在。同时，美国对进口工具征收的关税也可能使两国间同种机械工具的价格差距扩大。

□ 12.3.2 “巨无霸”指数和一价定律

麦当劳销售的“巨无霸”汉堡包为诠释一价定律提供了一个良好的例子。

“巨无霸”汉堡包在全球 40 多个国家和地区都有销售，而且在配料上几乎没有差异。因此，它可被视为一价定律中的“完全相同商品”。另一些全球化的商品，如可口可乐、星巴克咖啡等，也有类似的属性，但多年来，“巨无霸”指数一直是国家间价格的快速指南。

自 1986 年起，《经济学家》（*Economist*）杂志每年都发布“巨无霸”的最新价格，以此来衡量基于同一种商品——“巨无霸”基础上的货币的真正平衡度。根据一价定律，如果同期的市场汇率是真正的平衡汇率的话，那么在换算成一种货币后，巨无霸的价格在世界各地应该是一样的。这种情况会经常发生吗?

例如，“巨无霸”指数认为，如果“巨无霸”的价格在美国和日本都一样的话，那么美元和日元的汇率将处于平衡状态。当换算成美元后，两国间“巨无霸”的价格应该是一致的。如果不一致，则一价定律不成立。也就是说，日元相对于美元被高估或低估了。通过这种方式，“巨无霸”指数可以测量出市场汇率偏离真正平衡汇率的程度。

表 12.2 给出了 2013 年各国“巨无霸”汉堡包的价格。结果表明，所有被调研国家的“巨无霸”汉堡包价格都和美国的价格不一致，因此违背了一价定律。从表 12.2 中我们可以判断哪些货币被低估了、哪些货币被高估了。在美国，“巨无霸”汉堡包的价格是 4.2 美元，而瑞士是 6.81 美元。相对于美元，瑞士法郎被高估了 62%（6.81/4.2=1.62）。但是，印度的“巨无霸”汉堡包非常便宜，只有 1.62 美元，因而印度卢比被低估了大约 61%（1.62/4.2=0.39）。

“巨无霸”指数表明，2013 年同一商品的价格在不同国家差别很大。理论上，由于墨西哥比索被低估，套利者可以在墨西哥以 2.7 美元的价格购买“巨无霸”汉堡包，然后以 6.81 美元的价格在瑞士销售。这样的套利活动可以促使墨西哥比索升值，瑞士法郎贬值，直到“巨无霸”汉堡包的售价相同。事实上，这样的套利活动并不能产生一样的价格。“巨无霸”指数表明，一价定律在国家之间并不符合事实。

表 12.2　　“巨无霸”指数

2013年一个“巨无霸”汉堡包的价格			
国家（地区）/货币	当地货币	美元*	当地货币高估（+）或当地货币低估（-）（%）
美国（美元）	4.2	4.2	—
委内瑞拉（玻利瓦尔）	30.00	6.99	+66.4
瑞士（法郎）	6.5	6.81	+62.1
瑞典（克朗）	41.0	5.91	+40.7
欧元区（欧元）	3.49	4.43	+5.5
新西兰（新西兰元）	5.10	4.05	-3.6
墨西哥（比索）	37.00	2.70	-35.7
中国台湾（台币）	75.00	2.50	-40.5
印度（卢比）	84.00	1.62	-61.4

*以2013年的汇率进行换算；每个国家的价格取自该国四个城市的平均值。

资料来源：“Big Mac Currencies,” *The Economist*, available at http://www.economist.com.

为什么在调整了汇率之后，“巨无霸”汉堡包的价格仍然在每个国家都不同呢？其中的一个原因是商品的跨界运输成本。“巨无霸”汉堡包本身不能直接交易，但是它的许多原料可以。冷冻牛排、食用油、芝麻面包和其他原料的运输成本会导致不同国家间的价格鸿沟。另外，关税和其他贸易壁垒带来的成本也会拉大价格差异，导致价格不均衡。最后，收入差异也可以解释为什么“巨无霸”汉堡包在不同的国家有不同的售价：在富有的国家，人们有更强的购买力，因此价格也更高。

虽然“巨无霸”指数的发明最初只是为了娱乐，但令人吃惊的是，它成为预测汇率运动极为有用的工具。原先对“巨无霸”指数的可信度存在质疑的人也意识到“巨无霸”指数的价值。

□ 12.3.3 购买力平价

购买力平价理论（Purchasing-Power-Parity Theory）是关于汇率变动的一个重要理论。它认为，为了让世界各地的商品和服务的价格相同，汇率会不断发生调整，因此，购买力平价理论是一价定律的一种应用。

为了解释汇率的变动，我们先运用一价定律对单一商品——钢铁进行分析，如表12.3所示。假设在日本，钢铁的价格是每吨50 000日元，美国是每吨500美元。根据一价定律，为了确保价格相等，日元和美元的汇率应该是100日元/美元（=50 000/500）。假设日本钢铁的日元价格上升10%，达到55 000日元/吨，而美国钢铁的价格还是500美元/吨。一价定律认为，汇率应升至110日元/美元（=55 000/500），日元贬值10%。通过将一价定律运用到日本和美国的钢铁价格上，我们可以得出结论：如果日本的价格水平相对美国的价格水平提高了10%，那么日元将对美元贬值10%。

表12.3　　一价定律运用于一种商品——钢铁

根据一价定律，如果钢铁的日元价格上升10%，钢铁的美元价格保持不变，那么日元将对美元贬值10%以保证两国的钢铁价格一致。

一吨钢铁的日元价格（日元）	一吨钢铁的美元价格（美元）	汇率：日元/美元
50 000	500	100
55 000	500	110

一价定律只适用于一种商品，然而经济学家更感兴趣的是汇率如何由众多商品的价格（如生产者价格指数、消费者价格指数等）决定。购买力平价理论为基于多种商品价格之上的汇率提供总体的分析。也就是说，购买力平价理论是一价定律在全国价格水平上的应用。

根据购买力平价理论，真正重要的是经济体间的相对通货膨胀差异。如果一国的通货膨胀率更高，那么它的货币在国内市场的购买力就低。为了同国外商品价格保持一致，货币将会贬值（贬值将使进口商品对国内消费者而言更贵，而使出口商品对国外消费者而言更便宜）。因此，根据购买力平价理论，进出口的商品和服务（贸易流动）构成了使货币升值或贬值的机制。

进一步说，购买力平价理论认为，国家间相对价格水平的变化决定了长期汇率的变化。根据该原理，一种货币的升值或贬值的幅度与本国和外国之间的通货膨胀率差值相等。①

假设我们比较美国和瑞士的消费者价格指数发现，美国的通货膨胀率每年高出瑞士4个百分点。这个差值说明美元的购买力相对于瑞士法郎降低了。根据购买力平价理论，美元要相对瑞士法郎每年贬值4%。相反，如果美国通货膨胀率低于瑞士，则美元相对瑞士法郎升值。

购买力平价理论可以用来预测长期汇率。看下面的例子，用美国和瑞士的价格指数（P）对未来的汇率进行预测。用0表示基期，用1表示第1期，购买力平价理论可以用下式表示：

$$S_1 = S_0 \frac{P_{U.S.1}/P_{U.S.0}}{P_{S1}/P_{S0}}$$

其中，S_0 等于基期的均衡汇率，S_1 等于预期汇率。

① 本章描述了所谓的购买力平价理论的相对意义上的概念，强调一段时期内价格和汇率的变化。另外一个版本是所谓的绝对原理，是指在某一时点，汇率的均衡值等于国内价格与篮子价格的比率，该篮子价格由合适的外国商品及服务的价格组成。

例如，美国和瑞士的价格指数以及均衡汇率为：

$$P_{U.S.0}=100,\ P_{S0}=100,\ S_0=0.50\text{ 美元},\ P_{U.S.1}=200,\ P_{S1}=100$$

将这些数字代入前面的等式，就可以确定第1期的均衡汇率：

$$S_1=0.50\times\left(\frac{200/100}{100/100}\right)=0.50\times 2=1.00\text{ 美元}$$

在第1期和下一期之间，美国的通货膨胀率提高了100%，而瑞士的通货膨胀率保持不变。要维持美元和瑞士法郎之间的购买力平价，美元就应该相对于瑞士法郎贬值，贬值的幅度应等于美国与瑞士的通货膨胀率之差。所以，为了维持美元的购买力平价，美元应贬值100%，汇率从0.50美元/瑞士法郎变为1美元/瑞士法郎。如果假定瑞士的通货膨胀率加倍，而美国的通货膨胀率保持不变，则根据购买力平价原理，美元会升值，汇率将变为0.25美元/瑞士法郎。

虽然购买力平价理论对我们预测汇率应调整至什么水平有一定帮助，但这并不意味着我们运用这个理论就一定能准确地决定汇率。比如，该理论可能会忽略资本流动对汇率的影响。而且该理论还存在一些问题，如在计算价格时难以选择正确的价格指数（如是用消费者价格指数，还是用生产者价格指数），难以选择合适的均衡期作为基期。另外，国家也会通过实施贸易管制影响各国的进出口流量，从而也会影响该原理发挥作用。

购买力平价理论的预测能力在长期内最明显。如图12.3所示，1973—2003年，英国的价格水平相对于美国的价格水平上涨了约99%。正如购买力平价理论预测的那样，这段时间英镑相对于美元贬值了约73%，尽管这一数字小于此理论预测的增加了99%。此外，图形显示购买力平价理论的短期预测能力很微弱。例如，1985—1988年，英国价格水平相对于美国价格水平上涨了。英镑没有像购买力平价理论预测的那样贬值，而实际上相对于美元升值了。简而言之，购买力平价理论是预测长期内汇率变化的最有效的方法，但是在短期内，预测效果比较差。

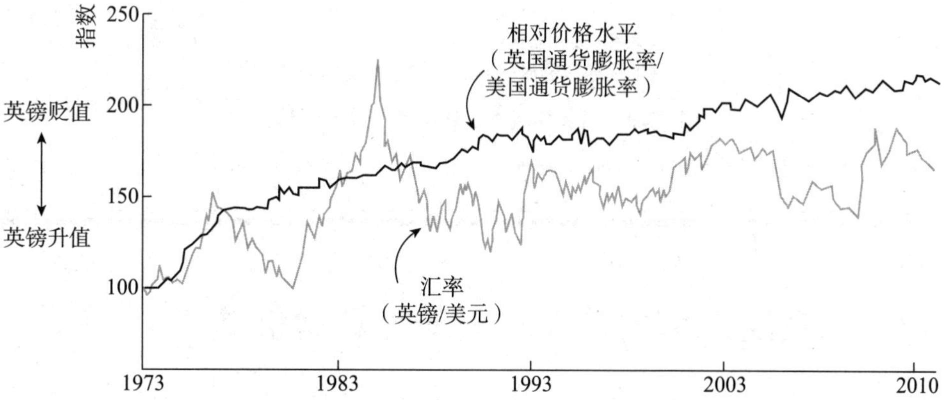

图12.3 购买力平价：美国—英国（1973—2011年）

注：该图形说明了购买力平价理论的预测能力在长期内最明显，而在短期内几乎丧失了预测能力。

资料来源：*Economic Report of the President* and *National Statistics Online*, available at http://www.statistics.gov.uk/.

通货膨胀率的差异与汇率

购买力平价理论有助于解释汇率波动。根据该理论，一国汇率的长期变化趋势取决于相对物价水平的变化。当一国的通货膨胀率高于别国时，该国货币将贬值，贬值的幅度等于两国通货膨胀率之差；当一国通货膨胀率低于别国时，该国货币将升值，升值的幅度等于两国通货膨胀率之差。

图 12.4 说明了一国通货膨胀率和汇率的关系。横轴表示在 1960—1997 年间，外国平均通货膨胀率减去美国平均通货膨胀率的值。纵轴表示在这段时期，外国汇率（1 美元兑换多少外国货币）变动的平均值。与购买力平价理论的预测一致，该图说明，低通货膨胀率国家的货币将升值，而高通货膨胀率国家的货币将贬值。

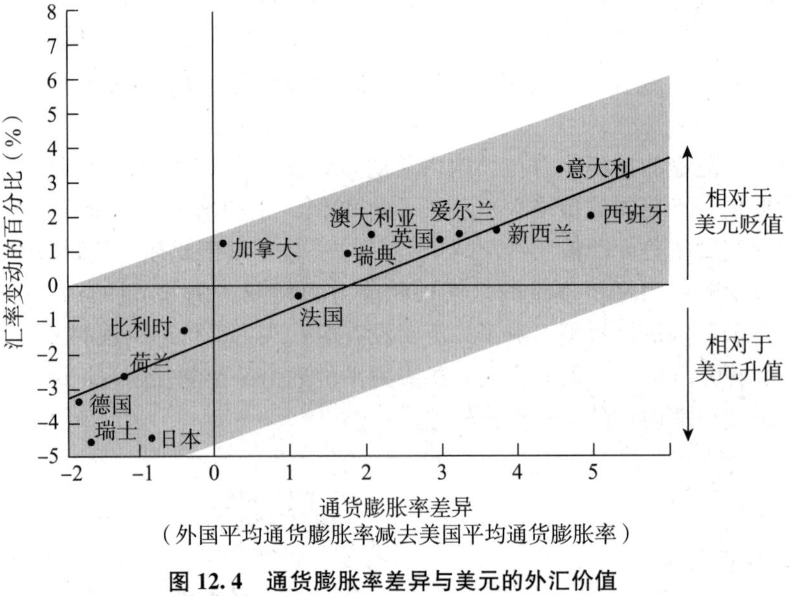

图 12.4　通货膨胀率差异与美元的外汇价值

资料来源：International Monetary Fund，*IMF Financial Statistics*，various issues.

12.4　短期汇率的决定：资产市场定价法

我们已经了解到，汇率的长期波动源于市场基本要素的变动，包括相对价格水平（购买力平价）、相对生产力水平、国内外商品的消费者偏好以及贸易壁垒。然而，有时候汇率的波动幅度很大，发生很突然，仅凭这些因素无法加以解释。例如，一天之内汇率可能变动 2 个百分点或者更多。但是基本决定因素的变动不经常发生，或者变动的幅度不够大，不能够充分地解释此种汇率的急剧变化，因此，为了了解为什么汇率会在一天或者一周内发生如此急剧的波动，必须考虑相对价格水平、相对生产力水平、国内外商品的消费者偏好以及贸易壁垒之外的其他因素。我们需要再构建一个分析框架，以说明汇率的短期波动。

要了解短期汇率走势，重要的是要认识到外汇市场活动是由资产投资者控制的，这些资产包括国库券、企业债券、银行账户、股票和不动产。目前，所有外汇交易中只有约 2%与进出口商品的融资有关，这意味着大部分外汇交易来源于在全球市场上进行的资产交易。由于资产市场通过先进的电子通信系统相联系，并且进行 24 小时交易，金融资产的投资者能够进行迅速的交易，并且几乎能够同时调整对货币价值的预期。简而言之，在短期内，如一个月，持有国内资产还是国外资产的决定对汇率的影响要比对进出口商品需求的影响大得多。

根据**资产市场定价法**（Asset Market Approach），投资者在进行国内资产和国外资产投资选择时，要考虑两个关键要素：相对利率水平以及投资期间汇率自身的预期变化。反过来，这些因素能够解释汇率的短期波动。表 12.4 总结了这些因素的影响。

表 12.4　美元相对于英镑的短期汇率的决定因素

决定因素的变动*	国际金融投资的重组	对美元汇率的影响
美国利率		
提高	转向美元计价的资产	升值
降低	转向英镑计价的资产	贬值
英国利率		
提高	转向英镑计价的资产	贬值
降低	转向美元计价的资产	升值
美元汇率的预期走势		
升值	转向美元计价的资产	升值
贬值	转向英镑计价的资产	贬值

* 对一种决定要素的变动进行分析时假定其他要素保持不变。

□ 12.4.1　相对利率水平

名义（货币）利率（Normal Interest Rate）水平是特定国家的资产回报率的第一个测算值。因此，随着投资者对最高回报率的追求，两国名义利率水平之间的差异会影响国际投资流动。

当美国的利率水平明显高于国外利率水平时，外国对美国有价证券和银行账户的需求将会增加，进而增加购买这些资产所需的美元，因此使美元相对于外国货币升值。与之相反，如果美国的平均利率水平低于国外利率水平，对外国有价证券和银行账户的需求将会增加，而对美国有价证券和银行账户的需求将会减少，这将导致对购买外国资产所需要的外国货币的需求增加，而对美元的需求减少，最终导致美元相对于外国货币贬值。

为了解释相对利率水平对汇率决定的影响，图 12.5 描绘了英镑的需求曲线和供给曲线。初始的均衡汇率水平为 1.50 美元/英镑。如图 12.5（a）所示，假设美联储实施了扩张性货币政策，导致利率下降到 3%，而英国的利率水平为 6%。美国投资者将会被相对的高利率吸引到英国，由此需要更多的英镑来购买英国有价证券，因此，英镑的需求曲线上升到图形中的曲线 D_1。结果，英国投资者会发现投资于美国的吸引力已经比以前减小了，因此提供更少的英镑来购买投资美国有价证券所需要的美元，由此英镑的供给曲线下降到图形中的曲线 S_1。需求和供给两方面的联合变动使美元贬值为 1.60 美元/英镑。或者，如果英国的利率水平低于美国的利率水平，随着美国居民减少在英国的投资和英国居民增加在美国的投资，美元将会相对于英镑升值。

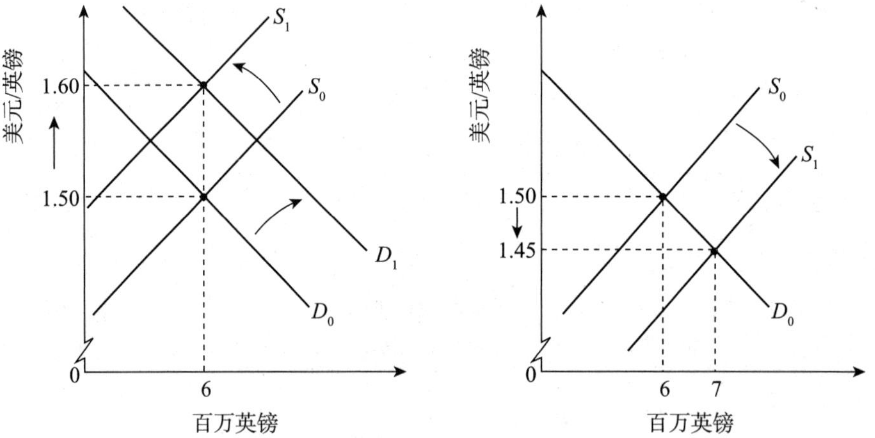

（a）相对利率水平　　（b）汇率的预期波动

图 12.5　短期内影响美元汇率的因素

注：在短期内，美元和英镑之间的汇率反映相对利率水平和汇率的预期波动。

尽管如此，如果考虑到利率、投资流动以及汇率之间的关系，也许情况不总是如此简单。重要的是要区分名义利率和**实际利率**（Real Interest Rate）（名义利率减去通货膨胀率）。

实际利率＝名义利率－通货膨胀率

对于国际投资者来说，起关键作用的是相对实际利率水平的变动。

如果在美国名义利率提高的同时，美国的通货膨胀率也提高了同等幅度，那么实际利率水平将保持不变。在这种情况下，较高的名义利率不能够使以美元计价的有价证券对英国投资者更有吸引力。这是因为美国通货膨胀率的提高将会使美国居民转向价格较低的英国投资产品，从而增加了对英镑的需求，使美元贬值。英国投资者会预期，用英镑表示的美元的汇率会随着美元购买力的下降而贬值。因此，美国有价证券较高的名义回报率将会被远期汇率降低的预期所抵消，从而不会对英国在美国投资的动机产生影响。只有当美国名义利率的提高使实际利率水平提高时，才能够使美元升值；如果名义利率水平的提高导致了通货膨胀率预期的提高，并降低了实际利率水平，美元将会贬值。表 12.5 提供了不同国家短期实际利率水平的例子。

表 12.5　　2012 年短期名义利率和实际利率

国家	名义利率*（%）	通货膨胀率**（%）	实际利率（%）
巴西	7.1	5.8	1.3
日本	0.9	−0.1	1.0
墨西哥	4.2	3.4	0.8
新西兰	2.5	1.7	0.8
阿根廷	10.4	10.3	0.1
德国	1.6	2.0	−0.4
印度	9.0	11.2	−2.2

* 3 个月期国库券利率。

** 由消费者价格指数计算得出。

资料来源：*International Financial Statistics*，December，2013 and World Bank，*Data and Statistics*，available at www.data.worldbank.org.

实际利率的波动有助于理解 1974—2006 年间美元的走势，如图 12.6 所示。在 20 世纪 70 年代末，美国的实际利率处于较低水平。美元的贸易加权价值也处于低谷。到 20 世纪 80 年代初期，美元的实际利率开始上升。这一变动吸引外国资本进入美国，并

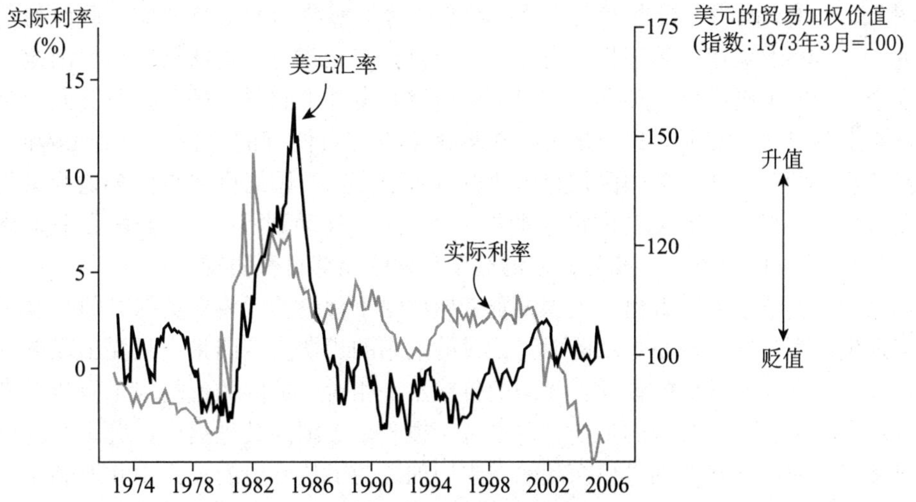

图 12.6　利率差异和汇率

注：美元实际利率的上升会导致美元资产预期回报率的提升，如国库券和存储账户等。利率的上升同时会鼓励境外资本流入美国，进而导致美元汇率的上升。相反，美元实际利率的下降会减少美元资产的预期回报率，并带动美元贬值。

引起美元汇率上升。1985年以后，美元的实际利率下降，美元的实力也随之减弱。美元的实际利率和汇率之间的正相关关系于1995年被打破：虽然美元的实际利率不变，但美元却升值了。升值的原因归于20世纪90年代末期美国日益繁荣的股票市场吸引了外国资本流入，在实际利率不变的情况下抬高了美元的价值。从2002年起，美元的实际利率下降，同期美元的汇率也下跌了，20世纪80年代末期的规律开始重现。总之，当一国实际利率水平高于国外利率水平时，我们就预期该国货币将倾向于升值，因为该国将会吸引世界范围内的投资资金。而那些实际利率水平相对较低的国家的货币将倾向于贬值。

□ 12.4.2 汇率的预期波动

在作出投资决策时，投资者并不一定都需要知道利率之间的差异。另外一个必须考虑的问题是，在一个较长的时期内，一项投资可以实现的实际回报率。这意味着在投资期限内，远期支付可以实现的价值可能会随着汇率自身的波动而发生变化。简而言之，除了资产利率之外，投资者必须考虑外汇交易可能产生的收益和损失。

对汇率本身远期波动路径的预期，对投资者计算以外国货币计价的投资的实际收入起到重要作用。当投资者预期计价货币贬值的幅度等于或者大于利率的提高幅度时，即使是较高的利率水平也不再具有吸引力，因为贬值预期消除了经济收益。与之相反，如果预期计价货币升值，投资收益将会大于只有利率上升所带来的收益，因此资产具有较强的吸引力。

假设英国投资者预期未来3个月美元升值，从1.5美元/英镑升值到1.45美元/英镑。假定现在的汇率是1.5美元/英镑，英国投资者以100 000英镑购买150 000美元美国国库券。当国库券到期之后，投资者收到150 000美元（再加上利息），按照1.45美元/英镑兑换成103 448英镑，获利3 448英镑。如果再加上国库券的利息，那么更加有利可图，这将刺激英国消费者投资于美国资产。

图12.5（b）说明了投资期间，投资者预期对汇率波动的影响效应。假设初始均衡汇率为1.50美元/英镑，英国投资者预期3个月后美元相对于英镑会升值。因此，通过购买3个月期的美国国债，英国投资者预期能够获得外汇收益，即首先在美元相对便宜的时候卖出英镑购买美元，3个月后，在英镑变得相对便宜的时候，用美元购回英镑。外汇预期收益的存在使得美国国债显得比较有吸引力，英国居民将会更多地购买美国国债。图形中，外汇市场上英镑的供给曲线从 S_0 向右移动到 S_1，并且美元升值到1.45美元/英镑。依据此种方式，美元升值的远期预期将能够自我实现。

从以上的例子中可以看出，英国投资者期望3个月内美元将对英镑升值。这一期望是如何发生的呢？答案在于本章前面讨论过的汇率的长期决定因素。只要出现以下几种预期，就会出现美元升值的预期：美国的价格水平相对于英国的价格水平有所下降，美国的生产力水平相对于英国的生产力水平有所提升，美国的关税提高，美国对进口商品的需求减弱，或英国对美国进口商品的需求增加。为了从升值的美元中获取利益，英国资本纷纷涌入美国，这导致现行美元对英镑升值。如下面的流程图所示：

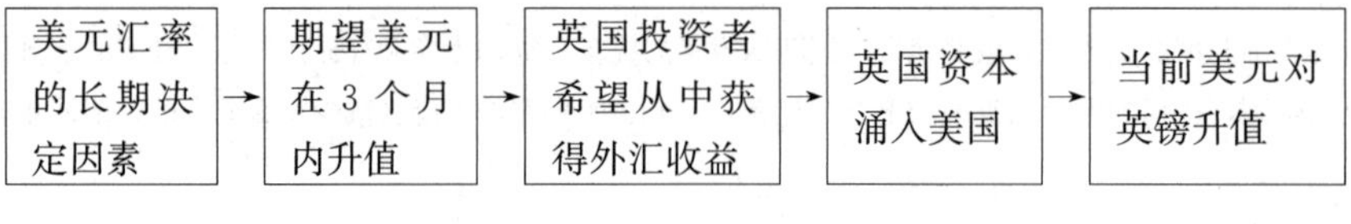

简而言之，任何导致美元远期升值的长期汇率决定因素都会导致美元即期升值。

□ 12.4.3　多样化、“避风港”和投资流动

尽管国家之间的相对利率水平和汇率预期波动是引导国家之间投资流动的强有力力量，其他要素也影响着投资流动。例如，投资者的投资组合中以特定货币计价的资产的存量规模能够改变投资者的投资偏好。为什么呢？投资者知道不同资产种类，包括计价货币，之间实现合理的多样化是谨慎的投资原则。因此，尽管以美元计价的国债能够带来较高的收益，如果投资者手中的美国国债的积累量很大并达到某一个点，投资者就会同时考虑风险和回报，认为美国国债在他们的投资组合中的比例已经足够高了。为了提高其投资组合的多样化，投资者将会减少或者停止对美国国债的购买。

在某些投资流动中，也可能存在明显的避险效应。如果对于投资者的资金来说，某经济体能够提供风险格外低的投资场所，他可能愿意牺牲大量的回报。近几十年来，美国由于政治长期稳定，经济增长稳定，以及具有大规模的、有效的金融市场，能够吸引大量的外国投资。

自欧元推出之后，人们一直担心欧元区成员国的扩大。意大利等国家财政可能没有节制，大肆借债，最终把救助成本转嫁给德国等其他成员国。2010 年，希腊政府债务接近违约，葡萄牙、西班牙、爱尔兰和意大利面临着严重的财务困境。由此，投资者越来越担心欧元区的稳定，抛售大量欧元，购进美元。很明显，由于美国经济更加稳定，投资者把美国视为“避风港”。

本章介绍了决定汇率变化背后的影响因素。为了明白这些因素每天如何发挥作用，我们可以浏览《华尔街日报》货币和投资版面（C 版）中货币交易的内容，观察汇率变化的趋势，探究汇率变化的影响因素。这是把本章理论结合实际的有效学习方法。

全球化

☞ **GDP 的国际比较：购买力平价**

经济学家计算一国国内生产总值（GDP）的方法是把一国所生产的所有商品和服务的市场价值相加并得到一个总数——在美国用美元表示，在中国用人民币（元）表示。为了比较国家间的 GDP，有两种方法可以把各个国家的产出换算为美元。

最简单的方法是使用市场汇率。比如，2010 年，中国商品和服务产出的价值为 398 000 亿元。使用 6.77 元/美元的市场利率进行换算，中国的 GDP 相当于 58 790 亿美元（=398 000/6.77）。然而，这个值其实太低了。一方面，在像中国一样的发展中国家，许多商品比在美国等发达国家便宜得多。同时，中国政府一直将人民币维持在比美元便宜的汇率水平上。因此，中国的生产成本低，消费品价格也更便宜。如果不考虑人民币的汇率偏低这个因素而仅把中国的产量换算成美元是不公平的。

仅仅简单地按汇率把中国的 GDP 换算成美元的不可行之处在于，不是所有的商品和服务都可以在世界市场上出售。像理发和管道修理之类的服务无须跨国交换。如果所

有的商品和服务都可以在世界市场上进行无障碍的交换，如没有关税和运输成本，那么在考虑汇率因素后世界各地的商品价格应该是一样的。然而，在现实中，许多商品和服务无法进行外贸交易。因此，按汇率把中国的GDP从元换算成美元会得出一个误导性结论：汇率高估了价格水平较高国家的经济总量，低估了价格水平较低国家的经济总量。同时，汇率通常会出现可观的波动。这些波动意味着有些国家会突然变得“富有”或“贫穷”，虽然实际上它们商品和服务的产出量并没有多大的变动。

同仅根据市场汇率比较GDP不同，购买力平价将相对生活成本和不同国家间的通货膨胀率纳入衡量范围，因此可以解决这些问题。通过购买力平价将国家间的GDP转换成同一货币，可以使GDP的考核处于统一的价格水平，从而反映国家间商品和服务产出总量的差距。

目前，世界银行、国际货币基金组织、美国中央情报局等机构都认为，在国家间比较GDP水平时，购买力平价法比市场汇率法更符合实际。它们得出的国际数据都是先用美元衡量各国的购买力平价，再以此为基础衡量各国的GDP水平。从表12.6中我们可以看到，根据市场汇率计算，2012年中国GDP已经排名世界第二（82 270亿美元）；当按照购买力平价进行计算时，中国GDP相当于124 710亿美元。

表12.6　　2012年可比GDP：世界前八国　　单位：十亿美元

国家	购买力平价计量	国家	市场利率计量
美国	15 685	美国	15 685
中国	12 471	中国	8 227
印度	4 793	日本	5 960
日本	4 487	德国	3 399
俄罗斯	3 373	法国	2 613
德国	3 349	英国	2 435
巴西	2 366	巴西	2 253
英国	2 333	印度	1 842

资料来源：World Bank, Data and Statistics, available at http://www.data.worldbank.org/. 也可参阅：Central Intelligence Agency, *CIA World Factbook* and International Monetary Fund, *World Economic Outlook Database*。

12.5 汇率超调

对未来市场基本因素预期的变化加剧了短期汇率的不稳定性。例如，如果美联储宣布调整货币增长目标，或者总统和国会宣布改变税收或政府支出计划，那么人们对未来汇率的预期会发生变化，均衡汇率也会立即发生变化。从这一点来看，在市场决定汇率的制度下，政策的频繁变动会加剧汇率的波动。

超调（Overshooting）现象进一步加剧汇率的波动。如果汇率对市场基本因素变化的短期反应（升值或贬值）比其长期反应更剧烈，就被称为汇率超调。这样，市场基本因素的变动会对汇率造成巨大的短期影响。汇率超调是很重要的现象，因为它有助于解释为什么汇率每天的波动会如此剧烈。

汇率超调可以通过汇率的弹性来解释，即汇率的短期弹性小于长期弹性。在图 12.7 中，英镑的短期供给曲线和需求曲线分别由 S_0 和 D_0 表示，均衡利率是每英镑 2 美元。假如英镑的需求增加到 D_1，那么在短期内美元就会贬值为每英镑 2.20 美元。但由于美元贬值，美国向英国出口的商品价格会下跌，英国对美国出口商品的需求增加，于是英镑的供给会增加，时间越长，出口增加量可能越大，英镑供给量的增加就越大。所以英镑的长期供给曲线比短期供给曲线更富有弹性，如图中曲线 S_1 所示。英镑的需求曲线移至 D_1 以后，长期的均衡汇率变为每英镑 2.10 美元，而短期的均衡汇率为每英镑 2.20 美元。正是由于汇率弹性的不同，美元在短期内贬值的幅度超过了长期内贬值的幅度。

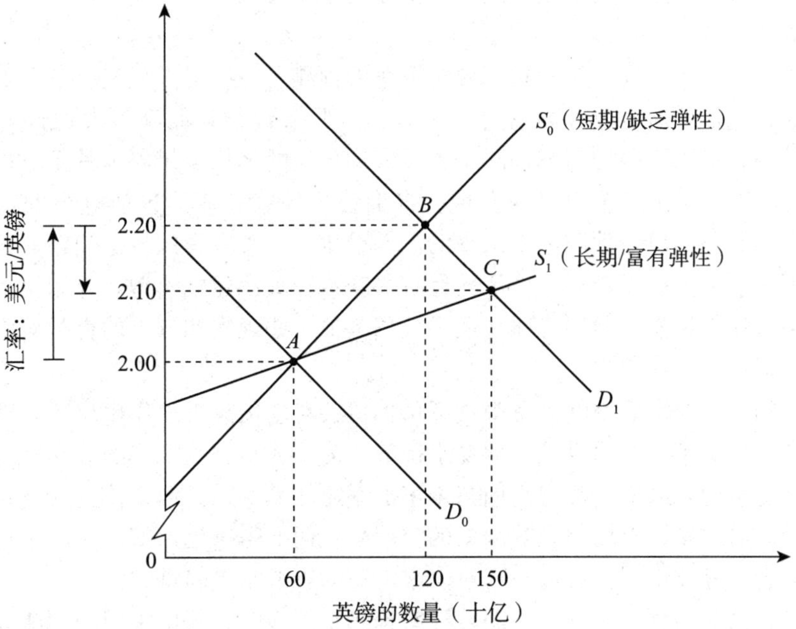

图 12.7　短期/长期均衡汇率：超调

注：假设英镑的短期供给曲线为 S_0，如果英镑的需求曲线从 D_0 上移到 D_1，美元的短期均衡汇率从每英镑 2 美元贬值为每英镑 2.2 美元。在长期，英镑的供给更富有弹性（S_1），均衡汇率水平更低，为每英镑 2.1 美元。由于弹性不同，美元的短期贬值幅度大于长期的情况。

汇率超调也可以通过汇率比其他价格更具有弹性来加以解释。许多价格由长期合同确定（如工人工资），不能对市场基本因素的变化立即作出反应，而汇率对即期货币供求状况非常敏感。汇率短期波动的幅度往往比长期大，从而补偿其他长期均衡调整过程中变动较慢的价格。随着总体价格水平向新的均衡点缓慢移动，汇率的超调也逐渐消失，汇率向长期均衡水平移动。

12.6 汇率的预测

在本章前几节，我们详细讨论了汇率的各种决定因素。但是即使清楚地知道这些因素如何影响汇率，也不能保证我们可以准确地预测汇率未来变化的情况。这是因为这些汇率决定因素往往（使汇率）朝相反方向变动，同时，预测这些因素本身如何变动也很困难。总之，**汇率的预测**（Forecasting Exchange Rate）是一个很棘手的问题，尤其是在短期。

进出口商、投资者、银行家以及外汇交易商都需要对未来汇率进行预测。跨国公司基于各自不同的目的预测货币的短期价格。例如，公司常有大量短期流动资金，这些资金以各种货币的形式存入银行。银行存款选择何种货币，要根据该种货币的未来预期汇率变动情况。制定公司的长期计划，特别是与国外投资有关的计划，必须了解汇率在这段时间的变动趋势，因此需要预测汇率的长期走势。总体来说，对跨国公司而言，汇率的短期预测比长期预测应用得更广泛。许多公司至少每隔一个季度就要对其货币预测进行一次修订。

随着跨国公司和投资者越来越重视对汇率的预测，一些提供预测服务的咨询公司由此纷纷成立，包括环球通视和高盛等。另外，一些大银行，如摩根大通银行和美国银行，也为其顾客提供免费的汇率预测服务。咨询公司的客户每年要为其得到的专业信息付出高达 100 000 美元甚至更多的费用。咨询公司的服务范围包括电视到语音邮件服务，进行预测服务的雇员预测汇率未来的波动趋势，回答客户的特定问题。

多数汇率预测方法利用那些公认的经济（基本）关系建立模型，并用历史数据的统计分析结果来完善模型。预测者往往还要根据其他一些观察和自己的直觉对结果进行修正，再将其提供给最终用户。

在现行的市场决定汇率的体系中，货币价值会对新信息迅速作出反应，这些信息包括利率、通货膨胀率、货币供给、贸易平衡等。为了成功预测汇率的波动状况，必须估计这些经济变量的未来值，确定它们与未来汇率之间的关系。但即使是最复杂的分析方法，也会因政府政策、市场心理等因素的突然变化而变得毫无价值。实际上，外汇市场的短线交易者已经意识到，市场心理对未来汇率的影响举足轻重。

虽然存在这些问题，人们还是需要汇率预测者的服务。他们采用的预测方法可以分为判断预测法、技术分析法和基本面（经济）分析法。2010 年，通过对 300 多家外汇经纪商的调查，花旗集团发现，53％的经纪商既使用基本面分析法，也结合技术分析法，36％使用技术分析法，只有 11％的经纪商严格使用基本面分析法。[①] 表 12.7 列出了几家汇率预测机构及其使用的方法。[②]

① CitiFx Pro, *Survey of Forex Traders*, New York, November 2010.

② 本部分源于 Sam Cross, *The Foreign-Exchange Market in the United States*, Federal Reserve Bank of New York, 1998, pp. 113 - 115。

表 12.7 **汇率的预测**

预测机构	预测方法	预测时间
环球通视	计量经济方法	24 个月
摩根大通	判断预测法	12 个月内
	计量经济方法	12 个月以上
美国银行	计量经济方法	12 个月以上
	技术分析法	12 个月内
高盛	技术分析法	12 个月内
	计量经济方法	12 个月以上
瑞银全球资产管理	判断预测法	8 个月
	计量经济方法	12 个月

资料来源：由作者搜集。

□ 12.6.1 判断预测法

有时人们把**判断预测法**（Judgmental Forecasts）看做一些主观的或者说常识性的模型。这种方法需要搜集大量的与政治和经济相关的数据，并深入了解这些数据的时间范围、波动方向和对汇率的影响程度。预测者对各个国家的情况深入了解之后，作出预测。他们需要考虑各种经济指标，如通货膨胀率及贸易数据；各种政治因素，如将要进行的选举；各种技术性因素，如中央银行对外汇市场进行的潜在干预；以及与个人“市场感觉”相关的心理因素。

□ 12.6.2 技术分析法

技术分析法（Technical Analysis）是利用汇率的历史数据来估计汇率的未来走势。这种方法的技术性在于，它根据过去的汇率波动情况进行推测，不考虑与汇率变动相关的经济、政治因素。技术分析法寻求的是汇率波动的特定模式。一旦确定了特定模式的开端，它就会自动指出汇率在短期内将如何波动。

技术分析法涉及一系列制表技术，包括绘制货币价格表、经济周期表以及汇率波动表。技术分析的切入点往往是绘制一个标出贸易期内汇率的开盘价、最低价、最高价以及收盘价的图表。图表通常以贸易日为单位，但也有以周、月及年为单位的。贸易者们关注最新的最高价和最低价、趋势线的转折点，以及目标汇率和汇率波动的预测模式。

为了说明如何运用技术分析法，假定通过分析经济基本数据，已经预测出了日元相对于美元的汇率。现在你想从市场中得到一些信息，可以通过图表得出汇率的波动趋势。如图 12.8 所示，你可以得到过去几个月内日元的最高价和最低价。图中的趋势线由日元汇率的较高点和较低点连接而得。假如日元的汇率变动高于或低于趋势线，这就是趋势可能发生变化的信号。趋势变化可以帮助你决定在外汇市场上何时买进或卖出日元。

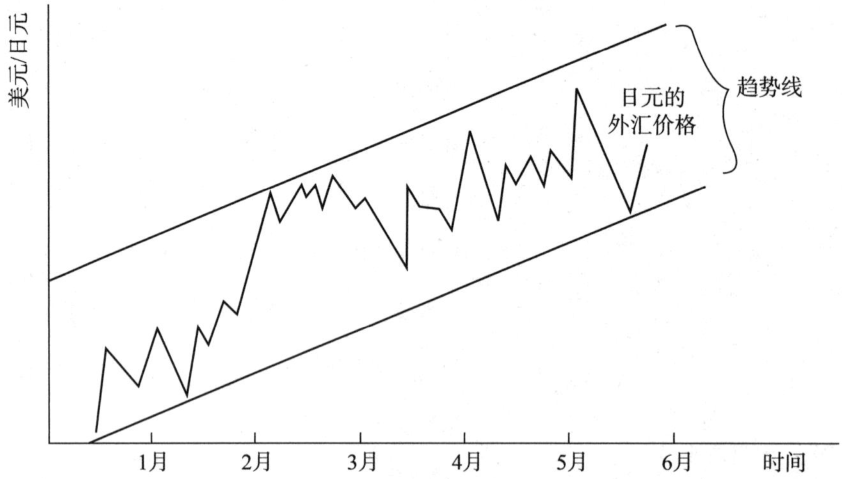

图 12.8　日元汇率的技术分析预测

注：在预测汇率时，技术分析者关注的是汇率最新的最高价和最低价、趋势线的转折点，以及目标汇率和汇率波动的预测模式。

技术分析法紧跟市场情况变化，因此这种方法被用于预测未来汇率的短期波动。只有市场一直遵循某种模式时，确定汇率波动的模式才有意义。然而，没有一种模式可以持续使用几天或几周，因此客户必须迅速根据技术分析的结果买入或卖出货币。客户必须随时同技术分析专家协商，以便及时作出金融决策。

尽管以基本数据为基础建立的模型并不能成功地预测汇率的短期变动，但许多技术分析模型可以很好地解释汇率的短期波动。难怪大多数外汇交易商用技术分析模型预测汇率，尤其是预测一天或一周的汇率。

□ 12.6.3　基本面分析法

基本面分析法（Fundamental Analysis）是一种与技术分析法正好相反的方法，它考虑的是各种可能影响货币价值的宏观经济变量和政策。基本面分析法利用计算机建立计量经济模型，对经济理论进行统计估计。为了进行预测，计量经济学家为各国建立模型，并力求在模型中概括所有影响汇率变动的基本变量，主要有贸易和投资流量、行业行为、通货膨胀率等等。如果在大学学习过计量经济学课程，你可以考虑以汇率预测来作为课堂项目。本章最后的“进一步探索 12.1”给出了计量经济模型中包括的各种可能变量。

然而，用计量经济模型预测汇率也存在局限性，因为这种预测通常取决于对某些关键自变量的预测，如通货膨胀率或利率，而获得可靠的预期信息是很困难的，并且还有一些影响汇率的因素很难被量化（如中央银行对外汇市场的干预），而且各因素影响汇率的准确时间也很难确定。例如，通货膨胀率的变化可能在 3～6 个月之后才会全面影响汇率。因此计量经济模型最适用于预测长期的汇率走势。然而，当买卖某一货币时，它们并不会给外汇交易者提供准确的价格信息。因此，在制定交易策略时，外汇交易者通常更喜欢使用技术分析而不是基本面分析。

尽管人们倾向于使用技术分析法，但是大多数市场参与者可能会综合使用基本面分析法、技术分析法和判断预测法，并依条件不同而有所侧重。他们通常会从结构或长期的角度判定某种货币是升值了还是贬值了，并且长期获取有关现期经济状况、新闻事件、政治变化、统计数据、各种谣言以及形势变化的所有信息，同时仔细研究图表和技术分析结果。

贸易冲突

☞

因投机而破产的"商业墨西哥"

虽然像索罗斯一样的投机者能够从外汇市场中获得巨额收益，但有时这种货币赌注也会给他们带来意想不到的损失。下面我们来看看墨西哥连锁超市巨头"商业墨西哥"（Commercial Mexicana）的案例。

2008年10月，"商业墨西哥"当时还是墨西哥的第三大零售商，而且是零售业老大沃尔玛的有力竞争者。但几天后，这个家族连锁企业就走向破产。外汇亏损致使公司失去了近一半的资产。这一切是如何发生的呢？

"商业墨西哥"和其他墨西哥公司一起同摩根大通等大银行签订了一批货币合同。这些合同与美元/比索的汇率相连，预期比索将会升值。然而，2008年的经济危机使比索陷入困境。墨西哥中央银行在意识到经济风险后，从外汇储备中动用数十亿美元购买持续疲软的比索，试图抬高其价格。中央银行为此花费了其13%的国际货币储备，结果却徒劳无功：投资者为了规避风险迅速撤离资金，2008年10月比索的价格猛跌24%。

摩根大通和"商业墨西哥"签订的金融和货币交易的汇率还是较为实惠的。但有一个条件：如果美元升值（比索贬值）至一定程度，"商业墨西哥"必须出售美元弥补损失。在某种程度上，合约中的某些条款促使"商业墨西哥"出售的美元数量翻了一番。

当"商业墨西哥"购买这个货币合同时，这宗交易最初是有利可图的。但是情况很快开始恶化，因为全球经济危机带来的恐慌使投资者开始将资金从墨西哥撤离。伴随着比索的贬值，"商业墨西哥"遭受了14亿美元的损失。由于无力偿还债务，公司不得不申请破产。

"商业墨西哥"放弃了出售西红柿和数码相机的经营模式，转而靠美元与比索间的汇率盈利。然而，2008年全球经济危机带来的毁灭性影响使公司措手不及，最终导致其破产。

资料来源：William Freebairn, "Comercial Mexicana Drops 44 Percent After Saying Debt Rose," Bloomberg.com, October 24, 2008; "Big Currency Bets Backfire," *The Wall Street Journal*, October 22, 2008, p. A1.; "Commercial Mexicana Crisis in 2008," *Explorado Mexico*; Carlos Omar Trejo-Pech, Susan White, and Magdy Noguera, *Financial Distress at Commercial Mexicana, 2008 - 2011*, Robert H. Smith School of Business, University of Maryland, 2011.

12.7 小结

1. 在自由市场上，汇率由市场基本因素和市场预期决定。前者包括实际收入、实际利率、国内外商品的消费者偏好、生产力水平、投资利润率、产品可用性、货币和财政政策，以及政府的贸易政策。经济学家普遍认为决定汇率波动的主要因素在长期和短期是不同的。

2. 长期汇率的决定因素不同于短期汇率的决定因素。在长期内，汇率取决于四个主要要素：相对价格水平、相对生产力水平、国内外商品的消费者偏好以及贸易壁垒。这些因素影响国内外商品的交易，继而影响对进出口商品的需求。

3. 在长期内，如果一国的通货膨胀率水平相对较低、生产力水平相对较高、对其出口商品的需求相对较高以及贸易壁垒相对较高，那么其货币倾向于升值。

4. 按照购买力平价理论，各国相对价格水平的变化决定了长期汇率的波动。如果一种货币贬（升）值的幅度与本（外）国通货膨胀率和外（本）国通货膨胀率变化幅度之差相等，其购买力平价就保持不变。

5. 在短期汇率决定中，持有国内资产还是国外资产的决策比对进出口商品需求变动所起的作用大。根据决定汇率的资产市场法，投资者在决定进行国内投资还是国外投资时要考虑两个主要因素：相对利率水平和汇率的预期波动。反过来，这些因素的变化将决定外汇的短期波动。

6. 任何两个国家之间的短期利率差异是国际投资流动和短期汇率的重要决定因素。一国如果具有相对较高的利率水平，那么其货币在短期内倾向于升值。

7. 在短期内，市场预期也会影响汇率波动。如果预期将来国内经济增长迅速，国内利率水平下降以及国内通货膨胀率较高，那么将会导致国内货币的贬值。

8. 超调现象加剧了汇率的多变性。当市场基本因素变化对汇率造成的短期影响大于长期影响时，就称做汇率超调。

9. 货币预测者通过以下几种方法预测将来汇率的变动：（1）判断预测法；（2）技术分析法；（3）基本面分析法。

12.8 关键概念及术语

- 资产市场定价法（Asset Market Approach）
- 汇率的预测（Forecasting Exchange Rate）
- 基本面分析法（Fundamental Analysis）
- 判断预测法（Judgmental Forecasts）
- 一价定律（Law of One Price）
- 市场预期（Market Expectations）
- 市场基本因素（Market Fundamentals）

- 名义利率（Nominal Interest Rate）
- 超调（Overshooting）
- 购买力平价理论（Purchasing-Power-Parity Theory）
- 实际利率（Real Interest Rate）
- 技术分析法（Technical Analysis）

12.9 习题

1. 在自由市场中，货币的汇兑价值由什么因素决定？长期汇率和短期汇率最重要的决定因素是什么？

2. 为什么国际投资者更关注实际利率而不是名义利率？

3. 在考虑国内通货膨胀对本国汇率的影响时，购买力平价理论是怎样预测汇率的？购买力平价理论的局限是什么？

4. 如果一种货币在外汇市场上被高估，会对该国贸易平衡产生什么样的影响？如果被低估，情况又如何？

5. 辨别影响一国长期货币价值波动的因素。

6. 哪些因素影响短期货币价值的波动？

7. 请解释在市场决定汇率机制下，下列因素如何影响美元的汇率。

a. 美国价格水平上升，外国价格水平不变。

b. 美国进口施加关税和配额。

c. 美国的出口需求增加，进口需求减少。

d. 相对于其他国家，美国的生产力提高。

e. 相对于美国的利率，国外真实利率上升。

f. 美国货币供应增加。

g. 美国货币需求增加。

8. 汇率超调的含义是什么？是如何发生的？

9. 货币预测者用什么方法预测未来汇率的波动？

10. 在自由市场决定汇率机制下，使用英镑的供求曲线来分析下列情况对美元和英镑间（美元/英镑）汇率的影响：

a. 选民民意测验表明，英国的保守党将被推行国有化外国资产政策的激进派取代。

b. 英国和美国的经济都出现停滞，但英国没有美国严重。

c. 美联储实施紧缩性货币政策，大幅度提升美国利率。

d. 英国在北海的石油产量减少，因此对美国的石油出口也减少。

e. 美国单方面降低英国商品的关税。

f. 英国通货膨胀严重，而美国国内价格稳定。

g. 对恐怖主义的恐惧使到英国旅游的美国旅客人数下降。

h. 英国政府邀请美国公司到英国投资石油业。

i. 英国生产力增长急剧下降。

j. 英国出现经济繁荣，促使英国消费者购买更多美国制造的商品，如汽车、卡车和电脑。

k. 英国和美国都出现 10%的通货膨胀率。

11. 你是否同意如下说法？请解释原因。

a. “如果一国的通货膨胀率低于其贸易伙伴，该国货币将贬值。”

b. “如果一国利率下降速度快于他国，该国货币将贬值。”

c. “如果一国的生产力增长率高于其主要贸易伙伴，该国货币将升值。”

12. 1980—1985 年，美元价值上升使得美国产品变得更（昂贵/便宜），外国产品变得更（昂贵/便宜）；美国进口（减少/增加），出口（减少/增加）。

13. 假定美元和瑞士法郎之间的汇率为 0.50 美元/瑞士法郎。根据购买力平价理论，在以下各种情况下美元汇率将如何变化？

a. 美国价格水平上升 10%，瑞士价格水平不变。

b. 美国价格水平上升 10%，瑞士价格水平上升 20%。

c. 美国价格水平下降 10%，瑞士价格水平上升 5%。

d. 美国价格水平下降 10%，瑞士价格水平下降 15%。

14. 假定 3 个月期的国库券的名义利率在美国为 8%，在英国为 6%；美国的通货膨胀率为 10%，英国的通货膨胀率为 4%。则：

a. 各国的实际利率分别为多少？

b. 基于这种实际利率，国际资本将如何流动？

c. 资本流动会对美元的外币价值产生什么样的影响？

进一步探索

关于基础预测回归分析，请查询“进一步探索 12.1”，网址：www.cengage.com/economics/Carbaugh。

第 13 章

国际调整机制

在第 10 章中，我们考察了国际收支平衡表赤字和盈余的含义。回想一下，由于采取的是复式记账法，如果将所有的国际收支账户考虑在内，那么外国居民向本国居民支付的总额（贷方）总是等于本国居民向外国居民支付的总额（借方）。所谓赤字，是指按照功能划分的某一类账户的借方总额大于贷方总额。例如，经常账户赤字说明商品、服务和单方转移的进口大于出口；经常账户盈余则恰好相反。

当一国经常账户出现赤字时，该国可以动用其国际储备，或者吸引贸易伙伴国的投资（如购买企业），以填补资金缺口。赤字国弥补赤字的能力受到该国国际储备以及贸易伙伴国在该国投资意愿的限制。盈余国一旦相信，它的国际储备和海外投资已经足够（尽管历史表明，达到这种状态可能需要很长时间），将不愿意进一步扩大盈余。一般来说，减少国际收支盈余的激励不如削减国际收支赤字那么直接和迅速。

当初始的均衡被打破以后，一国的国际收支会通过**调整机制**（Adjustment Mechanism）重新回到均衡状态。经常账户的调整采取两种不同的形式：第一，在特定条件下，存在一些调整因子，能够使经常账户自动实现均衡；第二，如果自动调整无法恢复均衡，政府可相机采取政策实现这一目标。

本章着重论述固定汇率制度下经常账户的**自动调整**（Automatic Adjustment）过程。[①] 我们考察的调整变量包括价格、利率和收入。此外，利率对一国资本与金融账户的影响也是我们要考虑的一部分内容。浮动汇率制度下的调整机制，以及政府政策在推动经常账户调整中的作用，将在接下来的几章中加以讨论。

① 在固定汇率制度下，外汇的供给和需求反映的是国际收支平衡表中的贷方交易和借方交易，然而，这些供求力量并不能决定汇率。相反，政府通过介入外汇市场、买卖货币而将汇率钉在或固定在某一既定的水平，这将在下一章中进行讨论。

尽管各种自动调整的方法都有其时代拥护者，但每一种方法都是在特定时期产生的，反映了不同的哲学思想。经常账户能够通过价格和利率加以调整的观点，源于19世纪和20世纪初期的古典经济思想。这种古典方法与当时实行的与固定汇率相关的金本位制相一致。收入变化促进经常账户调整的观点反映的是凯恩斯的收入决定理论，该理论产生于20世纪30年代的大萧条时期。

13.1 价格调整

最早的经常账户调整理论是由英国哲学家和经济学家大卫·休谟（1711—1776）提出的。[①] 休谟的理论源于他对当时盛行的重商主义的抨击。重商主义主张政府控制贸易，确保国际收支盈余。而休谟则认为，这种战略在长期中是不攻自破的，因为一国的经常账户会自动恢复均衡，他强调了价格水平的调整对经常账户恢复均衡的促进作用。

□ 13.1.1 金本位制

传统的**金本位制**（Gold Standard）存在于19世纪末至20世纪初，这种制度要发挥作用需要满足三个前提条件：（1）各成员国的货币供给由黄金或以黄金作保证的纸币组成；（2）各成员国要用本国货币界定黄金的官方价格，并准备以此价格购入和卖出黄金；（3）成员国允许黄金自由进出口。在这些条件下，一国的货币供给直接与经常账户联系在一起。国际收支盈余的国家将获得黄金，直接扩大货币供给。相反，因为黄金外流，赤字国家的货币供给将减少。

修正的金本位制要求一国的货币存量按照固定的比率部分地由黄金支持。因此，在修正的金本位制下，一国的货币供给也可以直接与经常账户挂钩。这种关系还适用于固定汇率制度，如果一国的国际储备与货币供给之间的比率保持不变，那么经常账户的失衡可以用可接受的国际储备资产加以弥补。

□ 13.1.2 货币数量理论

传统的**价格调整机制**（Price-Adjustment Mechanism）的实质是**货币数量理论**（Quantity Theory of Money）。考虑下面的交换方程式：

$$MV=PQ$$

M 代表一国的货币供给；V 表示货币流通速度，即花在最终产品上的一单位货币每年的流通次数；MV 为总需求，或用于最终产品的总货币支出。换个角度看，任何年份的产出导致的总货币支出等于生产的所有最终产品的实物数量（Q）乘以最终产品的平均价格（P），因此，$MV=PQ$。

---

① David Hume, "Of the Balance of Trade," Reprinted in Richard N. Cooper, ed., *International Finance: Selected Readings* (Harmondsworth, England: Penguin Books, 1969), Chapter l.

这个方程是个恒等式，说明用于最终产品的货币支出等于售出的最终产品的货币价值；花在最终产品上的货币数量等于销售该产品所获得的货币数量。

古典经济学家增加了两项假设：第一，最终产品的产量（Q）固定在长期充分就业水平上；第二，货币速度（V）为常量，取决于相对固定的制度、结构和自然因素。由于V和Q相对稳定，M 的变动必定会引起P 直接的、等比例的变动。这一将M 的变动与P 的变动联系在一起的模型就是货币数量理论。

□ 13.1.3 经常账户调整

上面的分析说明，在传统的金本位制下，经常账户如何与一国的货币供给发生联系，而货币供给又如何与一国的价格水平相关联。让我们看一下价格水平与经常账户之间的关系。

假如在传统的金本位制下，一国发生了经常账户赤字。赤字国的黄金将外流，从而减少货币供给，降低价格水平，由此提高该国的国际竞争力，导致出口增加，进口减少。这个过程将一直持续下去，直到价格水平的下降使经常账户恢复均衡。相反，经常账户出现盈余的国家会发生黄金流入，货币供给增加。这个过程也将持续到价格水平上升至经常账户恢复均衡的那一点。由此，在同一时期，每一对贸易伙伴国将发生相反的价格调整过程。

休谟提出的价格调整机制表明，重商主义保持经常账户长期盈余的目标无法实现。按照休谟阐释的内在联系（经常账户—货币供给—价格水平—经常账户），经过一段时间后，经常账户将自动恢复均衡。

休谟的价格调整机制问世之后，古典经济学家获得了一个极富解释力和影响力的理论。直到 20 世纪 30 年代的凯恩斯革命发生时，该理论才真正遭到了挑战。直至今天，价格调整机制仍然是个广泛争论的话题。我们简单看一下针对价格调整机制的几个主要批评意见。

传统的一国黄金供给变动与货币供给变动的联系不总成立。中央银行可以通过扩张性（或紧缩性）货币政策轻易地抵消黄金的流出（或流入），19 世纪末 20 世纪初，金本位制的实施效果就已表明，各国经常使用这些抵消性货币政策。古典理论认为，经济一直处于充分就业状态，这种观点也遭到了挑战。当一国经济远远低于充分就业水平时，货币供给的增加引起价格水平上涨的可能性一般会小于充分就业时的情况。还被指出的是，在现代工业世界中，价格与工资的下降是刚性的。如果价格不能灵活地下降，那么M 的变化就会影响Q 而非P。赤字国货币供给的减少将导致产出和就业的减少。此外，V 的稳定性和可预见性也值得质疑。如果黄金流入引起的M 的增加被V 的下降所抵消，那么总支出MV 和PQ 将保持不变。

在当前对价格调整机制相关性的争论中，这些问题只是其中的一部分，但它们已足以让经济学家产生怀疑，去寻求其他的解释国际收支调整的理论，最著名的就是利率变化的资本流动效应和收入变化的贸易流动效应。

13.2 资本流动和利率差异

尽管古典经济学家强调价格调整机制对一国经常账户的影响，但是他们已经意识到，利率变动会对国际资本流动产生影响。目前，随着各国的金融体系的联系日益紧密，人们已经清醒地认识到，利率变动会引起一国资本与金融账户的显著变化，正如第10章中所讨论的那样。

回忆一下，资本与金融交易包括所有资产的国际买卖，如不动产、企业股票和债券、商业银行存款以及政府债券。资本与金融账户的绝大部分交易源于金融交易。在引起金融资产国际移动的所有因素中，最主要的是国内外市场利率。当然，其他因素也很重要，如投资利润率、国家税收政策和政治稳定性。

图13.1为假设的美国资本与金融账户曲线。纵轴表示资本与金融账户的盈余和赤字。假设美国和国外的经济条件既定，美国与世界其他地区的资本流动由两地区的利率差（美国利率减去外国利率）决定。

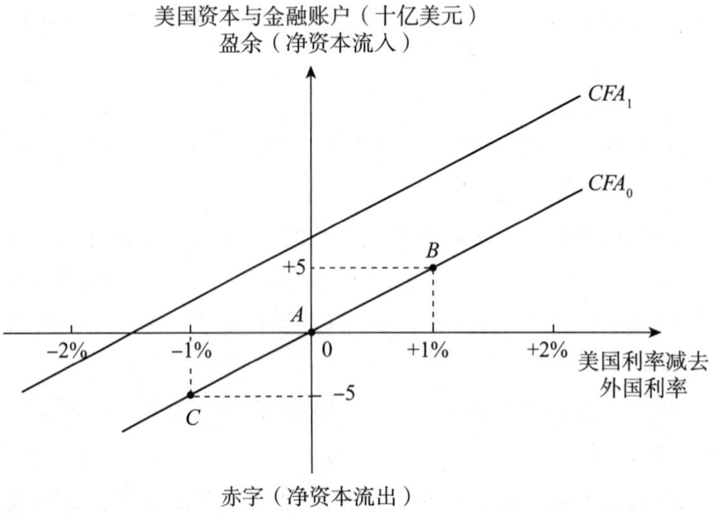

图13.1 美国资本与金融账户曲线

注：美国与世界其他国家的利率差引起资本与金融账户曲线的移动。当美国相对利率较高（低）时，资本发生净流入（净流出），沿着资本与金融账户曲线向上（下）移动。当利率差之外的其他决定因素发生变化时，如投资利润率、税收政策和政治稳定性，资本与金融账户曲线本身将向上或向下移动。

根据资本与金融账户曲线CFA_0，美国的资本与金融账户在点A处实现平衡，在这一点上，美国的利率与国外的利率相同。如果美国减少其货币供给，货币的稀缺性将使美国利率高于世界其他地区。假如美国利率高出外国1%，投资者发现美国利率较高，就会出售外国有价证券，转而购买收益更高的美国有价证券。1%的利率差额将给美国带来50亿美元的净资本流入，均衡点从而沿CFA_0曲线移至点B。相反，如果国外利率高于美国，由于投资者出售美国有价证券，购买收益更高的外国有价证券，美国将面临净资本流出。

图 13.1 假定利率差额是美国资本流动的基本决定因素。美国与世界其他国家相对利率的变动会引起资本沿着 CFA_0 曲线的移动。然而，除了利率差额以外，还有其他的决定资本流动的因素。这些因素会使美国在每一个可能的利率差水平下，进口（或出口）更多或更少的资本，从而改变资本与金融账户曲线的位置。

为了说明这一点，假定美国位于资本与金融账户曲线 CFA_0 上的点 A。进一步假设美国收入增加，引起销售额上升，利润增加，在美国直接投资（如建立汽车组装工厂）变得更加有利可图。于是，日本等国将加大对美国子公司的投资，而通用汽车将减少海外投资。因为直接投资的高利润率，在任一利率差水平下，都有大量资本流向美国，资本与金融账户曲线向上移动（曲线 CFA_1）。

假设美国政府征收利息均衡税，正如 1964—1974 年间征收的那样。当时，欧洲利率高于美国利率，美国面临着大规模的资本外流，为了阻止资本外流，美国政府采取了征收利息均衡税的做法，对外国有价证券的股利和利息征税，从而降低了美国投资者持有的外国有价证券的净收益（即税后收益）。与此同时，美国政府还实行了对外贷款限制计划，最初只是直接限制美国银行和其他金融机构的国外贷款，后来非金融企业的国外贷款也成为限制的对象。通过抑制资本从美国流向欧洲，这些政策使得图 13.1 中的美国资本与金融账户曲线向上移动，这表明，对于国外的高利率，只有较少的资本流出美国。

13.3 收入调整

当古典经济学家考虑国际调整机制时，他们强调价格自动变化对一国经常账户调整的影响。古典理论受到的一个主要批评，在于其几乎完全忽视了收入调整的作用。20 世纪 30 年代，约翰·梅纳德·凯恩斯提出的**收入调整机制**（Income Adjustment Mechanism）理论强调了这一弱点。① 该理论关注收入自动变化对一国经常账户调整的影响。

凯恩斯认为，在固定汇率制下，盈余国和赤字国的收入变动将有助于经常账户自动恢复均衡状态。如果经常账户长期失衡，盈余国的收入会上升，进口增加；相反，赤字国的收入将下降，进口减少。收入变化对进口水平的这些影响将扭转经常账户的失衡。收入调整机制将在本章最后的“进一步探索 13.1”中进行充分的讨论。

上面的收入调整分析需要进行修正，将国内消费和收入水平的变动对国外经济的影响包括在内，这个过程就是**国外反应效应**（Foreign Repercussion Effect）。

假定世界上只有美国和加拿大两个国家，最初它们的经常账户都处于均衡状态。假设由于消费者偏好的变化，美国从加拿大的进口自发增加，导致加拿大的出口上升。结果，美国的收入将下降，加拿大的收入会上升。美国收入的减少带来美国进口的下降（和加拿大出口的下降）。同时，加拿大收入的增加引起加拿大进口的上升（和美国出口的上升）。这一反馈过程将不断重复。

① John Maynard Keynes, *The General Theory of Employment, Interest, and Money* (London: Macmillan, 1936).

这个过程作用的结果是：盈余国（加拿大）的收入上升与赤字国（美国）的收入下降都会减弱。这是因为，美国进口（和加拿大出口）自发增加后，国内产品被进口商品所替代，美国的收入减少，美国收入的下降会减少其进口。由于美国的进口就是加拿大的出口，加拿大的收入上升将会减缓。从美国的角度看，加拿大收入的增加引起美国出口的增加，从而减缓了美国收入的下降。

从国际贸易角度来看，国外反应效应的重要性部分取决于一国经济规模的大小。小国对大国进口的增加对大国收入水平的影响微乎其微。但对于主要贸易国，国外反应效应可能非常显著，在讨论收入调整机制时，必须将其考虑在内。

13.4 自动调整机制的弊端

本章在前面讨论了固定汇率制下国际收支的自动调整机制。古典学派认为，当价格和利率随着国际的黄金流动而变动时，就会对经常账户进行调整。凯恩斯理论则强调了另一个调整过程，即国民收入的变动对一国经常账户的影响。

尽管价格、利率和收入等调整变量在实际中发挥着一定的作用，但这些调整机制都存在一个主要的缺陷，那就是调整机制要想有效，中央银行就不能使用货币政策来实现无通货膨胀的充分就业。当经常账户需要调整时，一国必须愿意承受通货膨胀或经济衰退。假设一国由于进口的自发增长或出口减少，出现了赤字，若采取收入调整机制来扭转赤字，货币当局就必须允许国内收入下降，而不应采取政策加以抑制。经常账户出现盈余国家的做法则正好相反。因此，目前各国都不愿意为了外部均衡而牺牲大量内部利益。完全依靠自发的收支调整在政治上是难以接受的。

13.5 货币调整

前几部分已经说明了国内价格、利率和收入变动影响国际调整机制。在 20 世纪 60 年代，出现了一种新理论，叫做国际收支的货币分析法。① 该理论认为，国际收支平衡表受人们愿意持有的货币数量与中央银行供给的货币数量之间的差额的影响。例如，如果美国的货币需求数量高于美联储的货币供给数量，那么过量的货币需求将从其他国家（如中国）流入美国的货币中得到满足。相反地，如果美联储的货币供给数量超过货币需求数量，过量的供给将会因流入中国而消除。因此，货币政策注重货币需求和货币供给的决定因素及其对国际收支平衡表的影响。货币政策对国际收支平衡表的影响将留给更前沿的教科书来解决。

---

① 国际收支货币分析法的学术思想发源于芝加哥大学。最早来源于 Robert Mundell，*International Economics*（New York：Macmillan，1968）；Harry Johnson，“The Monetary Approach to Balance-of-Payments Theory，” *Journal of Financial and Quantitative Analysis*，March 1972。

13.6 小结

1. 因为持续的经常账户失衡——不论盈余还是赤字，均会带来不良的经济后果，所以需要对其进行调整。

2. 经常账户的调整可以分为自动调整和人为调整。在固定汇率制度下，自动调整可以通过价格、利率和收入的变动来实现。货币的需求和供给也会影响调整过程。

3. 大卫·休谟的理论为金本位制下的自动调整过程提供了一种解释。从经常账户平衡的前提条件开始，任何盈余或赤字都会通过国内价格水平的变动自动消除。休谟理论严格依赖货币数量理论。

4. 20 世纪 30 年代，凯恩斯经济学出现，它对国际收支调整的解释更多地强调贸易的收入效应。

5. 国外反应效应是指一国相对于另一个国家的宏观经济变量发生的变动，会在两国经济之间产生连锁反应。

6. 经常账户的自动调整存在一些缺点。当经常账户需要调整时，各国必须接受国内经济的不良变化。政策制定者必须放弃相机抉择的经济政策，不能通过自主的政策促进国内经济均衡。

13.7 关键概念及术语

- 调整机制（Adjustment Mechanism）
- 自动调整（Automatic Adjustment）
- 国外反应效应（Foreign Repercussion Effect）
- 金本位制（Gold Standard）
- 收入调整机制（Income Adjustment Mechanism）
- 价格调整机制（Price-Adjustment Mechanism）
- 货币数量理论（Quantity Theory of Money）

13.8 习题

1. 国际调整机制的含义是什么？赤字国为什么有动机进行调整？盈余国又将如何？

2. 在固定汇率制下，自动调整促进了经常账户平衡吗？

3. 什么是货币数量理论？它与古典的价格调整机制有什么联系？

4. 国内利率调整如何影响国际投资流向？

5. 凯恩斯理论认为，在固定汇率制下，盈余国和赤字国收入变动的影响将有助于促进经常账户平衡，试加以解释。

6. 在分析收入调整机制时，必须考虑国外反应效应，试加以解释。

7. 在固定汇率制下，自动调整机制主要存在哪些缺点？

进一步探索

关于收入调整机制的更多详细内容，请查询“进一步探索 13.1”，网址：www.cengage.com/economics/Carbaugh.

第 14 章

汇率调整和国际收支平衡表

根据前一章的分析，价格、利率和收入的自动调整会扭转国际贸易失衡的局面。然而，如果靠这些调整纠正国际贸易的失衡，通常是以国内经济衰退或者通货膨胀为代价的，治疗可能要比疾病本身更令人痛苦。

在消除国际贸易失衡的过程中，各国政府并不完全依靠价格、利率和收入的调整，而是允许汇率波动。在浮动汇率制度下，一国允许其货币的价值在自由市场上随着货币需求和供给的变化相应地上升或下降。

在固定汇率制度下，虽然短期汇率由政府制定，但是，一段时间之后，如果官方汇率被高估，政府会采取政策使货币法定贬值。货币法定贬值会引起一种货币兑换价值的下跌，它是由政府政策决定的，并不反映自由市场的供求状况。当一国货币价值被低估时，政府将实行货币法定升值，这种政策会使货币的兑换价值上升。货币的法定贬值和升值将在下一章中做进一步的讨论。

本章考察汇率调整对贸易平衡的影响，研究在什么情况下，货币的贬值或升值会改善或恶化一国的贸易状况。

14.1 汇率变动的成本和价格效应

与国外生产者竞争或依赖进口投入品进行生产的产业受汇率波动的影响非常明显。通过影响相对成本，汇率波动会改变一国产业的国际竞争力。那么，汇率波动如何影响相对成本呢？这要看企业的成本由本国货币或外国货币计价的程度。

□ 14.1.1 情况1 没有国外来源——所有成本都以美元计价

表14.1为假设的美国的一家钢铁制造商——纽柯钢铁公司的生产成本。假定在钢铁生产中，纽柯公司使用美国的劳动力、煤炭、铁和其他投入要素，这些成本都以美元计价。在时期1，假设美元的交易价值为1瑞士法郎兑换0.5美元（即1美元兑换2瑞士法郎），如果企业生产一吨钢铁的成本是500美元，那么在该汇率水平下等于1 000瑞士法郎。

表14.1 当所有成本都以美元计价时，美元升值对美国一家钢铁企业生产成本的影响

	每吨钢铁的生产成本			
	时期1 0.50美元=1瑞士法郎 (2瑞士法郎=1美元)		时期2 0.25美元=1瑞士法郎 (4瑞士法郎=1美元)	
	美元成本 （美元）	等价的瑞士法郎 （瑞士法郎）	美元成本 （美元）	等价的瑞士法郎 （瑞士法郎）
劳动力	160	320	160	640
原材料（钢铁/煤炭）	300	600	300	1 200
其他成本（能源）	40	80	40	160
总成本	500	1 000	500	2 000
变动百分比	—	—	—	100%

假如由于市场条件的变化，时期2的美元兑换价值从1瑞士法郎兑换0.5美元上升到1瑞士法郎兑换0.25美元，升值幅度为100%（瑞士法郎由1美元兑2瑞士法郎贬值为1美元兑4瑞士法郎）。当美元升值以后，纽柯公司的劳动力、铁、煤和其他以美元计价的投入成本保持不变。然而，以瑞士法郎计价，这些成本就从每吨1 000瑞士法郎上升到2 000瑞士法郎，提高了一倍。美元升值100%使纽柯公司以瑞士法郎计价的生产成本上升了100%。因此，纽柯公司的国际竞争力降低了。

这个例子的假设条件是，企业的所有生产投入都来自国内，并且成本以本国货币计价。然而，在许多产业中，企业的部分投入是在国际市场上购买的（海外采购），成本用外国货币计价。在这种情况下，本国货币的外汇价值发生变动，会对企业的生产成本产生什么样的影响呢？

□ 14.1.2 情况2 国外来源——部分成本以美元计价，部分成本以瑞士法郎计价

表14.2还是假设纽柯钢铁公司的生产成本，包括劳动力、铁、煤和一些其他投入要素，都是以美元计价的。不过，假设纽柯公司从瑞士供应商（国外采购）那里购买废

铁，成本以瑞士法郎计价。同样假定美元的兑换价值由每瑞士法郎 0.5 美元上升到每瑞士法郎 0.25 美元。与前例一样，美元升值后，纽柯公司的铁、煤和其他投入以瑞士法郎标价的成本上升了 100%，但是，废铁的瑞士法郎成本保持不变。从表 14.2 中可以看出，纽柯公司每吨钢铁的瑞士法郎成本从 1 000 瑞士法郎上升为 1 640 瑞士法郎，只增加了 64%。因此，美元升值虽然损害了纽柯公司的国际竞争力，但程度要小于前面例子的情况。

表 14.2　当部分成本以美元计价、部分成本以瑞士法郎计价时，美元升值对美国一家钢铁企业生产成本的影响

	每吨钢铁的生产成本			
	时期 1 0.50 美元=1 瑞士法郎 （2 瑞士法郎=1 美元）		时期 2 0.25 美元=1 瑞士法郎 （4 瑞士法郎=1 美元）	
	美元成本 （美元）	等价的瑞士法郎 （瑞士法郎）	美元成本 （美元）	等价的瑞士法郎 （瑞士法郎）
劳动力	160	320	160	640
原材料				
以美元计价（钢铁/煤炭）	120	240	120	480
以瑞士法郎计价（废铁）	180	360	90	360
总计	300	600	210	840
其他成本（能源）	40	80	40	160
总成本	500	1 000	410	1 640
变动百分比	—	—	−18%	+64%

当使用以瑞士法郎计价的生产投入要素时，美元升值除了影响纽柯公司钢铁的瑞士法郎成本外，还会影响企业的美元成本。因为废铁成本以瑞士法郎标价，美元升值后，它们仍保持 360 瑞士法郎的价格；而这些废铁的美元成本却从 180 美元下降到 90 美元。由于纽柯公司其他投入要素的成本都以美元标价，不随美元升值而发生变化，因此，公司的总成本从每吨 500 美元下降到 410 美元，减少了 18%。成本的减少弥补了纽柯公司因美元升值（瑞士法郎贬值）而相对于瑞士出口商的部分成本劣势。

从这两个例子中我们可以归纳出如下结论：与所有投入成本均以美元计价时的成本变化相比，以瑞士法郎计价的成本在纽柯公司总成本中的份额越大，美元升值（贬值）使纽柯钢铁的瑞士法郎成本增加（减少）得就越少，美元成本减少（增加）得就越多。当以瑞士法郎计价的成本占总成本的比重变小时，结论则反之。这些结论对于当前的世界贸易意义尤其重大。从 20 世纪 80 年代开始，汽车和计算机等很多产业的国际化程度日益提高，生产中也越来越多地使用进口投入要素。

汇率波动引起的相对成本变化也影响着各国的相对价格和产品贸易规模。当美元升值时，美国的相对生产成本上升，以外币计价的美国出口商品价格提高，美国商品的国外销售量下降，而进口数量则增加。相反，当美元贬值时，美国的相对生产成本下降，以外币计价的美国出口商品价格降低，美国商品的国外销售量增加，而进口商品的数量则减少。

汇率变动后，国家间的相对价格会发生多大的变化，取决于若干因素。美国一些出口商为了维持竞争力，可能会降低自己的利润空间，以抵消美元升值所带来的价格上涨效应。对汇率长期趋势的预期也会促成价格黏性，即如果美国出口商认为美元的升值只是暂时性的，它们可能不愿意提高价格。一个产业实施价格战略的程度取决于其产品的替代性，即产品的差异化程度越高（如质量和服务），替代性越小，生产商控制价格的能力也就越强。所以，生产商的这种价格政策在某种程度上是不受汇率波动影响的。

那么，企业有什么方法来抵消货币波动对竞争力的影响吗？假如日元相对于其他货币升值，日本商品在国际市场上的竞争力下降。为了避免利润减少，日本企业可以转移生产，在货币相对于日元贬值的国家设立子公司，开展生产活动。如果日元大幅升值，并且升值是永久性的，这种情况就很有可能发生。即使日元的升值不是永久性的，将生产转移到国外也有助于降低汇率波动所带来的不确定性。事实上，日本企业为了保护自己免受日元升值的影响，确实采取了国外生产的方法。

14.2 生产商应对货币升值采取的成本削减战略

多年以来，随着国内货币价值的不断攀升，生产商们从出口中获利变得越来越难，因此都表现出失望的态度。这正是检验生产商为维持在世界市场上的竞争力而不断提高效率和创新能力的时机。接下来考察一下日本和美国的制造商是如何应对本国货币升值的。

□ 14.2.1 日元升值：日本生产商的成本战略

1990—1996 年，日元相对于美元的价值上升了近 40%，也就是说，如果两个国家商品的日元和美元价格保持不变，那么与美国商品相比，1996 年日本商品的价格比 1990 年高出近 40%。这种变化会给日本生产商的国际竞争力带来毁灭性影响。那么日本生产商是如何应对这一变化的呢？

日本企业利用日元坚挺的优势，以低廉的成本在美国和其他货币钉住美元的亚洲国家建立起一体化的生产制造基地，从而保持了其国际竞争力。通过这种做法，日本企业双向利用了日元/美元的汇率波动，用美元计价的廉价零部件和原材料抵消了由日元升值带来的高成本。在维持美国市场份额的同时，许多日本公司还用坚挺的日元以较低的价格从全世界购买零部件，然后运回本国组装，为企业创造了竞争优势。

看一下日本电子制造商日立公司的例子。20 世纪 90 年代中期，日立电视机是全球化生产的产品。如图 14.1 所示，向电视屏幕发射信号的小显像管来自南卡罗来纳州的子公司，电视机壳和电路板由马来西亚的附属企业生产，而只有计算机芯片和镜头来自日本企业，只相当于所用部件总价值的 30%。通过把电视机的生产环节分配在货币相对于日元贬值的国家，尽管日元升值，日立公司也能降低其电视机的美元价格。

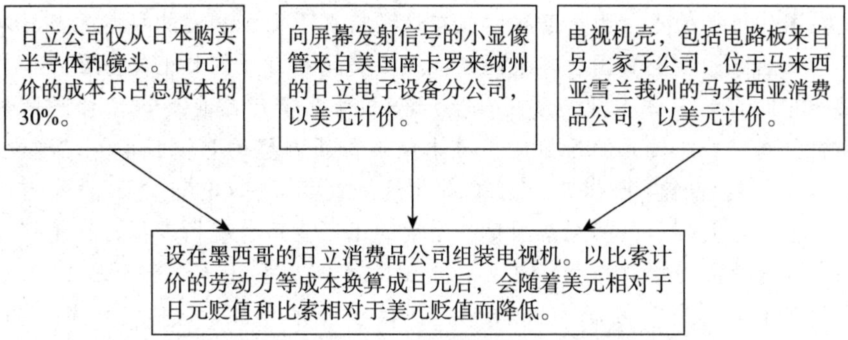

图 14.1　应对日元升值：电视机生产商日立公司的全球化分工

注：随着日元相对于美元升值，日立公司的全球化生产使其不必提高电视机在美国的销售价格。

为了抵御日元升值的冲击，日本出口商还改变了产品的类型，由商品型产品转向高价值含量的产品。有些商品，如金属和纺织品，除了价格之外，没有太大的差异，因此需求对价格变动非常敏感。如果日元升值，日本出口商品的美元价格上升，消费者很容易转向非日本产品。相反，交通工具和电子仪器等复杂的高价值产品对价格的变动不太敏感。对这类商品来说，当日元升值导致价格上涨时，产品的先进技术和高质量标准等因素会中和价格对需求的部分影响。1990—1996 年，生产由商品型产品转向高价值产品，增强了日本企业的竞争力。

日本汽车工业是另一个例子。为了抵消日元升值的影响，日本汽车生产商降低了汽车的日元价格，减少了每辆汽车的利润。它们还通过各种方式降低成本，包括提高工人生产效率，进口那些以相对于日元贬值的货币计价的原材料和零部件，在货币相对于日元贬值的国家建立生产工厂，把大部分汽车生产转移到国外。

1994 年，丰田汽车公司宣布，由于近期日元升值，其竞争力下降了 20%。为此，丰田公司说服其分包商在 3 年内把零部件价格下调 15%，并在不同型号的汽车上使用同样的部件，减少设计、测试和商品化的时间，以此降低成本。而且，丰田公司还向日本钢铁制造商施加压力，要求它们生产成本更低的镀锌薄钢。为了降低成本和价格，重新获得中型家庭轿车这一细分市场份额，丰田公司还再次推出了价格低廉的标准化轿车。

20 世纪 90 年代，曾经因为质量低劣而被日本汽车制造商拒绝使用的国外零部件不再被排斥。在日元坚挺和日本汽车制造商急于降低成本的情况下，国外零部件出现在了日本的成品汽车中。为了降低成本，日本汽车零部件生产商还在东南亚和南美洲建立了生产基地，生产的零部件出口到日本，并组装成成品汽车。

贸易冲突

日本企业将生产移到海外以应对日元升值导致的产品竞争力下降

最近数年，日元持续走强，日本出口商意识到：日元的升值正在增加其产品成本，使其丧失在国外市场的竞争力。怎样才能在这种情况下保持利润的稳定呢？日本企业开始把生产加工业务搬移至美国和其他国家，减少美元和日元的外汇交易量。

2010—2011年，日本企业，从汽车生产公司到电子产品企业，忙着把更多的生产加工业务搬移到海外。日元的升值成为日本经济重新调整的重要推动力。这段时间中，丰田汽车的57%在海外生产加工，而2005年这一数字只有48%。丰田汽车这个世界上最大的汽车生产企业表示，将在泰国曼谷附近的工厂生产普锐斯车型，这是该公司第一次在海外生产这款混动旗舰车型。此外，丰田的竞争对手日产汽车于2010—2011年在海外生产的汽车占大约71%，而2009年这一数字只有66%。这些日本龙头企业表示，它们不得不适应日元升值的经济环境，把更多的生产加工业务搬移到海外，借以保持竞争优势。

海外生产的策略帮助日本企业减少外汇交易量，直接把产品卖给外国消费者。但是，此举导致日本国内的汽车产能过剩，工人失业。很多人士担心，持续强劲的日元已经使日本经济"空心化"。

资料来源："Japan Firms Send Work Overseas," *The Wall Street Journal*, October 25, 2010, p. B1; "Japanese Firms Practice Yen Damage Control," *The Wall Street Journal*, September 26, 2003, p. A7; Mike Ramsey and Neal Boudette, "Honda Revs Up Outside Japan," *The Wall Street Journal*, December 21, 2011, p. A1.

□ 14.2.2 美元升值：美国生产商的成本战略

1996—2002年，美元相对于其主要贸易国家的货币的贬值幅度高达22%，美国制造商对此提高了警惕，并使美国制造商寻求路径开辟国外市场，并且维持国内市场份额。

以美国费德有限公司为例，这是一家位于俄亥俄州拿破仑市的企业，主要生产汽车工厂使用的机械。2001年，该企业与西班牙一家同类制造商达成协议，两家企业都生产汽车工厂用来伸展巨型钢圈和把钢圈输入压力机制成零部件的机械。根据签订的协议，当接到订单时，两家企业的管理层就会开会讨论由哪一家企业生产哪些部件，本质上就是分配工作并由两家企业共同进行生产。由于在欧洲地区拥有生产基地，而无须承担自己设立工厂的风险，因此，美国费德公司获得了利益。同时，该企业重新设计机械产品，使生产更加有效率，成本更低。这些方面的努力使费德公司的机械产品生产成本削减了约20%。

随后，Sipco成型技术公司，一家位于宾夕法尼亚州米德维尔的工具和模型制造商，也必须削减成本以应对美元升值的压力。多年以来，Sipco与澳大利亚一家企业保持着商业联系，这家企业设计了 Sipco 曾经在美国生产工具的专业生产线。然而由于美元坚挺，澳大利亚企业承担了此工具的设计和生产，而 Sipco 只负责销售。尽管这些措施使企业降低了成本，但是给雇员带来了高达 30%的失业。

14.3 货币贬值能够减少贸易赤字吗？弹性分析法

我们已经知道，货币通过贬值降低成本和价格增强一国的国际竞争力；而货币升值则将产生相反的结果。那么，在什么情况下，货币贬值能够成功地削减国际贸易赤字呢？

分析货币贬值有几种必须掌握的方法，每一种方法都分别用一节的篇幅进行介绍。**弹性分析法**（Elasticity Approach）强调贬值的相对价格效应，表明在需求弹性高的时候，贬值效果最佳。**吸收分析法**（Absorption Approach）研究的是贬值的收入效应，其政策含义是，一国若想通过贬值来促进国际贸易均衡，必须相对于收入减少国内支出。**货币分析法**（Monetary Approach）着重强调贬值对货币购买力的影响，及其对国内支出水平的冲击。

货币贬值通过改变商品和服务的国际相对价格水平来影响一国的贸易收支平衡。贸易赤字的国家可以降低相对价格水平，增加出口，减少进口，扭转贸易差额的失衡。降低相对价格水平的方法既可以是在自由市场上允许货币贬值，也可以是在固定汇率制度下对货币实行法定贬值。货币贬值的最终效果取决于一国进口和出口的需求价格弹性。

回想一下，需求价格弹性反映的是购买者对价格变动的敏感程度。它表明价格变动 1%引起的需求量变动的百分比。从数学上看，弹性是需求量变动百分比与价格变动百分比的比值，公式为：

$$\text{弹性}=\frac{\Delta Q}{Q}\div\frac{\Delta P}{P}$$

弹性系数是一个绝对数字，没有代数符号。如果该比率大于 1，意味着价格变动 1%，需求量的变动幅度大于 1%，那么就称这种需求富有弹性。如果弹性系数小于 1，说明需求量变动的百分比小于价格变动的百分比，需求是相对缺乏弹性的。弹性系数刚好等于 1 时，需求具有单位弹性，意味着需求量变动的百分比正好与价格变动的百分比相同。

接下来，我们研究货币贬值对一国贸易平衡的影响，贸易差额等于出口的价值减去进口的价值。假如英镑相对于美元贬值 10%，英国的贸易差额是否会得到改善，取决于英镑贬值后，英国出口获得的美元相对于进口支付的美元将发生怎样的变化，而这又取决于美国对英国出口商品的需求是富有弹性还是缺乏弹性，英国对美国进口商品的需求是富有弹性还是缺乏弹性。

根据对英国出口商品和进口商品的需求弹性，英镑贬值后，英国的贸易平衡既可能改善，也可能恶化，还可能保持不变。决定实际结果的一般规律被称做**马歇尔-勒纳条件**（Marshall-Lerner Condition），其内容是：（1）如果贬值国家对进口商品的需求弹性与国外对该国出口商品的需求弹性之和大于 1，贬值将改善贸易平衡；（2）如果需求弹性之和小于1，贬值将使贸易平衡恶化；(3) 如果需求弹性之和等于1，贸易平衡不会得到改善，也不会遭到破坏。马歇尔-勒纳条件既可以用贬值国家的货币来表述，也可以用贸易伙伴国的货币来表述。我们的讨论只局限于贬值国家英国的货币。

□ 14.3.1 情况1 贸易平衡得到改善的状况

表14.3说明了英镑贬值对英国贸易平衡的影响。表14.3 (a) 假设英国对进口商品的需求弹性为2.5，美国对英国出口商品的需求弹性为1.5，弹性之和等于4.0。假设英镑相对于美元贬值10%。估计英镑贬值对英国收支状况的总体影响，需要分析贬值对进口支出及出口收入的影响。

表14.3 英镑贬值对英国贸易平衡的影响

(a) 贸易平衡得到改善的状况

部门	英镑价格的变化 (%)	需求数量的变化 (%)	净影响 (英镑)
进口	+10	−25	−15%支出
出口	0	+15	+15%收入

假设条件：
英国对进口商品的需求弹性=2.5
美国对英国出口商品的需求弹性=1.5 } 弹性之和=4.0
英镑贬值10%

(b) 贸易平衡发生恶化的状况

部门	英镑价格的变化 (%)	需求数量的变化 (%)	净影响 (英镑)
进口	+10	−2	+8%支出
出口	0	+1	+1%收入

假设条件：
英国对进口商品的需求弹性=0.2
美国对英国出口商品的需求弹性=0.1 } 弹性之和=0.3
英镑贬值10%

如果进口商品的外币价格保持不变，货币贬值之后，进口商品的本币价格将会上升。由于英镑贬值，英国进口商品的英镑价格上涨了10%，因此，英国消费者会少购买外国商品。当进口需求弹性为2.5时，贬值将使进口需求量下降25%。进口价格上升10%，数量减少25%后，英国的英镑支出量约减少15%。进口购买的减少降低了进口支出，从而削减了英国的贸易赤字。

英国的出口收入又会怎样呢？虽然出口商品的英镑价格保持不变，但是英镑贬值以后，美国消费者将发现，以美元计价的英国出口商品的价格下降了10%。当美国对英国出口商品的需求弹性为1.5时，英国货币贬值10%，国外销售将增加15%，出口的英镑收入大约增加15%，英国的收支状况得到改善。进口支出减少15%，出口收入增加15%，意味着英镑贬值将减少英国的贸易赤字。所以，当弹性总和大于1时，货币贬值改善了英国的贸易状况。

□ 14.3.2 情况2 贸易平衡发生恶化的状况

在表14.3（b）中，英国对进口商品的需求弹性为0.2，美国对英国出口商品的需求弹性为0.1，弹性之和等于0.3。英国货币贬值10%使进口商品的英镑价格提高10%，进口需求量随之下降2%。与前面的例子相反，当需求相对缺乏弹性时，进口支出并没有因为货币贬值而减少，而是增加了大约8%。像从前一样，贬值没有影响英国出口商品的英镑价格，但出口商品的美元价格下降了10%。美国从英国购买的商品增加了1%，英国的英镑收入也随之增加了1%。由于进口支出增加了8%，出口收入仅上升1%，所以英国的贸易赤字趋于恶化。正如马歇尔-勒纳条件中阐述的一样，如果需求弹性总和小于1，贬值将使一国的贸易平衡恶化。如果需求弹性总和等于1，那么国际贸易平衡不会受到贬值的影响，这个结论留给读者自己证明。

虽然马歇尔-勒纳条件解释了货币贬值改善国际收支的一般条件，但这取决于一些简化的假设条件。首先，马歇尔-勒纳条件假定：货币贬值时，一国的贸易收支是平衡的。如果一开始，进口就超过出口，存在很大的贸易赤字，那么尽管需求弹性总和大于1，货币贬值后，进口支出的变动幅度也可能大于出口收入的变动幅度。马歇尔-勒纳条件还假定：商品的本币价格不变，这并不总是成立的。当本币贬值时，国外销售商为了维持其竞争地位，也可能会降低它们的价格。国内销售商也可能会抬高出口商品的本币价格，它们商品的外币价格就不会因贬值效应而降低。不过，这些假设并没有否定马歇尔-勒纳条件的本质，即需求弹性越高，通过货币贬值改善国际收支的效果越好。

简而言之，马歇尔-勒纳条件说明一国货币贬值对贸易平衡的价格效应。价格变动对商品贸易量的影响程度有多大，取决于进出口商品的需求弹性。如果事先已知弹性，就可以确定恰当的汇率政策，以恢复收支均衡。不过，由于缺乏相关弹性的信息，各国常常不愿意改变本币的平价。表14.4为部分国家对总体进出口商品的需求弹性估计。

表14.4 部分国家对进口商品和出口商品的需求价格弹性

国家	进口价格弹性	出口价格弹性	进口弹性与出口弹性之和
加拿大	0.9	0.9	1.8
法国	0.4	0.2	0.6
德国	0.1	0.3	0.4
意大利	0.4	0.9	1.3
日本	0.3	0.1	0.4
英国	0.6	1.6	1.2
美国	0.3	1.5	1.8

资料来源：Peter Hooper, Karen Johnson, and Jaime Marquez, "Trade Elasticities for the G-7 Countries," *Princeton Studies in International Economics*, No. 87, August 2000, p. 9.

14.4 J 曲线效应：货币贬值的时间路径

对国际贸易价格弹性的经验估计表明，根据马歇尔-勒纳条件，货币贬值有可能改善一国的贸易平衡。然而，衡量世界价格弹性存在一个基本问题，即从汇率变动到它们对实际贸易最终产生影响，存在一个时间上的滞后。描述贸易变动时间路径的一种常见方法为**J 曲线效应**（J-Curve Effect）。该理论认为，一国货币贬值后，最初只会使贸易平衡进一步恶化，随着时间的推移，贸易平衡才有可能慢慢改善。这是因为，有关贬值的价格效应的最新信息在经济中传播需要时间，经济个体据此相应调整他们的行为也需要时间。

货币贬值通过对出口收入和进口支出的净作用，影响一国的贸易平衡。出口收入和进口支出用商品单价乘以需求数量来计算。图 14.2 说明了货币贬值影响出口收入和进口支出的过程。

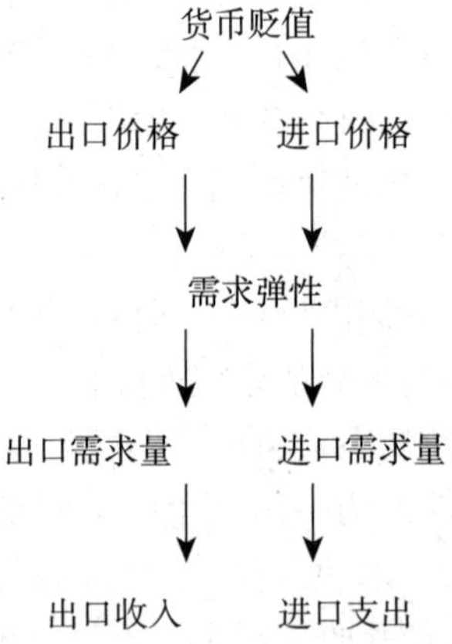

图 14.2　货币贬值的流程图

货币贬值的直接效应是改变相对价格水平。如果一国的货币贬值幅度为 10%，就意味着进口商品的本币价格最初上涨 10%，进口商品的需求数量将根据本国的需求弹性相应减少。同时，出口商的外币收入可以兑换到的本币数量比原来多出 10%，这意味着出口商可以降低出口商品的外币价格，变得出口商品更具有竞争力。国外需求弹性越大，出口商品的销售量增加得越多。不过，这一过程存在的问题是，价格机制需要一段时间才能使出口和进口的数量发生变动，货币贬值也才能够发挥作用。

贸易流动对于货币贬值作出反应的时间路径可以用 J 曲线效应来描述。之所以将其称为 J 曲线效应，是因为在货币贬值后的一段时间内，贸易平衡继续恶化（沿着 J 的尾部向下倾斜），然后逐渐好转（沿着 J 的头部向上移动）。为什么会有这种效应呢？因为货币贬值的最初效应是进口支出增加，即虽然进口的本币价格提高，但由于以前的商业承诺，进口数量并不会马上发生变化。随着时间的推移，数量调整效应开始发挥作用，即进口数量减少，出口商品对国外购买者也更具有吸引力。

20 世纪 80 年代至 90 年代期间，美国贸易收支的变化为 J 曲线效应提供了另一个例子。如图 14.3 所示，1980—1987 年，美国的贸易赤字急剧膨胀；而 1988—1991 年，赤字又大幅减少。20 世纪 80 年代早期贸易赤字之所以快速增长，主要是因为当时美元升值增加了美国的进口，减少了出口。1985 年美元开始贬值，受此影响，美国在 1988 年经历了出口繁荣，直到 1991 年贸易赤字一直呈下降趋势。

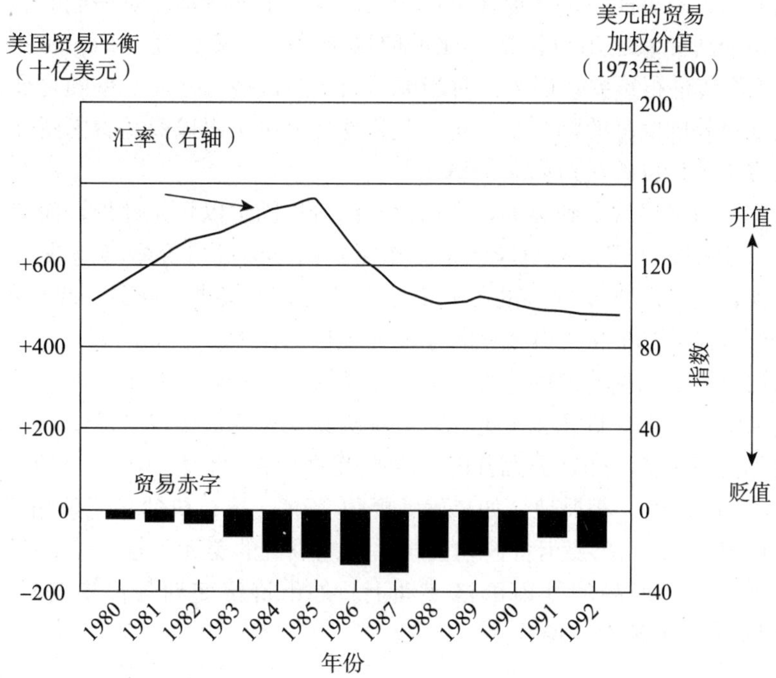

图 14.3　美国贸易平衡对美元升值和贬值作出反应的时间路径

注：1980—1987 年，美国的贸易赤字急剧膨胀；而 1988—1991 年，赤字又大幅减少。20 世纪 80 年代早期贸易赤字之所以快速增长，主要是因为当时美元升值促进了进口的增加、出口的减少。1985 年美元开始贬值，受此影响，美国在 1988 年经历了出口繁荣，直到 1991 年贸易赤字一直呈下降趋势。

哪些因素可以解释贬值调整过程中的时滞呢？相对价格变动和商品贸易量变动间的时滞包括以下几种类型：

- 对竞争条件变动的认识时滞。
- 建立新商业关系和签订新订单间的决策时滞。
- 新订单从签订到对贸易及收支产生影响的交货时滞。
- 在下新订单之前，要先用完库存，耗尽现有机器，即替换时滞。
- 从需求增加到产量增加的生产时滞。

经验数据表明，货币贬值对贸易平衡的影响要到几年之后才能显现出来。虽然主要调整 2 年内就完成了，但是调整时滞可能要持续 4 年或更长的时间。①

① Helen Junz and Rudolf R. Rhomberg, "Price Competitiveness in Export Trade among Industrial Countries," *American Economic Review*, May 1973, pp. 412-419.

14.5 汇率传递

J曲线效应分析假设，一个给定的汇率变动带来进口价格成比例的变动，但在实际中，二者之间的关系可能不那么成比例，因此削弱了汇率变动对贸易额的影响。

货币价值变动导致进出口价格变化的幅度被称为**汇率传递**（Exchange Rate Pass-through）。汇率传递很重要，因为只有当商品的国内价格变化后汇率随之变动，买方才有动力去改变对外国商品的购买量。这一变化部分取决于出口商是否愿意允许汇率变化影响其以买方货币计价的出口商品价格。

假设日本丰田出口汽车到美国，丰田汽车的价格固定以日元计价，而美元相对于日元贬值10%。又假定丰田没有对应的抵消措施，则美国进口价格将上升10%。这是因为相对于之前，此时需要多10%的美元来兑换日元以购买进口商品。完整的传递将是：以美元计价的进口商品价格上升幅度等于美元贬值的比例。

为了说明完全的汇率传递的计算，假设卡特彼勒公司给出口到日本的拖拉机定价5万美元。如果汇率是150日元兑1美元，日本买家支付的价格将是7 500 000日元。假设拖拉机的美元价格保持不变，美元升值10%将提高拖拉机价格10%，提升到8 250 000日元（=165×50 000）。相反地，如果美元贬值10%，拖拉机的日元价格将下降10%，下降到6 750 000日元。只要卡特彼勒公司保持拖拉机的美元价格不变，美元汇率的变化将完全反映在出口商品的外币价格变动上。外币价格变动与汇率变动的比率将是100%，说明是完全的汇率传递。

□ 部分汇率传递

虽然完全汇率传递有可能存在，但实际应用中部分汇率传递更普遍。表14.5显示了1975—2003年间美国等一些发达国家平均货币传递的估计值。例如，这一时期美国的汇率传递为0.42。这个数据意味着，美元汇率每变动1%，美国进口商品的价格将变动0.42个百分点。由于进口商品价格变动的幅度小于汇率变动的幅度，汇率传递是“部分”的。同样的结论也适用于表中所列的其他国家。当国内外都是部分汇率传递时，汇率波动对贸易量的影响就被削弱，因为它引发了相对贸易价格的变动。

为什么部分汇率传递更经常发生呢？这和发票实践、市场份额因素及分销费用有关。[①]

发票实践

参与国际贸易的企业可以自由选择货币来表示出口商品的价格。它们可以将出口商品用本币标价，也可以用进口方的货币标价。近年来的进出口结算方式的统计数据表明，在非欧洲国家间的贸易中，美元是结算的主导货币（如表14.6所示）。例如，在2000—2010年间，美国进口商品中的93%、出口商品中的99%都是用美元标价的。

① 此小节选自 Linda Goldberg and Elanor Wiske Dillon, “Why a Dollar Depreciation May Not Close the U.S. Trade Deficit,” *Current Issues in Economics and Finance*, Federal Reserve Bank of New York, June 2007。

表 14.5　汇率传递对进口商品价格一年后的影响

本币每贬值/升值 1%，该国进口商品的价格将变动的百分比*	
国家/地区	传递率（%）
OECD**平均	0.64
美国	0.42
欧元区	0.81
日本	0.57～1.0
其他发达国家	0.60

* 以上的估计值基于 1973—2003 年的数据。

** 经济合作与发展组织成员国包括：澳大利亚、奥地利、比利时、加拿大、捷克共和国、丹麦、芬兰、法国、德国、希腊、匈牙利、冰岛、爱尔兰、意大利、韩国、日本、卢森堡、墨西哥、荷兰、新西兰、挪威、波兰、葡萄牙、西班牙、瑞典、瑞士、土耳其、英国和美国。

资料来源：Jose Campa and Linda Goldberg, "Exchange Rate Pass-Through Into Import Prices," *Review of Economics and Statistics*, November 2005, pp. 984 - 985; Hamid Faruquee, "Exchange Rate Pass-Through in the Euro Area," *IMF Staff Papers*, April 2006, pp. 63 - 88.

美元在美国贸易结算中的主导地位有助于解释美元汇率变动对美国进口商品价格的部分传递效应。当外国生产商将出口商品用美元表示时，即使美元对其他货币贬值，这些商品的美元价格还是固定的。汇率变动只影响外国生产商的利润，不会提高美国进口商支付的美元价格。当然，经过一段时间后，外国生产商也会根据汇率重新调整价格。

表 14.6　使用美元作为进出口发票的计价货币，2002—2004 年

国家/地区	出口融资的美元比重（%）	进口融资的美元比重（%）	美国的出口比重（%）
美国	99.8	92.8	—
日本	48.0	68.7	24.8
韩国	83.2	79.6	17.0
马来西亚	90.0	90.0	20.5
泰国	84.4	76.0	17.0
澳大利亚	69.6	50.5	8.1
英国	26.0	37.0	15.5
欧元区	30.4	38.0	14.2
新加入欧盟的国家*	17.5	23.9	3.2

* 保加利亚、捷克共和国、爱沙尼亚、匈牙利和波兰。

资料来源：Linda Goldberg and Cedric Tille, "The International Role of the Dollar and Trade Balance Adjustment," *The Group of Thirty Occasional Paper No. 71*, 2006; Annette Kamps, "The Determinants of Currency Invoicing in International Trade," *European Central Bank Working Paper No. 665*, August 2006.

市场份额因素

在美元贬值一段时间后，引发部分汇率传递的另一个因素是，外国生产商希望维持在美国所售商品的市场份额。在现实生活中，商品和服务都诞生于一个有缺陷的竞争市场。商品的价格使企业可以在除去成本后获得一定的利润。企业可能不愿意将汇率波动的影响完全传递至成本上，而是选择调整利润率，从而降低消费者价格对汇率的敏感度。因此，当出口商的货币对美元升值时，为了使商品的价格在美国市场上保持竞争力，它们往往选择降低利润率。这一点在美国尤为突出，因为在庞大的美国市场上，其进口商品的市场占有率比小规模市场要低，美国消费者可以轻易用本国商品替换进口商品。外国出口商出于对失去市场份额的担忧，不愿意将汇率波动完全传递给价格。简而言之，在美国，进口商品面临激烈的竞争，这降低了汇率传递对进口商品价格的影响。

分销费用

到目前为止，我们已经考察过进口商品价格在抵达一国边界时受汇率影响的情况。然而，在商品到达边界直至出售给消费者期间也会产生其他的成本，其中包括交通费、营销费、批发费和零售费。比如，在 1996 年，一个中国制造的芭比娃娃的成本为 2 美元，到美国后的售价为 10 美元。生产商美泰公司的利润是 1 美元，剩下的 7 美元都用于支付运输、营销和分销等费用。在美国，分销的平均成本占到美国消费者价格的 40%。① 由于国内分销服务不能进行国际交易，该成本不受美元汇率的影响。也正因为分销费用占据了消费者价格的大部分比例，消费者价格对汇率波动也不那么敏感。汇率传递的影响将在“进一步探索 14.1”中详细说明。“进一步探索 14.1”的网址为：www.cengage.com/economics/Carbaugh。

贸易冲突

☞ **货币贬值可以帮助财政困境国家走出危机吗?**

货币贬值可以帮助陷入财政困境的国家摆脱竞争力不足、劳动力市场不灵活的缺陷吗？2012 年，这个问题首先针对希腊等欧元区弱国提出，希腊正考虑是否退出欧元区。希腊特别感觉到德国的掣肘，德国出口强劲，带动欧元升值，但是却使其他成员国的企业失去了价格上的竞争优势。如果希腊退出欧元区，就可以允许本币（新德拉克马）大幅贬值。这难道不能使希腊企业重获竞争力吗?

一些人士认为，由于降低了出口产品的价格，货币贬值可以让陷入困境的国家摆脱危机，同时，货币贬值也提高了进口产品的价格，使本国生产企业更具竞争优势。

但是，货币贬值也有不利影响，可能抬高本国工人的工资。单个工人可能不会意识到工资购买力的下降，但是，加入强大工会的工人通常会意识到这一点。工会劳动合同

---

① Sidney S. Alexander, “Effects of a Devaluation on a Trade Balance,” *IMF Staff Papers*, April 1952, pp. 263 - 278.

一般包含抵御通货膨胀的条款，从而导致货币贬值期间工资上升，进而导致企业减损竞争力。因而，我们不能简单地把货币贬值当成“治愈竞争力缺乏”的“良药”。

14.6 汇率调整的吸收分析法

根据弹性分析法，货币贬值通过价格激励减少进口，增加出口。但是，即使存在有利的弹性条件，本国贸易平衡能否真正得到改善，还要取决于经济对货币贬值的反应。吸收分析法研究的就是这一问题：它考察货币贬值对国内经济支出的冲击，以及国内支出对贸易平衡的影响。①

吸收分析法源于一个观点：国内总产出的价值（Y）等于总支出。总支出由消费（C）、投资（I）、政府支出（G）和净出口（$X-M$）构成。这一关系可以表示为：

$$Y=C+I+G+(X-M)$$

吸收分析法将 $C+I+G$ 合并成一个量，用 A 表示，代表吸收。并将净出口（$X-M$）记为 B。这样，国内总产出就是吸收和净出口的总和，即：

$$Y=A+B$$

也可以写做：

$$B=Y-A$$

此式说明，贸易差额（B）等于国内总产出（Y）与吸收（A）的差额。如果国内总产出超出了国内吸收，那么，该国的贸易差额为正。相反，如果一国的支出超出了其生产能力，贸易差额则为负。

吸收分析法预测，只有当国内总产出相对于吸收增加时，货币贬值才能改善一国的贸易平衡。这意味着，要想改善贸易平衡，一国必须增加总产出，减少吸收量，或者把这两方面结合起来。下面的例子说明了这些做法的可行性。

假设一国同时面临着失业和贸易赤字。当经济在低于最大生产能力的条件下运行时，货币贬值产生的价格激励除了使支出由进口商品转向国内替代品外，还将闲置资源引导到出口商品的生产中。因此，货币贬值会扩大国内产出水平，改善贸易平衡状况。毫不奇怪，当国家面临着失业和贸易赤字时，政策制定者往往把货币贬值视为一种有效的工具。

然而，如果一国经济已经实现了充分就业，那么就没有闲置的资源用于扩大生产，国民产出水平是固定的。对这种经济体来说，贬值能够改善贸易平衡的方法只有一个，那就是适当减少国内吸收量，将生产额外的出口商品和进口替代品所需的资源释放出

① Donald S. Kemp, “A Monetary View of the Balance-of-Payments,” *Review*, Federal Reserve Bank of St. Louis, April 1975, pp. 14 – 22; Thomas M. Humphrey, “The Monetary Approach to Exchange Rates: Its Historical Evolution and Role in Policy Debates,” *Economic Review*, Federal Reserve Bank of Richmond, July-August 1978, pp. 2 – 9.

来。例如，当货币贬值导致价格上涨时，国内的政策制定者可以实施紧缩性财政政策和货币政策，减少吸收量。不过，一些部门将为此作出牺牲。所以说，当一种经济体在最大生产能力下运行时，贬值是不合适的。

弹性分析法将贸易平衡与经济中的其他部分区别开来，而吸收分析法则把经济中的资源利用和产出与货币贬值联系起来，在这一方面，吸收分析法优于弹性分析法。因此，这两种方法是互补的。

14.7 汇率调整的货币分析法

货币贬值的传统分析方法存在一个严重的不足。根据弹性分析法和吸收分析法，国际收支调整与货币变动无关，即使存在一定程度的货币变动，也可以被国内的货币当局中和。由于忽略了资本运动对国际收支调整的影响，弹性分析法和吸收分析法仅适用于国际收支的贸易账户，对货币贬值进行分析的货币分析法则弥补了这一不足。[①] 货币分析法认为，货币贬值可能会暂时改善一国的国际收支状况。例如，假如本国货币市场最初是平衡的，本币贬值将提高价格水平，即潜在进口商品和出口商品的国内货币价格。因为进行交易需要更多的货币，所以价格上涨会增加对货币的需求。如果增加的货币需求无法从国内渠道中得到满足，那么，国外货币将流入国内。因为这种流入，国际收支出现盈余，国际储备上升，但国际收支的盈余不会永远持续下去。因为货币贬值增加了本国货币供给中的国际部分，支出（吸收）将上升，贸易盈余会减少。当本国货币市场重新恢复均衡时，盈余将最终消失。因此，贬值对实际经济变量的影响是暂时性的。从长期来看，货币贬值只会提高国内的价格水平。

14.8 小结

1. 货币贬值通过对相对价格、收入和货币购买力的冲击来影响一国的贸易收支状况。

2. 当企业的所有投入都来源于国内，并以本国货币计算成本时，本币升值将增加企业的外币成本，增加的幅度与本币升值幅度相同。相反，本国货币贬值将等比例降低企业的外币成本。

3. 生产商的生产投入有时从国外（海外资源）获得，并以外币计算成本。与所有成本都以本币计价的情况相比，外币计价成本占总成本的份额越大，本币汇率上升使产品外币成本增加的幅度越小，产品本币成本减少的幅度越大。若本币贬值，则情况相反。

4. 通过提高（降低）美国产品的相对成本，美元升值（贬值）提高（降低）了出

---

① Giovanni Olivei, "Exchange Rates and the Prices of Manufacturing Products Imported into the United States," *New England Economic Review*, First Quarter 2002, pp. 4 - 6.

口商品的外币价格，进而减少（增加）了美国商品的海外销售量。而且，美元升值（贬值）将增加（减少）美国进口商品的数量。

5. 弹性分析法认为，当需求弹性高时，货币贬值会大幅度改善一国的贸易状况。近期的经验研究表明，大多数国家的需求弹性估计值都很高。

6. 货币贬值的时间路径可以用J曲线效应来解释。根据这一概念，贸易流对相对价格变动的反应存在时滞。货币贬值在短期内会恶化一国的贸易差额，但从长期来看，能够改善贸易差额（假定弹性较高）。

7. 汇率变动引起进出口商品价格变化的程度叫做传递关系。当进出口商品价格随着汇率等比例（小于汇率变动的比例）变化的时候，发生完全（不完全）传递。经验数据表明，经常发生的是不完全传递，完全传递的情况较少。不完全传递的发生与结算方式、市场份额和分销费用有关。

8. 吸收分析法强调货币贬值对收入的影响。这种观点认为，最初，贬值将刺激一国的出口商品以及进口竞争商品的生产。不过，除非真实产出扩大或者国内吸收减少，否则，国内支出会过剩，结果仍会回到收支赤字。

9. 货币分析法强调贬值对货币购买力的影响，以及随之引起的对国内支出和进口水平的冲击。根据货币分析法，货币贬值对实际产出的影响是暂时的。从长期来看，贬值只会提高国内的价格水平。

14.9 关键概念及术语

- 吸收分析法（Absorption Approach）
- 弹性分析法（Elasticity Approach）
- 汇率传递（Exchange Rate Pass-through）
- J曲线效应（J-Curve Effect）
- 马歇尔-勒纳条件（Marshall-Lerner Condition）
- 货币分析法（Monetary Approach）

14.10 习题

1. 货币贬值如何影响一国的贸易平衡？

2. 主要有三种方法分析货币贬值对经济的影响：(a) 弹性分析法，(b) 吸收分析法，(c) 货币分析法。简述这三种方法的区别。

3. 什么是马歇尔-勒纳条件？根据近期经验研究，世界弹性条件足够高以维持货币成功贬值吗？

4. J曲线效应如何影响货币贬值的时间路径？

5. 对于实行货币贬值的国家来说，货币传递有什么政策意义？

6. 根据吸收分析法，在充分就业和非充分就业条件下，实行货币贬值的效果是否会有所不同？

7. 贬值引起的家庭货币持有额变化如何促进国际收支平衡？

8. 假设美国汽车生产商ABC公司的全部汽车零部件都从美国获得，成本以美元计价。那么，美元相对于墨西哥比索升值50%，会给这家公司的国际竞争力带来什么样的影响？如果美元贬值呢？

9. 假设美国汽车生产商ABC公司从墨西哥购买部分汽车零部件，且这些零部件的成本以比索计价，其余零部件以美元计价。与第8题得出的结论对比，美元相对比索升值50%会对该公司的国际竞争力造成什么样的影响？如果美元贬值呢？

10. 假设美国以每台3 000美元的价格出口1 000台计算机，以每台10 000英镑的价格进口150辆英国汽车。假定美元/英镑的汇率是2美元/英镑。

a. 以美元为单位计算美国的出口收入、进口支出以及美元贬值以前的贸易收支。

b. 假设美元贬值10%，美国出口商品的需求价格弹性为3.0，进口商品的需求价格弹性为2.0，计算美国的出口收入、进口支出和贸易收支。美元贬值使美国贸易收支状况改善了，还是恶化了？为什么？

c. 现在假定美国出口商品的需求价格弹性等于0.3，进口商品的需求价格弹性等于0.2。这会影响结果吗？为什么？

进一步探索

关于汇率传递的更多内容，请查询“进一步探索14.1”，网址：www.cengage.com/economics/Carbaugh。

第 15 章

汇率制度与货币危机

前面章节已经讨论了汇率的决定因素及其对国际收支平衡表的影响。本章考察目前所采用的汇率实践，重点讨论现实汇率制度的实质和运作情况，并区分影响汇率制度选择的经济因素。本章还将讨论货币危机的产生和影响。

15.1 汇率实践

一国在进行汇率制度选择时，必须确定本国货币的价值是由自由市场力量决定（浮动汇率）的，还是按照某种价值标准固定（钉住汇率）的。如果一国采取浮动汇率制度，那么必须选择是单独浮动，还是与其他货币共同浮动，或者按照事先确定的模式爬行，如相对通货膨胀率。如果一国采用钉住汇率制度，需要决定是钉住一种货币、一篮子货币，还是钉住黄金。不过，从 1971 年开始，各国已经不再使用黄金来表示官方汇率了，黄金已经退出国际货币体系。第 17 章将对黄金在国际货币体系中的作用作进一步讨论。

一直以来，国际货币基金组织（IMF）成员都可以自由选择汇率政策，但是必须遵守三个原则：(1) 不能通过操纵汇率妨碍有效的国际收支调整，或者获得相对于其他成员不公平的竞争优势；(2) 各成员应该采取行动，扭转外汇市场上的短期无序状态；(3) 成员在干预外汇市场时，应该考虑其他成员的利益。表 15.1 总结了 IMF 成员的汇率实践。

表 15.1　国际货币基金组织成员的汇率机制

汇率机制	成员数量
无独立的法定货币*	13
货币局制度	12
传统钉住（固定）汇率制	59
有波幅的钉住汇率制	1
爬行钉住汇率制	16
有管理的浮动汇率制	44
完全浮动汇率制	43
	188

*将另一个国家发行的法定货币作为本国唯一流通的法定货币；如果一国属于某货币联盟，则与这个联盟的成员共同使用同一种货币。

资料来源：International Monetary Fund，*Annual Report on Exchange Arrangements and Exchange Restrictions*，2012. 也可参阅：International Monetary Fund，*Classification of Exchange Arrangements and Monetary Policy Frameworks*，available at http://www.imf.org/。

哪些要素决定一个国家更适合固定汇率制度，而不是浮动汇率制度？这些要素包括经济规模、对外贸易开放程度、劳动力的流动性、可应对经济危机的财政政策等。表 15.2 对这些要素进行了总结。需要注意的是，绝不会有适合所有国家或所有时期的单一货币制度。汇率机制的选择取决于该国的具体国情。

表 15.2　汇率制度的选择

经济特征	理想的汇率灵活度
经济规模和开放程度	如果贸易在国民产出中占有较大的份额，那么币值波动的成本就较高。小型的、开放的经济最好采用固定汇率制度。
通货膨胀率	如果一国的通货膨胀率远远高于其贸易伙伴国家，那么该国就应该采用灵活的汇率，这样才能防止本国商品在国际市场上丧失竞争力。如果各国的通货膨胀率差别不大，采用固定汇率制度便于协调。
劳动力市场的灵活性	工资水平越呈刚性，就越需要采取灵活的汇率，有助于经济对外部冲击作出及时反应。
金融发展程度	在自由浮动汇率制度下，少量的外汇贸易就可能引起币值的大幅波动。因此，金融市场不成熟的发展中国家不宜采用自由浮动汇率制度。
政策制定者的信用	中央银行的声誉越低，就越应采用钉住汇率制度，以让其他国家相信，本国的通货膨胀能够得到控制。
资本的流动性	某经济体对国际资本越开放，维持固定汇率就越困难。

15.2 资本自由流动约束下的汇率制度选择

汇率制度的选择受制于许多变量，其中包括资本的自由流出入。资本自由流动的一个后果是限制了该国或地区的汇率制度选择及货币政策的独立性。资本倾向于流向收益最高的领域，因此，一国只能在资本的自由流动、汇率的稳定和货币政策的独立自主这三项政策中选择两个。图 15.1 对此进行了详细阐释：每个国家或地区都需要在三角形中选择自己的定位，采用该点的相应政策，放弃其余政策。经济学家将这种悖论称为**永恒残缺三角形**（Impossible Trinity）。①

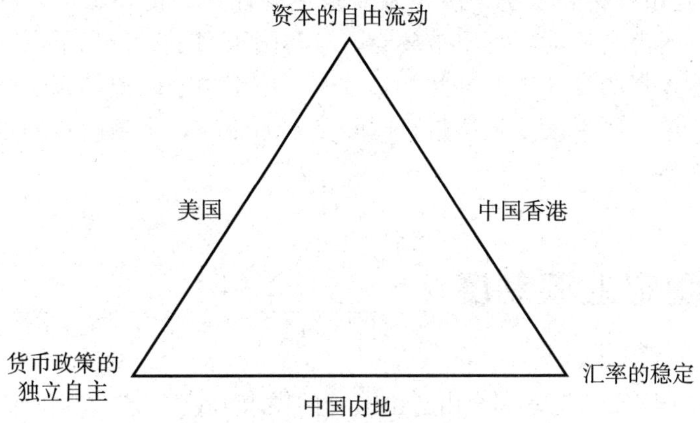

图 15.1　永恒残缺三角形

注：每个国家或地区只能选择三项政策中的其中两项：资本的自由流动、汇率的稳定和独立自主的货币政策。

结合具体案例进行分析是最容易理解该悖论的方法。美国是一个允许资本自由流动、货币政策独立自主，同时采取浮动汇率制的国家。为了控制通货膨胀，假设美联储提高了与国外利率挂钩的目标利率，这样资本将被引入美国。相对于其他货币而言，对美元的需求量增加了，资本流入推动美元升值。相反地，如果美联储降低目标利率，资本流出美国，对美元的需求量减少了，美元贬值。也就是说，非固定汇率制使美国兼得了资本的自由流动和货币政策的独立自主。

与美国的浮动汇率制不同，中国香港实行港币与美元挂钩的汇率制度，允许资本自由流动。这种政策冲突使中国香港的货币政策失去了调节当地利率的功能。与美国不同，中国香港无法通过降低利率来刺激经济增长。和美国一样，只要中国香港的利率与世界利率水平产生偏离，资本便会随之流入或流出。浮动汇率制度使港币汇价可以依照市场形势相应发生变动，固定汇率制则使货币政策主管机构背负了应对资本流动的职责，买入本币或外币以稳定货币的供给量，从而保持汇率稳定。简而言之，资本的自由

① Robert Mundell, "The Appropriate Use of Monetary and Fiscal Policy for Internal and External Stability," *IMF Staff Papers*, March 1962; "Capital Mobility and Stabilization Policy under Fixed and Flexible Exchange Rates," *Canadian Journal of Economics*, November 1963.

流动政策和固定汇率制度使中国香港的货币政策不具有独立性。

和香港地区类似，2005 年以前，中国内地货币也与美元挂钩。中国内地对资本自由流动的限制维护了中国内地货币政策的独立性。在中国内地，世界利率水平与国内利率水平可以不一致，中国内地对资本流入与流出的监管使其货币供给和汇率不容易产生波动。三个例子说明了一个道理：对于允许资本自由流动的国家而言，货币政策的独立自主与汇率的稳定二者只能选其一。

一国要怎样在汇率的稳定、货币政策的独立自主和资本的自由流动之间作出选择呢？答案主要取决于全球经济发展形势。第二次世界大战结束后，世界范围内的市场依存度大大提高，国际贸易繁荣发展。美国等国期望通过取消汇率的波动风险来进一步促进贸易的发展。1944 年，主要工业化国家设计并发起了一项旨在实现汇率稳定（将美元与其他货币挂钩）与货币政策独立自主的计划。正如永恒残缺三角形告诉我们的那样，资本的自由流动不得不被放弃。参与国限制了银行的最高存款利率，同时限制了银行所能投资的资产类型。此外，政府开始干预金融市场以引导资本流向本国的战略性领域。单一的手段并不能阻止国际资本的流动，多项政策的结合却极大地限制了跨国资本交易。①

15.3 固定汇率制度

几乎没有一个国家的汇率完全由自由市场的供求力量决定。20 世纪 70 年代，在各工业化国家采取有管理的浮动汇率制度以前，不同货币之间一般保持着相对**固定汇率**（Fixed Exchange Rates）。国内货币当局只有在预测到长期市场供求情况之后，才会变动本国汇率。

□ 15.3.1 固定汇率的使用

固定汇率常被小型发展中国家采用，它们的货币一般钉住一个**关键货币**（Key Currency），例如，美元。关键货币在世界货币市场中广泛交易，随着时间的推移保持相对稳定的价值，也被广泛接受作为国际清算的手段。表 15.3 列出了世界主要的关键货币。除了将本国货币钉住另一种货币外，一国还将其货币价值固定在某种商品上，如黄金。金本位制的主要特征将在第 17 章中介绍。

发展中国家选择将其货币钉住一种关键货币的原因在于，关键货币被作为一种国际清算手段。考虑一个挪威的进口商，它想在明年购买阿根廷的牛肉。如果阿根廷出口商不确定挪威克朗在一年中能买什么，那么它可能会拒绝用挪威克朗来清算。相同地，挪威进口商也会怀疑阿根廷比索的价值。一个解决办法就是在合同中写入一种关键货币。一般来说，经济相对不那么多元化的小国与大国进行对外贸易时倾向于钉住其中一种关键货币。

① *Economic Report of the President*, 2004, Chapters 13 - 14.

表 15.3　关键货币：国际货币基金组织成员官方外汇储备的货币构成，2013 年

关键货币	官方外汇储备的构成（%）
美元	62
欧元	24
英镑	4
日元	4
加拿大元	2
澳大利亚元	1
其他	3
	100.0

资料来源：*Currency Composition of Official Foreign Exchange Reserves*（COFER），International Monetary Fund，2013，available at http://www. imf. org.

钉住关键货币为发展中国家带来几个好处。首先，许多发展中国家贸易产品的价格主要由发达国家（如美国）市场决定，通过钉住美国货币，这些国家可以稳定其进出口的本国货币价格。其次，许多高通货膨胀国家钉住美元（美国通常通货膨胀较低）是为了在国内政策上施加限制以降低通货膨胀。通过承诺稳定对美元的汇率，政府希望向其国民保证愿意采取必要的、负责任的货币政策来实现低通货膨胀。钉住汇率可以降低通货膨胀预期，降低利率，减轻通货膨胀造成的产出损失，缓解价格压力。

在保持固定汇率时，国家必须决定是否将其货币钉住另一种货币或一篮子货币。钉住单一货币的国家通常主要与单一发达国家进行商品和金融贸易。因此，发展中国家将其货币钉住其主要贸易伙伴国的货币。

有一个以上贸易伙伴国的发展中国家通常将其货币钉住一篮子货币。这一篮子货币是按照贸易量的比例组成的。一旦选定了一篮子货币，本国的货币价值将以一篮子外币的汇率来计算。钉住一篮子货币使得一国可以消除由汇率变化带来的进出口价格波动，则汇率变动对国内经济的影响也被降低了。除了构建自己的一篮子货币外，一些国家还将其货币钉住**特别提款权**（Special Drawing Right，SDR），即由国际货币基金组织定义的 4 种货币组成，特别提款权将在第 17 章中介绍。

□ 15.3.2　平价和官方汇率

在固定汇率制度下，政府以黄金或其他关键货币的价值确定本币的**平价**（Par Value）。通过比较两国货币的平价，就可以确定两国之间的**官方汇率**（Official Exchange Rate）。例如，只要美国按照每盎司 35 美元的固定价格买卖黄金，英国按照每盎司 12.50 英镑的固定价格买卖黄金，那么美元和英镑之间的官方汇率就是 2.80 美元＝1 英镑（＝35.00/12.50）。20 世纪 70 年代，黄金退出国际货币体系之前，各主要工业化国家都以黄金确定货币平价。

目前，许多发展中国家用某种关键货币确定它们货币的平价。在这种制度下，货币当局首先根据关键货币确定官方汇率。然后按照这个汇率，用本国货币买卖关键货币，维持本币平价固定。例如，玻利维亚中央银行把比索的价格固定为 20 比索=1 美元。

□ 15.3.3 汇率稳定

如果一国采用固定汇率制度，那么首先必须确定本国货币的官方汇率。为了维持这一官方汇率，紧接着就要设立**外汇稳定基金**（Exchange Stabilization Fund），通过买进或卖出外币，确保市场汇率不会超过或低于官方汇率水平。

在图 15.2 中，假定由英镑的需求曲线 D_0 和供给曲线 S_0 的交点确定的市场汇率为 2.8 美元/英镑，同时官方汇率也确定为 2.8 美元/英镑。假如英国的利率上升，由此美国投资者购买更多的英国有价证券，对英镑的需求增加，使需求曲线从图 15.2（a）中的 D_0 右移至 D_1。在自由竞争市场条件下，美元会从 2.8 美元/英镑贬值为 2.9 美元/英镑。但是在固定汇率制度下，货币当局会努力维持 2.8 美元/英镑的官方汇率。在这一汇率水平上，存在 400 亿英镑的超额需求，这意味着英国面临着同样数量的超额美元供给。为了保证市场汇率不会贬值到 2.8 美元/英镑以下的水平，美国会动用外汇稳定基金中的英镑来购买超额的美元供给。因此，英镑的供给从 S_0 增至 S_1，结果市场汇率将稳定在 2.8 美元/英镑的水平上。

反之，假设英国经济日益繁荣，增加了对美国的进口，因此英镑的供给相应地增加，供给曲线由图 15.2（b）中的 S_0 右移至 S_1。此时，在 2.80 美元/英镑的官方汇率水平上，存在着 400 亿英镑的超额供给。为了防止美元相对于英镑升值，美国将用外汇稳定基金中的美元购买超额的英镑。英镑的需求因此增加，需求曲线从 D_0 移至 D_1，并使市场汇率稳定在 2.80 美元/英镑的水平上。

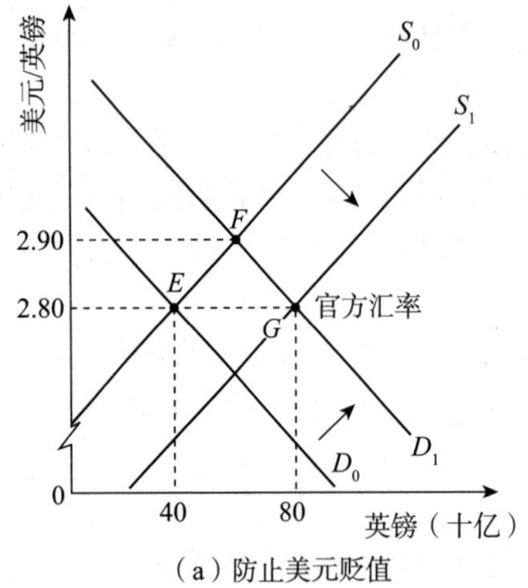

（a）防止美元贬值

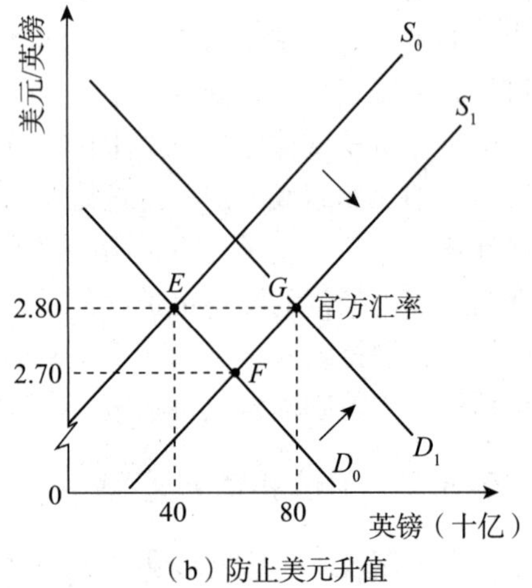

（b）防止美元升值

图 15.2　固定汇率制度下的汇率稳定

注：要想使官方汇率维持在 2.80 美元/英镑的水平上，中央银行必须按照官方汇率供给各国所需的全部本币，以及按照官方汇率购买各国抛售的全部本币。为了防止美元贬值，中央银行必须用相应数量的英镑买进超额的美元供给。为了防止美元升值，中央银行必须用相应数量的美元买进超额的英镑供给。

这一例子说明了外汇稳定基金是如何行使其钉住功能以抵消市场汇率短期波动的。然而，从长期来看，官方汇率和市场汇率可能会背道而驰，这是经济基本情况如收入水平、消费偏好以及技术因素发生变化的反映。在**基本性失衡**（Fundamental Disequilibrium）的情况下，保持现行官方汇率的成本是很高昂的，从而抑制这种做法的实施。

例如，一赤字国的货币在外汇市场上不断贬值。要想维持官方汇率，就需要动用外汇稳定基金中的外币或其他储备资产来购买大量的本币。赤字国的国际储备可能会因此而严重枯竭。尽管该国可以从其他国家或国际货币基金借入外汇储备，继续维持其官方汇率，但是这种借款权限通常是有限的。同时，为了抑制失衡，赤字国还将进行内部调整，控制通货膨胀压力，提高利率，吸引资本流入，抑制进口。如果国际收支的失衡是持久性的，该国可能会认为，这种内部调整会降低收入和就业水平，成本太高。因此，赤字国可能不会继续采取这些措施，而是决定通过调整汇率来改变失衡。在固定汇率制度下，货币贬值或升值是治疗国际收支长期失衡的一剂药方。

□ 15.3.4 法定贬值和法定升值

在固定汇率制度下，一国货币当局可以采用本币法定贬值或法定升值的方式实现国际收支均衡。**法定贬值**（Devaluation）的目的在于降低本币的汇兑价值，抵消国际收支赤字。**法定升值**（Revaluation）的目的在于提高本币的汇兑价值，抵消国际收支盈余。

法定贬值和法定升值这两个术语是指在固定汇率制度下，依法重新确定本币的平价。货币贬值和货币升值则是指重新确定本币平价对市场汇率造成的实际冲击，或因外汇供求变动而引起的汇率变动。

货币法定贬值和法定升值政策是通过相对价格使国内支出和国外支出在国内商品和国外商品之间进行转移的。本币法定贬值会提高外币的本币价格，一方面使本国出口商品的外币价格比外国商品更便宜，另一方面又使外国进口商品的本币价格比本国商品更高。随着本国出口增加，进口减少，支出就从外国商品转向本国商品。同理，本币法定升值会抑制本国出口，增加本国进口，支出将从本国商品转向外国商品。

在实施货币法定贬值和法定升值之前，货币当局必须确定：(1) 是否有必要通过调整官方汇率来纠正国际收支失衡；(2) 何时进行调整；(3) 调整的规模应当多大。如果选择的调整时间和规模不合适，政府官员的汇率决策也可能是不正确的。

在制定法定贬值或法定升值的决策时，货币当局通常都是在幕后进行的。常见的情况是，决策再过几个小时就要生效了，官方代表还在公开否决法定贬值和法定升值的可能性。采取这种做法是为了打击货币投机者，防止他们将资金从贬值的货币转换成升值的货币，从中谋利。考虑到大规模的投机活动对金融市场稳定性的破坏，货币当局的幕后行动是可以理解的。然而，当货币需要贬值时，局外人和货币当局往往都能很容易地看出来。因此，以往的货币法定贬值总会导致严重的投机。表 15.4 总结了固定汇率制度的优缺点。

表 15.4　固定汇率制度和浮动汇率制度的优点和缺点

	优　点	缺　点
固定汇率制度	汇率目标较为简单、清晰	无法实施独立的货币政策
	货币政策自动实施原则	易遭受投机的冲击
	将通货膨胀维持在可控制范围之内	

续前表

	优点	缺点
浮动汇率制度	国际收支平衡的持续调整 在简化的体制安排下运行 政府能够制定独立的货币政策和财政政策	导致通货膨胀 外汇市场的无序会干扰贸易和投资结构 政府容易采取盲目的金融政策

□ 15.3.5 固定汇率制度下的布雷顿森林体系

固定汇率制度的一个例子是**布雷顿森林体系**（Bretton Woods System）。1944 年，为了建立一种新的国际货币体系，联合国 44 个成员的代表集聚在美国新罕布什尔州的布雷顿森林。20 世纪 30 年代发生的那些有关货币的不愉快事件让他们记忆犹新，包括国际金本位制度因大萧条期间的经济和金融危机而崩溃，各国在实行浮动汇率制度和外汇管制过程中的不成功经历。为此，代表们希望建立国际货币秩序，以消除不稳定性和直到 1944 年还在采用的民族主义行为。

创建的这种国际货币体系被称做布雷顿森林体系。其创立者认为，完全固定的汇率和完全浮动的汇率都不是最优的，因而他们采用了一种半固定的汇率制度，即**可调整的钉住汇率**（Adjustable Pegged Exchange Rates）制度。布雷顿森林体系从 1946 年一直延续到 1973 年。

可调整的钉住汇率制度的主要特征是，各国货币相互联系，为商业和金融交易提供稳定的汇率。当国际收支偏离长期均衡位置时，一国可以通过法定贬值或升值政策重新确定钉住汇率。在国际收支失衡时，各成员原则上同意，尽可能长时间地保留现有平价。它们首先要运用财政政策和货币政策纠正收支失衡，但是，如果消除国际收支长期失衡意味着要使国内经济遭受严重的破坏，如通货膨胀或失业，那么，成员可以通过改变钉住汇率的方式来消除这种基本性失衡。钉住汇率变动幅度在 10%以内，无须经由国际货币基金组织批准，超过 10%则需征得货币基金组织同意。

在布雷顿森林体系框架下，各成员按照黄金或 1944 年美元的含金量确定本币平价。市场汇率几乎是固定的，但又不完全固定，可以在平价上下浮动 1%，总浮动范围为 2%。成员用本国的外汇稳定基金把汇率维持在这一范围内。1971 年，汇率浮动范围扩大到平价上下各 2.25%的幅度，以加大矫正性贸易和资本的流动幅度，来消除国际收支失衡。当一种货币价值被高估或低估时，可以通过法定贬值或法定升值政策来调整平价。

尽管可调整的钉住汇率制度旨在促成一种有效的国际收支调节机制，但在实际运作中却遇到了很多问题。在布雷顿森林体系中，物价和收入水平的调整经常与维持国内经济稳定的目标相冲突。各国政府往往不愿意对本币进行法定贬值，因为这不仅表明国内政策失败，同时也会影响本国的国际声誉。相反，本币法定升值是出口商所不能接受的，因为这会损害到它们的生计。只有在迫不得已的情况下，才会重新确定钉住汇率，这通常意味着要进行大规模的调整。而且，在重新确定一种货币的钉住汇率时，很难估计应该钉住的均衡汇率。最后，一旦市场汇率达到了平价允许浮动的范围边界，这一汇率实际上就变成了固定汇率，为投机者的投机行为提供了参照。例如，如果一种货币持续走弱，汇率处在浮动范围的边缘，投机者会预计，该种货币会发生法定贬值，其价值会进一步下降，因此他们就会抛售这种货币。

20世纪70年代早期，这些问题达到了高潮。美国由于国际收支赤字持续上升，于1971年8月终止了美元同黄金的可兑换关系，结束了按每盎司黄金35美元的价格兑换美元的承诺，这个承诺存在了37年。这项政策也终止了黄金和美元国际价值之间的固定联系，使得美元价值可以自由浮动，并由市场供求力量确定汇率。美元浮动后，美国不再支持布雷顿森林体系的可调整钉住汇率制度，因此导致了这一体系的崩溃。

15.4 浮动汇率制度

一些国家并不采用固定汇率制度，而是允许本币在外汇市场上自由浮动。**浮动（或弹性）汇率**［Floating（or Flexible）Exchange Rates］制度是指货币的价格每天由外汇市场决定，政府政策不对价格的波动幅度进行任何限制。由于汇率可以自由浮动，因此会存在一个均衡汇率，使本币的供给和需求相等。在理想状态下，汇率变动会改变商品和服务的进出口以及短期资本流动的方向，从而纠正国际收支失衡。汇率取决于相对生产力水平、利率水平、通货膨胀率以及第12章中讨论的其他因素。

与固定汇率制度不同，浮动汇率制不以平价和官方汇率为特征，它是由市场供求状况决定的，而不是由中央银行确定的。虽然在浮动汇率制度下，不能运用外汇稳定基金维持现有的汇率水平，但这并不一定意味着汇率必然会出现大幅波动。只有当潜在的市场力量变得不平稳时，才会出现这种情况。在浮动汇率制度下，因为没有外汇稳定基金，所有的国际储备都用于影响国际收支平衡，而不是用来维持某一种货币的给定汇率。

□ 15.4.1 实现市场均衡

浮动汇率制度如何促进一国的国际收支实现均衡呢？图15.3描绘的是美国的瑞士法郎外汇市场。供给曲线 S_0 和需求曲线 D_0 的交点确定的均衡汇率为0.50美元/瑞士法郎。

在图15.3（a）中，假定因为实际收入增加，美国居民增加了对瑞士奶酪和手表的需求，因此需要更多的瑞士法郎，这使瑞士法郎的需求曲线从 D_0 移至 D_1。最初，市场是非均衡的，在汇率为0.50美元/瑞士法郎的水平上，瑞士法郎的需求量（60瑞士法郎）超过了供给量（40瑞士法郎）。由于瑞士法郎存在超额需求，汇率从0.50美元/瑞士法郎升至0.55美元/瑞士法郎。于是，美元相对于瑞士法郎价值下降，或者说贬值；而瑞士法郎相对于美元价值上升，或者说升值。瑞士法郎价值提高后，美国商品的瑞士法郎价格变得更便宜，瑞士居民会购买更多的美国商品，因而增加了外汇市场上瑞士法郎的供给量。同时，瑞士法郎升值也抑制了美国对较昂贵的瑞士商品的需求。当汇率为0.55美元/瑞士法郎时，市场重新恢复均衡。在这一汇率水平上，瑞士法郎的供给量和需求量相等。

反过来，假设由于美国的实际收入下降，美国居民减少了对瑞士奶酪和手表的需求，因此只需要较少的瑞士法郎。在图15.3（b）中，令瑞士法郎的需求从 D_0 降到

D_2。起初，市场处于非均衡状态，因为在汇率为 0.50 美元/瑞士法郎的水平上，瑞士法郎的供给量（40 瑞士法郎）超过了需求量（20 瑞士法郎）。超额的瑞士法郎供给使汇率从 0.50 美元/瑞士法郎降至 0.45 美元/瑞士法郎的水平。因此，美元相对于瑞士法郎升值，而瑞士法郎相对于美元贬值。当汇率为 0.45 美元/瑞士法郎时，市场重新恢复均衡。在这一汇率水平上，瑞士法郎的供给量和需求量相等。

这个例子展示了支持浮动汇率制度的一种说法，即当汇率可以按照市场供求力量自由调整时，在外汇的供给量和需求量相等的汇率水平上，市场会实现均衡。如果汇率的变动能够促进市场均衡，货币当局就不再需要为维持货币平价而动用国际储备，干预外汇市场。释放出来的外汇储备可以用在经济中其他更有效率的地方。

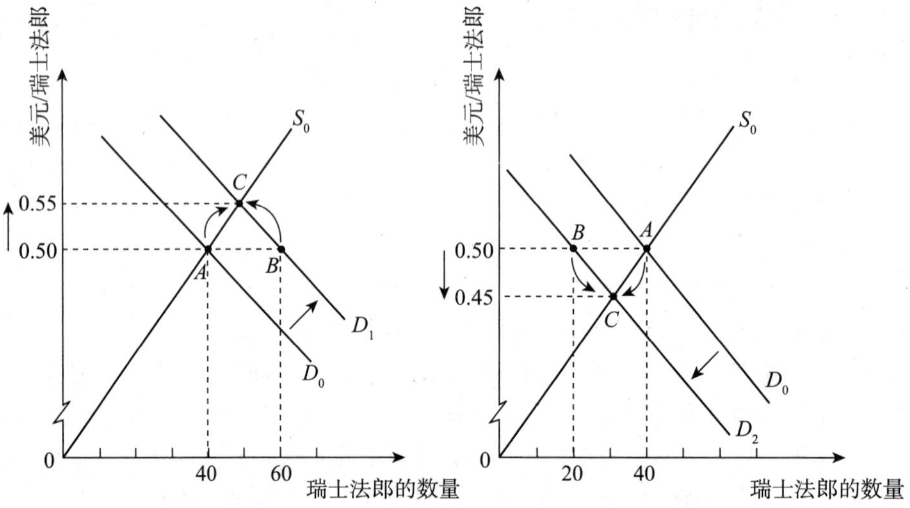

图 15.3　浮动汇率制度下的汇率调整

注：在浮动汇率制度下，货币价值的不断变化能够使国际收支恢复均衡，此时，一种货币的供给数量等于需求数量。从均衡点 A 开始，瑞士法郎需求量增加导致美元相对于瑞士法郎贬值；相反，瑞士法郎需求量减少导致美元相对于瑞士法郎升值。

□ 15.4.2　贸易限制、就业和浮动汇率

在经济衰退期间，美国工会不断游说国会，要求实行进口限制，为美国工人挽回更多的就业机会。那么，进口限制真的会提高美国的总体就业水平吗？

只要美国坚持实行浮动汇率制度，为了保护某一个产业而实行的进口限制就会逐步把其他产业的就业机会转移到受保护的产业，对总的就业水平没有显著影响。受保护产业的短期就业增加将被其他产业的长期就业损失所抵消。

假设美国提高从日本进口汽车的关税。这一政策会减少进口汽车的数量，美国支付进口汽车所需的日元数量相应减少。在浮动汇率制度下，日元相对于美元会贬值（美元相对于日元将会升值），一直持续到国际贸易达到平衡。受汇率波动的影响，美国居民将购买更多的日本商品，而日本人购买的美国商品数量则会减少，从而减少美国其他产业的销售额和就业。因此，贸易限制在美国国内导致了零和博弈。汇率波动给美国经济

中未受保护的工人的就业带来变化，底特律就业机会增加的数量可能等于洛杉矶和波特兰就业机会减少的数量。

□ 15.4.3 对浮动汇率制度的支持与反对

在支持者看来，浮动汇率制的一个优点就是简便易行，能够对货币供给和需求的变化迅速作出反应，消除某种货币在市场上的短缺或过剩。浮动汇率是由市场决定的，而不是由控制汇率波动的中央银行按照特定的规则制定的。浮动汇率制度下的制度安排简单，相对容易实施。

由于浮动汇率每天都在波动，因而可以连续调整国际收支平衡。在固定汇率制度下，经常出现的由于失衡时间过长而带来的负面效应能够在浮动汇率制度下达到最小化。还有一种观点认为，浮动汇率制度能够使本国经济部分地免受外部力量的干扰，这意味着政府将不必通过痛苦的通货膨胀或通货紧缩的调整政策来恢复国际收支平衡。一国实行浮动汇率制度以后，就无须再为了达到满意的国际收支水平而制定那些会导致国内经济持续失衡的政策。因此，与实施固定汇率制度相比，各国政府会有更大的自由度，执行促进国内经济平衡的政策。

尽管浮动汇率制度得到了强有力的支持，但是人们通常也认为，这一制度给银行家和商人带来的好处十分有限。浮动汇率制度的批评者指出，不加管制的外汇市场会引起币值的大幅波动，抑制对外贸易和投资。虽然贸易商和投资者可以通过远期外汇交易来防范汇率风险，但套期保值的成本是相当高的，往往使这种做法难以实施。

从理论上讲，采用浮动汇率制度后，政府可以制定独立的货币政策和财政政策。但是，这种灵活性可能会引发另一类问题，即通货膨胀偏差（Inflationary Bias）。在浮动汇率制度下，货币当局缺乏固定汇率制度下的金融管制。假如一国同世界其他国家相比通货膨胀率较高，在浮动汇率制度下，国内的这种通货膨胀不会对该国的贸易平衡产生负面影响，因为其货币将在外汇市场上自动贬值。然而，货币的长期贬值将使进口商品的价格和物价总水平不断上涨，通货膨胀会自我膨胀，而货币贬值也将长期持续下去。此外，由于在浮动汇率制度下，国内的财政管理较实施固定汇率制度时拥有更大的自由度，因此，对政府过度支出以及由此引发的工资和物价上涨的限制可能会相应较少。表15.4总结了浮动汇率制度的优缺点。

15.5 有管理的浮动汇率制度

以固定汇率为基础的国际货币体系崩溃以后，1973年美国和其他一些工业化国家实行了有管理的浮动汇率制度。20世纪70年代之前，只有少数经济学家关注浮动汇率的一般体制。然而，由于执行程序上的困难和政治偏见引起的决策失误，布雷顿森林体系框架下的平价调整过程经常被延迟，并且不具有连续性。各国认识到，汇率应当进行小规模的、连续性的调整，及时对市场供求关系变化作出反应。在这一背景下，1973年，**有管理的浮动汇率制度**（Managed Floating System）出台了。在这一制度下，IMF规定了一些非正式的、协调各国汇率政策的规则。

之所以要对汇率的浮动制定指导规则，主要基于两种考虑。首先，汇率波动有时会削弱一国的国际竞争力，在这种情况下，一国政府可能会干预外汇市场，避免汇率发生波动。当美国终止美元对黄金的可兑换性的承诺，并允许被高估的美元在外汇市场上浮动时，美国政府希望自由市场的调整会使美元相对于其他被低估的货币贬值。但是，外国的中央银行采用的不是**清洁浮动**（Clean Float）（让自由市场决定汇率），而是干预外汇市场，反对美元贬值。美国认为，这是一种**肮脏浮动**（Dirty Float），因为自由市场的供求力量并没有发挥其均衡作用。制定汇率浮动规则的第二种考虑是，汇率的自由浮动有时会飘忽不定，导致市场无序。这种破坏稳定性的行为会造成商业环境的不确定性，减少世界贸易规模。

在有管理的浮动汇率制度下，一国政府可以调整干预外汇市场的程度。干预越多，该国的汇率就越接近于固定汇率制度；干预越少，该国的汇率就越接近于浮动汇率制度。由于汇率是每天、每周都不断变动的，所以制定浮动规则的一个主要目的就是防止汇率发生反常波动。成员应当对外汇市场进行必要的干预，阻止急剧的、具有破坏性的汇率波动。这种政策被称做**逆势干预**（Leaning Against the Wind），即不依照任何长期汇率，而是采取干预措施减轻短期汇率波动。成员还不应采取加剧本币汇率波动的措施，也就是说，当本币汇率上浮时，它们不应该加强本币升值的趋势；当本币汇率下浮时，它们不应该加强本币贬值的趋势。

在有管理的浮动汇率制度下，一些国家选定**目标汇率**（Target Exchange Rates），然后采用干预措施维持这一汇率。目标汇率的目的是反映影响汇率变动的长期经济力量。浮动汇率的管理者估计目标汇率的一种方式是参照统计指示变量，它们对同一经济因素的反应与汇率的变动趋势相同。当指示变量发生变动时，目标汇率就要进行相应的调整。这些指示变量包括不同国家的通货膨胀率、官方储备水平、国际收支账户持续失衡状况等。在实践中，要从变化无常的市场中确定目标汇率是很困难的。

□ 15.5.1 短期和长期的有管理的浮动汇率制度

有管理的浮动汇率制度把市场决定汇率和外汇市场干预结合起来，目的在于充分利用浮动汇率制度和固定汇率制度各自的优势。在有管理的浮动汇率制度下，外汇市场干预用于稳定短期汇率，而在长期，汇率水平则由市场力量决定。

图 15.4 以瑞士和美国为例，说明了两个国家框架下的有管理的浮动汇率原理。瑞士法郎的供给曲线和需求曲线分别用 S_0 和 D_0 表示；瑞士法郎的供给量和需求量相等处的均衡汇率水平为 0.50 美元/瑞士法郎。

假设美国的实际收入水平上升，并且这种上升是永久性的。受此影响，美国居民需要更多的瑞士法郎购买瑞士巧克力。如图 15.4（a）所示，令瑞士法郎的需求曲线从 D_0 升至 D_1。由于瑞士法郎需求的这种增加是长期市场力量作用的结果，因此在有管理的浮动汇率制度下，允许按照供给和需求状况重新确定汇率。随着瑞士法郎需求量的增加，在汇率为 0.50 美元/瑞士法郎的水平上，瑞士法郎的需求量（180 瑞士法郎）超过了供给量（100 瑞士法郎）。超额需求使瑞士法郎汇率上升为 0.60 美元/瑞士法郎，在这一汇率水平上，瑞士法郎的供给量和需求量相等。按照这种方式，各种货币汇率的长期变动由供给和需求决定。

图 15.4（b）解释的是瑞士法郎需求量短期增加的情况。假设瑞士有价证券的利率

水平较高，因此，美国投资者需要更多的瑞士法郎来购买瑞士有价证券，瑞士法郎的需求曲线从 D_0 升至 D_1。假设几周后，瑞士的利率趋于下跌，美国对瑞士法郎的需求曲线又会变为原来的 D_0。若是在浮动汇率制度下，瑞士法郎的美元价格会从 0.50 美元/瑞士法郎升至 0.60 美元/瑞士法郎，然后再降回 0.50 美元/瑞士法郎。汇率的这种短期波动是公认的浮动汇率制度的一个不足，因为它会给国际贸易和金融交易的获利能力带来不确定性，扭曲贸易和金融的模式。

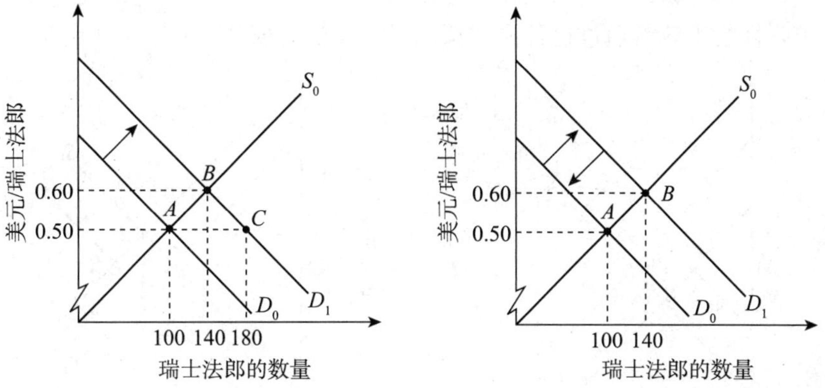

图 15.4　有管理的浮动汇率

注：在这种汇率制度下，短期内通过中央银行的干预实现汇率稳定，而长期内则由市场力量决定汇率水平。

在有管理的浮动汇率制度中，对于汇率的暂时波动，美联储会采取干预措施，将汇率维持在 0.50 美元/瑞士法郎的长期均衡汇率水平上。当对瑞士法郎的需求曲线为 D_1 时，中央银行将出售瑞士法郎，满足超额需求。只要这种变动一结束，需求曲线又重新回到 D_0，此时，就不再需要进行外汇干预了。简而言之，汇率的暂时性波动会给国际贸易和金融交易带来不确定性，中央银行的干预就是用来防止汇率的暂时性波动。

自从 1973 年实行有管理的浮动汇率制度以来，美国政府对外汇市场干预的频率和规模一直在不断变化。1977—1979 年期间，美元的汇兑价值低得让人无法接受，美联储进行了大规模的干预。而在里根政府的第一届任期中，为了响应限制政府干预市场的目标，美国很少进行稳定汇率的操作，而这些操作只用来抵消短期的汇率波动。1985 年，由于美元的汇兑价值过高，损害了美国生产商的国际竞争力，美国再次实施了大规模的干预。1987 年，主要工业化国家签署了《卢浮宫协议》，对可以容忍的汇率波动的上下限达成了非正式的协议。在此之后，美国政府对外汇市场实施的干预最为广泛。

□ 15.5.2　汇率稳定和货币政策

我们已经看到，在有管理的浮动汇率制度下，中央银行是如何通过买进和卖出外汇来稳定汇率的。稳定汇率还有一种方法，就是货币政策。正如我们将要论述的，稳定一种货币的汇率需要中央银行：（1）采用扩张性货币政策抵消本币升值；（2）采用紧缩性货币政策抵消本币贬值。

图 15.5 描绘了美国外汇市场。假设英镑的供给曲线为 S_0，需求曲线为 D_0，供给量和需求量相等处的均衡汇率水平为 2 美元/英镑。

假定英国工人罢工，导致生产中断。受此影响，美国居民减少了对英国产品的购买，从而减少了对英镑的需求，在图 15.5（a）中，英镑的需求曲线由 D_0 降至 D_1。如果中央银行不进行干预，英镑的美元价格将从 2 美元降至 1.8 美元，因此，美元相对于英镑升值。

为了抵消美元升值，美联储可以增加对美元的供给，降低美国国内短期利率，从而减少外国对美国有价证券的需求。这样，外汇市场上提供的用于购买美国证券的英镑数量就会减少，使得英镑的供给曲线向左移动到 S_1，这使美元的汇率恢复到 2 美元/英镑的水平。扩张性货币政策通过这种方式抵消了美元的升值。

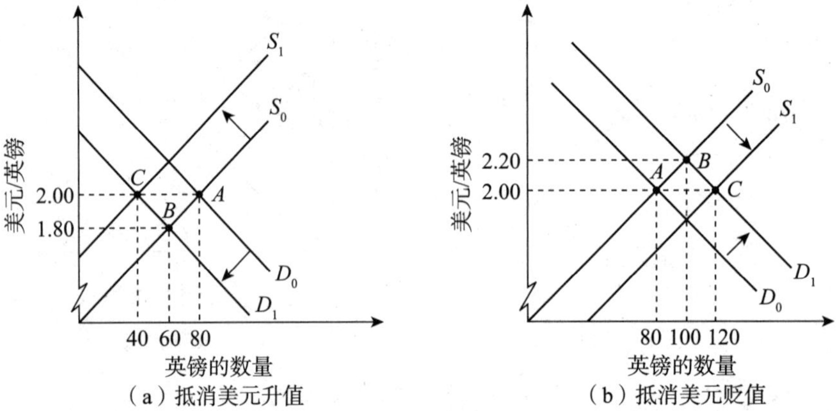

图 15.5 汇率稳定和货币政策

注：如果没有其他国家的政策干预，为了稳定汇率，中央银行需要实行：（a）扩张性货币政策以抵消本币升值；（b）紧缩性货币政策以抵消本币贬值。

现在看一下图 15.5（b），假设英国利率水平暂时上升，使得美国投资者需要更多的英镑，以购买英国证券，从而使英镑的需求曲线 D_0 升至 D_1。如果中央银行不进行干预，美元的汇兑价值将从 2 美元/英镑升至 2.2 美元/英镑，因此，美元相对于英镑贬值。

为了抵消美元的贬值，美联储可以减少美国的货币供给，以此提高美国国内的利率水平，吸引来自英国的投资，这样一来，外汇市场上提供的用于购买美国证券的英镑数量就会增加。当英镑供给从 S_0 升至 S_1 时，美元的汇率恢复到 2 美元/英镑的水平。因而，紧缩性的货币政策抵消了美元的贬值。

上述例子解释了一国是如何运用国内的货币政策来稳定本币币值的。然而，这种政策并不是毫无成本的，下面的例子可以证明这一点。

假设美国政府增加支出，却没有相应地增加税收。假设为了弥补由此产生的预算赤字，政府在货币市场上借入资金，由此提高了国内利率水平。美国利率上升使以美元计价的有价证券变得更有吸引力，外国增加了对这些资产的购买，由此对美元的需求也就随之增加，最终美元的汇兑价值提高。美元升值以后，外国市场上的美国商品变得昂贵了，而美国市场上的外国商品变得更便宜了，因此，美国贸易账户出现赤字。

现在，假如美联储采用扩张性货币政策来干预外汇市场。美元供给增加以后，会抑制美国国内利率水平上升和美元升值。通过抑制美元升值，扩张性货币政策提高了美国企业的竞争力，并能使美国的贸易账户保持平衡。

然而，扩张性货币政策对国内经济的有利影响只是暂时性的。当被无限期地（长期）执行时，增加国内货币供给的政策会削弱美国的贸易地位，这是因为以抑制美元升值为目的的货币扩张最终会提高美国国内的商品价格，进而抵消最初因实行扩张性货币政策所提高的竞争力给美国带来的收益。美国的支出最终将从本国产品转向外国产品，贸易账户还会出现赤字。

由这个例子可以看出，货币政策虽然能够用来稳定美元的短期汇率，但是，如果长期持续实行扩张性货币政策，物价水平就会上升，由此抵消本国最初获得的竞争力收益。因此，通过增加货币供给来抑制美元升值并不能从根本上消除引起贸易赤字的因素，即国内支出的增加，因此用货币政策稳定美元汇率的长期效果十分有限。

对于美联储而言，很难同时实现国内经济稳定和美元的汇兑价值稳定。例如，1995年初，美元相对于日元大幅贬值，美国经济的增长呈现出放慢的迹象。提高美元的汇兑价值要求美联储采取紧缩性货币政策，提高利率，增加净投资流入。然而，如果国内利率水平进一步上升，美国经济在下一年度陷入萧条的危险就会加大。于是，在保持国内经济扩张和维持美元汇兑价值稳定二者之间，美联储不得不作出取舍。当时，美联储顺应了美国国内的要求，采用了降低利率的政策。

□ 15.5.3 汇率稳定是有效的吗？

许多国家政府干预外汇市场，试图抑制汇率波动，或者减缓或者逆转货币流动方向。[①] 它们担心汇率过度的短期波动和超过合理的基本条件的长期波动会不利于经济发展，特别是那些与国际贸易高度相关的部门。并且，外汇市场是不稳定的。例如，1999年1月，1欧元大约等于1.15美元，2000年底下降到0.85美元，而2003年6月又攀升到了1.18美元。同时期，1美元相对于日元的价值，从133日元下降到102日元，波动幅度为30%。近几年，许多其他货币也经历了同等幅度的价格波动。

许多中央银行干预外汇市场，其中最大的干预者是日本。例如，1991—2000年，日本银行168次购买美元，购买数量累计为3 040亿美元，33次出售美元，销售数量累计为380亿美元。一个典型的例子是，2000年4月3日，日本银行在外汇市场上购买132亿美元，试图阻止前一周发生的美元相对于日元高达4%以上的汇率贬值。其他国家对外汇市场进行的官方干预，在日本银行对外汇市场的干预规模之前相形见绌，例如，日本银行的干预规模超过美国在1991—2000年期间对外汇市场干预规模的30倍。但是，与外汇市场的总体市场交易相比较，日本银行对外汇市场的干预规模可以忽略不计。

毫不奇怪，如果中央银行在对外汇市场进行干预的同时，再辅以利率变动政策，那么对外汇波动所产生的影响将比单独进行干预时更大。此外，当两国中央银行对市场的干预相互协调时，例如，美联储和日本银行，其对外汇波动产生的影响将会大于单边外汇操作的情况。然而，协调干预事件的发生相当罕见。

学术研究人员通常对官方外汇干预的有效性产生怀疑。然而，外汇干预的支持者认为，当外汇面临投机性攻击时，也就是说，当外汇波动无法通过基本经济要素进行解释

---

① Michael Hutchinson, "Is Official Foreign Exchange Intervention Effective?" *Economic Letter*, Federal Reserve Bank of San Francisco, July 18, 2003.

时，外汇干预是有效的。此外，在协调私营部门的预期方面也是有效的。近期的研究结果在一定程度上支持了市场干预的短期有效性。然而，并不能因此就认为政府干预作为长期管理工具也是合理的。①

15.6 爬行钉住汇率制度

为什么有些国家不实行固定汇率制度，而是采取了让步的方法，即**爬行钉住汇率制度**（Crawling Peg）？玻利维亚、巴西、哥斯达黎加、尼加拉瓜、所罗门群岛和秘鲁都采用了这种体制。爬行钉住汇率制度的含义是，一国对货币平价进行小幅度的、经常性的调整，纠正一国的收支失衡。赤字国和盈余国都会一直调整汇率水平，直到达到满意水平为止。爬行钉住汇率制度这个术语是指，平价的变动分许多小步进行，使得汇率调整过程尽可能地接近连续。于是，钉住汇率会从一个平价爬行到另一个平价。

爬行钉住汇率制度起初一直被高通货膨胀的国家采用。一些发展中国家，主要是南美洲国家认识到，只要能够不断调整平价，钉住汇率制度是可以在通货膨胀环境中运行的。由于通货膨胀率与国际竞争力有关，这些国家一般都把物价水平作为调整钉住汇率的指示器。它们主要关心的是控制汇率波动的准则，而不是究竟应该钉住哪种货币或货币篮子。

爬行钉住汇率制度不同于可调整的钉住汇率制度。在可调整的钉住汇率制度中，汇率与一种平价联系在一起，这种平价不经常变化（可能是几年一次），但会突然地跳跃，而且跳跃的幅度通常很大。而爬行钉住汇率制度的基本思路则是，一国可以小幅度地、经常性地调整平价，一年可以调整几次，使平价按市场条件的变化缓慢爬升。

在支持者看来，爬行钉住汇率制度能够把浮动汇率制的灵活性和固定汇率制的稳定性结合起来。他们认为，一种连续的、稳定的调整汇率制度能够更敏锐地反映市场竞争条件的变化，避免可调整钉住汇率制度的一个主要问题，即平价的变动幅度通常很大。而且，在爬行钉住汇率制度下，平价的变动是小幅度的、经常性的、时间间隔随机的，不具有任何规律，使投机商无机可乘。

近些年来，爬行钉住汇率制度被那些面临着急剧和持久通货膨胀的发展中国家采用。但是IMF普遍认为，像美国或德国这样担负着国际货币义务的国家，使用这种体制并不是最好的选择。IMF认为，工业化国家很难实行这种制度，因为在国际资本流动中，这些国家的货币是国际主要流通货币。就连爬行钉住汇率制度的铁杆支持者都承认，还没到普遍推广这种制度的时候，有关其内在优越性的探讨还将持续下去。

15.7 货币操纵和货币战争

到21世纪，各国政府之间相互指责对方操纵货币。美国指责日本和中国为了增加

① Michael Hutchinson, "Intervention and Exchange Rate Stabilization Policy in Developing Countries," *International Finance* 6, 2003, pp. 41-59.

国际竞争力和贸易盈余人为地压低了日元和人民币的汇率。日本和中国也同样指责美国操纵货币。

货币操纵是指财政或者货币当局为了影响本国货币汇率在外汇市场买卖货币的行为。日本通过抛售日元、买入美元国债，使日元对美元的汇率贬值。日本为什么这么做？抛售日元使日元价格下跌，购买美元使美元价格上涨，从而使日元贬值。对美国而言，日元贬值意味着：日本商品在美国市场上的价格被人为压低，而美国商品在日本市场上的价格则被人为抬高。同时，日元的贬值也使得日本劳动力成本更加便宜，推动企业到日本设厂。当然，这对于在美国工厂的工人不利，也对出口到日本的企业不利。日元贬值使得日本出口商品更加便宜，使得日本出口商品对国外消费者更有吸引力，从而削弱竞争对手的竞争优势。由此，货币贬值对于出口导向型国家而言提高了竞争力。

2003—2004 年，日本央行持续干预日元长达 15 个月，使用资金高达 35 万亿日元。日本央行使用这些资金购买了 3 200 亿美元国债。此举增加了日元供给，使日元贬值，从而达到日本增加出口、摆脱通货紧缩的目的。

21 世纪初，许多国家政府都推动本国货币贬值，至少不让本国货币升值。货币操纵的国家和地区包括日本、瑞士、韩国、新加坡和马来西亚。大多数石油出口国家也进行货币干预。

人为压低汇率使得出口产品更加便宜，进而促进国内经济增长。这对其他国家的生产企业而言是个大问题，因为一国货币贬值意味着其他国家货币必然升值，最后可能导致货币战争：各国政府竞相推动本国货币贬值，每个国家都希望自己的汇率最低。20 世纪 30 年代曾经爆发过这样的货币战争，造成了灾难性后果。大萧条期间，各国废弃金本位制，利用本国货币贬值的政策刺激经济。由于此举使其他国家失业率上升，其他国家纷纷报复，竞相贬值，引发货币战争，全球贸易崩溃，经济萎缩严重。

美国一直抱怨贸易伙伴操纵货币。国会曾经提请（没有通过）法案，对货币操纵国家实施制裁。如果法案获得通过，美国为应对货币操纵，可以购买货币操纵国的货币，以抵消其操纵的影响。另一个制裁措施是实施关税报复政策，提高货币操纵国出口产品的关税税率。

但是，其他国家也抱怨美国的货币政策，比如 2007—2009 年经济危机期间，美联储为刺激经济实行了扩张性货币政策。美联储的主要目的是通过增加货币供应量、降低利率，刺激经济。但是，这个政策不可避免地也导致了美元的贬值。为什么会这样？由于美联储降低利率，国外资金流入减少，美元需求下降，从而使美元贬值。货币贬值是扩张性货币政策的“附带品”。

我们很难判断货币政策是不是合适。一方面，央行增加货币供给，刺激经济增长（比如美国，只是为了刺激经济，货币贬值只是“副产品”）；另一方面，央行积极干预外汇市场，蓄意使货币贬值、增加出口，扩大海外市场（比如中国，压低汇率是主要目标）。即使我们认为美国的货币政策没有错，中国的货币政策难以接受，但是无论目的如何，其他国家生产企业只是看到美元贬值，而它们的货币升值了，对其出口和经济增长构成了威胁。但是，逻辑很重要。近几年，全球遭受了总需求锐减、失业率居高不下的困境，同时，欧洲国家和美国政府债务繁重，美国政府不愿意采取扩张性财政政策（减税和增加政府开支），因而只能更加依赖宽松的货币政策。

下面的内容将考察中美之间关于货币操纵的冲突。

□ 中国是汇率操纵国吗?

到了21世纪，中美贸易冲突不断升温。2009年，美国财政部长盖特纳重申了对中国的责难，认为中国对汇率的操控损害了美国的经济利益。他指出，为了阻止人民币升值，中国人民银行干预外汇市场，大量出售人民币，买入美国国债等以美元计价的资产。

该论调宣称，中国的汇率政策使人民币被严重低估，为中国创造了不公平的竞争优势。低估的人民币使美国出口至中国的货物价格高于市场机制下的出口价格。人为的低成本中国制造使与中国相互竞争的美国制造业，如纺织服装业和家具行业的生产与就业受到了损害。低估的人民币还使美国消费者可以廉价地买到中国商品，鼓励来自中国的进口。于是，就业机会从美国转移至中国。如果美元对人民币的汇率由市场决定，而不受中国人民银行的操纵，人民币将迅速升值，提高中国出口的价格，减轻美国制造业的压力。中美贸易的巨额顺差以及中国的巨额美元储备证明了中国一直在操纵人民币汇率以获取不公平竞争优势。为了促进美国、中国乃至世界经济的平稳发展，必须靠市场来决定人民币汇率。

另一种分析则指出，美国制造业的健康发展与人民币的关系并不大，或者说二者毫不相关。美国制造业的萧条并不源于中国出口的强有力竞争，而是发展的必然趋势。就业机会的减少源自科技进步带来的生产效率的提高。美国若想提高本国工人的竞争力，应努力改革自己的教育制度而非幻想对中国汇率制度施压。

从经济学的角度来看，中国试图维持汇率的稳定有其合理性。只要汇率合理，固定的汇率可以帮助中国实现国内物价稳定。1993—1995年期间，中国的通货膨胀率高升至20%，此后，稳定的汇率帮助中国的物价水平重新稳定下来。

此外，中国的汇率干预也给美国经济带来了好处。中国一直都在大规模投资美国债券，有利于维持美国的低利率水平，有利于美国企业的投资，因为在信贷成本较高的情况下，企业将失去投资兴趣。投资带来了资本数量的增长，也带动了经济规模的发展。低估的人民币还减轻了美国的通货膨胀率。

中国认为自己的汇率挂钩政策并不是旨在鼓励出口，抑制进口，而是为了维护经济稳定。中国指出，包括中国在内的许多发展中国家都有将本币与美元挂钩以促进经济稳定的做法。中国担心放弃挂钩政策会引发国内经济危机，目前中国正处于艰难的改革过程中，如关闭效益低下的国有企业，重组金融系统等，这时候进行汇率制度改革将严重损害中国的出口制造。简而言之，中国认为经济稳定是维护政治稳定的关键。他们担心人民币升值将减少就业并引起诸多行业工资水平的下降，进而引起工人的不满。

为什么不抛弃让人民币升值的政策，提升工人的工资呢？长期来看，汇率贬值和工资上升之间有替代作用。到2011年，随着老年人的退休和年轻劳动力供给的不足，中国开始进入劳动力缺少的时期。此外，农民迁移方面的障碍也导致了沿海地区劳动力的稀缺。迫使人民币升值也可能造成不良后果。如果中国企业担心在未来人民币会升值从而降低自己的竞争力，它们现在就不愿意为工人提高工资。在本书写作的2014年，我们还不知道中美之间的货币汇率冲突将如何发展。

15.8 货币危机

国际货币体系的一个缺点是，近年来经常发生主要货币危机。**货币危机**（Currency Crisis），也被称为**投机性攻击**（Speculative Attack），是指弱势货币面临着强大的抛售压力的一种状况。抛售压力有几种可能的迹象。一是一国中央银行所持有的外汇储备遭受大规模的损失；二是在远期市场上，即买卖双方承诺在将来特定时间而不是立即进行外汇交易，汇率不断贬值；三是在通货膨胀极度攀升的极端情况下，抛售压力源于国内货币普遍兑换成了外币或者人们认为能够保值的商品，诸如黄金或者不动产。事实证明，货币危机能够使一国国内生产总值的增长率减少 6%甚至更多。对于大部分国家来说，这相当于经济增长损失了一到两年的时间。表 15.5 列举了货币危机的例子。

表 15.5　　货币危机的例子

1994 年 12 月—1995 年，墨西哥

墨西哥中央银行将比索的价值维持在一定范围内，即每年相对于美元贬值 4%。为了降低其债务的利率水平，1994 年 4 月，墨西哥政府开始发行与美元相关的债务。这一债务的数量很快就超过了墨西哥中央银行本来已经不断减少的外汇储备。恰帕斯行政区内的动乱导致了对比索的投机性攻击。尽管政府通过扩大浮动范围，将比索的价值低估了 15%，但是危机仍然持续。由此，政府允许比索自由浮动，汇率从危机之前的 3.46 比索/美元贬值为超过 7 比索/美元。危机结束之时，墨西哥从美国政府和 IMF 获得了将近 490 亿美元的贷款承诺。墨西哥经济陷入了萧条，产生了银行问题，导致了政府救助。

1998 年，俄罗斯

俄罗斯政府对其短期债务支付了较高的利率。主要出口商品石油价格的下降以及经济疲软，促生了对相对于美元具有一定官方爬行范围的卢布的投机性攻击。尽管 IMF 向俄罗斯提供了约 110 亿美元的贷款，并且俄罗斯政府把卢布汇率的浮动范围扩大了 35%，但是危机仍然继续。这使得卢布的汇率持续波动，并且相对于美元贬值了约 20%。由此，俄罗斯经济进入了衰退期，并经历了急剧的通货膨胀，许多银行濒临倒闭，政府背负以卢布计价的债务负担，并且暂停私人部门对外债的支付。

2001 年，土耳其

土耳其里拉实行的是 IMF 设计的钉住美元的爬行汇率。2000 年 11 月，关于 20 个政府官办银行的刑事调查的谣言，导致了对里拉的投机性攻击。银行之间的借贷利率上升到 2 000%，由此，土耳其中央银行开始进行干预，8 家银行破产并由政府接管。土耳其中央银行的干预违反了土耳其与 IMF 达成的协议，但是 IMF 还是向土耳其提供了 100 亿美元的贷款。2001 年 2 月，土耳其总统与总理之间的公众争议使得投资者对土耳其联合政府的稳定性失去了信心。银行之间的利率水平上升到 7 500%。因此，土耳其政府允许里拉自由浮动。截止到 2001 年 10 月，里拉的汇率从危机之前的 668 000里拉/美元下降为1 600 000 里拉/美元。土耳其经济陷入停滞状态，通货膨胀率暴涨到 60%。

资料来源：Kurt Schuler，*Why Currency Crises Happen*，Joint Economic Committee，U.S. Congress，January 2002.

当抛售压力停止时，货币危机就结束了。结束抛售压力的一种方法是使本币贬值，也就是说，在本币充分贬值的水平上，规定新的汇率水平。例如，墨西哥中央银行可能会停止比索按照现行的 10 比索/美元的汇率来兑换美元，并设置新的汇率水平 20 比索/美元。结束抛售压力的另一种方法是采取浮动汇率制度。浮动汇率制度允许汇率“找到自己应有的水平”，这几乎总是会使本币的汇率水平低于现行的钉住汇率水平。法定贬值和允许汇率自行贬值使得用本币表示的外汇以及外国商品更加昂贵，从而减少对外币的需求，消除引起抛售压力的不均衡。然而，在某些情况下，特别是当公众对货币的信心较弱时，危机仍将持续，并且会导致下一轮的法定贬值或者自行贬值的发生。

最终导致法定贬值或者加速贬值的货币危机，有时候也被称为**货币崩溃**（Currency Crashes）。并非所有的货币危机都导致货币崩溃。试图结束货币危机的抛售压力，从而避免货币崩溃发生的一种方法是，对公众买卖外汇的能力加以限制。然而，这些管制会给那些找到规避管制途径的公众带来获利机会，因此，经过一段时间后管制会失去作用，除非通过一整套严格的政府机构来执行。结束抛售压力的另一个途径是获取贷款以补充货币当局的外汇储备，希望扩充外汇储备的国家往往要求 IMF 向其提供贷款。尽管贷款能够提供暂时性的援助，但是只会延迟而不会彻底结束抛售压力。结束抛售压力的最后一个途径是重获对现行汇率的信心，例如，通过货币政策宣布货币升值以及可信度的改变。

贸易冲突

☞

2007—2009 年的世界经济危机

经济危机几乎每隔 10 年便会零星地发生一次，波及不同的国家，从瑞典到阿根廷，从俄罗斯到韩国，从日本到美国。每场危机各不相同，却总有一些共性。总体来说，经济危机通常由市场过热、举债过度、信贷攀升、对风险的不正确估计、资本急速外流、难以为继的宏观经济政策等因素引起。

2007—2009 年的世界经济危机始于美国房地产市场泡沫及抵押品市场繁荣的破灭，随后发展成为全球范围的金融、经济危机。某些规模极大、备受尊敬的银行、投资机构及保险公司或是宣布破产，或是接受了政府救济。以汽车行业为例，通用汽车和克莱斯勒公司在宣布破产后被美国政府收归国有。许多人将此次经济危机归咎于美国，并视其为不遵守稳健金融规则的案例。

这场全球经济危机再次证明了美国是金融领域的绝对中心。区域性的经济危机，如 1997—1998 年的东亚金融危机，不会严重影响全球金融体系的其他区域。美国经济危机却使绝大多数国家陷入了发展困境，因为美国是国际金融体系的主要保证人，是世界最重要的通货储备及交易媒介——美元——的归属国，是在全球范围参与金融资本逐利的主要成员。美国经济危机往往会波及全世界，当然，其他国家并不因此而感谢美国。

在美国爆发的经济危机迅速地扩散到了其他发达工业国、新兴工业国以及发展中国家。投资者撤离了原有投资，低风险的投资也受到了影响，从而使股价暴跌，本币贬值。出口下滑、物价上涨，世界经济要么陷入衰退，要么增长缓慢。全球经济形势仍在恶化，美国与其他国家似乎无法走出这场危机：没有哪个主要经济体能承担起经济增长引擎的重任，帮助其他国家摆脱经济下滑的困境。

这场全球经济危机由前后两次动荡构成，首先是发达国家遭受了次贷危机、投资过度、给予金融机构的资本支持出错等重创，其次是新兴工业国和无辜的弱势经济体也要承受全球市场不景气造成的苦果。这些国家没有充足的资本，只能向国际货币基金组织、世界银行以及日本等资本富裕的国家寻求帮助。

为应对全球经济危机，美国与其他国家努力控制波及范围，将损失降至最低，重建人们对金融机构的信心，调节经济，帮助世界经济重回正轨。为了达成目标，美国、中国、韩国、西班牙、瑞典、德国等国采取了一系列措施，包括：

- 通过提供贷款或购买股票的方式为金融机构注入资金，防止金融机构破产。
- 提高存款保险期限以限制取款。
- 在金融机构濒临破产时买入其不良债务，使这些机构可以重新运作。
- 各国中央银行协作降息，为经济注入资金。
- 实行刺激性财政政策，刺激总需求的增长。

在 2008 年 11 月召开的 20 国集团金融市场与全球经济峰会上，参与国一致认可，本次经济危机并不是轻微的经济出轨，简单地将其扳回正轨并不会奏效；没有一个国际机构有能力应对以至预防全球经济危机的发生；必须努力改变国际金融体系以降低风险、及时预测、建立经济危机预警制度；只有坚守市场自由竞争的准则，改革才能取得成功。让我们拭目以待世界各国的改革力度。

资料来源：Dick Nanto，*The Global Financial Crisis*：*Analysis and Policy Implications*，April 3，2009，Congressional Research Service，U. S. Library of Congress，Washington. D. C.：U. S. Government Printing Office.

□ 15.8.1 货币危机的起源

货币危机为什么会发生?[①] 普遍的解释是大货币投机者为了自身利润而引发危机。1992 年，世界上知名的货币投机者乔治·索罗斯通过投机欧洲货币而赚取了 20 亿美元。然而，投机行为也会导致大规模的损失。2000 年，乔治·索罗斯由于投机失败而遭受了接近 30 亿美元的损失之后退出。然而，货币投机不仅仅是大投机者的行为，无数的普通民众也通过持有外币而进行类似的投机行为。无数的小投机者也能够像大投机者那样推动市场的变动。简而言之，货币危机不仅仅由随机出现的大货币投机者引起，其发生必定存在根本性原因。

产生货币危机的原因之一是通过通货膨胀来为财政赤字筹集资金。如果政府无法简单地通过增加税收或者以借贷的形式为其财政赤字筹集资金，将迫使中央银行借助创造货币的形式来筹集资金。创造货币使货币供给增加的速度要快于货币需求增加的速度，因此会导致通货膨胀。20 世纪 80 年代发生的许多货币危机的本质似乎在于通过通货膨胀来弥补财政赤字。然而到 20 世纪 90 年代，这一解释显得乏力了。1992—1993 年发

① Kurt Schuler，*Why Currency Crises Happen*，Joint Economic Committee，U. S. Congress，January 2002.

生欧洲货币危机期间，在遭受不利影响最严重的国家中，财政赤字规模很小并且具有持续性。此外，遭受1997—1998年货币危机影响的大多数东亚国家的财政收支呈现盈余状态，并且实现了强劲的经济增长。由此，经济学家开始寻找对货币危机起因的其他解释。

货币危机也有可能是由脆弱的金融体制造成的。如果民众认为中央银行将会援助（商业）银行，甚至花费较大的外汇储备也会这样做，那么脆弱的银行将会引发投机性攻击。拯救银行的明确的或者不明确的承诺会引发道德风险，即人们不对其自身的错误承担全部的成本。随着人们对本币将来价值的不断了解，他们会卖出本币以获得币值更稳定的外国货币。

过去20年的某些主要货币危机，发生在那些近期放松金融体系管理的国家。从前，许多政府通过金融管制来使投资流向存在政治倾向的领域。反过来，它们限制银行、人寿保险企业以及类似部门之间的竞争。用通过限制竞争而获取的利润来补贴那些政府引导的非获利的投资。通过减少政府对投资的引导，并允许金融机构之间加强竞争，放松管制改变了这一格局。然而，政府没有能够确保在更加自由的环境中获取成功的回报，金融机构也对这一失败承担了更大的责任。因此，在放松管制的陌生环境中，金融机构作出了错误的决策，并且用大量的公众支出来弥补其错误。由此，公众对本币的未来价值开始担心，并且卖出本币来获取币值更加稳定的外国货币。

经济疲软会使人们担心，如果经济继续疲软，政府和中央银行继续实施目前的货币政策的决心是否可靠。经济疲软的特征是，人均GDP增长率下降，失业率上升，股票市场下跌，出口增长下滑。如果民众预期中央银行将会增加货币供给来刺激经济增长，那么他们就会担心本币的未来价值会下跌，并开始在货币市场上卖出本币。

政治因素也能够引起货币危机。从历史上看，发展中国家比发达国家更容易发生货币危机，因为它们的法律法规效力较弱，政府更容易被武力推翻，中央银行在政治上不具有独立性，并且还具有一些其他的使货币政策产生政治不稳定性的特征。

外部因素是引发货币危机的另一个来源。例如，如果中央银行拒绝提高其实施的利率水平，那么主要国际货币利率水平的提高将会引发货币危机。资金将会从本币投资领域流向外币投资领域，使中央银行的储备资产下降到无法忍受的低水平，如果本币汇率是钉住汇率，那么将会迫使政府对本币进行法定贬值。此外，破坏经济的大的外部冲击，诸如战争或者进口石油价格的波动，也可能引发货币危机。从历史上看，外部冲击是历史上引发许多货币危机的主要因素。

最后，汇率制度的选择也会影响货币危机的发生及其发生的形式。近些年来，通常的做法是令本国货币钉住低通货膨胀率的大国的货币，这有利于通过将国际贸易商品的通货膨胀率与钉住国家的通货膨胀率相联系，使通货膨胀维持在可控范围之内。例如，2002年之前，阿根廷比索的汇率固定在1比索/美元的水平。因此，在世界市场上按照1蒲式耳4美元的价格销售的玉米，按照比索计价为4比索。如果公众预期这一汇率水平固定不变，那么固定汇率将阿根廷的通货膨胀率预期钉住相对低通货膨胀率国家——美国的通货膨胀率，从而带来额外的利益。

尽管能够带来相对较低的通货膨胀率的好处，但是固定汇率制度使得国家容易受到针对本币的投机性攻击。已知维持固定汇率制度需要政府按照目标汇率买卖本币以获得外币，这就要求中央银行持有足够数量的外汇储备，以满足公众按照固定汇率卖出本币换回外币的需求。如果公众认为中央银行的国际储备供给已经下降，并且公众开始怀疑其满足公众按照固定汇率卖出本币换回外币的需求的能力，那么公众就会预期本币将贬值。这一预期将会导致针对中央银行持有的剩余国际储备的投机性攻击。投机性攻击在于大量卖出本币，换回外国货币，从而加快外汇储备的减少，并导致本币法定贬值。最近发生的最重要的货币危机都发生在实施固定汇率制度的国家里也就不足为奇了，但是同时说明了纠正先前的经济问题缺乏政治意愿。

接下来，我们将考察针对东亚货币的投机性攻击。

□ 15.8.2 投机者攻击东亚货币

泰铢钉住美元长达 10 年以上，1997 年 7 月，货币当局废除了这一钉住汇率制度。[①]到 10 月，市场力量迫使泰铢相对于美元贬值，贬值幅度为 60%，继而引发了投机者针对其他东南亚货币进行投机的风波。同期，印度尼西亚卢比、马来西亚林吉特、菲律宾比索以及韩元也都纷纷放弃了钉住美元的制度，并分别贬值了 47%、35%、34%和 16%。这一事件再次引发了经济学领域的一个古老的话题，即一国货币应该实施固定汇率制度还是浮动汇率制度。接下来考察一下泰国的情况。

20 世纪 80 年代和 90 年代，泰国被广泛认为是东南亚地区经济发展的杰出者之一，但是其经济在很大程度上依赖于外国短期资本的流入，这是由于泰铢的稳定性及其远远高于其他国家的利率水平所致。资本流入促进了广泛基础的经济繁荣，特别是不动产市场。

然而到 1996 年，泰国的经济繁荣接近尾声。随之，国内外的投资者开始恐慌，并开始从泰国金融系统撤回资金，从而对泰铢产生了贬值的压力。然而，泰国政府通过在外汇市场上用美元购买泰铢以及提高利率的方式抵制了本币贬值，进而进一步增强了泰铢的吸引力。但是对泰铢的购买大幅度削减了泰国的硬通货储备。此外，利率的提升抑制了经济活动，因此对原本脆弱的金融部门造成了负面的影响。这些因素最终结束了泰铢与美元之间的钉住关系。

1997 年，泰国和其他东南亚国家废除了固定汇率制度，但是一些经济学家怀疑长期来看这是否是最优的政策。他们的理由是，这些经济体的规模相对较小，并且在很大程度上依赖于国际贸易和资本流动。此外，按照发展中国家的标准，它们的通货膨胀率适中，劳动力市场相对比较灵活。换句话说，对它们来说浮动汇率制度不是长期的最优选择。这些经济学家认为，事实上，除非东南亚政府将其货币钉住某些货币，否则其货币将会进入贬值和高通货膨胀的恶性循环。确实令人担心的是，如果没有固定汇率的外部约束，东南亚地区的中央银行将缺乏实施严厉的货币政策的公信力。简而言之，固定汇率制度和浮动汇率制度都不能解决问题。政府所采取的总体经济政策的合理性才是改变一国经济形势的真正途径。

---

① Ramon Moreno, "Lessons from Thailand," *Economic Letter*, Federal Reserve Bank of San Francisco, November 7, 1997.

15.9 资本管制

由于资本流动通常是引发货币危机的重要原因，对资本运动的管制能够维持固定汇率制度，由此避免货币的投机性冲击。**资本管制**（Capital Controls），也被称为**外汇管制**（Exchange Controls），是指政府对外国储蓄者投资于本国的资产（例如，政府债券、股票或者银行存款）以及本国储蓄者投资于外国的资产施加限制。资本管制的一种极端情况是政府直接控制国际交易，从而影响市场供求，最终达到控制国际收支的目的。例如，如果政府对外汇交易具有实际的垄断权，它们就可以要求所有的外汇收入都上交到当权者手中，然后政府再按照其制定的价格在本国的贸易商和投资商间分配这些外汇。

这种体制的优点是，政府可以规定用于进口或资本流动的外汇数量，限制这些交易的规模，从而影响国际收支水平。通过资本管制，政府还可对不同用途的外汇交易规定不同的汇率，由此鼓励或限制某些交易。而且，实行资本管制后，国内的货币政策和财政政策的稳定功能的发挥会有更大的自由度。一国政府如果可以通过资本管制控制国际收支，那么在执行国内经济政策时就不必担心会导致国际收支失衡。

墨西哥和东亚发生的投机冲击部分是由于资本流出和资本流入方面大规模的波动。结果，一些经济学家和政治家认为，发展中国家应该限制资本流动。例如，1998 年，马来西亚总理马哈蒂尔对资本流出实施了限制，目的在于帮助经济重新恢复金融稳定。

尽管对资本流出的限制看似具有吸引力，但是也带来若干问题。实践证明，实施管制之后，资本流出可能会进一步增加，因为民众对政府的信心减弱了。此外，资本流出的限制措施往往会导致规避现象，因为政府官员得到好处后就会对本国居民将资金转移到海外视而不见。最后，资本管制可能会使政府官员产生错觉，认为经济是安全的，不必通过金融体制改革来应对危机。

尽管经济学家一般会对资本流出管制持怀疑态度，但是对资本流入管制通常持支持态度。支持者认为，如果投机资本不能够进入一个国家，那么它就不能迅速撤离，从而导致危机。他们指出，1997—1998 年东亚金融危机说明了资本流入是如何导致贷款繁荣、国内银行承担过度风险以及最终导致金融崩溃的。然而，资本流入的限制政策也是有问题的，因为它们阻碍了那些为生产性投资提供融资的资金的进入。此外，资本流入限制很少起到有效作用，因为私人部门总是能够逃避这一规定，并使资金流入国内。①

□ 外汇交易应该被征税吗?

1997—1998 年，东亚发生了金融危机，随后若干国家被迫放弃了固定汇率制度，从而需要更多的稳定性和政府对外汇市场进行管理。事实上，市场波动给东亚地区经济带来了诸多麻烦。

经济学家通常认为，自由市场是决定资金如何进行投资的最好手段。全球资本市场

---

① Sebastian Edwards, "How Effective Are Capital Controls?" *Journal of Economic Perspective*, Winter 2000, Vol. 13, No. 4, pp. 65 - 84.

向急需资金来促进经济增长的国家提供资金，同时允许外国投资者实现其资产组合的多样化。他们认为，如果资本能够自由流动，那么市场将倾向于实施合理经济政策的国家，并迫使其他国家也这样做。事实上，大部分国家欢迎甚至鼓励长期承诺的资本流入，如企业和商业的对外直接投资。但是也有一些经济学家开始怀疑金融工具的作用，诸如股票和债券、银行存款和短期债务证券，这些金融工具可能会因为计算机键盘的一击而撤离东道国。这正是1997年在东亚、1994年和1995年在墨西哥以及1992年和1993年在英国和意大利发生的情况。

为了防止国际金融危机，若干著名的经济学家主张通过对外汇交易征税来限制国际金融发展的进程。观点是通过征税增加外汇交易的成本，从而避免对经济形势相关信息的稍微变动而发生大规模的反应，从而抑制汇率的波动。支持者认为，这一税收将会刺激外汇交易者在买卖外汇和债券时审视长期经济趋势，而不是短期预感。交易者必须对每笔交易支付较少的税收，比如0.1%，因此，只有预期收益能够弥补额外成本时，他们才会买卖外汇。交易量越少意味着外汇市场的波动越少，并且外汇越稳定。

税收的支持者可能会进行辩解，他们不是试图干预自由市场，而只是防止过度波动。然而，我们不知道多大程度的波动是过度的或者不合理的。事实上，经济学家不能通过一国的基本经济因素来解释所有的汇率波动，但是我们不能据此认为应该对此种波动进行规制。事实上，一些波动可能是由政府政策的不确定性导致的。

对外汇交易征税的观点还存在其他的缺点。这一税收会增加非常理性地从海外借款的国家的负担。通过增加这些国家的资本成本，此税收将会抑制投资，并阻碍经济发展。此外，对外汇交易征税是很难实施的。外汇交易几乎可以在世界的每个角落进行，因此，为了征收这一税收而达成广泛的协议是极为不可能的。那些不同意征税的国家可能发展成为外汇交易的中心。

15.10 固定汇率制度的信誉日益递增

正如我们所了解到的，当投机者认为中央银行不能够维持持续疲软的货币的汇率稳定时，他们将会卖出本地货币以获得币值更稳定的外汇。有没有办法使投机者相信汇率将保持稳定呢？货币发行局制度和美元化的目的很明显在于稳定固定汇率制度，从而防止货币危机。

□ 15.10.1 货币发行局制度

货币发行局（Currency Board）是一个货币机构，其发行的纸币和硬币可以按照固定汇率兑换成外国目标货币。目标货币是选定的一种预期币值稳定、在国际上能被普遍接受的货币。大多数货币发行局一直将美元和英镑作为目标货币，少数货币发行局也把黄金作为本币钉住的目标。固定汇率通常由法律设定，政府改变汇率的成本相当高。简而言之，如果没有完全的货币联盟，货币发行局提供的可能就是最强大的固定汇率形式了。

货币发行局承诺按照固定汇率兑换本币和外币，而履行这个承诺要求其必须拥有足够的外汇。这意味着货币发行局持有的外汇储备至少100%等于流通中的法定纸币和硬币数量。一个货币发行局可以代替中央银行，或者作为具有与现有中央银行同等地位的货币发行人。通常，货币发行局会接管发展中国家中央银行的加强币值的职能。

从设计角度来看，货币发行局的运作完全是被动和自发的，没有任何自主权。货币发行局唯一的职能就是按照固定的汇率兑换目标货币和本国的纸币与硬币。与中央银行不同，货币发行局并不向政府、国内企业或国内银行提供贷款。在货币发行局制度中，政府支出的资金只能来自税收或借款，不能采取印刷货币继而引发通货膨胀的形式。这一切都是因为该种制度规定，本币必须至少以100%的目标货币做支撑。

因此，采用货币发行局制度的国家的货币政策是自动的，如同用个人电脑替代了联邦储备委员会的主席一样。当目标货币流入时，货币发行局增发本币，利率会降低；当目标货币流出时，利率则上升。即使利率飙升，经济萧条接踵而至，政府也只能在后面静坐观望。

许多经济学家认为，中央银行，尤其是发展中国家的中央银行，并不能保持政治上的独立性，因此也就无法保证货币体制的正常运转。它们服从于本国的民主或独裁政权，对政治上的变化唯命是从。从这个角度来看，中央银行至少不应承担维持币值稳定的重任。这项工作应该由一个独立的机构来完成，这个机构唯一的任务就是按照一套严格的、不能变更的规定发行货币，每发行一单位货币，必须储备固定数量的外汇或黄金。

在固定汇率制度中，货币发行局具有相当高的可靠性。货币发行局为了稳定汇率作出的最重要的贡献就是规定了货币创造的原则，使国内价格更加稳定。而国内价格稳定性的增强又会使本币价值保持稳定。简而言之，货币发行局制度的主要好处包括：

- 使一国的货币和汇率制度更有规律可循，更具有预测性。
- 规定国家基础货币供给的上限。
- 抑制经济中的通货膨胀趋势。
- 迫使政府把借款额度限制在国内和国外贷款者按照当前市场利率愿意贷出的范围。
- 增强对本币的信任，使本国公民和外国投资者相信，本币总是可以兑换成其他硬通货的。
- 树立信心，促进贸易、投资和经济增长。

货币发行局制度的倡导者认为，中国香港是一个受益于货币发行局制度的地区。在20世纪80年代初期，中国香港实行的是浮动汇率制度。中国香港政治前景的不确定性是引发经济问题的直接原因。1982年，中英双方开始探讨1997年英国租约期满后中国香港的命运问题。由于担心中国政府会废弃中国香港的资本主义制度，中国香港的股票市场缩水了50%。不动产市场也受到打击，拥有大量不动产的小银行遭到挤兑。受此影响，港币对美元贬值了16%。许多商人对港币失去了信心，拒绝接收港币，改用美元报价。恐慌的人们疯狂采购菜油、大米和其他主要商品，商家的货架被抢购一空。

1983年，中国香港政府宣布采用货币发行局制度以后，经济危机才得以结束。其钉住汇率为7.8港元=1美元。尽管中英谈判仍然问题不断，但货币体制改革还是立即扭转了对港币缺乏信心的局面。币值稳定为中国香港经济持续快速的增长提供了保障。

货币发行局一方面通过立法承诺按照固定汇率交换本币和外币，一方面保证只在有外币储备支持的时候才发行货币，因此对于处在经济混乱中的国家，采用货币发行局制度是一种很好的恢复信心的方法。尽管货币发行局不能解决一个国家所有的经济问题，却能够比本国的中央银行赢得更高的金融信用。

政府支出过多是发展中国家出现通货膨胀的一个主要原因，尽管货币发行局制度可以约束政府支出，降低发展中国家的通货膨胀，但这种制度也不是尽善尽美的。最普遍的反对意见是，货币发行局使一国无法采取相机抉择的货币政策，因此会降低其经济的独立性。有些时候，人们还指出，因为缺少可以求助的最后贷款人，货币发行局制度极易受到金融恐慌的影响。另外一种反对意见认为，货币发行局制度在本币和目标货币之间建立起了一种殖民关系。20 世纪初，英国的殖民地实行货币发行局制度的例子经常被批评者们所引用。

不管采用货币发行局制度还是中央银行制度，一国的货币体系都可以做到规范有序。但这两个制度本身却不能确保有序或规范，它们的有效性取决于其他因素，如财政政策和健全的银行体系。换句话说，币值合理、汇率稳定是靠各司其职、相互支持的政策和机构的共同作用实现的。不管构想得多么好，没有一种货币制度能够单独挑起全部的担子。

□ 15.10.2 阿根廷：货币发行局没有“万能药”

在第二次世界大战后的大部分时期，阿根廷承受着巨大的金融压力，同时面临着较高的通货膨胀率和金融稳定性政策的失败。20 世纪 70 年代和 80 年代，超级通货膨胀猖獗，1989 年和 1990 年，价格上涨的幅度均超过了 1 000%。

1991 年，为了抑制通过印发比索来为政府支出筹措资金的倾向，阿根廷提出比索以固定汇率与美元进行兑换。为了控制货币的发行量，阿根廷取消了缺乏信誉的中央银行（基础货币制度），并设立了货币发行局。在这一制度安排下，只有当货币发行局拥有等量的美元时，才能够发行货币。

固定汇率制度和货币发行局的设立是为了确保阿根廷的通货膨胀率保持在较低的水平上，如同美国的低通货膨胀率水平。起初这一计划似乎奏效了，到 1995 年，每年价格上涨的幅度低于 2%。

然而，20 世纪 90 年代晚期，阿根廷经济遭受到了四个外部冲击的影响：(1) 美元升值，对阿根廷的出口产业和进口竞争产业造成了与美国相似产业相同的负面影响；(2) 美国利率水平的上升，影响到阿根廷经济，导致了资本品支出的减少；(3) 世界市场上商品价格的下降，在很大程度上损害了阿根廷产品出口产业的发展；(4) 巴西货币实际汇率的贬值，使得销往阿根廷的巴西生产的商品相对比较便宜，而出口到巴西的阿根廷的商品相对比较昂贵。这些外部冲击对阿根廷经济主要产生了通货紧缩的效应，导致了产出的减少和失业的增加。

由此，阿根廷通过扩大支出，甚至超过其税收收入水平，来刺激经济增长。为了向财政赤字融资，阿根廷从国际市场上借入美元。2001 年，阿根廷因拖欠债务无法从国际市场上继续借入美元，从而结束了比索和美元之间的可兑换性，并被冻结了银行的大部分存款。随着阿根廷居民对政客们的不满，暴力事件和其他抗议活动不断爆发。

一些经济学家开始怀疑，对阿根廷来说，设立货币发行局是不是一个错误。他们认为，尽管阿根廷如同犹他州和马萨诸塞州那样将自己与美洲货币区联系在一起，但是在面临负面的外部冲击时，阿根廷并没有从使得美洲货币区顺利转危为安的调整机制中获得好处。例如，当阿根廷失业增加时，其民众不能流向工作岗位较丰富的美国。此外，美联储采取的政策是适应美国经济状况的，而不是阿根廷的经济状况。并且，美国国会的财政政策并没有考虑阿根廷所面临的问题。结果，阿根廷经济所遭受的负面冲击通过工资和价格的下降得以解决。这是将本币与美元僵硬地固定在一起的后果。

□ 15.10.3 美元化

要想维持一国的固定汇率水平，除了采用货币发行局制度以外，为什么不直接对经济进行“美元化”呢？以阿根廷为例，**美元化**（Dollarization）是指居民同时使用美元和比索，或用美元代替比索。当阿根廷居民为了防止比索发生高通货膨胀而持有以美元计价的银行存款或联邦储备票据时，就发生了部分美元化。在拉丁美洲和加勒比海地区的许多国家，因为美国是它们的主要贸易伙伴国和外国投资来源，部分美元化已经实行了多年。

完全美元化是指取消阿根廷比索，完全用美元代替比索。阿根廷的货币就由原来的完全由比索构成，变为完全由美联储发行的美元构成。阿根廷为了使美元取代比索，将出售外汇储备（主要是美国国库券），买进美元，并把所有未清偿的比索票据换成美元票据。这样，美元就成了阿根廷唯一的法定货币和记账单位。此外，美属维尔京群岛、马绍尔群岛、波多黎各、关岛、厄瓜多尔以及其他拉丁美洲国家都采用了完全美元化。

为什么要美元化？

为什么小国希望实行美元化呢？美元化国家得到的好处包括源于美元化本身不可取消性所带来的可信度和政策纪律性。在此背后意味着较低的利率和通货膨胀率水平、较强的金融稳定性以及不断增强的经济活力。如果一国历史上通货膨胀率和金融不稳定性较高，通常会认为美元化非常具有吸引力。美元化被认为是避免通常会先于或者伴随陷入困境的货币状况而发生的资本外流的一种手段。

美元化的一个主要好处是，使用统一货币减少了交易成本。在统一货币区域，货币风险和套期保值的消除使得贸易和投资增加。另一个好处在于通货膨胀方面，选择另一种货币必然意味着，美元化国家的通货膨胀率与美元发行国家的通货膨胀率相联系。在一定程度上，所选择的货币越被接受、币值越稳定，在进行美元化后，不仅当时的通货膨胀率更低，将来的通货膨胀率也更低。最后，通过采用不存在外汇管制以及贸易收支风险最小化的体制，将会使经济更加开放。美元化不能够确保国际收支平衡问题的消除，但是能够迫使政府以更加开放的方式来解决此类风险，而不是通过印刷货币和造成通货膨胀的方式。

美元化的影响

对于打算把美元作为官方货币的国家，最简便的分析方法就是把它们看做美国 50 个州中的一个。虽然美国各州的经济条件存在差别，但在讨论美国货币政策时，美联储考虑的是美国整体的经济状况，而不是某个州或者某个地区的经济状况。这是因为货币政策是通过利率在信用市场上发挥作用的，而信用市场又是全国性的。于是，尽管有些州或地区的经济条件与整个国家不一样，货币政策也不能为它们量体裁衣。因此，阿根廷实施美元化后，就得接受美联储的货币政策。

厄瓜多尔实施美元化后，美国大概会执行和现在一样的货币政策。如果厄瓜多尔的商业周期和美国不一致，它不能指望美联储会对其提供援助，就像美国任何一个商业条件与国家整体状况不同的州不能指望得到美联储的照顾一样。对厄瓜多尔而言，这是一个主要的不利方面。尽管如此，厄瓜多尔放弃独立货币政策这个安全阀后，情况仍旧要比以前好。

厄瓜多尔实施美元化面临的另一个限制是，它不能像美国本国的机构那样把美联储作为最后贷款人。如果美国金融系统出现紧张，美联储会运用各种货币手段帮助这些机构减少可能发生的损失。然而，如果没有国会的批准，美联储不能对厄瓜多尔或其他把美元作为官方货币的国家行使这种职能。

把美元作为官方货币的第三个缺点是，厄瓜多尔再也不能从其货币体系中获得任何**铸币税**（Seigniorage）。这是因为厄瓜多尔必须卖出外汇储备（主要是美国国库券）来换取美元。而这些储备是有利息的，因此也是厄瓜多尔收入的一个来源。这种收入被称做铸币税。但是，一旦厄瓜多尔的储备资产被美元现钞所替代，这种收入来源就消失了。

在实施美元化后，厄瓜多尔将和美国的 50 个州一样，享有自由支配美元税收收入的权利。使用美元并不会影响厄瓜多尔在教育、安全保卫、社会保障等方面的支出。厄瓜多尔还可以制定自己的关税、补贴和其他贸易政策。因此，厄瓜多尔在这些领域的主权不会受到侵害。不过，厄瓜多尔的财政政策会受到全面限制，即不能通过多印刷苏克雷来弥补预算赤字，政府支出政策必须得谨慎对待。

厄瓜多尔经济的官方美元化还会影响到美国。首先，当厄瓜多尔居民获得美元时，他们向美国居民出让了商品和服务。因此，每向外流出一美元，美国居民能够消费的商品和服务的数量就会增加一次。其次，在实施美元化后，厄瓜多尔持有美元，而不是带利息的美元债券。这实际上相当于厄瓜多尔为美国提供了无息贷款。无须支付的利息是衡量美国每年获得的铸币税的一个指标。另外，外国使用美元会妨碍美联储制定和执行货币政策。美元化也使厄瓜多尔更加依赖美国的货币政策，这将给美联储带来更大的压力，迫使其按照厄瓜多尔的利益而不是按照美国的利益执行政策。

15.11 小结

1. 大多数国家既不实行完全的固定汇率制度，也不实行完全的浮动汇率制度。一般来说，现行的汇率制度同时具有固定汇率制度和浮动汇率制度的特征。

2. 小的发展中国家一般会使本币钉住一种货币或一篮子货币。主要和一个贸易伙伴有贸易和金融往来的小国，一般选择钉住单一货币；有不止一个贸易伙伴国的小国通常选择钉住一篮子货币。

3. 特别提款权（SDR）是由国际货币基金组织的 4 个成员的货币构成的货币篮子。篮子的估价方法使 SDR 的价值比篮子中任何一种单一货币的价值都要稳定。发展中国家通常选择钉住 SDR。

4. 在固定汇率制度下，各国政府确定本币的官方汇率，并设立外汇稳定基金，用其买入或卖出外汇，防止市场汇率偏离官方汇率。

5. 在浮动汇率制度下，汇率由市场供给和需求决定。赞成浮动汇率制度的理由主要是：(1) 简便易行；(2) 连续调整；(3) 不影响国内政策；(4) 对国际储备的需求减少。反对浮动汇率制度的理由主要是：(1) 导致外汇市场混乱；(2) 政府可能会实行盲目的金融政策；(3) 易于引发通货膨胀。

6. 随着固定汇率制度的布雷顿森林体系的崩溃，各主要工业国采取了有管理的浮动汇率制度。在这种体制下，从短期来看，中央银行可以干预外汇市场，防止市场无序；从长期来看，汇率将按照供给和需求的变化自由浮动。

7. 为了补偿本国货币的贬值，中央银行可以：(1) 动用国际储备购买外汇市场上的本币；(2) 实行紧缩性货币政策，使国内利率升高，投资流入，并导致对本币需求的增加。为了补偿本币的升值，中央银行可以在外汇市场上卖出本币，并实行扩张性货币政策。

8. 在爬行钉住汇率制度下，一国政府可以通过经常贬值（或升值）本币来保持收支平衡。这种体制主要被通货膨胀率较高的发展中国家所采用。

9. 货币危机也被称为投机性攻击，是指一国疲软货币面临抛售压力的情况。货币危机发生的原因包括：通过通货膨胀筹集财政赤字的资金；脆弱的金融制度；政治不稳定性以及世界市场利率水平的变动。尽管固定汇率在维持低通货膨胀方面具有优势，但是特别易于受到投机性攻击。

10. 有时候，政府通过资本管制来维持固定汇率水平，并防止货币的投机性攻击。然而，私人部门会寻求途径规避管制而使资本从一国流出或流入，从而阻碍了资本管制的实施。

11. 实行货币发行局和美元化很明显是为了维持固定汇率水平，从而防止货币危机发生。货币发行局是一个货币机构，发行能够按照固定汇率兑换外币的纸币和硬币。货币发行局对维护汇率稳定的最重要的作用是对货币创造过程制定规则。这导致了国内价格水平的稳定，又进一步稳定了国内货币的价值。美元化是指一国居民将本币与美元同时使用，或者用美元代替本国货币。美元化被视为防止通货膨胀率、货币贬值和对本币的投机性攻击，进而促进经济增长和繁荣的一种途径。

15.12 关键概念及术语

- 可调整的钉住汇率（Adjustable Pegged Exchange Rates）
- 布雷顿森林体系（Bretton Woods System）
- 资本管制（Capital Controls）
- 清洁浮动（Clean Float）
- 爬行钉住汇率制度（Crawling Peg）
- 货币发行局（Currency Board）
- 货币崩溃（Currency Crashes）

- 货币危机（Currency Crisis）
- 法定贬值（Devaluation）
- 肮脏浮动（Dirty Float）
- 美元化（Dollarization）
- 外汇管制（Exchange Controls）
- 外汇稳定基金（Exchange Stabilization Fund）
- 固定汇率（Fixed Exchange Rates）
- 浮动汇率（Floating Exchange Rates）
- 基本性失衡（Fundamental Disequilibrium）
- 永恒残缺三角形（Impossible Trinity）
- 关键货币（Key Currency）
- 逆势干预（Leaning Against the Wind）
- 有管理的浮动汇率制度（Managed Floating System）
- 官方汇率（Official Exchange Rate）
- 平价（Par Value）
- 法定升值（Revaluation）
- 铸币税（Seigniorage）
- 特别提款权（Special Drawing Right，SDR）
- 投机性攻击（Speculative Attack）
- 目标汇率（Target Exchange Rates）

15.13 习题

1. 一国采用固定汇率制度或浮动汇率制度由什么因素决定？

2. 有管理的浮动汇率制度是如何运作的？为什么工业化国家在 1973 年采用了这种制度？

3. 为什么一些发展中国家采用货币发行局制度？为什么还有一些国家使货币制度美元化？

4. 论述布雷顿森林体系的可调整钉住汇率制度的含义和运作过程。

5. 为什么有些国家要采用爬行钉住汇率制？

6. 资本管制的目的是什么？

7. 货币危机产生的原因有哪些？

8. 为什么小国会将汇率钉住货币篮子？

9. SDR 为小国家钉住汇率带来什么好处？

10. 举出支持和反对浮动汇率制度的例子。

11. 中央银行可以采用什么方法稳定本币币值？

12. 货币贬值的目的是什么？升值呢？

第 16 章 开放经济条件下的宏观经济政策

20 世纪 30 年代经济大萧条发生以来，各国政府都致力于追求充分就业和维持物价稳定的宏观经济目标。财政政策和货币政策是通常使用的两种政策手段。封闭经济体（即无国际性贸易与资金流动的经济体）可以采取上述政策实现自己的目标。然而，在开放经济条件下，这些政策能否取得成效受诸如商品及服务的进出口、金融资本的国际流动和汇率弹性等因素的影响。这些因素可能有助于货币政策与财政政策实现充分就业和物价稳定的双重目标，也可能使其背道而驰。

本章探讨开放经济条件下的宏观经济政策。本章将首先阐释封闭经济条件下货币政策和财政政策的运作方式，此后，将对二者在开放经济条件下的效应进行阐述。

16.1 各国的经济目标

宏观经济政策的基本目标是什么？自 20 世纪 30 年代大萧条以来，各国一直积极追求充分就业下的经济稳定目标。**内部均衡**（Internal Balance）目标包括两个方面：（1）充分就业；（2）无通货膨胀，或者更现实一点，保持适度的通货膨胀。长期以来，各国一直将内部均衡作为重中之重，并制定了一系列的经济政策来实现这一目标。政策制定者还关注一国的国际收支（BOP）状况。如果一国的国际收支既无盈余，也无赤字，就说明该国实现了**外部均衡**（External Balance）。当一个经济体同时实现了内部均衡和外部均衡时，就实现了**总体均衡**（Overall Balance）。

除了内部均衡和外部均衡外，一国还有别的经济目标，如经济长期发展和国民收入公平合理分配。虽然这些目标和其他一些目标可能会影响国际经济政策，但本章讨论的政策目标仅限于内部均衡和外部均衡。

16.2 政策工具

为了实现内部均衡和外部均衡的目标，政策制定者可以实施支出变动政策、支出转移政策和直接管制。

支出变动政策（Expenditure Changing Policies）改变一国对国内生产及外国进口的商品和服务的总需求水平，由**财政政策**（Fiscal Policy）和**货币政策**（Monetary Policy）构成。财政政策是指改变政府支出和税收的政策；货币政策则是指一国中央银行（如美联储）改变货币供给的政策。根据支出变动的方向，支出变动政策可以增加支出，也可以减少支出。

支出转移政策（Expenditure Switching Policies）调整需求的方向，使之在本国商品与进口商品之间进行转移。在固定汇率制度下，出现贸易赤字的国家可以通过本币的法定贬值，提高本国产业的国际竞争力，使消费支出从国外商品转向国内商品。在有管理的浮动汇率制度下，一国可以用本币购买其他国家的货币，达到降低本币汇兑价值的目的。这些政策能否成功改善国际收支状况，在很大程度上取决于需求转移的方向和数量是否适当，以及本国经济是否有能力提供更多的商品来满足额外的需求。汇率调整是最常用的支出转移政策，通过对价格机制和国民收入产生作用间接地影响国际收支状况。

直接管制（Direct Controls）包括政府对市场经济的各种限制措施，它们属于选择性支出转移政策，以控制国际收支平衡表中的某些项目为目标。例如，汽车关税和乳制品配额等管制手段直接针对进口商品，试图将国内支出从国外商品转向国内商品。同样，出口补贴的目的是让国外消费者更多地购买本国商品，从而增加本国的出口量。直接管制也适用于资本流动，用来抑制过量的资本流出，或者激励资本流入。

制定经济政策的过程要服从制度约束，要兼顾公平和公正的原则。政策制定者会考虑他们所代表的集团的利益，如劳动者和企业，特别是在经济目标相互冲突的时候。例如，为了恢复国际收支均衡，政策制定者愿将国民收入、产出和就业降低到什么程度呢？国内受到损害的利益集团的抗议可能足以使政策制定者不再把外部均衡视做追求的目标。在大选的年份，政府官方往往对国内经济问题特别敏感。在制定政策时，一般采用谈判和折中的方式，兼顾公平和公正。

16.3 总需求与总供给：概要

在宏观经济学的主要课程中，你已经学过总需求—总供给模型，该模型可以用来分析一个经济体在短期中的产量和价格水平。通过图 16.1，我们来看看加拿大的总需求—总供给模型的主要特征。

在图 16.1 中，总需求曲线（AD）显示了某年内，在各个价格水平下，加拿大人将购买的实际产出（实际国内生产总值）水平。总需求由国内消费者、企业、政府以及国外购买者（净出口）的支出构成。对实际产出的需求随着价格的下降而增加。

图 16.1 同时展现了该经济体的总供给曲线（*AS*）。该曲线显示了某年内，加拿大人生产的实际产量与价格水平之间的关系。总供给曲线通常为向上倾斜的曲线，因为每一单位的产出都耗费成本，价格水平必然会随着实际产量的增加而上涨。[①] 当总需求等于总供给时，经济处于均衡状态，即图中两条曲线相交之处。

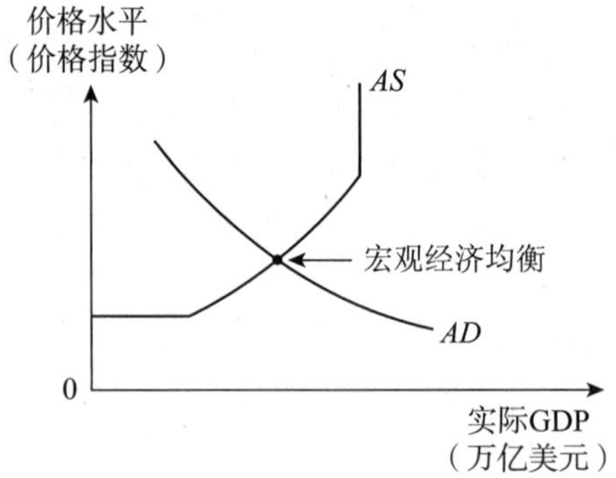

图 16.1　宏观经济均衡：总需求—总供给模型

注：总需求曲线与总供给曲线相交之处即为经济的均衡点。该交点决定了该经济体在均衡状态下的价格水平和产出水平。总需求或总供给的上升（下降）在图中表现为沿着相应曲线向右方（左方）移动。

沿着总需求曲线向右下方（左上方）移动意味着总需求的增加（减少）。总需求的变化由总需求的决定性要素——消费、投资、政府采购或净出口的变化引起。相似地，沿着总供给曲线向右上方（左下方）移动意味着总供给的增加（减少）。总供给的变化由资源、技术、企业预期以及相似因素的价格水平的变化引起。接下来，我们将利用这个总需求—总供给模型框架对财政政策以及货币政策进行分析。

16.4　封闭经济条件下的货币政策与财政政策

货币政策与财政政策是政府可用来影响经济运行的主要宏观经济手段。如果总产量过低、失业率过高，政府的传统应对方案是通过扩张性货币政策或财政政策来刺激总需求的增长。这种解决办法将带动国家实际 GDP 的增长。相反地，如果国民经济受到通货膨胀的困扰，在固定价格水平下，该国总需求的增长将超过该国有限的资源所能承担的产出的增加。在这种情形下，政府的应对方案是通过紧缩性货币政策或财政政策来降低总需求。由过量的总需求带来的价格上涨的压力将随着总需求曲线的下降而得到缓和，通货膨胀也得到调节。

图 16.2（a）说明了在封闭的加拿大经济中，扩张性货币政策或财政政策将产生的

① 事实上，总供给曲线有三种不同的表现形式。其一，在经济处于严重的衰退期或大萧条发生时，总供给曲线将是一条水平的曲线。在这种经济环境下，额外的生产并不能刺激价格水平上涨，总需求的变化使国民经济的实际产出发生变化，然而价格水平并未发生相应变化。其二，在经济处于近乎充分就业的良好状态时，资源市场的稀缺性将变得突出。不断增加的总需求促使资源价格不断攀升，由此带动了单位生产成本的上涨，总供给曲线向上倾斜——只有提高价格才能促进生产的增加。最后，在经济处于充分就业的情形下，总供给曲线变为一条垂直线。

效果。为了方便理解，我们假设在经济体达到充分就业水平之前，加拿大的总供给曲线是水平的曲线，且充分就业状态下加拿大的实际 GDP 产出为 800 万亿美元，在该点，总供给曲线变为垂直的曲线。同时假设均衡状态下该经济体的实际 GDP 为 500 万亿美元，即图中 AD_0 与 AS_0 的交点。该经济体在均衡状态下的产出水平低于充分就业状态下的产出水平，该经济体将逐渐陷入衰退。假设为了扭转衰退，政府实施了扩张性货币政策或财政政策，使得总需求增至 AD_1。这样，均衡状态下的实际 GDP 将从原来的 500 万亿美元上升至 700 万亿美元，失业率也会随之下降。

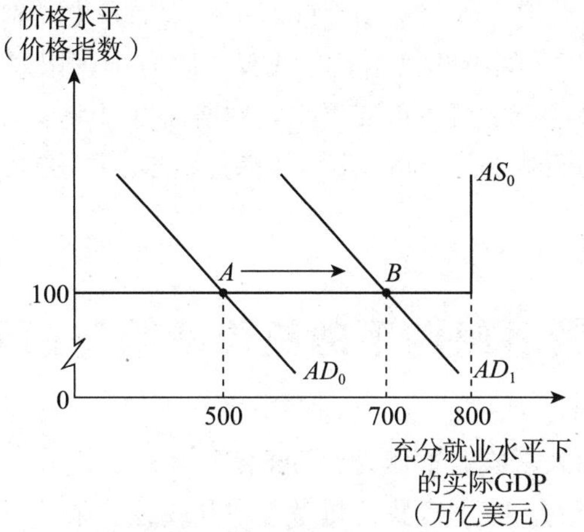

（a）封闭经济条件下的扩张性货币政策或财政政策

（1）第一效应、第二效应相互强化　　（2）第一效应、第二效应相互冲突

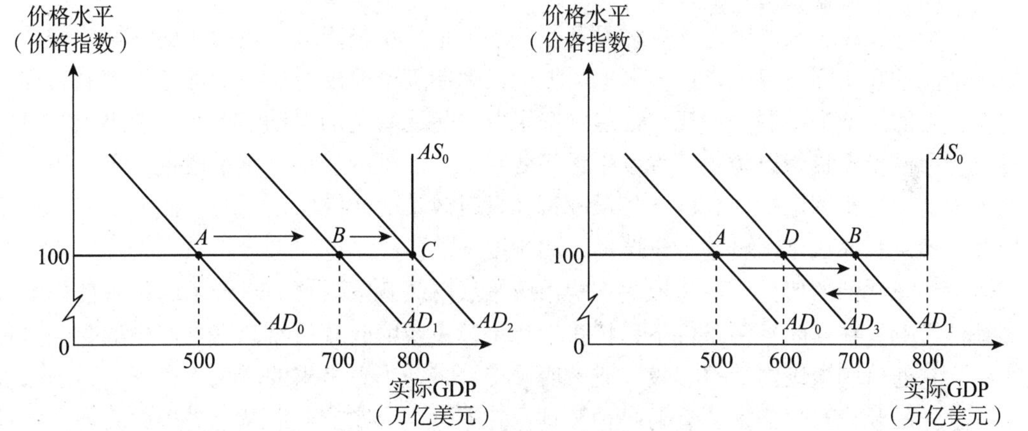

（b）开放经济条件下的扩张性货币政策或财政政策

图 16.2　扩张性货币政策或财政政策对均衡状态下实际 GDP 的影响

为了刺激总需求的增长，加拿大银行（以及其他国家的中央银行）通常通过在公开市场上购买金融证券来增加市场上的货币供给量。[①] 货币供给的增加降低了国内市场的

① 在公开市场上的业务活动是美联储最重要的货币手段，通常由美联储进行的证券买卖构成。此类交易由银行、其他企业或个人完成。购买公开市场上的证券将提高银行的准备金和货币供给。出售公开市场上的证券将减少银行的准备金和货币供给。其他货币政策手段包括改变贴现率、银行借用储备金的借款利率、法定存款准备金率等。

信贷利率，由此刺激了市场消费以及投资的增长。总需求的增长带来了实际 GDP 乘数倍的增长。① 为了抵消通货膨胀，加拿大银行将通过在公开市场上出售金融证券以减少市场上的货币供给，从而导致了市场利率的上升。利率的升高抑制了市场消费以及投资，由此带来了总需求的减少。总需求的下降减少了过量的需求给物价水平带来的压力。

除了可以使用货币政策来稳定经济外，加拿大还可以通过改变政府开支或税收政策这种财政手段来调控经济。政府支出是总需求的组成部分，改变政府支出即可直接影响总需求的变化。比如说，为了扭转衰退，政府可以增加开支以刺激总需求的增加，从而带动均衡状态下实际 GDP 的乘数倍增长。或者，政府也可以通过减少所得税、增加家庭的可支配收入来对抗经济危机。可支配收入的增加可以带来消费支出的增长，从而带动总需求的增长以及均衡状态下实际 GDP 的乘数倍增长。对立的财政政策将产生相反的效果。

16.5 开放经济条件下的货币政策与财政政策

前一部分的内容为大家检验了作为经济稳定工具的货币政策和财政政策是如何在封闭经济条件下发挥作用的。接下来我们将考虑在开放经济条件下，这些政策所能发挥的作用。问题的关键在于开放经济条件下的扩张性货币政策或财政政策在刺激实际 GDP 增长方面发挥的作用是否会强于封闭经济条件。②

一个国家决定采取固定汇率体系还是浮动汇率体系将影响上述问题的答案，详情如下。请注意在实际情况中，许多国家采取的汇率制度既非绝对严格的固定汇率制，亦非完全自由的浮动汇率制。相反，许多国家采取的是受管制的浮动汇率制，中央银行可以买入货币或卖出货币以防止汇率发生无序变动。若一国的汇率干预手段比这更严厉，那么该国更接近于固定汇率制度下货币政策和财政政策的研究结论。若一国的汇率干预手段并不如它，那么该国更接近于浮动汇率制度下的研究结论。

请注意我们的研究结论将取决于货币政策或财政政策对总需求产生的扩张性影响或紧缩性影响。在封闭经济条件下，扩张性货币政策或财政政策对总需求产生的影响是单一的：它通过刺激国内消费、投资或政府开支，带动了总需求的增长。在开放经济条件下，这样的政策对总需求还有另一种影响：它通过改变净出口以及总需求的其他决定性要素，带动了总需求的增长或下降。如果第一效应和第二效应的综合结果是带动了总需求的增长，那么这意味着这种政策的扩张性效应得到了强化。如果第一效应和第二效应给总需求带来的影响是相互冲突的，意味着这种政策的扩张性效应被削弱了。下面这个例子对此进行了阐释。

首先，我们假设加拿大的跨国投资（资本）的流动性很强。这种高流动性意味着加

① 乘数效应是财政政策及货币政策的重要理论基础。该原理认为，总需求的增加将带来均衡收入及均衡产出的乘数倍增长。家庭将获得的收入用于消费支出，带动了他人收入的增加，由此以往，这个过程呈乘数效应。

② 本章仅探讨扩张性货币政策和财政政策的效用。紧缩性货币政策和财政政策具有与之相反的效果。

拿大在利率上的小规模变化都将引致资本的大规模跨国流动。这种假设与美国、日本、德国等许多国家的投资流动情况相符，也与许多研究人员得出的"一国金融市场的全球化程度越高，该国的投资流动性越强"的结论相符。

□ 16.5.1 固定汇率制度下财政政策与货币政策的效应

首先考虑固定汇率制度下，扩张性财政政策与货币政策将产生的效果。我们的研究结论是，在刺激经济增长方面，在开放经济条件下，扩张性财政政策的效果要强于封闭经济体，而扩张性货币政策的效果要弱于封闭经济体。总结情况见表 16.1。[①]

表 16.1　货币政策和财政政策在促进资本流动程度高的经济内部均衡方面的效率

汇率制度	货币政策	财政政策
浮动汇率	加强	削弱
固定汇率	削弱	加强

固定汇率制度下财政政策的效果更强

参照图 16.2（b-1），假设加拿大实行固定汇率制度，且在初始阶段政府预算平衡，即政府开支等于税收收入。为了扭转经济危机，假设政府采取了某项扩张性财政政策，比如，增加对商品及服务的消费支出。政府开支增多的初始效应是刺激了总需求的增加，需求曲线从 AD_0 变为 AD_1，和我们之前讨论的封闭经济条件下扩张性财政政策带来的变化量一致。这种增长带动了均衡状态下的实际 GDP 的增长，从原来的 500 万亿美元上升至 700 万亿美元。

扩张性财政政策还会产生另一种效应，即上涨的政府开支为加拿大政府带来了财政赤字。政府需要资金来支持它的超额开支，国内利率由此上升。高利率吸引了来自国外的投资者，外国资金流入加拿大市场，外汇市场上加拿大货币的需求量逐渐升高。加拿大元开始面临升值压力。但是，升值并不会发生，因为加拿大实行的是固定汇率制。为了防止自己的货币升值，加拿大政府必然会介入外汇市场，用加拿大元购入外汇。购入外汇增加了国内市场上的货币供给，从而增加了可供借贷资金的数量。这些资金将被用于国内消费，也就是说，加拿大经济的需求总量将获得第二次增长，需求曲线从 AD_1 增长至 AD_2，均衡状态下的实际 GDP 增加至 800 万亿美元。

扩张性财政政策产生的初始效应将与第二效应相互强化，这样，实际 GDP 的增加量将多于封闭经济条件下扩张性财政政策产生的效果。简而言之，在资本富有流动性、汇率固定的经济体中，扩张性财政政策的效用要强于封闭经济体。

固定汇率制度下货币政策的效果较弱

货币政策的结果恰好相反。我们将学习到，在资本富有流动性、汇率固定的开放经

① This analysis originated with R. Mundell, "The Appropriate Use of Monetary and Fiscal Policy for Internal and External Stability," *IMF Staff Papers*, March 1961, pp. 70-77 and J. M. Flemming, "Domestic Financial Policies Under Fixed and Under Flexible Exchange Rates," *IMF Staff Papers*, 1962, pp. 369-379.

济条件下，扩张性货币政策在刺激实际 GDP 增长上的效果要弱于封闭经济条件。

参照图 16.2（b－2），我们再次假设加拿大经济正面临衰退。假设为了扭转经济危机，加拿大银行决定实行一项扩张性货币政策。该政策产生的初始效应会使国内利率降低，从而带动消费增长，使总需求曲线从 AD_0 移至 AD_1，从原来的 500 万亿美元上升至 700 万亿美元。

扩张性货币政策还会产生另一种效应，即低利率不利于吸引外国投资者将资金投放在加拿大的资本市场中。对加拿大元的需求量将逐渐减少，加拿大元将面临贬值压力。为了维持固定的汇率，加拿大银行必然介入外汇市场，使用外汇购买加拿大元。使用外汇购买加拿大元将减少国内市场的货币供给，以及可供借贷资金的数量。国内消费的减少带来了总需求的减少，加拿大的需求曲线将从 AD_1 降至 AD_3，均衡状态下的实际 GDP 将从原有的 700 万亿美元降至 600 万亿美元。这种对总需求的抑制效应与初始效应带来的经济增长效用相左，也就是说，扩张性货币政策在刺激经济增长方面的效果被削弱了。简而言之，在资本富有流动性、汇率制度固定的经济体中，扩张性货币政策的效用要弱于封闭经济条件下的效应。

□ 16.5.2　浮动汇率制度下财政政策与货币政策的效用

现在，我们对原有的案例进行修正，将加拿大的汇率制度改设为浮动汇率制。我们的研究结论是，在资本富有流动性且汇率浮动的经济环境中，扩张性货币政策在刺激经济增长方面的效果要强于封闭经济体，扩张性财政政策在刺激经济增长方面的效果要弱于封闭经济体。

浮动汇率制度下货币政策的效果更强

再次假设加拿大的经济正处于危机中。为了刺激经济增长，假设加拿大银行决定实行一项扩张性货币政策。在封闭经济条件下，货币供给的增加将引起消费以及投资的增长，增加总需求。参照图 16.2（b－1），总需求曲线从 AD_0 移至 AD_1，均衡状态的实际 GDP 从原来的 500 万亿美元上升至 700 万亿美元。

扩张性货币政策还会产生另一种效应，因为资本的跨国流动性很强，逐渐走低的利率水平将激励投资者把资金投放到外国资本市场中。为了方便对外投资，加拿大的投资者将出售加拿大元，购买外汇，加拿大元贬值。货币贬值使得加拿大的出口增加，进口减少，经常账户的余额增多，为加拿大经济带来第二次增长，总需求曲线从 AD_1 移至 AD_2，均衡状态下的实际 GDP 从 700 万亿美元增加至 800 万亿美元。

扩张性货币政策产生的初始效应将与第二效应相补充，产出的增长、就业的改善强化了扩张性货币政策的效用。简而言之，在资本富有流动性、汇率浮动的经济体中，扩张性货币政策在刺激经济增长方面的效用要强于封闭经济体。

浮动汇率制度下财政政策的效果较弱

如果加拿大政府选择通过财政手段来扭转经济危机，结果将会大不相同。参照图 16.2（b－2），政府开支增多的初始效应是刺激了总需求的增加，需求曲线从 AD_0 变为 AD_1，均衡状态下的实际 GDP 从原来的 500 万亿美元上升至 700 万亿美元。第二效应是，上升的政府开支为加拿大政府带来了财政赤字，利率上升。高利率吸引了来自国外的投资者，外国资金流入加拿大市场，外汇市场上对加拿大货币的需求量逐渐升高。加拿大元升值，出口减少，进口增加，经常账户的余额减少，总需求曲线从 AD_1 降至 AD_3，均衡状态下的实际 GDP 从原有的 700 万亿美元降至 600 万亿美元。初始效应与第二效应相左，于是扩张性货币政策在刺激经济增长方面的效果被削弱了。换言之，在资本富有流动性、汇率制度浮动的经济体中，扩张性财政政策的效用要弱于封闭经济体。

贸易冲突

☞

金融危机中的货币政策与财政政策

2007 年 12 月，美国经济在经过 6 年的持续增长之后达到了顶峰，随之而来的是贯穿 2008 年与 2009 年的经济衰退。某些重要信贷市场的崩盘是此次经济危机的主要诱因，这种崩盘给国家的金融体系和宏观经济都造成了极大的风险。

美联储采取了不同于以往的应对措施，以便取消对信贷市场的评级以及对融资性资金流动的管制，这种资金流动对于表现良好的经济体至关重要。除了将联邦基金利率目标下调至几乎为 0，美联储还通过为银行、其他金融机构以及无法从银行获得足够贷款的企业提供贷款成为最后贷款人。

为了刺激处于衰退之中的美国经济，美国政府发布了 2008 年的《经济刺激法案》。该法案的主要内容是对中低收入水平的家庭和个人予以临时性（一次性）退税补助，而这些纳税人会将获得的退税补助用于消费。最终的退税额约为 1 130 亿美元，约为 GDP 的 0.8%。政府预想这些退税补助将刺激人们的消费欲望，由此带动总需求的增长。然而，这种乐观的设想并未得到落实。实际情况是只有 10%～20%的退税补助被用在了实际消费上：大部分退税补助被用于家庭储蓄或支付过往的债务如信用卡账单，这些都无法直接带动经济增长。

2009 年奥巴马当上美国总统时，他接手的是一个逐渐深陷衰退的经济体。奥巴马政府意识到了消费与投资的减少使经济状况愈加恶化。一个总额高达 7 890 亿美元的财政刺激计划随之出台，这是美国政府自第二次世界大战以来为应对经济危机采取的最积极的财政刺激政策。该刺激计划分为 5 070 亿美元的消费计划以及 2 820 亿美元的减免税计划两部分来刺激总需求的增长。假如人们购买更多的商品和服务，无论是用于建设新高速公路的水泥还是用家庭所得税减免购买的杂货，都将在一定程度上减少由需求下降造成的企业裁员，而市场就业不充分将造成需求的更大滑坡以及经济的更大程度衰退。在本书撰写之际，这些刺激计划所能发挥的效用仍有待验证。

16.6 宏观经济稳定与经常账户：政策一致还是政策冲突

到目前为止，我们都设想财政政策和货币政策的目标是促进加拿大经济的内部均衡，也就是消除通货膨胀和实现充分就业。假设除此之外，加拿大人还希望他们的经常账户（外部）也实现收支平衡，即出口等于进口。这意味着加拿大希望在国际贸易中实现“自给自足”，从出口中挣取足够的外汇以支付进口的商品和服务。加拿大的决策者有办法使经济同时处于内部均衡与外部均衡吗？还是说这两个目标将相互冲突？

再次假设加拿大的经济正处于危机之中，且加拿大的经常账户为赤字，即进口大于出口，也就是说对其他国家而言，加拿大是一个净借款国。假设加拿大实行的是浮动汇率制，回想一下，若加拿大实行扩张性货币政策，加拿大元将贬值，出口会增加，进口会减少，净出口的增加将减少经常账户赤字。结论为：适用于抗击经济危机的扩张性货币政策同样适用于减少经常账户赤字的目标，二者相容。简而言之，这项政策会改善加拿大的总体收支。

现在，我们假设加拿大的通货膨胀与经常账户赤字并存。为控制通货膨胀，加拿大银行实行了紧缩性货币政策，国内利率因此走高，加拿大元升值。加拿大元的升值使出口减少，进口增加，赤字规模更大。结论为：适用于调控通货膨胀的紧缩性货币政策与促进经常账户收支平衡的目标相互冲突。也就是说，货币政策在不同政策目标之间存在冲突。若加拿大的经常账户最初存在盈余，扩张性货币政策将有助于加拿大减少赤字。

简而言之，一旦政策发生冲突，凭单一的货币政策（或财政政策）将无法使加拿大经济在达到内部均衡的同时取得外部均衡。必须综合运用各种政策。假设加拿大正经历着经济危机，且其经常账户为赤字。某项旨在扭转经济危机的扩张性货币政策可能伴随着一些能减少进口、改善经常账户状况的关税政策或配额制度。每个经济目标都有与之匹配的政策工具，这使各项目标的同时实现成为可能。更高级的教材会对此问题进行更深入的分析。

16.7 伴随失业的通货膨胀

到目前为止，我们已经考察了在特定环境下经济的内部均衡。我们假设，当经济趋向于充分就业时，国内价格水平保持不变，直到实现充分就业。一国的生产能力一旦达到了充分就业的产出水平，总需求的进一步增加就会推动价格上涨，这种类型的通货膨胀被称做**需求拉动型通货膨胀**（Demand-Pull Inflation）。在这种情况下，内部均衡（充分就业及价格稳定）就是单一的目标，只需要一种政策工具，即通过货币政策或财政政策降低总需求。

更棘手的问题是，当一国同时面临失业和通货膨胀时，执行什么样的政策比较恰当？这时存在的问题是，仅靠控制总需求的办法无法实现内部均衡。为了降低通货膨胀水平，需要减少总需求；而为了减少失业，又需要扩张总需求。于是，充分就业和价格稳定就不再是同一类目标，它们是两个独立的目标，需要两种不同的政策工具来实现。

在这种情况下，要达到全面均衡就得实现三个独立的目标：（1）国际收支均衡；（2）充分就业；（3）价格稳定。为了保证这三个目标同时实现，仅靠货币政策、财政政策和汇率调整可能就不够了，还要进行直接管制。

伴随着通货膨胀的失业是美国长期面临的一个问题。例如，在1971年，美国经济同时面临着通货膨胀、经济萧条和国际收支赤字。为了实现充分就业而增加总需求会加重通货膨胀的压力，因此，总统采用了一套**工资和价格管制**（Wage and Price Controls）的复杂制度，以减轻通货膨胀的压力。在同一年的晚些时候，美国对汇率进行了调整，与其他主要货币的贸易加权价值相比，美元的汇兑价值下降了12%，美元的贬值旨在消除美国的国际收支赤字。简而言之，在总统看来，美国的内部问题和外部问题是不能仅仅通过支出变动政策得到解决的。

16.8 国际经济政策协调

政策制定者很早就意识到，他们自身的经济福利是与世界经济相联系的。由于商品、服务、资本和劳动力的国际流动，一国的经济政策会对其他国家产生溢出效应。对较大的工业化国家而言，这种溢出效应更加明显。在大的工业化国家中，部分国家间的这种联系还要更紧密，如西欧国家。由于意识到这种溢出效应，各国政府经常试图协调它们之间的经济政策。

国与国之间的经济联系可以用一个谱线图来表示。如图16.3所示，最左端是冲突，最右端则是一体化，即各国将很大一部分自主权让渡给一个超国家机构，实施共同的政策，如欧盟。谱线图的中点是政策独立，即各国都把其他国家的行为看做既定的，不打算对这些行为施加影响，也不打算受这些行为的影响。在政策独立和一体化之间，存在各种形式的政策协调和合作。

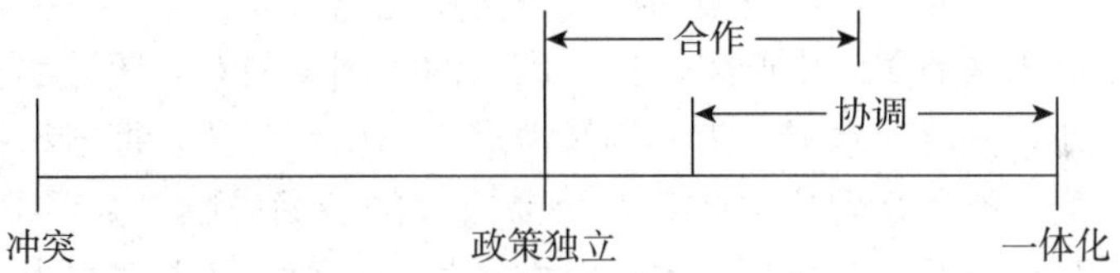

图16.3　各国政府之间的关系

注：各国政府之间的关系可以形象地表示成一个谱线图。谱线图的两端分别为政策冲突和政策一体化，在这两端之间存在各种形式的合作和协调。

合作政策的制定有多种形式，但一般情况下，只要不同国家的官员聚在一起，共同估计世界经济形势，就会产生合作性政策。在这些会议上，政策制定者简要说明一下他们各自经济的情况，并对现行的政策加以讨论。这类会议是合作的一种简单形式，更复杂的合作可能还包括经济学家对某项课题的研究和对各种可能的解决方案的深入讨论。然而，真正的政策协调超出了这两种形式的合作，政策协调是各国之间实行某些政策的正式协议。

国际经济政策协调（International Economic Policy Coordination）是在认识到国际经济之间的相互依存关系之后，大幅度修改国家政策（货币政策、财政政策、汇率政策）的一种尝试。政策协调并不一定要求一国在制定政策时先考虑国际方面，后考虑国内方面，但是它确实认识到，一国的政策能够影响其他国家的目标。考虑到这些联系，各国之间应当相互沟通、协调各自的政策。各国协调行动很可能比独立行动收到更好的效果。

为了促进政策协调，各主要国家政府的经济官员频繁在国际货币基金组织（IMF）和经济合作与发展组织（OECD）框架下进行对话。各国中央银行的高级官员每月还在国际结算银行（Bank for International Settlements）碰面。

□ 16.8.1 理论层面的政策协调

如果两个国家的经济政策相互影响，那么政策协调就是显而易见的事情。在现代社会里，政策协调是很重要的，因为一国的经济失衡会非常快地传导到其他国家。如果没有政策协调，一国的经济政策就会破坏其他国家的经济稳定性。政策协调的逻辑可以用下面这个篮球观众的问题进行说明。

假设你正在观看一场洛杉矶湖人队和芝加哥公牛队之间的篮球比赛。如果每个人都坐着看，那么，当一个人站起来时，他能得到更好的视野。不管大家都坐着还是都站着，观众都能很好地观赏比赛。当然，坐着要比站着更舒服。如果不存在协调，并且每个人都站着，每个人都会在其他人行为既定的前提下选择一个对他自身最有利的姿势。假如所有观众都坐着，那么其中的某个人就愿意站起来看。当所有的观众都站着时，那么站着的姿势是最好的选择。如果观众之间相互合作，那么最终的解决方法就是每个人都坐着。问题在于，每位观众都想站起来，以看得更清楚。因此，如果没有达成明确的协议——在这个例子中指每个人都坐着，协调性的解决方案就无法实现。

再来看看下面这个经济方面的例子。假设世界上只有德国和日本两个国家。虽然两国之间进行自由贸易，但是每个国家都把本国的经济目标放在优先位置上。德国想避免在对日本的贸易中产生赤字，同时使国内经济达到充分就业；日本想在国内达到充分就业，同时避免在对德国的贸易中产生赤字。假设两个国家的对外贸易都实现了均衡，但两国经济都没达到充分就业水平。为了刺激需求、产出和就业，德国和日本打算实施扩张性政府支出政策，但考虑到这项政策对贸易收支的负面影响，两国都放弃了该政策。因为收入的增加和就业的上升会刺激进口需求增加，从而使贸易账户出现赤字。

如果成功地进行了政策协调，那么前面所说的状况就可以得到改观。假如德国和日本同意同时扩张政府支出，那么两国的产出、就业量以及收入都会同时增长。德国收入上升后，对日本商品的进口增加；日本收入提高后，也会增加从德国的进口。政府支出的适当增加会使国内进口需求的增加被出口需求的增加抵消，于是，德国和日本之间的贸易收支状况仍会保持均衡。在这个共同使用扩张性财政政策的例子中，政策协调会使每个国家都达到充分就业和贸易均衡的目标。

这是对国际经济政策协调的一个乐观的描述。政策的同步执行看起来很简单，因为只有两个国家、两个目标。但在现实世界里，政策的协调一般会涉及多个国家和多种目标，如降低通货膨胀率、提高就业率、经济增长以及贸易均衡。

如果国际经济政策协调的好处真这么明显，那么，协调肯定会比现在多得多，但是有一些因素阻碍了政策协调的成功执行。即使各国的经济目标是和谐的，也不能保证各国政府能够设计、实施协调的政策。现实世界中的政策制定者并不总是能够得到足够的信息，去了解经济问题的本质，以及他们的政策对经济可能产生的影响。当各国政府对经济基础因素没有达成共识时，要执行正确的政策是非常困难的。

如果各国的出发点不同，政策协调也是很复杂的：

- 经济目标不同。例如，有些国家认为价格稳定或充分就业比其他目标更重要。
- 国家机构不同。一些国家的立法比别的国家更完备，但是贸易组织的力量比其他国家薄弱。
- 各国的政治环境不同。例如，不同国家的大选年份不同，政党的变换时间不同。
- 各国所处的经济周期阶段不同。一国经济处于衰退期，另一国经济可能正在高速发展。

虽然从理论上看，国际经济政策协调具有明显的优势，但是定量的研究却很少。怀疑者指出，政策协调产生的实际收益通常要比设想的少。接下来看几个国际经济政策协调的例子。

□ 16.8.2 政策协调有效吗？

经济政策的协调能够改善一国的经济运行吗？政策协调的支持者引用了 1985 年《广场协议》和 1987 年《卢浮宫协议》的案例。

20 世纪 80 年代初，美国贸易收支状况的恶化给经济复苏造成了较大阻碍。贸易收支状况的恶化源自美元的大幅升值，升值使美国在国际成本竞争中处于劣势。1980—1985 年，美元的升值使得美国的单位劳动力成本与外国的单位劳动力成本之比上升了 39%，削弱了美国厂商的国际竞争力。美国的净出口逐渐减少，贸易赤字规模庞大，经济复苏放缓，国会中的贸易保护主义声音重新抬头。

出于对世界贸易体制崩溃的担心，1985 年，**五国集团**（Group of Five，G-5）（美国、日本、德国、英国、法国）的各国政府官员在纽约的广场酒店会晤。大家普遍认为，美元被高估，美国双赤字（贸易和联邦预算）规模过大。每个国家都对经济政策作出了特定的承诺。另外，所有的参与国都同意在必要时干预货币市场，使美元进一步有秩序地贬值。虽然并非所有的承诺都完全兑现，特别是美国的赤字减少承诺，但是这一计划是成功的。1986 年，美元相对于马克和日元大幅度贬值。

然而，美元交换价值的急剧下降带来了新的问题，即失控的美元价值大幅度下滑。因此于 1987 年，稳定美元的新一轮政策协调开始了。在《卢浮宫协议》的框架下，各成员国作出了政策承诺：美国承诺采取紧缩性财政政策；日本承诺放松货币政策。同时，随着美元的大幅度贬值，甚至外国经济的较快增长，美国的经常账户赤字开始下降。

尽管《广场协议》和《卢浮宫协议》证明了政策协调的成功，但是直到 21 世纪初期，各国政府官员对政策协调的热情仍不高。他们认为由于政策制定方法，特别是中央银行独立性的日益增强，政策协调变得更加困难了。20 世纪 80 年代，日本和德国政府能够向其中央银行发号施令，但是，现在日本和欧洲的中央银行保持了独立性，并且成为约束政府官员高水平支出的防御者。这使国内的财政和货币政策协调变得非常困难，从而使政策协调的国际努力变得更加困难。此外，全球金融市场的快速成长使得货币干预变得无效率。

2000 年曾出现过一次失败的国际政策协调。在 2000 年，**七国集团**（Group of Seven，G7）——美国、加拿大、日本、英国、德国、法国与意大利——商定协作购买欧元，以抬高欧元市值。1999 年欧元发行时的汇率是每欧元 1.17 美元，到 2000 年，汇率已经跌到了每欧元 0.84 美元。许多经济学家担心针对欧元的投机性攻击会造成欧元的大幅贬值，破坏国际金融体系的稳定。为了防止这种情况发生，七国集团商议，在外汇市场用本国货币购买欧元，协作介入欧元市场。需求量的增加帮助欧元价值上升到了每欧元 0.88 美元。然而，此成效未能维持多久。七国集团协作介入两星期后，欧元的币值跌至历史新低。大多数经济学家认为这次协调干预是失败的。

贸易冲突

开放经济条件下会出现挤出效应吗？

在宏观经济学的主要课程中，你已经了解过国内经济存在的“挤出效应”。挤出效应指由于政府支出的增加以及随之而来的预算赤字导致的私人消费或投资支出的减少。由预算赤字引起的利率的升高是私人支出减少的主要原因。

假设政府决定执行扩张性财政政策，比如，增加国防开支。这项政策需要财政上的支持，政府要么增税，要么借款，借款会导致赤字增加。如果政府选择借款，那么意味着政府将与私人部门一起竞争市场上可供借贷的资金，市场对资金的需求总量将增加。额外的政府借贷将刺激资金需求总量的增长并抬高利率。在利率升高的情形下，企业将推迟甚至取消购买机器与设备，住宅类房屋建设将被推迟，消费者将抑制对大宗家电以及汽车等利率敏感类商品的消费。也就是说，由政府借贷引起的高利率挤出了私人借贷。挤出效应削弱了扩张性财政政策所能产生的效用。

尽管经济学家倾向于认同挤出效应，他们同样意识到政府赤字并不必然意味着私人开支将遭到排挤。当经济陷入衰退时，主要问题在于人们的消费不足。最典型的情况是，消费者的储蓄超过了企业的计划投资。私人消费不足刺激了政府支出的增长。在经济危机中，由赤字支撑的政府支出并不会挤出私人消费。

此外，开放经济条件下的资本流动同样会弱化挤出效应的程度，源自国外的资本流入使该国的利率低于没有资本流入时的水平。这样，政府可以在不挤出私人借贷的情况下获得资金。

2000—2010 年的美国经济激发了人们对挤出效应假说的质疑。在这 10 年间，联邦政府的赤字在不断增加，美国的利率水平却一直较低，因为外国投资者们始终热衷于大量购买美国政府发行的证券。有分析指出，要是没有这些外国资本的流入，美国的利率水平将比现在高出 1.5 个百分比。反对者却指出，一旦外国投资者们开始对美元的可靠性以及美国的还债能力产生质疑，美国的自由消费政策将不得不画上句号。因为投资者们要么会要求美国提高利率，要么会终止对美国的借款。这种情况更有可能产生挤出效应。

16.9 小结

1. 国际经济政策是影响各国贸易模式的各种政府行为，包括：（1）货币政策和财政政策；（2）汇率调整；（3）关税和非关税贸易壁垒；（4）外汇管制和投资管制；（5）出口促进措施。

2. 从20世纪30年代起，各国一直把内部均衡（无通货膨胀的充分就业）作为主要的经济目标。同时，各国也把外部均衡（国际收支均衡）作为一个经济目标。当一国同时实现了内部均衡和外部均衡时，就实现了整体均衡。

3. 为达到整体均衡，各国实施支出变动政策（货币政策和财政政策）、支出转移政策（汇率调整）和直接管制（价格和工资管制）。

4. 在资本富有流动性、汇率制度固定的开放经济体中，在促进经济内部均衡上，财政政策的效果要优于封闭经济体，货币政策的效果却要弱于封闭经济体。在实行浮动汇率制的经济体中，在促进经济的内部均衡上，货币政策的效果要优于封闭经济体，财政政策的效果却要弱于封闭经济体。

5. 如果一国同时面临着通货膨胀和失业，那么实现整体均衡就包括三个独立的目标：国际收支均衡、充分就业和价格稳定，而实现这些目标需要三种政策工具。

6. 国际经济政策协调是在各国认识到国际经济间的相互依存关系后，大规模修改本国政策的一种尝试。各国定期在IMF、OECD、国际结算银行以及七国集团的会议中相互磋商。《广场协议》和《卢浮宫协议》就是国际经济政策协调的典型例子。

7. 进行国际经济政策协调要注意以下几个问题：（1）不同国家的经济目标不同；（2）国家机构不同；（3）国家政治环境不同；（4）不同国家在经济周期中所处的阶段不同。另外，无法保证各国政府能够设计并执行可以达到预定结果的政策。

16.10 关键概念及术语

- 需求拉动型通货膨胀（Demand-Pull Inflation）
- 直接管制（Direct Controls）
- 支出变动政策（Expenditure Changing Policies）
- 支出转移政策（Expenditure Switching Policies）
- 外部均衡（External Balance）
- 财政政策（Fiscal Policy）
- 五国集团（Group of Five，G5）
- 七国集团（Group of Seven，G7）
- 内部均衡（Internal Balance）
- 国际经济政策协调（International Economic Policy Coordination）
- 货币政策（Monetary Policy）

- 总体均衡（Overall Balance）
- 工资和价格管制（Wage and Price Controls）

16.11 习题

1. 请区分外部均衡、内部均衡和整体均衡。

2. 在国际经济政策中，最重要的工具是什么？

3. 什么是支出变动政策和支出转移政策？分别举一些例子。

4. 经济政策的形式面临哪些制度约束？

5. 在固定汇率制度及资本高速流动的情况下，为了改善内部均衡，采用货币政策好还是财政政策好？为什么？

6. 政策协调和政策冲突的内涵分别是什么？

7. 成功的国际经济政策协调有哪些不利因素？

第 17 章

国际银行：储备、债务和风险

世界银行体系在促进国际贸易和经济繁荣方面扮演着重要角色。以花旗银行为代表的商业银行为贸易和投资进行融资，向国际借款者提供贷款。美联储等中央银行是商业银行的最后贷款人，有时也会干预外汇市场以稳定币值。此外，国际货币基金组织也向国际收支长期出现赤字的国家提供贷款。本章集中讨论银行在世界金融市场上发挥的作用、国际银行业务的相关风险，以及应对这些风险的策略。

我们首先考察国际储备的本质及其对世界金融体系的重要性。接下来讨论银行作为国际资金贷出方的作用以及与国际债务有关的问题。

17.1 国际储备的本质

正像个人希望持有现金余额（货币和支票存款）一样，英格兰银行等中央银行也需要持有国际储备。不管是对中央银行，还是对个人，货币储备都是为了弥补货币支出与货币收入之间的缺口。

假如一个人一天中的每一分钟都获得等量收入，其用于商品和服务的支出也以同样的方式平均分配在一天中的每一分钟，那么，这个人只需要极少的现金余额就可以满足购买的需要，因为他的现金收入和现金支出不会发生明显的失衡。但是在现实中，人们每天都要购买商品和服务，却要间隔一周或更长的时间才能获得收入。因此，我们需要持有一定数量的现金余额来弥补货币收入和支出之间的缺口。

当一个人刚拿到工资时，现金余额很高。随着时间的推移，持有的这些现金逐渐流出，在拿到下一次工资的前一刻，可能刚好减少为零。于是，人们很关心，要想保证这些钱不会在下一次发工资前花光，平均现金余额必须保持多少。

虽然个人希望持有现金余额主要是为了弥补货币收入与支出之间的缺口，但这种愿望还要受到很多其他因素的影响。如果交易所需的绝对美元数量上升，对现金余额的需求也会增加，因为收支之间可能出现更大的缺口。相反，如果每个人都可以通过信用进行交易，他们手头就不需要太多的现金。

就像个人需要持有现金余额一样，一国政府也需要持有**国际储备**（International Reserves）。国际储备的主要目的在于为一国弥补国际收支失衡提供资金。当一个国家的货币收入少于货币支出时，就可以用国际储备支付赤字。因为中央银行持有的储备数量通常是有限的，因此，赤字最终必须被消除。

从政策角度来看，国际储备具有一定优点，它可以使一国承受暂时的国际收支赤字，直到采取适当的调整措施，使收支失衡得以纠正。持有国际储备为制定有效的政策提供了便利条件，因为可以不必在时机不成熟的时候实施调整措施。然而，若是一国拥有足够数量的国际储备，就可以抵制不受欢迎的调整措施，这会使最终的调整更加麻烦。

17.2 国际储备的需求

当一国的国际货币支出超过国际货币收入时，就需要动用其他形式的支付手段来弥补收支赤字。最后的结算办法就是在各国之间转移国际储备。如果不采取恢复均衡的措施，一个国家能够支持的国际收支赤字规模和时间长短都是有限的，并且取决于一国持有的国际储备规模。

在全球范围内，**国际储备需求**（Demand for International Reserves）主要取决于两个相关的因素：(1) 国际交易的货币价值；(2) 国际收支的失衡情况。同时也与其他因素有关，如国际收支调整的速度和力度、世界经济的整体制度框架等。

□ 17.2.1 汇率的灵活性

国际储备需求的决定因素之一是国际货币体系中汇率的灵活性。这是因为，汇率的灵活性部分地决定了国际收支调整过程的效率。

图 17.1 表示美国与英国进行贸易的外汇市场。最初的均衡点为点 E，假设进口增加使美国对英镑的需求曲线从 D_0 增加至 D_1。在现行的汇率水平上，英镑的需求量超过供给量，中间的缺口就是国际储备所需的数量。

如果货币当局采用固定汇率制度或钉住汇率制度，国际储备在稳定汇率的过程中就会起到非常重要的作用。在图 17.1 中，假设钉住汇率为 2 美元/英镑。当英镑的需求曲线从 D_0 增加至 D_1 时，在该钉住汇率水平下，美国存在 100 英镑的超额需求。要想使美元不贬值，汇率不低于钉住汇率水平，货币当局即美联储就必须进入市场，抛出消除失衡所需数量的英镑，换取美元。在图中，如果货币当局向市场提供 100 英镑，那么 2 美元/英镑的钉住汇率将保持不变。额外的供给使供给曲线从原来的 S_0 移至 S_1，市场均衡恢复为钉住汇率水平。

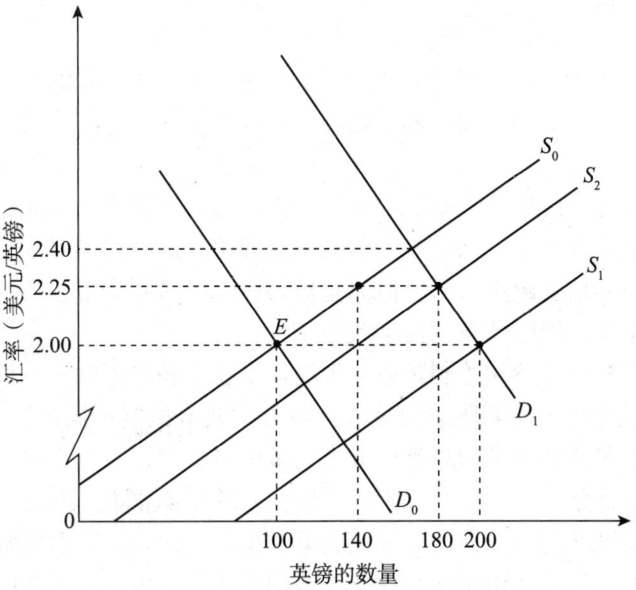

图 17.1　国际储备的需求与汇率灵活性

注：如果货币当局实行固定（钉住）汇率制度，为了维持汇率稳定，弥补收支失衡，就必须保留国际储备。在浮动汇率制度下，国际收支失衡可以由市场引致的汇率波动进行调整，不需要维持汇率稳定，也就无须持有国际储备。

假定一国采用的不是严格的钉住汇率制，而是允许汇率在官方汇率附近的一个狭窄区域内浮动，那么外汇市场就可以进行一定程度的自发调节。汇率有限的灵活性主要是为了消除微小的收支失衡，要纠正大规模、持续的收支失衡，还需要采取其他调整措施。

在图 17.1 中，假设美国的官方汇率为 2 美元/英镑，汇率波动的上限为 2.25 美元/英镑。如果美国对英镑的需求增加，美元的汇兑价值将开始下跌。一旦美元贬值到 2.25 美元/英镑，国内货币当局就需要向市场提供 40 英镑，来维护汇率浮动的上限，这会使英镑的市场供给曲线从 S_0 移动到 S_2。当汇率的灵活性有限时，汇率波动能够减轻收支失衡的程度。与完全的固定汇率制度相比，在这种制度下，稳定汇率所需的国际储备数量较少。

国际储备的一个基本目的是帮助政府干预外汇市场，稳定币值。政府的干预活动越积极，对储备的需求量就越大。目前，多数汇率制度都包含稳定币值的措施，需要持有国际储备。然而，如果政府不干预外汇市场，允许汇率自由浮动，从理论上讲，就不需要国际储备了。这是因为，一旦国际收支失衡，不需要采取其他的稳定措施，汇率的浮动就会将其消除。再看图 17.1，假设外汇市场最初的均衡汇率为 2 美元/英镑。当英镑的需求曲线从 D_0 增加至 D_1 时，美元开始贬值，贬值过程将一直持续到 2.5 美元/英镑的汇率水平。在这一汇率水平上，市场处于均衡状态。因此，在浮动汇率制下，不需要持有国际储备。

□ 17.2.2　其他决定因素

通过前一部分的分析可以得出结论：汇率的灵活性与国际储备需求量之间成负相关

关系。换句话说，在一个货币体系中，汇率的调整越快越灵活，所需的储备就越少，反之亦然。

除了汇率的灵活性以外，国际储备的需求还受其他一些因素的影响，包括：(1) 国际收支失衡的自动调节机制；(2) 用来促进国际收支实现均衡的经济政策；(3) 经济政策的国际协调。

前面已经分析过，价格、利率、收入以及货币流动等调节机制能够自动调节国际收支。当收支出现盈余或赤字时，这些变量会发生变化。这些因素对国际收支的自动调节越有效，收支失衡的幅度越小，持续时间越短，所需的国际储备也就越少。因此，自动调节机制越快越完全，国际储备的需求就会越少。

政府选择什么样的政策纠正国际收支失衡，以及这些政策的有效性，也会影响对国际储备的需求。通过政府政策调节国际收支与自动调节机制不同，在自动调节机制中，哪些产业和劳动力群体必须承担调整的成本完全由市场力量自由决定，而政府政策则带有政治倾向。在其他条件不变的情况下，一国实行的商业政策（包括关税、限额以及补助）越是倾向于关键部门，所需的国际储备就越少。当然，这要假定政策能够有效改善国际收支失衡状况。但是，由于国际收支失衡的性质和发生的时间具有不确定性，各国出台这类贸易政策的速度往往较慢。因此，它们也需要国际储备来渡过国际收支失衡期。

经济政策的国际协调是决定国际储备需求的另一个因素。各国财政部长进行经济协调的主要目的在于降低收支失衡的频率和程度，这会减少对国际储备的需求。第二次世界大战结束以来，各国纷纷在国际货币基金组织和经济合作与发展组织等机构的框架下，通过制定计划协调国内的经济目标。另一个典型的国际经济组织是欧盟，其目标是实现共同的宏观经济政策，组建完整的货币联盟。这种政策协调降低了收支失衡的频率和程度，因此减少了各国对国际储备的需求。

其他一些因素也会影响国际储备的需求。国际储备的需求量与世界物价和收入水平成正相关关系。当物价水平上升时，国际贸易的市场价格跟着上升，因此，对储备的潜在需求增加。如果全球的收入水平和贸易活动增加，对国际储备的需求也会随之增加。

总体来说，中央银行需要国际储备来弥补将来某一时刻，与其他国家之间可能或预计发生的支出赤字。国际储备的需求量与支出缺口的大小以及持续时间直接相关。如果一个收支赤字国愿意并且能够采取快速的行动，增加收入或减少支出，那么，所需的国际储备数量就较少。相反，如果一国不采取行动消除收支失衡，或采取的政策延长了失衡的时间，所需的国际储备就会较多。

17.3 国际储备的供给

到目前为止，我们分析的重点在于对国际储备的需求。那么，**国际储备供给**（Supply of International Reserves）又如何呢？

国际储备的总供给包括两个不同的部分：自有储备和借入储备。一般认为，黄金、可获得的外国货币和特别提款权等储备资产是持有国直接拥有的。但是，如果赤字国自有的国际储备存量已经下降到无法接受的水平，作为缓冲之计，它们可能会借入国际储备。国际储备的贷方可以是拥有富余储备的其他国家、外国金融机构或国际货币基金组织等国际机构。

17.4 外汇

国际储备是国际交易的一种支付手段，一国持有的他国货币（外汇）是国际储备资产的一种形式。在当前的国际储备中，所占份额最大的就是外汇持有量。

从 19 世纪到 20 世纪，美元和英镑是国际交易的主要支付手段。长期以来，各贸易国都愿意将这两种货币作为国际储备资产持有，因此它们一直被认为是储备货币（或关键货币）。第二次世界大战以来，美元成为首要的储备货币，其他储备货币还有日元以及在国际交易支付中被接受的少量其他货币。

英镑之所以能成为储备货币，在很大程度上要归功于 19 世纪末到 20 世纪初的世界经济环境。当时的英国不仅支配着世界贸易，而且伦敦作为国际货币市场的高效率也得到普遍认可。在这段金本位制的黄金时期，英镑与黄金可以自由兑换。贸易商和投资者在进行交易时都对英镑充满信心。随着金本位制的崩溃，以及 20 世纪 30 年代大萧条的开始，英国的商业和金融地位开始下降，英镑的国际吸引力也每况愈下。现在，虽然英镑仍然是一种重要的国际储备资产，但已不再是最有声望的储备货币了。

美元是在另一种环境中成长为储备货币的。第二次世界大战中，美国经济不仅没有被削弱，反而变得更加强劲。20 世纪三四十年代，由于大量黄金流入美国，美元成为优于英镑的储备货币。

世界的美元供给来自美国的国际收支赤字。这些赤字大部分源于第二次世界大战刚结束后美国对欧洲的援助，以及美国居民的国外私人投资。20 世纪 50 年代初，由于欧洲国家的大规模发展计划，使对美元的需求过量，从而出现了美元短缺。当时，美国开始执行适度的收支赤字政策。随着这种政策的实施，流到国外的美元升值了。

到 20 世纪 50 年代末，美国的国际收支赤字越来越大。由于其他国家积累的美元超出了它们通常所持有的水平，美元由此从短缺变为过剩。整个 20 世纪 60 年代，美国继续通过国际收支赤字为世界提供外汇储备。然而，美国国际收支状况的持续疲软使外国居民开始对美元作为储备货币的稳定性产生了怀疑。截止到 1970 年，外国居民持有的美元债券数量是美国储备资产的若干倍。一些欧洲国家对美元的稳定性丧失了信心，要求美国财政部将它们所持有的美元兑换成黄金。在此影响下，于 1971 年，美国取消了向世界其他国家兑换黄金的承诺。

用美元作为储备货币意味着国际储备的供给将随着美国收支状况的变化而变化。20 世纪 60 年代，这种状况引发了**流动性问题**（Liquidity Problem）。为了维持人们对美元作为储备货币的信心，美国不得不消除赤字，改善国际收支状况。但是，扭转美国的赤字意味着在国际货币体系中，不能再用额外的美元作为国际储备的来源。为了解决这个问题，国际货币基金组织在 1970 年发明了特别提款权。

17.5 黄金

黄金作为国际储备资产的历史重要性不应被忽视。黄金一度是国际支付体系的主要货币资产，也是许多国家货币供给的基础。

作为国际货币，黄金履行着几项重要职能。在历史上的**金本位制**（Gold Standard）时期，黄金不仅是一种直接的国际支付手段，还是一种计价单位，用来衡量各种商品和各国货币的价值。虽然持有黄金不能带来利息收入，但是通常其价值比较稳定，即使在通货膨胀和战乱时期，也可用来储藏升值。黄金作为货币资产的最大优势可能在于，与其他形式的国际货币相比，黄金被普遍接受。

如今，黄金的国际储备资产地位已经今非昔比。在过去30年里，黄金在国际储备资产中的份额从近70%下降到不足3%。现在，不仅私人很少用黄金作为支付手段和计价单位，各国中央银行也不再用黄金作为官方计价单位表示货币的平价，只在少数几个中东国家，黄金还具有货币的职能。除美国之外，大多数国家的居民一直以来能够像买卖一般商品一样买卖黄金。美国政府也于1974年12月31日解除了长达41年的禁止居民拥有黄金的禁令。如今，黄金的货币职能仅表现为促进国际货币体系改革。

□ 17.5.1 国际金本位制

国际金本位制的鼎盛时期大约是从1880年到1914年，在这段时期，绝大多数国家的货币价值都与黄金挂钩。金币在这些国家流通，并越过国界成为世界普遍接受的支付手段。货币当局还努力维持公众对纸币的信心，以补充黄金的货币职能。政府为了维护纸币的健全，承诺按固定比率兑换纸币和黄金，用以防止货币当局发行过量纸币。所谓金本位制原则就是让货币供给与黄金存量保持固定的关系。如果黄金相对于其他商品的生产成本既定，就可以确定黄金的货币价格，从而根据实际国民产出的增长情况确定货币黄金的增长速度，也就是货币供给的增长速度。

在金本位制期间，黄金的地位开始下降，纸币和活期存款的地位显著上升。1815—1913年，在美国、法国和英国的货币总供给中，黄金所占比例从约33%下降到10%，而此时活期存款的比例却从6%猛增至68%。到1913年，纸币和活期存款大约占美国货币总供给的90%。

由于在第一次世界大战期间，许多国家都发生了通货膨胀。第一次世界大战结束后，重返金本位制成为民心所向。美国率先恢复了金本位制，几个欧洲国家紧随其后也恢复了金本位制。然而，这些恢复战前金本位制的努力在20世纪30年代全部付诸东流。在大萧条的经济压力下，各国又纷纷宣布放弃金本位制。

在美国，大萧条使金本位制发生了重大变化。1934年的《黄金储备条例》规定，美国政府拥有所有的货币黄金，并要求国民将私人持有的黄金兑换成国债，这就缓解了美国商业银行把债务兑换成黄金的压力。因此，1934年黄金的官方价格从每盎司20.67美元上升到35美元，美元贬值了。这种贬值并不是为了维持美国的贸易收支平衡，而是为了提高黄金的国内价格，进而鼓励黄金生产，增加货币供给，提高经济的产出水平，并希望由此缓解萧条。回溯历史，美元贬值可能确实有一些微小的经济效果，但对于拉动经济复苏并没起到什么作用。

□ 17.5.2 金汇兑本位制

第二次世界大战期间，世界各股力量的争论促成了一个新的国际性货币组织——国际货币基金组织的成立。该组织的一个主要目标是恢复固定汇率制度，将黄金储备作为主要的储备资产。当各成员官方都同意用黄金或美元的含金量表示本币平价时，黄金又成为一种国际性计价单位。

国际货币基金组织成员在第二次世界大战后建立的国际货币体系被称为**金汇兑本位制**（Gold Exchange Standard）。其出发点是节约国际储备中的货币黄金存量，因为黄金的增长速度不可能像国际贸易的扩张速度一样快。这就需要在战争中壮大起来的、生产力和国民财富都处于统治地位的美国扮演世界银行的角色，美元成为国际货币体系中的主要储备货币。由于美元和黄金同时充当国际储备资产，因此该货币体系又被称为美元—黄金体系。

作为世界银行家，美国有责任以固定价格兑换国外官方持有的美元和黄金。美元是唯一可兑换黄金的货币，其他货币都钉住美元。由于相对于其他货币而言，美元的币值相对稳定，并可以同黄金进行自由兑换，因此被认为是同黄金一样好的储备货币。

只要美国的货币黄金存量多于国外的美元债务，各国用美元作为储备货币的信心就不会动摇。第二次世界大战刚结束时，美国的货币黄金存量高达 240 亿美元，约占世界黄金总量的 2/3。但是，随着时间的推移，美国的国际收支赤字使外国持有的美元数量激增。由于部分美元被返还到美国财政部兑换黄金，美国的货币黄金存量开始减少。到 1965 年，外国持有的美元量超过了美国的货币黄金存量，美国无法履行以每盎司黄金 35 美元的价格兑换全部超额美元的承诺，其担当世界银行的能力也遭到了质疑。

这些情况使人们怀疑，美国有可能采取美元贬值的做法来解决黄金短缺的问题。通过提高黄金的官方价格，美元的贬值会增加美国货币黄金存量的价值。为了防止黄金官方价格上涨所带来的投机收益，美国同其他几个国家在 1968 年建立了双元黄金体制。在这一体制中，黄金有两种价格：一是官方价格，即各国中央银行之间按每盎司 35 美元的价格买卖黄金；二是民间价格，即黄金作为一种商品可以按照自由市场确定的价格进行交易。双元黄金体制把黄金市场分成了官方和民间市场，向黄金的完全非货币化迈出了一步。

□ 17.5.3 黄金的非货币化

金汇兑本位制的崩溃是不可避免的，双元黄金体制的实施只不过延缓了这种崩溃。1971 年，美国的货币黄金存量下降为 110 亿美元，仅占外国中央银行美元债务的一小部分。美国的国际收支状况也日益恶化。1971 年 8 月，美国总统理查德·尼克松宣布，美国终止履行按每盎司 35 美元的价格买卖黄金的承诺。金汇兑本位制宣告终结，美元和货币黄金之间的最后的功能联系中断了。

世界货币当局花了好几年时间才实现了作为国际储备资产的**黄金的非货币化**（Demonetization of Gold）。1975 年 1 月 1 日，以黄金官方价格作为国际货币体系计价单位的制度被废除了。各国货币当局可以按照市场价格买卖黄金，同时国际货币基金组织停止使用黄金。在征得成员同意的基础上，国际货币基金组织持有的1/6黄金以现行价格拍卖，所得收益分配给了发展中国家。

1975年1月1日，美国废除了长达41年的禁止美国居民拥有黄金的禁令。几周之内，美国财政部在商品市场上拍卖了部分黄金。这些做法表明，美国将像对待其他商品一样对待黄金。

□ 17.5.4 美国应该恢复金本位制吗?

美国废除金本位制之后，实行法定货币制，美元纸币作为法定货币在市场中流通，不与黄金挂钩。法定货币之所以有价值，是因为其稀缺性，以及人们相信其有购买力。批评人士担心，在法定货币制中，政府可能对纸币的发行没有节制；政府很可能通过大肆发行纸币来偿还庞大的财政赤字，从而造成通货膨胀，使纸币失去购买力。

如果美国恢复金本位制，政府也就不能滥发货币、引发通货膨胀。这是因为美元纸币的发行必须对应一定数量的黄金：比如，1美元锚定1/100盎司黄金。政府在持有一定数量的黄金时，才能对应发行相应数量的纸币。这就遏制了可能引发通货膨胀的政府滥发货币的行为，同时也遏制了政府的财政赤字和债务，使政府的债务限制在黄金持有数量之下。因此，美联储前主席格林斯潘和国会议员罗恩·保罗（Ron Paul）支持恢复金本位制。

恢复金本位制可以给美国政府带来很多问题，将限制政府管控经济的能力。货币供给量取决于黄金拥有量，美联储不能在经济萧条期间增加货币供给量，也不能通过减少货币供给量遏制通货膨胀。此外，如果其他国家不实行金本位制，美国也无法实行金本位制；否则，世界上每个人都会拿出美元，要求美国兑换黄金，而美国没有这么多的黄金。因而，美国政府显然极不愿意恢复金本位制。

17.6 特别提款权

金汇兑本位制依靠美元和黄金作为国际货币，由此引发的流动性问题和信任危机使国际货币基金组织在1970年创造了一种新的货币资产，即特别提款权（Special Drawing Rights，SDR）。其目的在于在国际收支体系中引入一种新的储备资产，除了美元和黄金之外，这种资产在成员之间的转移能够解决国际收支赤字。因为SDR的存量由国际货币基金组织管理，世界储备的增长将有可能与世界贸易的增长保持同步。

在布雷顿森林体系的固定汇率制度下，参与国需要官方储备——政府或中央银行持有黄金和广泛认可的外汇在世界外汇交易市场上购买本国货币，从而维持本币汇率。然而，两种核心储备资产——黄金和美元的国际供给不足以满足世界贸易扩张和金融发展的需求。因此，国际社会决定创造一种新的由IMF监管的国际储备资产。然而，20世纪70年代初，布雷顿森林体系解体，主要货币采用浮动汇率制。同时，国际资本市场的发展促进了有信誉的政府的借贷。这些因素减少了人们对SDR的需求。

现在，SDR作为储备资产的职能有限。其主要功能是作为IMF和其他一些国际组织的计价单位。同时，SDR 也是 IMF 部分成员本币钉住的对象。SDR 不再是国际货币，而是 IMF 成员间可以无条件提取他国货币的权利。SDR 的持有者可以用 SDR 换取这些货币。

17.7 国际储备的借入工具

到目前为止，我们已经讨论了各种类型的自有储备——外汇、黄金和 SDR。除此之外，国际收支状况脆弱的国家还可以通过多种途径借入储备。借入储备虽然不能消除对自有储备的需求，但能够延长一国调节收支失衡可用的时间，提高国际货币体系的灵活性。下面考察国际信贷的主要形式。

□ 17.7.1 IMF 提款

国际货币基金组织成立的一个初衷就是帮助成员筹集资金，消除国际收支赤字。国际货币基金组织为需要外汇储备的成员设立了一个周转性的信用库。赤字成员可以申请临时性的外币贷款，并按照要求在指定的日期归还。国际货币基金组织提供外币贷款的交易被称做 **IMF 提款**（IMF Drawing）。

赤字成员不是向国际货币基金组织借款，而是用本币购买弥补国际收支赤字所需的外币。当成员的国际收支状况改善后，再进行反向交易，从国际货币基金组织买进本币，结清欠款。目前，国际货币基金组织允许成员在国际货币基金组织中认缴配额的前 50%的数量范围内任意选择购买外币的种类，该认缴配额取决于成员的经济规模。如果成员想要购买的外币超过该数量，必须经国际货币基金组织特别批准。只要国际货币基金组织认为赤字成员采取的是合理的恢复均衡的手段，就会允许其超量购买。

自 20 世纪 50 年代初以来，为了推行自由汇率政策，国际货币基金组织还与感兴趣的成员签署了预备贷款协定，保证成员在规定期限内可以从国际货币基金组织提取特定数量的外币。这种协定的优点是，成员能够在需要的时候获得国际货币基金组织的信用，并节省贷款审批的时间。

□ 17.7.2 一般借款协定

20 世纪 60 年代早期，人们开始怀疑，国际货币基金组织的外币持有量是否足以满足赤字成员稳定汇率的需要。考虑到主要成员的大量提款可能会耗尽基金组织持有的外币，1962 年，**一般借款协定**（General Arrangements to Borrow）出台。由 10 个主要工业化国家组成的十国集团最先达成一致意见，为国际货币基金组织提供上限为 60 亿美元的借款。1964 年，瑞士加入该集团，十国集团得以扩充。国际货币基金组织作为中介人和保证人，能够运用这些储备为参与成员提供补偿性的金融援助。这种信用协定只在国际货币基金组织自有的提款工具不能满足赤字成员的借款需要时使用。

一般借款协定不能永久性地增加世界储备的供给量，贷款偿还后，世界储备还会回到最初的水平。不过，这种协定提高了世界储备的灵活性，使之更好地满足赤字成员的需要。

□ 17.7.3 货币互换协定

20 世纪 60 年代初期，人们预期美元将相对于其他货币贬值，从而引发了美元投机的浪潮。为了抵消以美元兑换硬通货的短期资本外流影响，美联储与其他几家中央银行于 1962 年达成协议，实行相互的货币安排，通常被称做**货币互换协定**（Swap Arrangements）。如今，美国赖以干预外汇市场的货币互换网络包括加拿大和墨西哥的中央银行。①

货币互换协定是中央银行之间的双边协定。每个国家的政府都提供本币的汇兑或掉期交易，以帮助其他国家筹集资金，消除暂时性的国际收支失衡。例如，如果墨西哥的美元出现短缺，它可以要求美联储用美元交换比索。互换网络提款通常先用电话联络，然后发电报确定具体的交易条款和条件。实际的货币互换以外汇合约的形式进行，合约要求美联储把美元卖给外国的中央银行，换取该国货币。要求互换的国家希望通过国际货币基金组织的帮助缓解国际收支赤字，抑制投机性的资本外流。互换的货币要在规定的期限内偿还（进行反向交易），通常是 3～12 个月。

17.8 国际放贷的风险

国际放贷的原则在很多方面与国内放贷相同，即资金的贷出方要确定借款者违约的信用风险。不过，在发放国际贷款时，银行还面临着另外两种风险：国家风险和货币风险。

信用风险（Credit Risk）属于金融风险，指的是部分或全部贷款本金或利息得不到偿还的可能性。一项贷款违约的可能性越大，银行向借款者索取的利率就越高。

国际放贷的信用风险要比国内放贷更难评估。美国银行对本国的商业行为和经济状况了如指掌，却往往不熟悉外国的商业行为和经济状况。由于获取可靠的评估外国信用风险的信息需要花费大量时间和金钱，因此，许多美国银行只向知名的跨国公司和金融机构发放贷款。国外政府为了吸引美国银行的贷款，会对本国借款者提供违约担保，从而降低贷款的信用风险。

国家风险（Country Risk）属于政治风险，同一国的政治发展程度，尤其是一国政府对国际投资及贷款的态度密切相关。一些政府为了促进本国经济发展鼓励外资流入，另一些政府则出于对主权的担心，征收额外的税收，限制利润，实行工资/价格控制，牵制借款者的还款能力，以此抑制资本流入。在极端情况下，外国政府还会没收外国投资者的资产，或把偿还国外贷款定为非法行为。

货币风险（Currency Risk）属于经济风险，它同本币的升值、贬值及外汇管制相关。美国银行的部分贷款是以外币而不是美元计价的。如果在贷款期限内贷款的计价货

① 由于美联储同奥地利、德国、比利时等许多欧洲国家的中央银行之间的货币互换协定已经 15 年没有被使用过，加之欧洲中央银行的形成，以及当前完善的国际货币合作机制，美国与这些国家都认为没有必要再使用双边互换协定。因此，协定各方同意于 1998 年将其废除。

币相对于美元贬值，归还的贷款就只能兑回较少的美元。若这种外币的远期市场比较完善，银行可以对贷款实施套期保值。但是，许多外币，尤其是发展中国家的货币并没有远期市场，以这些国家的货币计价的贷款也就往往不能通过套期来降低货币风险。另一种货币风险是由外汇管制引起的，这在发展中国家很常见。外汇管制限制资金的跨国流动，或者制约本币与美元的自由兑换，妨碍还款，由此增加了国际放贷者的风险。

当银行向国外放贷时，必须评估信用风险、国家风险和货币风险。对外贷款的风险评估一般由银行的研究部门进行，它们根据一国的金融、经济和政治情况作出详细分析。当银行认为详细分析的成本太高时，通常会利用报告和统计数据帮助它们确定贷款的风险。

17.9 国际债务问题

近些年来，国际放贷的数量得到了普遍关注。有些时候，人们担心国际放贷不足。例如，1974—1975 年和 1979—1980 年的石油危机之后，油价大幅上升，一些进口石油的发展中国家出现贸易赤字，人们担心这些国家可能会得不到弥补赤字所需的贷款。然而，实际情况却是，许多石油进口国都从商业银行借到了美元。它们将美元付给 OPEC 国家，OPEC 各国又将这些美元存入商业银行，商业银行再把这些钱贷给石油进口国，如此反复。在 20 世纪 70 年代，商业银行在解决资金问题上发挥了部分作用。如果它们不向发展中国家大量贷款，石油危机将给世界经济造成更大的伤害。

然而，进入 20 世纪 80 年代后，由于对发展中国家贷款过多，商业银行被认为是国际债务问题的一部分。20 世纪 70 年代的石油价格上涨为 OPEC 带来了暴利，也使商业银行获得了充足的资金。它们积极寻找借款者，并不费吹灰之力就在发展中国家找到了目标。部分发展中国家借款是为了维持本国的消费水平，它们原本已经很低的生活水平因油价的猛涨而雪上加霜。多数发展中国家借款的目的是避免发展计划中断，对能源项目进行投资。普遍认为，商业银行在 1974 年和 1975 年的第一轮油价上涨期间，成功地将 OPEC 的存款贷给了发展中国家。但是，20 世纪 80 年代初期，全球经济陷入衰退，从这时开始，国际借贷机制面临的困难越来越多，尤其是，一些发展中国家不能按期偿还外债。

衡量外债负担的另一个指标是**债务清偿/出口比率**（Debt Service/Export Ratio），它指的是按规定应支付的利息和本金与出口收入的比值。债务清偿/出口比率强调了两个事关短期债务负担降低可能性的关键指标：(1) 一国外债的利率；(2) 商品和服务出口的增长率。在其他条件保持不变的情况下，利率上升会提高债务清偿/出口比率，而出口增加则会降低该比率。如果债务的利率高于出口的增长率，债务负担就会加重，这是一条在国际金融领域中众所周知的准则。

□ 处理债务清偿困难

一国发生债务清偿问题有多种原因：(1) 可能是宏观经济政策不当，导致大量收支赤字；(2) 可能是借款过多或借款条件苛刻；(3) 可能是受到不可控的不利经济事件的影响。

在债务清偿问题上陷入困境的国家有几种选择。第一，停止还款。但是这会损伤该国信誉，为今后借款（如果还有可能）带来困难。而且该国作为违约方，资产（如轮船和飞机）会被没收并出售，以偿还债务。然而，负债的发展中国家作为一个群体也可能迫使贷款方作出让步。

第二，不惜任何代价偿还借款。这会限制其他形式的外汇支出，这种做法一般不被社会接受。

第三，设法改变还款日期，通常是延期还款。但在借款还清前，债务国还必须对未还款项支付利息。

一国出现债务清偿问题后，为了降低风险，债权方会力求在到期日收回全部利息及本金，并不再发放新的贷款。但是，一句格言说道：你欠银行 1 000 美元，你得受命于银行；你欠银行 100 万美元，银行得受命于你。对拥有大量国际债权的银行来说，对其最有利的方式就是帮助债务国改善财务状况。因此，为了解决债务清偿问题，债务国通常会与债权国达成延期还款协议，即债权国同意延长本金和部分利息的还款期限。银行不希望债务国官方违约，因为一旦发生这种情况，银行不但无法收回资产，政府管理部门还会将银行资产减价，银行可能会因此遭到挤兑并破产。所以，银行别无选择，只有答应延期还款。

发展中国家除了与商业银行协商延期还款外，还可以从国际货币基金组织获得紧急贷款。对于面临国际收支困难的国家，只要采取了扭转国际收支失衡的措施，国际货币基金组织都会为其提供贷款。国际货币基金组织的贷款具有**附加条件**（Conditionality），要求借款国采取节制计划来支撑本国经济，扭转财政混乱的局面。这些措施造成了政府支出和私人消费的大幅削减，有时还会严重减少资本投资。借款国还必须削减进口，扩张出口。在国际货币基金组织看来，这种节制计划是必不可少的，因为对于拥有主权的债务国而言，这是让其偿还贷款的唯一办法。在对待借款国的严格程度上，国际货币基金组织面临着两难境地：如果限制不严，贷款条件宽松，就为其他借款国开了先例；但如果估计失误，节制过度，又可能引起借款国政局混乱，导致违约风险。

国际货币基金组织的做法遭到了发展中国家的谴责。它们指出，国际货币基金组织要求的节制政策过分强调了改善短期的国际收支，而不是促进长期的经济增长，并且使那些已经处于经济衰退的国家雪上加霜。摆在国际货币基金组织面前的一个难题就是，如何用对债务国、债权国和整个世界都最有利的方式解决债务国的经济问题。这种对各方都有利的方法就是，帮助债务国实现持续的、无通货膨胀的经济增长，在确保债权国的资金得到偿还的同时，通过扩张贸易和经济活动造福于世界经济。

17.10 减少银行在发展中国家债务上的风险

如果发展中国家无法偿还外国银行的债务，世界金融体系的稳定性会受到威胁。对此，银行可以扩大资本基础，留出弥补损失的准备金，并削减对这些债务国的新增贷款。

银行还可以通过其他手段改善自身的财务状况。一种方法是在二级市场上将对发展中国家的债权直接出售给其他银行。但是，如果这种贷款的违约风险意外增加，其市场价值会低于面值。由于贷款必须折价才能售出，出售贷款的银行将蒙受损失。交易结束后，银行需要按照贷款面值与市场价值的差额调整其资产负债表。20 世纪 80 年代，美国很多中小银行急于清空不良贷款，在二级市场上以高达 70%的折扣率或以 30%的美元价值出售贷款。但是如此高的折扣率使许多银行亏损。更糟糕的是，如果所有银行都急于出售不良贷款，贷款的价格还将进一步下跌。因此，在二级市场上出售贷款往往被视为最后的办法。

另一种减少债务的方法是债务回购，即债务国政府以一定的折扣价格从商业银行买回贷款。银行还可采用债务互换的方法，即银行以较低的利率或折扣用贷款兑换债务国发行的有价证券。

为了减少向发展中国家贷款的损失，银行有时会进行**债权/股权转换**（Debt/Equity Swaps）。在这种交易中，商业银行按一定折扣将贷款出售给发展中国家的政府，以换取该国货币，再用这些资金对债务国进行股权投资。

为了说明债权/股权转换的原理，假设巴西向（纽约）汉诺华实业信托公司借款 10 亿美元。汉诺华实业信托决定转让部分债权以获得 Suzano 造纸公司的股权。转让过程如下：

- 汉诺华实业信托从巴西政府担保的贷款中拿出 11 500 万美元委托给巴西的经纪人。经纪人把贷款放在巴西中央银行每月的拍卖会上进行拍卖。它们的估价是（贷款中）平均每美元值 87 美分。
- 汉诺华实业信托通过经纪人将贷款在中央银行换成价值 10 000 万美元的巴西货币克鲁扎多。经纪人获得佣金，中央银行还清贷款。
- 汉诺华实业信托用克鲁扎多买到 Suzano 公司 12%的股权。Suzano 公司用该投资扩大生产，增加出口。

尽管债权/股权转换增加了银行卖出发展中国家债务的机会，却不一定会降低风险。发展中国家的部分股权的投资风险和贷款一样高，而且，在发展中国家拥有股权资产的银行可能不知道如何管理这些资产。债务国也担心，债权/股权转换会使本国的一些主要企业被外国控制。

17.11 债务削减和债务豁免

解决发展中国家债务问题的另一个方法是实行债务削减和债务豁免。**债务削减**（Debt Reduction）是指债权国自愿减少债务国的外债负担，主要通过两种方法实现：一是协商修改贷款条款和条件，如延期还款，重新规定付息日，放松借款条件；二是进行债权/股权转换或债务回购。债务削减的主要目的是通过增强债务国的还款能力，释放投资所需的资源，推动债务国制定全面的政策，促进其经济增长。

债务减免的部分支持者主张，债权国应当给予债务国**债务豁免**（Debt Forgiveness）。债务豁免是指任何减少债务国合约债务价值的安排，如减少或取消发展中国家的债务，终止现行的付息义务。

债务豁免的拥护者指出，多数依赖债务的发展中国家没有能力偿还外债，过重的债务负担使这些国家的人均收入增长率无法维持在可接受的水平上。他们认为，如果免除部分债务，债务国就可以用释放出来的外汇增加进口和国内投资，从而提高国内经济增长率。外汇限制的解除还会为债务国提供额外的投资激励，因为经济增长和投资的收益不必再以利息支付的形式同债权国分享。而且，债务豁免将使债务国还债变得更容易，这会减轻债务国的债务负担，可能带来更大规模的外资流入。

发展中国家的债务数量是否是制约其经济增长的主要因素呢？如果免除大部分的债务，这些国家能否真正恢复经济增长呢？债务豁免的批评者对此提出质疑。他们指出，印度尼西亚、韩国等国家的外债相对于国内产出而言也很巨大，却没遇到还款问题。此外，债务豁免并不能保证释放出来的外汇资源得到有效利用，也就是说不一定会被投资到最终产生额外外汇收入的部门。

17.12 欧洲美元市场

国际金融中最容易被普遍误解的问题之一就是**欧洲美元市场**（Eurodollar Market）的本质和运作。欧洲美元市场将借方与贷方联系起来，发挥着金融中介的作用，是短期资金跨国移动最重要的工具之一。欧洲美元最初只出现在欧洲市场，因此被称为欧洲美元。如今大部分的存款都被伦敦、巴黎和其他欧洲城市的商业银行持有。其他一些地方，如巴哈马群岛、巴林岛、中国香港、日本、巴拿马和新加坡也有部分储备。无论存储地在哪，这些储备统一被称为欧洲美元。欧洲美元的市场已从 20 世纪 50 年代的 10 亿美元上升至 21 世纪初的 5 万亿美元。

欧洲美元是银行的存款负债，如定期存款。它们以美元或其他外币的形式存放于美国境外的银行，包括美国银行的分行。75%的交易量都是以美元进行的。欧洲美元储蓄可以在其他国外银行转存，然后借给企业，进行投资，或用来提高货币储备和整体流通性。平均每笔存款都上百万，而且存期少于 6 个月。因此，欧洲美元市场只对富裕阶层开放。对大部分人来说，在这个市场进行投资的唯一方式就是间接通过一个货币市场基金。

欧洲美元储蓄几乎不受所在国的管制，其中包括美国的监管机构。例如，它们不受美联储制定的储备条款的制约，也无须缴纳联邦存款保险公司的费用。由于欧洲美元同美国境内的相同存款相比所受的束缚要少，比起国内银行，发行欧洲美元存款的银行在美元借贷利率间的价差更小。这使欧洲美元相对于美国国内银行的储蓄更有竞争优势。因此，发行欧洲美元存款的银行可以同美国国内银行在贷款和存款上有效竞争。

从 20 世纪 50 年代起，欧洲美元市场飞速发展，部分原因是美国银行管理条例阻止美国银行支付有竞争力的存款利率（Q 条款），这导致美国银行借款的成本增加。另外，美国活期存款账户持续增长的赤字也增加了外国投资者持有美元的数量，正如油价的激增导致石油出口国的暴富一样。再加上许多国家在外币的银行业务上比较自由，这些因素共同导致了市场的快速增长。

作为一种国际货币，欧洲美元提高了国际贸易和金融交易的效率。它们在交换、价值存储、价值尺度等货币功能方面成为国际认可的媒介。由于欧洲美元消除了从一种货币转换到另一种货币过程中的风险和成本，它们使存款者可以在世界范围内寻求更高的回报，而借款者也可找到最低的贷款利息。因此，它们是不同资本市场间的桥梁，帮助创造了一个世界范围内的资本市场。

17.13 小结

1. 持有国际储备是为了弥补一国货币收入和支出之间的缺口。赤字国可以动用国际储备拖延实行调整措施的时间。

2. 国际储备的需求主要由两个因素决定：(1) 国际交易的货币价值；(2) 国际收支失衡的规模和持续时间。

3. 浮动汇率制度对国际储备的需求少于固定汇率制度。国际收支的调整机制越有效，国际政策协调的程度越高，国际储备的需求量就越少。

4. 国际储备供给由自有储备和借入储备构成。国际储备的主要来源包括：(1) 外币；(2) 货币黄金存量；(3) 特别提款权；(4) IMF 提款；(5) 一般借款协定；(6) 货币互换协定。

5. 银行进行国际放贷时，面临着信用风险、国家风险和货币风险。

6. 用来分析一国外债状况的指标包括债务出口比率和债务清偿/出口比率。

7. 面临债务偿还困难的国家有以下几种选择：(1) 停止偿还；(2) 不惜一切代价偿还；(3) 延期偿还。近几年，借款国普遍选用延期偿还。

8. 银行可以在二级市场上出售贷款，进行债务回购、债务互换和债权/股权转换，以此降低向发展中国家贷款的风险。

9. 欧洲美元是在美国以外的银行，以美元或其他外币计价并支付的存款。美国以外的银行的美元存款被称做欧洲美元。

17.14 关键概念及术语

- 附加条件（Conditionality）
- 国家风险（Country Risk）
- 信用风险（Credit Risk）
- 货币风险（Currency Risk）
- 债权/股权转换（Debt/Equity Swaps）
- 债务豁免（Debt Forgiveness）
- 债务削减（Debt Reduction）
- 债务清偿/出口比率（Debt Service/Export Ratio）
- 国际储备需求（Demand for International Reserves）

- 黄金的非货币化（Demonetization of Gold）
- 欧洲美元市场（Eurodollar Market）
- 一般借款协定（General Arrangements to Borrow）
- 金汇兑本位制（Gold Exchange Standard）
- 金本位制（Gold Standard）
- IMF 提款（IMF Drawing）
- 国际储备（International Reserves）
- 流动性问题（Liquidity Problem）
- 国际储备供给（Supply of International Reserves）
- 货币互换协定（Swap Arrangements）

17.15 习题

1. 一国对国际储备的需求与个人对现金余额的需求类似，请加以解释。

2. 一国国际储备需求的主要决定因素是什么？

3. 国际储备的总供给包括两大类：（a）自有储备；（b）借入储备。这两类储备包括什么？

4. 从数量上看，当前国际储备中的哪一部分最重要？哪一部分最不重要？

5. 什么是国际储备货币？历史上，哪些货币曾经扮演过这一角色？

6. 目前黄金在世界货币体系中扮演着什么样的角色？

7. 金汇兑本位制相对于纯粹的金本位制有什么优点？

8. 什么是特别提款权？它是怎样被创造出来的？其价值如何确定？

9. 贸易国可以通过哪些方式借到国际储备？

10. 20 世纪 80 年代发展中国家的国际债务问题是由什么引起的？为什么这一债务问题会对国际银行系统的稳定性造成威胁？

11. 什么是欧洲美元？欧洲美元的市场是如何形成的？

12. 银行向外国借款者贷款时，存在哪些风险？

13. 债务出口比率和债务清偿/出口比率有什么不同？

14. 遇到债务偿还困难的国家可以采用哪些方式缓解困境？这些方式对债务国有何种要求？

15. 银行可以采用什么方法降低向发展中国家贷款的风险？

16. 债权/股权转换如何能帮助银行减少对发展中国家贷款中的损失？

经济科学译丛						
序号	书名	作者	Author	单价	出版年份	ISBN
1	国际经济学(第15版)	罗伯特·J. 凯伯	Robert J. Carbaugh	78.00	2017	978-7-300-24844-8
2	经济理论和方法史(第五版)	小罗伯特·B. 埃克伦德等	Robert B. Ekelund. Jr.	88.00	2017	978-7-300-22497-8
3	经济地理学	威廉·P. 安德森	William P. Anderson	59.80	2017	978-7-300-24544-7
4	博弈与信息:博弈论概论(第四版)	艾里克·拉斯穆森	Eric Rasmusen	79.80	2017	978-7-300-24546-1
5	MBA宏观经济学	莫里斯·A. 戴维斯	Morris A. Davis	38.00	2017	978-7-300-24268-2
6	经济学基础(第十六版)	弗兰克·V. 马斯切纳	Frank V. Mastrianna	42.00	2017	978-7-300-22607-1
7	高级微观经济学:选择与竞争性市场	戴维·M. 克雷普斯	David M. Kreps	79.80	2017	978-7-300-23674-2
8	博弈论与机制设计	Y. 内拉哈里	Y. Narahari	69.80	2017	978-7-300-24209-5
9	宏观经济学精要:理解新闻中的经济学(第三版)	彼得·肯尼迪	Peter Kennedy	45.00	2017	978-7-300-21617-1
10	宏观经济学(第十二版)	鲁迪格·多恩布什等	Rudiger Dornbusch	69.00	2017	978-7-300-23772-5
11	国际金融与开放宏观经济学:理论、历史与政策	亨德里克·范登伯格	Hendrik Van den Berg	68.00	2016	978-7-300-23380-2
12	经济学(微观部分)	达龙·阿西莫格鲁等	Daron Acemoglu	59.00	2016	978-7-300-21786-4
13	经济学(宏观部分)	达龙·阿西莫格鲁等	Daron Acemoglu	45.00	2016	978-7-300-21886-1
14	发展经济学	热若尔·罗兰	Gérard Roland	79.00	2016	978-7-300-23379-6
15	中级微观经济学——直觉思维与数理方法(上下册)	托马斯·J·内契巴	Thomas J. Nechyba	128.00	2016	978-7-300-22363-6
16	环境与自然资源经济学(第十版)	汤姆·蒂坦伯格等	Tom Tietenberg	72.00	2016	978-7-300-22900-3
17	劳动经济学基础(第二版)	托马斯·海克拉克等	Thomas Hyclak	65.00	2016	978-7-300-23146-4
18	货币金融学(第十一版)	弗雷德里克·S·米什金	Frederic S. Mishkin	85.00	2016	978-7-300-23001-6
19	动态优化——经济学和管理学中的变分法和最优控制(第二版)	莫顿·I·凯曼等	Morton I. Kamien	48.00	2016	978-7-300-23167-9
20	用Excel学习中级微观经济学	温贝托·巴雷托	Humberto Barreto	65.00	2016	978-7-300-21628-7
21	宏观经济学(第九版)	N·格里高利·曼昆	N. Gregory Mankiw	72.00	2016	978-7-300-23038-2
22	国际经济学:理论与政策(第十版)	保罗·R·克鲁格曼等	Paul R. Krugman	89.00	2016	978-7-300-22710-8
23	国际金融(第十版)	保罗·R·克鲁格曼等	Paul R. Krugman	55.00	2016	978-7-300-22089-5
24	国际贸易(第十版)	保罗·R·克鲁格曼等	Paul R. Krugman	42.00	2016	978-7-300-22088-8
25	经济学精要(第3版)	斯坦利·L·布鲁伊等	Stanley L. Brue	58.00	2016	978-7-300-22301-8
26	经济分析史(第七版)	英格里德·H·里马	Ingrid H. Rima	72.00	2016	978-7-300-22294-3
27	投资学精要(第九版)	兹维·博迪等	Zvi Bodie	108.00	2016	978-7-300-22236-3
28	环境经济学(第二版)	查尔斯·D·科尔斯塔德	Charles D. Kolstad	68.00	2016	978-7-300-22255-4
29	MWG《微观经济理论》习题解答	原千晶等	Chiaki Hara	75.00	2016	978-7-300-22306-3
30	现代战略分析(第七版)	罗伯特·M·格兰特	Robert M. Grant	68.00	2016	978-7-300-17123-4
31	横截面与面板数据的计量经济分析(第二版)	杰弗里·M·伍德里奇	Jeffrey M. Wooldridge	128.00	2016	978-7-300-21938-7
32	宏观经济学(第十二版)	罗伯特·J·戈登	Robert J. Gordon	75.00	2016	978-7-300-21978-3
33	动态最优化基础	蒋中一	Alpha C. Chiang	42.00	2015	978-7-300-22068-0
34	城市经济学	布伦丹·奥弗莱厄蒂	Brendan O'Flaherty	69.80	2015	978-7-300-22067-3
35	管理经济学:理论、应用与案例(第八版)	布鲁斯·艾伦等	Bruce Allen	79.80	2015	978-7-300-21991-2
36	经济政策:理论与实践	阿格尼丝·贝纳西-奎里等	Agnès Bénassy-Quéré	79.80	2015	978-7-300-21921-9
37	微观经济分析(第三版)	哈尔·R·范里安	Hal R. Varian	68.00	2015	978-7-300-21536-5
38	财政学(第十版)	哈维·S·罗森等	Harvey S. Rosen	68.00	2015	978-7-300-21754-3
39	经济数学(第三版)	迈克尔·霍伊等	Michael Hoy	88.00	2015	978-7-300-21674-4
40	发展经济学(第九版)	A.P. 瑟尔沃	A. P. Thirlwall	69.80	2015	978-7-300-21193-0
41	宏观经济学(第五版)	斯蒂芬·D·威廉森	Stephen D. Williamson	69.00	2015	978-7-300-21169-5
42	资源经济学(第三版)	约翰·C·伯格斯特罗姆等	John C. Bergstrom	58.00	2015	978-7-300-20742-1
43	应用中级宏观经济学	凯文·D·胡佛	Kevin D. Hoover	78.00	2015	978-7-300-21000-1
44	计量经济学导论:现代观点(第五版)	杰弗里·M·伍德里奇	Jeffrey M. Wooldridge	99.00	2015	978-7-300-20815-2
45	现代时间序列分析导论(第二版)	约根·沃特斯等	Jürgen Wolters	39.80	2015	978-7-300-20625-7
46	空间计量经济学——从横截面数据到空间面板	J·保罗·埃尔霍斯特	J. Paul Elhorst	32.00	2015	978-7-300-21024-7
47	国际经济学原理	肯尼思·A·赖纳特	Kenneth A. Reinert	58.00	2015	978-7-300-20830-5
48	经济写作(第二版)	迪尔德丽·N·麦克洛斯基	Deirdre N. McCloskey	39.80	2015	978-7-300-20914-2
49	计量经济学方法与应用(第五版)	巴蒂·H·巴尔塔基	Badi H. Baltagi	58.00	2015	978-7-300-20584-7
50	战略经济学(第五版)	戴维·贝赞可等	David Besanko	78.00	2015	978-7-300-20679-0
51	博弈论导论	史蒂文·泰迪里斯	Steven Tadelis	58.00	2015	978-7-300-19993-1

经济科学译丛						
序号	书名	作者	Author	单价	出版年份	ISBN
52	社会问题经济学(第二十版)	安塞尔·M·夏普等	Ansel M.Sharp	49.00	2015	978-7-300-20279-2
53	博弈论:矛盾冲突分析	罗杰·B·迈尔森	Roger B. Myerson	58.00	2015	978-7-300-20212-9
54	时间序列分析	詹姆斯·D·汉密尔顿	James D. Hamilton	118.00	2015	978-7-300-20213-6
55	经济问题与政策(第五版)	杰奎琳·默里·布鲁克斯	Jacqueline Murray Brux	58.00	2014	978-7-300-17799-1
56	微观经济理论	安德鲁·马斯-克莱尔等	Andreu Mas-Collel	148.00	2014	978-7-300-19986-3
57	产业组织:理论与实践(第四版)	唐·E·瓦尔德曼等	Don E. Waldman	75.00	2014	978-7-300-19722-7
58	公司金融理论	让·梯若尔	Jean Tirole	128.00	2014	978-7-300-20178-8
59	经济学精要(第三版)	R·格伦·哈伯德等	R. Glenn Hubbard	85.00	2014	978-7-300-19362-5
60	公共部门经济学	理查德·W·特里西	Richard W. Tresch	49.00	2014	978-7-300-18442-5
61	计量经济学原理(第六版)	彼得·肯尼迪	Peter Kennedy	69.80	2014	978-7-300-19342-7
62	统计学:在经济中的应用	玛格丽特·刘易斯	Margaret Lewis	45.00	2014	978-7-300-19082-2
63	产业组织:现代理论与实践(第四版)	林恩·佩波尔等	Lynne Pepall	88.00	2014	978-7-300-19166-9
64	计量经济学导论(第三版)	詹姆斯·H·斯托克等	James H. Stock	69.00	2014	978-7-300-18467-8
65	发展经济学导论(第四版)	秋山裕	秋山裕	39.80	2014	978-7-300-19127-0
66	中级微观经济学(第六版)	杰弗里·M·佩罗夫	Jeffrey M. Perloff	89.00	2014	978-7-300-18441-8
67	平狄克《微观经济学》(第八版)学习指导	乔纳森·汉密尔顿等	Jonathan Hamilton	32.00	2014	978-7-300-18970-3
68	微观经济学(第八版)	罗伯特·S·平狄克等	Robert S.Pindyck	79.00	2013	978-7-300-17133-3
69	微观银行经济学(第二版)	哈维尔·弗雷克斯等	Xavier Freixas	48.00	2014	978-7-300-18940-6
70	施米托夫论出口贸易——国际贸易法律与实务(第11版)	克利夫·M·施米托夫等	Clive M. Schmitthoff	168.00	2014	978-7-300-18425-8
71	微观经济学思维	玛莎·L·奥尔尼	Martha L. Olney	29.80	2013	978-7-300-17280-4
72	宏观经济学思维	玛莎·L·奥尔尼	Martha L. Olney	39.80	2013	978-7-300-17279-8
73	计量经济学原理与实践	达摩达尔·N·古扎拉蒂	Damodar N.Gujarati	49.80	2013	978-7-300-18169-1
74	现代战略分析案例集	罗伯特·M·格兰特	Robert M. Grant	48.00	2013	978-7-300-16038-2
75	高级国际贸易:理论与实证	罗伯特·C·芬斯特拉	Robert C. Feenstra	59.00	2013	978-7-300-17157-9
76	经济学简史——处理沉闷科学的巧妙方法(第二版)	E·雷·坎特伯里	E. Ray Canterbery	58.00	2013	978-7-300-17571-3
77	管理经济学(第四版)	方博亮等	Ivan Png	80.00	2013	978-7-300-17000-8
78	微观经济学原理(第五版)	巴德、帕金	Bade, Parkin	65.00	2013	978-7-300-16930-9
79	宏观经济学原理(第五版)	巴德、帕金	Bade, Parkin	63.00	2013	978-7-300-16929-3
80	环境经济学	彼得·伯克等	Peter Berck	55.00	2013	978-7-300-16538-7
81	高级微观经济理论	杰弗里·杰里	Geoffrey A. Jehle	69.00	2012	978-7-300-16613-1
82	多恩布什《宏观经济学(第十版)》学习指导	鲁迪格·多恩布什等	Rudiger Dornbusch	29.00	2012	978-7-300-16030-6
83	高级宏观经济学导论:增长与经济周期(第二版)	彼得·伯奇·索伦森等	Peter Birch Sørensen	95.00	2012	978-7-300-15871-6
84	宏观经济学:政策与实践	弗雷德里克·S·米什金	Frederic S. Mishkin	69.00	2012	978-7-300-16443-4
85	宏观经济学(第二版)	保罗·克鲁格曼	Paul Krugman	45.00	2012	978-7-300-15029-1
86	微观经济学(第二版)	保罗·克鲁格曼	Paul Krugman	69.80	2012	978-7-300-14835-9
87	克鲁格曼《微观经济学(第二版)》学习手册	伊丽莎白·索耶·凯利	Elizabeth Sawyer Kelly	58.00	2013	978-7-300-17002-2
88	克鲁格曼《宏观经济学(第二版)》学习手册	伊丽莎白·索耶·凯利	Elizabeth Sawyer Kelly	36.00	2013	978-7-300-17024-4
89	微观经济学(第十一版)	埃德温·曼斯费尔德	Edwin Mansfield	88.00	2012	978-7-300-15050-5
90	国际宏观经济学	罗伯特·C·芬斯特拉等	Feenstra, Taylor	64.00	2011	978-7-300-14795-6
91	卫生经济学(第六版)	舍曼·富兰德等	Sherman Folland	79.00	2011	978-7-300-14645-4
92	宏观经济学(第七版)	安德鲁·B·亚伯等	Andrew B. Abel	78.00	2011	978-7-300-14223-4
93	现代劳动经济学:理论与公共政策(第十版)	罗纳德·G·伊兰伯格等	Ronald G. Ehrenberg	69.00	2011	978-7-300-14482-5
94	宏观经济学(第七版)	N·格里高利·曼昆	N. Gregory Mankiw	65.00	2011	978-7-300-14018-6
95	宏观经济学:理论与政策(第九版)	理查德·T·弗罗恩	Richard T. Froyen	55.00	2011	978-7-300-14108-4
96	经济学原理(第四版)	威廉·博伊斯等	William Boyes	59.00	2011	978-7-300-13518-2
97	计量经济学基础(第五版)(上下册)	达摩达尔·N·古扎拉蒂	Damodar N.Gujarati	99.00	2011	978-7-300-13693-6
98	《计量经济学基础》(第五版)学生习题解答手册	达摩达尔·N·古扎拉蒂等	Damodar N. Gujarati	23.00	2012	978-7-300-15080-8
99	计量经济分析(第六版)(上下册)	威廉·H·格林	William H.Greene	128.00	2011	978-7-300-12779-8
100	国际贸易	罗伯特·C·芬斯特拉等	Robert C.Feenstra	49.00	2011	978-7-300-13704-9

经济科学译丛						
序号	书名	作者	Author	单价	出版年份	ISBN
101	经济增长(第二版)	戴维·N·韦尔	David N.Weil	63.00	2011	978-7-300-12778-1
102	投资科学	戴维·G·卢恩伯格	David G. Luenberger	58.00	2011	978-7-300-14747-5
103	宏观经济学(第十版)	鲁迪格·多恩布什等	Rudiger Dornbusch	60.00	2010	978-7-300-11528-3
104	金融学(第二版)	兹维·博迪等	Zvi Bodie	59.00	2010	978-7-300-11134-6
105	博弈论	朱·弗登博格等	Drew Fudenberg	68.00	2010	978-7-300-11785-0

金融学译丛						
序号	书名	作者	Author	单价	出版年份	ISBN
1	金融市场与金融机构(第8版)	弗雷德里克·S. 米什金等	Frederic S. Mishkin	86.00	2017	978-7-300-24731-1
2	兼并、收购和公司重组(第六版)	帕特里克·A. 高根	Patrick A. Gaughan	79.00	2017	978-7-300-24231-6
3	债券市场:分析与策略(第九版)	弗兰克·J·法博齐	Frank J. Fabozzi	98.00	2016	978-7-300-23495-3
4	财务报表分析(第四版)	马丁·弗里德森	Martin Fridson	46.00	2016	978-7-300-23037-5
5	国际金融学	约瑟夫·P·丹尼尔斯等	Joseph P. Daniels	65.00	2016	978-7-300-23037-1
6	国际金融	阿德里安·巴克利	Adrian Buckley	88.00	2016	978-7-300-22668-2
7	个人理财(第六版)	阿瑟·J·基翁	Arthur J. Keown	85.00	2016	978-7-300-22711-5
8	投资学基础(第三版)	戈登·J·亚历山大等	Gordon J. Alexander	79.00	2015	978-7-300-20274-7
9	金融风险管理(第二版)	彼德·F·克里斯托弗森	Peter F. Christoffersen	46.00	2015	978-7-300-21210-4
10	风险管理与保险管理(第十二版)	乔治·E·瑞达等	George E. Rejda	95.00	2015	978-7-300-21486-3
11	个人理财(第五版)	杰夫·马杜拉	Jeff Madura	69.00	2015	978-7-300-20583-0
12	企业价值评估	罗伯特·A·G·蒙克斯等	Robert A. G. Monks	58.00	2015	978-7-300-20582-3
13	基于Excel的金融学原理(第二版)	西蒙·本尼卡	Simon Benninga	79.00	2014	978-7-300-18899-7
14	金融工程学原理(第二版)	萨利赫·N·内夫特奇	Salih N. Neftci	88.00	2014	978-7-300-19348-9
15	投资学导论(第十版)	赫伯特·B·梅奥	Herbert B. Mayo	69.00	2014	978-7-300-18971-0
16	国际金融市场导论(第六版)	斯蒂芬·瓦尔德斯等	Stephen Valdez	59.80	2014	978-7-300-18896-6
17	金融数学:金融工程引论(第二版)	马雷克·凯宾斯基等	Marek Capinski	42.00	2014	978-7-300-17650-5
18	财务管理(第二版)	雷蒙德·布鲁克斯	Raymond Brooks	69.00	2014	978-7-300-19085-3
19	期货与期权市场导论(第七版)	约翰·C·赫尔	John C. Hull	69.00	2014	978-7-300-18994-2
20	固定收益证券手册(第七版)	弗兰克·J·法博齐	Frank J. Fabozzi	188.00	2014	978-7-300-17001-5
21	国际金融:理论与实务	皮特·塞尔居	Piet Sercu	88.00	2014	978-7-300-18413-5
22	金融市场与金融机构(第7版)	弗雷德里克·S·米什金 斯坦利·G·埃金斯	Frederic S. Mishkin Stanley G. Eakins	79.00	2013	978-7-300-18129-5
23	货币、银行和金融体系	R·格伦·哈伯德等	R.Glenn Hubbard	75.00	2013	978-7-300-17856-1
24	并购创造价值(第二版)	萨德·苏达斯纳	Sudi Sudarsanam	89.00	2013	978-7-300-17473-0
25	个人理财——理财技能培养方法(第三版)	杰克·R·卡普尔等	Jack R. Kapoor	66.00	2013	978-7-300-16687-2
26	国际财务管理	吉尔特·贝克特	Geert Bekaert	95.00	2012	978-7-300-16031-3
27	金融理论与公司政策(第四版)	托马斯·科普兰等	Thomas Copeland	69.00	2012	978-7-300-15822-8
28	应用公司财务(第三版)	阿斯沃思·达摩达兰	Aswath Damodaran	88.00	2012	978-7-300-16034-4
29	资本市场:机构与工具(第四版)	弗兰克·J·法博齐	Frank J.Fabozzi	85.00	2011	978-7-300-13828-2
30	衍生品市场(第二版)	罗伯特·L·麦克唐纳	Robert L. McDonald	98.00	2011	978-7-300-13130-6
31	跨国金融原理(第三版)	迈克尔·H·莫菲特等	Michael H. Moffett	78.00	2011	978-7-300-12781-1
32	统计与金融	戴维·鲁珀特	David Ruppert	48.00	2010	978-7-300-11547-4
33	国际投资(第六版)	布鲁诺·索尔尼克等	Bruno Solnik	62.00	2010	978-7-300-11289-3

International Economics, 15e
Robert J. Carbaugh

Cengage Learning Asia Pte. Ltd.
151 Lorong Chuan, #02-08 New Tech Park, Singapore 556741

北京市版权局著作权合同登记号　图字：01-2015-1291

图书在版编目（CIP）数据

国际经济学：第15版/（美）罗伯特·J. 凯伯（Robert J. Carbaugh）著；侯锦慎，刘兴坤译 .—北京：中国人民大学出版社，2017. 11
（经济科学译丛）
ISBN 978-7-300-24844-8

Ⅰ. ①国… Ⅱ. ①罗… ②侯… ③刘… Ⅲ. ①国际经济学 Ⅳ. ①F11－0

中国版本图书馆CIP数据核字（2017）第202392号

"十三五"国家重点出版物出版规划项目
经济科学译丛
国际经济学（第15版）
罗伯特·J. 凯伯　著
侯锦慎　刘兴坤　译
Guoji Jingjixue

出版发行	中国人民大学出版社		
社　　址	北京中关村大街31号	**邮政编码**	100080
电　　话	010－62511242（总编室）		010－62511770（质管部）
	010－82501766（邮购部）		010－62514148（门市部）
	010－62515195（发行公司）		010－62515275（盗版举报）
网　　址	http://www.crup.com.cn		
经　　销	新华书店		
印　　刷	涿州市星河印刷有限公司		
开　　本	787 mm×1092 mm　1/16	**版　　次**	2017年11月第1版
印　　张	31.5　插页2	**印　　次**	2023年8月第6次印刷
字　　数	735 000	**定　　价**	78.00元

Supplements Request Form（教辅材料申请表）

Lecturer's Details（教师信息）			
Name： （姓名）		Title： （职务）	
Department： （系科）		School/University： （学院/大学）	
Official E-mail： （学校邮箱）		Lecturer's Address/Post Code： （教师通讯地址/邮编）	
Tel： （电话）			
Mobile： （手机）			

Adoption Details（教材信息） 原版☐ 翻译版☐ 影印版☐			
Title：（英文书名） Edition：（版次） Author：（作者）			
Local Publisher： （中国出版社）			
Enrolment： （学生人数）		Semester： （学期起止日期时间）	
Contact Person & Phone/E-Mail/Subject： （系科/学院教学负责人电话/邮件/研究方向） （我公司要求在此处标明系科/学院教学负责人电话/传真及电话和传真号码并在此加盖公章．） 教材购买由 我☐ 我作为委员会的一部分☐ 其他人☐ ［姓名： ］ 决定。			

Please fax or post the complete form to（请将此表格传真至）：

CENGAGE LEARNING BEIJING
ATTN：Higher Education Division
TEL：(86) 10-82862096/95/97
FAX：(86) 10-82862089
EMAIL：asia.infochina@cengage.com
www.cengageasia.com
ADD：北京市海淀区科学院南路2号
融科资讯中心C座南楼12层1201室 100190

Note：Thomson Learning has changed its name to CENGAGE Learning